PICC 中国人保财险

北京2008年奥运会保险合作伙伴

OFFICIAL INSURANCE PARTNER OF THE BEIJING 2008 OLYMPIC GAMES

客户服务专线 95518

中国人民财产保险股份有限公司
PICC Property and Casualty Company Limited

铸金牌服务　为梦想护航

贵港市分公司总经理：刘建伟

中国人民财产保险股份有限公司贵港市分公司具有品牌、市场、产品、技术、网络、服务六大优势，连续17年荣获广西工商局“重合同守信用企业”称号。

贵港市分公司本部设置8个管理机构，服务网点遍布城乡，下辖6个分支机构、17个营销服务部、33个兼职代理网点和400多名业务员。主要经营各类财产保险、运输工具保险、货物运输保险、船舶保险、责任保险、信用保险、建筑安装工程保险、农业保险、人身意外伤害保险、短期健康险等各类险种近200个，业务涉及工业、农业、商业、水利电力、运输业、文教卫生等各行各业和千家万户。电子商务网站为客户提供保险产品购买和享受相关服务。

贵港市分公司始终坚持以维护消费者利益为宗旨，以构建和谐社会为己任，以向客户提供方便、快捷、优质、高效的保险服务为工作重心，全国统一服务专线电话95518随时为广大客户提供投保、报案、投诉和咨询等服务。查勘理赔人员35人，查勘车20多辆，推出车辆“异地出险，就地理赔”服务。我们将凭借坚实的承保能力，雄厚的偿付能力，和国际接轨的专业化保障能力，秉承“求实、诚信、拼搏、创新”的企业文化精神和“铸金牌服务、为梦想护航”的经营理念，以携手2008年北京奥运会为契机，为加快富裕、文明、和谐贵港建设提供更全面、更优质保险保障服务，为贵港市经济建设和社会稳定作出贡献。

中国人保财险开展“理赔无忧——车险快捷服务承诺”活动

分公司地址：广西贵港市金港大道793号

总　经　理：刘建伟

服务咨询电话：

全国统一保险服务专线	95518
贵港市分公司	4567518
港北支公司	4550559
桂平支公司	3382919
平南支公司	7822217
分公司营业部	4553727
港南区营销服务部	4328876
覃塘区营销服务部	4725023

公司网站：www.picc.com.cn

电子商务网站：www.e-picc.com.cn

中国人保财险贵港市分公司与交警开展交强险统一宣传日

北京2008年奥运会合作伙伴
Partner of the Beijing 2008 Olympic Games

中国移动广西公司贵港分公司

总经理：周小清

中国移动已成为全球网络规模、客户数量、市场价值最大的通信运营企业。是中央特大型企业，是国内主导骨干通信运营商，以优质的服务打造卓越。

贵港最大的手机广场

中国移动基站

中国移动广西公司贵港分公司基站建设突飞猛进，现有基站206个，市区覆盖度深，农村覆盖度广，人口覆盖率已经超过99.8%，实现了网络资源的最优配置。

我公司根据“发扬创新精神、提高国际竞争力、构建和谐社会”的工作要求，不断加大服务厅青年文明号创建工作力度，努力拓宽创建工作领域，并取得了显著的效果：有7个服务厅均被授予“贵港市青年文明号”，分别是：和平路服务厅、南江服务厅、广场服务厅、友谊大道服务厅、覃塘服务厅、江北服务厅、金港服务厅。解放服务厅被授予“全区青年文明号”。

2007年我公司继续加大青年文明号创建力度，培养良好的职业道德、工作成绩突出、工作作风过硬。解放服务厅继续被信息产业部、共青团中央授予全国“青年文明号”。

解放服务厅荣获“全国青年文明号”称号

中国联合通信有限公司贵港分公司

总经理：蒙应华

中国联合通信有限公司（简称中国联通）是我国四大电信企业之一，是经国务院批准于1994年7月19日成立的一家国有特大型综合电信运营企业，目前在全国31个省、自治区、直辖市设立了300多个分、子公司。中国联通是国内唯一一家同时在纽约、香港、上海三地上市的电信运营企业，是全球第三大移动通信运营商，同时也是全球第一大CDMA网络通信运营企业。中国联合通信有限公司贵港分公司是中国联通的地市级分公司，于2000年5月正式对外营业。目前经营范围包括GSM130/131/132和CDMA133移动电话、193长途电话、数据IP电话、互联网等综合电信业务，下辖业务区包括桂平、平南和港北、港南、覃塘三区两县（市）。

在国家出台的“十一五”建设发展规划中，“十一五”是中国3G移动通信建设与发展的重要阶段。贵港联通在新的发展道路上，将秉承中国联通“让一切自由连通”的通信与生活理念，全面开创全新的移动通信新体验，为贵港市广大人民提供新一代的高水平全方位通信信息服务，为贵港实现经济“又快又好”发展以及社会和谐目标贡献力量。

热心社会公益活动

联通员工风采

着装整齐营业员在办理业务

为社会提供通信保障

世界风 时刻连通　新势力 由我连通 U-power　如意通 大家连通

贵港市中山路联通大厦外景

广西贵糖(集团)股份有限公司

公司生产区全景

“桂花牌”白砂糖，广西名牌产品

“纯点”、“碧绿湾”、“蝶恋花”牌生活用纸产品获“产品质量国家免检”

生活用纸厂外景

广西贵糖(集团)股份有限公司(简称贵糖股份)由广西贵港甘蔗化工厂独家发起定向募集改组创立。其前身是广西贵县糖厂，于1956年建成投产，是国家“一五”期间的重点建设项目之一。1994年贵糖完成了股份制改造，组建成定向募集的广西贵糖(集团)股份有限公司。1998年11月11日，贵糖股票在深圳证券交易所成功上市，公司总股本25,268.85万股。2007年4月13日公司完成股权分置改革，用资本公积金向全体流通股股东定向转增股份，公司的股本总额变更为29,606.788万股。

贵糖股份依靠科技创新对甘蔗资源进行全面的综合开发，利用甘蔗渣生产高级文化用纸、生活用纸等综合利用产品已占全公司工业总产值的70%以上，特别经过近年来的技改扩建和挖潜改造，公司的生产能力为：年产白砂糖15万吨、加工原糖30万吨、机制纸20万吨、制浆15万吨、酒精1万吨、轻质碳酸 钙2.5万吨，回收碱3.5万吨、复合肥3万吨。公司现有在册员工3000多人。

贵糖股份是全国100家现代企业制度试点单位和520家重点扶持企业之一，是全国120家企业集团试点之一的广西贵糖企业集团的核心企业，拥有国家认定的制糖行业唯一的企业技术中心和博士后科研工作站。公司先后荣获“全国资源综合利用先进企业”、“全国环保先进企业”、“全国用户满意企业”、“全国企业管理优秀奖”、“农业产业化国家重点龙头企业”“广西食品卫生等级A级单位”等荣誉。“纯点”、“碧绿湾”生活用纸系列产品等均获得了“产品质量国家免检”证书。2005年11月，贵糖股份被列为全国首批循环经济试点单位。

高效环保设施——白水回收

贵糖股份利用和发扬几十年积累的“桂花牌”碳法糖国内第一品牌的优势，开发符合国际跨国食品巨头需要的精品糖，赢得了如雀巢、美赞成、绿箭糖果等大公司的友谊、支持和信赖。为提高企业的市场竞争力，向国际标准靠拢，1998年率先通过了IS09001国际质量体系认证。2004年初公司开展实施食品安全管理体系（HACCP)、测量管理体系(IS010012)和职业健康安全管理体系(OHSAS18001)三大管理体系的运行，2007年2月通过食品安全管理体系（HACCP）认证审核，2007年5月通过了测量管理体系(IS010012）认证审核。

面对新的机遇与挑战，贵糖股份将遵循科学发展观，走循环经济的路子，稳定制糖产业，加快技术创新和产业升级，不断提高产品质量，提升企业核心竞争力，把贵糖建设成为中国重要的精品糖基地和造纸基地。

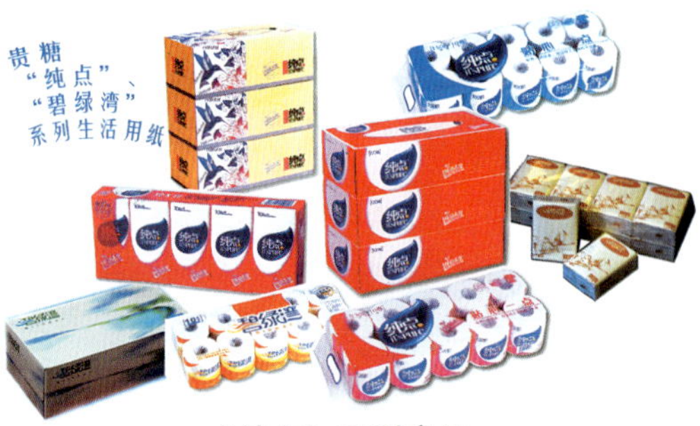

“纯点”系列产品

贵糖努力参与贵港“国家生态工业（制糖）建设示范园区”的建设

公司董事长蒋耀生荣获贵港市劳动模范后与市委书记赖德荣（右一）、市长唐成良（左一）合影留念

国家质检总局领导到公司就公司调研

广西贵港钢铁集团

广西贵港钢铁集团位于贵港市南平中路，是一家民营钢铁企业集团，核心企业为郁江炼钢有限公司，占地面积40多万m^2，现有员工1500多人，各类专业技术人员近300人，总资产近8亿亿元，拥有专用港口码头和铁路专线，交通运输十分便利。

集团拥有炼铁高炉三座、烧结机二套、余热余压发电机组四套、炼钢转炉二座、连铸机组二套、制氧机组二套；目前，集团具有年产65万吨铁水、70万吨钢坯、75万吨钢筋混凝土用热轧带肋钢筋的生产能力，是贵港市的纳税大户，2004、2005年荣获广西优秀企业荣誉称号，2005年被授予广西企业50强、2006年被授予广西企业100强称号。

“十一五”期间，贵港钢铁集团继续加大技术改造和产业结构调整力度，大力发展高附加值产品，重视资源综合利用，推进节能降耗，推行清洁生产，着力发展循环经济，全面提高集团的综合竞争力。

公司生产高炉实景

地址：广西贵港市南平中路
邮编：537101
电话：（0775）4283218
传真：（0775）4282105

华润水泥（贵港）有限公司

China Resources Cement (GuiGang) Limited

2006年10月自治区党委书记刘奇葆视察该公司

自治区主席陆兵到该公司检查指导工作

华润水泥（贵港）有限公司是香港华润（集团）旗下——华润水泥控股有限公司的全资子公司。公司成立于2004年元月，厂区位于广西贵港市覃塘区石卡镇凤思村大岭头下，东邻西江支流——郁江，常年可通1000吨级船只；南接南梧高速一级联线，距高速公路约2KM；北到贵港一级环城公路，距贵港城区约17KM；厂内建有年吞吐量400万吨的专用码头，水陆交通方便快捷。

公司目前拥有两条日产熟料5000吨的水泥干法生产线，年产水泥熟料约400万吨，主要生产品种为P.O 42.5R、P.C 32.5和P.C 32.5R水泥。第一条生产线于2005年3月13日正式动工，2005年12月29日建成投产，投产后一个月内达标，两个月内达产；第二条生产线于2005年10月21日正式动工，2006年9月7日建成投产，投产后即进入正常生产状态，产品质量均优于设计指标，创造了业内达标、达产时间全国领先的佳绩。

公司两条生产线均采用目前国际上最先进的窑外分解新型干法生产工艺，设计优化，设备先进，实行机电一体化配置，全自动化管理，产品质量好。2006年8月，公司顺利通过GB/T19001-2000、ISO9001:2000质量管理体系认证。

公司积极发展资源综合利用事业，于2006年11月新建余热发电项目，装机容量为18MW，计划于2007年9月具备并网发电条件。项目建成后，年发电量可达10800万度。

秉承"与你携手共建华润水泥，改变生活造福当地人民"的宗旨，公司重视环境治理，投资约7000万元用于环保除尘，有效治理了水泥生产中粉尘废气污染问题；此外，注重厂区绿化，绿化面积达8.4公顷，绿地率占20%，是一座典型的现代化环保型工厂。

遵循以人为本原则，公司确立了人才、技术、品牌优势，在追求经济效益的同时还保持高度的社会责任感，坚持股东、员工、社会的和谐发展。现在的华润水泥（贵港）有限公司，不仅是华润水泥的生产基地、创效基地和人才培训基地，而且是地方经济发展的助推器。

码头

华润水泥(贵港)有限公司

大对比全优单位

广西建材产品质量监督检验站
二〇〇七年八月

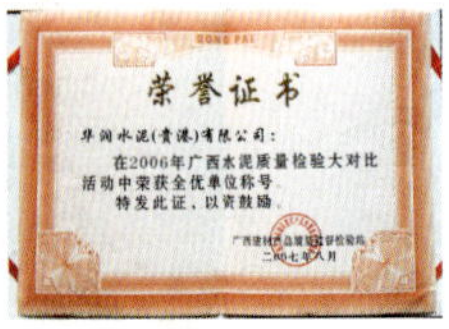

荣誉证书

华润水泥(贵港)有限公司：
在2006年广西水泥质量检验大对比活动中荣获全优单位称号
特发此证，以资鼓励

质量管理体系认证证书

华润水泥（贵港）有限公司

GB/T19001-2000 idt ISO9001:2000

华润水泥（平南）有限公司

中共贵港市委书记赖德荣视察该公司

华润水泥（平南）有限公司是华润水泥控股有限公司的全资子公司，目前规划为三期五条日产4000吨新型干法水泥熟料生产线，六个专用码头。总投资20亿元，注册资本金63692万元。

在生产建设方面：第一条生产线已于2004年10月18日正式投产。第二条生产线于2006年4月建成投产，第三条线计划于2007年10月份投产。三期规划为建设两条同等规模生产线（即第四、第五线），已于2007年1月举行了开工仪式，目前正在开展相关的前期筹备工作。为了提高企业的资源综合利用水平，我们将充分利用水泥窑的废气进行余热发电，计划每台窑装机容量为7500KW，三台窑装机容量为22500KW。一线已于07年4月并网发电，另两条线计划于07年下半年并网发电，年发电量可达15000万度，每年可降低生产成本4000多万元。

技改方面：我公司于2007年2月对一线进行了技改，通过此次技改，解决了预热器系统存在的一些限制因素，在利用现有框架的前提下把预热器系统改造成为更加高效的预热预分解窑系统，提升系统产能，降低生产成本，提高企业的经济效益，同时大幅度降低了系统阻力，为预热发电项目奠定了基础。

企业内部管理：首先公司在生产与建设同时进行的情况下，不断提高品质化管理，2005年我公司已获得GB/T19001—2000质量管理体系认证和产品认证、GB/T24001—2004环境管理体系、GB/T28001—2001职业健康和安全管理体系认证，荣获2005年度贵港市“50强民营企业”称号，荣获06年贵港市水泥建材工业“人才小高地”称号，2006年12月，公司生产的华润牌系列水泥获得国家颁发的产品质量免检证书。其次公司在企业内部大力推进信息化，目前已实施了办公自动化、财务、采购、仓储、生产、质量、销售、人力资源、劳保、后勤、档案管理系统，使公司的管理更加流程化与规范化，信息系统的实施不仅大大提高了工作效率而且降低了组织运行成本。

冯祖华到访

宋总视察平南基地

公司一瞥

贵港市国土资源局

局长：曲勇刚

自治区调研组组长苏长高在局长曲勇刚、副局长何海良、苏宁和总工程师何基础等领导的陪同下，对该局作风效能工作进行专项调研

曲勇刚局长、李达忠副局长、龚贵友副局长等领导情系投资者，深入台泥公司现场办公，为项目用地提供保障

曲勇刚局长、杨启强组长组织举办第一期电子政务项目建设签订仪式

局主要领导带领相关科室人员转变工作作风，深入华润水泥公司现场办公

贵港市国土资源局是由原贵港市土地管理局和原贵港市矿产管理局组建而成，内设办公室、财务科、人事教育科、规划科、耕地保护科、土地利用管理科、地籍管理科、矿产开发管理科、地质勘查储量科、法规监察科、测绘管理科、国土资源权属纠纷调处办公室等12个科室。在市辖三区设立港南分局、港北分局、覃塘分局、直属分局，在25个乡镇和江南办事处设立26个国土资源管理所，为市国土资源局的派出机构，由市局实行垂直管理；市地产服务中心、土地储备中心、土地开发整理中心、土地交易中心、信息与档案管理中心、国土测绘院、国土执法监察支队和港北地产服务站、港南地产服务站、覃塘地产服务站为下属事业单位。该局主管土地资源、矿产资源等自然资源的规划、管理、保护、开发与合理利用等工作的市人民政府工作部门。近年来，该局认真贯彻执行《土地管理法》和《矿产资源法》及其配套的法律法规。深入研究并解决国土资源管理工作中存在的群众最关心、反映最强烈的热点、难点和重点问题，采取各种有效措施，改进机关工作作风，改善国土资源投资软环境，提高国土资源管理行政效能，为贵港市的经济发展提供了有力的资源保障。2006年，贵港市国土资源局获得全区国土资源系统集体二等功，有四位同志获得全区国土资源系统个人二等功；《贵港市地质灾害气象监测预测系统》科研项目分别获得广西计算机推广应用成果二等奖、贵港市科学技术进步二等奖。

局主要领导带队上阳光热线，解答项目用地问题

贵港市财政局

唐成良市长（右一）到市财政局检查工作，黄云贵局长（左一）汇报财政工作情况

2006年，贵港市财政部门在市委、市政府的正确领导下，在上级财政部门的指导和帮助下，坚持以邓小平理论和“三个代表”重要思想为指导，树立和落实科学发展观，紧紧围绕政府中心工作，以深化改革、规范管理为主线；以优化支出结构，集中财力办大事为重点；以解决全市的难点、热点问题为突破口，全面加强全市新时期财政管理工作，取得了较好成效。2006年，全市财政收入完成19.08亿元，比上年增长12.3%，财政支出27.33亿元，增长22.9%，有力地支持地方经济建设和各项事业发展。同时，各项财政改革顺利推进，机关管理进一步规范，干部素质显著提高。

2006年7月财政部王军副部长到桂平市慰问在洪灾中受灾的群众，鼓励受灾群众团结一致重建家园

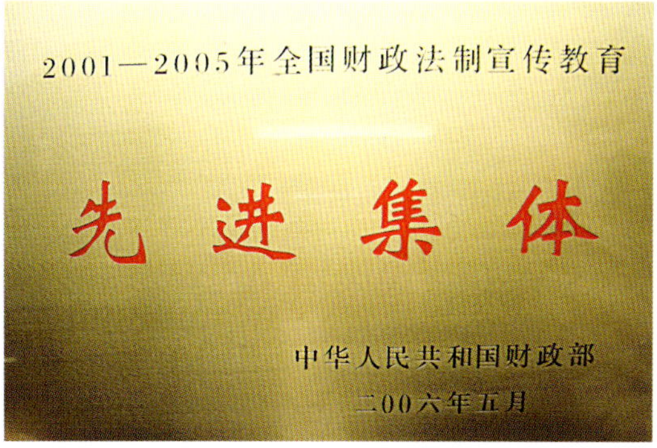

市财政局获得2006年度全国财政科研成果宣传工作特别奖

2006年度财政工作会议在市区召开

2006年10月21日，自治区党委书记刘奇葆（右一）考察华润水泥（贵港）有限公司码头

自治区政府主席陆兵（中）在贵港市市委书记赖德荣（左一）等市领导的陪同下考察华润水泥（贵港）有限公司码头。

贵港市市长唐成良检查贵港罗泊湾二期工程建设情况

2006年12月23日，总投资3亿元的贵港港猫儿山作业区二期工程开工。

贵港市交通局

2006年是“十一五”开局之年，贵港市交通局在市委、市政府和自治区交通厅的正确领导下，以“三个代表”重要思想为指导，以科学发展观为统领，以加快发展为主线，以服务社会主义新农村建设为己任，经过全市交通系统干部职工的共同努力，圆满完成了全年工作任务，取得了实施“十一五”规划的开门红。

交通基础设施建设创新高。全年完成交通基本建设投资7.67亿元。公路方面：建成了平南至容县二级公路贵港段、市区迎宾大道、金港大道和北环一级公路等项目，同时积极推进武宣至平南二级公路贵港段、平南至金秀二级公路贵港段、罗泊湾作业区二期工程进港公路等重点项目的建设。水运方面：贵港港罗泊湾作业区二期工程、西江航运干线贵港至梧州二级航道工程贵港段、贵港港猫儿山二期工程、桂平二线船闸工程等一批重点项目正在如火如荼开展建设。农村道路建设实现新跨越。总长为625公里、141个农村公路通达工程项目全线完工；84个试点村屯共95公里的社会主义新农村公路正在加速建设，我市实现了乡乡通油路和村村通汽车。地方公路养护和路政管理成绩显著，均居全区前列。强化整顿治理，运输管理水平实现新高。通过开展城区交通秩序整治活动，营造中心城区“车畅其流，人便于行”良好的交通秩序。公路、水路运输发展迅猛，港口带动战略成效明显，2006年贵港港口完成货物吞吐量2276.32万吨，在全国内河港口中排名第13位，是西部地区第一个千万吨级内河大港。交通企业改制取得突破性进展。经并购重组，将贵港港务总公司改制成广西爱凯尔集装箱港务有限公司，同时将贮木场、民运港、红联港三家码头组建为广西爱凯尔港务有限公司，中转港有限公司改制为爱凯尔（贵港）中转港有限公司。通过改制，港口企业市场竞争力得到了进一步增强，为港口可持续发展奠定基础。精神文明建设和党风廉政建设全面推进，三个文明协调发展。先后开展了“五五”普法、创建学习型机关、廉政文化进校园、党风廉政建设讲座、以及党风廉政建设和发挥党员先进性为内容的“八桂先锋行”等一系列主题实践活动。

港南区桥南至木格水泥路开工庆典

交通局贯彻学习贵港市第三次党代会

贵港市通乡水泥路建设如火如荼进行

农村公路建设冬季大会战动员会

贵港市交通局开展学习型机关活动

繁忙的港口装卸作业景象

贵港市房产管理局

贵港市房产管理局于1996年6月成立，是贵港市人民政府直属的事业单位，对全市房产行业履行行政管理职能。在市委、市政府的正确领导下，贵港市房产管理局正以全新的姿态，深入贯彻邓小平理论和江泽民同志“三个代表”的重要思想，认真贯彻实施《中华人民共和国城市房地产管理法》，把握房产管理市场的新形势和新机遇，不断创新，与时俱进，内强素质，外树形象，努力树立依法行政、服务群众的房产新形象，为贵港构建“玉贵走廊”和经济的全面建设做出应有的贡献。

局长：黄承恩

局领导班子在研究探讨“十一五”贵港市房地产发展前景

贵港市房产局开发建设位于建设路中段的商住楼，共55套，建筑面积7000平方米

由贵港市房产局开发建设位于石羊塘的商住楼，共有60套，建筑面积6000平方米

由贵港市房产局开发建设位于中山路的桥北综合楼，共80套，建筑面积9000平方米

贵港市人口和计划生育委员会

2006年4月，我市在市政府第一会议室召开贵港市人口和计划生育领导小组成员会议

2006年本委到覃塘区覃塘镇开展“三下乡”活动。图为发放人口计生宣传品现场

2006年9月，我市在平南县召开全市人口和计划生育工作后进乡镇转化现场会

2006年3月，我市召开“全市人口计划生育”工作会议

全市人口和计划生育工作后进乡镇转化现场会

计划生育
利国利民

实行计划生育是
我国的一项基本国策

贵港市水产畜牧局

副市长邓建华在梁克健局长的陪同下视察水产畜牧业情况

养鹅基地

2006年，在市委、市政府的正确领导和自治区水产畜牧局的指导下，贵港市水产畜牧局坚持以邓小平理论、“三个代表”重要思想为指导，全面落实科学发展观，坚持以水产畜牧业增效、农民增收为目标，以科技创新和对外开放为动力，大力发展循环经济，有效促进了全市水产畜牧业持续稳定发展。2006年，全市肉类总产35.13万吨，同比增长5.49%，水产品产量15.31万吨，同比增长9.02%，水产畜牧业总产值57.42亿元，同比增长8.79%，占大农业总产值比重达48.58%。水产品、畜产品加工产值达20亿元，同比增长6%，农民人均增收68元。

全市肉猪出栏339.44万头，同比增长5.10%；家禽出栏3986.61万羽，同比增长7.28%；肉牛出栏11.83万头，同比增长8.69%；禽蛋14529吨，同比增长7.29%；牛奶产量2361吨，同比增长3.83%。

白鸽养殖小区

养鱼基地

瘦肉型猪养殖小区

广西通泰汽车运输(集团)有限公司

通泰快班

广西通泰汽车运输（集团）有限公司地处西南出口大通道的广西贵港市，前身为贵港市汽车运输总公司，2001年改制为有限责任公司。

公司现有资产总额1.9亿元，职工1200人，为贵港市骨干企业、广西十大专业运输企业之一，被国家交通部评定为二级道路旅客运输企业。目前公司在贵港、桂平、平南共拥有8家客运站、8个客运分公司、4个汽车维修厂、汽车货运站及驾培学校，公司现有通泰出租车有限责任公司、通泰国际旅行社、华通汽车运输有限公司，通泰货运服务有限公司等4家子公司。公司共拥有各色豪华高级、中级、普通客车445辆，出租车160辆，开行班线200多条，经营业务涉及汽车客运及货运、汽车维修、旅游、房产租赁、汽车配件及石油制品销售等范围，初步形成了集运、工、贸、旅游于一体的经营格局。

通泰国际旅行社

公司树立“安全第一、旅客至上、服务一流”的经营理念，并一步一步地发展壮大起来。2001年—2005年，公司营业收入年均增长14.12%，实现税利年均增长20.09%，安全四项考核指标年均下降21%。公司在发展的过程中，曾多次荣获广西壮族自治区“经济效益先进单位”、“企业管理优秀单位”和“安全管理先进单位”等荣誉称号。公司工会曾连续两年被评为了广西区交通系统模范“职工之家”。总经理赖绍君同志也在1998年、2000年、2003年分别被区总工会和全国总工会授予“广西五一劳动奖章”，“自治区劳动模范”和“全国‘五一’劳动奖章”等荣誉和光荣称号。

通泰总公司

贵港汽车东站

贵港汽车南站

贵港汽车西站

贵港汽车总站

桂平汽车总站

平南汽车总站

贵港统计年鉴

2006—2007卷

贵港统计年鉴编辑委员会　编

方志出版社

图书在版编目(CIP)数据

贵港统计年鉴/何练祥 主编·—北京:方志出版社 2007.10

ISBN 9-787—80192—550—3

Ⅰ.贵… Ⅱ.何… Ⅲ.年鉴—广西—贵港

Ⅳ.1256

中国版本图书馆CIP数据核字(2007)第72112号

书　名	贵港统计年鉴
主　编	何练祥
责任编辑	刘　武
出版发行	方志出版社
印　刷	郑州金秋印刷厂
开　本	889×1230　1/16
字　数	400千字
印　张	20 印张
印　数	0001-1000册
版　次	2007年10月第1版第1次印刷
书　号	ISBN 9-787—80192—550—3/K.1020
定　价	180.00元

编 辑 说 明

一、《贵港统计年鉴2006—2007卷》是一本全面反映贵港市国民经济和社会发展情况的综合性年度资料。

二、本年鉴编辑的统计数据以2005年、2006年的为主。

三、本年鉴编辑所使用计量单位均采用法定计量单位。

四、由于统计制度和统计体系的改革，尤其是经过第一次全国经济普查后，对书中某些统计指标数据相应作了调整和衔接，读者在使用统计资料时，凡与本年鉴有出入的，均以本年鉴为准。

《贵港统计年鉴 2006－2007 卷》编辑部

《贵港统计年鉴 2006－2007 卷》编委会

黄开姿	市建设投资管理委员会办公室主任	朱伟明	市地方税务局局长
闵贵荣	市江南工业园开发建设管理委员会主任	曾海燕	港北区区长
石焕成	市中小企业局局长	杨评防	港南区区长
李英荣	贵港公路管理局局长	李水恒	覃塘区区长
陈贵全	市工商行政管理局局长	麦承标	桂平市市长
孟宗民	市国家税务局局长	黄星荣	平南县县长

《贵港统计年鉴》2006—2007卷

主办单位：贵港市人民政府

执行编辑：贵 港 市 统 计 局

协办单位：桂平市人民政府

平南县人民政府

港北区人民政府

覃塘区人民政府

港南区人民政府

鸣　谢

下列单位对本年鉴出版给予大力支持和帮助，特此致谢！

贵港市盐务管理局
贵港市旅游局
贵港市人民医院
贵港市新世纪广场管理处
贵港航运枢纽分公司
贵港市卫生监督所
贵港市疾病预防控制中心
贵港市丹特口腔医院
贵港市国资委
广西第六地质队
桂平市经贸局
桂平市妇幼保健院
桂平市粮食局
桂平市国土资源局
桂平市公路运输管理所
桂平市审计局
桂平市农业机械化管理中心
桂平市人民检察院
桂平市水利局
桂平市人民法院
平南县大鹏镇人民政府
平南县人民医院
平南县安怀镇人民政府
平南县同和镇人民政府
港南区木梓镇人民政府
港南区瓦塘乡人民政府
港南区东津镇人民政府
中国农业发展银行贵港分行
中国太平洋财产保险股份有限公司
贵港中心支公司

目 录

2006年统计资料

《贵港统计年鉴2006——2007卷》彩图引导

目录前插页

目录后插页

书中插页

书后插页

① 2007年4月22日市委书记赖德荣（前排右一）陪同自治区党委书记刘奇葆（前排左一）视察贵港市江南工业园。

② 2006年11月8日市委书记赖德荣（前排右二）、市长唐成良（前排右一）陪同自治区主席陆兵（前排左二）视察华电集团贵港发电有限公司。

③ 市委书记赖德荣（前排左二）考察华润水泥（贵港）有限公司。

① 2007年4月18日市长唐成良（前排右一）考察西江氮肥厂

② 2006年6月21日贵港市成立10周年经贸洽谈暨合作项目签约仪式

③ 2006年4月21日台泥（贵港）水泥有限公司剪彩开工

贵港市二轻城镇集体联合社

市机关工委．组织部领导及联社党组领导．成员在会议上分别讲话

[概况] 贵港市二轻城镇集体工业联合社是主管全市二轻工业行业的市人民政府直属事业单位。2006年，贵港市二轻企业（包括桂平、平南）有28家，在册职工4129人。企业的生产经营项目涉及制浆造纸、日用品、塑料制品、金属制品等工业门类，产品包括纸板、热镀锌件、塑料制品、木器家具、服装、皮鞋、镍氢镍镉电池等。2006年全市二轻行业累计完成工业总产值12230.10万元，同比减7.52%；实现产品销售收入12493.7万元，比增2491%；上缴税金370万元，比增50.31%；实现利润166.5万元，比增295.96%。

[开展学习教育活动] 2006年，我市二轻广大干部职工认真开展学习教育活动。一是认真学习贯彻落实中央、自治区和市委的会议精神，深入学习科学发展观内涵和构建和谐社会重大战略思想；二是组织广大党员学习党章，使党员始终保持共产党员的先进性，充分发挥先锋模范作用；三是在干部职工中开展以“八荣八耻”为内容的社会主义荣辱观教育，做到知荣辱、树新风；四是组织干部参加市委组织部举办的“周五”培训和“五五”普法（1）学习。

[企业改制] 2006年，我市二轻联社因厂制宜，深入广泛听取职工意见，结合企业实际，对部分企业进行了改制：桂平食品厂采取职工入股合作经营模式，共投入150万元，取得了较好的效益；对桂平市工艺厂整体出让，共安置了60名职工，完成了企业转制和职工身份置换；平南县解决小刀厂厂房用地问题，进行搬迁，异地生产；平南县民族刀具厂采取合作方式恢复生产经营业务。通过改革，企业得以维持运转，并逐步发展壮大。

[招商引资]2006年利用企业的有利条件，大力招商引资，全年共吸引投资1150万元。其中：由市螺钉厂引资150万元兴办幼儿园；桂平市引资500万元的伟进织造厂项目；平南县引进广州金达（香港）国际集团有限公司投资500万元生产小刀系列产品项目。通过招商引资，为二轻企业注入了生机，并逐步成为新的经济增长点。

[行业协会组建工作] 按照自治区二轻联社的要求，贵港市二轻联社对桂平市、平南县工艺美术产业进行调查统计，并做好上报工作。2006年12月20日成立了广西工艺美术协会，贵港市二轻联社、桂平市、平南县二轻联社是协会理事单位，有8家工艺企业加入工艺美术协会。这对发展我市特色产业、区域经济具有极大的推动作用。

蓄势腾飞的港

市领导到我区检查指导重点项目建设工作

工业经济不断发展壮大。实现工业总产值37.15亿元，比上年增加6.04亿元，增长19.4%。工业增加值12.43亿元，比上年增加1.98亿元，增长14.2%。规模以上工业企业达26家，工业集中区建设迈上新台阶。羽绒业取得长足发展，作为全国重要羽绒生产基地的地位进一步巩固。

港南区荣获“中国羽绒之乡”荣誉称号，图为中国羽绒协会姚小曼常务理事长向港南区授予荣誉证书

贵港市亚计山生态环保大型种养示范基地项目开工，市委书记赖德荣、市长唐成良出席了开工仪式。

畅销海内外的羽绒产品

江南工业园一角

商贸服务业取得新进步。社会消费品零售总额9.2亿元，比上年增加1.2亿元，增长14.9%。新增外贸企业3家，外贸出口总额350万美元，比上年增加36万美元，增长11.5%。

招商引资上项目取得新突破。通过创新招商方式、完善项目工作机制、积极打造工业园区、开展系列招商活动等途径，招商引资和项目工作取得显著成绩。2006年全区续建扩建和新建项目123个，计划总投资34.2亿元，其中新建项目71个，市外客商投资项目53个，到位资金4.46亿元，完成市下达任务的113.2%。三路饲料公司、鑫益矿物饲料公司、华瑞塑业公司、安盈工业公司等4个重点续扩建项目已建成投产或基本建成投产；南兴电器厂、金港商贸城、巴帝食品添加剂等8个新建重点项目建设工作也取得了重要进展。

2006年，港南区始终坚持以邓小平理论和“三个代表”重要思想为指导，以科学发展观统领全局，以招商引资上项目为重点，以财源建设为突破口，推动了经济社会全面协调发展，实现了“十一五”时期的良好开局，全区完成生产总值32.75亿元，增长11.0%。财政收入9636万元，增长22.6%。全社会固定资产投资完成18亿元，增长21.7%。城镇居民人均可支配收入9853元，增长12.4%。农民人均纯收入3134元，增长10.50%。三次产业结构得到进一步优化，由2005年的29:41:30调整为27.9:42.5:29.6。

城镇化进程进一步加快。江南城区开发建设迈开新步伐，行政中心主体工程、江南商贸城、南湖商业广场、金港商贸城等城市主体工程顺利推进。投入1500万元，建设村级水泥路22公里，修建村屯道路110公里；投入580万元，完成了武思江灌区续建配套三期工程，建成人饮工程5处，解决2万多人饮水安全问题。

精神文明建设和社会各项事业协调发展。启动了“五五”普法工作，依法治区稳步推进；基层民主建设加快推进，荣获“广西村务公开民主管理示范区”称号；大力开展各种群众性精神文明创建活动，全区涌现了一批精神文明先进单位和先进个人；圆满完成了区、乡两级政府换届工作，成功举办建区十周年系列庆典活动，政府自身建设进一步加强；投入410万元进行中小学危房改造，全区教学环境得到改善，农村义务教育得到加强，“两基”成果进一步巩固。推行了人口和计划生育新机制，全区人口自然增长率为8.89‰，保持了低生育水平。“严打”斗争和打击“六合彩”赌博等专项行动深入开展，一批历史遗留问题、社会矛盾和热点问题得到有效排查和调处，平安港南建设成效显著。

绿之源中药材生产基地生产的中药饮片

农业基础地位更加牢固。农业总产值达15.3亿元，比上年增加1.3亿元，增长8.6%。粮食增产0.98万吨，总产达23.3万吨。甘蔗增产1.5万吨，总产量达21.7万吨。中药材、白鸽、速丰桉、蚕桑、西蚕莲等特色农业均有新的发展，并成功举办了自治区2006年度中药材生产管理现场会。

蔗中珍品木格白玉蔗

优质种鸽生产基地贵港水顺鸽业有限公司

新兴的覃塘区

中央台办经济局副局长刘军川（左二）视察台泥（贵港）有限公司

自治区党委书记刘奇葆（右一）莅临我区视察

贵港市委书记赖德荣（右二）到我区检查工作

区委书记冯国忠十分关心农民致富增收，图为他在乡镇调研

区长李水恒（中）经常深入基层现场办公，努力解决民生问题

贵港市覃塘区：位于贵港市西部。辖6个镇和4个乡，行政区域面积15平方公里。2006年末人口54.81万，人口自然增长率9.86‰。全年实现地区产总值290400万元，其中第一产业增加值102349万元；第二产业增加值948万元；第三产业增加值93237万元。人均地区生产总值5298元。全社会固定产投资完成115711万元。社会消费品零售总额实现104681万元。实际利用资36730万元。财政一般预算收入6243万元，财政一般预算支出20477万元城镇居民人均可支配收入8129元，人均消费性支出4656元。农村居民人均收入3068元，人均生活费支出2045元。居民年末储蓄存款余额58016万元。

【工业经济发展】进一步强化“工业强区”主导地位，深入开展“项目效年”活动，重点抓好年产360万吨水泥的华润水泥（贵港）有限公司项目和产900万吨水泥的台泥（贵港）有限公司项目，其中华润水泥（贵港）有限司二期日产5000吨水泥熟料生产线于9月7日成功点火投产，着力做大做强优建材、化工、农林产品加工等三大支柱产业，扎实推进以水泥生产为主的材产业发展。继续深入实施开放带动战略，多层次、多渠道、多形式招商引资一批工业项目竣工投产，促进了工业经济快速发展，经济结构进一步优化。

【特色农业稳步推进】紧紧围绕“龙头企业、服务市场、突出重点、突出特色、因地制宜、合理布局”的发展思路，重点抓好优质谷、“双高”糖蔗、菇、蚕桑、蔬菜、莲藕、茶叶、速丰桉、水果、水产畜牧规模养殖等优势和特色农产品生产基地建设以及农产品加工基地建设。

【教育事业健康发展】始终把发展教育摆在优先发展的位置，不断深化教育体制改革，坚持财政投入为主，确保教育经费“三增长”。继续巩固提高“两基”工作，“普实”工作进一步加强，被确定为自治区级示范性普通高中立项学校的覃塘高中建设步伐加快，教育教学质量明显提高。2006年高考全区上本科线人数816人，比上年增长41.67%；中考上市示范高中线人数692人，取得市辖三区“十连冠”。覃塘三中被评为“自治区中小学规范管理十佳学校”，成为全市唯一获此殊荣的学校。

【新型农村合作医疗试点扎实推进】采取简化报销手续、增加用药目录、提

年产12万立方米中纤板的广西贵港市恒运通中纤板有限公司

贵港市新农村建设示范点—石卡镇陆村狮子屯

XIN XING DE QIN TANG QU

区委书记：冯国忠

区长：李水恒

高报销比例、免费健康体检活动等方式，大大缓解农民因病致贫、因病返贫，新型农村合作医疗试点工作取得了明显成效。

【城镇基础设施建设步伐加快】深入开展“城乡清洁工程”，全面治理“五乱”，狠抓市容环境的综合整治，对中心城区以及乡镇所在地的主要街道进行了大整治，市容环境得到了很大的改善。区人民会堂、区交通局办公大楼、区检察院业务办公大楼、区地税局办公大楼、覃塘高中综合楼等建设项目全面竣工，向南居·颐荷嘉园建设项目已启动，区武装部营院大楼正在加快建设，行政新区建设已初步拉开框架。继续抓好城区旧城改造，逐步解决城区居民用水、用电、道路硬化、绿化、亮化等问题，极大改善了人居环境。

【法制建设取得新进展】围绕“平安覃塘”创建活动，积极开展“百日调处”大行动，依法严厉打击各种刑事犯罪和经济犯罪活动，加大对黄、赌、毒的打击力度，社会治安大局平稳。全年全区共调处“三大纠纷”案件36件，“四五”普法工作被自治区评为先进县（市、区），“五五”普法规划开局良好，全区社会稳定。覃塘镇司法所被自治区司法厅评为司法所建设先进单位。

年产2万吨松香树脂的贵港中加树脂公司开工

年产300万吨水泥的港桥水泥有限公司

在建中的年产900万吨水泥的台泥（贵港）有限公司

华润水泥专用码头

覃塘毛尖茶闻名中外

贵港市港北区人民

A

D

图片说明

A 港北新区　　B 达开湖美景
C 猫儿山港集装箱码头
D 广西中强置业投资有限公司入驻港北
E 贵港市杨翔饲料有限公司外景
F 广西德才生物食品有限公司外景
G 贵港市德才生物食品有限公司选果车间一角
H 蝴蝶兰培育基地　　I 凤凰城
J 盛世名门　　K 港北行政中心

G

H

I

政府

港北

B

C

E

F

J

K

与时俱进的平南县

黄星荣县长（左四）陪同唐成良市长（右一）到大鹏镇考察鹏山风光

县委覃志清书记（中）视察华润水泥（平南）有限公司建设现场

安怀镇万亩连片茶叶基地

平南县位于广西东南部。南梧二级公路和浔江过境。辖17个镇和4个乡，县人民政府驻平南镇，行政区域面积2988平方公里。2006年末人口131.04万，其中农村人口119.84万。有瑶、壮等少数民族9万人。人口自然增长率9.6‰。耕地面积4.47万公顷，农田有效灌溉面积1.7万公顷，粮食播种(含复种)面积6.6万公顷，经济作物种植面积1.71万公顷。农机总动力47.13万千瓦。有林面积16.9万公顷，森林覆盖率53.3%。等级公路里程266.08公里，其中二级公路71.04公里。主要旅游景点有自治区级文物保护单位大安古建筑群等平南新八景。重要矿产资源有石灰石、花岗岩、大理石、金和磷。著名地方产品有肉桂、八角、石硖龙眼、蜜枣、茶叶等。

2006年全县实现地区生产总值58.21亿元，其中第一

平南石峡龙眼闻名遐迩，作为特色支柱产业，全县种植面积现已达20多万亩

人民政府

县长黄星荣（左一）到基层调研

平南充分利用资源优势，小小芒编做成了大产业，不少农民走上了致富之路，图为编织工艺品生产车间

平南红心食品有限公司包装车间

华润水泥（平南）有限公司已完成投资18亿元，建成了3条年总产600万吨的新型水泥生产线，年上交税收1亿多元

产业增加值21.35亿元，第二产业增加值17.11亿元，第三产业增加值19.75亿元。人均地区生产总值4494元。财政一般预算收入18324万元，财政一般预算支出64521万元。全社会固定资产投资完成额16.89亿元。

今年1—6月全县实现地区生产总值32.06亿元，比增13.38%；其中第一产业增加值8.77亿元，比增7.2%；第二产业增加值10.7亿元，比增17.94%；第三产业增加值12.59亿元，比增14.43%。三次产业结构得到进一步优化，农业所占的比重进一步下降，第二、第三产业发展迅速。财政收入2.2亿元（不含基金收入），比增20.71%；全社会固定资产投资完成11.34亿元，比增177.9%；城镇居民人均可支配收入6019元，比增35.86%；农民人均现金收入1788元，比增18.27%。

平南旅游资源十分丰富，图为壮观的鹏山风光

唐成良市长视察市公安局110报警服务台

市公安局党委书记、局长祝特林带领局领导班子成员到贵港钢铁公司调研

贵港市公安局

贵港市公安局目前设置政治部、指挥中心、纪委、审计、户政、法制、出入境、计财、后勤、宣传、通信、机关党委、监管、训练学校等14个内设机构，直属机构16个（其中副处级支队三个：交通警察支队、刑事侦查支队、治安警察支队），辖港北、港南、覃塘分局和桂平市、平南县公安局，103个派出所，在职在编民警2000多名。

2006年，贵港市公安局以党的十六届五中全会精神和“三个代表”重要思想为指导，以科学发展观为统领，紧紧围绕全市改革发展稳定的大局，坚持立警为公、执法为民，求真务实，开拓创新，与时俱进，以建设平安贵港、构建和谐社会为目标，以“三基工程建设”为主线，以服务经济建设为中心，坚持严打方针，创造性地开展各项公安工作，有力地维护了全市社会治安稳定。

2006年贵港市公安局被评为全国老年维权示范岗、全区政法系统百家“人民满意政法单位”、全区公安机关基层执法质量服务工作先进单位、全区先进基层党组织、全区公安教育训练工作先进集体；有7个基层单位被评为自治区级先进单位，有5个基层单位被自治区公安厅记集体二等功；有41人（次）获自治区级以上表彰，其中莫一格荣获“全国特级优秀人民警察”称号。

前进中的贵港市农机局

贵港市农机局是主管全市农业机械化工作的人民政府直属事业单位，内设办公室、业务科、财务科和安全生产管理科，下属市农机安全监理所、市机电工程学校、市农机技术推广站、市机械施工队、市农机公司共五个单位。主要负责制订全市农业机械化的中长期发展规划和年度发展规划，组织农机项目的立项、论证并组织实施；制订全市农业机械化、设施农业工程方面的宏观调控措施、农业机械化管理规章、制度、标准、办法并监督实施 负责拖拉机和其他农业机械化的安全监督管理、安全教育和农机事故调查处理等工作；指导农机服务组织的生产和经营服务，指导机械化农业生产；负责农机管理系统企业宏观管理、农机维修和维修配件质量监督、新工艺、新技术、新材料的推广；负责农机职业教育和成人教育的宏观管理；负责农机管理系统信息收集、加工、反馈，农机化统计以及农机化宣传工作。

局长：刘新玲

近年来，在市委市政府的正确领导下，农机系统转变作风，求真务实，外树形象，内强素质，职工队伍整体素质明显提高，农机管理、安全监理、技术培训、新机具、新技术引进和推广等工作逐年跃上新台阶，得到上级主管部门和市委市政府的充分肯定。2006年，市农机局连续四年被评为“全区农机化管理先进单位”，市农机安全监理所连续五年被农业部授予“文明监理 优质服务示范窗口”称号……目前，全市农机装备结构明显优化，农业生产机械化综合水平得到提高，新增各种财政补贴农机具420多台，农机拥有量达71.6万台，农业机械总动力200.2 万千瓦，农业机械原值12.6 亿元，农业作业总值 12.5亿元，机收水平达到12.98%。农业机械正以自身的优势，在经济建设领域发挥愈来愈重要的作用。

凝心聚力铸警魂·情系交通保平安

贵港市公安局交通警察支队

2007年，贵港市公安局交警支队内设科、所、队18个，管辖桂平市公安局交警大队、平南县公安局交警大队，共有在编民警397名，担负着港北、港南、覃塘、桂平、平南三区两县(市)的道路交通安全管理工作，辖区共有各类机动车50多万辆，机动车驾驶员44多万名。

今年以来，支队在市委、市政府和上级公安机关的领导下，以科学发展观为统领，以转变干部作风、加强机关行政效能建设为契机，紧紧围绕预防和减少道路交通事故的工作重点，以创建平安畅通县区活动为载体，大力开展"五整顿"、"三加强"工作，依法严格整治道路交通秩序，广泛深入开展大练兵活动和加强公安交警队伍"三基"工程建设，为维护和促进我市经济社会稳定繁荣发展做出了积极贡献。支队继多次荣获全国、自治区一系列殊荣后，2007年更是取得了创队以来的最好成绩：特勤大队荣获"全区人民满意政法单位"，并记集体二等功一次；中山岗连续三年被评为"全国青年文明号"，并记集体二等功一次；车管所连续两年被评为二等车管所，荣获"广西工人先锋号"、"全区基层公安机关爱民所队"称号，并获"广西五一劳动奖状"，还有一大批集体和个人立功受奖。

中共贵港市委书记赖德荣(右二)在市公安局副局长、警支队支队长黄文新(右三)的陪同下，亲切看望慰问奋在一线的交通民警。

贵港市市长唐成良(左二)、副市长庞文达(右三)莅临支队检查指导工作。

公安部交通管理局副局长李江平(右二)、区公安厅交通管理局副局长钟悦辉(右三)在支队领导的陪同下视察贵港市公安交通管理工作。

支队以实施宣传教育工程为载体构建基层交通安全宣传网络，大力开展交通安全宣传教育活动，形成了"政府领导、部门齐抓共管"的社会联动机制。

支队依靠政府的支持，在各职能部门的配合下建立了道路交通安全联席会议制度，目前已建成由政府牵头的市、县、乡三级交通安全联席会议制度。

全市交警部门牢固树立"练兵强警、练兵树警"的理念，建立了教育训练长效机制，持续深入地开展大练兵活动，形成全方位、立体式的大练兵格局。

桂平市公安局交通警察大队

市公安局副局长兼交警大队队长孙勇（中）主持召开会议

视察工作

桂平市公安局交通警察大队位于桂平市西山镇郁江大桥南岸桥头旁边。大队内设11个所、队，即交通规费管理所、交通管理服务中队、交通秩序管理中队、车辆管理所、交通事故处理中队、特勤中队、城区中队、木乐中队、麻垌中队、石龙中队、金田中队，现有在职在编交通民警94名，工人9人，协勤员100人。

在市委、市政府和上级公安机关的领导下，大队主要承担以下工作职责：维护道路交通秩序、预防和处理道路交通事故、受理机动车和驾驶员管理业务、做好道路交通安全宣传工作。

交警大队全面贯彻“政治建警、从严治警、依法治警、立警为公、执法为民”的方针，围绕“降事故、保安全、保畅通”的目标，以加强队伍建设为重点，以创建“平安畅通县区”、“平安大道”活动为载体，努力提高道路交通执法、管理、服务水平，全面实行正规化、等级化管理，大队的工作业绩每年迈上一个新台阶，为我市经济建设和社会发展创造了良好的交通环境。2002年以来，大队连续五年荣立集体三等功，连续五年被评为综治工作先进单位、先进党支部，有9个中队被上级公安机关评为先进集体，8人荣立个人三等功，80人被评为先进个人。

广西壮族自治区贵港监狱

广西壮族自治区贵港监狱始建于1951年，1996年10月从河池地区南丹县整体迁建至贵港市，办公生活区位于贵港市金港大道东段，监管区位于贵港市东郊。

建监55年来，贵港监狱认真贯彻“惩罚与改造相结合，以改造人为宗旨”的监狱工作方针，成功地将20000多名罪犯改造成为守法公民。近年来，监狱党委严格依法治监、从严治警，按照“强素质、重锤炼、勤磨砺、练精兵”的工作思路，通过党纪政纪法纪教育、岗位大练兵活动和岗位技能培训，努力把监狱警察队伍打造成一支无往不胜的“利剑”，大力推进平安监狱、文化监狱、现代化文明监狱建设。监狱始终坚持以维护监狱安全稳定为首位、以提高罪犯改造质量为中心，综合运用监管改造、教育改造和劳动改造三大手段改造罪犯严格落实各项监管安全制度，创新开展罪犯特训工作，坚持依法、严格、科学、文明、直接管理；抓好罪犯生活卫生防疫，坚持按实物量标准确保罪犯伙食供应；推行狱务公开，设置狱内110信箱、监狱长信箱、公示意见箱等多个罪犯诉求信箱，设立监狱长接待日，加大执法监督力度，确保监狱执法的公平、公正、公开；加大硬件设施投入，积极与驻监武警部队开展共建、共管、共保安全“三共”建设，形成人防、物防、技防相结合的全方位防范体系。切实抓好罪犯的思想、文化和技术教育，不断创新教育载体，开展丰富多彩的文体活动；在抓好集体教育的同时加强对罪犯的个别谈话教育，实行个案矫治；创建女警中心，通过心声热线电话开展心理咨询；设置亲情电话、短讯平台，开展社会帮教活动，与贵港市检察院联合建立了“贵港市预防职务犯罪警示教育基地”，先后开展警示教育20余次，受教育人数达7500多人次，为建设平安贵港、和谐贵港作出了积极的贡献。依法组织罪犯参加劳动，矫正恶习，培养良好的劳动习惯，使罪犯学到一技之长，为他们重新回归社会打下了基础。

进入新世纪以来，监狱已连续7年实现无罪犯脱逃，两次实现无罪犯脱逃、无狱内重大案件、无罪犯非正常死亡、无重大安全生产事故“四无”“三连冠”，为社会的稳定和经济的发展作出了应有的贡献，监狱也因此荣记集体二等功2次、集体三等功4次。自治区主席陆兵（时任副主席）、副主席吴恒、刘新文等领导同志都曾到监狱视察慰问。

领导关怀

吴恒副主席与监狱领导班子合影

自治区监狱局梁振林局长检阅监狱警察

改造罪犯

监狱长接待日：监狱领导接待罪犯亲属

节日期间组织罪犯开展丰富多彩的文体活动

监狱警察在训练罪犯行为养成

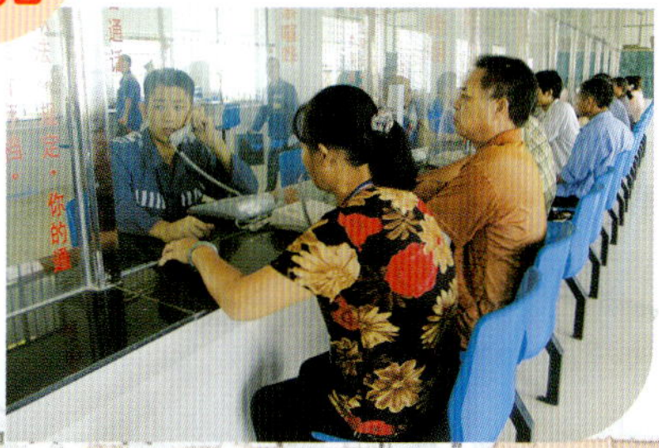
罪犯亲属会见

队伍建设

威武的监狱人民警察

监狱建设

2006年9月28日贵港监狱举行建监55周年暨迁建10周年盛典

贵港市国税局到监狱开展警示教育

党组书记、局长、经理：戴诗宜

地级贵港市烟草专卖局、贵港市烟草公司组建于1997年1月，是统一领导、垂直管理、政企合一的中央直属企业。下辖贵港城区、桂平市、平南县3个县级烟草专卖局，机构包括办公室、人力资源管理科、财务科、营销管理中心、物流管理中心、综合管理科、专卖管理办公室、安全保卫科、审计科、烟叶生产经营部等科室。全市系统有员工470人，卷烟零售户14333户。

2006年，市烟草专卖局（公司）坚持稳步推进、协调发展的方针，以打造市公司营销主体为主线，加强专卖管理，规范经营行为，创新网络建设，持续增长销量，强化队伍建设，各项改革顺利推进，圆满完成全年各项工作目标。全年销售卷烟75303箱，同比增长7.34%；卷烟销售收入6.88亿元，同比增长21.32%；卷烟单箱销售额7753元（不含税），同比增长13%；实现利税9613万元，同比增长68.59%，其中上缴各种税金约4814万元。市场清理整顿工作取得明显成效，查处各类涉烟违法案件938起；查处无证经营案472起；收缴大型制售假机械2台（套）；查获各类违法卷烟1025.19件；收缴烟叶烟丝80.99吨。移交公安等司法机关处理涉烟违法嫌疑人20人。2006年，市烟草专卖局（公司）获广西区卷烟打假“先进单位”称号、获广西区烟草系统卷烟经营“完成任务奖”、获贵港市“纳税大户”称号。

贵港市烟草专卖局（公司）

晚　会

市委、市政府领导参加烟草市场工作会

电访员工作场面

贵港市人事局

2006年4月26日国家人事部到我市调研公务员法实施情况。调研组先后听取了市人事局、桂平市人事局主要领导关于公务员法实施情况的汇报，了解了公务员法实施工作进展和加强公务员队伍建设的做法、成效与经验，听取意见和建议。图为人事部李司长到桂平市进行调研现场。

贵港市人事局内设办公室、政策法规科、公务员管理科、专业技术人员管理科（市专业技术人员职称改革领导小组办公室）、人才流动开发科（市大中专毕业生就业指导办公室）、工资与退休科、军官专业安置科（市军队与转业干部安置工作领导小组办公室）、人事档案管理科8个职能科室；下属人才交流服务中心（含人才市场）、干部培训中心两个事业单位。局机关行政编制21名（其中处级领导职数正职1名，副职2名，科级领导职数12名），机关事业编制5名；两个事业单位编制共12名，工勤编制2名。机关在职人员23名，事业单位人员13名。2006年，在自治区人事厅的指导下，紧紧围绕市委二届七次全会及全市经济工作会议精神，切实贯彻落实全区人事工作会议精神、自治区第九次党代会精神和市第三次党代会精神，以科学发展观统领人事人才工作，按照建设以“富裕贵港、文化贵港、生态贵港、平安贵港”为主要内容的和谐贵港的总体目标要求，深入贯彻人才强贵战略。突出重点，服务大局，全面贯彻实施公务员法，扎实推进机关事业单位工资制度改革和职称制度改革；统筹兼顾，认真做好实施公务员法、事业单位人事制度改革、人才交流和军转安置等工作，切实做到为建设“四个贵港”提供有力的人事人才支撑。

2006我市组织全市各类培训考试共10万多人次，图为2006年事业单位公开面向社会招聘工作人员进行笔试的一个考场。

2006年召开全市人事工作会议，市委常委、常务副市长宾能松同志出席会议并作重要讲话

贵港市糖业生产领导小组办公室

主任：黄一举

2001年，贵港市糖业局更名为市糖业生产领导小组办公室，主管糖业生产工作的市人民政府议事协调办事机构。内设2个职能科：综合科、生产科。

贵港市蔗糖业起步较早，从上世纪五十年代就开始发展蔗糖业。经过几十年的发展和扩张，全市已拥有贵糖（集团）股份有限公司、贵港甘化股份有限公司和贵港金田糖业有限公司，日压榨能力达2万吨。糖料蔗种植亦遍布全市52个乡镇，蔗农达15万多户，全市从事蔗糖及相关产业的人口将近100万人，并逐步由单纯的制糖生产向糖纸一体化发展，目前已形成了以甘蔗种植、制糖、造纸为主业，综合利用制糖副产品生产酒精、轻质碳酸钙、回收烧碱、有机复合肥和中纤板生产等为支撑的多元化产业群。

多年来，在市委、市政府的领导下，在各级党委、政府和相关部门的大力支持下，糖业战线广大干部职工坚持以邓小平理论，“三个代表”重要思想为指导，树立正确的科学发展观，紧紧围绕市委、市政府有关发展蔗糖生产的工作思路，以培育建设甘蔗种植专业乡镇（村）为重点，大力推广甘蔗良种和“吨糖田”高产高糖的栽培技术为手段，促进了全市蔗糖产业稳定发展，实现了国家增税、农民增收、企业增效的“三赢”目标。2006年，全市进厂原料蔗达177.2万吨，同比增加66.1万吨，增长59.5%；蔗糖产量达21.7万吨，同比增加8.75万吨，增长67.5%；蔗农种蔗蔗款收入4.87亿元，同比增加1.79亿元，增长58.1%。

荣誉证书

贵港市糖业生产领导小组办公室：

2006/2007年榨季，你单位工作积极，成效显著，荣获榨季管理工作二等奖。

特发此证，以资鼓励。

2006/2007年榨季工作

先进单位

2001—2002年甘蔗种植大会战

先进集体

中共贵港市委员会

贵港市人民政府

二○○二年五月

2006年10月20日自治区党委书记刘奇葆到贵港街道视察城镇化建设情况

2006年5月19日，贵城南平社区木必屯新农村建设在我
一个全面开工建设。市委陈定远副书记作重要讲话。

贵城街

贵城街道办事处位于贵港市浔郁平原中部，
贵港市城区中心，辖11个社区，行政区面积33
方公里。2006年末人口64906人，人口自然增长
7.61‰。耕地面积410.5公顷，经济作物面积448
顷。农机动力32124千瓦。有黎（湛）铁路、324线

2006年9月11日，唐成良市长到贵城震塘社区了解社区建设工作

贵城各大重点项目纷纷峻工献礼市庆十周年

2006年

2006年9月15日，港北区曾海燕区长到贵城万千饲料有限公司了解企业生产情况。

大力发展非公经济，为社会提供更多的就业岗位

2006年8月24日是，市委副书记陈定远到贵城南平社区检查新农村建设进展。

积极开展未成年人教育活动，图为市委领导到贵城西五社区了解社区“未成年人心理健康周末谈”活动开展情况。

道办事处

209线国道、省道贵苍（梧）线二级公路干线纵横贵城东西南北、郁江河过境，是广西重要的水陆航运和交通枢纽。

全年财政一般预算收入4126.9779万元，财政一般预算支出2413.1441万元；全社会固定资产投资完成额260496万元；居民人均纯收入6307元。

努力加强社区稳定工作，社区干部认真做好群众纠纷调解工作

街道首届社区文化节盛况

2006年10月31日晚，为期10天的贵城街道首届社区文化节在新世纪广场闭幕

社区文化活动蓬勃开展，居民在石羊塘社区文化活动室学习娱乐

认真开展基层廉政建设活动

建设中的贵城南平社区木必屯新农村

贵城南平社区木必屯积极开展新农村建设

港北区

党委书记：卢景新

镇长：杨大东

港北区港城镇紧靠广西贵港市城区，北靠莲花山脉，东有广西最大的内河港口（猫儿港），南枕黎湛铁路，南梧公路横穿而过，城区北环路贯穿港城镇，地形面向城区呈扇形状，具有“沿江、沿路、环港、靠城”的区位优势。全镇辖14个行政村，324个村民小组，总面积136.5平方公里，耕地面积4.91万亩（其中水田面积2.89万亩，旱地面积2.02万亩），山林面积3.09万亩，总人口6.3万，其中壮族人口占65%。

港城镇地处北回归线以南，属亚热带季风气候，雨量充沛，日照充足，四季温和，土地肥沃，山川秀丽，蕴藏着极为丰富的自然资源。镇内以丘陵、平原为主。农产品以大米、甘蔗、蔬菜、荔枝、龙眼等为主。全镇形成了连片开发优质谷生产基地和无公害蔬菜生产基地。优质石灰石、矿泉水等矿产资源丰富，全镇有森林面积3万多亩。港城作为革命老根据地，旅游资源丰富，境内石牛水库、平田水库是离城区最近的休闲渡假的良好去处。

2006年以来，港城镇党委政府高举邓小平理论伟大旗帜，坚持以党的十五大、十六大精神和江泽民同志“三个代表”重要思想为指导，按照“以工业为重点，以财税为中心，以农民增收为目标，以项目建设为突破口，加快工业化、城镇化建设进程，确保港城镇经济跨越式发展”的工作思路，努力拓宽投资环境，加大招商引资上项目工作力度，以人为本，发挥优势，努力拓宽软硬投资环境。同时，狠抓社会稳定工作，为招商引资创造一个平安稳定的投资环境。现在港城镇已有香港、台湾、广东、福建以及本自治区内的客商前来投资办厂，全镇形成了以水泥、化肥、植物香料、食品加工、木制品、化工制衣、化工、塑料等工业群体。国民经济

港城镇班子领导

大力招商引资上项目，海南马自达贵港销售服务支店落户我

港城镇

出现了快速健康发展的良好势。2006年全镇组织财税收入6900万元，同比增1949.9元，增长39.4%；完成社会固定资产投资额120434万元，同比增108.16%；工业总产值187190万元，同比增32%；农民人均纯收入4210元，同比增长21.6%；新上项目15个，合同投资额7.31亿元，完成投资3.8亿元。2006年度港北区社会治安综合治理工作一等奖，港北区平安乡镇，2005年、2006年连续两年荣获贵港市经济发展“十佳”乡镇称号，顺利实现了“十一五”规划开门红，全镇经济实力明显增强，政治稳定，社会和谐，人民安居乐业。

镇领导和技术人员深入第一线指导农业生产工作

广西骏隆珍稀树木生态园开工典礼

区、镇领导深入企业检查工作，为企业排扰解难

深圳芭田生态有限公司落户我镇

蓝田马玲薯免耕示范田取得园满成功

与时俱进开拓创新的

检查甘蔗生产（右一为乡党委书记李小勇）

慰问老干部并合影

环境优美的乡政府大院

桂平市厚禄乡

厚禄乡位于桂平市西部，东接蒙圩镇，西邻贵港市港北区大圩、庆丰镇，南依白沙镇，北连石龙镇，乡政府所在地距桂平市中心35公里。该乡自1987年经自治区批准从白沙镇分出至今。全乡总面积88平方公里，耕地面积4.04万亩，其中：水田3.45万亩，旱地0.59万亩。全乡现有8个村委会，76个自然屯，118个村民小组（队），2006年末总人口4.3万人。

厚禄乡自然环境优美，山青水秀，土地肥沃，地势平坦，气侯宜人，自然资源丰富，基础设施比较完善，适宜大规模现代化农业开发，盛产粮食、甘蔗、蔬菜、水果、生猪、鸡鸭、鱼类等，桂平市三大蔗区乡镇之一。辖区内锡基坑有丰富的铅锌矿，已探明铅锌矿储藏量为1800万吨，是桂平市两大区乡镇之一，还有丰富重晶石、石灰石等。白沙至石龙、蒙圩至大圩公路横贯我乡，距南梧二级公路3公里，乡村道路屯通，交通十分便利，是投资兴办企业的理想地方。

近几年来，全乡地区生产总值、财税收入、社会固定资产投资、农民人均收入连年增加，特别是乡财政呈现了持续快增长势头，实现了三年翻两番。厚禄乡近几年来，先后被市委、市政府评为财税工作“突出贡献奖”。财源建设“特别”，招商引资“先进单位”、工作目标管理“一等奖”、社会治安综合治理“先进乡镇”、“先进基层党委”。政府庭院美化、化、亮化措施落实，环境优美，鸟语花香，2003年荣获自治区文明庭院单位。

厚禄乡经济建设快速发展，各项事业勃发展。城镇建设稳步推进，白马圩场为综合性多功能新区的开发现已初具规，主要建设项目内容有行政事业办公、住宅区、商贸市场以及工业园区等。乡镇企业现有铅锌开采、选矿、冶炼、金属制品等行业，2005年有企业15家，广西宝矿业有限责任公司投资3.5亿元的投资项目正在建设中。住房租赁、汽车出租运输、商业、饮食等第三产业方兴未艾。全乡现有初级中学2所，16所小学，在职中小学教师386人，在校学生8435人。光纤网络电视村村工程已正式开通，群众性的文娱体育活动丰富多彩。

厚禄乡人杰地灵，民风朴实，厚禄乡竭诚欢迎区内外有经济实力的社会各界人士到厚禄投资办实业！

博爱标村小学综合楼奠基现场

桂平市寻旺乡政府

党委书记：梁　军

乡长：杨耀平

桂平市寻旺乡位于贵港市东北部，304省道横贯其中，玉桂公路穿境而过，黔江郁江流经我乡汇合后，注入浔江。全乡共辖13个行政村，行政区城面积108.5平方里。2006年末人口55468人，人口自然增长率为9.36‰，耕地面积2729公顷，经济物种植面积745公顷。有农用机械动力3.8546万千瓦，有林面积2800公顷，森林覆率为40.2%，二级公路里程16公里，主要矿资源有石灰矿和河砂等。

全年实现国内生产总值167831万元，其中第一产业增加值4963万元，第二产增加值42605万元，第三产业增加值1436万元。人均国内生产总值30257元。财政般预算收入1547万元，财政一般预算支出1343万元。全社会国定资产投资完成额64334万元。社会消费品零售总额10220万元。商品出口总额135万元，实际利用外资22000万元，城填居民人均可支配收入6150元，人均消费性支出5498元，农村居民人均纯收入3318元，人均生活费支出2675元，城乡居民年末储蓄存款余额13485万元。

桂平市西山镇人民政府

书记：徐桂观

镇长：李汉彪

西山镇是原西山镇和原桂平镇于2005年9月合并的一个新兴大镇，位于桂平市中至西北部，国家名胜风景区——西山在其辖区范围内而得名，行政中心地处桂平市城区，属城乡结合镇。全镇面积301平方公里，其中，城区面积26.61平方公里，镇辖22个村、社区，其中13个村，263个村民小组，9个社区，59个居民小组，总人口约23万人（包括常住、暂住、外来），耕地面积2035.62公顷，其中水田面积1749.19公顷，宜林山地2000公顷。辖镇直单位28个，其中有派出所4个，卫生院1个，中学2间，在校学生3065人，教职工218人，小学18间，在校学生13550人，在职教职工757人。2006年全镇实现社会总产值23.74亿元，比2005年增加3.41亿元，增长16.78%。其中完成工业总产值21.89亿元，完成农业总产值1.85亿元。财政税收完成4743.2万元，比2005年增加1112.9万元，增长30.66%，全社会固定资产投资完成15.32亿元，比2005年增加4.02亿元，增长35.58%。农民人均纯收入达3687元。

镇内主要资源特色及产品有旅游、针织、饮食、运输、建筑、铝型材、中兽药等，是一个集农、工、商、贸于一体的大镇，是桂平市政治、经济、文化中心。

区位优势：西山镇位于广西东南部，黔、郁、浔三江交汇处，既是西江工业走廊和红水河能源工业带结合部，又是连结华南经济区和西南经济区的纽带，距桂平城区4公里的桂平市重点工业园区一长安工业集中区座落在我镇长安村、福山村、西长村交汇处，地理位置优越。

交通便利：南宁至梧州、桂平至玉林、桂平至金田二级公路贯穿镇境内。黄金水道西江沿郁江上可达贵港、南宁，沿黔江上可达柳州，下航直达梧州、广州、深圳、香港、澳门等地。

资源、物产丰富：旅游资源丰富，有国家级重点风景名胜区——西山，国家重点动物保护区——大平山动物保护区，有小三峡之称的大腾峡，还有休闲度假好去处：白兰山庄、前进山庄、砂岗山庄、鸡翼山等。物产丰富，有盛产优质米。种植有龙眼、荔枝、芭蕉、茶叶。养殖有瘦肉型猪、三黄鸡、鸭等优质农副产品。

基础设施日臻完善：全镇供电网络畅通，电力资源充足，移动通讯、固定电话遍布全镇，已实现村村通公路，村村通广播电视。日供水11万吨的供水设施，用水保障，镇基础设施初具规模。

企业情况：随着改革开放的不断深入，东部产业的西部转移，全镇由改革开放前的100多家企业发展到目前企业6029家，其中工业企业512家，规模以上工业13家，支柱产业毛织、腐竹、交通运输、旅游服务、餐饮、住宿、批发、零售、矿业。2005年、2006年连续两年被贵港市评为“十佳乡镇”排在全贵港市的第二名。

会议现场

镇领导深入田间指导工作

贵港市覃塘区

党委书记:苏中柱

镇长：覃伟敏

三里镇位于贵港市城区以西32公里、覃塘城区以南10公里。辖10个行政村和三里社区，行政区域面积133平方公里。2006年末人口5.74万，有壮等少数民族（世居民族）1.86万人。人口自然增长率8.98‰。耕地面积3696公顷，其中粮食播种面积2030公顷、经济作物种植面积1666公顷。农机动力2.68万千瓦。林地面积3925公顷，森林覆盖率75%。黎湛铁路（复线）、209国道、义渡江过境。等级公路里程35公里，其中二级公路10公里。

全年实现国内生产总值36068万元，其中第一产业增加值15064万元，第二产业增加值14612万元，第三产业增加值6392万元。人均国内生产总值6283元。财政一般预算收入783.3万元，财政一般预算支出778.3万元。全社会固定资产投资完成额16835万元。社会消费品零售总额15663万元。商品出口总额4000万元。城镇居民人均可支配收入7356元，人均消费性支出5150元。农村居民人均纯收入3285元，人均生活费支出2596元。城乡居民年末储蓄存款余额8225万元。

区委书记冯国忠（左二）等领导到中加树脂有限公司检查指导工作

镇党委、人大、政府班子领导联席会议，研究2006年全镇经济社会发展计划

呼和浩特至北海209二级国道，南北纵贯三里，与三里圩镇擦肩而过

三里镇人民政府

中加树脂有限公司利用本地资源，深加工松香树脂，产品远销欧美和东南亚国家。

年产值600万元的金成纸业有限公司，正在进行技改挖潜，扩大生产规模。

三里全力打造蘑菇大镇，2006年冬蘑菇面积达110万m^2，促进农民人均增收100多元。

2006年种桑面积3000多亩，养蚕1.5万张，成为农民增收强势产业。

支柱产业迈出新步伐，2.3万亩茫茫蔗海沁人心脾

水产畜牧养殖业持续发展，其总产值占农业总产值比重在43.6%

覃塘区蒙公乡政府

书记：蓝瑞林

乡长：郑南演

班子在开会

十五届一次会议

蒙公乡位于贵港市西北角，方圆116平方公里，209国道线纵贯南北，北接山北、东龙，南邻覃塘，距离贵港城区32公里。

全乡辖蒙公、岭庆、占蒙、凌寺、古山、高古、双龙、平龙、定布、姚见、英峨、黄岭、新岭、廖瑞等14个行政村，63个自然屯，178个村民小组，8091户，总人口39658人，其中壮族90%。蒙公是个农业乡，林地2500公顷，已发展速丰桉25000多亩，耕地面积2047公顷，其中水田1073公顷，旱地974公顷，主要经济作物是甘蔗、稻谷、玉米、木薯等。2006年全乡工业总产值17805万元，同比增长1589.28%；农民人均纯收入3099元，同比增长20.91%。

蒙公乡历史悠久，人杰地灵，民风纯朴，风俗独特，境内有大型平龙水库，面积712万平方米，库容9000万立方米，水库四周青山延绵，葱茏旖丽，是旅游、休闲、烧烤、垂钓娱乐的好去处，迷人的情人岛，将军庙等胜景让人留连忘返，每年吸收各方游客10万人次，是有待开发的旅游。

蒙公乡交通便利，劳动力、电力充足，资源丰富，特别是高铁三水铝矿，储量居广西首位。

据统计，2006年，蒙公乡完成地区生产总值31000万元，增长130%；完成工农业总产值28500万元，增长111%，其中，工业总产值20000万元，增长152%；完成财政收入220.1万元，完成任务的83%，增长45%；全社会固定资产投资5965万元，增长1868.6%；城镇居民人均可支配收入7360元，增长20%；农村居民人均纯收入2350元，增长16.7%；计划生育率82%；人口自然增长率9.57‰。

区委书记冯国忠在我乡植树

区纪委书记吴卓奎作报告

先教评估大会

中共蒙公乡十二次代表大会

政府一角

乡政府大院

平南县平南镇人民政府

党委书记：余丕清

镇长：何　剑

东湖时代广场

平南镇位于平南县境中部，是县委县政府驻地乡镇，是全县政治、经济、文化交流中心，是全区、全国重点镇。平南镇地理位置优越，区位优势明显，水陆交通便利，土地肥沃，资源充沛。行政区域面积112平方公里，辖15个行政村（街），2006年来人口22.5万人。2006年全镇生产总值166511万元，其中工业总产值92538万元，同比增长38.6%，农业总产值23363万元，同比增长9.4%，第三产业生产总值50610万元，同经增长30%，全社会固定资产投资112554万元，同比增长15.9%，财政总收入5935万元，同比增长49.9%，农民人均纯收入3828元，同比增长12.7%。

城镇化、工业化建设

以县城经济的战略定位，把工业立镇、工业强镇作为加快平南镇发展的主题，全力打造招商引资软硬环境优秀平台。软环境方面，贯彻执行县委县政府

领导班子

中共贵港市委书记赖德荣到平南镇检查工作

招商引资优惠政策，全程提供优质服务；硬环境方面，在继续完善小力、环城、乌江三大工业集中区基础上，着力打造商品位的龙祥商贸集中区。2006年，全镇新上50万元以上项目26个，其中工业项目15个，1000万元以上工业项目4个，工业总产值92538万元。

随着工业化的发展，城镇化进程不断加快，城区面积由2000年的9平方公里扩展到目前23平方公里，城区人口从2000年的3万多人增加到2006年10万多人。旧城区的亮化美化改造，东湖时代广场、月亮湾城市花园等商品位商贸，住宅小区建设带给居民全新的优美的人居环境。

农业产业化平衡发展

在传统优质水稻主导产业的基础上，逐步向多元化产业转型，种植业和养殖业渐上规模，蚕桑、甘蔗、石硖龙眼、三黄鸡、黄沙鳖等农产品为农民创造较高的经济效益。2006年农民人均纯收入达到3828元，比上年增长12.7%。

放眼世界，展望未来。平南镇将一如既往，以满腔的热情，一流的服务欢迎社会各届人士前来投资，共谋发展大计。

平南镇人民政府办公楼

平南镇城区中心广场

平南镇城区朝阳大街

村办星级宾馆——渔洲宾馆

建设中的月亮湾城市花园

组织群众寻求农业发展途径

贵港市港北区根竹乡

GUIGANGSHIGANGBEIQVGENZHUXIANG

党委书记：赵德坪

乡长：孙晓春

自治区人民政府吴恒副主席莅临根竹乡指导工作

根竹乡位于贵港市东郊，距贵港市行政中心5公里，黎湛复线铁路和324国道贯穿东西。交通便利，是贵港市区连接桂西北的大门。全乡总面积117平方公里，耕地22615亩，其中水田12285亩。境内矿产资源丰富，现已探明有金、银、铜、铁、锌、花岗岩等矿产，辖区内的龙头山金矿驰名区内外。

全乡下设22个单位、8个村民委员会、142个村民小组，总人口27058人。乡党委下设党组织22个，其中农村基层党组织13个，共有党员533人。

乡党委、政府立足本地优势，以科学发展观统领全局，奋力拼搏，全乡经济繁荣，社会稳定。2006年，全乡农业生产总值1.8亿元，财税收入1066万元，农民人均收入3395元。目前，全乡共建立了2500多亩的花卉基地，以飞凤岭养殖小区为标志的标准化无公害养殖基地，3500多亩桑蚕基地和2000多亩无公害蔬菜基地，形成了花卉、标准化无公害养殖、桑蚕、蔬菜和甘蔗五大特色农业板块。招商引资势头迅猛，2006年全乡共引进项目12个，计划总投资1.94亿元，落实到位资金8920万元。占地800多亩的根竹工业集中区，已完成园区内主干道基础设施建设，目前已有4家企业落户，正在规划中的三棱井、金山工业集中区，将为全乡招商引资开拓更宽的发展空间。

在上级党委、政府的领导下，我乡坚持以“三个代表”重要思想为指导，认真落实科学发展观和正确的政绩观，抢抓机遇，务实奋进，通过工农互动、产业带动、内外推动。城乡联动促进经济发展，为农民增收、企业增效、财政增长作出了应有的贡献，我乡荣获2006年度贵港市十佳乡镇荣誉称号。

投资50000万元的集花卉、娱乐、饮食于一体的农园生态园

新大地箱板纸业有限公司拥有国内先进的箱板纸生产线

投资1.5亿元的美香源食品有限公司，产品远销国外

贵港市港南区桥圩镇政府

市委书记赖德荣、区委梁旭辉书记到桥圩镇检查指导工作

贵港市港南区桥圩镇位于贵港市东南部，距贵港市区29公里，黎湛铁路和324国道横贯圩镇，距兴六高速路13公里，交通便捷，是自治区小康示范镇，全国重点镇。全镇总面积121平方公里，其中城镇面积3平方公里，现辖25个村委会，1个居委会，总人口10.2万人，其中城镇人口3万人。有党组织129个，党员1980多人。全镇耕地面积6万亩，其中水田4.61万亩，林地1.85万亩。

桥圩镇坚持实施"农业稳镇、工业富镇、城建美镇、商业活镇、以德治镇、科教兴镇"发展战略，走出了一条"党建经济一起抓，各项事业全面发展"的强镇富民之路。2006年，全镇GDP8.5亿元，同比增10%；固定资产投资4亿元，同比增75%；财政总收入3421.9万元，同比增62.5%；农民人均纯收入3463元，同比增8%；人口自然增长率8.54‰。

工业发展迅速。全镇现有大小企业700多家，从业人员3.5万，2006年工业总产值24.7亿元，形成了羽绒、塑编、化工、建材、精米、麻绳、中药材加工七大支柱产业。特别是羽绒、塑编为全国最大基地。

中国羽绒工业协会理事长王如昇到桥圩镇考察羽绒产业

招商引资成效显著。牢固树立"投资为上，发展为本"的招商引资理念。成立羽绒协会，加入中国羽绒协会，组织羽绒协会正副会长到江浙、北京、安徽、广东等地进行招商引资，先后引进了浙江柳桥集团等五家羽绒制品企业到桥圩投资，今年1—8月全镇新上项目7个，继建、技改项目6个，计划投资3.5亿元，实际投入7500万元。

农业再上新台阶层。农业产业结构得到进一步优化，形成优质谷、中药材（穿心莲、泽泻）、蚕桑、良种甘蔗、林果（荔枝、龙眼）、马蹄、蔬菜（辣椒、玉米、头菜）肉鸽八大农业生产基地。中药材发展迅速，成为全国最大基地之一，2006年桥圩镇被评为广西特色农业十大强镇—中药材产业强镇。2006年农业总产值2.5亿元。

城镇建设迈出新步伐。坚持"高起点规划，高标准建设，高效能管理"三高标准，先后开发了羽绒城工业区、青山工业区、瓦子岭商贸区、牛岭街开发区、福旺园商住区、建成了白洋北路商住小区。完善城镇有关设施，城镇的市场体系，交通通讯，供水供电、污水排放等设施齐全。

桥圩镇先后荣获"首届中国乡镇投资环境300佳"、"全国乡镇企业东西合作示范区"、"全国先进基层党组织"、"全国农村'三个代表'学习教育活动先进集体"、"全国群众体育活动先进乡镇"等荣誉称号，被评定为"自治区小康示范镇"，全国重点镇，羽绒城成为全国东西合作示范区之一，2005年、2006年连续两年被评为贵港市经济发展"十佳乡镇"。

镇三家班子共商发展大计

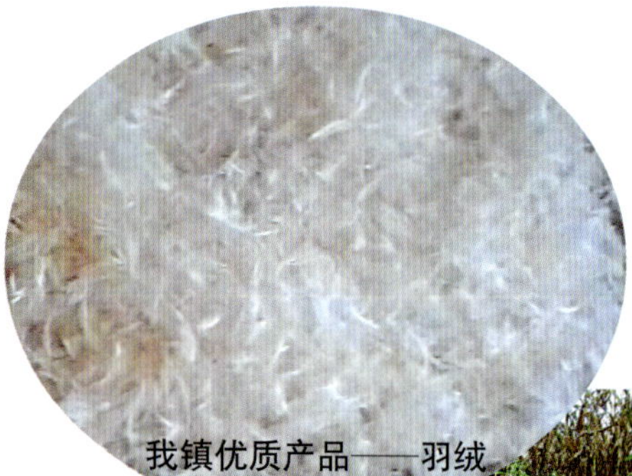

我镇优质产品——羽绒

桥圩镇中药材生产基地

贵港市质量技术监督局

局长、党组书记：梁宝诚

2006年，贵港市质量技术监督局内设办公室、质量科、法规监督科、计量科、标准化科、安全监察科、食品监管科、纪检监察室等8个职能科室以及1个稽查支队，下辖桂平市质量技术监督局、平南县质量技术监督局、贵港市计量测试所、贵港市产品质量监督检验所、贵港市特种设备监督检验所等5个行政、事业单位。在整顿和规范市场经济秩序中，依法打击假冒伪劣产品，重点帮扶企业创名优产品。全年共查处制售假冒伪劣产品、计量、标准化、特种设备等违法案件659起，出动执法人员4313人次，查获不合格及假冒伪劣产品货值达769.68万元，为企业和消费者挽回经济损失153.78万元；积极培育名牌，指导条件成熟的广西贵糖（集团）股份有限公司的生活用纸和华润水泥（平南）有限公司的硅酸盐水泥等2个产品申报“国家免检产品”称号并获得称号，实现了贵港市没有国家免检产品零的突破；推荐上报了5个广西名牌、名优产品，经广西名牌战略推进委员会审定，2家公司的2个产品获取2006年广西名牌产品称号；桂平龙眼、桂平优质谷等两个全国农业标准化示范项目分别于2006年7月、10月通过了专家组的考核验收；2006年6月基本建立和完善质量技术监督监管网络体系，全市74个乡镇共配备了75名质量技术监督协管员，初步形成了市、县、乡镇的三级质监监管网络；全年共有33家食品企业获得食品生产许可证；基本摸清全市共有食品企业为2656家；加强了集贸市场的计量管理工作，聘任了5名市场计量监督员，协助我局做好市城区的北门、三合、石羊塘、公园、建材等5大集贸市场计量监管工作；重点帮扶华润水泥（贵港）有限公司等3家企业开展节能平衡测试及节能降耗的技术改造，为企业节能降耗出谋献策；2006年4月自治区质监局决定将广西腐竹食品质量监督检验中心设在贵港市；2006年4月贵港市产品质量监督检验所平南检验站经自治区局的批准设立，并于2006年9月初通过了区局组织的计量认证/审查认可的考核；2006年1月市质检所新建的室内空气质量检测、室内装饰材料有害物质的检测和脂松香，松节油等项目通过了自治区局组织的评审考核，取得了授权证书；精神文明建设取得丰硕成果，我局稽查支队2006年6月获得了团市委颁发的贵港市“青年文明号”称号，12月被共青团自治区委授予“自治区青年文明号”称号，进一步树好了质监形象。

贵港市质量技术监督局执法人员在3·15活动现场为市民答疑

贵港市质量技术监督检测人员在认真检测

贵港市质量技术监督局执法人员在执法检查现场

贵港市特种设备监督检验所检测人员在检测现场精心检测

贵港市达开高级

校长、党总支书记：吴才宽

副市长李鸣到我校检查指导工作

贵港市达开高级中学是一所具有60多年历史的知名学府，为贵港市政府主办、贵港市教育局直接管理的公办学校，是自治区示范性普通高中。学校位于贵港市城区中心广西国营西江农场场部，北面与美丽的金港大道相邻，交通便捷，位置优越，校园宽阔，环境优美，市区乘10路公交车可直达学校。目前，校园占地面积近300亩，宏伟的教学楼、学生食堂、学生公寓楼呈现了现代化学校的气派。学校现有45个教学班，在校学生3008人，教职工202人，师资力量雄厚。近年来，学校教学质量稳步提高，2006、2007年高考中，应届毕业生参加高考本科上线人数均超过80%。

近年来，学校先后获得：教育部——中国微软“携手助学”项目学校，广西中学心理健康教育实验学校，全国群众体育先进单位，全国群众体育锻炼先进学校，广西传统体育项目（篮球）学校，广西教育工会先进集体，广西A级食堂学校，全区学生军训工作先进单位，自治区德育工作先进集体，自治区广西依法治校示范校，自治区校园文化建设先进单位，贵港市首批文明单位，贵港市先进基层党组织，贵港市教育信息化建设先进集体等荣誉。

传承翼王遗风，达高人发扬自强不息、敢为人先的达开精神，抓住机遇、奋力拼搏，优化教育管理，确保教育教学安全有序；优化教育教学，确保教育质量稳步提高；优化教育队伍，确保教育和谐发展，向全国示范性普通高中的行列挺进！

在建中的学校规划图

中学

学校地址　广西贵港市西江农场场部狮岭路347号院
电　　话　0775——4272200
传　　真　0775——4272300

宏伟的教学大楼

振奋人心的跑操

2007年6月25日我校接受自治区示范性普通高中验收评估

精彩的艺术表演

贵港市南风化肥厂

2007年2月6日自治区副主席孙瑜、贵港市市长唐成良到我厂检查指导工作。

2007年3月30日，贵港市工商局局长陈贵全到我厂检查指导工作。

贵港市南风化肥厂位于市南郊，距市中心火车站、汽车站均9公里，离郁江码头2公里，紧靠国道324线，水陆交通均便利。

目前企业已发展为贵港市上规模上档次的集体性质的中型企业，全厂干部职工430余人，其中获高级职称1人，中级职称37人，初级职称121人，厂区占地面积16.67万米2，建筑面积7.25万米2，总资产5049万元，固定资产2485万元，拥有年产过磷酸钙12万吨，复混肥料4万吨，硫酸3.5万吨，塑料编织袋200万条的生产设备能力。

坚持“以质量求生存、以技术求进步、以品种求发展、以管理求效益”的治厂方针，各项工作纳入了规范化的管理轨道，2006年实现销售值5145万元，比上年增长20.5%，税利380万元，比上年增长22.58%，职工人均收入显著提高，企业实力不断增强，经济保持快速发展的良好势头。

高度重视质量，走名优产品之路，极力打造良好的企业形象。企业通过ISO9001:2000国际质量管理体系认证。主导产品过磷酸钙、复混肥料获广西优质产品，被自治区消费者协会推荐为2005年度、2006年度消费者信得过商品，商标“南风”荣获广西著名商标，企业先后荣获“全国化工先进企业”、自治区“文明单位”，广西优秀企业等称号。

弘扬“团结拼搏、艰苦创业、务实求新、多作贡献”的南风精神，始终坚持“以人为本”的方针，积极实施“人才强企”的战略，重视培养和激励人才，努力为职工创造良好的工作氛围和施展个人才华的平台。

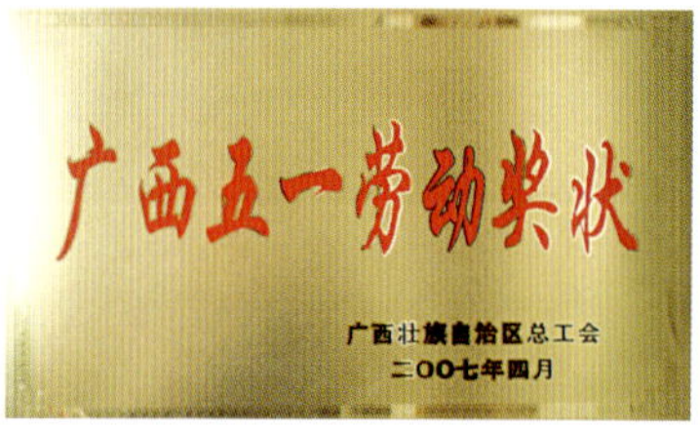

广西源安堂药业有限公司

GuanXi Yuanantang Pharmaceutical Co.,Ltd.

全国人大常委会副委员长、全国妇联主席顾秀莲（右）向公司董事长莫兆钦（左）颁发荣誉证书

我公司地处太平天国起义的故乡广西桂平市。十多年来，公司董事长莫兆钦带领十几个股东扎根于巍峨苍茫的大容山北麓，在大山竖起“安民济世”旗帜，弘扬“源远流长”的中医药文化，依靠山区特有天然灵气的中草药资源，依靠科技创新，不断发掘救死扶伤的中医药精品，团结奋进，使企业从无到有，从小到大，从弱到强，不断发展壮大，实现了质的飞跃，企业顺利通过了GMP论证。

我公司通过把当地的中草药资源、科技资源、市场资源最优配置，成功开发了“肤阴洁”复方蕾松洗液、“肤阴洁”复方蕾松湿巾、朱虎化瘀酊、肠胃散、银胡感冒散等7个国家级药品；近年，我公司又成功研制出抗艾产品“AX抗菌洗液”，据国家权威部门检测，该产品体外1分钟迅速杀灭艾滋病毒，被列为中国首届艾滋病网络知识竞赛推荐产品。据统计，十年来我公司完成产值16.5亿元，上交国家税金近2亿元，多年成为桂平市第一纳税大户、贵港市纳税大户，荣获“广西模范纳税大户”和“广西优秀纳税人”的称号，被评为全国明星企业。

“肤阴洁”系列产品曾被评为“中国公认名牌产品”、“农业部名牌产品”、“广西名牌产品”、“源安堂”商标和“肤阴洁”商标均被评为广西著名商标。2005年，源安堂“肤阴洁”被评为“中国驰名商标”。2006年，世界品牌价值权威评估机构“世界品牌实验室”发布《中国500最具价品牌》，“源安堂”品牌价值13.71亿元，名列365位。目前，我公司有职工800多人，具有固定资产8000多万元，无形资产15亿元，年产能力10亿元以上。我公司的产品已走出了国门，走向了世界。

企业发展后，我公司积极帮带地方发展经济，积极支持社会公益事业，共投入了数千万元，主动为社会分担责任。

面对未来，我们将再接再厉，坚持科学发展观，不断开拓，与时俱进，遵循“源远流长，安民济世，堂堂正正，造福人类”的宗旨，坚持“真正办企业，真心做好药，真诚取信誉，真情献人间”的“四真”精神，不断创造一流品牌，为发展中医中药事业做出更大的贡献。

我公司成功研制“AX抗菌洗液”，备受上级领导部门和领导的关注。2005年，在北京人民大会堂国家卫生部副部长王陇德（右）为我公司董事长莫兆钦（左）颁奖

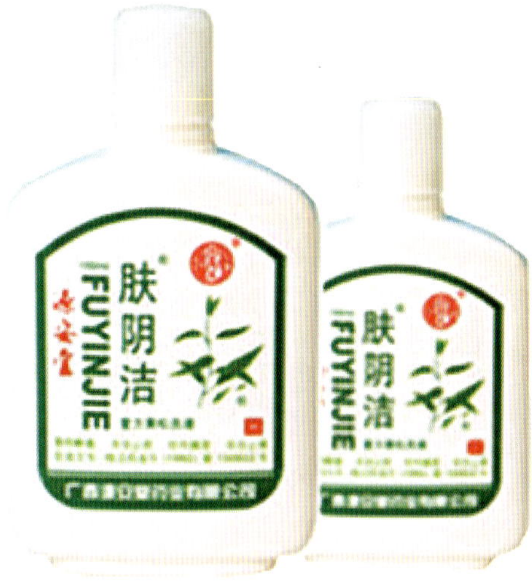

（国药）本公司主打产品

贵港市冠峰制药有限公司

公司董事长（总经理）：李建军

贵港市冠峰制药有限公司位于贵港市中心地带七里桥迎宾大道旁，占地面积5万多平方米，固定资产4000多万元，员工300多人，各类专业技术人员60多人，年产值4000多万元，是目前广西较大的一家民营制药企业，公司2004年通过国家药品“GMP”认证，拥有片剂、颗粒剂、糖浆剂、合剂、丸剂、散型、胶囊剂、外用洗剂共八大剂型40多个产品，年产片剂150多亿片；糖浆剂3000多吨；颗粒剂2500吨；胶囊剂10亿多粒；丸剂1000吨；中药提取年处理量为7000多吨。本公司凭其雄厚的技术实力，先进的生产设备、规范的生产操作工艺和严格的质量检测手段，为广大用户提供优质高效的产品，强力枇杷露、陈香露白露片、感冒清片、消炎利胆片、蛇胆川贝液等一批优质产品享誉全国。

公司董事长总经理李建军率全体员工感谢社会各界人士对冠峰制药一贯的大力支持，并始终坚持以人为本、创新求实、科学发展、和谐社会，为医药事业的发展作出贡献。

地址：广西贵港市七里桥
电话：0775—4552089
邮编：537100

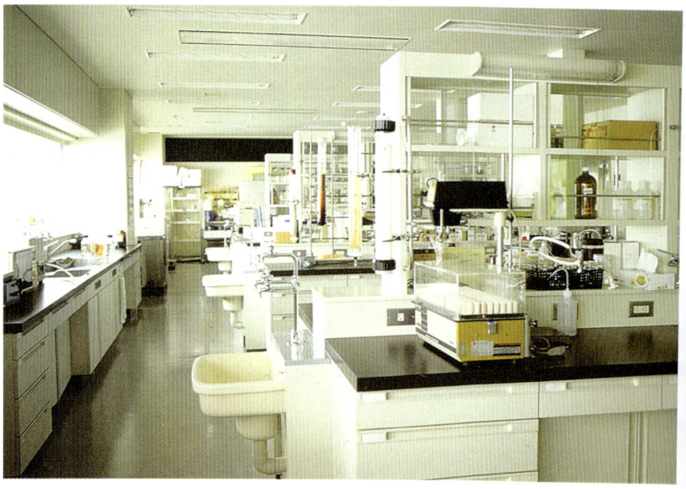

质量管理部

中药沉淀罐

双效节能浓缩器

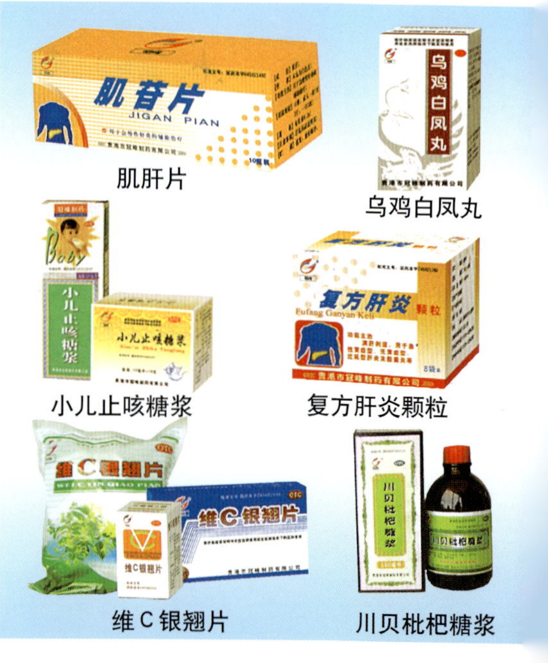

肌肝片

乌鸡白凤丸

小儿止咳糖浆

复方肝炎颗粒

维C银翘片

川贝枇杷糖浆

特　　辑

贵港概览

贵港市地处广西东南部，行政区域面积10606平方公里，辖桂平市、平南县、港北区、港南区和覃塘管理区，共设53个镇，19个乡，2个街道办事处。2006年底，全市部人口478.89万人，其中壮、瑶等少数民族约为80万人。

贵港市境内交通十分便利，黎湛铁路复线、国道324、209线、省道南（宁）梧（州）二级公路、宾盘公路以及广（州）南（宁）高速公路交汇贯通全境，西江黄金水道贯穿全境达325公里，拥有华南地区最大的内河港口，千吨级船运一年四季可通航邕、穗、港、澳。优越的地理位置，便利的水陆交通，使贵港成为广西重要的水陆联运交通枢纽和华南地区最大的内河港口城市，东南沿海地区经济向中西部地区梯度转移的重要桥梁和大西南物资出口港澳最便捷，最经济的通道。

贵港市是一座具有两千多年历史的新兴城市，自然资源非常丰富。矿产资源主要有：金、银、锰、铝、锡、铅锌、石灰石、花岗岩等40多种。其中锰矿储量2174万吨，铅锌矿储量1749万吨，锡矿储量7000吨，煤储量3040万吨，石灰石储量2000亿吨以上、花岗岩100亿吨以上。三水铝储量两亿吨在全国首位，含量高，表层浅，易开采。黄金和铀矿被列为国家开采项目。贵港是广西重要的粮食、蔗糖、蔬菜、南亚热带水果生产基地和禽、鱼、畜牧养殖基地，素有“鱼米之乡”美誉和“中国第一糖城”雅称。

贵港还拥有极为丰富的旅游资源，形式多种多样，大体上可以分为三类：一是自然景观。如有“桂林山水甲天下，更有浔城半边天”之美誉的桂平西山风景名胜区，“广西小三峡”之称的大藤峡，中国道教三十六小洞天的第二十一洞天的白石山等旅游区；二是人文景观。贵港市历史悠久，秦汉时是桂林郡、郁林郡郡址，清时是太平天国革命圣地，民国时是桂东南革命起义的摇篮，文物、名胜古迹、革命遗址，闻名遐迩，还有具有20多万平方米面积的贵洪市新世纪广场，是目前广西最大的广场，以大型音乐喷泉、园林布避、雕塑群展示为主题，是贵港市民和游客游览休闲的新热点；三是地方特产，如荔枝、龙眼、菠萝以及莲藕、西山茶、罗秀米粉、覃塘行尖、玉桂、八角等，亦为贵港市旅游资源的一大特色。

贵港紧紧围绕“经济靠发展、发展靠工业”的思路，全市工业经济快速发展。目前，贵港市已形成以制糖、造纸、建材为主的支柱产业及以冶金、机械、食品、医药为特色的地方工业体系，拥有全国规模最大的甘蔗化工企业和第一个国家生态工业（制糖）示范园区，支柱产业的工业产品产量保持较大幅度增长，吸引着华润、台泥、华电等一大批优秀企业入驻贵港，并在江南工业园形成了具有一定规模的工业园区，其中达到规模以上企业的有11家。工业发展带动全市经济社会快速发展，2006年，全市实现地区生产总值265.19亿元，同比增长13.1%，三次产业的比重为26.81:35.07:38.12，人均地区生产总值5587元。全市完成财政上入19.08亿元，同比增长12.3%，其中：一般预算收入10.97亿元，同比增长19.9%。全社会固定资产投资149.56亿元，同比增长15.6%；社会消费品零售总额104.5亿元，同比增长14.31%；城镇居人均可支配收入8938元，同比增长16.95%；农民人均纯收入2961元，同比增长9.95%，港口吞吐量达到2276.32万吨，同比增长13.69%。

当前，全市人民在市委、市政府的正确带领下，加快建设富裕文明和谐新贵港，贵港经济社会将会又好又快发展。

政府工作报告

——2007年1月17日在贵港市第三届人民代表大会第二次会议上

市长　唐成良

各位代表：

现在，我代表市人民政府向大会报告工作，请予审议，并请各位政协委员和列席会议的其他同志提出意见。

2006年工作回顾

2006年，是加快贵港发展的重要一年，我们迎来了地级市成立10周年的喜庆日子，迈出了构建和谐贵港的坚实步伐，实现了“十一五”规划的良好开局。一年来，我们在自治区党委、政府和市委的正确领导下，团结和依靠全市人民，高举邓小平理论和“三个代表”重要思想伟大旗帜，认真贯彻落实科学发展观，努力克服各种困难，全力推进经济社会快速健康发展。初步统计，2006年，全市生产总值完成270亿元，增长13%；财政收入完成19.08亿元，增长12.3%；全社会固定资产投资完成150.52亿元，增长16%；全社会消费品零售总额104.5亿元，增长14.3%；外贸进出口总额9544万美元，增长22.7%。

——结构调整取得新成效。三次产业结构比例由上年的29.1:33.8:37.1调整为27.5:36.7:35.8，第二产业比重提高了2.9个百分点。工业增加值完成85.05亿元，增长19％，占地区生产总值的比重达到31.5%，比上年提高3.1个百分点，工业对经济增长的拉动作用进一步显现。一批重大工业项目相继建成投产，工业园区建设步伐加快，工业发展后劲不断增强。农业稳步发展，全市农林牧渔业总产值完成118.2亿元，增长8.03%。农业优势产业发展迅速，优质稻、水果、蔬菜、蚕桑、中药材、茶叶等种植面积不断扩大，农产品加工率进一步提高；水产畜牧业发展势头良好，产业化、标准化、良种化工作稳步推进。第三产业继续保持良好的发展势头，成为推动全市经济增长的重要力量。全市港口货物吞吐量达2276万吨，增长13.7%；旅游接待340万人次，总收入10.85亿元，创汇545.9万美元，分别增长14.86%、25.75%和52.14%；城区专业市场建设继续推进，“万村千乡”市场工程建设力度加大，商贸流通业加速发展。

——项目建设有了新进展。全市428项主要建设项目顺利推进。台泥（贵港）水泥一期工程、广西天鸿鑫锰业公司年产6万吨电解金属锰、贵港城区郁江北堤扩建工程等130项主要项目实现了新开工；华润水泥（贵港）二期工程、贵港市捷力电池等60个项目实现了竣工投产；贵港郁江炼钢年产70万吨转炉钢配套工程、桂平市金源酒精等一批续建项目进展顺利；大藤峡水利枢纽工程、贵港电厂二期、贵港港三期等一批重大项目前期工作取得新进展。列入自治区层面统筹推进新开工的7个项目全部实现开工，市级层面统筹推进新开工的20个项目已有19个开工建设。

——对外开放实现新突破。全市共引进市外投资项目143个，投资额98.34亿元；实际利用市外资金58.21亿元，增长40.9%；新批外商投资项目17个，合同外资额7585万美元，直接利用外资4710万美元，增长45%。积极参与国内外区域合作，广泛开展多种形式的招商宣传推介活动，取得了显著成效。在市庆十周年经贸洽谈活动中，共签约项目39个，合同投资总额60.85亿元；在第三届中国—东盟博览会上，签约合作项目26个，合同投资总额63亿元，其中投资超亿元的项目有15个。

——城乡面貌展现新变化。全市交通基本建设累计投入7.67亿元，北环一级公路、迎宾大道、桂平至玉林二级公路贵港段等工程实现竣工，平南至容县二级公路贵港段、武宣至平南二级公路贵港段等工程顺利推进，农村通达工程建设取得新进展，贵港港罗泊湾作业区二期工程、猫儿山作业区二期工程等港口基础设施项目顺利开工。投入水利建设资金9000多万元，完成5座水库除险加固工程，修复水毁工程315项，硬化干渠40公里，治理水土流失1.65万公顷。投入电力设施建设资金4.5亿元，新建、续建电力基建项目16项、配网项目28项，新增主变容量60万千伏安，一批重点电力设施工程建成投运。市中心城区建设步伐加快，完成了近期建设规划、马草江公园规划、城西区控制性详细规划等一系列重点规划编制；道路、供水、绿化、亮化等基础设施建设步伐加快，完成了中心城区六条主要街道的景观改造，城市生活垃圾处理场一期工程竣工使用，天然气利用工程已点火运行。新农村建设试点工作成效显著，共投入建设资金2.5亿元，完成了53个村屯的规划编制，试点村屯基础设施得到改善。“城乡清洁工程”广泛开展，城市面貌有了明显改变，荣获第五届自治区市容“南珠杯”竞赛特等奖和“广西园林城市”称号。县域城区和一批重点城镇建设加快推进，全市城镇化水平由上年的25%提高到27.3%。

——*人民生活得到新改善*。全市城镇居民人均可支配收入9018元，增长18%；农民人均纯收入3016元，增长12%。44个贫困村整村推进扶贫开发工作扎实有效，减少低收入人口1.5万。投入1588万元，建成人饮解困工程29项，解决农村5万多人口饮水困难问题。就业和社会保障工作进一步加强，新增城镇就业人数13680人，下岗失业人员实现再就业4228人，城镇登记失业率控制在4%以内；养老保险和医疗保险体系进一步完善，城市低保做到应保尽保，农村低保试点工作扎实推进，特困群众和农村五保对象的基本生活得到保障。

——*各项事业开创新局面*。科技创新能力不断增强，共实施科技创新计划项目20项，引进和推广先进种养和农产品加工技术50项。全面落实农村义务教育经费保障机制，免除了农村义务教育阶段学生学杂费，建立了贫困家庭学生上学资助体系；各级各类教育协调发展，“两基”成果进一步巩固和提高。精神文明创建活动广泛开展，科技、文化、卫生“三下乡”服务活动深入进行。全民健身活动蓬勃发展，竞技体育成绩显著。国防动员和国防教育扎实开展，双拥工作水平不断提高。社会治安进一步好转，安全生产得到加强，信访工作扎实有效。人口计生、环境保护、国土资源、广播电视、新闻出版、卫生医疗等各项社会事业都有了新的发展。监察、审计、统计、债务管理、办证服务、地震、糖业、农机、粮食、供销社、二轻联社、人防、民族、宗教、外事、侨务、对台、老龄、档案、修志、气象、房产、房改、住房公积金、后勤、接待、妇女儿童、残疾人事业等各项工作都取得了新的成绩。驻贵人民解放军、武警部队和中区直驻贵部门为我市经济发展作出了积极的贡献。

为了更好地推进和谐贵港建设，我们进一步加强政府自身建设，努力提高施政能力和工作水平。各级政府自觉接受人大和政协的监督，广泛听取社会各界人士的意见和建议，认真办理人大代表议案和政协提案。进一步加强公务员队伍建设，切实纠正部门和行业不正之风，大局观念、服务意识和依法行政水平都有了新的提高。

各位代表，回顾一年来的工作，我们深感成绩来之不易。贵港的发展和变化，得益于上级领导的关怀和帮助，凝聚着全市人民的心血和汗水，也是社会各界大力支持的结果。在此，我谨代表市人民政府，向全市广大干部群众，向各位人大代表、政协委员、各民主党派、工商联、人民团体和社会各界人士，向驻贵人民解放军和武警官兵、中央和自治区驻贵各单位干部职工，向所有关心支持贵港发展的海内外朋友们，致以衷心的感谢和崇高的敬意！

在肯定成绩的同时，我们也清醒地看到，当前我市经济社会发展还存在不少困难和问题，主要是：经济总量小，工业比重低，骨干企业不多，支柱产业尚未形成，工业经济效益不理想；基础设施建设滞后，城镇化进程还不够快，城市管理仍存在薄弱环节；农业基础薄弱，综合生产能力较低，产业化程度不高，农民持续增收难度大；财政总量不大，可用财力不多，收支矛盾突出；城乡就业的压力比较大，部分群众生活还比较困难；发展环境还不够理想，干部队伍的思想作风有待改进，行政效能和服务水平有待提高。对这些问题，我们要采取积极措施认真加以解决。

2007年工作任务

今年是深入实施“十一五”规划、积蓄发展后劲的重要一年，也是抓住机遇、加快发展的关键一年。我们必须坚持以邓小平理论和“三个代表”重要思想为指导，以科学发展观为统领，认真贯彻落实自治区第九次党代会精神，按照市第三次党代会和市三届人大一次会议确定的奋斗目标，更加突出加快发展这个主题，更加努力扩大开放与合作，更加重视优化投资环境，更加注重资源节约和环境保护，更加关注民生和提高人民生活水平，全力推进工业化、城镇化和新农村建设，加快建设富裕文明和谐贵港，以优异成绩迎接党的十七大胜利召开。

2007年，全市经济社会发展的主要预期目标是：地区生产总值增长13%，万元生产总值能耗降低3.

5%，财政收入增长16%，全社会固定资产投资增长20%，社会消费品零售总额增长13%，外贸出口增长18%，城镇居民人均可支配收入增长9%，农民人均纯收入增长7.5%，城镇新增就业1万人，人口自然增长率控制在8.5‰以内。

实现上述目标任务，必须把发展放在第一位，千方百计提高经济增长速度，能快就不要慢，能多快就争取多快；必须着力抓好开局，实现高开高走，保持均衡发展、高位运行；必须坚持科学发展、和谐发展，做到经济与社会统筹推进、城市与农村良性互动、人与自然和谐相处。重点要抓好以下十个方面的工作：

一、突出发展工业，着力构筑产业高地

抓好外延扩大，增加工业经济总量。按照打造五大产业基地和发展十大骨干产业的要求，加强与国内外大企业集团的战略合作，鼓励社会各类资金参与投资工业项目，发展壮大制糖、造纸、建材、电力、冶金、林板、化工、饲料、羽绒、农产品加工等优势产业，大力培育电子信息、机械制造、新材料、生物质等新兴产业，努力促进工业扩量增效。依托现有产业资源，加强产业配套，大力发展下游产品和终端产品，延长产业链条，形成产业集群。今年全市工业投资比重要占城镇固定资产投资总额的50%以上。

注重内涵提高，做大做强现有工业。加快企业技术改造，提高企业科技创新能力，切实抓好现有工业的改造提升，促进传统产业优化升级，不断做大做强。重点抓好台泥（贵港）水泥有限公司日产6000吨水泥熟料生产线技改项目、桂平市金源酒精实业有限公司年产6万吨醋酸乙酯技改项目、贵港红旗纸业有限公司年产8万吨高强度瓦楞纸生产线技改项目、郁江炼钢有限公司余压发电技改工程等，力争全年完成技改投入25亿元。继续抓好国家生态工业（制糖）示范园区建设，积极探索新经验，鼓励和扶持发展综合利用和节能降耗项目，大力发展循环经济。积极实施品牌战略和专利战略，支持企业争创名牌产品，增强企业自主创新能力和核心竞争力。建立完善中小企业服务体系，促进中小企业加快发展，形成大中小各类企业相互依存、共同发展的局面。

加强园区建设，搭建工业发展平台。加大资金投入，着力抓好工业园区基础设施、管理体制和综合服务体系建设，改善园区的投资环境，增强园区的项目承载能力和配套服务能力，推动产业向园区集聚，努力把工业园区建设成为优势产业的集聚区、企业成长的好依托、经济发展的新高地。市本级主要抓好江南工业园基础设施建设，扩大园区规模，完善园区功能，为承接更多的企业入驻创造条件。各县市区要集中力量抓好条件成熟、有发展前景的工业集中区，进一步完善规划，加大基础设施投入，扩大招商引资，形成集聚效应。

落实责任制，确保目标实现。根据资源条件、产业现状和发展潜力，将十大骨干产业的发展目标任务，分解落实到各县市区和各有关部门，做到目标明确、责任落实、措施到位，形成各具特色、你追我赶、做大骨干产业的生动局面，努力实现全市工业发展目标。

二、加大固定资产投资力度，进一步增强发展后劲

努力扩大投资规模。抓好固定资产投资，是我市经济社会发展的迫切需要，也是当前和今后相当长时期必须强力推进的一项重要工作。因此，要千方百计推进一批重大项目新开工，着力加快在建项目的建设进度，抓紧开展一批重大项目前期工作，尽可能多地形成投资工作量。重点抓好贵港电厂一期、台泥（贵港）水泥一期、华润水泥（平南）二期、港务公司20万标箱一期改造工程、亚计山生态环保大型种养示范基地、广西洁宝金田纸业有限公司年产5万吨生活用纸、广西泰宝矿业开发有限公司年产3万吨铅锌矿深加工、广西优利维特电梯制造有限公司年产5000台电梯等一批在建项目建设，确保按计划竣工投产；着力推进贵港电厂二期、台泥（贵港）水泥二期、华润水泥（桂平）年产400万吨水泥、港南羽绒城等一批重大项目新开工；继续抓好大藤峡水利枢纽工程、三水铝开发等项目的前期工作，策划一批重大项目，以保持重大项目建设的连续性，为全市今后长期发展夯实基础。

认真解决"瓶颈"问题。抓紧做好土地利用总体规划修编和土地储备工作，盘活已批未用土地、已供未用土地和存量土地，充分利用纳入规划的国有农林场土地，保证重大项目用地需求。根据国家产业政策和资金投向，积极向上争取国债、项目经费补助等政策性资金。加强政银、银企合作，进一步拓宽与国家开发银行的合作领域，引导信贷资金投向经济社会效益好的项目。金融部门要主动介入地方经济发展，努力提高信贷比例。灵活运用市场机制，积极利用外资，激活民间投资。

抓好项目组织实施。采取条块结合、双层推进的办法，全面落实项目推进责任制，加强项目建设的组织协调，做好签约项目的跟踪落实，确保重大项目顺利实施。各县市区具体负责本地项目推进工作，市县区主管部门负责本系统的项目实施，做到分级负责、上下联动，齐心协力加快推进项目建设。

三、扩大开放合作，积极承接东部产业转移

进一步改善投资环境。牢牢把握东部地区"腾笼换鸟"的有利时机，营造优良环境，着力把贵港建设成为广西承接东部产业转移的重要基地。加快完善与东部沿海地区以及周边城市的衔接，密切配合上级有关部门做好南宁至广州高速铁路贵港段、三江至北海高速公路贵港段、苍梧至龙邦高速公路贵港段、荔浦至铁山港高速公路贵港段建设的前期工作，加快西江航运干线贵港至梧州二级航道工程、桂平航运枢纽二线船闸工程、武宣至平南二级公路贵港段、平南至容县二级公路贵港段和凤凰至覃塘二级公路贵港段建设，积极推进贵港港二、三期改造工程，努力建设立体型的综合交通体系，构筑西承大西南、东接粤港澳的对外战略通道，为承接产业转移提供便捷的交通条件。认真落实各项优惠政策，采取更加得力有效的综合措施，着力降低我市的投资门槛和投资成本，为承接产业转移创造优良的政策环境。进一步改进机关作风，努力提高服务水平和办事效率，建立健全投资投诉受理机制，加大对投资环境的治理力度，着力解决外来投资者反映强烈的突出问题，切实保护外来投资者的合法权益，为承接产业转移营造全民亲商、护商、安商的良好社会氛围。

提高招商引资成效。进一步创新招商引资方式，落实招商引资责任制，实行招商引资激励机制，举全市之力推动招商引资迈上新台阶。搞好项目策划包装，依托产业基础、区位特点、资源优势、工业园区和西江水道，突出抓好专业招商、小团队招商、委托招商、以商引商和节会招商，增强招商引资的针对性和实效性。认真抓好中国—东盟博览会和各类经贸洽谈会已签约项目的跟踪落实，确保签约项目落地，提高合同履约率、项目开工率和资金到位率。广泛开展"百企入贵"活动，全年引进100个投资额4000万元以上的内资或500万美元以上的外资经营性项目。

加强对外交流与合作。抓住多区域合作的新兴机遇，深入实施全方位、多层次、宽领域、互利共赢的开放战略，积极参与泛珠三角、长三角、大西南和中国—东盟"一轴两翼"等国内外区域经济合作，充分利用国际国内两个市场、两种资源，努力拓展新空间，为经济增长注入新动力。充分发挥外事、侨务、对台等涉外部门的作用，促进对外交流与合作。

努力扩大外贸出口。主动适应国家外贸政策的变化，采取措施促进外贸出口。加快出口基地和骨干企业的建设，突出抓好建材、饲料、中草药、农机、化肥、农药等有比较优势的产品向东盟国家出口，积极开拓东盟市场。鼓励各类企业申请对外贸易经营权备案登记，努力培育新的出口主体。加强口岸工作，进一步完善"大通关"的工作机制，提高通关效率，促进出口增长。

四、加强"三农"工作，切实抓好新农村建设

不断壮大县域经济。坚持把发展县域经济作为推进新农村建设的着力点，积极探索以工业化致富农民、城镇化带动农村、产业化提升农业的路子，促进农业不断增效、农民持续增收、县域经济加快发展。认真落实鼓励、扶持县域经济发展的各项政策措施，支持县市区抓好工业园区建设，扩大对外开放，培植优势产业，壮大骨干企业，不断提升经济整体素质和综合竞争实力。各县市区要用好扶持政策，发挥自身优势，增强内生动力，主攻工业经济，壮大特色产业，大办创税项目，力争经济总量、投资规模、财政收入等主要经济指标有一个比较大的跃升，跻身广西县域经济发展先进行列。

加快调整农业结构。在稳定粮食生产的基础上，按照稳定甘蔗、突出禽畜、提升林果、扩大水产的思路，加大农业结构调整力度，积极推广应用优良品种和新技术，加快推进区域化布局、标准化生产和基地化建设，形成"一村一品、一乡多业"的特色优势产业格局。重点抓好优质谷、糖蔗、桑蚕、果蔬、速丰林、木薯、中药材、茶叶、羽绒、肉鸽、瘦肉型猪、水奶牛、优质水产品等优势产业基地建设，争创农业品牌，带动农民增收致富。大力发展农产品加工业，拓宽农民增收渠道。积极实施自治区"十百千"计划，大力培育平南县茧丝绸公司、贵港市泰鑫牧业有限公司等一批经济实力强、科技含量高、辐射范围广的农业龙头企业，推进农业产业化经营，促进农产品加工转化。

加快建设新农村。坚持以生产发展为支撑、以农民增收为核心、以科学规划为先导、以基础设施建设为切入点，因地制宜抓好新农村试点工作，发挥示范带动作用。进一步扩大公共财政覆盖范围，增加农业和农村公共事业投入，让更多的公共服务深入农村、惠及农民。突出抓好农村道路、人饮解困工程、农田水利、沼气池以及教育、卫生、文化等公共设施建设，改善农村生产生活条件。尤其要抓好防洪排涝治旱工程、水库除险加固和节水改造等农田水利基本建设，进一步适应农业稳步发展的需要。坚持农民自愿原则，加强村屯规划和村容整治，推动农村改水改厕改厨、硬化道路、植树绿化，创造良好环境。扩大新型农村合作医疗试点，全面推行农村最低生活保障制度，积极发展农村社会养老保险。继续抓好"万村千乡"市场工程建设，构筑新型农村商品流通网络。深化供销社改革，增强为农服务功能。加快农村信用社和邮政金融改革与发展，加大对"三农"的支持力度。抓好农村综合配套改革，为加快新农村建设提供强力保障。

五、发挥区域优势，发展壮大第三产业

大力发展现代物流业。依托西江流域经济发展，发挥西江黄金水道和区位优势，整合各种资源，全力打造特色鲜明、辐射面广、集聚力强的现代物流体系。加快港口集装箱和散杂件货运设施建设，开辟通往广州、港澳的定期轮班，进一步增强港口货物吞吐能力。积极推进水泥物流园区、煤炭物流园区、货物运输信息服务中心和仓储区建设，培育壮大港口经济。着力抓好专业市场建设，提升综合服务功能，努力建设区域性的商贸流通中心。

加快发展特色旅游业。按照广西建设旅游强省的整体布局，坚持"政府主导、企业主体、市场运作"的旅游发展战略，高起点做好全市旅游发展规划。加大旅游宣传、组织、建设的投入力度，积极推进桂平西山风景名胜区、太平天国金田起义旅游景区、龙潭国家森林公园、大藤峡生态旅游区、平天山国家森林公园、南山公园等旅游项目的开发和建设，形成成熟的旅游线路，力争在景区景点建设、旅游线路推出、旅游接待人数、旅游收入等方面有一个大的突破。

改造提升传统服务业。认真规划中心城区商业网点，大力引进外来投资，运用信息化等现代管理手段，改造传统商贸流通企业，积极培育大型流通企业集团，大力发展连锁经营。启动农贸市场改造工程，促进农产品交易流通。加快发展社区服务、房地产、金融、保险、信息、会计、审计、法律、中介等行业，积极开拓服务业新领域。

六、统筹城乡建设，大力推进城镇化进程

抓好中心城区建设。按照"十一五"规划勾勒的城市发展框架，抓紧修编中心城区总体规划，编制各重点地段的详细规划。加快推进新区建设，向南北扩大城区面积。北区要打通中山路与北环路的联通，为扩大北区奠定基础。抓好迎宾大道两侧的规划与建设，形成城市扩大布局。南区以南山风景区、南湖、港南行政中心和江南工业园的城市配套建设为重点，完善城市功能，建设成熟的南部新城区。继续加强城区道路、供排水、路灯及园林绿化、燃气管道、污水处理等基础设施建设。切实抓好迎宾大道北延段、中山路北延段、仙衣路北延段、荷城路西段、达开路、江一路、江二路等道路建设，抓紧实施六个进城路口的改造。做好一批公共设施的规划选点，启动条件成熟的项目建设，进一步完善城市配套功能。加大工作力度，统筹推进旧城区改造。

推进县城和重点镇建设。桂平、平南、覃塘三个城区要按照规划出特色、建设增亮点、管理上水平的总体思路，围绕各自的发展定位和目标，加快开发建设步伐，实现与中心城区的互动发展。江口、大安、大圩、桥圩、石卡等一批重点集镇要坚持走产业兴镇之路，注重发展特色经济，抓好实力提升和特色塑造，加快形成吸纳农村劳动力就业、促进农业人口非农化、激活第三产业扩张和推动中小企业发展的中心地带，成为实现城乡统筹、拉动农业产业化和推进城镇化的示范，进一步提高城镇化水平。

深入实施"城乡清洁工程"。加大宣传力度，广泛发动群众，强化责任意识，严格责任约束，深入开展城乡清洁卫生运动，大力实施"城乡清洁工程"，切实治理"五乱"现象，建立健全长效管理机制，不断改善城乡环境。积极参与"南珠杯"竞赛和创建文明卫生城市活动，促进市民素质提高和城市品位提升，努力塑造山青水秀、干净整洁、文明有序的贵港新形象。

七、抓好财税工作，不断壮大财政实力

着力培育财源，做大财政"蛋糕"。紧紧围绕"工业立市"战略决策，综合运用财政配套、财政贴息、技改补助等多种政策措施，发挥财政对各种社会资金的导向作用，大力支持"五大产业基地"、"十大骨干产业"发展和工业集中区建设。集中财力扶持重点企业和新产品的开发，以技术、产品结构调整为着力点，努力推进企业技术进步。进一步加大对重点财源项目建设和发展的扶持力度，努力促进新经济增长点的形成，不断巩固和壮大财源基础。

加强财政税收征管，搞好政府资产运营。健全完善综合治税工作机制，依法强化税收征管，切实做到应收尽收，进一步增加税收在财政收入中的比重，努力提高财政收入的质量。完善非税收入管理制度，拓宽非税收入管理范围，严格收支两条线。落实财税收入目标责任制，确保收入均衡入库。建立和完善财政性资金投资项目的管理办法，加大财政监管力度。加强对政府性基金收入的管理，规范行政事业单位资产的管理、运营和支出，提高国有资产运营水平。加强政府债务管理，防范财政风险。

深化财政支出改革，加快公共财政体系建设。切实提高财政管理的精细化水平，推动部门预算、国库集中收付、政府采购和收支两条线改革深入开展。搞好“乡财县管乡用”试点工作，充分发挥公共财政在促进科学发展、和谐发展方面的功能作用，不断加大对“三农”工作、社会保障、教育卫生、环境保护、科技创新等重点事业的投入。

八、营造良好环境，放手发展民营经济

创造务实高效的发展环境。切实把民营经济纳入国民经济和社会发展总体规划，列入重要议程，真正做到思想上放心、放胆，政策上放宽、放活，工作上放手、放开。只要有利于加快发展，没有违反国家政策、法律，不论企业成分、不论资金构成、不论投资领域，都要积极鼓励和大力支持；凡是国家法律、法规没有禁止的投资领域和所有对外开放的领域，民间资本都可以进入。切实优化政务环境，加大资金、人才和技术的扶持力度，真心实意为民营经济发展做好服务，进一步扩大民营经济的比重。

创造敢干敢闯的创业环境。广泛宣传民营经济的重要地位与作用，在全社会大力倡导敢为人先、敢于打拼的创业精神，鼓励和激励全民创业、自主创业，营造重商、亲商、敬商、扶商的思想文化氛围，引导更多的有识之士争当老板、勇于创业，培育出更多的民营企业家，打造一支高水平、高素质的民营企业家队伍。民营企业家要不断加强学习，切实提高自身素质，在加快贵港发展中发挥更大的作用，创造更大的业绩。

创造宽容鼓劲的和谐环境。各级政府和政府各部门要客观看待、正确对待、充分理解民营企业在发展过程中出现的问题，坚持先发展后规范，努力营造一种正视问题、给予最大程度的宽容和理解、鼓励探索的宽松环境，保护创业激情，激发创造活力。各级领导要多了解民营企业遇到的困难，帮助他们解决发展中的问题与障碍。积极鼓励各行各业、各条战线放手发展民营经济，放胆自主创业，促进民营经济快速发展。

九、坚持统筹兼顾，加快发展社会事业

加快发展科教事业。认真实施第三轮科技创新计划，继续抓好科技示范基地建设和科技创新示范企业的发展，鼓励企业增加研发投入，提高自主创新能力。以迎接国家“两基”评估验收为契机，进一步加强基础教育，大力发展职业教育和成人教育，重视发展学前教育和特殊教育，规范和扶持民办教育，促进各级各类教育均衡发展，推进教育公平。全面实施“人才强市”战略，创新人才工作机制，扎实推进人才小高地建设。

大力发展文化、体育、卫生等各项社会事业。加强文化设施建设，繁荣文化事业，发展文化产业，推进文化体制改革。开展全民健身运动，提高竞技体育水平。今年开工建设市体育中心和科技文化中心。积极发展广播电视、新闻出版事业。深化医疗卫生体制改革，建立健全疾病预防控制和医疗服务体系，不断完善对贫困家庭和五保户的医疗救助制度。加快推进人口与计划生育综合改革，实行农村计划生育家庭奖励扶助制度，建立人口与计划生育工作新机制，稳定低生育水平，遏制出生人口性别比升高的势头。加强环境治理保护，科学合理开发自然资源，集约节约利用土地，抓好全社会的节能和污染防治工作，建设资源节约型和环境友好型社会。做好统计、审计、农机、民族、宗教、档案、修志、气象、防震等工作，加强房产、人防、后勤、接待、文物保护和住房公积金管理等工作，关心支持妇女、儿童、残疾人事业，办好老龄事业。

加强民主法制和精神文明建设。自觉接受人大及其常委会的监督，严格执行人大及其常委会的决议决定，支持人民政协履行政治协商、民主监督、参政议政职能，认真办理人大代表议案、意见、建议和政协委员提案。加强与民主党派、工商联以及社会各界的联系，积极支持工会、共青团、妇联等人民团体的工作。扩大基层民主，保障群众依法行使民主权利。组织实施“五五”普法教育，全面推进依法治市。广泛开展创建和谐社区、和谐村镇、和谐家庭活动，倡导人与人和睦相处，增强社会和谐基础。加强社会主义荣辱观教育，抓好未成年人思想道德建设和大学生思想政治工作。切实做好国防教育和国防动员工作，加强民兵预备役建设，扎实开展双拥共建活动，继续争创全国“双拥模范城”。

十、努力改善民生，促进社会安定和谐

加强就业和社会保障工作。认真落实就业再就业扶持政策，完善就业服务体系，努力扩大就业，实现新增就业1万人。启动农村失地农民技能培训工程，逐步实现消除城镇居民“零就业”家庭目标。合理调节收入分配，努力缓解社会成员收入分配差距拉大的趋势。深化社会养老保险制度改革，加强基金征管，逐步做实养老金个人账户，提高养老保险基金的支付能力。推进基本医疗保险向自由职业、灵活就业人员的扩面工作，争取城镇居民参加医疗保险达到15万人。加大扶贫开发“整村推进”力度，继续抓好城乡低保工作，逐步健全困难群众医疗、教育、住房等专项救助制度。加快推进经济适用住房建设，为中低收入家庭提供廉租住房。

积极为群众办实事。在认真落实自治区政府提出的为民办好十件实事的同时，今年我市要千方百计办好与人民群众生活密切相关的八件实事：一是市财政安排200万元专项资金作为启动经费，建立扶贫助学基金，用于资助贫困家庭的子女圆大学梦。二是在城北新区新建一所小学，规划一所初中，解决新区居民子女上学难问题。三是实施旧城区小街小巷的路灯、路面、排水沟改造，今年完成港城镇政府路、富士巷、石羊塘路、木松岭公正街人行道、木松岭红三街人行道、人民路、南山路南段、马骝塘桥等街巷和道路的改造；建设20座公厕和8座垃圾中转站，改善旧城区居民生活环境条件，逐步解决中心城区环卫设施不配套的问题。四是在中心城区新建经济适用房6万平方米以上，缓解城市中低收入居民住房难问题。五是新建通村公路54条248公里，建设通村水泥路50条200公里，解决村民行路难问题。六是扩大新型农村合作医疗制度试点范围，实现行政村覆盖率和人口覆盖率都达80%的目标，解决农民看病难和看病贵的问题。七是建成人饮解困工程30项，解决10万农村人口饮水难问题。八是加大力度实施农村培训“阳光工程”，培训农民50万人次以上，解决农村劳动力转移中的技能问题。

全力维护社会稳定。扎实推进“平安贵港”建设，切实加强社会治安综合治理，依法严厉打击各种刑事犯罪活动，加大对“六合彩”赌博和传销活动的打击力度，净化社会风气。坚持工作重心下移，正确处理人民内部矛盾，依法加强信访工作，完善社会利益协调机制和矛盾纠纷调处机制，把各种矛盾和问题解决在基层和萌芽状态。认真落实安全生产责任制，加强安全设施建设和重点行业、重点领域的安全整治，坚决遏制重特大事故发生。进一步整顿和规范市场秩序，切实加强城乡市场监管，确保食品药品安全。建立健全社会预警体系和应急处理机制，完善各项应急预案，提高保障公共安全和处置突发事件的能力。

大力推进行政效能建设

面对新形势和新任务，各级政府必须切实加强行政效能建设，扎实开展“优化投资环境年”活动，力争实现工作作风明显改进，服务能力明显增强，办事效率明显提高，发展环境明显优化，为加快发展创造良好的政务环境。

*着力抓好制度建设。*建立健全首问负责制，机关首问责任人对来访人员提出的问题，必须按规定程序作出相应处理，直至问题得到解决或给予明确答复。全面推行限时办结制，合理确定办结时限，按要求或在承诺的时限内办结。严格实行责任追究制，明确责任追究范围、责任划分与承担，加强行政效能监察，进一步规范责任追究。继续完善行政审批统一办理、联合办理和集中办理制度，加强办证大厅的建设和管理，理顺各方面关系，真正形成“一门受理、全程代办、统一收费、一站办结”的快速服务机制。

*积极开展“两化”活动。*全面开展依法行政规范化、依章办事标准化建设，坚持在法定范围内行使权力，在透明的政务环境中行使权力，在公众的监督下行使权力，提高服务质量和办事效率。严格贯彻执行《行政许可法》，进一步规范行政审批行为和行政事业性收费行为，改革行政执法体制，加强行政执法队伍教育管理。建立高效的政府服务流程，制定部门标准化服务细则和办事流程导引图、职位职责说明，制定依章办事的标准细项，严格划定事务责任到人的定人、定岗、定责量化标准，方便投资者和群众办事。

*切实提高行政执行力。*加大决策执行力，切实解决对上级的决策部署不执行、虚执行或乱执行的问题，杜绝推诿扯皮、推卸责任、形式主义、应付了事等种种执行不力的现象，确保政令畅通。树立与时俱进、开拓创新的观念，善于把上级的决策部署同贵港实际相结合，创造性地落实和执行，摈弃不顾实际、生

搬硬套的做法。建立健全行政机关职能执行机制,完善行政执行力责任考核、评议、警示、奖罚和责任追究制度,把重大决策执行情况作为考核政绩和领导干部选拔任用的主要依据,做到有权必有责、用权受监督、侵权要赔偿、违法受追究。

大力整顿机关作风。广泛开展"创先争优"活动,坚持"清简务本、行必责实"的工作作风,凡是确定的工作都要咬住不放,苦干实干,一抓到底,务求实效,争创一流。加强公务员业务培训和职业道德教育,不断提高驾驭市场经济的能力、推进自主创新的组织领导能力、管理社会的能力和依法办事的能力。积极开展政务环境评议评价工作,采取加强教育、通报典型、纪律处分等多管齐下的方式,坚决克服政府机关中存在的责任心不强、办事拖拉推诿、服务质量不高等投资者不满意的现象,坚决查办以权谋私、设置障碍、不给好处不办事和各种形式的"吃拿卡要"等腐败行为,以清新的机关风气,促进改革,加快发展。大兴调查研究之风,弘扬求真务实精神,深入基层,深入实际,深入群众,倾听群众呼声,切实为群众办实事、做好事、解难事。坚持从严治政,加强廉政建设,努力建设一支能打仗、打硬仗、打胜仗、能干事、肯干事、干好事的公务员队伍。各级政府公务员无论职位高低、权轻权重,都必须自觉为人民掌好权、用好权,领导干部要率先垂范,切实做到对党的事业高度负责,让人民群众放心满意!

各位代表,新的目标和任务鼓舞人心,新的机遇和挑战催人奋进。我们要认真贯彻落实科学发展观,在自治区党委、政府和市委的正确领导下,在市人大、市政协的监督支持下,充分调动一切积极因素,凝聚加快发展的强大合力,开拓奋进,务实创新,为加快构建富裕文明和谐贵港而努力奋斗!

2006年贵港市国民经济和社会发展统计公报

贵港市统计局

（二〇〇七年八月）

2006年，全市人民在市委、市政府的正确领导下，坚持以邓小平理论和“三个代表”重要思想为指导，围绕构建区域性经济中心城市目标和工业化、城镇化的要求，以科学发展观统领经济社会发展大局，努力建设社会主义和谐社会，推动我市各项事业全面进步，在招商引资、项目推进、城市建设等方面都取得了明显成效，国民经济持续快速健康发展，社会保持稳定，城乡居民生活水平进一步提高，实现了“十一五”规划的良好开局。

一、综合

初步核实，2006年，全市地区生产总值达到265.19亿元，比上年增长13.1%。其中：第一产业增加值71.09亿元，增长6.6%，对经济增长的贡献率为14.68%，推动经济增长1.9个百分点；第二产业增加值93.01亿元，增长19%，对经济增长的贡献率达到49.18%，推动经济增长6.4个百分点；第三产业增加值101.09亿元，增长12.7%，对经济增长的贡献率为36.14%，推动经济增长4.8个百分点。三次产业的比重为26.8:35.1:38.1，与上年相比，第一产业下降了2.3个百分点，第二产业和第三产业分别提高了1.3和1个百分点。

*市场物价小幅上涨。*居民消费价格总指数为100.8，比去年同期上涨0.8%，比上年涨幅回落1.2个百分点。在八大类消费价格指数中，除了烟酒及用品类、衣着类分别比上年同期下跌3.35%、2.27%之外，其余六类都呈上涨趋势，其中：食品类上涨0.34%；家庭设备用品及服务类上涨3.03%；医疗保健及个人用品类上涨4.16%；娱乐教育文化用品及服务类上涨0.13%；居住类上涨2.85%；交通和通讯类下降0.59%。商品零售价格指数下跌0.87%，涨幅比上年回落1.67个百分点。农业生产资料价格指数上涨3.11%，涨幅比上年回落8.89个百分点。

*就业人数有所增加。*2006年末，全社会从业人员为240.3万人，同比增长1.08%。2006年末全市城镇单位就业人员14.42万人。全年新增就业人数13680人，其中下岗失业人员实现再就业4228人。年末城镇登记失业率为3.4%。城镇单位从业人员年平均劳动报酬13307元，比上年增加1166元，增长9.6%。城镇单位在岗职工年平均工资13842元，比上年增加1318元，增长10.52%。

*财政收入较快增长，财政实力进一步增强。*2006年，全市财政收入完成19.08亿元，比上年增长12.3%，其中一般预算收入10.97亿元，增长19.9%。财政支出27.33亿元，增长22.9%。

二、农业

*农村经济稳定发展，农业结构调整步伐加快。*初步核实，2006年全市农林牧渔业总产值117.48亿元，比上年增长7.33%。其中，农业总产值56.13亿元，增长6.47%；林业总产值3.24亿元，增长7.44%；牧业总产值47.25亿元，增长7.96%；渔业总产值10.14亿元，增长9.09%；农林牧渔服务业总产值0.72亿元，增长7.65%。水产畜牧业和特色农业是拉动农林牧渔业总产值增长的主动力。

*粮食生产基本稳定。*2006年，全年粮食种植面积为27.25万公顷，比上年增加了989公顷，总产量140.95万吨，同比增长6.23%，每公顷产量为5173公斤，比上年增加了286公斤，其中：稻谷产量121.76万吨，同比增长6.04%；玉米产量11.43万吨，增长8.65%；油料产量8.95万吨，增长11.16%；甘蔗产量229.43万吨，增长4.58%；蔬菜产量153.26万吨，增长3.98%；水果产量15.31万吨，下降0.2%，其中龙眼的产量为5.13万吨，下降4.44%，荔枝的产量为4.9万吨，下降2.31%。

*水产畜牧业发展较快。*2006年水产畜牧业总产值57.4亿元，比上年增长8.17%，拉动农林牧渔业总产值增长4个百分点。产品产量方面，全年出栏肉猪339.44万头，增长5.1%；出栏家禽3986.61万只，增长7.28%；肉类总产量35.13万吨，增长5.47%；禽蛋产量1.45万吨，增长7.29%；牛奶产量2355吨，增长3.56%；蚕茧产量1.36万吨，增长15.52%；水产品产

量15.31万吨,增长9.02%。

农业机械总动力200.43万千瓦,比上年增长4.79%;农用拖拉机6.31万台,比上年增长4.42%;农用运输车2619辆,比上年增长6.12%;农村用电29494万千瓦小时,比上年增长7.79%。

三、工业和建筑业

初步核实,2006年全市工业增加值79.33亿元,增长20.9%,对经济增长的贡献率达到45.3%,推动经济增长5.9个百分点,工业增加值占GDP的比重为29.9%,比上年提高1.5个百分点。其中,规模以上工业增加值42.21亿元,增长23.9%,推动经济增长3.6个百分点;规模以下工业增加值37.11亿元,增长17.5%。

规模以上工业发展快速,企业规模不断扩大。2006年,全市拥有规模以上工业企业179家,比上年增加18家。在规模以上工业企业中,年产值超过三亿元的有9家,比上年增加4家,其中有2家企业的产值超过10亿元,比上年增加1家;年产值超过一亿元的工业企业有30家,比上年增加7家;年产值超过五千万元的工业企业有48家,比上年增加6家。

大部分主要工业产品产量稳定增长。随着对工业投入的增加,工业企业生产能力不断扩大,一些工业主要产品产量大幅度增长:

2006年主要工业产品产量表

工业产品名称	单位	2006年产量	同比(±%)
机制糖	万吨	13.67	-13.6
配混合饲料	万吨	52.62	24.5
人造板	立方米	13.35	46.8
机制纸及纸板	万吨	25.43	4
化学肥料(折纯)	万吨	16.49	76.6
水泥	万吨	584.86	30.8
水泥熟料	万吨	462.12	216.9
生铁	万吨	28.59	43.6
粗钢(钢丕)	万吨	30.31	75.6
钢材	万吨	26.42	47.2

工业企业经济效益亟待提高。2006年工业企业产品销售率95.29%,比上年下跌3.36个百分点;工业经济效益综合指数141.99,比上年下降1.55个百分点;盈亏相抵后实现利润总额1.67亿元。

建筑业完成增加值13.69亿元,比上年增长9.2%。

四、固定资产投资

随着中国华电集团贵港电厂、华润水泥(平南)有限公司、华润水泥(贵港)有限公司等一大批大型建设项目相继落户贵港,我市固定资产投资实现了较快增长。2006年,全社会固定资产投资达到149.56亿元,同比增长15.6%,其中城镇固定资产投资达到113.88亿元,同比增长24.6%。

在城镇固定资产投资中:1、基本建设投资在城镇固定资产投资中处于主导地位,总量创历史最高水平,并保持较高增长速度。2006年,基本建设投资完成68.91亿元,同比增长70.2%;2、更新改造投资和其他投资增长出现大幅回落。2006年,更新改造投资、其他投资完成13.96、9.32亿元,同比分别下降33.1%、29.2%;3、房地产开发投资有较快增长。2006

年，房地产投资累计完成投资额20.45亿元，同比增长21.5%；4、对工业的投资额继续加大。2006年，对工业的投资额完成61.13亿元，比上年增加15.93亿元，增长35.25%，占城镇固定资产投资的比重达到65.43%。

2006年全社会固定资产投资情况表

单位：万元

项　目	2006年	同比（±%）
全社会固定资产投资	1495629	15.6
一、城镇投资	1138790	24.6
1、基本建设	689114	70.2
2、更新改造	139608	-33.1
3、其他投资	93241	-29.2
4、房地产	204547	21.5
5、城镇工矿区私人建房（50万元以上）	12280	-
二、农村投资	349839	-4.6
6、非农户投资	178764	12.4
7、城乡私人建房	171075	-17.6
三、零星投资	7000	-48.9

商品房竣工面积为75.47万平方米，同比下降9.35%。商品房销售面积为90.79万平方米，同比增长12.72%，其中住宅的销售面积为71.69万平方米，同比增长19.52%。商品房的销售额为15.9亿元，同比增长34.07%，其中住宅的销售额为11.12亿元，同比增长40.2%。房地产业实现增加值14.67亿元，同比增长12%。

五、国内贸易

在经济快速增长和城乡居民收入都有较快增长的带动下，市场消费规模不断扩大，消费品零售总额增长加快了步伐。2006年，全市社会消费品零售总额突破100亿元，达到104.5亿元，比上年增长14.31%。

分城乡看，城市消费品零售额50.39亿元，增长14.88%，比上年下降了3.42个百分点，占全部社会消费品零售总额的比重由上年的47.99%上升到48.22%，提高0.23个百分点；县及县以下消费品零售额54.11亿元，增长13.79%，比上年提高了2.89个百分点。

从经济类型看，全市非公有制经济发展迅速，是市场销售的主力军。2006年，全市非公有制经济实现零售额95.87亿元，同比增长15.47%，在全社会消费品零售总额中的比重高达91.74%，比上年提高0.92个百分点，其中，以股份制经济增长势头最为强劲，实现消费品零售额10.59亿元，同比增长52.93%。

分行业看，批发零售贸易业和餐饮业均呈较快增长，其中：批发零售贸易业实现零售额93.2亿元，增长14.07%；住宿和餐饮业零售额实现8.22亿元，增长16.51%，比上年提高5.23个百分点。

2006年，从商品的类别看，全年限额以上批发零售贸易企业销售额中，主要的消费热点商品增长较快：

2006 年限额以上批发零售业主要消费热点商品销售分类

单位:万元

商品类别	销售额	同比(±%)
食品、饮料、烟酒类	163111	19.35
化妆品类	2165	30.97
金银珠宝类	113	101.79
日用品类	4432	10.97
中西药品类	2928	47.88
石油及制品类	227324	34.81
金属材料类	22996	57.70

六、对外经济

外贸进出口稳定增长。2006 年,全市外贸进出口总值 9544 万美元,比上年增长 22.7%。其中出口总额 6144 万美元,增长 12.8%;进口总额 3400 万美元,增长 45.6%。

利用外资规模不断扩大。全年新签外资项目 17 个;合同外资额 7585 万美元,下降 23.56%;实际利用外资 4710 万美元,增长 45%。

七、交通、邮电和旅游

交通运输业保持较快发展,港口经济继续发挥积极作用。2006 年,全社会客货运周转量为 124.72 亿吨公里,同比增长 17.65%,其中:公路客货运周转量 22.62 亿吨公里,比上年增长 18.2%;水路货运周转量达到 102.01 亿吨公里,增长 17.52%;港口货物吞吐量完成 2276 万吨,比上年增长 13.69%。其中贵港港的吞吐量就达 1538 万吨,增长 2.04%。

2006 年,全市邮电业务总量完成 23.72 亿元,同比增长 30.56%,其中:邮政业务总量达到 1.04 亿元,同比增长 18.74%;电信业务总量达到 22.68 亿元,同比增长 31.15%。本地电话年末用户达到 78.58 万户,同比增长 4.86%,其中住宅电话年末用户 56.01 万户,同比增长 9.62%;年末移动电话用户达到 97.1 万户,同比增长 72.75%;国际互联网用户达到 6.07 万户。

全年旅游总收入 10.85 亿元,接待旅游人数达到 340 万人次,其中:接待外国及港澳台旅游者 2.18 万人次,比上年增长 46.87%,国际旅游外汇收入 545.9 万美元,增长 52.15%;接待国内旅游者 337.96 万人次,增长 15.15%,实现国内旅游收入 10.4 亿元,增长 25.23%。

八、金融和保险

全年金融保险业实现增加值 4.36 亿元,增长 23.1%。

金融业运行平稳。2006 年末,金融机构各项存款余额 232.46 亿元,比年初增加 34.01 亿元,增长 17.14%,其中城乡居民储蓄存款余额 176.76 亿元,比年初增加 25.6 亿元,增长 16.95%。金融机构贷款余额 120.42 亿元,比年初增加 27.37 亿元,增长 29.42%,其中,中长期贷款 59.54 亿元,比年初增长 43.23%;短期贷款 58.3 亿元,比年初增长 14.4%。

2006 年,全年保险行业实现保费收入 3.79 亿元,同比增长 23.44%,其中:财产险 1.36 亿元,同比增长 11.85%;人身险 2.32 亿元,同比增长 24.97%。全年赔款付给费用为 1.52 亿元,同比增长 126.68%。

九、教育和科学技术

教育事业保持较快发展。全市普通高中共 66 所,招生 2.97 万人,在校生 8.18 万人,毕业生 2.26 万人;普通初中共 202 所,招生 8.22 万人,在校生 24.79 万人,毕业生 8.36 万人;普通小学共 1161 所,招生 9.23 万人,在校生 55.42 万人,毕业生 8 万人;幼儿园共 337 个,在园儿童 12.13 万人,学龄儿童入学率为 99.87%。

科技事业进一步发展。全年共下达贵港市科学研究和技术开发计划项目58项，总投资4982万元。全年专利申请101件，其中发明申请数为25项；全年获得专利授权60件，其中发明2项。

十、文化、卫生和体育

文化事业日益繁荣。2006年末，全市共有艺术表演团体3个，公共图书馆3个，剧场、影剧院3个，博物馆5个。公共图书馆图书藏量491千册。广播人口覆盖率96%，电视综合人口覆盖率95%，通有线电视的村有475个。

卫生事业持续发展。年末全市共有卫生机构121个，其中医院卫生院98个，等级医院14个，妇幼保健院(所、站)4个；疾病预防控制中心(防疫站)5个。卫生机构病床床位4903张，其中医院、卫生院4540张；卫生机构人员8604人，其中卫生技术人员6903人，执业医师和执业助理医师2707人，注册护师、护士2356人。婴儿死亡率为1.16%。

体育事业蒸蒸日上。2006年，我市运动员在参加省(区)级以上重大体育比赛中共获得金牌30枚、银牌34枚、铜牌40枚。群众体育活动蓬勃发展，广大人民群众的健身意识明显提高，身体素质不断增强。

十一、人口、人民生活和社会保障

据公安户籍统计，2006年末全市总人口478.89万人，比上年增加1.81%。其中非农业人口52.33万人。出生人口8.57万人，出生率为18.06‰；死亡人口1.33万人，死亡率为2.8‰；人口自然增长率为15.26‰。出生人口性别比例为112.67。

城乡居民生活水平进一步提高。2006年，城镇居民人均可支配收入8938元，比上年增加1296元，增长16.95%；农民人均纯收入2961元，比上年增加268元，增长9.95%。城镇居民人均消费支出5795元，增长9.23%；农民人均消费支出2130元，下降3.44%。城镇居民家庭恩格尔系数为43.1%，农村居民家庭恩格尔系数为47.8%。(恩格尔系数指居民家庭食品消费支出占家庭消费总支出的比重)

社会保障和社会福利事业进一步发展。年末全市参加基本养老保险人数6.67万人，比上年增加5824人，增长9.57%；参加失业保险的人数10.91万人，比上年增加2011人，增长1.88%；参加医疗保险的人数15.02万人，比上年增加3650人，增长2.5%。全年共发放城镇居民最低生活保障金3902.7万元，享受最低生活保障4.85万人。全市有五保对象3.71万人，共支出保障金2664.8万元。

十二、城市建设和环境保护

城市建设步伐加快，紧紧围绕“11158”即“一带、一江、一湖、五大城区、八大工程”工程和道路景观改造工程，加强城市规划工作。全年新增绿地35万平方米，绿地率达29.8%，绿化覆盖率达34.5%，人均公共绿地面积10.49平方米。

2006年末实有城市道路面积798万平方米，城市道路长度435公里；排水管道长度318公里；自来水供水总量4882万吨，用水人口56.61万人；液化石油气供气总量2.11万吨，用液化气人口45.22万人；天然气供应总量8万立方米，使用天然气人口1.25万人。公共交通营运车辆215辆，年客运量2121万人次，拥有公交线路23条；年末实有出租汽车数656辆。城市园林绿地面积1406公顷，其中公共绿地面积522公顷；公园面积为187公顷；建成区绿化覆盖面积1706公顷，建成区绿化覆盖率为24.9%；生活垃圾清运量21.1万吨。

城市环境保护力度加大。2006年，城市环境基础设施建设本年完成投资额为1.03亿元，环境污染治理本年完成投资额2.46亿元。全市建成环境噪声达标区1个，面积11.8平方公里。建成烟尘控制区面积99平方公里。

生态环境保护和产业发展并重，推进新农村和生态贵港建设。2006年全年完成造林面积14.85万亩，其中：迹地更新面积6.03万亩；低改造林面积1.41万亩；速生丰产林14.36万亩。全市共完成建沼气池10149座，其中：非贫困村建池6990座；贫困村建池3159座。

注：

1、公报中的统计数据为初步核实数。

2、公报中贵港市生产总值、各产业增加值绝对数按现行价格计算，增长速度按可比价格计算。

行政区域及气象情况

面积、村委会、居委会个数

指　　标	计量单位	全市	市辖区	港北区	港南区	覃塘区	平南县	桂平市
行政区域土地面积	平方公里	10606	3543	1095	1107	1341	2989	4074
其中:建成区面积	平方公里	58.76	37.48				8.7	12.58
村委会	个	1107	410	110	161	144	278	414
居委会	个	36	12	7	4	1	6	18

乡 镇 个 数

	县(区)乡(镇)、街道办事处	乡	镇	办事处	合计	备注
贵港市	全市所辖乡镇、办事处	19	53	2	74	贵港乡镇撤并在2005年10月底完成
港北区	贵城办事处、港城镇、大圩镇、庆丰镇、武乐乡、中里乡、奇石乡、根竹乡	4	3	1	8	蹦城镇改为贵城办事处
港南区	瓦塘乡、新塘乡、木格镇、木梓镇、湛江镇、八塘镇、东津镇、桥圩镇、江南办事处	2	6	1	9	思怀乡并入瓦塘乡、横岭乡并入八塘镇、平悦乡并入木格镇
覃塘区	覃塘镇、石卡镇、大岭乡、东龙镇、三里镇、樟木乡、黄练镇、五里镇、山北乡、蒙公乡	4	6	0	10	振南乡并入古樟乡改名为樟木乡
平南县	大安镇、官城镇、平南镇、思旺镇、大新镇、六陈镇、安怀镇、丹竹镇、同和镇、镇隆镇、平山镇、大鹏镇、寺面镇、马练乡、上渡镇、东华乡、大州镇、大坡镇、思界乡、武林镇、国安乡	4	17	0	21	环城镇并入平南镇、大成乡并入上渡镇、富藏乡并入镇隆镇、赤马乡并入丹竹镇
桂平市	社步镇、油麻镇、麻垌镇、厚六乡、马皮乡、罗播乡、中沙镇、垌心乡、紫荆镇、江口镇、蒙圩镇、石龙镇、南木镇、金田镇、罗秀镇、木圭镇、白沙镇、大洋镇、下湾镇、大湾镇、西山镇、木乐镇、社坡镇、寻旺乡、木根镇、石咀镇	5	21	0	26	桂平镇并入西山镇、理端乡并入社坡镇、中和镇并入中沙镇、思宜乡并入南木镇

2005年各气象站平均气温

单位：℃

名称	1月	2月	3月	4月	5月	6月	7月	8月	9月	10月	11月	12月
贵港市	11.6	12.5	16.2	22.1	28.0	27.5	29.7	29.1	28.0	25.2	21.0	17.2
市辖区	11.2	12.5	16.1	22.2	28.2	27.5	29.6	29.0	27.9	24.9	20.8	23.4
平南县	11.8	12.4	16.4	22.3	28.1	27.6	29.9	29.3	28.4	25.5	21.2	14.1
桂平市	11.7	12.6	16.1	21.9	27.7	27.5	29.6	29.0	27.7	25.1	20.9	14.1

2005年各气象站降水总量

单位：毫米

名称	1月	2月	3月	4月	5月	6月	7月	8月	9月	10月	11月	12月
贵港市	25.1	29.7	90.2	146.9	153.7	485.7	149.7	144.2	41.2	10.0	75.7	19.2
市辖区	19.2	26.5	81.1	109.6	67.9	468.3	156.4	135.8	35.6	3.8	28.5	20.8
平南县	23.4	22.0	86.4	198.0	228.8	515.6	63.7	216.4	42.4	21.8	95.8	16.6
桂平市	32.6	40.5	103.1	133.2	164.3	473.2	229.1	80.5	45.7	4.3	102.9	20.2

2006年各气象站平均气温

单位：℃

名称	1月	2月	3月	4月	5月	6月	7月	8月	9月	10月	11月	12月
贵港市	14.4	14.7	17.3	23.4	25.7	27.8	28.8	28.7	26.8	26.8	20.9	14.8
市辖区	14.3	14.1	17.0	23.6	25.5	27.6	28.6	28.4	26.4	26.7	20.8	14.5
平南县	14.4	14.9	17.5	23.3	25.8	28.0	29.0	29.1	27.1	27.0	21.0	15.1
桂平市	14.5	15.0	17.3	23.4	25.7	27.8	28.7	28.7	26.9	26.8	20.9	14.9

2006年各气象站降水总量

单位：毫米

名称	1月	2月	3月	4月	5月	6月	7月	8月	9月	10月	11月	12月
贵港市	22.8	128.9	104.8	55.0	333.7	176.2	458.4	235.1	68.9	9.7	129.2	15.5
市辖区	7.8	103.1	71.7	42.8	312.7	194.2	531.9	254.2	114.2	1.5	86.4	8.7
平南县	17.9	139.5	99.3	58.7	333.1	197.5	319.0	221.1	47.5	13.0	120.2	21.0
桂平市	42.7	144.0	143.3	63.6	355.4	136.8	524.3	230.0	45.1	14.6	181.0	16.7

备注：贵港市一栏为市辖区、平南县及桂平市的平均值。

社会经济基本情况

2005年社会经济基本情况表

指　标	计量单位	全　市	市辖区	港北区	港南区	覃塘区	平南县	桂平市
行政区域土地面积	平方公里	10606	3543	1095	1107	1341	2989	4074
其中:建成区面积	平方公里	58.76	37.48				8.7	12.58
其中:建成区绿化覆盖面积	公顷	2303	1848				48	407
地区生产总值(当年价)	万元	2270151	1146704	433234	288409	262764	519428	604019
第一产业增加值	万元	660055	251062	75094	84080	91888	200951	208042
农　业	万元	351923	135347	35864	44284	55199	104988	111588
林　业	万元	20332	5284	1549	1768	1967	5117	9931
牧　业	万元	213894	89364	32150	29220	27994	65467	59063
渔　业	万元	70910	20312	5467	8684	6161	24660	25938
农林牧渔业服务业	万元	2996	755	64	124	567	719	1522
第二产业增加值	万元	768236	447649	164322	118523	84096	143656	176931
工　业	万元	644236	370049	120522	106373	64396	119056	155131
建筑业	万元	124000	77600	43800	12150	19700	24600	21800
第三产业增加值	万元	841860	447993	193818	85806	86780	174821	219046
交通运输、仓储及邮政业	万元	177332	123490	69882	12038	9622	33280	20562
批发和零售贸易业	万元	159814	96250	37618	19515	25064	22445	41119
住宿和餐饮业	万元	41695	21203	12855	2198	6055	10740	9752
金融保险业	万元	34986	14699	7116	2933	1870	9783	10504
房地产业	万元	128903	57075	29744	11675	12214	28939	42889
人均地区生产总值	元	4800	6537	9307	4739	4852	4037	3577
地区生产总值指数	上年=100	116.2	119.9	128.4	141.2	121.8	116.6	109.9
第一产业	上年=100	107.4	110.2	109.3	110.2	109.0	105.9	106.2
第二产业	上年=100	137.8	148.9	170.6	218.9	156.3	146.5	112.6
工　业	上年=100	133.2	138.8	158.3	203.5	133.5	149.9	113.2
建筑业	上年=100	168.2	223.4	216.7	171.3	314.1	131.3	107.5
第三产业	上年=100	109.3	106.4	113.8	106.6	110.2	114.0	112.4
交通运输、仓储及邮政业	上年=100	110.0	107.6	105.3	115.1	107.4	117.4	112.9
批发和零售贸易业	上年=100	110.4	110.7	113.1	109.0	115.7	112.7	108.4
住宿和餐饮业	上年=100	113.6	109.8	112.9	112.7	115.9	113.7	123.0
金融保险业	上年=100	103.8	74.3	99.0	49.1	35.9	196.8	117.1
房地产业	上年=100	108.9	116.6	158.5	101.3	111.5	101.7	104.6
人均地区生产总值指数	上年=100	116.2	119.1	126.8	139.5	121.6	116.6	110.7
年末总人口	万人	470.37	175.02	59.66	61.29	54.07	128	167.35
#男性	万人	248.4	90.73	31.01	32.06	27.65	68.81	88.9
女性	万人	221.93	84.29	28.65	29.22	26.41	59.19	78.45
#非农业人口	万人	51.74	24.12	18.17	3.7	2.25	11.09	16.53
#出生人口	人	52541	27758	4072	12520	11166	9439	15344
#当年出生人口	人	24128	8962	1686	3412	3864	5226	9940

续表

指　　标	计量单位	全　市	市辖区	港北区	港南区	覃塘区	平南县	桂平市
#死亡人口	人	17279	10403	1679	4605	4119	3197	3679
#当年死亡人口	人	7881	2789	342	901	1546	1838	3254
年末总户数	户	1337933	509997	195279	176279	138439	351644	476292
就业人员	万人	237.74	87.97	24.24	31.24	26.82	65.2	84.57
第一产业	万人	122.4	47.53	14.1	16.51	16.66	31.25	43.62
第二产业	万人	51.88	10.65	2.3	3.92	1.88	12.65	28.59
第三产业	万人	63.45	29.8	7.84	10.81	8.29	21.3	12.35
城镇就业人员	人	266011	132249	33875	15530	17561	69837	63925
城镇国有经济	人	112911	53619	7297	7956	11058	25352	33940
城镇集体经济	人	15893	7787	992	2538	367	6054	2052
城镇其他单位合计	人	16625	10128	360	80	1115	5028	1469
内资	人	9814	9157	86	80	1115	116	541
港澳台投资经济	人	4720	710	240			3257	753
外商投资经济	人	2091	261	34			1655	175
城镇私营经济	人	28907	16939				5094	6874
城镇个体	人	75050	33648	24866	4876	3906	23281	18121
年末单位从业人员数	人	145429	71534	8649	10574	12540	36434	37461
#女性	人	57949	27110	4072	3694	4279	14975	15864
第一产业	人	4231	2886	61	251	355	505	840
第二产业	人	37515	21959	1631	1950	1755	9311	6245
第三产业	人	103683	46689	6957	8373	10430	26618	30376
城镇在岗职工人数	人	136483	68629	8645	9742	11997	33068	34786
国有经济	人	107400	51379	7297	7272	10552	24353	31668
城镇集体经济	人	12760	7328	992	2390	330	3783	1649
其他单位合计	人	16323	9922	356	80	1115	4932	1469
城镇在岗职工年平均人数	人	133501	67013	8398	9664	11447	32824	33664
城镇登记失业人员数	人	7837	2747	857	640	520	2095	2995
城镇在岗职工工资总额	万元	167193	87403	8439	11768	11652	37141	42649
国有经济	万元	137905	68410	7328	9088	10060	28904	40591
城镇集体经济	万元	11608	7201	619	2575	434	3348	1059
其他单位合计	万元	17680	11792	491	105	1157	4889	999
在岗职工平均工资	元	12524	13043	10049	12177	10179	11315	12669
国有经济	元	13089	13615	10393	12617	10057	11966	13111
城镇集体经济	元	9570	9950	6247	10777	12955	8861	9498
其他单位合计	元	11042	12372	13803	14569	10436	9996	6285
全社会固定资产投资	万元	1294333	825009	346836	148874	265738	210255	259069
城镇固定资产投资	万元	978142	666025	296191	82134	224139	157011	155106
基本建设	万元	404986	309349	175983	55908	30064	13667	81970
更新改造	万元	208802	132013	17950	4465	95824	67433	9356

续表

指　　标	计量单位	全　市	市辖区	港北区	港南区	覃塘区	平南县	桂平市
其他投资	万元	131717	94848	2680	4726	86850	27564	9305
房地产开发	万元	168416	92885	88901	3984		26806	48725
其中:住宅	万元	77548	37107	34585	2522		8105	32336
商品房屋销售额	万元	118627	92163	92163				26464
#住宅	万元	79334	54917	54917				24417
商品房屋销售面积	万平方米	80.55	60.35	60.35				20.2
#住宅	万平方米	59.98	40.32	40.32				19.66
商品房屋平均销售价格	元/平方米	1472	1527	1527				1310
#住宅	元/平方米	1323	1362	1362				1242
财政总收入	万元	170489	100430	18978	7857	8373	28254	41805
#一般预算收入	万元	92090	52395	9757	4014	5245	16086	23609
各项税收	万元	52674	32024	7768	2621	3470	9923	10727
#增殖税	万元	10785	6510	1073	543	391	1765	2510
营业税	万元	15933	9926	3537	881	1147	2434	3573
企业所得税	万元	2738	2074	316	32	19	161	503
个人所得税	万元	2726	1520	289	169	129	496	710
一般预算支出	万元	222366	105205	21242	15377	16411	52894	64267
#基建支出	万元	15263	9942	1910	512	979	2403	2918
支农支出(含综合开发及农林水气象)	万元		0					
科学支出	万元	59	23	14			25	11
科技三项费用	万元	338	78			1	6	254
教育支出	万元	62144	25295	7502	7593	7468	16301	20548
社会保障补助支出	万元	7975	6169	90			351	1455
城镇居民人均可支配收入	元	7642	8312	8308	8767	7382	6787	8056
城镇居民人均消费性支出	元	5306	5322	5348	5373	4515	5148	5394
#食品支出	元	2438	2488	2534	2326	1934	2283	2459
衣着用品支出	元	335	388	397	310	317	300	265
家庭设备、用品及服务支出	元	316	312	308	340	335	312	328
医疗保健支出	元	267	247	242	314	217	328	258
交通和通讯支出	元	584	518	506	636	576	650	655
娱乐、教育、文化服务支出	元	699	731	722	888	614	624	696
居住支出	元	579	529	540	482	371	587	662
每百户居民家庭拥有:	*							
家用汽车	辆	1.65	0.88	1			3	2
家用电脑	台	37.12	47.03	49	33.33	30	30	25
城镇居民人均住房使用面积	平方米	39.53	26.64	30.47	43.42	52.4	53.13	42.4
居民消费价格指数(上年为100)	%	102	102					
农村居民人均纯收入	元	2693	2837	2841	2835	2835	2688	2560
农村居民人均住房面积	平方米	28.66		24.76	30.37	30.02	29.26	28.18

续表

指标	计量单位	全市	市辖区	港北区	港南区	覃塘区	平南县	桂平市
农村居民文化娱乐消费比重	%	2.93		7.47	2	1.74	2.66	2.9
农村恩格尔系数	%	46.13		38.16	38.2	49.12	41.95	51.78
乡村户数	万户	102.46	35.81	8.89	13.08	13.84	28.12	38.53
乡村人口	万人	435.95	156	43.1	58.83	54.07	120.35	159.6
乡村从业人员数	万人	212.8	75.76	20.89	29.69	25.18	58.72	78.32
#农林牧渔业	万人	121.92	47.19	14.09	16.48	16.62	31.19	43.54
森林面积	公顷	442800	99620	37900	32520	29200	163980	179200
当年造林面积	公顷	4562	1398	538	278	582	431	2733
年末耕地总资源	公顷	208722	85152	23831	26803	34518	48637	74933
其中:常用耕地面积	公顷	204264	82143	21504	26731	33908	47630	74491
#年末耕地面积	公顷	190374	77580	21336	24731	31513	44858	67936
其中:水田	公顷	131727	47354	13106	18173	16075	34288	50085
旱地	公顷	58647	30226	8230	6558	15438	10570	17851
水浇地	公顷	6374	4907	3986	648	273	1467	
年内减少耕地面积	公顷	1095	535	247	276	12	434	126
其中:基建占地	公顷	464	371	247	118	6	93	
退耕还林还牧	公顷	221	17		17		204	
农业机械总动力	万千瓦特	191.27	80.08	22.48	35.01	22.58	46.11	65.09
化肥使用量(折纯量)	吨	171178	68969	17843	19867	31259	31798	70411
农药使用量	吨	5109	2323	447	1085	791	509	2277
地膜使用量	吨	2403	608	80	200	328	127	1668
有效灌溉面积	公顷	153690	57160	12980	23930	20250	42030	54500
农作物总播种面积	公顷	455696	172628	40392	57914	74322	107361	175707
粮食作物播种面积	公顷	271515	103031	25581	39704	37746	66028	102456
#稻谷	公顷	210860	77658	20112	32813	24733	54113	79089
玉米	公顷	27799	15114	3654	4536	6924	2305	10380
大豆	公顷	10173	4789	883	543	3363	2590	2794
油料播种面积	公顷	30893	11099	2480	3225	5394	6797	12997
棉花播种面积	公顷	25						25
糖料播种面积	公顷	30714	24871	6394	2922	15555	2302	3541
蔬菜播种面积	公顷	69684	18351	3667	5413	9271	16703	34630
粮食总产量	吨	1326847	532974	131428	223018	178528	314995	478878
#稻谷	吨	1148199	445322	110095	197226	138001	288614	414263
玉米	吨	105228	66254	16841	20182	29231	5632	33342
大豆	吨	21517	11216	2103	1285	7828	4430	5871
油料产量	吨	80549	29154	7251	8455	13448	20340	31055
棉花产量	吨	25						25
糖料产量	吨	2193818	1809699	503062	202773	1103864	164695	219424
水果产量	吨	153463	21980	6376	9622	5982	72099	59384

续表

指 标	计量单位	全 市	市辖区	港北区	港南区	覃塘区	平南县	桂平市
肉类总产量	吨	333034	144255	52263	45744	46248	79238	109541
奶类产量	吨	2274	1757	1612	145		353	164
禽蛋产量	吨	13542	6735	1762	1894	3079	3590	3217
蔬菜产量	吨	1473970	356277	96953	106659	152665	579271	538422
水产品产量	吨	140483	39320	9766	17780	11774	52002	49161
全部工业总产值	万元	1948265	1100656	344097	311082	165363	349724	497885
全部工业总产值指数(当年价)	上年＝100	132.2	146.80	146.0	195.3	124.2	137.7	105.9
国有及规模以上非国有工业								
工业企业数	个	161	93	26	28	16	26	42
大型企业	个	1	1					
中型企业	个	21	12	4	1	2	3	6
小型企业	个	139	80	22	27	14	23	36
工业总产值(当年价)	万元	996615	733673	240631	150916	64154	104579	158363
#国有及国有控股	万元	326402	241809	16040		5125	54740	29853
#内资企业	万元	890335	690868	212295	149596	64154	46614	152853
#国有企业	万元	76896	36022	9550		5125	11021	29853
集体企业	万元	41341	12393	6686	5708		2123	26825
工业总产值指数(当年价)	上年＝100	142.5	149.0	146.7	242	138.7	173.6	107.8
工业企业增加值	万元	340523	237352	83875	49065	26545	43217	59954
从业人员年平均数	人	41981	23097	4333	3161	3241	8743	10141
工业企业资产总计	万元	1218485	830629	124003	28916	77939	193154	194702
流动资产年平均余额	万元	341359	239476	59361	14733	38879	38461	63422
固定资产净值年平均余额	万元	598268	427976	36661	7062	20982	77162	93130
工业企业负债合计	万元	722019	485985	74559	19590	43170	105964	130070
主营业务收入	万元	970573	720047	236742	149897	57551	101820	148706
#主营业务税金及附加	万元	4539	3141	451	250	413	275	1123
本年应交增值税	万元	42838	29363	7908	2114	3327	6037	7438
利润总额	万元	28531	16467	5729	1610	1736	6534	5530
利税总额	万元	75908	48970	14087	3974	5475	12846	14092
建筑企业单位数	个	40	29	17	10	2	6	5
建筑企业从业人员	人	16292	9979	7470	1793	716	2900	3413
建筑业总产值	万元	110316	78402	63498	11511	3393	14524	17390
房屋建筑施工面积	万平方米	286.19	165.97	113.22	47.75	4.99	36.05	84.17
房屋建筑竣工面积	万平方米	139.25	94.21	78.44	12.24	3.54	15.35	29.69
境内公路里程	公里	2281.08	1001.7	293.76	335.94	339	581.59	697.79
其中:高速公路	公里	33	33					
境内铁路营业里程	公里	87	87	19	40	28		
境内火车站数	个	7	7	2	2	3		
民用汽车拥有量	辆	20668	11716	2836	2045	1647	4063	4889
#个人汽车	辆	12789	7375	2136	1783	1362	2183	3231

续表

指　　标	计量单位	全市	市辖区	港北区	港南区	覃塘区	平南县	桂平市
邮电业务总量	万元	184373	87283	14107	6554	5772	42701	54389
邮政业务总量	万元	8736	3717	1750	1135	832	2407	2612
电信业务总量	万元	175637	83566	12357	5419	4940	40294	51777
本地电话年末用户	户	749390	328690	169787	75740	69463	189788	230912
#住宅电话年末用户	户	510890	219555	71262	69498	67595	141121	150214
其中:乡村电话用户	户	382440	152229	20299	63934	67495	109482	120729
年末移动电话用户数	户	592099	304406				149031	138662
国际互联网用户数	户	68636	36242	31447	2489	1485	14450	17944
全年用电量	万千瓦时	228294	142547	34114	29535	33230	35719	50028
其中:工业用电量	万千瓦时	161432	107807	30718	25416	25673	21209	32416
农村用电量	万千瓦时	32450	12979	3396	4119	4557	8767	10704
社会消费品零售总额	万元	914162	496617	244786	80105	90866	156933	260612
贸易业	万元	817021	448984	219654	73224	78265	134340	233697
餐饮业	万元	70552	34603	20298	3479	9638	15958	19991
其它	万元	26589	13030	4834	3402	2963	6635	6924
限额以上批发零售贸易业商品销售总额	万元	478452	407195	92031	20302	21039	42223	29034
批发	万元	323018	276886	57399	11989	8971	33780	12352
零售	万元	155434	130309	34632	8313	12068	8443	16682
限额以上批发零售贸易业库存总额	万元	23581	21379	4232	1642	1124	705	1497
进出口总额	万美元	7780						
进口额	万美元	2334						
出口额	万美元	5446						
当年合同外资金额	万美元	8823	3492	360	208	2739	5214	117
实际外商直接投资额	万美元	3259	2562	113	92	1460	572	125
入境国际旅游者人数	人次	14870	4758				1315	8797
#外国人	人次	1379	441				122	816
国际旅游外汇收入	万美元	358.8	114.82				31.72	212.26
国内旅游人数	万人次	293.5	123				23	147
国内旅游总收入	万元	83084	40711				847	41525
星级饭店个数	个	14	7				2	5
星级饭店客房总数	间	1267	741				61	465
名胜风景区和文物保护区个数	个	13	7				1	5
年末金融机构各项存款余额	万元	1984667	990505				563782	430390
#企业存款	万元	257289	171097				55342	33429
城乡居民储蓄存款余额	万元	1510629	669111				467705	373820
定期	万元	684216	288731				219261	176229
活期	万元	826413	380380				248444	197591
年末金融机构各项贷款余额	万元	940884	564695				220601	155586
#工业贷款	万元	74185	72821				1000	364

续表

指　标	计量单位	全　市	市辖区	港北区	港南区	覃塘区	平南县	桂平市
商业贷款	万元	88036	58737				15642	13658
农业贷款	万元	23380	97495				71793	64512
幼儿园数	所	339	202	90	66	46	72	65
在园儿童数	人	103989	46538	20650	14644	11244	24477	32974
小学数	所	1160	447	125	171	139	284	429
小学专任教师数	人	18218	7069	2482	2163	2137	5206	5943
小学在校学生数	人	537962	370070	69038	55981	56553	20960	146932
学龄儿童入学率	%	99.78	99.93	99.47	99.99	99.63	99.98	99.73
小学招生数	人	94195	31967	11473	9926	9693	25638	36590
小学毕业生数	人	90278	33022	11288	9610	10667	26019	31237
普通中学数	所	279	117	36	30	32	77	85
普通中学专任教师数	人	16834	7474	1997	1777	2128	4204	5156
普通中学在校学生数	人	342438	135998	35891	31128	40291	93803	112637
其中:女生	人	153520	62564	17283	14304	19487	41780	49176
普通中学招生数	人	119014	45836	12075	10398	13196	33091	40087
普通中学毕业生数	人	105153	43736	11323	10080	12952	26007	35410
中等职业教育学校	所	17	10	1			4	3
中等职业教育学校教师数	人	720	399	125			187	134
中等职业教育学校学生数	人	13231	6108	611			3358	3765
中等职业教育学校招生数	人	7420	3169	243			1513	2738
中等职业教育学校毕业数	人	2448	1184	0			529	735
专业技术人员数	人	57355	23410	5962	6169	5835	19108	14837
其中:农业技术人员	人	1261	481	108	140	106	477	303
全年专利申请数	件	115	21				52	42
体育场馆数	个	2	1	1				1
剧场、影剧院数	个	5	3		1	1	1	1
公共图书馆	个	3	1				1	1
公共图书馆图书总藏量	千册	457	135				173	149
广播覆盖率	%	96	96	96	96	96	95	93
电视覆盖率	%	95	95	95	95	95	96	92
卫生机构数	个	122	52	23	15	14	31	39
# 医院、卫生院数	所	97	39	15	12	12	25	33
疾病预防控制中心	个	5	3	1	1	1	1	1
妇幼保健站	个	4	2	2			1	1
卫生机构床位数	张	4606	2225	1288	541	396	990	1391
# 医院、卫生院床位数	床	4288	2117	1213	511	393	924	1247
卫生机构人员数	人	8411	3615	2175	825	615	1878	2918
# 卫生技术人员	人	6544	2828	1669	659	500	1395	2321
# 执业(助理)医师	人	2570	1113	653	271	189	582	875

续表

指　标	计量单位	全　市	市辖区	港北区	港南区	覃塘区	平南县	桂平市
注册护师、护士	人	2155	977	598	214	165	471	707
各种社会福利收养性单位数	个	63	33	10	12	10	16	14
各种社会福利收养性单位床位数	床	1650	840	200	240	200	400	410
参加基本养老保险的职工数	人	60834	32992			5500	12687	15155
参加基本医疗保险的职工数	人	146500	72780	7944		6230	31568	42152
参加失业保险人数	人	107114	47521				21003	38590
城镇居民最低生活保障人数	人	48458	22016	10086	6228	5702	14506	11936
农村传统救济人数	人	130419	52854	17418	12330	23106	38065	39500
参加农村养老保险的人数	人	215496	110533	14400	27195	15600	52200	52763
交通事故件数	件	837	400	177	116	107	123	314
刑事案件立案数	件	8086	4318	2566	938	645	1534	2234
犯罪人数	人	2124	971	435	214	192	614	539
民事案件发案数	件	4044	1897	866	600	354	721	1426
自然保护区个数	个	1						.1
自然保护区面积	万公顷	20						20
环境污染治理本年完成投资总额	万元	16260	14794				499	967
工业二氧化硫排放量	吨	67026	45609	29692	4401	11516	8278	13139
工业废水排放达标率	%	93.97	94.05	92.92	99.72	98.38	72.85	93.9
工业烟尘排放达标率	%	93.93	93.29	94.72	92.08	87.55	96.56	95.3

注：卫生系统的数据按属地统计。

2006年社会经济基本情况表

指　　标	计量单位	全　市	市辖区	港北区	港南区	覃塘区	平南县	桂平市
行政区域土地面积	平方公里	10606	3543	1095	1107	1341	2989	4074
其中:建成区面积	平方公里	68.51	46.26				9.67	12.58
其中:建成区绿化覆盖面积	公顷	1706	1249				48	409
地区生产总值(当年价)	万元	2651941	1371227	560234	327472	290400	581606	699108
第一产业增加值	万元	710924	276725	82900	91261	102349	210295	223904
第二产业增加值	万元	930119	525157	223464	139265	94814	171127	233835
工　业	万元	793261	436294	164168	124398	80114	147176	209791
建筑业	万元	136858	88863	59296	14867	14700	23951	24044
第三产业增加值	万元	1010899	569346	253870	96946	93237	200184	241369
交通运输、仓储及邮政业	万元	249593	185100	92603	14054	11354	41769	22724
批发和零售贸易业	万元	191907	121018	42149	22032	28403	24954	45935
住宿和餐饮业	万元	46992	23688	17424	2490	6579	12028	11276
金融保险业	万元	43609	20742	8463	3488	2224	11169	11698
房地产业	万元	146736	63752	42609	13291	13904	34447	48537
人均地区生产总值	元	5587	7777	11998	5306	5334	4491	4142
地区生产总值指数	上年=100	113.1	116.2	125.6	111	106.6	110.3	109.5
第一产业	上年=100	106.6	108.0	108.1	108.0	107.5	104.2	107.3
第二产业	上年=100	119	121.1	131.6	113.7	107.2	117.9	114.5
工　业	上年=100	120.9	122.7	130.7	114.8	117.4	122.4	115.2
建筑业	上年=100	109.2	113.3	133.9	103.9	73.8	96.3	109.1
第三产业	上年=100	112.7	115.9	127.4	110.0	105.1	111.2	107.4
交通运输、仓储及邮政业	上年=100	114	113.8	126.4	111.4	112.6	119.8	105.5
批发和零售贸易业	上年=100	119.7	125.4	111.7	112.6	113.0	110.8	111.4
住宿和餐饮业	上年=100	111.8	111.1	135.2	111.7	107.1	110.7	114.7
金融保险业	上年=100	123.1	139.4	117.4	117.4	117.4	112.7	109.9
房地产业	上年=100	112	109.4	140.7	112.6	112.6	117.5	111.8
人均地区生产总值指数	上年=100	112.6	115.6	125.2	109.4	106.0	109.6	109.5
年末总人口	万人	478.89	177.61	60.66	62.14	54.81	131.04	170.25
#男性	万人	253.16	92.16	31.52	32.57	28.07	70.55	90.45
女性	万人	225.73	85.45	29.14	29.57	26.74	60.49	79.80
#非农业人口	万人	52.33	24.40	18.04	4.04	2.33	11.19	16.74
#出生人口	人	85712	26111	9814	8065	8232	26488	33113
#当年出生人口	人	22424	8587	2301	3074	3212	6003	7834
#死亡人口	人	13268	5055	970	2241	1844	4116	4097
#当年死亡人口	人	4826	1258	291	534	433	1323	2245
年末总户数	户	1379931	525546	199926	182023	143597	367314	487071
就业人员	万人	240.30	89.42	24.85	32.27	27.04	65.91	84.98
第一产业	万人	121.76	47.36	13.28	17.13	16.88	31.68	42.72

续表

指　　标	计量单位	全　市	市辖区	港北区	港南区	覃塘区	平南县	桂平市
第二产业	万人	52.81	12.80	3.70	4.82	1.97	13.01	27.00
第三产业	万人	65.73	29.25	7.88	10.31	8.19	21.21	15.26
城镇就业人员	人	266590	129299	35644	15397	17401	69266	68025
城镇国有经济	人	109303	50140	7793	7776	9050	25572	33591
城镇集体经济	人	15145	6794	843	2476	406	6280	2071
城镇其他单位合计	人	19762	10914	420	188	2036	5610	3238
内资	人	12019	9340	90	188	1312	558	2121
港澳台投资经济	人	5641	1514	270		724	3176	951
外商投资经济	人	2102	60	60			1876	166
城镇私营经济	人	25777	15727				1740	8310
城镇个体	人	76841	34810	26168	4769	3873	24454	17577
年末单位从业人员数	人	144210	67848	9056	10440	11492	37462	38900
#女性	人	57045	25178	4253	3637	4142	15339	16528
第一产业	人	2626	1348	410	246	398	416	862
第二产业	人	38500	21543	1879	1984	2641	9966	6991
第三产业	人	103084	44957	6767	8210	8453	27080	31047
城镇在岗职工人数	人	133187	64570	9048	9472	10783	33845	34772
国有经济	人	102108	47470	7792	7114	8420	24666	29972
城镇集体经济	人	12151	6408	843	2170	327	4061	1682
其他单位合计	人	18928	10692	413	188	2036	5118	3118
城镇在岗职工年平均人数	人	130224	63313	8995	9518	10569	33313	33598
城镇登记失业人员数	人	7906	2755	739	620	475	2165	2986
城镇在岗职工工资总额	万元	180255	93479	9761	12579	12999	40235	46541
国有经济	万元	145574	72098	8664	9898	9446	31052	42425
城镇集体经济	万元	11210	6686	554	2420	357	3237	1287
其他单位合计	万元	23471	14696	542	261	3197	5946	2829
在岗职工平均工资	元	13842	14765	10851	13216	12299	12078	13852
国有经济	元	14482	15509	11271	13894	11218	12802	14246
城镇集体经济	元	9619	10267	6194	10942	10902	8084	11310
其他单位合计	元	13006	14250	13136	14324	17544	11765	10560
全社会固定资产投资	万元	1495629	1016619	696123	181202	115711	168543	310467
#城镇固定资产投资		1138790	810565	575722	126411	81457	97496	230729
基本建设	万元	689114	543165	405285	99479	15439	6163	139786
更新改造	万元	139608	76594	17139	17212	38230	52365	10649
其他投资	万元	93241	37955	9255	912	27788	17268	38018
房地产开发	万元	204547	140852	132044	8808		21700	41995
其中:住宅	万元	131448	89502	84692	4810		11100	30846
商品房屋销售额	万元	159039	120600	112055	8545		5588	32851
#住宅	万元	111230	79304	70759	8545		5588	26338

续表

指　　标	计量单位	全市	市辖区	港北区	港南区	覃塘区	平南县	桂平市
商品房屋销售面积	万平方米	90.79	65.04	59.36	5.68		3.58	22.17
#住宅	万平方米	71.69	46.84	41.15	5.68		3.58	21.27
商品房屋平均销售价格	元/平方米	1752	1854	1888	1503		1562	1482
#住宅	元/平方米	1552	1693	1719	1503		1562	1238
财政总收入	万元	190795	112341	27922	9636	11331	33531	44923
#一般预算收入	万元	109658	63288	12335	4158	6243	18324	28046
各项税收	万元	76192	41836	7184	2270	4460	12972	21384
#增殖税	万元	11051	6429	1540	884	815	2397	2225
营业税	万元	16590	11104	2213	784	772	2261	3225
企业所得税	万元	3274	2418	845	59	26	234	622
个人所得税	万元	2551	1501	553	161	170	460	590
一般预算支出	万元	273260	136762	24963	20298	20477	64521	71977
#基建支出	万元	15049	11462	908	1010	625	1639	1948
支农支出(含综合开发及农林水气象)	万元	13735	6105	1069	710	521	3880	3750
科学支出	万元	74	30	14			37	7
科技三项费用	万元	642	83				274	285
教育支出	万元	82633	30653	9855	9231	8553	23526	28454
社会保障补助支出	万元	9049	5277	98	200		1640	2132
城镇居民人均可支配收入	元	8938	9987	10069	9853	8129	7751	7877
城镇居民人均消费性支出	元	5795	6036	6150	5315	4656	5417	5630
#食品支出	元	2500	2593	2628	2374	2164	2374	2422
衣着用品支出	元	333	363	371	285	328	317	288
家庭设备、用品及服务支出	元	374	432	456	229	255	299	321
医疗保健支出	元	266	219	197	497	182	333	303
交通和通讯支出	元	641	624	628	615	561	587	713
娱乐、教育、文化服务支出	元	723	726	744	610	538	803	655
居住支出	元	844	930	979	567	436	615	855
每百户居民家庭拥有:	*							
家用汽车	辆	1.23	0.88	1			1	2
家用电脑	台	42.99	54.39	57	35	35	39	26
城镇居民人均住房使用面积	平方米	33	26.73	25.24	36.68	40.51	43.98	36.17
居民消费价格指数(上年为100)	%		100.8					
农村居民人均纯收入	元	2961		3299	3134	3068	2908	2811
农村居民人均住房面积	平方米	29.91		24.76	31.67	29.69	32.57	28.7
农村居民文化娱乐消费比重	%	3.57		8.04	2.88	4.55	3.79	2.44
农村恩格尔系数	%	47.84		39.42	38.97	47.09	46.88	52.94
乡村户数	万户	103.98	35.93	8.73	13.26	13.94	28.17	39.88
乡村人口	万人	441.16	157.74	43.63	59.44	54.67	121.54	161.88
乡村从业人员数	万人	215.62	77.58	21.33	30.75	25.5	59.54	78.5

续表

指　　标	计量单位	全市	市辖区	港北区	港南区	覃塘区	平南县	桂平市
#农林牧渔业	万人	121.41	47.15	13.2	17.11	16.84	31.63	42.63
森林面积	公顷	443019	104279	37320	32513	29513	159607	179133
当年造林面积	公顷	4591	2024	739	461	824	567	2000
年末耕地总资源	公顷	211603	85077	23658	26803	34616	48627	77899
其中:常用耕地面积	公顷	204406	81968	21331	26731	33906	47461	74977
#年末耕地面积	公顷	190310	77406	21163	24731	31512	44693	68211
其中:水田	公顷	131630	47362	13106	18173	16083	34183	50085
旱地	公顷	58680	30044	8057	6558	15429	10510	18126
水浇地	公顷	6374	4907	3986	648	273	1467	
年内减少耕地面积	公顷	540	262	247		15	237	41
其中:基建占地	公顷	304	262	247		15	1	41
退耕还林还牧占地	公顷	186					186	
农业机械总动力	万千瓦特	200.4	82.7	21.8	33.9	27.0	47.1	70.6
化肥使用量(折纯量)	吨	172364	70368	17378	21356	31634	40017	61979
农药使用量(实物量)	吨	5060	2139	386	947	806	542	2379
地膜使用量	吨	2489	619	87	166	366	137	1733
有效灌溉面积	公顷	153690	57160	12980	23930	20250	42030	54500
农作物总播种面积	公顷	464439	176798	40941	60241	75016	108814	179427
粮食作物播种面积	公顷	272504	103702	25677	40640	37385	65960	102842
#稻　谷	公顷	211282	77853	19872	32919	25062	54122	79307
玉　米	公顷	29258	15625	4015	5328	6282	2429	11204
大　豆	公顷	10126	4824	865	633	3326	2397	2905
油料播种面积	公顷	32127	11097	2494	3482	5121	7217	13813
棉花播种面积	公顷	25	0	0	0	0	0	25
糖料播种面积	公顷	31309	25655	6457	2967	16231	2087	3567
蔬菜播种面积	公顷	71859	19149	4125	5523	9501	16896	35814
粮食总产量	吨	1409530	552617	138562	232786	181269	343375	513538
#稻　谷	吨	1217554	459787	114077	201992	143718	312724	445043
玉　米	吨	114332	70142	19741	24581	25820	6541	37649
大　豆	吨	22285	11713	2073	1536	8104	4835	5737
油料产量	吨	89541	31515	7776	9690	14049	22557	35469
棉花产量	吨	25	0	0	0	0	0	25
糖料产量	吨	2294291	1901596	531763	217462	1152371	162589	230106
水果产量	吨	153112	23996	7112	10615	6269	63674	65442
肉类总产量	吨	351265	152838	56091	48006	48741	83623	114804
奶类产量	吨	2355	1845	1703	142	0	374	136
禽蛋产量	吨	14529	7295	1929	2055	3311	3679	3555
蔬菜产量	吨	1532626	389866	112950	113912	163004	553188	589572
水产品产量	吨	153148	42811	10802	19140	12869	57127	53210

续表

指　　标	计量单位	全市	市辖区	港北区	港南区	覃塘区	平南县	桂平市
全部工业总产值	万元	2464064	1403617	481171	371534	224779	439306	621141
全部工业总产值指数(当年价)	上年=100	126.5	127.50	139.8	119.40	135.9	125.6	124.8
国有及规模以上非国有工业								
工业企业数	个	179	106	39	26	18	30	43
大型企业	个	1	1					
中型企业	个	23	14	4	2	3	3	6
小型企业	个	155	91	35	24	15	27	37
工业总产值(当年价)	万元	1301148	945460	352314	178193	99396	133977	221711
#国有及国有控股	万元	211205	152960	18718		5055	12810	45434
#内资企业	万元	1083348	818576	288037	167387	60801	50760	214012
#国有企业	万元	92277	36193	15483		5055	10650	45434
集体企业	万元	17904	14206	7593	5810		614	3084
工业总产值指数(当年价)	上年=100	130.56	128.87	146.41	118.07	154.93	128.11	140.00
工业企业增加值	万元	422124	284296	119143	55163	27134	52362	85466
从业人员年平均数	人	4313	2385	532	300	350	890	1038
工业企业资产总计	万元	1539805	1066167	150222	40212	213698	246762	226877
流动资产年平均余额	万元	446396	327090	76870	23334	85138	47478	71828
固定资产净值年平均余额	万元	773335	538007	39945	8883	88174	133198	102130
工业企业负债合计	万元	972860	662933	102585	28205	126051	155072	154854
主营业务收入	万元	1193279	886584	318311	173355	94006	124357	182338
#主营业务税金及附加	万元	4792	2734	911	303	259	295	1763
本年应交增值税	万元	49218	34165	6436	2610	9405	6411	8642
利润总额	万元	16714	14054	4325	1547	4628	3298	-638
利税总额	万元	70723	50953	11673	4461	14292	10004	9767
建筑企业单位数	个	45	33	21	10	2	7	5
建筑企业从业人员	人	17095	11585	9460	1605	520	3012	2498
建筑业总产值	万元	148262	112796	97565	13163	2068	15580	19886
房屋建筑施工面积	万平方米	242.71	160.37	129.47	25.88	5.02	29.49	52.85
房屋建筑竣工面积	万平方米	139.93	93.31	76.24	13.94	3.13	17.37	29.25
境内公路里程	公里	2280	988	183.12	304.09	203.33	671	622
其中:高速公路	公里	33	33					
境内铁路营业里程	公里	87	87	19	40	28		
境内火车站数	个	7	7	2	2	3		
民用汽车拥有量	辆	26065	14864	3320	2511	2173	5048	6153
#个人汽车	辆	16619	9401	2566	2227	1886	3002	4212
邮电业务总量	万元	237201	118649	60286	34868	23495	51775	66777
邮政业务总量	万元	10383	4443	1862	1420	1161	2860	3079
电信业务总量	万元	226818	114206	58424	33448	22334	48915	63698
本地电话年末用户	户	785806	450695	177923	83228	75544	201313	247798
#住宅电话年末用户	户	560056	232402	85983	74681	71783	156433	171221

续表

指　　标	计量单位	全　市	市辖区	港北区	港南区	覃塘区	平南县	桂平市
其中:乡村电话用户	户	431223	166070	28395	66384	71291	129630	135523
年末移动电话用户数	户	971041	469531				213446	288064
国际互联网用户数	户	60707	31169	23375	4829	2965	12781	16757
全年用电量	万千瓦时	284649.7	194281	7368.7	32404		37667	52702
其中:工业用电量	万千瓦时	209813.3	154162	3928.7	27929		21922	33730
农村用电量	万千瓦时	35380.9	14704	3440	4475		9098	11578
社会消费品零售总额	万元	1045023	569865	281537	92008	104681	177474	297684
批发和零售业	万元	931987	514355	251236	84385	90534	149513	268119
住宿和餐饮业	万元	82201	39589	23708	3878	10769	21082	21530
其它	万元	30835	15921	6593	3745	3378	6879	8035
限额以上批发零售贸易业商品销售总额	万元	579324	503840	96314	45992	49753	41940	33544
批发	万元	395167	347663	54513	32989	33767	33117	14387
零售	万元	184157	156177	41801	13003	15986	8823	19157
限额以上批发零售贸易业库存总额	万元	24874	23416	5779	2788	1385	114	1344
进出口总额	万美元	9544						
进口额	万美元	3400						
出口额	万美元	6144						
当年合同外资金额	万美元	7585	6858	288	535	4532	566	161
实际外商直接投资额	万美元	4710	2591	141	100	2190	1960	159
入境国际旅游者人数	人次	21840	10920				2184	8736
#外国人	人次	3669	1835				366	1468
国际旅游外汇收入	万美元	545.9	272.95				54.59	218.36
国内旅游人数	万人次	337.96	168.98				33.8	135.18
国内旅游总收入	万元	108500	52021.22				10404.24	41616.97
星级饭店个数	个	18	11				2	5
星级饭店客房总数	间	1737	593				178	966
名胜风景区和文物保护区个数	个	13	7				1	5
年末金融机构各项存款余额	万元	2325562	990374				501176	652698
#企业存款	万元	263271	170746				44437	52722
城乡居民储蓄存款余额	万元	1767646	669117				429633	543343
定期	万元	774553	288733				196943	245222
活期	万元	993093	38384				232690	298121
年末金融机构各项贷款余额	万元	1204202	564699				177205	250272
#工业贷款	万元	106677	88546				2326	3844
商业贷款	万元	88993	60968				15201	21661
农业贷款	万元	301113	92333				73890	99972
幼儿园数	所	337	204	158	202	169	366	515
在园儿童数	人	121276	46151	18674	15915	11331	30377	44748
小学数	所	1161	445	123	172	138	285	431
小学专任教师数	人	18654	7027	2494	2183	2108	5539	6088

续表

指　　标	计量单位	全市	市辖区	港北区	港南区	覃塘区	平南县	桂平市
小学在校学生数	人	554223	190485	70068	58067	57293	150293	213445
学龄儿童入学率	%	99.87	99.86	99.98	99.99	99.64	99.98	99.82
小学招生数	人	92260	31882	11228	10111	9864	25021	35357
小学毕业生数	人	79990	29430	10890	8365	9105	22065	28495
普通中学数	所	268	112	34	29	30	76	80
普通中学专任教师数	人	16690	7447	1918	1825	2025	4143	5100
普通中学在校学生数	人	329715	130666	34315	30168	37314	88359	110690
普通中学招生数	人	111887	44124	11712	9960	12209	30618	37145
普通中学毕业生数	人	106183	44186	11789	9947	13469	28051	33946
中等职业教育学校	所	24	15	1	1	1	5	4
中等职业教育学校教师数	人	982	501	30	27	29	209	272
中等职业教育学校学生数	人	22000	12117	839	630	667	3152	6731
中等职业教育学校招生数	人	11445	7098	65	426	400	1614	2733
中等职业教育学校毕业数	人	3175	1720	168	0	0	615	840
专业技术人员数	人	55926	22225	5712	5889	5793	14923	18778
其中:农业技术人员	人	1197	439	90	114	103	297	461
全年专利申请数	件	101	43				14	44
体育场馆数	个	2	1	1				1
剧场、影剧院数	个	3	1				1	1
公共图书馆	个	3	1				1	1
公共图书馆图书总藏量	千册	491	135				151	205
广播覆盖率	%	96	96	96	96	96	93	96
电视覆盖率	%	95	95	95	95	95	92	95
卫生机构数(包括私营、个体)	个	371	149	98	30	21	123	99
#医院、卫生院数	所	98	40	17	11	12	25	33
疾病预防控制中心	个	5	3	1	1	1	1	1
妇幼保健站	个	4	2	2			1	1
卫生机构床位数	张	4903	2440	1523	423	494	1034	1429
#医院、卫生院床位数	床	4540	2297	1440	393	464	968	1275
卫生机构人员数	人	8604	3775	2502	575	698	1949	2880
#卫生技术人员	人	6903	2978	1939	473	566	1492	2433
#执业(助理)医师	人	2707	1178	781	192	205	625	904
注册护师、护士	人	2356	705	705	169	199	504	779
社会福利院数	个	3	1	1			1	1
社会福利院床位数	床	360	260	260			50	50
参加基本养老保险的职工数	人	66658	35824				14043	16791
参加基本医疗保险的职工数	人	150160	74164	7172	8213	6279	32830	43166
参加失业保险人数	人	109125	48413	4942			21392	39320
城镇居民最低生活保障人数	人	48734	22054	10314	6733	5007	14004	12676
农村传统救济人数	人	130						130

续表

指　标	计量单位	全市	市辖区	港北区	港南区	覃塘区	平南县	桂平市
参加农村养老保险的人数	人	215496	110533	14400	27195	15600	52763	52200
交通事故件数	件	776	347	174	66	107	121	308
刑事案件立案数	件	8102	4622	2559	1130	728	1810	1670
犯罪人数	人	2078	953	578	217	158	570	468
民事案件发案数	件	3963	1903	905	541	388	797	1263
自然保护区个数	个	1						1
自然保护区面积	万公顷	20						20
环境污染治理本年完成投资总额	万元	24642	12181				8440	4021
工业二氧化硫排放量	吨	62071	40604	25851	2576	12177	9745	11722
工业废水排放达标率	%	96.56	97.35	97.64	97.32	95.6	95.6	92.8
工业烟尘排放达标率	%	97.41	97.28	97.38	96.99	95.65	98.41	97.01

注：卫生系统的数据按属地统计。

人　　口

口　人

总户数

单位:户

	贵港市	港北区	港南区	覃塘区	平南县	桂平市
1996年	891275	141534	104935	95833	242000	306973
1997年	933325	152347	108856	97690	250551	323881
1998年	966439	152170	113989	101998	260173	338109
1999年	931793	163058	115531	103221	203925	346058
2000年	1029987	166707	120332	106461	274986	361501
2001年	1078396	159350	141346	109287	282042	386371
2002年	1100358	163196	143031	113620	286088	394423
2003年	1209622	178426	150180	127318	307245	446453
2004年	1272054	183496	154178	132438	334290	467652
2005年	1337933	195279	176279	138439	351644	476292
2006年	1379931	199926	182023	143597	367314	487071

注:本表为公安户籍统计数。

人口总数

单位:人

	贵港市	港北区	港南区	覃塘区	平南县	桂平市
1996年	4298718	618394	479569	479619	1180095	1541041
1997年	4373115	627160	502482	489781	1194089	1559603
1998年	4414205	633973	506058	493151	1207319	1573704
1999年	4458294	639866	509861	498499	1220020	1590048
2000年	4533415	635551	515824	508642	1242724	1630674
2001年	4576009	567882	580315	512842	1255938	1659032
2002年	4624481	574049	583778	517988	1270548	1678118
2003年	4703541	587694	598347	538399	1281680	1697421
2004年	4754819	611259	604205	542442	1293386	1703527
2005年	4703703	596647	612862	540673	1280000	1673521
2006年	4788909	606560	621413	548099	1310368	1702469

注:本表为公安户籍统计数。

年平均人口

单位:人

	贵港市	港北区	港南区	覃塘区	平南县	桂平市
1996年	4273865	617988	479279	479294	1172671	1532843
1997年	4335917	622777	491026	484700	1187092	1550322
1998年	4393660	630567	504270	491466	1200704	1566654
1999年	4436250	636920	507960	495825	1213670	1581876
2000年	4495855	637709	512843	503571	1231372	1610361
2001年	4554712	601717	548070	510742	1249331	1644853
2002年	4600245	570966	582047	515415	1263243	1668575
2003年	4664011	580872	591063	528194	1276114	1687770
2004年	4729180	599477	601276	540421	1287533	1700474
2005年	4729261	603953	608534	541558	1286693	1688524
2006年	4746306	601604	617138	544386	1295184	1687995

注:本表为公安户籍统计数。

非农人口数

单位:人

	贵港市	港北区	港南区	覃塘区	平南县	桂平市
1996年	518878	247623	18908	16528	91083	144736
1997年	536272	250663	27873	16773	92971	147992
1998年	537770	253605	20074	17150	95600	151341
1999年	499721	209561	20623	17667	97647	154223
2000年	469553	173465	20966	18078	100003	157041
2001年	476889	164297	33759	18775	100901	159157
2002年	492063	169707	35622	19426	106092	161216
2003年	514421	174464	36025	21681	114110	168141
2004年	525254	182736	36747	22445	115224	168102
2005年	517414	181727	37001	22477	110891	165318
2006年	523309	180366	40366	23260	111926	167391

注:本表为公安户籍统计数。

出生人数

单位:人

	贵港市	港北区	港南区	覃塘区	平南县	桂平市
1996年	67565	9145	8204	7982	17032	25202
1997年	68340	10575	7049	7131	17010	26575
1998年	63254	7313	6841	6704	17337	25059
1999年	61808	8080	6083	3632	17478	26535
2000年	93560	9270	7258	6657	20150	50225
2001年	74850	6229	6353	5262	17078	39928
2002年	68283	8037	6367	5587	18433	29850
2003年	89779	11836	17801	22938	14696	22508
2004年	65231	12482	7813	7632	15421	21883
2005年	52541	4072	12520	11166	9439	15344
2006年	85712	9814	8065	8232	26488	33113

注:本表为公安户籍统计数。

死亡人数

单位:人

	贵港市	港北区	港南区	覃塘区	平南县	桂平市
1996年	19136	2027	2660	2037	5087	7325
1997年	18918	2059	2551	1762	4991	7555
1998年	20864	2002	2694	1910	5509	8749
1999年	18586	1892	2430	1240	5196	7828
2000年	19983	2289	2318	1515	5452	8409
2001年	19297	1388	2084	1610	5448	8767
2002年	17848	1530	1871	1397	5620	7430
2003年	15360	1023	2339	1896	4477	5625
2004年	15159	1913	1153	862	4635	6596
2005年	17279	1679	4605	4119	3197	3679
2006年	13268	970	2241	1844	4116	4097

注:本表为公安户籍统计数。

出生率

单位:‰

	贵港市	港北区	港南区	覃塘区	平南县	桂平市
1996年	15.8	14.8	17.1	16.6	14.5	16.4
1997年	15.8	17.0	14.4	14.7	14.3	17.1
1998年	14.4	11.6	13.6	13.6	14.4	16.0
1999年	13.9	12.7	12.0	7.3	14.3	16.8
2000年	20.8	14.5	14.2	13.2	16.4	31.2
2001年	16.4	10.4	11.6	10.3	13.7	24.3
2002年	14.8	14.1	10.9	10.8	14.6	17.9
2003年	19.3	20.4	30.1	43.4	11.5	13.3
2004年	13.8	20.8	13.0	14.1	12.0	12.9
2005年	11.1	6.7	20.6	20.6	7.3	9.1
2006年	18.1	16.3	13.1	15.1	20.5	19.6

注:本表为公安户籍统计数。

死亡率

单位:‰

	贵港市	港北区	港南区	覃塘区	平南县	桂平市
1996年	4.5	3.3	5.6	4.3	4.3	4.8
1997年	4.4	3.3	5.2	3.6	4.2	4.9
1998年	4.8	3.2	5.3	3.9	4.6	5.6
1999年	4.2	3.0	4.8	2.5	4.3	5.0
2000年	4.4	3.6	4.5	3.0	4.4	5.2
2001年	4.2	2.3	3.8	3.2	4.4	5.3
2002年	3.9	2.7	3.2	2.7	4.5	4.5
2003年	3.3	1.8	4.0	3.6	3.5	3.3
2004年	3.2	3.2	1.9	1.6	3.6	3.9
2005年	3.7	2.8	7.6	7.6	2.5	2.2
2006年	2.8	2.8	1.6	3.6	3.4	3.2

注:本表为公安户籍统计数。

人口自然增长率

单位:‰

	贵港市	港北区	港南区	覃塘区	平南县	桂平市
1996年	11.3	11.5	11.6	12.4	10.2	11.7
1997年	11.4	13.7	9.2	11.1	10.1	12.3
1998年	9.7	3.5	8.2	9.8	9.9	10.4
1999年	9.7	9.7	7.2	4.8	11.8	10.1
2000年	16.4	11.0	9.6	10.2	11.9	26.0
2001年	12.2	8.0	7.8	7.2	9.3	18.9
2002年	11.0	11.4	7.7	8.1	10.1	13.4
2003年	16.0	18.6	26.2	39.8	8.0	10.0
2004年	10.6	17.6	11.1	12.5	8.4	9.0
2005年	7.5	4.0	13.0	13.0	4.9	6.9
2006年	15.3	14.7	9.4	11.7	17.3	17.2

注:本表为公安户籍统计数。

2006各乡镇人口数

名称	总户数(户)	总人口(人)			在总人口中	
		合计	男性	女性	农业人口	非农业人口
贵港市	**1379931**	**4788909**	**2531604**	**2257305**	**4265600**	**523309**
市辖区	**525546**	**1776072**	**921622**	**854450**	**1532080**	**243992**
港北区	**199926**	**606560**	**315192**	**291368**	**426194**	**180366**
贵城镇	89402	199878	104912	94966	31178	168700
港城镇	18350	64007	32616	31391	61851	2156
大圩镇	26029	95515	49414	46101	91585	3930
庆丰镇	24213	86217	44739	41478	84595	1622
武乐乡	10623	34752	18062	16690	34058	694
中里乡	16798	69886	36266	33620	67997	1889
奇石乡	6742	28114	14690	13424	27592	522
根竹乡	7769	28191	14493	13698	27338	853
港南区	**182023**	**621413**	**325727**	**295686**	**581047**	**40366**
江南办事处	10769	22615	12323	10292	7664	14951
瓦塘乡	17154	57836	30453	27383	56100	1736
新塘乡	15973	57824	29224	28600	55428	2396
木格镇	29103	101236	53594	47642	97943	3293
木梓镇	17053	62457	34258	28199	61000	1457
湛江镇	19895	69119	35736	33383	67097	2022
八塘镇	21298	75167	39069	36098	71919	3248
东津镇	20499	72242	37397	34845	69349	2893
桥圩镇	30279	102917	53673	49244	94547	8370
覃塘区	**143597**	**548099**	**280703**	**267396**	**524839**	**23260**
覃塘镇	21893	75347	38514	36833	68765	6582
石卡镇	18441	74581	37947	36634	71762	2819
大岭乡	8056	30298	15690	14608	29271	1027
东龙镇	17013	64556	32977	31579	61398	3158
山北乡	9995	40090	20709	19381	39335	755
樟木乡	20445	79714	41198	38516	76942	2772
蒙公乡	10070	38960	20070	18890	37726	1234

续表

名称	总户数(户)	总人口(人)			在总人口中	
		合计	男性	女性	农业人口	非农业人口
黄练镇	12147	46780	23979	22801	44923	1857
三里镇	15154	57425	29098	28327	55349	2076
五里镇	10383	40348	20521	19827	39368	980
平南县	**367314**	**1310368**	**705510**	**604858**	**1198442**	**111926**
平南镇	49883	151073	80958	70115	92853	58220
国安乡	5130	20129	11600	8529	19658	471
东华乡	10902	40664	21482	19182	39927	737
思界乡	8329	30181	16461	13720	29358	823
马练乡	10889	41152	22524	18628	39699	1453
平山镇	14457	48066	25734	22332	46480	1586
寺面镇	11431	42470	22843	19627	41240	1230
六陈镇	20116	67428	37431	29997	64217	3211
大新镇	21523	82566	44635	37931	79982	2584
大坡镇	9028	32993	18122	14871	32078	915
大州镇	9930	36442	19418	17024	35455	987
大安镇	26171	103989	54645	49344	90742	13247
武林镇	7100	25365	13186	12179	23157	2208
镇隆镇	18303	72314	38243	34071	70801	1513
安怀镇	15170	60176	32533	27643	58573	1603
丹竹镇	27263	101005	52651	48354	92391	8614
官城镇	26245	92018	50499	41519	88956	3062
思旺镇	30820	90916	49445	41471	86362	4554
大鹏镇	11053	41085	23603	17482	40208	877
同和镇	14455	53809	29598	24211	51856	1953
上渡镇	19116	76527	39899	36628	74449	2078
桂平市	**487071**	**1702469**	**904472**	**797997**	**1535078**	**167391**
罗播乡	13050	42822	22501	20321	41679	1143
罗秀镇	20779	70164	37391	32773	67980	2184
中沙镇	15700	54050	29332	24718	52382	1668
西山镇	54343	153153	79868	73285	56722	96431
大洋镇	20729	71853	37700	34153	69128	2725
寻旺乡	16786	55650	29086	26564	53383	2267
大湾镇	14868	54911	29055	25856	53497	1414
下湾镇	17019	65615	34755	30860	62792	2823

续表

名称	总户数(户)	总人口(人)			在总人口中	
		合计	男性	女性	农业人口	非农业人口
社坡镇	22037	72388	38811	33577	69616	2772
白沙镇	16895	65557	34586	30971	61820	3737
油麻镇	14523	48894	26735	22159	47481	1413
厚禄乡	10026	40899	21780	19119	40324	575
石龙镇	19505	74002	39722	34280	70887	3115
石咀镇	13640	50451	26146	24305	45987	4464
蒙圩镇	24104	81382	42692	38690	76949	4433
南木镇	31016	105359	56242	49117	102297	3062
木乐镇	14053	54378	28873	25505	50840	3538
金田镇	22524	80569	43332	37237	75377	5192
木圭镇	17422	65676	35145	30531	61784	3892
江口镇	29176	102945	55511	47434	93983	8962
紫荆镇	6727	23138	12701	10437	21929	1209
社步镇	14845	53520	28463	25057	49395	4125
马皮乡	10865	41210	21792	19418	40338	872
木根镇	15605	58818	30862	27956	57403	1415
麻垌镇	24188	90969	48216	42753	87483	3486
垌心乡	6646	24096	13175	10921	23622	474

注:本表为公安户籍统计数。

2005年统计资料

一、综　合

1-1 总 产 出

计量单位:万元

贵港市	按当年价格计算		按可比价格计算		
			绝对数		以上年为100的速度(%)
	2005年	2004年	2005年	2004年	
总产出	5009904	4088955	4605916	3845136	19.8
第一产业	1082306	1010726	1145760	1054635	8.6
农　业	518462	490345	602061	567786	6.0
林　业	29479	27423	30665	30192	1.6
畜牧业	431153	395495	413600	363762	13.7
渔　业	96609	91324	93050	87042	6.9
农林牧渔服务业	6603	6139	6385	5853	9.1
第二产业	2462917	1798593	2146605	1635060	31.3
工　业	2048201	1555464	1791805	1424376	25.8
规模以上	1039452	770210	951980	739165	28.8
规模以下	1008749	785254	839826	685211	22.6
建筑业	414716	243129	354800	210683	68.4
第三产业	1464681	1279636	1313550	1155442	13.7
交通运输、仓储和邮政业	436695	411058	403983	325160	24.2
交通运输和仓储业	428087	404358	398248	319697	24.6
邮政业	8608	6700	5735	5463	5.0
信息传输、计算机服务和软件业	75516	51371	46122	42264	9.1
批发和零售业	279417	239488	276705	239727	15.4
住宿和餐饮业	83746	77849	81616	74142	10.1
金融业	53732	46232	49468	43329	14.2
银行业	45424	37664	41819	35299	18.5
证券业	525	754	483	706	-31.6
保险业	7768	7801	7152	7311	-2.2
其他金融活动	15	14	13	13	1.7
房地产业	143232	118177	123026	107727	14.2
租赁和商务服务业	23574	15604	17958	12837	39.9
科学研究、技术服务和地质勘查业	11832	10470	9014	8614	4.6
水利、环境和公共设施管理业	5499	5698	5103	5575	-8.5
居民服务和其他服务业	37824	36356	35103	34550	1.6
教育	117698	94443	82831	71749	15.4
卫生、社会保险和社会福利业	79133	72252	75966	85696	-11.4
文化、体育和娱乐业	17473	7754	14489	12934	12.0
公共管理和社会组织	99311	92885	92166	91137	1.1
国际组织					

1-2 地区生产总值构成项目

计算单位：万元

贵港市	增加值	劳动者报酬	固定资产折旧	生产税净额	补贴	营业盈余	补充资料	
							从业人员年末数（人）	固定资产原值年末数
地区生产总值	2270151	1052931	297998	200092		719130	1880586	8763998
第一产业	660055	584778	9127	13048		53102	1223969	348719
农　业	351923	327743	4864	6229		13086	652012	185927
林　业	20332	18869	448	416		599	38332	10742
畜牧业	213894	176634	2588	5197		29475	395565	113004
渔　业	70910	58935	1021	1099		9855	131038	37463
农林牧渔服务业	2996	2597	205	106		87	7023	1583
第二产业	768236	197611	60168	51076		459381	285403	1726575
工　业	644236	118579	49790	29138		446729	161859	1143001
规模以上	340523	54928	32382	6387		246826	41981	824171
规模以下	303713	63651	17408	22751		199903	119878	318830
建筑业	124000	79032	10378	21938		12652	123544	583574
第三产业	841860	270542	228703	135968		206647	371214	6688704
交通运输、仓储和邮政业	177332	35311	51455	14810		75756	69713	1142835
交通运输和仓储业	172103	31630	50908	14395		75169	63102	1116335
邮政业	5230	3681	547	415		587	6611	26500
信息传输、计算机服务和软件业	51241	4666	21080	2578		22916	6939	527000
批发和零售业	159814	21888	13471	97668		26787	128278	241894
住宿和餐饮业	41695	6451	2556	5957		26731	25291	70218
金融业	34986	16213	4139	3299		11335	3702	76327
银行业	30378	13352	3805	2490		10730	3341	66266
证券业	269	132	66	26		45	0	587
保险业	4324	2724	267	782		551	361	9441
其他金融活动	15	5	0	1		9	0	33
房地产业	128903	4005	109679	6667		8552	1720	4065706
租赁和商务服务业	12836	4925	4017	1102		2792	6730	37670
科学研究、技术服务和地质勘查业	8578	7329	618	197		435	3569	8734
水利、环境和公共设施管理业	4566	2645	1712	694		-485	3837	43087
居民服务和其他服务业	18042	4368	748	785		12141	11346	1719
教育	92225	78885	8862	706		3771	66299	232894
卫生、社会保险和社会福利业	41605	25789	2727	615		12475	19161	65441
文化、体育和娱乐业	6902	1771	946	744		3441	2683	7839
公共管理和社会组织	63135	56297	6694	144		0	21946	167340
国际组织	0	0	0	0		0	0	0

注：本表按当年价格计算。

1-3 按可比价格计算的地区生产总值

计算单位：万元

贵港市	2005年	2004年	以上年为100的速度(%)
地区收入总值	2119779	1824021	16.2
一、地区生产总值	2119779	1824021	16.2
第一产业	706199	657567	7.4
农　业	408668	387329	5.5
林　业	21150	20732	2.0
畜牧业	205186	182608	12.4
渔　业	68298	64157	6.5
农林牧渔服务业	2897	2742	5.7
第二产业	670414	486688	37.8
工　业	564329	423617	33.2
规模以上	311475	221785	40.4
规模以下	252854	201832	25.3
建筑业	106085	63071	68.2
第三产业	743167	679766	9.3
交通运输、仓储和邮政业	163591	148746	10.0
交通运输和仓储业	160107	145578	10.0
邮政业	3484	3168	10.0
信息传输、计算机服务和软件业	31296	26758	17.0
批发和零售业	158263	143406	10.4
住宿和餐饮业	40635	35759	13.6
金融业	32209	31036	3.8
银行业	27967	26186	6.8
证券业	248	413	-40.1
保险业	3981	4423	-10.0
其他金融活动	14	14	-1.2
房地产业	110718	101704	8.9
租赁和商务服务业	9778	8899	9.9
科学研究、技术服务和地质勘查业	6535	6242	4.7
水利、环境和公共设施管理业	4237	3486	21.6
居民服务和其他服务业	16744	16464	1.7
教育	64904	60024	8.1
卫生、社会保险和社会福利业	39939	38410	4.0
文化、体育和娱乐业	5723	5106	12.1
公共管理和社会组织	58593	53726	9.1
国际组织			
二、国(地区)净要素收入			

二、农　业

2-1 农村基本情况及从业人员

	单 位	贵港市	市辖区	港北区	港南区	覃塘区	平南县	桂平市
一、农村基层组织								
1.乡镇个数	个	74	27	8	9	10	21	26
其中:镇个数	个	54	16	4	6	6	17	21
2.村民委员会	个	1107	415	110	161	144	278	414
3.居民委员会	个	33	11	6	4	1	4	18
4.村民小组	个	23314	8348	1974	3652	2722	7170	7796
二、农村社会基础设施								
1.通汽车村数	个	1050	412	107	161	144	241	397
2.通电话村数	个	1072	409	105	161	143	272	391
3.自来水受益村数	个	346	234	38	93	103	36	76
三、乡(镇)村户数	万户	102.46	35.81	8.89	13.08	13.84	28.12	38.53
四、乡(镇)村人口数	万人	435.95	156	43.1	58.83	54.07	120.35	159.6
五、乡(镇)村劳动力资源数	万人	233.38	85.58	23.79	33.66	28.13	63.26	84.54
其中:劳动年龄内	万人	215.63	77.55	20.98	30.66	25.91	59.25	78.83
乡(镇)村从业人员数	万人	212.8	75.76	20.89	29.69	25.18	58.72	78.32
其中:劳动年龄内	万人	198.7	70.45	19.39	27.97	23.09	55.21	73.04
按性别分								
1.男	万人	111.01	39.33	11	15.54	12.79	30.81	40.87
2.女	万人	101.79	36.43	9.89	14.15	12.39	27.91	37.45
按国民经济行业分								
1.农林牧渔业从业人员	万人	121.92	47.19	14.09	16.48	16.62	31.19	43.54
2.工业从业人员	万人	11.42	2.9	0.91	1.27	0.72	4.18	4.34
其中:采矿业	万人	2.48	0.03	0.03			1.04	1.41
制造业	万人	8.81	2.82	0.83	1.27	0.72	3.14	2.85
电力业	万人	0.13	0.05	0.05				0.08
3.建筑业从业人员	万人	11.17	3.77	1.06	1.85	0.86	3.48	3.92
4.交通运输、仓储业及邮政业	万人	5.45	1.82	0.68	0.71	0.43	1.65	1.98
5.信息传输、计算机服务业	万人	0.41	0.1		0.08	0.02	0.14	0.17
6.批发与零售贸易业从业人员	万人	6.73	1.67	0.56	0.56	0.55	1.31	3.75

2-2 耕地面积情况

单位:公顷

	贵港市	市辖区	港北区	港南区	覃塘区	平南县	桂平市
一、年初耕地总资源	209379	85553	24004	27034	34515	48856	74970
二、年初耕地面积(按原口径)	191031	77981	21509	24962	31510	45077	67973
(1)水田	131855	47430	13147	18205	16078	34403	50022
(2)旱地	59176	30551	8362	6757	15432	10674	17951
三、当年新增加的耕地面积	438	134	74	45	15	215	89
1.新开荒	393	89	74		15	215	89
2.园地改为耕地	45	45		45			
四、当年减少的耕地	1095	535	247	276	12	434	126
1.国家基建占地	359	266	247	13	6	93	
2.退耕还林、还牧	221	17		17		204	
3.改渔塘	43	43		43			
4.改果园	68	9		9		45	14
5.乡(镇)村集体基建占地	105	105		105			
6.农民个人建房占地	101	49		43	6	51	1
7.因灾废弃及撩荒	146	46		46		27	73
8.其他	52					14	38
五、年末耕地总资源	208722	85152	23831	26803	34518	48637	74933
(一)常用耕地面积	204264	82143	21504	26731	33908	47630	74491
1.年末耕地面积(按原口径)	190374	77580	21336	24731	31513	44858	67936
(1)水田	131727	47354	13106	18173	16075	34288	50085
(2)旱地	58647	30226	8230	6558	15438	10570	17851
其中:水浇地	6374	4907	3986	648	273	1467	
2.小于1米的沟渠路田埂设	9499	3286	124	1397	1765	2035	4178
3.按标准亩统计净增加面积	4391	1277	44	603	630	737	2377
(二)临时性耕地	4458	3009	2327	72	610	1007	442
1.临时种植农作物的坡度	2820	1371	698	63	610	1007	442
其中:小于1米的沟渠路田	126	65		6	59	61	
2.其他临时性耕地	1638	1638	1629	9			

2-3 农业机械化情况

	单 位	贵港市	市辖区	港北区	港南区	覃塘区	平南县	桂平市
一、农业机械总动力合计	千瓦	191280	800761	224827	350139	225795	461114	650926
1.柴油发动机动力	千瓦	163840	666648	194083	287567	184998	402371	569389
2.汽油发动机动力	千瓦	4284	187	78	4	105	945	3152
3.电动机动力	千瓦	263345	132458	30650	61208	40600	54048	76839
4.其他机械动力	千瓦	6764	1468	16	1360	92	3750	1546
二、主要农业机械与设备								
大中型拖拉机	台	17143	7941	2854	2434	2653	3418	5784
	千瓦	333273	160906	62788	53548	44570	75196	97171
小型拖拉机	台	36845	11499	2968	6175	2356	8563	16783
	千瓦	249271	83661	23040	35088	25533	57323	108287
大中型拖拉机配套农具	部	738	642	394	2	246	8	88
小型拖拉机配套农具	部	74131	27244	5243	18527	3474	14095	32792
农用排灌电动机	台	41771	18625	2218	14340	2067	9703	13443
	千瓦	117862	41550	17657	16917	6976	35730	40582
农用排灌柴油机	台	61474	37211	5440	13080	18691	8435	15828
	千瓦	309094	168117	34782	73160	60175	60030	80947
农用排灌其他动力机械	台	1423	1193	11	1182		230	
	千瓦	1566	1311	11	1300		255	
联合收割机	台	80	45	18	21	6	8	27
	千瓦	2467	1184	636	321	227	265	1018
自走式机动割晒机	台	79	44	18	20	6	8	27
	千瓦	2449	1166	636	303	227	265	1018
机动脱粒机	台	87379	38138	5684	29475	2979	31540	17701
	千瓦	80882	29889	6422	7381	16086	8266	42727
农用载重汽车	台	1714	857	199	491	167	485	372
	千瓦	151199	82920	18855	49415	14650	33950	34329
农用运输车	台	2468	842	362	420	60	833	793
	千瓦	66636	22734	9774	11340	1620	22491	21411
渔用机动船	艘	600	8		7	1	102	490
	千瓦	3640	127		115	12	867	2646
农用水泵(包括潜水泵)	台	96606	47415	7408	22026	17981	19920	29271
节水灌溉机械	套	5307	4141	2822	751	568	304	862
附报:当年机耕地面积	公顷	103476	37895	10056	15127	12712	28135	37446

2-4 农村能源、物质消耗及农田水利情况

	计量单位	贵港市	市辖区	港北区	港南区	覃塘区	平南县	桂平市
一、水电建设								
1.乡(镇)办水电站个数	个	20					9	11
装机容量	千瓦	6400					2535	3865
发 电 量	千瓦小时	14635623					7441103	7194520
2.村和村民小组办水电站个数	个	19	2	2			16	1
装机容量	千瓦	1136	85	85			426	625
发 电 量	千瓦小时	1176100	413000	413000			113100	650000
二、农村用电量(不含县办工业和城镇生活用电)	万千瓦时	27363	12072	3396	4119	4557	5300	9991
三、农用化肥施用量								
1.按实物量计算	吨	606656	229672	62160	72532	94980	117118	259866
(1)氮　肥	吨	205030	71102	18861	23717	28524	42490	91438
(2)磷　肥	吨	160192	54934	17397	17618	19919	33213	72045
(3)钾　肥	吨	81506	30035	9612	9591	10832	16977	34494
(4)复合肥	吨	159928	73601	16290	21606	35705	24438	61889
2.按折纯法计算	吨	171178	68969	17843	19867	31259	31798	70411
(1)氮　肥	吨	51012	18229	4717	5525	7987	10623	22160
(2)磷　肥	吨	25186	8704	2609	2514	3581	4982	11500
(3)钾　肥	吨	37011	14032	4326	4293	5413	7640	15339
(4)复合肥	吨	57969	28004	6191	7535	14278	8553	21412
四、农用塑料薄膜使用量	吨	2763	665	93	244	328	189	1909
其中:地膜使用量	吨	2403	608	80	200	328	127	1668
地膜覆盖面积	吨	14018	6471	1205	1231	4035	1719	5828
五、农用柴油使用量	吨	18883	6862	1915	2218	2729	3612	8409
六、农药使用量(实物量)	吨	5109	2323	447	1085	791	509	2277
七、农田水利建设基本情况								
1.有效灌溉面积	公顷	153690	57160	12980	23930	20250	42030	54500
其中:实灌面积	公顷	117440	41600	9060	19480	13060	40310	35530
2.旱涝保收面积	公顷	113980	43070	8880	18310	15880	33010	37900
3.机电排灌面积	公顷	20730	5940	1350	1960	2630	8350	6440
4.机电井	眼	127	127			127		

2-5 农业主要产品生产情况(一)

贵港市	全年合计			春收			夏收			秋收		
	播种面积(公斤)	每公顷产量(公斤)	总产量(吨)	播种面积(公斤)	每公顷产量(公斤)	总产量(吨)	播种面积(公斤)	每公顷产量(公斤)	总产量(吨)	播种面积(公斤)	每公顷产量(公斤)	总产量(吨)
农作物总播种面积	464439											
一、粮食合计	272504	5173	1409530	2177	6732	4252	136601	15419	707729	133726	15831	697549
(一)谷物合计	240595	5536	1332014	442	10302	1434	123895	16417	682817	116258	16909	647763
1.稻　谷	211282	5763	1217554				105165	17238	608280	106117	17334	609274
其中:优质稻	139791	5818	813249				68021	17201	396138	71770	17559	417111
早　稻	105165	5784	608280				105165	17238	608280			
晚　稻	106117	5742	609274							106117	17334	609274
3.玉　米	29258	3908	114332	442	10302	1434	18694	10820	74452	10122	10392	38446
其中:杂交玉米	25102	3983	99981	219	7430	824	15928	10367	65157	8955	12399	34000
5.高　粱	55	2327	128				36	4406	85	19	2263	43
(二)豆类合计	14251	2009	28624	495	5157	798	10026	6098	20735	3730	5890	7091
大　豆	10126	2201	22285				7224	6517	16416	2902	6225	5869
绿　豆	2080	1544	3212				1700	4830	2621	380	3283	591
红小豆	28	1536	43				28	3167	43			
其他豆类	2017	1529	3084	495	5157	798	1074	4781	1655	448	5295	631
(三)红　薯	17658	2769	48892	1240	3097	2020	2680	5543	4177	13738	9344	42695

2-6 农业主要产品生产情况(一)

市辖区	全年合计			春收			夏收			秋收		
	播种面积(公斤)	每公顷产量(公斤)	总产量(吨)	播种面积(公斤)	每公顷产量(公斤)	总产量(吨)	播种面积(公斤)	每公顷产量(公斤)	总产量(吨)	播种面积(公斤)	每公顷产量(公斤)	总产量(吨)
农作物总播种面积	176198											
一、粮食合计	103702	5329	552617	49	2857	140	51698	5812	300445	51955	4851	252032
(一)谷物合计	93529	5667	530049	20	4150	83	47720	6083	290280	45789	5235	239686
1.稻　谷	77853	5906	459787				38681	6373	246508	39172	5445	213279
其中:优质稻	59669	6171	368237				29594	6449	190865	30075	5898	177372
早　稻	38681	6373	246508				38681	6373	246508			
晚　稻	39172	5445	213279							39172	5445	213279
3.玉　米	15625	4489	70142	20	4150	83	9007	4851	43695	6598	3996	26364
其中:杂交玉米	13995	4467	62512				8135	4854	39486	5860	3929	23026
5.高　粱	51	2353	120				32	2406	77	19	2263	43
(二)豆类合计	5414	2369	12824	29	1966	57	3799	2572	9771	1586	1889	2996
大　豆	4824	2428	11713				3386	2659	9002	1438	1885	2711
绿　豆	510	1882	960				382	1874	716	128	1906	244
红小豆	6	1667	10				6	1667	10			
其他豆类	74	1905	141	29	1966	57	25	1720	43	20	2050	41
(三)红　薯	4759	2047	9744				179	2201	394	4580	2041	9350

2-7 农业主要产品生产情况(一)

港北区	全年合计			春收			夏收			秋收		
	播种面积（公斤）	每公顷产量（公斤）	总产量（吨）	播种面积（公斤）	每公顷产量（公斤）	总产量（吨）	播种面积（公斤）	每公顷产量（公斤）	总产量（吨）	播种面积（公斤）	每公顷产量（公斤）	总产量（吨）
农作物总播种面积	40941											
一、粮食合计	25677	5396	138562	38	2763	105	12631	6058	76514	13008	4762	61943
(一)谷物合计	23887	5602	133818	15	4200	63	12104	6205	75104	11768	4984	58651
1.稻　谷	19872	5741	114077				9982	6394	63829	9890	5081	50248
其中:优质稻	18049	6047	109134				9056	6696	60638	8993	5393	48496
早　稻	9982	6394	63829				9982	6394	63829			
晚　稻	9890	5081	50248							9890	5081	50248
3.玉　米	4015	4917	19741	15	4200	63	2122	5313	11275	1878	4474	8403
其中:杂交玉米	3541	4938	17485				1859	5332	9913	1682	4502	7572
(二)豆类合计	916	2364	2165	23	1826	42	497	2700	1342	396	1972	781
大　豆	865	2397	2073				481	2726	1311	384	1984	762
绿　豆	28	1786	50				16	1938	31	12	1583	19
其他豆类	23	1826	42	23	1826	42						
(三)红　薯	874	2951	2579				30	2267	68	844	2975	2511

2-8 农业主要产品生产情况(一)

港南区	全年合计			春收			夏收			秋收		
	播种面积（公斤）	每公顷产量（公斤）	总产量（吨）	播种面积（公斤）	每公顷产量（公斤）	总产量（吨）	播种面积（公斤）	每公顷产量（公斤）	总产量（吨）	播种面积（公斤）	每公顷产量（公斤）	总产量（吨）
农作物总播种面积	60241											
一、粮食合计	40640	5728	232786	11	3182	35	20184	5917	119427	20445	5543	113324
(一)谷物合计	38298	5919	226693	5	4000	20	19516	6039	117850	18777	5796	108823
1.稻　谷	32919	6136	201992				16424	6277	103088	16495	5996	98904
其中:优质稻	25833	6401	165346				12894	6271	80863	12939	6529	84483
早　稻	16424	6277	103088				16424	6277	103088			
晚　稻	16495	5996	98904							16495	5996	98904
3.玉　米	5328	4614	24581	5	4000	20	3060	4799	14685	2263	4364	9876
其中:杂交玉米	4172	4604	19207				2451	4830	11838	1721	4282	7369
5.高　粱	51	2353	120				32	2406	77	19	2263	43
(二)豆类合计	952	2290	2180	6	2500	15	519	2410	1251	427	2141	914
大　豆	633	2427	1536				340	2606	886	293	2218	650
绿　豆	262	2042	535				148	2108	312	114	1956	223
红小豆	6	1667	10				6	1667	10			
其他豆类	51	1941	99	6	2500	15	25	1720	43	20	2050	41
(三)红　薯	1390	2815	3913				149	2188	326	1241	2890	3587

2-9 农业主要产品生产情况(一)

覃塘区	全年合计			春收			夏收			秋收		
	播种面积(公斤)	每公顷产量(公斤)	总产量(吨)	播种面积(公斤)	每公顷产量(公斤)	总产量(吨)	播种面积(公斤)	每公顷产量(公斤)	总产量(吨)	播种面积(公斤)	每公顷产量(公斤)	总产量(吨)
农作物总播种面积	75016											
一、粮食合计	37385	4849	181269				18883	5534	104504	18502	4149	76765
(一)谷物合计	31344	5409	169538				16100	6045	97326	15244	4737	72212
1.稻谷	25062	5734	143718				12275	6484	79591	12787	5015	64127
其中:优质稻	15787	5939	93757				7644	6458	49364	8143	5452	44393
早稻	12275	6484	79591				12275	6484	79591			
晚稻	12787	5015	64127							12787	5015	64127
3.玉米	6282	4110	25820				3825	4637	17735	2457	3291	8085
其中:杂交玉米	6282	4110	25820				3825	4637	17735	2457	3291	8085
(二)豆类合计	3546	2391	8479				2783	2579	7178	763	1705	1301
大豆	3326	2437	8104				2565	2653	6805	761	1707	1299
绿豆	220	1705	375				218	1711	373	2	1000	2
(三)红薯	2495	1303	3252							2495	1303	3252

2-10 农业主要产品生产情况(一)

平南县	全年合计			春收			夏收			秋收		
	播种面积(公斤)	每公顷产量(公斤)	总产量(吨)	播种面积(公斤)	每公顷产量(公斤)	总产量(吨)	播种面积(公斤)	每公顷产量(公斤)	总产量(吨)	播种面积(公斤)	每公顷产量(公斤)	总产量(吨)
农作物总播种面积	108814											
一、粮食合计	65960	5206	343375	1194	1894	2262	32174	4831	155429	32592	5697	185684
(一)谷物合计	56555	5645	319273	174	2362	411	28406	5242	149298	27975	6061	169564
1.稻谷	54122	5778	312724				26571	5419	144387	27551	6110	168337
其中:优质稻	12154	5716	69477				5400	5424	29289	6754	5950	40188
早稻	26571	5434	144387				26571	5419	144387			
晚稻	27551	6110	168337							27551	6110	168337
3.玉米	2429	2693	6541	174	2362	411	1831	2678	4903	424	2894	1227
其中:杂交玉米	680	2654	1805	61	3607	220	526	2135	1123	93	4968	462
5.高粱	4	2000	8				4	2000	8			
(二)豆类合计	3539	1880	6653	225	1747	393	2588	1779	4605	726	2280	1655
大豆	2397	2017	4835				1734	1905	3304	663	2309	1531
绿豆	392	1559	611				392	1559	611			
红小豆	22	1500	33				22	1500	33			
其他豆类	728	1613	1174	225	1747	393	440	1493	657	63	1968	124
(三)红薯	5866	2975	17449	795	1834	1458	1180	1633	1526	3891	3718	14465

2-11 农业主要产品生产情况(一)

桂平市	全年合计			春收			夏收			秋收		
	播种面积(公斤)	每公顷产量(公斤)	总产量(吨)	播种面积(公斤)	每公顷产量(公斤)	总产量(吨)	播种面积(公斤)	每公顷产量(公斤)	总产量(吨)	播种面积(公斤)	每公顷产量(公斤)	总产量(吨)
农作物总播种面积	179427											
一、粮食合计	102842	4993	513538	934	1981	1850	52729	4776	251855	49179	5283	259833
(一)谷物合计	90511	5333	482692	248	3790	940	47769	5092	243239	42494	5613	238513
1.稻谷	79307	5612	445043				39913	5446	217385	39394	5779	227658
其中:优质稻	67968	5525	375535				33027	5328	175984	34941	5711	199551
早稻	39913	5446	217385				39913	5446	217385			
晚稻	39394	5779	227658							39394	5779	227658
3.玉米	11204	3360	37649	248	3790	940	7856	3291	25854	3100	3502	10855
其中:杂交玉米	10427	3420	35664	158	3823	604	7267	3378	24548	3002	3502	10512
(二)豆类合计	5298	1727	9147	241	1444	348	3639	1747	6359	1418	1721	2440
大豆	2905	1975	5737				2104	1953	4110	801	2031	1627
绿豆	1178	1393	1641				926	1397	1294	252	1377	347
其他豆类	1215	1456	1769	241	1444	348	609	1568	955	365	1277	466
(三)红薯	7033	3085	21699	445	1263	562	1321	1709	2257	5267	3585	18880

2-12 农业主要产品生产情况(二)

	贵港市			市辖区			港北区			港南区		
	播种面积	每公顷产量	总产量(吨)	播种面积	每公顷产量	总产量(吨)	播种面积	每公顷产量	总产量(吨)	播种面积	每公顷产量	总产量(吨)
二、经济作物	89509			41956			9100			10726		
1.油料作物	32127	2787	89541	11097	2840	31515	2494	3118	7776	3482	2783	9690
其中:花　生	31907	2790	89008	11069	2846	31506	2494	3118	7776	3482	2783	9690
芝　麻	220	1059	233	28	321	9						
2.棉　花	25	1000	25									
3.麻　类	228	2886	658	196	3005	589				196	3005	589
黄红麻	227	2885	655	196	3005	589				196	3005	589
熟　麻	196	3342	655	196	3005	589				196	3005	589
苎　麻	1	3000	3									
4.甘　蔗	31309	73279	2294291	25655	74122	1901596	6457	82354	531763	2967	73294	217462
(1)糖　蔗	29361	71667	2104207	24963	73322	1830325	6391	82831	529374	2416	64000	154625
(2)果　蔗	1948	97579	190084	692	102993	71271	66	36197	2389	551	114042	62837
5.烟　叶	747	2514	1878									
(1)晒　烟	537	2613	1403									
(2)烤　烟	210	2262	475									
6.药材产值	6421	6014	38614	2180	1426	3108				2180	1426	3108
7.木　薯	17758	6762	120077	2526	6862	17334	149	3443	513	1599	8988	14372
8.其他经济作物	894	4810	4300	302	10099	3050				302	10099	3050
(1)席　草	253	14834	3753	214	14252	3050				214	14252	3050
(2)红瓜籽	335	1107	371									
(3)其　他	306	2778	850	88						88		
三、其他农作物	102426			30540			6164			8875		
1.蔬菜(包括菜用瓜)	71859	21328	1532626	19149	20360	389866	4125	27382	112950	5523	20625	113912
2.食用菌(干鲜混合)	473	18928	8953	463	18683	8650				140	8671	1214
(1)香菇(干品)	1	2000	2									
(2)蘑菇(鲜品)	466	18742	8734	462	18719	8648				139	8719	1212
(3)云(木)耳(干品)			2									
(4)其它食用菌	6	35833	215	1	2000	2				1	2000	2
3.果瓜类	1212	27498	33328	438	16498	7226	20	1500	30	194	24722	4796
其中:西　瓜	1003	27040	27121	354	15997	5663				130	25100	3263
香(甜)瓜	189	32683	6177	64	23953	1533				64	23953	1533
草　莓	20	1500	30	20	1500	30	20	1500	30			
4.青饲料	27487	12	334	10159	33	334	2019	165	334	2874		
5.饲　草	101	38168	3855	65	57231	3720				65	57231	3720
6.绿　肥	371	15569	5776	73						2		
7.马　蹄	443	13767	6099	193	1269	245				77	3182	245
8.其　他	480	2292	1100									

(续表 2-12)

	覃塘区			平南县			桂平市		
	播种面积	每公顷产量	总产量(吨)	播种面积	每公顷产量	总产量(吨)	播种面积	每公顷产量	总产量(吨)
二、经济作物	22130			17110			30443		
1.油料作物	5121	2743	14049	7217	3126	22557	13813	2568	35469
其中:花　生	5093	2757	14040	7215	3126	22556	13623	2565	34946
芝　麻	28	321	9	2	500	1	190	1174	223
2.棉　花							25	1000	25
3.麻　类				21	2429	51	11	1636	18
黄红麻				21	2429	51	10	1500	15
熟　麻						51			15
苎　麻							1	3000	3
4.甘　蔗	16231	70998	1152371	2087	77906	162589	3567	64510	230106
(1)糖　蔗	16156	70954	1146326	1365	69442	94789	3033	59048	179093
(2)果　蔗	75	80600	6045	722	93906	67800	534	95530	51013
5.烟　叶				747	2514	1878			
(1)晒　烟				537	2613	1403			
(2)烤　烟				210	2262	475			
6.药材产值				1081	6738	7284	3160	8931	28222
7.木　薯	778	3148	2449	5686	6931	39410	9546	6635	63333
8.其他经济作物				271			321	3894	1250
(1)席　草				6	83833	503	33	6061	200
(2)红瓜籽				265	1109	294	70	1100	77
(3)其　他							218	3899	850
三、其他农作物	15501			25744			46142		
1.蔬菜(包括菜用瓜)	9501	17157	163004	16896	32741	553188	35814	16462	589572
2.食用菌(干鲜混合)	323	23022	7436	8	37000	296	2	3500	7
(1)香菇(干品)							1	2000	2
(2)蘑菇(鲜品)	323	23022	7436	3	27000	81	1	5000	5
(3)云(木)耳(干品)						2			
(4)其它食用菌				5	42600	213			
3.果瓜类	224	10714	2400	391	46834	18312	383	20339	7790
其中:西　瓜	224	10714	2400	271	50620	13718	378	20476	7740
香(甜)瓜				120	38283	4594	5	10000	50
4.青饲料	5266			8300			9028		
5.饲　草				36	3750	135			
6.绿　肥	71						298	19383	5776
7.马　蹄	116			113	30389	3434	137	17664	2420
8.其　他							480	2292	1100

2-13 茶叶和水果生产情况

计量单位:吨、公顷

	贵港市	市辖区	港北区	港南区	覃塘区	平南县	桂平市
一、茶叶合计	1826	487	30	108	349	1208	131
2.绿毛茶	1684	467	30	88	349	1116	101
5.其它茶	142	20		20		92	30
二、水果合计	153463	21980	6376	9622	5982	72099	59384
1.蕉　类	9077	1413	59	600	754	5134	2530
其中:香　蕉	3848	697	50	428	219	886	2265
2.柚　子	1028	218	138	4	76	666	144
其中:沙田柚	566	142	138	4		355	69
3.柑　桔	10019	596	250	82	264	7302	2121
4.橙	1399	87	6	18	63	1236	76
5.梨	1263	363	78	35	250	535	365
6.菠　萝	688	116		116			572
7.龙　眼	53656	7136	2263	3473	1400	37500	9020
8.荔　枝	50200	5306	1276	3296	734	11000	33894
9.芒　果	1779	655	239	371	45	988	136
10.枣　子	1421	257	113	96	48	754	410
11.柿　子	6752	1763	725	587	451	3340	1649
12.葡　萄	543	364	105	9	250	57	122
13.桃	1036	663	269	84	310		373
15.其他水果	14602	3043	855	851	1337	3587	7972
三、年末实有茶园面积	1786	715	21	156	538	731	340
其中:当年采摘面积	1513	688	20	150	518	696	129
四、年末桑园面积	5993	2964	200	1744	1020	2944	85
五、年末果园面积	56625	9195	1537	5026	2632	19461	27969
其中:香蕉园	1399	464	28	176	260	127	808
柑桔橙园	1510	129	40	18	71	914	467
梨　园	438	126	13	47	66	225	87
荔枝园	22248	3837	523	2665	649	2266	16145
菠萝园	87	20		20			67
龙眼园	26214	4193	933	1908	1352	13380	8641
芒果园	646	188		172	16	423	35
葡萄园	103	77		4	73	2	24
桃　园	259	109		16	93		150
猕猴桃园	20						20

2-14 林业生产情况

	计量单位	贵港市	市辖区	港北区	港南区	覃塘区	平南县	桂平市
一、营林情况								
(一)当年造林面积	公顷	4562	1398	538	278	582	431	2733
按造林方式分:								
(1)人工造林(年末成活率85%以上)	公顷	4562	1398	538	278	582	431	2733
按主要的林种用途分:								
1.用材林	公顷	4532	1398	538	278	582	431	2703
其中:速生丰产林	公顷	4528	1394	534	278	582	431	2703
2.经济林	公顷	30						30
(二)当年迹地更新面积	公顷	1754	640	68	401	171	714	400
其中:人工更新面积	公顷	1745	631	68	401	162	714	400
人工促进天然更新面积	公顷	9	9			9		
(三)封山育林面积	公顷	43489	12233	333	667	11233	14000	17256
其中:本年新封面积	公顷	1333						1333
(四)当年四旁零星植树	万株	386.8	172	70	32	70	4.8	210
(五)林木种籽采集量	吨	4						4
(六)育苗面积	公顷	85	9	3	3	3	44	32
其中:本年新育	公顷	24	7	1	3	3	7	10
(七)当年苗木产量	公顷	2370	870	470	200	200	850	650
(八)当年幼林抚育作业面积	公顷	18381	1124	154	970		3500	13757
(九)成林抚育(实际)面积(包括间伐)	公顷	16193	2622	667	902	1053		13571
二、林产品产量(包括农户自用)								
2.油桐籽(籽:油=4:1)	吨	144	70	70			12	62
3.油茶籽(籽:油=5:1))	吨	580	200	200			307	73
7.松　脂	吨	14402	6708	1278	2630	2800	5166	2528
8.竹笋干(鲜笋按1/3折干)	吨	500	55	55			319	126
10.板　栗	吨	21						21
12.八　角	吨	1989	25	5	20		797	1167
13.桂　皮	吨	2279					1003	1276
16.桂　油	吨	117					82	35
三、全社会竹木采伐量								
1.全社会木采伐材	立方米	332837	105706	41977	30128	33601	51088	176043
原　木	立方米	329751	105706	41977	30128	33601	48002	176043
其中:桉　木	万根	28130	13557	4895		8662		14573
薪　材	立方米	3086					3086	
其中:村及村以下木材采伐	立方米	255379	78176	28746	24056	25374	45803	131400
原　木	立方米	252293	78176	28746	24056	25374	42717	131400
其中:桉　木	万根	22461	7888	4895		2993		14573
薪　材	立方米	3086					3086	
2.全社会竹材采伐								
篙　竹	万根	2611.44	40.14		40.14		1183	1388.3
大杂竹	万根	624.02	7.82		4.68	3.14	110	506.2
小杂竹	吨	4411	451		264	187	1650	2310
其中:村及村以下竹材采伐								
篙　竹	万根	2611.44	40.14		40.14		1183	1388.3
大杂竹	万根	624.02	7.82		4.68	3.14	110	506.2
小杂竹	万吨	4411	451		264	187	1650	2310

2-15 畜牧业生产情况

	贵港市			市辖区			港北区			港南区		
	出栏数(头.只.匹)	肉产量(吨)	年末存栏(头.只.匹)	出栏数(头.只.匹)	肉产量(吨)	年末存栏(头.只.匹)	出栏数(头.只.匹)	肉产量(吨)	年末存栏(头.只.匹)	出栏数(头.只.匹)	肉产量(吨)	年末存栏(头.只.匹)
一、大牲畜	108913	9909	493607	35227	3187	249269	9600	882	66393	15111	1359	89464
其中:从事农事劳役			347406			203879			66019			64051
1.牛	108813	9901	489452	35127	3179	248586	9600	882	66393	15111	1359	88781
(1)黄　牛			197596			84717			20412			45824
(2)水　牛			291401			163504			45651			42922
(3)良种及改良种牛			455			365			330			35
2.马	100	8	4155	100	8	683						683
二、猪	3229640	266430	2292462	1447678	117689	989600	501387	41111	278728	449568	36840	331752
三、山　羊	19860	294	9705	7386	110	5321	3686	54	1917	1100	17	2254
四、家　禽(万只)	3715.91	53411	1689.7	1562.47	22200	642.76	717.48	10090	215.19	452.99	6632	236.57
鸡(万只)	2543.52	32308	1316.91	983.46	12719	452.18	415.42	5232	153.12	380.04	5131	186.06
鸭(万只)	1089.81	18470	340.36	571.97	9280	187.45	300.02	4799	61.07	67.95	1359	48.38
鹅(万只)	82.58	2633	32.43	7.04	201	3.13	2.04	59	1	5	142	2.13
五、特种家禽		682			578			11			567	
肉　鸽	1670871	648	252868	1518410	576	213640	33370	11	5250	1485040	565	208390
鹌　鹑	6	14	2.3	1	2	1.3				1	2	1.3
其　他	10000	20	3000									
六、其它饲养动物		2308			491			115			329	
兔(万只)	9.06	157	4.26	4.04	79	2.76	2.83	56	2.16	1.21	23	0.6
狗	214838	2131	141829	42920	412	36311	5890	59	2843	31892	306	27930
其　他	310000	20	5000	300000								
七、肉类总产量		333034			144255			52263			45744	
八、奶类产量		2274			1757			1612			145	
其中:牛奶产量		2274			1757			1612			145	
九、蜂蜜产量		1141			99			53			45	
十、禽蛋产量		13542			6735			1762			1894	
十一、蚕茧产量		11763			7161			350			3439	
其中:桑蚕茧		11763			7161			350			3439	

(续表2-15)

	覃塘区			平南县			桂平市		
	出栏数(头.只.匹)	肉产量(吨)	年末存栏(头.只.匹)	出栏数(头.只.匹)	肉产量(吨)	年末存栏(头.只.匹)	出栏数(头.只.匹)	肉产量(吨)	年末存栏(头.只.匹)
一、大牲畜	10516	946	93412	31544	2836	100198	42142	3886	144140
其中:从事农事劳役			73809			52540			90987
1.牛	10416	938	93412	31544	2836	98786	42142	3886	142080
(1)黄　牛			18481			55309			57570
(2)水　牛			74931			43477			84420
(3)良种及改良种牛									90
2.马	100	8				1412			2060
二、猪	496723	39738	379120	717595	60394	668862	1064367	88347	634000
三、山　羊	2600	39	1150	11304	167	3934	1170	17	450
四、家　禽(万只)	392	5478	191	1075.42	15492	421	1078.02	15719	625.94
鸡(万只)	188	2356	113	804.06	10139	337	756	9450	527.73
鸭(万只)	204	3122	78	207.62	3313	61	310.22	5877	91.91
鹅(万只)				63.74	2040	23	11.8	392	6.3
五、特种家禽					57			47	
肉　鸽				102461	57	19228	50000	15	20000
鹌　鹑							5	12	1
其　他							10000	20	3000
六、其它饲养动物		47			292			1525	
兔(万只)				3.42	54	1.1	1.6	24	0.4
狗	5138	47	5538	23808	238	3835	148110	1481	101683
其　他	300000						10000	20	5000
七、肉类总产量		46248			79238			109541	
八、奶类产量					353			164	
其中:牛奶产量					353			164	
九、蜂蜜产量		1			411			631	
十、禽蛋产量		3079			3590			3217	
十一、蚕茧产量		3372			4500			102	
其中:桑蚕茧		3372			4500			102	

2-16 渔业生产情况

	计量单位	贵港市	市辖区	港北区	港南区	覃塘区	平南县	桂平市
一、水产品总产量	吨	140483	39320	9766	17780	11774	52002	49161
(二)淡水产品产量	吨	140483	39320	9766	17780	11774	52002	49161
1.淡水捕捞	吨	13001	4143	1155	1530	1458	4206	4652
(1)鱼 类	吨	10471	3473	953	1062	1458	3268	3730
(2)甲壳(虾蟹)	吨	1677	353	6	347		719	605
(3)贝 类	吨	551	246	158	88		156	149
(4)其他类	吨	302	71	38	33		63	168
2.淡水养殖	吨	127482	35177	8611	16250	10316	47796	44509
(1)鱼 类	吨	121035	35080	8604	16160	10316	45821	40134
(2)虾蟹类	吨	3077	10		10		431	2636
(3)贝 类	吨	1942	48		48		1188	706
(4)其他类	吨	1428	39	7	32		356	1033
二、水产品养殖面积	公顷	23572	10189	2311	4118	3760	6150	7233
(二)淡水养殖面积	公顷	23572	10189	2311	4118	3760	6150	7233
1.池塘养殖	公顷	9881	3586	905	2050	631	2706	3589
2.河沟养殖	公顷	716	77	32	45		465	174
3.山塘水库养殖	公顷	12130	6510	1361	2020	3129	2550	3070
4.其他养殖	公顷	845	16	13	3		429	400
补充资料:稻田养鱼面	公顷	1713	150		150		1538	25

2－17 蔬菜及花卉生产情况

	贵港市		市辖区		港北区		港南区	
	播种面积（公顷）	产量（吨）	播种面积（公顷）	产量吨	播种面积（公顷）	产量（吨）	播种面积（公顷）	产量吨
一、蔬菜合计	71859	1532626	19149	389866	4125	112950	5523	113912
1.叶菜类	30560	674588	9128	199683	2279	73231	2232	43282
其中:菠　菜	2880	59959	920	21106	568	15588	352	5518
芹　菜	1439	28210	219	3119			194	2759
大白菜	6569	137914	2932	55550	898	22625	971	22692
圆白菜	1610	35322						
菜心菜	8192	193970	4208	84025			679	11448
2.瓜菜类	5925	140189	1626	29467	238	4896	667	15094
其中:黄　瓜	1274	25670	220	3960			220	3960
3.块根、块茎类	14274	302453	2626	55312	311	7202	841	22048
其中:萝　卜	3167	60507	924	17381	311	7202	278	6931
胡萝卜	344	6654	77	1718			77	1718
马铃薯	8711	202301	1543	34141			404	11327
4.茄果菜类	3088	65706	726	13164	91	1661	334	6394
其中:茄　子	966	18268	364	6929	17	637	131	2303
西红柿	823	19390	336	5861	74	650	177	4091
5.葱蒜类	4164	74931	1303	22968	169	2600	289	4539
其中:大　葱	1104	18984	390	5558	169	2600	125	1687
蒜　头	1305	20589	466	7457			151	2357
6.菜用豆类	3802	71191	999	16554	96	2034	391	6580
其中:四季豆	387	6971	99	1675	14	283	85	1392
豆　角	1984	36278	762	11037	9	199	241	2898
7.水生菜类	2371	52835	730	18584	52	1327	195	5991
其中:莲　藕	1580	37005	697	17570	52	1327	162	4977
8.其他蔬菜	7675	150733	2011	34134	889	19999	574	9984
二、药材产值	6421	38614	2180	3108			2180	3108
淮　山	2960	26918						
厚　朴	159	1112						
两面针	5	35						
三、花卉作物种植面积	310		300		200		100	
①出售的切花、切叶		1259		1160		1160		
②出售的盆栽(盆景)		1952427		1449399		1149399		300000
③出售的观赏植物		408285		396050		361050		35000
⑥出售的草坪草皮		361071		361068		361068		
补充资料:蔬菜大棚	185							
蔬菜大棚面积	30							

（续表 2－17）

	覃塘区		平南县		桂平市	
	播种面积（公顷）	产量吨	播种面积（公顷）	产量（吨）	播种面积（公顷）	产量吨
一、蔬菜合计	9501	163004	16896	553188	35814	589572
1.叶菜类	4617	83170	6354	226284	15078	248621
其中：菠　菜			395	8275	1565	30578
芹　菜	25	360	384	8707	836	16384
大白菜	1063	10233	1389	36207	2248	46157
圆白菜			511	16283	1099	19039
菜心菜	3529	72577	1520	54939	2464	55006
2.瓜菜类	721	9477	1777	66334	2522	44388
其中：黄　瓜			424	10743	630	10967
3.块根、块茎类	1474	26062	4706	152782	6942	94359
其中：萝　卜	335	3248	1094	29341	1149	13785
葫萝卜			38	786	229	4150
马铃薯	1139	22814	2814	91736	4354	76424
4.茄果菜类	301	5109	647	21531	1715	31011
其中：茄　子	216	3989	182	4688	420	6651
西红柿	85	1120	211	7933	276	5596
5.葱蒜类	845	15829	818	16292	2043	35671
其中：大　葱	96	1271	339	7495	375	5931
蒜　头	315	5100	317	5608	522	7524
6.菜用豆类	512	7940	808	18962	1995	35675
其中：四季豆			36	762	252	4534
豆　角	512	7940	436	11107	786	14134
7.水生菜类	483	11266	512	13572	1129	20679
其中：莲　藕	483	11266	361	9805	522	9630
8.其他蔬菜	548	4151	1274	37431	4390	79168
二、药材产值			1081	7284	3160	28222
淮　山			278	2570	2682	24348
厚　朴			159	1112		
两面针			5	35		
三、花卉作物种植面积			10			
①出售的切花、切叶				39		60
②出售的盆栽（盆景）				67460		435568
③出售的观赏植物				9010		3225
⑥出售的草坪草皮						3
补充资料：蔬菜大棚					185	
蔬菜大棚面积					30	

2-18　农林牧渔业总产值

单位：万元

	贵港市			市辖区			港北区			港南区		
	上年现行	当年现行	90年不变	上年现行	当年现行	90年不变	上年现行	当年现行	90年不变	上年现行	当年现行	90年不变
农林牧渔业总产值	1098590	1082306	620791	418650	414251	221310	119469	117418	63110	142481	140254	75152
一、农业产值	518410	518462	296491	195823	198790	102872	48333	49587	26206	67506	67086	34862
(一)种植业	504374	504944	290723	188934	192106	100059	48137	49397	26126	61505	61263	32412
1.主产品产值	486008	487972	279678	179415	183257	93671	45752	47186	24523	59201	59149	31058
(1)粮食作物合计	197990	194203	73794	79730	78145	29482	19469	19078	7205	32849	32220	12278
(2)经济作物合计	91735	98824	57530	49304	54872	34020	12606	14160	8441	10340	11074	7606
其中:油　料	26995	26690	11883	9770	9660	4301	2432	2405	1070	2832	2800	1247
麻　类	373	455	181	273	335	131	198	260	84	75	75	47
糖　类	47205	54228	31547	36867	42454	26024	9908	11427	7234	5290	6032	2916
烟　叶	2126	2114	445									
药材类	7735	7853	8874	1206	1206	2817	30	30	30	1176	1176	2787
(3)蔬菜(食用菌类)园艺作物	143948	147196	49577	38807	39323	15513	11741	12225	5530	10595	10746	3662
其中:蔬　菜	140499	143427	46839	35538	35751	12933	8537	8728	3006	10530	10671	3606
(4)水果、饮料和香料	42949	38488	93384	6273	5682	11659	1560	1361	3126	2811	2522	6125
其中:水　果	40373	35755	92282	5577	4942	11358	1516	1315	3107	2665	2367	6065
#果用瓜	1960	2050	1063	333	347	178				234	242	123
(5)其他种植业	9386	9261	5393	5301	5235	2997	376	362	221	2606	2587	1387
2.副产品产值	18366	16972	11045	9519	8849	6388	2385	2211	1603	2304	2114	1354
(1)粮食作物副产品	9355	8412	4419	3654	3301	1916	925	834	480	1371	1224	678
(2)经济作物副产品	9011	8560	6626	5865	5548	4472	1460	1377	1123	933	890	676
(二)其他农业	14036	13518	5768	6889	6684	2813	196	190	80	6001	5823	2450
其中:采集野生植物	14036	13518	5768	6889	6684	2813	196	190	80	6001	5823	2450
二、林业产值	27772	29479	29134	6228	6461	6027	2043	2084	2215	2070	2159	1864
(一)林木的培育和种植	3129	3111	1657	755	754	402	220	220	122	265	264	130
(二)林产品	8087	8659	5607	1958	2227	758	479	529	204	723	828	274
(三)全社会竹木采伐	16556	17709	21870	3515	3480	4867	1344	1335	1889	1082	1067	1460
三、牧业产值	448386	431153	229894	187928	180774	95292	62291	59055	30578	60224	58527	30675
(一)牲畜饲养	13564	15128	8881	4382	4884	2860	1247	1386	799	1826	2042	1210
1.牛饲养	13138	14711	8781	4218	4723	2819	1170	1310	782	1803	2019	1205
2.羊饲养	417	408	93	155	152	34	77	76	17	23	23	5
3.其他牲畜饲养(马、驴)	9	9	7	9	9	7						
(二)猪的饲养	293505	268130	128762	128827	117689	56517	45516	41581	19968	39315	35916	17248
(三)家禽的饲养	72449	74364	43738	29436	30240	18385	13093	13448	8406	9488	9754	5370
(四)活的畜禽产品	9941	10538	6447	5161	5464	3254	1743	1823	934	1327	1402	886
(六)其他动物及产品	58927	62993	42066	20122	22497	14276	692	817	471	8268	9413	5961
其中:蚕　茧	17174	21032	11834	10455	12804	7204	511	626	352	5021	6149	3460
四、渔业产值	97345	96609	60662	27148	26703	16380	6659	6549	3968	12365	12166	7559
(二)淡水产品	97345	96609	60662	27148	26703	16380	6659	6549	3968	12365	12166	7559
五、农林牧渔服务业产值	6677	6603	4610	1523	1523	739	143	143	143	316	316	192
(一)农　业	3306	3287	2347	762	777	364	66	66	66	154	154	92
(二)林　业	402	399	385	37	38	17	12	12	12	4	4	3
(三)牧　业	2415	2371	1432	611	596	293	45	45	45	128	128	77
(四)渔　业	554	546	446	113	112	65	20	20	20	30	30	20

(续表 2-18)

	覃塘区			平南县			桂平市		
	上年现行	当年现行	90年不变	上年现行	当年现行	90年不变	上年现行	当年现行	90年不变
农林牧渔业总产值	156700	156579	83048	333249	325225	191833	346691	342830	207648
一、农业产值	79984	82117	41804	154922	150600	89235	167665	169072	104384
(一)种植业	79292	81446	41521	150476	146364	87411	164964	166474	103253
1.主产品产值	74462	76922	38090	147132	143312	85700	159461	161403	100307
(1)粮食作物合计	27412	26847	9999	47204	46327	17743	71056	69731	26569
(2)经济作物合计	26358	29638	17973	18312	18942	9448	24119	25010	14062
其中:油　料	4506	4455	1984	6814	6737	3000	10411	10293	4582
麻　类				33	33	21	67	87	29
糖　类	21669	24995	15874	4943	5610	2368	5395	6164	3155
烟　叶				2126	2114	445			
药材类				2284	2284	2284	4245	4363	3773
(3)蔬菜(食用菌类)园艺作物	16471	16352	6321	56899	56379	18068	48242	51494	15996
其中:蔬　菜	16471	16352	6321	56876	56353	18047	48085	51323	15859
(4)水果、饮料和香料	1902	1799	2408	21479	18475	38557	15197	14331	43168
其中:水　果	1396	1260	2186	19774	16666	37827	15022	14147	43097
#果用瓜	99	105	55	1195	1245	641	432	458	244
(5)其他种植业	2319	2286	1389	3238	3189	1884	847	837	512
2.副产品产值	4830	4524	3431	3344	3052	1711	5503	5071	2946
(1)粮食作物副产品	1358	1243	758	2158	1920	894	3543	3191	1609
(2)经济作物副产品	3472	3281	2673	1186	1132	817	1960	1880	1337
(二)其他农业	692	671	283	4446	4236	1824	2701	2598	1131
其中:采集野生植物	692	671	283	4446	4236	1824	2701	2598	1131
二、林业产值	2115	2218	1948	8776	8770	7968	12768	14248	15139
(一)林木的培育和种植	270	270	150	391	387	168	1983	1970	1087
(二)林产品	756	870	280	3703	3833	2634	2426	2599	2215
(三)全社会竹木采伐	1089	1078	1518	4682	4550	5166	8359	9679	11837
三、牧业产值	65413	63192	34039	131959	128870	71820	128499	121509	62782
(一)牲畜饲养	1309	1456	851	4000	4446	2568	5182	5798	3453
1.牛饲养	1245	1394	832	3763	4214	2515	5157	5774	3447
2.羊饲养	55	53	12	237	232	53	25	24	6
3.其他牲畜饲养(马、驴)	9	9	7						
(二)猪的饲养	43996	40192	19301	66865	61084	29334	97813	89357	42911
(三)家禽的饲养	6855	7038	4609	21859	22398	12413	21154	21726	12940
(四)活的畜禽产品	2091	2239	1434	2547	2700	1689	2233	2374	1504
(六)其他动物及产品	11162	12267	7844	36688	38242	25816	2117	2254	1974
其中:蚕　茧	4923	6029	3392	6570	8046	4527	149	182	103
四、渔业产值	8124	7988	4853	35795	35229	21818	34402	34677	22464
(二)淡水产品	8124	7988	4853	35795	35229	21818	34402	34677	22464
五、农林牧渔服务业产值	1064	1064	404	1797	1756	992	3357	3324	2879
(一)农　业	542	557	206	902	878	545	1642	1632	1438
(二)林　业	21	22	2	75	75	46	290	286	322
(三)牧　业	438	423	171	681	666	307	1123	1109	832
(四)渔　业	63	62	25	139	137	94	302	297	287

2-19 农林牧渔业中间消耗

	贵港市	市辖区	港北区	港南区	覃塘区	平南县	桂平市
农林牧渔业生产中间消耗总计	422251	163189	42324	56174	64691	124274	134788
一、农业中间消耗合计	166539	63443	13723	22802	26918	45612	57484
(一)种植业中间消耗	159353	61851	13713	21325	26813	45075	52427
1.中间物质消耗	141635	57880	12869	19803	25208	35946	47809
(1)用种量	44713	16168	6161	4577	5430	5544	23001
(2)役畜用饲料.饲草	8981	5750	962	1929	2859	737	2494
(3)肥　料	57352	25755	2464	9198	14093	21566	10031
(4)燃　料	8946	3541	655	883	2003	2938	2467
(5)农　药	10436	2533	580	1360	593	2100	5803
(6)农用塑料薄膜	1130	407	84	264	59	246	477
(7)用电量	4991	2583	1683	854	46	890	1518
(8)小农具购置费	2318	525	252	208	65	451	1342
(9)办公用品购置费	348	30	15		15	24	294
(10)其他物质消耗	2420	588	13	530	45	1450	382
2.生产服务支出(包括物资和非物质生产部门)	17718	3971	844	1522	1605	9129	4618
(二)其他农业中间消耗	7186	1592	10	1477	105	537	5057
1.中间物质消耗	5643	1370	10	1255	105	325	3948
(1)原材料	3842	887		802	85	325	2630
(2)燃　料	306	45		40	5		261
(3)用电量	601	164	10	151	3		437
(4)其他物质消耗	894	274		262	12		620
2.生产服务支出(包括物资和非物质生产部门)	1543	222		222		212	1109
二、林业中间物质消耗	9147	1177	535	391	251	3653	4317
(一)中间物质消耗	7863	1089	524	366	199	3242	3532
1.用种量	1100	659	375	164	120	85	356
2.肥　料	3474	165	90	43	32	1096	2213
3.燃　料	790	23			23	683	84
4.农　药	299	34		28	6	28	237
5.用电量	135	30	28		2	64	41
6.林业小农机具购置	248	24	10	8	6	26	198
7.办公用品购置	101	21	16		5	24	56
8.其他物质消耗	1716	133	5	123	5	1236	347
(二)生产服务支出(包括物资和非物质生产部门)	1284	88	11	25	52	411	785
三、牧业中间消耗合计	217259	91410	26905	29307	35198	63403	62446
(一)中间物质消耗	210509	90354	26657	28590	35107	61092	59063
1.用种量	5264	2417	301	556	1560	998	1849

(续表 2－19)

	贵港市	市辖区	港北区	港南区	覃塘区	平南县	桂平市
2.饲料.饲草	181193	85099	25953	25844	33302	52017	44077
3.燃　料	10715	649	68	416	165	774	9292
4.用电量	1254	970	210	701	59	254	30
5.畜牧用药品	5846	213	125	73	15	3728	1905
6.其他物质消耗	6237	1006		1000	6	3321	1910
(二)生产服务支出(包括物资和非物质生产部门)	6750	1056	248	717	91	2311	3383
四、渔业中间消耗合计	25699	6391	1082	3482	1827	10569	8739
(一)中间物质消耗	23124	6049	912	3337	1800	10154	6921
1.用种量	6772	1825	349	936	540	2642	2305
2.饲　料	12197	3340	524	1599	1217	4990	3867
3.燃　料	512	45	12		33	442	25
4.用电量	227	13	9		4	64	150
5.办公用品购置	239	18	18			16	205
6.其他物质消耗	3177	808		802	6	2000	369
(二)生产服务支出(包括物资和非物质生产部门)	2575	342	170	145	27	415	1818
五、农林牧渔服务业中间消耗	3607	768	79	192	497	1037	1802
(一)农　业	1661	367	35	92	240	536	758
(二)林　业	167	11	1	3	7	54	102
(三)牧　业	1501	339	40	77	222	358	804
(四)渔　业	278	51	3	20	28	89	138

三、工　　业

3－1 规模以上工业企业单位数

单位：个

项　　目	贵港市	港北区	港南区	覃塘区	市　直	平南县	桂平市
总　　计	**161**	**26**	**28**	**16**	**23**	**26**	**42**
一、按登记注册类型分组：							
内资企业	141	21	27	16	21	18	38
国有企业	36	2		4	10	5	15
中央企业	1				1		
地方企业	35	2		4	9	5	15
集体企业	10	3	2			2	3
联营企业	1	1					
国有与集体联营企业	1	1					
有限责任公司	26	6	2	5	6	2	5
国有独资公司	2				2		
其他有限责任公司	24	6	2	5	4	2	5
股份有限公司	6			2	2	1	1
私营企业	62	9	23	5	3	8	14
私营独资企业	19	3	9	1		1	5
私营合作企业	2		1				1
私营有限责任公司	35	6	13	4	3	7	2
私营股份有限公司	6						6
港、澳、台商投资企业	11	3	1		2	4	1
合资经营企业（港或澳、台资）	2	1				1	
合作经营企业（港或澳、台资）	1					1	
港澳台商独资经营企业	8	2	1		2	2	1
外商投资企业	9	2				4	3
中外合资经营企业	2						2
中外合作经营企业	5	1				4	
外资企业	2	1					1
二、按经济组织类型分组							
独资企业	75	11	12	5	12	10	25
国有企业	36	2		4	10	5	15
集体企业	10	3	2			2	3
私营独资企业	19	3	9	1		1	5
港澳台商独资经营企业	8	2	1		2	2	1
外资企业	2	1					1
合作、合伙企业	9	2	1			5	1
国有与集体联营企业	1	1					
私营合伙企业	2		1				1
合作经营企业（港或澳、台资）	1					1	

项　　目	贵港市	港北区	港南区	覃塘区	市　直	平南县	桂平市
中外合作经营企业	5	1				4	
股份有限公司	12			2	2	1	7
股份有限公司(内资)	6			2	2	1	1
私营股份有限公司	6						6
有限责任公司	65	13	15	9	9	10	9
国有独资公司	2				2		
私营有限责任公司	35	6	13	4	3	7	2
合资经营企业(港或澳、台资)	2	1				1	
中外合资经营企业	2						2
其他有限责任公司	24	6	2	5	4	2	5
三、在总计中:亏损企业	57	6	3	10	9	11	18
在总计中:国有控股企业	44	5		4	14	6	15
在总计中:农村工业	31	10	1	1		6	13
在总计中:轻工业	67	12	19	1	9	10	16
重工业	94	14	9	15	14	16	26
在总计中:大型企业	1				1		
中型企业	21	4	1	2	5	3	6
小型企业	139	22	27	14	17	23	36
四、按工业行业大中小类分:							
采矿业	9				1	2	6
黑色金属矿采选业	4						4
其他黑色金属矿采选	4						4
有色金属矿采选业	3				1		2
常用有色金属矿采选	2						2
铅锌矿采选	2						2
贵金属矿采选	1				1		
金矿采选	1				1		
非金属矿采选业	2					2	
土砂石开采	2					2	
粘土及其他土砂石开采	2					2	
制造业	139	26	28	13	19	21	32
农副食品加工业	19	7	4	1	1	1	5
谷物磨制	5	2	2				1
饲料加工	7	4	2				1
制糖	4	1		1	1		1
蔬菜、水果和坚果加工	1					1	
其他农副食品加工	2						2
淀粉及淀粉制品的制造	1						1
豆制品制造	1						1

(续表 3-1)　　　　　　　　　　　　　　　　　　　　　　　　　　　　　　单位:个

项　目	贵港市	港北区	港南区	覃塘区	市　直	平南县	桂平市
食品制造业	4				1	1	2
方便食品制造	2						2
米、面制品制造	2						2
罐头制造	1					1	
蔬菜、水果罐头制造	1					1	
其他食品制造	1				1		
冷冻饮品及食用冰制造	1				1		
纺织业	2						2
棉、化纤纺织及印染精加工	1						1
棉、化纤纺织加工	1						1
毛纺织和染整精加工	1						1
毛染整精加工	1						1
纺织服装、鞋、帽制造业	1	1					
纺织服装制造	1	1					
皮革、毛皮、羽毛(绒)及其制品业	14		14				
羽毛(绒)加工及制品制造	14		14				
羽毛(绒)加工	14		14				
木材加工及木、竹、藤、棕、草制	7			1	2	3	1
锯材、木片加工	1				1		
木片加工	1				1		
人造板制造	2			1	1		
胶合板制造	1				1		
纤维板制造	1			1			
竹、藤、棕、草制品制造	4					3	1
造纸及纸制品业	9	3	1		4		1
造纸	3				3		
机制纸及纸板制造	3				3		
纸制品制造	6	3	1		1		1
纸和纸板容器的制造	1				1		
其他纸制品制造	5	3	1				1
印刷业和记录媒介的复制	1				1		
印刷	1				1		
书、报、刊印刷	1				1		
化学原料及化学制品制造业	18	4	5	3	2	2	2
基础化学原料制造	2	1	1				
无机盐制造	1		1				
其他基础化学原料制造	1	1					
肥料制造	7	1	1	1	2	1	1
氮肥制造	1				1		

(续表 3-1)　　　　　　　　　　　　　　　　　　　　　　　　　　　　单位:个

项　目	贵港市	港北区	港南区	覃塘区	市　直	平南县	桂平市
磷肥制造	4		1	1	1		1
复混肥料制造	2	1				1	
农药制造	2			1		1	
化学农药制造	2			1		1	
专用化学产品制造	6	1	3	1			1
化学试剂和助剂制造	1		1				
林产化学产品制造	5	1	2	1			1
日用化学产品制造	1	1					
香料、香精制造	1	1					
医药制造业	3				1		2
中成药制造	2				1		1
兽用药品制造	1						1
橡胶制品业	1					1	
橡胶零件制造	1					1	
塑料制品业	5	1	2			1	1
塑料板、管、型材的制造	1					1	
塑料丝、绳及编织品的制造	3	1	2				
塑料包装箱及容器制造	1						1
非金属矿物制品业	28	5	1	7	4	7	4
水泥、石灰和石膏的制造	25	3	1	7	4	7	3
水泥制造	25	3	1	7	4	7	3
水泥及石膏制品制造	1	1					
其他水泥制品制造	1	1					
砖瓦、石材及其他建筑材料制造	1						1
粘土砖瓦及建筑砌块制造	1						1
石墨及其他非金属矿物制品制造	1	1					
石墨及碳素制品制造	1	1					
黑色金属冶炼及压延加工业	5	1	1	1			2
炼钢	1	1					
钢压延加工	3		1				2
铁合金冶炼	1			1			
有色金属冶炼及压延加工业	4	3					1
常用有色金属冶炼	2	2					
铅锌冶炼	1	1					
锑冶炼	1	1					
贵金属冶炼	1	1					
金冶炼	1	1					
有色金属压延加工	1						1
常用有色金属压延加工	1						1

(续表 3－1)　　　　　　　　　　　　　　　　　　　　　　　　单位:个

项　　目	贵港市	港北区	港南区	覃塘区	市　直	平南县	桂平市
金属制品业	1						1
建筑、安全用金属制品制造	1						1
安全、消防用金属制品制造	1						1
通用设备制造业	7				1	1	5
锅炉及原动机制造	1				1		
内燃机及配件制造	1				1		
金属加工机械制造	1						1
机床附件制造	1						1
轴承、齿轮、传动和驱动部件的制造	1						1
齿轮、传动和驱动部件制造	1						1
通用零部件制造及机械修理	2					1	1
紧固件、弹簧制造	1					1	
机械零部件加工及设备修理	1						1
金属铸、锻加工	2						2
钢铁铸件制造	2						2
专用设备制造业	2				1		1
食品、饮料、烟草及饲料生产专用设备制造	1						1
农副食品加工专用设备制造	1						1
农、林、牧、渔专用机械制造	1				1		
拖拉机制造	1						
交通运输设备制造业	2				1		1
汽车制造	1				1		
汽车修理	1				1		
船舶及浮动装置制造	1						1
非金属船舶制造	1						1
电气机械及器材制造业	2	1					1
电线、电缆、光缆及电工器材制造	1	1					
电线电缆制造	1	1					
电池制造	1						1
工艺品及其他制造业	4					4	
工艺美术品制造	4					4	
天然植物纤维编织工艺品制造	4					4	
电力、燃气及水的生产和供应业	13			3	3	3	4
电力、热力的生产和供应业	10			3	2	2	3
电力生产	7			3	1	1	2
水力发电	7			3	1	1	2
电力供应	3				1	1	1
水的生产和供应业	3				1	1	1
自来水的生产和供应	3				1	1	1

3-2 规模以上工业现价总产值

单位:万元

项　　目	贵港市	港北区	港南区	覃塘区	市　直	平南县	桂平市
总　　计	**996615**	**240631**	**150916**	**64154**	**277973**	**104579**	**158363**
一、按登记注册类型分组:							
内资企业	890335	212295	149596	64154	264822	46614	152853
国有企业	76896	9550		5125	21347	11021	29853
中央企业	3496				3496		
地方企业	73400	9550		5125	17852	11021	29853
集体企业	41341	6686	5708			2123	26825
联营企业	616	616					
国有与集体联营企业	616	616					
有限责任公司	271028	63827	26301	16393	112541	6198	45769
国有独资公司	86821				86821		
其他有限责任公司	184207	63827	26301	16393	25721	6198	45769
股份有限公司	165733			26739	116989	4486	17520
私营企业	334721	131618	117587	15899	13945	22786	32886
私营独资企业	67625	4167	54041	3231		971	5214
私营合作企业	3916		1416				2500
私营有限责任公司	242217	127450	62130	12668	13945	21815	4209
私营股份有限公司	20963						20963
港、澳、台商投资企业	79543	14574	1320		13151	49966	533
合资经营企业(港或澳、台资)	45131	1413				43718	
合作经营企业(港或澳、台资)	2114					2114	
港澳台商独资经营企业	32297	13161	1320		13151	4133	533
外商投资企业	26738	13762				7999	4976
中外合资经营企业	3827						3827
中外合作经营企业	11459	3460				7999	
外资企业	11451	10302					1149
二、按经济组织类型分组							
独资企业	229610	43865	61068	8356	34498	18248	63574
国有企业	76896	9550		5125	21347	11021	29853
集体企业	41341	6686	5708			2123	26825
私营独资企业	67625	4167	54041	3231		971	5214
港澳台商独资经营企业	32297	13161	1320		13151	4133	533
外资企业	11451	10302					1149
合作、合伙企业	18105	4075	1416			10114	2500
国有与集体联营企业	616	616					
私营合伙企业	3916		1416				2500
合作经营企业(港或澳、台资)	2114					2114	

(续表 3－2)　　　　单位:万元

项　目	贵港市	港北区	港南区	覃塘区	市 直	平南县	桂平市
中外合作经营企业	11459	3460				7999	
股份有限公司	186696			26739	116989	4486	38483
股份有限公司(内资)	165733			26739	116989	4486	17520
私营股份有限公司	20963						20963
有限责任公司	562204	192690	88431	29060	126487	71731	53805
国有独资公司	86821				86821		
私营有限责任公司	242217	127450	62130	12668	13945	21815	4209
合资经营企业(港或澳、台资)	45131	1413				43718	
中外合资经营企业	3827						3827
其他有限责任公司	184207	63827	26301	16393	25721	6198	45769
三、在总计中:亏损企业	158188	21343	8942	27560	26558	38025	35760
在总计中:国有控股企业	326402	16040		5125	220645	54740	29853
在总计中:农村工业	160943	57106	4914	7072		9049	82803
在总计中:轻工业	471336	119427	105148	20883	146643	17203	62033
重工业	525280	121203	45768	43272	131331	87376	96330
在总计中:大型企业	105287				105287		
中型企业	420771	144477	4914	25669	109409	61318	74983
小型企业	470557	96153	146001	38485	63277	43261	83380
四、按工业行业大中小类分:							
采矿业	24378				3496	2564	18318
黑色金属矿采选业	12523						12523
其他黑色金属矿采选	12523						12523
有色金属矿采选业	9291				3496		5796
常用有色金属矿采选	5796						5796
铅锌矿采选	5796						5796
贵金属矿采选	3496				3496		
金矿采选	3496				3496		
非金属矿采选业	2564					2564	
土砂石开采	2564					2564	
粘土及其他土砂石开采	2564					2564	
制造业	870648	240631	150916	63817	185651	97324	132310
农副食品加工业	282518	114467	16099	20883	105287	1237	24547
谷物磨制	9792	2560	5596				1637
饲料加工	117344	106050	10503				791
制糖	149459	5857		20883	105287		17433
蔬菜、水果和坚果加工	1237					1237	
其他农副食品加工	4687						4687
淀粉及淀粉制品的制造	3538						3538
豆制品制造	1149						1149

(续表 3-2)　　　　　　　　　　　　　　　　　　　　　　　　　　　　单位:万元

项　目	贵港市	港北区	港南区	覃塘区	市　直	平南县	桂平市
食品制造业	10209				6446	1044	2719
方便食品制造	2719						2719
米、面制品制造	2719						2719
罐头制造	1044					1044	
蔬菜、水果罐头制造	1044					1044	
其他食品制造	6446				6446		
冷冻饮品及食用冰制造	6446				6446		
纺织业	2401						2401
棉、化纤纺织及印染精加工	209						209
棉、化纤纺织加工	209						209
毛纺织和染整精加工	2192						2192
毛染整精加工	2192						2192
纺织服装、鞋、帽制造业	1027	1027					
纺织服装制造	1027	1027					
皮革、毛皮、羽毛(绒)及其制品业	88256		88256				
羽毛(绒)加工及制品制造	88256		88256				
羽毛(绒)加工	88256		88256				
木材加工及木、竹、藤、棕、草制	16172			7890	1319	6430	533
锯材、木片加工	391				391		
木片加工	391				391		
人造板制造	8818			7890	928		
胶合板制造	928				928		
纤维板制造	7890			7890			
竹、藤、棕、草制品制造	6963					6430	533
造纸及纸制品业	32673	2384	793		27861		1635
造纸	24852				24852		
机制纸及纸板制造	24852				24852		
纸制品制造	7821	2384	793		3009		1635
纸和纸板容器的制造	3009				3009		
其他纸制品制造	4812	2384	793				1635
印刷业和记录媒介的复制	188				188		
印刷	188				188		
书、报、刊印刷	188				188		
化学原料及化学制品制造业	90689	27877	18280	11520	16603	14669	1741
基础化学原料制造	14460	12134	2326				
无机盐制造	2326		2326				
其他基础化学原料制造	12134	12134					
肥料制造	37444	10500	4914	4787	16603	580	60
氮肥制造	6082				6082		

(续表 3－2)　　　　单位：万元

项　　目	贵港市	港北区	港南区	覃塘区	市　直	平南县	桂平市
磷肥制造	20282		4914	4787	10521		60
复混肥料制造	11080	10500				580	
农药制造	17591			3502		14089	
化学农药制造	17591			3502		14089	
专用化学产品制造	19644	3693	11040	3231			1681
化学试剂和助剂制造	1320		1320				
林产化学产品制造	18325	3693	9720	3231			1681
日用化学产品制造	1550	1550					
香料、香精制造	1550	1550					
医药制造业	28054				4854		23200
中成药制造	27354				4854		22500
兽用药品制造	700						700
橡胶制品业	1636					1636	
橡胶零件制造	1636					1636	
塑料制品业	11280	1123	6216			1441	2500
塑料板、管、型材的制造	1441					1441	
塑料丝、绳及编织品的制造	7340	1123	6216				
塑料包装箱及容器制造	2500						2500
非金属矿物制品业	130038	24358	1165	20035	10754	62370	11357
水泥、石灰和石膏的制造	115058	10045	1165	20035	10754	62370	10690
水泥制造	115058	10045	1165	20035	10754	62370	10690
水泥及石膏制品制造	1413	1413					
其他水泥制品制造	1413	1413					
砖瓦、石材及其他建筑材料制造	667						667
粘土砖瓦及建筑砌块制造	667						667
石墨及其他非金属矿物制品制造	12900	12900					
石墨及碳素制品制造	12900	12900					
黑色金属冶炼及压延加工业	110055	52853	20106	3490			33605
炼钢	52853	52853					
钢压延加工	53712		20106				33605
铁合金冶炼	3490			3490			
有色金属冶炼及压延加工业	15261	13727					1534
常用有色金属冶炼	11304	11304					
铅锌冶炼	1002	1002					
锑冶炼	10302	10302					
贵金属冶炼	2423	2423					
金冶炼	2423	2423					
有色金属压延加工	1534						1534
常用有色金属压延加工	1534						1534

(续表3-2)　　　　单位:万元

项　目	贵港市	港北区	港南区	覃塘区	市　直	平南县	桂平市
金属制品业	660						660
建筑、安全用金属制品制造	660						660
安全、消防用金属制品制造	660						660
通用设备制造业	27445				5068	682	21695
锅炉及原动机制造	5068				5068		
内燃机及配件制造	5068				5068		
金属加工机械制造	17520						17520
机床附件制造	17520						17520
轴承、齿轮、传动和驱动部件的制造	1450						1450
齿轮、传动和驱动部件制造	1450						1450
通用零部件制造及机械修理	2107					682	1425
紧固件、弹簧制造	682					682	
机械零部件加工及设备修理	1425						1425
金属铸、锻加工	1300						1300
钢铁铸件制造	1300						1300
专用设备制造业	7410				7190		220
食品、饮料、烟草及饲料生产专用设备制造	220						220
农副食品加工专用设备制造	220						220
农、林、牧、渔专用机械制造	7190				7190		
拖拉机制造	7190				7190		
交通运输设备制造业	496				82		414
汽车制造	82				82		
汽车修理	82				82		
船舶及浮动装置制造	414						414
非金属船舶制造	414						414
电气机械及器材制造业	6364	2816					3548
电线、电缆、光缆及电工器材制造	2816	2816					
电线电缆制造	2816	2816					
电池制造	3548						3548
工艺品及其他制造业	7816					7816	
工艺美术品制造	7816					7816	
天然植物纤维编织工艺品制造	7816					7816	
电力、燃气及水的生产和供应业	101589			338	88827	4690	7734
电力、热力的生产和供应业	97958			338	86821	4014	6785
电力生产	19943			338	13865	504	5236
水力发电	19943			338	13865	504	5236
电力供应	78015				72956	3510	1549
水的生产和供应业	3631				2006	676	949
自来水的生产和供应	3631				2006	676	949

3-3 规模以上工业现价增加值

单位:万元

项　目	贵港市	港北区	港南区	覃塘区	市　直	平南县	桂平市
总　计	**327423**	**80647**	**47178**	**26545**	**73853**	**41554**	**57646**
一、按登记注册类型分组:							
内资企业	286729	69847	46383	26545	71764	15540	56649
国有企业	27578	3396		1584	3524	5620	13455
中央企业	330				330		
地方企业	27248	3396		1584	3194	5620	13455
集体企业	12062	2515	1811			597	7140
联营企业	174	174					
国有与集体联营企业	174	174					
有限责任公司	83071	19457	8814	5847	28816	1650	18488
国有独资公司	23732				23732		
其他有限责任公司	59339	19457	8814	5847	5084	1650	18488
股份有限公司	62664			13636	37228	1139	10662
私营企业	101181	44306	35759	5479	2197	6534	6905
私营独资企业	20205	1353	16293	1062		263	1236
私营合作企业	1346		496				850
私营有限责任公司	75769	42954	18970	4417	2197	6272	959
私营股份有限公司	3861						3861
港、澳、台商投资企业	31986	5488	794		2089	23557	57
合资经营企业(港或澳、台资)	22266	497				21769	
合作经营企业(港或澳、台资)	637					637	
港澳台商独资经营企业	9082	4991	794		2089	1151	57
外商投资企业	8709	5311				2458	940
中外合资经营企业	767						767
中外合作经营企业	3842	1384				2458	
外资企业	4100	3927					172
二、按经济组织类型分组							
独资企业	73027	16181	18898	2645	5613	7631	22060
国有企业	27578	3396		1584	3524	5620	13455
集体企业	12062	2515	1811			597	7140
私营独资企业	20205	1353	16293	1062		263	1236
港澳台商独资经营企业	9082	4991	794		2089	1151	57
外资企业	4100	3927					172
合作、合伙企业	5999	1558	496			3095	850
国有与集体联营企业	174	174					
私营合伙企业	1346		496				850
合作经营企业(港或澳、台资)	637					637	

(续表3-3) 单位:万元

项　目	贵港市	港北区	港南区	覃塘区	市　直	平南县	桂平市
中外合作经营企业	3842	1384				2458	
股份有限公司	66525			13636	37228	1139	14522
股份有限公司(内资)	62664			13636	37228	1139	10662
私营股份有限公司	3861						3861
有限责任公司	181873	62908	27784	10264	31013	29690	20215
国有独资公司	23732				23732		
私营有限责任公司	75769	42954	18970	4417	2197	6272	959
合资经营企业(港或澳、台资)	22266	497				21769	
中外合资经营企业	767						767
其他有限责任公司	59339	19457	8814	5847	5084	1650	18488
三、在总计中:亏损企业	43628	8335	2709	9660	3204	10544	9176
在总计中:国有控股企业	109996	5652		1584	61917	27389	13455
在总计中:农村工业	60119	23181	1573	2465		2675	30226
在总计中:轻工业	153219	39366	31122	11824	44723	5297	20887
重工业	174204	41281	16056	14721	29130	36257	36759
在总计中:大型企业	33450				33450		
中型企业	140914	43674	1573	13151	20430	29414	32674
小型企业	153059	36973	45605	13394	19973	12141	24973
四、按工业行业大中小类分:							
采矿业	6998				330	770	5898
黑色金属矿采选业	3422						3422
其他黑色金属矿采选	3422						3422
有色金属矿采选业	2807				330		2477
常用有色金属矿采选	2477						2477
铅锌矿采选	2477						2477
贵金属矿采选	330				330		
金矿采选	330				330		
非金属矿采选业	770					770	
土砂石开采	770					770	
粘土及其他土砂石开采	770					770	
制造业	284044	80647	47178	26288	48669	36719	44543
农副食品加工业	97077	37722	4857	11824	33450	362	8863
谷物磨制	3035	732	1652				652
饲料加工	38245	34752	3205				288
制糖	55392	2239		11824	33450		7880
蔬菜、水果和坚果加工	362					362	
其他农副食品加工	44						44
淀粉及淀粉制品的制造	－129						－129
豆制品制造	172						172

(续表 3－3)　　　　　　　　　　　　　　　　　　　　　　　　单位：万元

项　目	贵港市	港北区	港南区	覃塘区	市　直	平南县	桂平市
食品制造业	3129				2341	292	496
方便食品制造	496						496
米、面制品制造	496						496
罐头制造	292					292	
蔬菜、水果罐头制造	292					292	
其他食品制造	2341				2341		
冷冻饮品及食用冰制造	2341				2341		
纺织业	575						575
棉、化纤纺织及印染精加工	81						81
棉、化纤纺织加工	81						81
毛纺织和染整精加工	493						493
毛染整精加工	493						493
纺织服装、鞋、帽制造业	349	349					
纺织服装制造	349	349					
皮革、毛皮、羽毛(绒)及其制品业	26027		26027				
羽毛(绒)加工及制品制造	26027		26027				
羽毛(绒)加工	26027		26027				
木材加工及木、竹、藤、棕、草制	5195			2989	197	1951	57
锯材、木片加工	156				156		
木片加工	156				156		
人造板制造	3031			2989	42		
胶合板制造	42				42		
纤维板制造	2989			2989			
竹、藤、棕、草制品制造	2008					1951	57
造纸及纸制品业	7506	705	238		6289		274
造纸	5867				5867		
机制纸及纸板制造	5867				5867		
纸制品制造	1639	705	238		422		274
纸和纸板容器的制造	422				422		
其他纸制品制造	1217	705	238				274
印刷业和记录媒介的复制	43				43		
印刷	43				43		
书、报、刊印刷	43				43		
化学原料及化学制品制造业	26219	9539	6601	3510	1971	4269	329
基础化学原料制造	5509	4642	867				
无机盐制造	867		867				
其他基础化学原料制造	4642	4642					
肥料制造	8189	3150	1573	1327	1971	153	15
氮肥制造	297				297		

(续表 3-3)　　单位:万元

项　目	贵港市	港北区	港南区	覃塘区	市　直	平南县	桂平市
磷肥制造	4589		1573	1327	1674		15
复混肥料制造	3303	3150				153	
农药制造	5237			1121		4116	
化学农药制造	5237			1121		4116	
专用化学产品制造	6694	1157	4161	1062			314
化学试剂和助剂制造	794		794				
林产化学产品制造	5899	1157	3367	1062			314
日用化学产品制造	590	590					
香料、香精制造	590	590					
医药制造业	9766				1478		8288
中成药制造	9684				1478		8206
兽用药品制造	82						82
橡胶制品业	504					504	
橡胶零件制造	504					504	
塑料制品业	3764	333	2176			406	850
塑料板、管、型材的制造	406					406	
塑料丝、绳及编织品的制造	2508	333	2176				
塑料包装箱及容器制造	850						850
非金属矿物制品业	45893	9972	408	6746	-100	26450	2417
水泥、石灰和石膏的制造	39582	3921	408	6746	-100	26450	2157
水泥制造	39582	3921	408	6746	-100	26450	2157
水泥及石膏制品制造	497	497					
其他水泥制品制造	497	497					
砖瓦、石材及其他建筑材料制造	260						260
粘土砖瓦及建筑砌块制造	260						260
石墨及其他非金属矿物制品制造	5554	5554					
石墨及碳素制品制造	5554	5554					
黑色金属冶炼及压延加工业	32442	15854	6871	1220			8498
炼钢	15854	15854					
钢压延加工	15369		6871				8498
铁合金冶炼	1220			1220			
有色金属冶炼及压延加工业	5878	5379					499
常用有色金属冶炼	4284	4284					
铅锌冶炼	357	357					
锑冶炼	3927	3927					
贵金属冶炼	1095	1095					
金冶炼	1095	1095					
有色金属压延加工	499						499
常用有色金属压延加工	499						499

（续表 3－3） 单位：万元

项　　目	贵港市	港北区	港南区	覃塘区	市　直	平南县	桂平市
金属制品业	154						154
建筑、安全用金属制品制造	154						154
安全、消防用金属制品制造	154						154
通用设备制造业	14091				1745	191	12155
锅炉及原动机制造	1745				1745		
内燃机及配件制造	1745				1745		
金属加工机械制造	10662						10662
机床附件制造	10662						10662
轴承、齿轮、传动和驱动部件的制造	606						606
齿轮、传动和驱动部件制造	606						606
通用零部件制造及机械修理	737					191	546
紧固件、弹簧制造	191					191	
机械零部件加工及设备修理	546						546
金属铸、锻加工	341						341
钢铁铸件制造	341						341
专用设备制造业	1269				1212		57
食品、饮料、烟草及饲料生产专用设备制造	57						57
农副食品加工专用设备制造	57						57
农、林、牧、渔专用机械制造	1212				1212		
拖拉机制造	1212				1212		
交通运输设备制造业	270				43		227
汽车制造	43				43		
汽车修理	43				43		
船舶及浮动装置制造	227						227
非金属船舶制造	227						227
电气机械及器材制造业	1600	795					805
电线、电缆、光缆及电工器材制造	795	795					
电线电缆制造	795	795					
电池制造	805						805
工艺品及其他制造业	2295					2295	
工艺美术品制造	2295					2295	
天然植物纤维编织工艺品制造	2295					2295	
电力、燃气及水的生产和供应业	36380			257	24854	4065	7205
电力、热力的生产和供应业	34182			257	23732	3667	6526
电力生产	17340			257	11785	138	5160
水力发电	17340			257	11785	138	5160
电力供应	16841				11947	3529	1366
水的生产和供应业	2199				1123	398	679
自来水的生产和供应	2199				1123	398	679

3-4 2005年规模以上工业可比价增加值(按行业分类)

单位:万元

项 目	贵港市	港北区	港南区	覃塘区	市 直	平南县	桂平市
总 计	**312154**	**79355**	**42243**	**24889**	**67645**	**41939**	**55474**
黑色金属矿采选业	3049						3049
其他黑色金属矿采选	3049						3049
有色金属矿采选业	2160				267		1893
常用有色金属矿采选	1893						1893
贵金属矿采选	267				267		
非金属矿采选业	770					770	
土砂石开采	770					770	
农副食品加工业	89750	37624	4897	10213	28893	324	7799
谷物磨制	3076	742	1674				661
饲料加工	38460	34948	3223				290
制糖	47847	1934		10213	28893		6807
蔬菜、水果和坚果加工	324					324	
其他农副食品加工	42						42
食品制造业	2938				2147	309	482
方便食品制造	482						482
罐头制造	309					309	
其他食品制造	2147				2147		
纺织业	577						577
棉、化纤纺织及印染精加工	83						83
毛纺织和染整精加工	494						494
纺织服装、鞋、帽制造业	335	335					
纺织服装制造	335	335					
皮革、毛皮、羽毛(绒)及其制品业	21984		21984				
羽毛(绒)加工及制品制造	21984		21984				
木材加工及木、竹、藤、棕、草制品业	4937			2993	189	1705	50
锯材、木片加工	147				147		
人造板制造	3036			2993	42		
竹、藤、棕、草制品制造	1755					1705	50
造纸及纸制品业	7395	744	251		6111		289
造纸	5666				5666		
纸制品制造	1729	744	251		445		289
印刷业和记录媒介的复制	42				42		
印刷	42				42		
化学原料及化学制品制造业	23606	8529	5846	3163	1692	4082	293
基础化学原料制造	4972	4190	783				
肥料制造	7030	2704	1350	1139	1692	131	13
农药制造	5027			1076		3951	
专用化学产品制造	5974	1033	3714	948			280
日用化学产品制造	603	603					
医药制造业	9645				1459		8186
中成药制造	9558				1459		8099

(续表 3-4)　　　　　　　　　　　　　　　　　　　　　　　　　单位:万元

项　　目	贵港市	港北区	港南区	覃塘区	市　直	平南县	桂平市
兽用药品制造	87						87
橡胶制品业	487					487	
橡胶零件制造	487					487	
塑料制品业	3401	288	1879			391	843
塑料板、管、型材的制造	391					391	
塑料丝、绳及编织品的制造	2166	288	1879				
塑料包装箱及容器制造	843						843
非金属矿物制品业	47069	9825	423	6997	-717	27435	2492
水泥、石灰和石膏的制造	41056	4067	423	6997	-717	27435	2237
水泥及石膏制品制造	490	490					
砖瓦、石材及其他建筑材料制造	255						255
石墨及其他非金属矿物制品制造	5268	5268					
黑色金属冶炼及压延加工业	33137	16304	6961	1261			8610
炼钢	16304	16304					
钢压延加工	15571		6961				8610
铁合金冶炼	1261			1261			
有色金属冶炼及压延加工业	5441	4952					488
常用有色金属冶炼	3983	3983					
贵金属冶炼	970	970					
有色金属压延加工	488						488
金属制品业	134						134
建筑、安全用金属制品制造	134						134
通用设备制造业	13937				1754	189	11995
锅炉及原动机制造	1754				1754		
金属加工机械制造	10556						10556
轴承、齿轮、传动和驱动部件的制造	606						606
通用零部件制造及机械修理	729					189	540
金属铸、锻加工	292						292
专用设备制造业	1198				1141		57
食品、饮料、烟草及饲料生产专用设备制造	57						57
农、林、牧、渔专用机械制造	1141				1141		
交通运输设备制造业	277				44		233
汽车制造	44				44		
船舶及浮动装置制造	233						233
电气机械及器材制造业	1536	754					781
电线、电缆、光缆及电工器材制造	754	754					
电池制造	781						781
工艺品及其他制造业	2295					2295	
工艺美术品制造	2295					2295	
电力、热力的生产和供应业	33880			260	23511	3557	6552
电力生产	17572			260	11943	140	5229
电力供应	16308				11569	3417	1323
水的生产和供应业	2176				1111	394	672
自来水的生产和供应	2176				1111	394	672

3-5 贵港市规模以上工业主要工业产品产量

产品名称	计量单位	本月止累计	产品名称	计量单位	本月止累计
铅选矿产品含铅量	吨	499	化学农药原药(折有效成分100%)	吨	7668
锌选矿产品含锌量	吨	4533	杀虫剂原药	吨	6812
发电量	万千瓦小时	104884.9	杀菌剂原药	吨	748
火电	万千瓦小时	28508.53	除草剂原药	吨	108
水电	万千瓦小时	76376.37	中成药	吨	5977.25
大米	吨	23533	塑料制品	吨	7333
小麦粉	吨	5926	塑料制管子及其附件	吨	1959
成品糖	吨	158289	塑料编织袋	吨	3972
配混合饲料	吨	422900.97	塑料包装箱及容器	吨	1053
速冻米面食品	吨	563	日用塑料制品	吨	349
乳制品	吨	1662	水泥熟料	吨	1300020
发酵酒精(折96度,商品量)	千升	15005.17	水泥	吨	4619351.48
冷冻饮品	吨	13068	商品混凝土	立方米	50376
纱	吨	771	砖(折标准砖)	万块	3260
布	万米		生铁	吨	199053
棉布	万米		粗钢	吨	172548
服装	万件	106.7	钢材	吨	170714
针织服装	万件	106.7	钢筋	吨	76500
人造板	立方米	90964	盘条(线材)	吨	94214
胶合板	立方米	6781	铁合金	吨	750
纤维板	立方米	56808	黄金	千克	300.69
刨花板	立方米	13280	白银	千克	273.94
纸浆	吨	11829	铝材	吨	692
机制纸及纸板	吨	244595.74	内燃机	千瓦	194200
纸制品	吨	1063	粮食加工机械	台	14
瓦楞纸箱(纸箱)	吨		小型拖拉机	台	1857
硫酸(折100%)	吨	171512	场上作业机械	台	3100
合成氨	吨	32231	电力电缆	千米	667
农用氮、磷、钾化学肥料总计(折纯)	吨	93164	锰矿石成品矿	吨	52206
氮肥(折含N100%)	吨	23855	淀粉	吨	10563
磷肥(折合P2O5100%)	吨	69309	松香	吨	22943.55

3-6 县市区规模以上工业主要产品产量

产品名称	计量单位	本月止累计	产品名称	计量单位	本月止累计
港北区					
发电量	万千瓦小时	2448.23	塑料制品	吨	1555
火电	万千瓦小时	2448.23	塑料编织袋	吨	1555
大米	吨	4025	水泥	吨	543907
小麦粉	吨	5926	商品混凝土	立方米	50376
成品糖	吨	21426.75	生铁	吨	199053
配混合饲料	吨	360505	粗钢	吨	172548
乳制品	吨	1662	电力电缆	千米	667
服装	万件	106.7	松香	吨	3804
针织服装	万件	106.7			
港南区					
大米	吨	16460	塑料编织袋	吨	1973
配混合饲料	吨	58491.97	塑料包装箱及容器	吨	336
机制纸及纸板	吨	4239.11	日用塑料制品	吨	132
硫酸(折100%)	吨	58722	水泥	吨	52362
农用氮、磷、钾化学肥料总计(折纯)	吨	10449	钢材	吨	64138
磷肥(折合P205 100%)	吨	10449	盘条(线材)	吨	64138
塑料制品	吨	2441	松香	吨	12267.55
覃糖区					
发电量	万千瓦小时	775.31	农用氮、磷、钾化学肥料总计(折纯)	吨	15258
水电	万千瓦小时	775.31	磷肥(折合P205 100%)	吨	15258
成品糖	吨	44725	化学农药原药(折有效成分100%)	吨	922
发酵酒精(折96度,商品量)	千升	3350	杀虫剂原药	吨	922
人造板	立方米	84183	塑料制品	吨	55
纤维板	立方米	56808	塑料编织袋	吨	55
刨花板	立方米	13280	松香	吨	4882
水泥	吨	917151			
市直					
发电量	万千瓦小时	76704.01	农用氮、磷、钾化学肥料总计(折纯)	吨	60505
火电	万千瓦小时	23101.11	氮肥(折含N 100%)	吨	23855
水电	万千瓦小时	53602.9	磷肥(折合P205 100%)	吨	36650
成品糖	吨	57620.25	中成药	吨	2277.25
速冻米面食品	吨	563	塑料制品	吨	389
发酵酒精(折96度,商品量)	千升	3598.17	塑料编织袋	吨	389
冷冻饮品	吨	13068	水泥	吨	549786.48
人造板	立方米	6781	生铁	吨	
胶合板	立方米	6781	黄金	千克	300.69
机制纸及纸板	吨	229318.63	白银	千克	273.94
纸制品	吨	1063	内燃机	千瓦	194200
硫酸(折100%)	吨	112790	小型拖拉机	台	1857
合成氨	吨	32231	场上作业机械	台	3100

3-7 贵港市县市区主要工业产品产量(规模以上)

产品名称	计量单位	本月止累计	产品名称	计量单位	本月止累计
平南县					
发电量	万千瓦小时	1925.16	除草剂原药	吨	108
水电	万千瓦小时	1925.16	塑料制品	吨	2176
农用氮、磷、钾化学肥料总计(折纯)	吨	6682	塑料制管子及其附件	吨	1959
磷肥(折合 P205 100%)	吨	6682	日用塑料制品	吨	217
化学农药原药(折有效成分 100%)	吨	6746	水泥熟料	吨	1300020
杀虫剂原药	吨	5890	水泥	吨	1951690
杀菌剂原药	吨	748			
桂平市					
铅选矿产产品含铅量	吨	499	中成药	吨	3700
锌选矿产产品含锌量	吨	4533	塑料制品	吨	717
发电量	万千瓦小时	23032.19	塑料包装箱及容器	吨	717
火电	万千瓦小时	2959.19	水泥	吨	604455
水电	万千瓦小时	20073	砖(折标准砖)	万块	3260
大米	吨	3048	钢材	吨	106576
成品糖	吨	34517	钢筋	吨	76500
配混合饲料	吨	3904	盘条(线材)	吨	30076
发酵酒精(折 96 度,商品量)	千升	8057	铁合金	吨	750
纱	吨	771	铝材	吨	692
纸浆	吨	11829	粮食加工机械	台	14
机制纸及纸板	吨	11038	锰矿石成品矿	吨	52206
农用氮、磷、钾化学肥料总计(折纯)	吨	270	淀粉	吨	10563
磷肥(折合 P205 100%)	吨	270	松香	吨	1990

3-8 规模以上工业企业主要经济指标(一)

单位:万元

项目	企业单位数(个)	亏损企业	工业总产值(当年价格)	新产品产值	工业销售产值(当年价格)	出口交货值
总计	**161**	**57**	**996615**	**1571**	**983111**	**27803**
一、按登记注册类型分组:						
内资企业	141	51	890335	1571	877559	4412
国有企业	36	21	76896		75694	986
中央企业	1		3496		3496	
地方企业	35	21	73400		72199	986
集体企业	10	1	41341		40151	
联营企业	1		616		616	
国有与集体联营企业	1		616		616	
有限责任公司	26	8	271028	610	268774	785
国有独资公司	2		86821		86121	
其他有限责任公司	24	8	184207	610	182653	785
股份有限公司	6	2	165733		166829	20
私营企业	62	19	334721	961	325496	2622
私营独资企业	19	5	67625		65332	
私营合作企业	2		3916		3224	1373
私营有限责任公司	35	11	242217	961	237240	1250
私营股份有限公司	6	3	20963		19700	
港、澳、台商投资企业	11	5	79543		80773	15309
合资经营企业(港或澳、台资)	2	1	45131		46259	
合作经营企业(港或澳、台资)	1	1	2114		2114	
港澳台商独资经营企业	8	3	32297		32400	15309
外商投资企业	9	1	26738		24779	8082
中外合资经营企业	2		3827		3765	
中外合作经营企业	5	1	11459		10547	7144
外资企业	2		11451		10467	937
二、按经济组织类型分组:						
独资企业	75	30	229610		224043	17232
国有企业	36	21	76896		75694	986
集体企业	10	1	41341		40151	
私营独资企业	19	5	67625		65332	
港澳台商独资经营企业	8	3	32297		32400	15309
外资企业	2		11451		10467	937
合作、合伙企业	9	2	18105		16501	8517
国有与集体联营企业	1		616		616	
私营合伙企业	2		3916		3224	1373
合作经营企业(港或澳、台资)	1	1	2114		2114	
中外合作经营企业	5	1	11459		10547	7144

(续表 3-8)　　单位:万元

项　目	企业单位数(个)	亏损企业	工业总产值(当年价格)	新产品产值	工业销售产值(当年价格)	出口交货值
股份有限公司	12	5	186696		186529	20
股份有限公司(内资)	6	2	165733		166829	20
私营股份有限公司	6	3	20963		19700	
有限责任公司	65	20	562204	1571	556038	2035
国有独资公司	2		86821		86121	
私营有限责任公司	35	11	242217	961	237240	1250
合资经营企业(港或澳、台资)	2	1	45131		46259	
中外合资经营企业	2		3827		3765	
其他有限责任公司	24	8	184207	610	182653	785
三、在总计中:亏损企业	57	57	158188	661	150035	6576
在总计中:国有控股企业	44	22	326402		334465	986
在总计中:农村工业	31	6	160943	126	146266	13066
在总计中:轻工业	67	18	471336	144	473605	13942
重工业	94	39	525280	1427	509506	13861
在总计中:大型企业	1		105287		114529	
中型企业	21	4	420771	661	407641	20
小型企业	139	53	470557	910	460942	27783
四、按工业行业大中小类分:						
总计	161	57	996615	1571	983111	27803
采矿业	9	5	24378		22921	105
黑色金属矿采选业	4	3	12523		11778	
其他黑色金属矿采选	4	3	12523		11778	
有色金属矿采选业	3	1	9291		8315	
常用有色金属矿采选	2	1	5796		4819	
铅锌矿采选	2	1	5796		4819	
贵金属矿采选	1		3496		3496	
金矿采选	1		3496		3496	
非金属矿采选业	2	1	2564		2828	105
土砂石开采	2	1	2564		2828	105
粘土及其他土砂石开采	2	1	2564		2828	105
制造业	139	45	870648	1571	859678	27697
农副食品加工业	19	4	282518	19	292311	937
谷物磨制	5	1	9792		8705	
饲料加工	7	2	117344		118774	
制糖	4		149459		159062	
蔬菜、水果和坚果加工	1		1237	19	1237	
其他农副食品加工	2	1	4687		4535	937
淀粉及淀粉制品的制造	1	1	3538		3550	
豆制品制造	1		1149		985	937
食品制造业	4		10209	126	9532	

(续表 3-8) 单位:万元

项目	企业单位数(个)	亏损企业	工业总产值(当年价格)	新产品产值	工业销售产值(当年价格)	出口交货值
方便食品制造	2		2719		2606	
米、面制品制造	2		2719		2606	
罐头制造	1		1044	126	536	
蔬菜、水果罐头制造	1		1044	126	536	
其他食品制造	1		6446		6390	
冷冻饮品及食用冰制造	1		6446		6390	
纺织业	2	1	2401		2342	
棉、化纤纺织及印染精加工	1	1	209		212	
棉、化纤纺织加工	1	1	209		212	
毛纺织和染整精加工	1		2192		2130	
毛染整精加工	1		2192		2130	
纺织服装、鞋、帽制造业	1	1	1027		1027	1027
纺织服装制造	1	1	1027		1027	1027
皮革、毛皮、羽毛(绒)及其制品业	14	1	88256		87803	299
羽毛(绒)加工及制品制造	14	1	88256		87803	299
羽毛(绒)加工	14	1	88256		87803	299
木材加工及木、竹、藤、棕、草制	7	3	16172		14668	5038
锯材、木片加工	1		391		395	
木片加工	1		391		395	
人造板制造	2	1	8818		8005	986
胶合板制造	1		928		986	986
纤维板制造	1	1	7890		7019	
竹、藤、棕、草制品制造	4	2	6963		6268	4052
造纸及纸制品业	9	2	32673		32598	20
造纸	3		24852		24784	20
机制纸及纸板制造	3		24852		24784	20
纸制品制造	6	2	7821		7814	
纸和纸板容器的制造	1	1	3009		3026	
其他纸制品制造	5	1	4812		4788	
印刷业和记录媒介的复制	1	1	188		165	
印刷	1	1	188		165	
书、报、刊印刷	1	1	188		165	
化学原料及化学制品制造业	18	4	90689	661	80904	10467
基础化学原料制造	2		14460		14927	10240
无机盐制造	1		2326		2179	701
其他基础化学原料制造	1		12134		12748	9540
肥料制造	7	1	37444		35669	
氮肥制造	1		6082		6082	
磷肥制造	4	1	20282		18309	
复混肥料制造	2		11080		11279	

（续表 3－8）　　　　　　　　　　　　　　　　　　　　　　　　　　　　　　　　单位：万元

项　目	企　业 单位数 （个）	亏损 企业	工　业 总产值 （当年价格）	新产品 产　值	工业销 售产值 （当年价格）	出　口 交货值
农药制造	2	1	17591	661	11691	
化学农药制造	2	1	17591	661	11691	
专用化学产品制造	6	1	19644		17161	227
化学试剂和助剂制造	1		1320		869	227
林产化学产品制造	5	1	18325		16292	
日用化学产品制造	1	1	1550		1455	
香料、香精制造	1	1	1550		1455	
医药制造业	3	1	28054		23631	
中成药制造	2		27354		22900	
兽用药品制造	1	1	700		732	
橡胶制品业	1		1636		1264	
橡胶零件制造	1		1636		1264	
塑料制品业	5		11280		10580	1373
塑料板、管、型材的制造	1		1441		1385	
塑料丝、绳及编织品的制造	3		7340		7387	1373
塑料包装箱及容器制造	1		2500		1808	
非金属矿物制品业	28	20	130038	156	132616	145
水泥、石灰和石膏的制造	25	17	115058	156	116199	145
水泥制造	25	17	115058	156	116199	145
水泥及石膏制品制造	1	1	1413		1413	
其他水泥制品制造	1	1	1413		1413	
砖瓦、石材及其他建筑材料制造	1	1	667		667	
粘土砖瓦及建筑砌块制造	1	1	667		667	
石墨及其他非金属矿物制品制造	1	1	12900		14338	
石墨及碳素制品制造	1	1	12900		14338	
黑色金属冶炼及压延加工业	5	1	110055		112291	
炼钢	1		52853		53593	
钢压延加工	3		53712		56510	
铁合金冶炼	1	1	3490		2188	
有色金属冶炼及压延加工业	4	2	15261		14262	
常用有色金属冶炼	2	1	11304		10306	
铅锌冶炼	1	1	1002		824	
锑冶炼	1		10302		9482	
贵金属冶炼	1		2423		2423	
金冶炼	1		2423		2423	
有色金属压延加工	1	1	1534		1533	
常用有色金属压延加工	1	1	1534		1533	
金属制品业	1		660		627	
建筑、安全用金属制品制造	1		660		627	
安全、消防用金属制品制造	1		660		627	

(续表 3－8)　　单位:万元

项目	企业单位数(个)	亏损企业	工业总产值(当年价格)	新产品产值	工业销售产值(当年价格)	出口交货值
通用设备制造业	7		27445	610	21618	785
锅炉及原动机制造	1		5068	610	5039	785
内燃机及配件制造	1		5068	610	5039	785
金属加工机械制造	1		17520		12268	
机床附件制造	1		17520		12268	
轴承、齿轮、传动和驱动部件的制造	1		1450		1564	
齿轮、传动和驱动部件制造	1		1450		1564	
通用零部件制造及机械修理	2		2107		1449	
紧固件、弹簧制造	1		682		667	
机械零部件加工及设备修理	1		1425		782	
金属铸、锻加工	2		1300		1298	
钢铁铸件制造	2		1300		1298	
专用设备制造业	2	1	7410		7005	
食品、饮料、烟草及饲料生产专用设备制造	1	1	220		220	
农副食品加工专用设备制造	1	1	220		220	
农、林、牧、渔专用机械制造	1		7190		6785	
拖拉机制造	1		7190		6785	
交通运输设备制造业	2	1	496		414	
汽车制造	1	1	82			
汽车修理	1	1	82			
船舶及浮动装置制造	1		414		414	
非金属船舶制造	1		414		414	
电气机械及器材制造业	2		6364		6253	
电线、电缆、光缆及电工器材制造	1		2816		2947	
电线电缆制造	1		2816		2947	
电池制造	1		3548		3306	
工艺品及其他制造业	4	2	7816		7768	7607
工艺美术品制造	4	2	7816		7768	7607
天然植物纤维编织工艺品制造	4	2	7816		7768	7607
电力、燃气及水的生产和供应业	13	7	101589		100512	
电力、热力的生产和供应业	10	5	97958		96919	
电力生产	7	5	19943		18905	
火力发电	1	1	150		150	
水力发电	6	4	19793		18755	
电力供应	3		78015		78015	
水的生产和供应业	3	2	3631		3593	
自来水的生产和供应	3	2	3631		3593	

3-9　2005年规模以上工业企业主要经济指标(二)

单位:万元

项　　目	工业中间投入合计	直接材料	制造费用中的中间投入	管理费用中的中间投入	营业费用中的中间投入	工业增加值(当年价格)	资产总计	流动资产合计	短期投资	应收帐款净额
总　　计	**712030**	**603798**	**56993**	**21093**	**16409**	**327423**	**1218485**	**367966**	**1097**	**65247**
一、按登记注册类型分组:										
内资企业	637957	538250	51690	19589	15344	286729	1056834	328864	1097	54166
国有企业	54322	39116	7815	3054	906	27578	221972	50096		8265
中央企业	3166	2237	434	445	3	330	2777	1270		
地方企业	51156	36879	7381	2608	903	27248	219195	48826		8265
集体企业	30151	27243	1888	583	324	12062	21919	6575		1311
联营企业	442	431				174	465	275		160
国有与集体联营企业	442	431				174	465	275		160
有限责任公司	200858	170805	15010	5904	5530	83071	467842	109173	17	14229
国有独资公司	68497	60633	5947	86		23732	310346	36354		2682
其他有限责任公司	132361	110171	9063	5818	5530	59339	157496	72819	17	11548
股份有限公司	114552	95440	6429	4248	4848	62664	214290	94852	60	17260
私营企业	237633	205216	20549	5800	3736	101181	130346	67892	1020	12941
私营独资企业	48476	45551	1479	611	508	20205	13986	10062		2866
私营合作企业	2632	2409	134	56		1346	1496	887		654
私营有限责任公司	168978	143738	16103	4603	2801	75769	100877	48573	20	8810
私营股份有限公司	17548	13519	2833	530	427	3861	13987	8369	1000	611
港、澳、台商投资企业	53464	47814	3654	966	437	31986	147862	31003		9580
合资经营企业(港或澳、台资)	25841	24508	483	396	2	22266	127549	16703		3246
合作经营企业(港或澳、台资)	1601	1578	10	5	5	637	157	125		115
港澳台商独资经营企业	26022	21728	3161	564	430	9082	20156	14174		6218
外商投资企业	20609	17734	1649	539	627	8709	13790	8099		1501
中外合资经营企业	3097	2627	320	27	106	767	1275	825		473
中外合作经营企业	8465	6793	997	423	214	3842	8848	3850		876
外资企业	9047	8315	332	90	308	4100	3668	3424		152
二、按经济组织类型分组										
独资企业	168018	141951	14675	4902	2476	73027	281701	84332		18812
国有企业	54322	39116	7815	3054	906	27578	221972	50096		8265
集体企业	30151	27243	1888	583	324	12062	21919	6575		1311
私营独资企业	48476	45551	1479	611	508	20205	13986	10062		2866
港澳台商独资经营企业	26022	21728	3161	564	430	9082	20156	14174		6218
外资企业	9047	8315	332	90	308	4100	3668	3424		152
合作、合伙企业	13140	11211	1142	484	219	5999	10966	5138		1806
国有与集体联营企业	442	431				174	465	275		160
私营合伙企业	2632	2409	134	56		1346	1496	887		654
合作经营企业(港或澳、台资)	1601	1578	10	5	5	637	157	125		115
中外合作经营企业	8465	6793	997	423	214	3842	8848	3850		876

(续表 3-9)　　　　　　　　　　　　　　　　　　　　　　　　　　　　单位:万元

项　　目	工业中间投入合计	直接材料	制造费用中的中间投入	管理费用中的中间投入	营业费用中的中间投入	工业增加值(当年价格)	资产总计	流动资产合计	短期投资	应收帐款净额
股份有限公司	132099	108959	9261	4778	5275	66525	228277	103221	1060	17871
股份有限公司(内资)	114552	95440	6429	4248	4848	62664	214290	94852	60	17260
私营股份有限公司	17548	13519	2833	530	427	3861	13987	8369	1000	611
有限责任公司	398773	341677	31915	10930	8439	181873	697542	175275	37	26759
国有独资公司	68497	60633	5947	86		23732	310346	36354		2682
私营有限责任公司	168978	143738	16103	4603	2801	75769	100877	48573	20	8810
合资经营企业(港或澳、台资)	25841	24508	483	396	2	22266	127549	16703		3246
中外合资经营企业	3097	2627	320	27	106	767	1275	825		473
其他有限责任公司	132361	110171	9063	5818	5530	59339	157496	72819	17	11548
三、在总计中:亏损企业	119956	87331	19509	5518	2669	43628	237983	76622	1000	14005
在总计中:国有控股企业	237776	200396	17636	6653	4431	109996	814080	155141		23188
在总计中:农村工业	108549	91941	7594	3611	4620	60119	84644	49844	1017	12509
在总计中:轻工业	335826	297289	14879	8280	10122	153219	381107	176251	1097	38733
重工业	376204	306509	42114	12813	6287	174204	837379	191715		26514
在总计中:大型企业	79880	68086	3160	2492	3368	33450	147041	48787		8818
中型企业	297629	260854	19957	7027	5994	140914	500797	163134	77	26816
小型企业	334521	274858	33875	11575	7046	153059	570647	156044	1020	29613
四、按工业行业大中小类分:										
总计	712030	603798	56993	21093	16409	327423	1218485	367966	1097	65247
采矿业	18140	13663	1943	1673	539	6998	39761	12573		2101
黑色金属矿采选业	9223	7245	809	695	422	3422	27877	7911		1369
其他黑色金属矿采选	9223	7245	809	695	422	3422	27877	7911		1369
有色金属矿采选业	7022	4996	975	908	86	2807	7179	3025		
常用有色金属矿采选	3856	2759	542	463	83	2477	4402	1754		
铅锌矿采选	3856	2759	542	463	83	2477	4402	1754		
贵金属矿采选	3166	2237	434	445	3	330	2777	1270		
金矿采选	3166	2237	434	445	3	330	2777	1270		
非金属矿采选业	1895	1422	159	70	31	770	4705	1637		732
土砂石开采	1895	1422	159	70	31	770	4705	1637		732
粘土及其他土砂石开采	1895	1422	159	70	31	770	4705	1637		732
制造业	620585	528258	46697	18613	15840	284044	766310	303500	1097	59013
农副食品加工业	197427	172823	8301	5858	6357	97077	270429	118926	1080	14746
谷物磨制	6765	6146	240	128	157	3035	4882	3746	1020	431
饲料加工	79107	72784	2334	1689	2084	38245	37950	20390		3256
制糖	105956	89553	5020	3878	3879	55392	222568	91840	60	10547
蔬菜、水果和坚果加工	890	761	25	89	8	362	488	365		203
其他农副食品加工	4709	3579	682	74	229	44	4541	2586		309
淀粉及淀粉制品的制造	3733	3048	436	49	57	-129	4356	2408		223
豆制品制造	977	531	246	25	173	172	185	178		86
食品制造业	7389	6059	732	249	66	3129	14415	2803		511

(续表 3－9)　　　　　　　　　　　　　　　　　　　　　　　　　　　　　单位:万元

项　目	工业中间投入合计	直接材料	制造费用中的中间投入	管理费用中的中间投入	营业费用中的中间投入	工业增加值(当年价格)	资产总计	流动资产合计	短期投资	应收帐款净额
方便食品制造	2223	1914	236	34	12	496	1779	896		126
米、面制品制造	2223	1914	236	34	12	496	1779	896		126
罐头制造	752	719	20	11		292	3013	892		281
蔬菜、水果罐头制造	752	719	20	11		292	3013	892		281
其他食品制造	4414	3425	476	205	54	2341	9624	1016		103
冷冻饮品及食用冰制造	4414	3425	476	205	54	2341	9624	1016		103
纺织业	1871	1581	223	20	34	575	3396	1107		333
棉、化纤纺织及印染精加工	135	112	17	7		81	2368	522		79
棉、化纤纺织加工	135	112	17	7		81	2368	522		79
毛纺织和染整精加工	1736	1469	206	13	34	493	1027	586		254
毛染整精加工	1736	1469	206	13	34	493	1027	586		254
纺织服装、鞋、帽制造业	678	573	52	25	27	349	2565	1587		1142
纺织服装制造	678	573	52	25	27	349	2565	1587		1142
皮革、毛皮、羽毛(绒)及其制品业	63760	62377	863	323	28	26027	8114	6314		3472
羽毛(绒)加工及制品制造	63760	62377	863	323	28	26027	8114	6314		3472
羽毛(绒)加工	63760	62377	863	323	28	26027	8114	6314		3472
木材加工及木、竹、藤、棕、草制	11645	10099	1022	213	133	5195	12986	7123		1133
锯材、木片加工	235	223	12			156	183	125		43
木片加工	235	223	12			156	183	125		43
人造板制造	6032	4796	834	141	98	3031	9747	5018		729
胶合板制造	887	828	7	5	41	42	261	248		215
纤维板制造	5146	3968	827	136	56	2989	9487	4770		514
竹、藤、棕、草制品制造	5378	5080	176	72	36	2008	3055	1980		362
造纸及纸制品业	26449	21913	3287	461	723	7506	26853	18323		9107
造纸	20017	16273	2874	335	554	5867	21628	15430		8296
机制纸及纸板制造	20017	16273	2874	335	554	5867	21628	15430		8296
纸制品制造	6432	5640	414	126	170	1639	5225	2893		811
纸和纸板容器的制造	2719	2418	65	78	88	422	3524	1541		232
其他纸制品制造	3713	3222	349	48	82	1217	1700	1352		579
印刷业和记录媒介的复制	150	132	8	10		43	589	161		123
印刷	150	132	8	10		43	589	161		123
书、报、刊印刷	150	132	8	10		43	589	161		123
化学原料及化学制品制造业	67525	52657	8309	3210	1786	26219	57780	30762		4726
基础化学原料制造	11265	10035	400	241	509	5509	7384	5487		1825
无机盐制造	1612	1271	158	38	137	867	823	345		0
其他基础化学原料制造	9653	8765	243	204	372	4642	6562	5143		1825
肥料制造	29461	21963	4829	1405	893	8189	27329	15217		652
氮肥制造	5789	2407	2982	400		297	1593	1117		7
磷肥制造	15895	13051	1363	621	554	4589	20022	9158		468
复混肥料制造	7777	6505	484	384	339	3303	5713	4942		177

(续表 3－9)　　单位:万元

项　目	工业中间投入合计	直接材料	制造费用中的中间投入	管理费用中的中间投入	营业费用中的中间投入	工业增加值(当年价格)	资产总计	流动资产合计	短期投资	应收帐款净额
农药制造	12624	8115	2260	1119	50	5237	16130	5001		1082
化学农药制造	12624	8115	2260	1119	50	5237	16130	5001		1082
专用化学产品制造	13211	11726	747	385	321	6694	5334	3864		904
化学试剂和助剂制造	552	275	157	100	14	794	1031	614		289
林产化学产品制造	12660	11451	590	285	308	5899	4303	3250		615
日用化学产品制造	963	818	73	60	13	590	1603	1193		263
香料、香精制造	963	818	73	60	13	590	1603	1193		263
医药制造业	19449	15382	471	773	2659	9766	22975	17509		6179
中成药制造	18804	14961	435	740	2590	9684	19907	15382		5957
兽用药品制造	645	421	36	33	69	82	3068	2128		222
橡胶制品业	1206	1052	75	57	10	504	1780	1416		319
橡胶零件制造	1206	1052	75	57	10	504	1780	1416		319
塑料制品业	7699	6962	550	138	10	3764	2925	1435		925
塑料板、管、型材的制造	1110	1008	52	45	5	406	854	420		226
塑料丝、绳及编织品的制造	4879	4378	403	54	5	2508	1426	672		558
塑料包装箱及容器制造	1710	1576	95	39		850	645	343		141
非金属矿物制品业	91108	68379	15601	2794	1451	45893	262690	52906		8409
水泥、石灰和石膏的制造	82250	64307	11615	2269	1205	39582	251876	45735		7821
水泥制造	82250	64307	11615	2269	1205	39582	251876	45735		7821
水泥及石膏制品制造	978	660	152	136	2	497	2385	641		172
其他水泥制品制造	978	660	152	136	2	497	2385	641		172
砖瓦、石材及其他建筑材料制造	408	400		7		260	899	38		
粘土砖瓦及建筑砌块制造	408	400		7		260	899	38		
石墨及其他非金属矿物制品制造	7472	3012	3834	382	244	5554	7531	6492		417
石墨及碳素制品制造	7472	3012	3834	382	244	5554	7531	6492		417
黑色金属冶炼及压延加工业	80810	70208	5318	2557	1705	32442	39933	21827		422
炼钢	39700	37501	1557	397	63	15854	28618	15803		405
钢压延加工	38790	30967	3292	2049	1639	15369	10457	5597		17
铁合金冶炼	2320	1739	468	111	2	1220	858	428		
有色金属冶炼及压延加工业	11124	9878	460	558	165	5878	6937	4910		457
常用有色金属冶炼	8723	8370	133	84	135	4284	4124	3866		293
铅锌冶炼	652	586	47	19		357	641	619		228
锑冶炼	8071	7784	86	65	135	3927	3483	3247		65
贵金属冶炼	1328	665	184	436	21	1095	1955	391		109
金冶炼	1328	665	184	436	21	1095	1955	391		109
有色金属压延加工	1073	843	143	38	9	499	858	654		56
常用有色金属压延加工	1073	843	143	38	9	499	858	654		56
金属制品业	507	339	68	50	13	154	1221	759		140
建筑、安全用金属制品制造	507	339	68	50	13	154	1221	759		140
安全、消防用金属制品制造	507	339	68	50	13	154	1221	759		140

（续表 3－9）　　　　单位：万元

项　目	工业中间投入合　计	直接材料	制造费用中的中间投入	管理费用中的中间投入	营业费用中的中间投入	工　业增加值（当年价格）	资产总计	流动资产合计	短期投资	应收帐款净额
通用设备制造业	14391	11840	967	865	347	14091	16894	8282		3834
锅炉及原动机制造	3361	2845	76	157	235	1745	5591	3325		1107
内燃机及配件制造	3361	2845	76	157	235	1745	5591	3325		1107
金属加工机械制造	7508	6078	537	591	19	10662	7678	2789		1511
机床附件制造	7508	6078	537	591	19	10662	7678	2789		1511
轴承、齿轮、传动和驱动部件的制造	983	797	106	33	21	606	1071	568		379
齿轮、传动和驱动部件制造	983	797	106	33	21	606	1071	568		379
通用零部件制造及机械修理	1507	1258	156	71	10	737	1489	824		364
紧固件、弹簧制造	552	423	90	36		191	807	497		243
机械零部件加工及设备修理	956	835	66	35	10	546	682	327		121
金属铸、锻加工	1032	862	91	14	62	341	1065	777		473
钢铁铸件制造	1032	862	91	14	62	341	1065	777		473
专用设备制造业	6160	5648	107	209	88	1269	5880	2457		217
食品、饮料、烟草及饲料生产专用设备制造	183	46	31	72		57	1971	1204		202
农副食品加工专用设备制造	183	46	31	72		57	1971	1204		202
农、林、牧、渔专用机械制造	5978	5602	75	138	88	1212	3909	1253		15
拖拉机制造	5978	5602	75	138	88	1212	3909	1253		15
交通运输设备制造业	250	126	59	48	2	270	2099	328		190
汽车制造	45		5	23	2	43	668	227		190
汽车修理	45		5	23	2	43	668	227		190
船舶及浮动装置制造	205	126	54	25		227	1431	100		
非金属船舶制造	205	126	54	25		227	1431	100		
电气机械及器材制造业	4793	4603	93	22	61	1600	1861	1374		733
电线、电缆、光缆及电工器材制造	2048	1905	48	22	61	795	1027	786		297
电线电缆制造	2048	1905	48	22	61	795	1027	786		297
电池制造	2745	2698	45			805	834	588		436
工艺品及其他制造业	6196	5628	132	171	176	2295	3990	3190		1896
工艺美术品制造	6196	5628	132	171	176	2295	3990	3190		1896
天然植物纤维编织工艺品制造	6196	5628	132	171	176	2295	3990	3190		1896
电力、燃气及水的生产和供应业	73305	61877	8353	808	30	36380	412414	51892		4134
电力、热力的生产和供应业	71643	61227	7932	589	27	34182	390769	49666		4110
电力生产	5755	793	2676	336	27	17340	253601	23602		3437
火力发电	24			21	3	132	1691	81		49
水力发电	5730	793	2676	315	23	17208	251910	23521		3388
电力供应	65888	60434	5257	253		16841	137168	26064		673
水的生产和供应业	1662	650	421	219	3	2199	21646	2227		24
自来水的生产和供应	1662	650	421	219	3	2199	21646	2227		24

3－10 2005年规模以上工业企业主要经济指标(三)

单位:万元

项目	资产总计 流动资产合计 存货	产成品	流动资产年平均余额	长期投资	固定资产合计	固定资产原价	生产经营用	累计折旧	本年折旧
总计	**108146**	**44559**	**341359**	**13112**	**737445**	**824171**	**758363**	**222309**	**32383**
一、按登记注册类型分组:									
内资企业	94995	40387	303719	13112	623628	760970	706401	215762	31841
国有企业	8081	4354	54143	2784	156708	204710	171518	67334	6404
中央企业	128		1535	35	1472	3076	3076	1779	201
地方企业	7953	4354	52608	2749	155236	201634	168441	65556	6203
集体企业	3843	1373	7523	49	5065	7859	4060	2858	215
联营企业	52	1	270		189	229		40	15
国有与集体联营企业	52	1	270		189	229		40	15
有限责任公司	25629	10951	98147	4801	319208	356374	348378	86341	16715
国有独资公司	696		31915	2761	262827	290404	290404	64490	11359
其他有限责任公司	24933	10951	66232	2039	56382	65970	57974	21851	5356
股份有限公司	23948	10615	83885	5177	102413	152008	149325	53432	7115
私营企业	33443	13093	59751	301	40045	39791	33120	5758	1377
私营独资企业	4565	2595	9088	95	3499	4350	2352	999	147
私营合作企业	17	7	784		395	844	727	448	80
私营有限责任公司	25566	8489	42568	106	32516	30778	27716	4041	957
私营股份有限公司	3294	2003	7312	100	3635	3820	2325	269	193
港、澳、台商投资企业	9624	1377	30109		108383	56401	51159	5094	395
合资经营企业(港或澳、台资)	4829	251	16521		103522	50059	48879	3017	75
合作经营企业(港或澳、台资)	1		145		32	36	25	7	3
港澳台商独资经营企业	4794	1126	13442		4829	6307	2255	2070	316
外商投资企业	3528	2795	7532		5433	6800	803	1453	148
中外合资经营企业	332	323	813		443	1030		587	79
中外合作经营企业	1617	1406	3985		4749	5480	792	817	65
外资企业	1578	1066	2734		241	290	11	49	3
二、按经济组织类型分组									
独资企业	22861	10513	86930	2928	170341	223515	180196	73311	7085
国有企业	8081	4354	54143	2784	156708	204710	171518	67334	6404
集体企业	3843	1373	7523	49	5065	7859	4060	2858	215
私营独资企业	4565	2595	9088	95	3499	4350	2352	999	147
港澳台商独资经营企业	4794	1126	13442		4829	6307	2255	2070	316
外资企业	1578	1066	2734		241	290	11	49	3
合作、合伙企业	1687	1414	5185		5366	6588	1544	1312	164
国有与集体联营企业	52	1	270		189	229		40	15
私营合伙企业	17	7	784		395	844	727	448	80
合作经营企业(港或澳、台资)	1		145		32	36	25	7	3
中外合作经营企业	1617	1406	3985		4749	5480	792	817	65

（续表 3－10） 单位：万元

项 目	资产总计								
	流动资产合计		流动资产年平均余额	长期投资	固定资产合计	固定资产原价		累计折旧	本年折旧
	存货						生产经营用		
		产成品							
股份有限公司	27242	12618	91197	5277	106048	155827	151650	53701	7308
股份有限公司（内资）	23948	10615	83885	5177	102413	152008	149325	53432	7115
私营股份有限公司	3294	2003	7312	100	3635	3820	2325	269	193
有限责任公司	56356	20014	158048	4907	455690	438240	424973	93985	17826
国有独资公司	696		31915	2761	262827	290404	290404	64490	11359
私营有限责任公司	25566	8489	42568	106	32516	30778	27716	4041	957
合资经营企业（港或澳、台资）	4829	251	16521		103522	50059	48879	3017	75
中外合资经营企业	332	323	813		443	1030		587	79
其他有限责任公司	24933	10951	66232	2039	56382	65970	57974	21851	5356
三、在总计中：亏损企业	25329	9059	71108	710	131332	152575	116146	47992	4886
在总计中：国有控股企业	35442	14340	149651	6177	616863	680796	647271	179758	24061
在总计中：农村工业	17650	7432	47305	139	19632	26923	14405	7897	2772
在总计中：轻工业	53715	25139	165543	6612	157859	215273	203184	75702	11063
重工业	54431	19420	175816	6500	579586	608898	555179	146607	21320
在总计中：大型企业	19225	8100	43961	632	92644	131695	131695	41802	6042
中型企业	38039	15118	151070	7442	272264	261331	244550	67279	11926
小型企业	50882	21341	146329	5037	372537	431145	382118	113228	14415
四、按工业行业大中小类分：									
总计	108146	44559	341359	13112	737445	824171	758363	222309	32383
采矿业	1641	907	12918	54	25773	20406	6599	4516	708
黑色金属矿采选业	699	530	8206		19950	11707	995	1223	162
其他黑色金属矿采选	699	530	8206		19950	11707	995	1223	162
有色金属矿采选业	610	218	3290	35	3960	6583	3775	2934	455
常用有色金属矿采选	483	218	1755		2488	3507	699	1155	254
铅锌矿采选	483	218	1755		2488	3507	699	1155	254
贵金属矿采选	128		1535	35	1472	3076	3076	1779	201
金矿采选	128		1535	35	1472	3076	3076	1779	201
非金属矿采选业	332	160	1422	19	1863	2116	1828	359	91
土砂石开采	332	160	1422	19	1863	2116	1828	359	91
粘土及其他土砂石开采	332	160	1422	19	1863	2116	1828	359	91
制造业	105428	43652	281470	7709	371702	407991	363083	116041	15642
农副食品加工业	39943	19160	109351	3501	117052	165730	160375	57907	7143
谷物磨制	756	393	3372	90	718	692	539	100	12
饲料加工	11179	5509	22269		7336	7032	4246	3822	227
制糖	26541	12147	81119	3401	108551	157387	154971	53813	6889
蔬菜、水果和坚果加工	134	28	256		123	276	276	153	4
其他农副食品加工	1332	1083	2334	10	324	343	343	19	11
淀粉及淀粉制品的制造	1277	1060	2236	10	320	332	332	12	8
豆制品制造	55	24	98		4	11	11	7	3
食品制造业	1930	1036	5282	5	9290	8885	8583	2471	167

(续表 3－10)　　　　单位：万元

项　　目	资产总计								
	流动资产合计		流动资产年平均余额	长期投资	固定资产合计	固定资产原价		累计折旧	本年折旧
	存货	产成品					生产经营用		
方便食品制造	768	124	531		883	978	950	95	95
米、面制品制造	768	124	531		883	978	950	95	95
罐头制造	563	508	892		1805	1818	1818	13	13
蔬菜、水果罐头制造	563	508	892		1805	1818	1818	13	13
其他食品制造	599	404	3860	5	6601	6089	5815	2364	59
冷冻饮品及食用冰制造	599	404	3860	5	6601	6089	5815	2364	59
纺织业	358	311	1079		2161	1875	848	1281	79
棉、化纤纺织及印染精加工	38		505		1719	848	848	696	
棉、化纤纺织加工	38		505		1719	848	848	696	
毛纺织和染整精加工	320	311	574		442	1027		585	79
毛染整精加工	320	311	574		442	1027		585	79
纺织服装、鞋、帽制造业	167		1500		977	605		48	36
纺织服装制造	167		1500		977	605		48	36
皮革、毛皮、羽毛(绒)及其制品业	1963	738	5419		964	1022	401	58	16
羽毛(绒)加工及制品制造	1963	738	5419		964	1022	401	58	16
羽毛(绒)加工	1963	738	5419		964	1022	401	58	16
木材加工及木、竹、藤、棕、草制	2331	1185	5233		5373	6856	6284	1531	581
锯材、木片加工	5		125		59	86	86	29	4
木片加工	5		125		59	86	86	29	4
人造板制造	2047	1027	3690		4365	5748	5708	1383	545
胶合板制造	26	26	199		13	19		7	7
纤维板制造	2020	1000	3491		4352	5729	5708	1377	538
竹、藤、棕、草制品制造	279	158	1419		950	1021	490	119	32
造纸及纸制品业	2904	1301	17695	1901	5158	9606	7734	4671	435
造纸	1893	775	15134	1900	3359	7387	5613	4028	402
机制纸及纸板制造	1893	775	15134	1900	3359	7387	5613	4028	402
纸制品制造	1011	526	2562	1	1799	2219	2121	642	33
纸和纸板容器的制造	607	306	1266	1	1475	1862	1862	610	33
其他纸制品制造	405	220	1296		325	357	259	32	
印刷业和记录媒介的复制	38	17	162		428	803	572	375	8
印刷	38	17	162		428	803	572	375	8
书、报、刊印刷	38	17	162		428	803	572	375	8
化学原料及化学制品制造业	18122	6891	25918	233	14203	22020	17859	9196	1126
基础化学原料制造	3003	548	5077		1685	2428	564	742	61
无机盐制造	298	126	298		478	564	564	86	61
其他基础化学原料制造	2704	422	4779		1207	1864		656	
肥料制造	9510	3570	11847	222	5825	12040	11226	6645	622
氮肥制造	512	110	1016		477	547	547	71	61
磷肥制造	6138	2231	8663	147	4653	10650	9855	6422	538
复混肥料制造	2860	1229	2168	75	696	844	824	152	22

(续表 3－10)　　　　单位:万元

项　　目	资产总计								
	流动资产合计		流动资产年平均余额	长期投资	固定资产合计	固定资产原价		累计折旧	
	存货						生　产经营用		本年折旧
		产成品							
农药制造	2819	1193	4913	11	4904	5518	5518	1472	342
化学农药制造	2819	1193	4913	11	4904	5518	5518	1472	342
专用化学产品制造	2403	1328	2888		1408	1534	552	217	94
化学试剂和助剂制造	173	53	409		417	422		81	50
林产化学产品制造	2231	1275	2479		991	1113	552	136	44
日用化学产品制造	388	253	1193		380	500		121	7
香料、香精制造	388	253	1193		380	500		121	7
医药制造业	4911	1838	16851		3875	6186	5395	2312	2018
中成药制造	3890	1452	14749		3014	5055	4363	2041	1981
兽用药品制造	1022	386	2102		861	1132	1032	271	37
橡胶制品业	788	154	1518		296	355	355	86	17
橡胶零件制造	788	154	1518		296	355	355	86	17
塑料制品业	223	160	1523		1224	1765	1648	542	97
塑料板、管、型材的制造	135	120	460		434	497	497	63	4
塑料丝、绳及编织品的制造	73	33	724		487	540	502	53	29
塑料包装箱及容器制造	15	7	339		303	729	649	426	63
非金属矿物制品业	16470	2490	53530	19	185220	152212	126855	29875	2250
水泥、石灰和石膏的制造	11021	2236	49278	19	182088	148883	125394	29550	2165
水泥制造	11021	2236	49278	19	182088	148883	125394	29550	2165
水泥及石膏制品制造	280	251	459		1232	1179		75	75
其他水泥制品制造	280	251	459		1232	1179		75	75
砖瓦、石材及其他建筑材料制造	9		40		861	1090	411	230	
粘土砖瓦及建筑砌块制造	9		40		861	1090	411	230	
石墨及其他非金属矿物制品制造	5160	2	3754		1039	1059	1050	20	10
石墨及碳素制品制造	5160	2	3754		1039	1059	1050	20	10
黑色金属冶炼及压延加工业	6729	3593	18031	1940	13533	14917	13111	1454	1155
炼钢	4114	1906	12593	1940	8992	10000	10000	1068	991
钢压延加工	2531	1657	5148		4148	4534	3111	386	164
铁合金冶炼	84	30	289		393	383			
有色金属冶炼及压延加工业	2406	1571	4281		1458	1375	1024	443	96
常用有色金属冶炼	1820	1220	3229		259	304	25	45	3
铅锌冶炼	297	177	593		22	25	25	3	3
锑冶炼	1523	1042	2636		236	279		43	
贵金属冶炼	92		391		996	764	692	241	69
金冶炼	92		391		996	764	692	241	69
有色金属压延加工	494	351	662		204	307	307	158	25
常用有色金属压延加工	494	351	662		204	307	307	158	25
金属制品业	560	560	170		462	487	487	25	5
建筑、安全用金属制品制造	560	560	170		462	487	487	25	5
安全、消防用金属制品制造	560	560	170		462	487	487	25	5

(续表 3-10)　　单位:万元

项　目	资产总计								
	流动资产合计		流动资产年平均余额	长期投资	固定资产合计	固定资产原价		累计折旧	本年折旧
	存货	产成品					生产经营用		
通用设备制造业	2872	1208	7340	97	5533	7857	6405	2421	270
锅炉及原动机制造	1884	562	3306	2	2264	3806	3249	1575	115
内燃机及配件制造	1884	562	3306	2	2264	3806	3249	1575	115
金属加工机械制造	480	265	1934		1909	2179	1948	270	79
机床附件制造	480	265	1934		1909	2179	1948	270	79
轴承、齿轮、传动和驱动部件的制造	142	142	500		503	614	580	121	35
齿轮、传动和驱动部件制造	142	142	500		503	614	580	121	35
通用零部件制造及机械修理	187	102	809		664	954	467	344	26
紧固件、弹簧制造	162	82	483		309	539	467	282	26
机械零部件加工及设备修理	25	20	327		355	415		62	
金属铸、锻加工	180	137	791	95	194	304	161	111	15
钢铁铸件制造	180	137	791	95	194	304	161	111	15
专用设备制造业	1630	835	2211	14	1749	2234	2053	659	63
食品、饮料、烟草及饲料生产专用设备制造	589	262	1204	14	668	803	653	304	-3
农副食品加工专用设备制造	589	262	1204	14	668	803	653	304	-3
农、林、牧、渔专用机械制造	1040	572	1007		1081	1431	1400	355	67
拖拉机制造	1040	572	1007		1081	1431	1400	355	67
交通运输设备制造业	17	13	388		1487	1947	1947	473	26
汽车制造	13	13	227		175	175	175	13	3
汽车修理	13	13	227		175	175	175	13	3
船舶及浮动装置制造	4		160		1312	1772	1772	460	23
非金属船舶制造	4		160		1312	1772	1772	460	23
电气机械及器材制造业	449	302	834		476	422	310	83	41
电线、电缆、光缆及电工器材制造	406	272	716		231	101		9	9
电线电缆制造	406	272	716		231	101		9	9
电池制造	43	30	118		246	320	310	75	32
工艺品及其他制造业	616	291	3156		786	835	835	131	13
工艺美术品制造	616	291	3156		786	835	835	131	13
天然植物纤维编织工艺品制造	616	291	3156		786	835	835	131	13
电力、燃气及水的生产和供应业	1077		46972	5348	339970	395774	388682	101752	16033
电力、热力的生产和供应业	918		44991	4143	324679	378617	371691	96043	15019
电力生产	168		23474	3467	215301	247855	241437	60570	8319
火力发电			102	74	728	713	542	544	87
水力发电	168		23372	3393	214573	247142	240895	60026	8232
电力供应	751		21517	676	109378	130762	130254	35473	6700
水的生产和供应业	158		1981	1206	15291	17157	16991	5709	1014
自来水的生产和供应	158		1981	1206	15291	17157	16991	5709	1014

3-11 2005年规模以上工业企业主要经济指标(四)

单位:万元

项目	资产总计			负债合计	流动负债合计	应付账款	长期负债合计	所有者权益合计
	固定资产净值	固定资产净值年平均余额	无形资产					
总计	**601862**	**598268**	**77132**	**722019**	**456429**	**94767**	**263143**	**496466**
一、按登记注册类型分组:								
内资企业	545208	541506	69516	650334	432373	81214	215514	406500
国有企业	137376	144623	9661	177842	139322	8691	37013	44130
中央企业	1298	1384		5319	1185		4133	-2542
地方企业	136078	143238	9661	172523	138136	8691	32879	46672
集体企业	5001	8613	5098	17459	14994	1076	2461	4460
联营企业	189	197		62	62	40		403
国有与集体联营企业	189	197		62	62	40		403
有限责任公司	270033	256234	29207	246985	89520	27012	157465	220857
国有独资公司	225914	210925	7534	156610	16769	1863	139841	153736
其他有限责任公司	44119	45310	21673	90376	72751	25149	17625	67121
股份有限公司	98576	94270	9295	123840	119764	25784	4076	90450
私营企业	34033	37570	16255	84146	68711	18610	14499	46200
私营独资企业	3350	3172	169	10572	8593	2180	1459	3414
私营合作企业	395	395	214	641	641	140		855
私营有限责任公司	26737	30386	14082	65970	54132	15031	11422	34906
私营股份有限公司	3551	3616	1790	6962	5344	1259	1618	7025
港、澳、台商投资企业	51307	51449	7477	66376	18867	12121	47509	81486
合资经营企业(港或澳、台资)	47042	47062	7263	58382	10874	6561	47509	69166
合作经营企业(港或澳、台资)	29	33		95	95	20		62
港澳台商独资经营企业	4237	4354	213	7898	7898	5539		12258
外商投资企业	5347	5313	139	5310	5190	1432	120	8480
中外合资经营企业	443	459		711	711	80		564
中外合作经营企业	4663	4612	139	3358	3238	819	120	5490
外资企业	241	243		1241	1241	533		2426
二、按经济组织类型分组								
独资企业	150204	161004	15141	215013	172049	18020	40933	66688
国有企业	137376	144623	9661	177842	139322	8691	37013	44130
集体企业	5001	8613	5098	17459	14994	1076	2461	4460
私营独资企业	3350	3172	169	10572	8593	2180	1459	3414
港澳台商独资经营企业	4237	4354	213	7898	7898	5539		12258
外资企业	241	243		1241	1241	533		2426
合作、合伙企业	5276	5236	353	4156	4036	1019	120	6810
国有与集体联营企业	189	197		62	62	40		403
私营合伙企业	395	395	214	641	641	140		855
合作经营企业(港或澳、台资)	29	33		95	95	20		62
中外合作经营企业	4663	4612	139	3358	3238	819	120	5490

(续表 3-11)　　　　　　　　　　　　　　　　　　　　　　　　　　　　　单位:万元

项　　目	资产总计			负债合计	流动负债合计		长期负债合计	所有者权益合计
	固定资产净值	固定资产净值年平均余额	无形资产			应付账款		
股份有限公司	102127	97886	11085	130802	125108	27043	5694	97475
股份有限公司(内资)	98576	94270	9295	123840	119764	25784	4076	90450
私营股份有限公司	3551	3616	1790	6962	5344	1259	1618	7025
有限责任公司	344255	334142	50552	372049	155236	48685	216396	325494
国有独资公司	225914	210925	7534	156610	16769	1863	139841	153736
私营有限责任公司	26737	30386	14082	65970	54132	15031	11422	34906
合资经营企业(港或澳、台资)	47042	47062	7263	58382	10874	6561	47509	69166
中外合资经营企业	443	459		711	711	80		564
其他有限责任公司	44119	45310	21673	90376	72751	25149	17625	67121
三、在总计中:亏损企业	104584	111727	23851	175831	131972	18662	43851	62152
在总计中:国有控股企业	501038	489570	30251	484314	255991	35617	226816	329765
在总计中:农村工业	19026	22219	9487	47812	40146	8480	7666	36833
在总计中:轻工业	139571	143669	29299	224153	191785	52073	30480	156954
重工业	462292	454600	47833	497866	264645	42693	232663	339512
在总计中:大型企业	89893	85008	4669	84694	82971	16891	1723	62347
中型企业	194051	186276	45125	331980	161752	46542	168726	168817
小型企业	317918	326985	27338	305345	211706	31333	92694	265302
四、按工业行业大中小类分:								
总计	601862	598268	77132	722019	456429	94767	263143	496466
采矿业	15890	15172	1202	28994	15624	2861	13370	10768
黑色金属矿采选业	10484	9675	16	17409	8753	2273	8657	10468
其他黑色金属矿采选	10484	9675	16	17409	8753	2273	8657	10468
有色金属矿采选业	3649	3734		7798	3585	371	4213	-619
常用有色金属矿采选	2351	2350		2479	2399	371	80	1923
铅锌矿采选	2351	2350		2479	2399	371	80	1923
贵金属矿采选	1298	1384		5319	1185		4133	-2542
金矿采选	1298	1384		5319	1185		4133	-2542
非金属矿采选业	1757	1762	1186	3786	3286	217	500	919
土砂石开采	1757	1762	1186	3786	3286	217	500	919
粘土及其他土砂石开采	1757	1762	1186	3786	3286	217	500	919
制造业	291950	300037	63027	472964	372983	89179	97533	293346
农副食品加工业	107823	109691	21963	152894	140271	32489	10738	117535
谷物磨制	592	786	172	2185	1573	367	230	2697
饲料加工	3210	8390	4387	28478	19796	8313	8682	9472
制糖	103574	100068	15786	119348	116019	23062	1826	103221
蔬菜、水果和坚果加工	123	123		307	307	199		181
其他农副食品加工	324	325	1619	2577	2577	548		1964
淀粉及淀粉制品的制造	320	321	1619	2469	2469	498		1888
豆制品制造	4	4		108	108	50		76
食品制造业	6414	6971	2217	9416	4334	526	5081	4999

(续表 3-11) 单位:万元

项　目	资产总计			负债合计	流动负债合计	应付账款	长期负债合计	所有者权益合计
	固定资产净值	固定资产净值年平均余额	无形资产					
方便食品制造	883	883		1721	103	27	1618	58
米、面制品制造	883	883		1721	103	27	1618	58
罐头制造	1805	1805	315	1621	1425	396	196	1391
蔬菜、水果罐头制造	1805	1805	315	1621	1425	396	196	1391
其他食品制造	3725	4282	1902	6073	2806	103	3267	3551
冷冻饮品及食用冰制造	3725	4282	1902	6073	2806	103	3267	3551
纺织业	594	1976	128	5483	3843	90	1640	-2088
棉、化纤纺织及印染精加工	152	1519	128	4911	3271	10	1640	-2542
棉、化纤纺织加工	152	1519	128	4911	3271	10	1640	-2542
毛纺织和染整精加工	442	457		573	573	80		455
毛染整精加工	442	457		573	573	80		455
纺织服装、鞋、帽制造业	557	559	1	1080	1080	1043		1486
纺织服装制造	557	559	1	1080	1080	1043		1486
皮革、毛皮、羽毛(绒)及其制品业	964	729	88	5267	5267	1664		2847
羽毛(绒)加工及制品制造	964	729	88	5267	5267	1664		2847
羽毛(绒)加工	964	729	88	5267	5267	1664		2847
木材加工及木、竹、藤、棕、草制	5325	4876	164	7134	6975	1172	159	5851
锯材、木片加工	58	59		142	103		39	41
木片加工	58	59		142	103		39	41
人造板制造	4365	3933	39	5859	5859	823		3888
胶合板制造	13	13		146	146	105		115
纤维板制造	4352	3921	39	5713	5713	718		3773
竹、藤、棕、草制品制造	903	884	125	1133	1013	349	120	1922
造纸及纸制品业	4935	4966	407	15025	14019	8040	1002	11827
造纸	3359	3375		10578	10578	7593		11050
机制纸及纸板制造	3359	3375		10578	10578	7593		11050
纸制品制造	1577	1591	407	4447	3441	447	1002	778
纸和纸板容器的制造	1252	1266	407	3133	2202	375	931	391
其他纸制品制造	325	325		1314	1239	72	71	387
印刷业和记录媒介的复制	428	430		840	705	117	135	-251
印刷	428	430		840	705	117	135	-251
书、报、刊印刷	428	430		840	705	117	135	-251
化学原料及化学制品制造业	12823	12238	12113	36136	33696	3749	2301	21645
基础化学原料制造	1685	1778	212	2105	2105	780		5279
无机盐制造	478	507		586	586	221		237
其他基础化学原料制造	1207	1270	212	1519	1519	560		5043
肥料制造	5396	5236	5598	13657	11476	1190	2181	13671
氮肥制造	477	442		1433	1433	32		161
磷肥制造	4228	4103	5598	12110	9928	1092	2181	7913
复混肥料制造	692	691		115	115	66		5598

(续表 3-11)　　　　　　　　　　　　　　　　　　　　　　　　　　　　单位:万元

项　目	资产总计			负债合计	流动负债合计		长期负债合计	所有者权益合计
	固定资产净值	固定资产净值年平均余额	无形资产			应付账款		
农药制造	4045	3796	6213	15282	15282	842		848
化学农药制造	4045	3796	6213	15282	15282	842		848
专用化学产品制造	1318	1049	60	3745	3487	315	120	1590
化学试剂和助剂制造	341	279		689	689	90		342
林产化学产品制造	977	771	60	3055	2797	225	120	1248
日用化学产品制造	379	379	29	1346	1346	622		256
香料、香精制造	379	379	29	1346	1346	622		256
医药制造业	3875	3806	1588	15508	13829	4698	1678	7467
中成药制造	3014	2928	1509	12821	11830	4073	990	7086
兽用药品制造	861	878	80	2687	1999	625	688	381
橡胶制品业	269	191	69	1660	1660	10		120
橡胶零件制造	269	191	69	1660	1660	10		120
塑料制品业	1223	1057	214	1882	1466	179		1043
塑料板、管、型材的制造	434	338		754	754			101
塑料丝、绳及编织品的制造	487	420	214	930	514	171		496
塑料包装箱及容器制造	303	300		199	199	9		447
非金属矿物制品业	122337	129285	17573	169422	98775	16406	70647	93268
水泥、石灰和石膏的制造	119333	126261	17121	167853	98089	16367	69764	84023
水泥制造	119333	126261	17121	167853	98089	16367	69764	84023
水泥及石膏制品制造	1104	1125	452	514	5		509	1871
其他水泥制品制造	1104	1125	452	514	5		509	1871
砖瓦、石材及其他建筑材料制造	861	861		717	343	6	374	182
粘土砖瓦及建筑砌块制造	861	861		717	343	6	374	182
石墨及其他非金属矿物制品制造	1039	1039		339	339	34		7192
石墨及碳素制品制造	1039	1039		339	339	34		7192
黑色金属冶炼及压延加工业	13463	12779	1899	27210	27210	11146		12723
炼钢	8932	8260	1779	18882	18882	10250		9735
钢压延加工	4148	4180	120	7514	7514	243		2943
铁合金冶炼	383	339		813	813	654		45
有色金属冶炼及压延加工业	932	935		5161	4740	1137	421	1776
常用有色金属冶炼	259	261		1737	1737	976		2387
铅锌冶炼	22	22		604	604	493		38
锑冶炼	236	238		1133	1133	483		2350
贵金属冶炼	524	524		1907	1907	139		48
金冶炼	524	524		1907	1907	139		48
有色金属压延加工	150	151		1517	1097	22	421	-660
常用有色金属压延加工	150	151		1517	1097	22	421	-660
金属制品业	462	350		611	611	250		610
建筑、安全用金属制品制造	462	350		611	611	250		610
安全、消防用金属制品制造	462	350		611	611	250		610

项目	资产总计			负债合计				所有者权益合计
	固定资产净值	固定资产净值年平均余额	无形资产		流动负债合计	应付账款	长期负债合计	
通用设备制造业	5436	5035	2981	9200	6654	2765	2546	7694
锅炉及原动机制造	2231	2290		4249	3953	1762	296	1342
内燃机及配件制造	2231	2290		4249	3953	1762	296	1342
金属加工机械制造	1909	1399	2980	3403	1153	332	2250	4275
机床附件制造	1909	1399	2980	3403	1153	332	2250	4275
轴承、齿轮、传动和驱动部件的制造	493	515		578	578	300		493
齿轮、传动和驱动部件制造	493	515		578	578	300		493
通用零部件制造及机械修理	610	638	1	827	827	289		662
紧固件、弹簧制造	257	283	1	479	479	20		328
机械零部件加工及设备修理	353	355		348	348	269		334
金属铸、锻加工	194	193		143	143	81		922
钢铁铸件制造	194	193		143	143	81		922
专用设备制造业	1576	1595	1576	4160	2975	1579	1186	1720
食品、饮料、烟草及饲料生产专用设备制造	499	499		1192	1106	204	86	779
农副食品加工专用设备制造	499	499		1192	1106	204	86	779
农、林、牧、渔专用机械制造	1077	1096	1576	2969	1869	1375	1100	941
拖拉机制造	1077	1096	1576	2969	1869	1375	1100	941
交通运输设备制造业	1474	1416	21	846	841	1		1254
汽车制造	162	162	2	508	503	1		160
汽车修理	162	162	2	508	503	1		160
船舶及浮动装置制造	1312	1254	19	338	338			1093
非金属船舶制造	1312	1254	19	338	338			1093
电气机械及器材制造业	338	400	10	1324	1324	437		537
电线、电缆、光缆及电工器材制造	92	154	10	849	849	123		178
电线电缆制造	92	154	10	849	849	123		178
电池制造	246	246		475	475	314		359
工艺品及其他制造业	703	752	14	2707	2707	1682		1283
工艺美术品制造	703	752	14	2707	2707	1682		1283
天然植物纤维编织工艺品制造	703	752	14	2707	2707	1682		1283
电力、燃气及水的生产和供应业	294023	283059	12903	220062	67822	2727	152240	192353
电力、热力的生产和供应业	282574	271079	10166	207281	65127	2296	142154	183488
电力生产	187285	189952	9152	89432	51603	1137	37829	164169
火力发电	169	656		116	86		30	1575
水力发电	187117	189296	9152	89316	51516	1137	37799	162594
电力供应	95289	81127	1014	117849	13524	1158	104325	19319
水的生产和供应业	11448	11980	2737	12781	2695	432	10086	8865
自来水的生产和供应	11448	11980	2737	12781	2695	432	10086	8865

3－12　2005年规模以上工业企业主要经济指标(五)

单位:万元

项　目	所有者权益合计							主营业务收入	主营业务成本	主营业务税金及附加
	实收资本	国家资本	集体资本	法人资本	个人资本	港澳台资本	外商资本			
总　计	**346719**	**173349**	**4359**	**43882**	**48391**	**76083**	**655**	**970573**	**795999**	**4539**
一、按登记注册类型分组:										
内资企业	264290	173349	1916	40651	48324	50		869260	707526	4499
国有企业	45804	45053	467	228	55			99638	91166	534
中央企业	68			68				3329	2841	16
地方企业	45736	45053	467	160	55			96308	88325	518
集体企业	1535		879	168	488			38816	37249	115
联营企业	195		30	165				616	432	
国有与集体联营企业	195		30	165				616	432	
有限责任公司	158867	118296	540	20501	19530			265395	175693	1365
国有独资公司	112668	112668						90637	22723	509
其他有限责任公司	46198	5628	540	20501	19530			174758	152970	857
股份有限公司	37463	10000		9056	18407			150198	121269	1566
私营企业	20427			10533	9844	50		314598	281718	919
私营独资企业	2333				2283	50		65520	63037	127
私营合作企业	628				628			2961	2720	6
私营有限责任公司	11858			6803	5055			226781	198185	471
私营股份有限公司	5608			3730	1878			19336	17776	316
港、澳、台商投资企业	75960			2005		73885	70	75747	65280	6
合资经营企业(港或澳、台资)	65707			1955		63752		39500	31358	1
合作经营企业(港或澳、台资)	66			50		17		2114	2068	1
港澳台商独资经营企业	10187					10117	70	34133	31855	4
外商投资企业	6469		2443	1227	67	2148	585	25567	23193	35
中外合资经营企业	1121			540		231	350	3765	3553	
中外合作经营企业	3463		2443	687	67	62	204	10709	9427	35
外资企业	1885					1855	31	11092	10214	
二、按经济组织类型分组										
独资企业	61743	45053	1346	396	2826	12021	100	249198	233520	780
国有企业	45804	45053	467	228	55			99638	91166	534
集体企业	1535		879	168	488			38816	37249	115
私营独资企业	2333				2283	50		65520	63037	127
港澳台商独资经营企业	10187					10117	70	34133	31855	4
外资企业	1885					1855	31	11092	10214	
合作、合伙企业	4352		2473	902	694	79	204	16401	14646	41
国有与集体联营企业	195		30	165				616	432	
私营合伙企业	628				628			2961	2720	6
合作经营企业(港或澳、台资)	66			50		17		2114	2068	1
中外合作经营企业	3463		2443	687	67	62	204	10709	9427	35

(续表 3－12)　　单位:万元

项　　目	所有者权益合计							主营业务收入	主营业务成本	主营业务税金及附加
	实收资本	国家资本	集体资本	法人资本	个人资本	港澳台资本	外商资本			
股份有限公司	43071	10000		12786	20285			169533	139045	1882
股份有限公司(内资)	37463	10000		9056	18407			150198	121269	1566
私营股份有限公司	5608			3730	1878			19336	17776	316
有限责任公司	237553	118296	540	29798	24585	63983	350	535441	408788	1837
国有独资公司	112668	112668						90637	22723	509
私营有限责任公司	11858			6803	5055			226781	198185	471
合资经营企业(港或澳、台资)	65707			1955		63752		39500	31358	1
中外合资经营企业	1121			540		231	350	3765	3553	
其他有限责任公司	46198	5628	540	20501	19530			174758	152970	857
三、在总计中:亏损企业	60826	32116	600	10020	15657	2410	22	147648	139998	714
在总计中:国有控股企业	249778	168394	497	7181	10014	63692		344555	239363	2289
在总计中:农村工业	20074		879	5526	7038	6532	100	124793	109786	586
在总计中:轻工业	77647	18593	427	31365	21174	5433	655	445286	378208	2408
重工业	269072	154757	3932	12517	27217	70650		525287	417792	2132
在总计中:大型企业	25269	10000		5410	9859			103321	84162	1221
中型企业	126206	18227	998	23935	16713	66332		418105	297351	1424
小型企业	195244	145122	3361	14537	21819	9751	655	449147	414487	1895
四、按工业行业大中小类分:										
总计	346719	173349	4359	43882	48391	76083	655	970573	795999	4539
采矿业	12981	1765		118	11098			21097	18725	99
黑色金属矿采选业	11695	1495			10200			10192	9789	18
其他黑色金属矿采选	11695	1495			10200			10192	9789	18
有色金属矿采选业	388	270		118				8079	6563	76
常用有色金属矿采选	320	270		50				4749	3723	59
铅锌矿采选	320	270		50				4749	3723	59
贵金属矿采选	68			68				3329	2841	16
金矿采选	68			68				3329	2841	16
非金属矿采选业	898				898			2827	2373	6
土砂石开采	898				898			2827	2373	6
粘土及其他土砂石开采	898				898			2827	2373	6
制造业	197927	35834	4299	43764	37293	76083	655	816848	716515	3687
农副食品加工业	55373	12102	264	29722	13255		31	272494	221342	1812
谷物磨制	2600			2050	550			9896	8903	50
饲料加工	3173		30	1465	1678			108375	89792	4
制糖	49019	12102	234	26157	10527			148314	117433	1666
蔬菜、水果和坚果加工	50			50				1237	954	2
其他农副食品加工	531				500		31	4672	4261	90
淀粉及淀粉制品的制造	500				500			3688	3481	90
豆制品制造	31						31	985	780	
食品制造业	1237	937		50	250			8032	6404	172

(续表 3－12)　　　　单位:万元

项　　目	所有者权益合计							主营业务收入	主营业务成本	主营业务税金及附加
	实收资本	国家资本	集体资本	法人资本	个人资本	港澳台资本	外商资本			
方便食品制造	102	2		50	50			2606	2108	74
米、面制品制造	102	2		50	50			2606	2108	74
罐头制造	200				200			536	425	61
蔬菜、水果罐头制造	200				200			536	425	61
其他食品制造	935	935						4890	3871	38
冷冻饮品及食用冰制造	935	935						4890	3871	38
纺织业	649	299					350	2254	2146	1
棉、化纤纺织及印染精加工	299	299						124	127	1
棉、化纤纺织加工	299	299						124	127	1
毛纺织和染整精加工	350						350	2130	2019	
毛染整精加工	350						350	2130	2019	
纺织服装、鞋、帽制造业	1708					1708		1027	921	
纺织服装制造	1708					1708		1027	921	
皮革、毛皮、羽毛(绒)及其制品业	1291			200	1091			87426	85073	139
羽毛(绒)加工及制品制造	1291			200	1091			87426	85073	139
羽毛(绒)加工	1291			200	1091			87426	85073	139
木材加工及木、竹、藤、棕、草制	2253	33	414	1035		589	182	14485	14158	16
锯材、木片加工	33	33						395	392	1
木片加工	33	33						395	392	1
人造板制造	774		414	360				7822	7949	13
胶合板制造	174		174					998	930	1
纤维板制造	600		240	360				6825	7019	12
竹、藤、棕、草制品制造	1446			675		589	182	6268	5817	3
造纸及纸制品业	8044		104	630	4289	3022		32686	28705	112
造纸	6811			30	3991	2791		24857	21544	86
机制纸及纸板制造	6811			30	3991	2791		24857	21544	86
纸制品制造	1233		104	600	298	231		7829	7161	27
纸和纸板容器的制造	230				230			3026	2717	14
其他纸制品制造	1003		104	600	68	231		4803	4444	12
印刷业和记录媒介的复制	54	54						165	170	1
印刷	54	54						165	170	1
书、报、刊印刷	54	54						165	170	1
化学原料及化学制品制造业	13953	1804	765	3532	2809	5043		82321	73826	86
基础化学原料制造	4780				200	4580		16183	15264	15
无机盐制造	200				200			1775	1574	15
其他基础化学原料制造	4580					4580		14408	13690	
肥料制造	4401	1474	765	400	1762			36065	32075	22
氮肥制造	68				68			6903	6329	
磷肥制造	3719	1474	765		1480			17884	15598	21
复混肥料制造	614			400	214			11279	10148	1

（续表 3－12） 单位：万元

项目	所有者权益合计							主营业务收入	主营业务成本	主营业务税金及附加
	实收资本	国家资本	集体资本	法人资本	个人资本	港澳台资本	外商资本			
农药制造	3332			3132	200			12072	9545	16
化学农药制造	3332			3132	200			12072	9545	16
专用化学产品制造	1190	330			397	463		16301	15355	29
化学试剂和助剂制造	413					413		869	667	
林产化学产品制造	777	330			397	50		15432	14689	29
日用化学产品制造	250				250			1701	1587	5
香料、香精制造	250				250			1701	1587	5
医药制造业	1621			26	1595			16783	11318	132
中成药制造	1600			26	1574			16263	10828	117
兽用药品制造	21				21			520	490	16
橡胶制品业	300				300			1080	793	7
橡胶零件制造	300				300			1080	793	7
塑料制品业	909				909			10305	8897	56
塑料板、管、型材的制造	46				46			1385	1275	7
塑料丝、绳及编织品的制造	535				535			7375	6150	44
塑料包装箱及容器制造	328				328			1545	1472	5
非金属矿物制品业	93187	19215	2743	5193	2284	63752		124781	114060	469
水泥、石灰和石膏的制造	90795	19138	2743	2938	2284	63692		108295	98691	451
水泥制造	90795	19138	2743	2938	2284	63692		108295	98691	451
水泥及石膏制品制造	2015			1955		60		1046	881	1
其他水泥制品制造	2015			1955		60		1046	881	1
砖瓦、石材及其他建筑材料制造	78	78						667	667	
粘土砖瓦及建筑砌块制造	78	78						667	667	
石墨及其他非金属矿物制品制造	300			300				14772	13820	17
石墨及碳素制品制造	300			300				14772	13820	17
黑色金属冶炼及压延加工业	7939			1680	6259			111291	103703	437
炼钢	5000				5000			53593	50220	267
钢压延加工	2750			1680	1070			55510	51621	119
铁合金冶炼	189				189			2188	1862	50
有色金属冶炼及压延加工业	2322			155	312	1855		14720	13360	32
常用有色金属冶炼	1860			5		1855		10932	10249	2
铅锌冶炼	5			5				824	815	2
锑冶炼	1855					1855		10108	9434	
贵金属冶炼	150			150				2423	1734	22
金冶炼	150			150				2423	1734	22
有色金属压延加工	312				312			1365	1377	7
常用有色金属压延加工	312				312			1365	1377	7
金属制品业	108			108				627	407	50
建筑、安全用金属制品制造	108			108				627	407	50
安全、消防用金属制品制造	108			108				627	407	50

（续表 3－12） 单位：万元

项　　目	所有者权益合计							主营业务收入	主营业务成本	主营业务税金及附加
	实收资本	国家资本	集体资本	法人资本	个人资本	港澳台资本	外商资本			
通用设备制造业	4002		10	168	3824			15292	12204	136
锅炉及原动机制造	300				300			4216	3651	4
内燃机及配件制造	300				300			4216	3651	4
金属加工机械制造	3000				3000			6824	5080	52
机床附件制造	3000				3000			6824	5080	52
轴承、齿轮、传动和驱动部件的制造	10		10					1564	1242	15
齿轮、传动和驱动部件制造	10		10					1564	1242	15
通用零部件制造及机械修理	472			168	304			1449	1187	59
紧固件、弹簧制造	304				304			667	537	50
机械零部件加工及设备修理	168			168				782	650	9
金属铸、锻加工	220				220			1239	1044	6
钢铁铸件制造	220				220			1239	1044	6
专用设备制造业	1700	772		928				6235	5672	2
食品、饮料、烟草及饲料生产专用设备制造	100	100						220	180	2
农副食品加工专用设备制造	100	100						220	180	2
农、林、牧、渔专用机械制造	1600	672		928				6015	5492	
拖拉机制造	1600	672		928				6015	5492	
交通运输设备制造业	779	619		160				556	326	18
汽车制造	160			160				105	58	6
汽车修理	160			160				105	58	6
船舶及浮动装置制造	619	619						451	267	12
非金属船舶制造	619	619						451	267	12
电气机械及器材制造业	165			115	50			6281	5682	10
电线、电缆、光缆及电工器材制造	115			115				2975	2775	8
电线电缆制造	115			115				2975	2775	8
电池制造	50				50			3306	2907	2
工艺品及其他制造业	335			62	67	114	92	8008	7347	2
工艺美术品制造	335			62	67	114	92	8008	7347	2
天然植物纤维编织工艺品制造	335			62	67	114	92	8008	7347	2
电力、燃气及水的生产和供应业	135810	135750	60					132628	60760	753
电力、热力的生产和供应业	130549	130549						129035	57760	730
电力生产	118774	118774						19956	14869	346
火力发电	1492	1492						130	185	3
水力发电	117282	117282						19826	14684	343
电力供应	11775	11775						109080	42892	385
水的生产和供应业	5262	5202	60					3593	3000	23
自来水的生产和供应	5262	5202	60					3593	3000	23

3－13　2005年规模以上工业企业主要经济指标(六)

单位：万元

项　　目	其他业务收入	其他业务利润	营业费用	管理费用	税金	财产保险费	办公费	职工教育费	财务费用	利息支出	营业利润
总　　计	**9891**	**2869**	**18024**	**42597**	**1097**	**478**	**1367**	**374**	**13737**	**12818**	**25140**
一、按登记注册类型分组：											
内资企业	9717	2695	16806	38843	1081	462	1330	334	13084	12729	17830
国有企业	1636	605	1456	8008	384	107	433	97	3432	3320	－4445
中央企业	17	15	3	476	4		11	4	47	47	－39
地方企业	1619	590	1453	7532	380	107	423	93	3385	3273	－4407
集体企业	136	60	294	823	26	62	86	17	113	94	151
联营企业			79	79	2		5	1	11	12	15
国有与集体联营企业			79	79	2		5	1	11	12	15
有限责任公司	3752	1359	5129	12056	228	99	258	111	3610	3658	10585
国有独资公司	122	87		4262	61	30	94	59	1831	1883	3123
其他有限责任公司	3630	1272	5129	7794	167	69	164	53	1779	1775	7462
股份有限公司	2937	426	4493	10249	292	128	155	52	3587	3528	9459
私营企业	1257	245	5356	7629	150	67	393	56	2331	2118	2064
私营独资企业	717	9	409	605	49	6	50	5	328	278	451
私营合作企业				81	7		12	2	33	12	122
私营有限责任公司	528	225	4593	6356	93	60	307	43	1732	1591	1521
私营股份有限公司	12	12	355	587	1	1	24	6	239	237	－29
港、澳、台商投资企业	173	173	469	2977	13	5	22	12	594	63	6581
合资经营企业(港或澳、台资)				2126	2		5		452	20	5555
合作经营企业(港或澳、台资)			17	30					2	1	－3
港澳台商独资经营企业	173	173	452	821	11	5	18	12	139	42	1030
外商投资企业			750	777	3	12	16	29	59	25	730
中外合资经营企业			107	55	2	1	4	2	17	14	32
中外合作经营企业			335	631		10	12	26	39	12	219
外资企业			308	90	1				3		478
二、按经济组织类型分组											
独资企业	2662	847	2918	10346	470	179	586	131	4015	3735	－2335
国有企业	1636	605	1456	8008	384	107	433	97	3432	3320	－4445
集体企业	136	60	294	823	26	62	86	17	113	94	151
私营独资企业	717	9	409	605	49	6	50	5	328	278	451
港澳台商独资经营企业	173	173	452	821	11	5	18	12	139	42	1030
外资企业			308	90	1				3		478
合作、合伙企业			431	822	9	10	29	29	85	36	352
国有与集体联营企业			79	79	2		5	1	11	12	15
私营合伙企业			0	81	7		12	2	33	12	122
合作经营企业(港或澳、台资)			17	30					2	1	－3
中外合作经营企业			335	631		10	12	26	39	12	219

（续表 3－13） 单位：万元

项　　目	其他业务收入	其他业务利润	营业费用	管理费用	税金	财产保险费	办公费	职工教育费	财务费用	利息支出	营业利润
股份有限公司	2949	438	4848	10836	293	128	179	58	3826	3765	9430
股份有限公司(内资)	2937	426	4493	10249	292	128	155	52	3587	3528	9459
私营股份有限公司	12	12	355	587	1	1	24	6	239	237	－29
有限责任公司	4280	1584	9829	20594	325	161	574	157	5811	5282	17693
国有独资公司	122	87		4262	61	30	94	59	1831	1883	3123
私营有限责任公司	528	225	4593	6356	93	60	307	43	1732	1591	1521
合资经营企业(港或澳、台资)				2126	2		5		452	20	5555
中外合资经营企业			107	55	2	1	4	2	17	14	32
其他有限责任公司	3630	1272	5129	7794	167	69	164	53	1779	1775	7462
三、在总计中：亏损企业	1196	883	2462	9900	295	165	212	55	4929	4795	－10043
在总计中：国有控股企业	2687	1101	5367	22174	718	166	625	187	8660	8164	9431
在总计中：农村工业	922	425	4770	4120	81	73	179	48	783	588	4917
在总计中：轻工业	4037	864	12216	17700	565	190	569	186	5256	5036	17177
重工业	5854	2004	5808	24897	532	288	798	188	8481	7782	7964
在总计中：大型企业	905	402	3616	6970	231	29	67	20	2773	2761	4982
中型企业	5920	1690	7041	19725	300	223	513	201	3797	3323	20777
小型企业	3066	777	7367	15902	566	226	788	153	7167	6734	－618
四、按工业行业大中小类分：											
总计	9891	2869	18024	42597	1097	478	1367	374	13737	12818	25140
采矿业	1623	454	673	2000	6	5	69	12	322	321	－352
黑色金属矿采选业	298	245	424	881	1		36	3	53	59	－812
其他黑色金属矿采选	298	245	424	881	1		36	3	53	59	－812
有色金属矿采选业	607	201	90	972	4		25	9	56	48	524
常用有色金属矿采选	590	186	86	496			15	5	9	1	562
铅锌矿采选	590	186	86	496			15	5	9	1	562
贵金属矿采选	17	15	3	476	4		11	4	47	47	－39
金矿采选	17	15	3	476	4		11	4	47	47	－39
非金属矿采选业	718	9	160	147	2	5	7		213	213	－63
土砂石开采	718	9	160	147	2	5	7		213	213	－63
粘土及其他土砂石开采	718	9	160	147	2	5	7		213	213	－63
制造业	7020	2157	17227	32651	746	384	850	243	11178	10259	22748
农副食品加工业	3684	710	7645	13249	357	97	243	99	4088	3944	13301
谷物磨制			67	136	3				93	45	281
饲料加工	220	91	3176	2290	41	12	58	34	215	155	1586
制糖	3464	619	4159	10577	299	82	164	60	3626	3593	11473
蔬菜、水果和坚果加工			14	135	14	2	13	5	7	7	126
其他农副食品加工			229	111	1	1	9		146	143	－165
淀粉及淀粉制品的制造			57	86		1	9		143	143	－170
豆制品制造			173	25	1				3		5
食品制造业			407	351	38	4	14	9	283	283	405

(续表 3-13) 单位:万元

项目	其他业务收入	其他业务利润	营业费用	管理费用					财务费用		营业利润
					税金	财产保险费	办公费	职工教育费		利息支出	
方便食品制造			17	15			6	3	27	27	365
米、面制品制造			17	15			6	3	27	27	365
罐头制造			19	29		3	6	2	2	2	
蔬菜、水果罐头制造			19	29		3	6	2	2	2	
其他食品制造			371	306	38	2	1	5	254	254	40
冷冻饮品及食用冰制造			371	306	38	2	1	5	254	254	40
纺织业			35	110	7	3	4		14	14	-52
棉、化纤纺织及印染精加工				68	5	2	1				-73
棉、化纤纺织加工				68	5	2	1				-73
毛纺织和染整精加工			35	42	2	1	3		14	14	20
毛染整精加工			35	42	2	1	3		14	14	20
纺织服装、鞋、帽制造业	1	1	27	85	3		3				-9
纺织服装制造	1	1	27	85	3		3				-9
皮革、毛皮、羽毛(绒)及其制品业	18	3	66	306	4		10	1	169	167	274
羽毛(绒)加工及制品制造	18	3	66	306	4		10	1	169	167	274
羽毛(绒)加工	18	3	66	306	4		10	1	169	167	274
木材加工及木、竹、藤、棕、草制	3	2	281	453	3	26	19	14	178	162	-602
锯材、木片加工	3	2									2
木片加工	3	2									2
人造板制造			103	198	3	21	12		164	161	-606
胶合板制造			41	20	1		2		5	3	1
纤维板制造			62	179	2	21	11		159	158	-607
竹、藤、棕、草制品制造			178	255	1	5	7	14	14	1	2
造纸及纸制品业	56	51	818	858	27	52	30	16	64	59	2179
造纸	27	27	634	637	19	34	11	14	-19	-19	2002
机制纸及纸板制造	27	27	634	637	19	34	11	14	-19	-19	2002
纸制品制造	29	24	184	221	9	18	20	3	82	78	178
纸和纸板容器的制造	29	24	101	160	6	18	7		70	70	-13
其他纸制品制造			83	61	3		13	2	12	8	191
印刷业和记录媒介的复制	2	2		66	7				1	1	-70
印刷	2	2		66	7				1	1	-70
书、报、刊印刷	2	2		66	7				1	1	-70
化学原料及化学制品制造业	990	881	2039	5176	99	49	93	19	1563	1474	315
基础化学原料制造	231	231	509	270	1	2	7		79	8	277
无机盐制造	86	86	137	66	1	2	7		8	8	60
其他基础化学原料制造	145	145	372	204					71		216
肥料制造	695	643	1207	2716	48	20	24	14	372	355	313
氮肥制造			100	400	6						73
磷肥制造	685	643	622	1870	41	20	20	14	306	297	106
复混肥料制造	11		485	446			4		66	58	134

（续表 3－13）　　单位：万元

项　目	其他业务收入	其他业务利润	营业费用	管理费用	税金	财产保险费	办公费	职工教育费	财务费用	利息支出	营业利润
农药制造	55	－3	75	1721	8	21	28	1	1080	1080	－368
化学农药制造	55	－3	75	1721	8	21	28	1	1080	1080	－368
专用化学产品制造	10	10	236	355	44	7	34	5	32	31	111
化学试剂和助剂制造			20	147		3	3		6	5	29
林产化学产品制造	10	10	216	208	44	4	31	5	26	26	82
日用化学产品制造			13	114							－17
香料、香精制造			13	114							－17
医药制造业	109	24	2659	895	19	4	17	4	164	164	1639
中成药制造	109	24	2590	813	17	1	6	3	77	78	1863
兽用药品制造			69	82	2	3	11	1	87	87	－224
橡胶制品业			86	148					11	11	35
橡胶零件制造			86	148					11	11	35
塑料制品业			75	163	8		38	2	39	18	172
塑料板、管、型材的制造			33	63			26				7
塑料丝、绳及编织品的制造			42	61	5		5	1	39	18	137
塑料包装箱及容器制造				39	3		6	2			29
非金属矿物制品业	39	39	949	5953	81	65	48	14	2883	2322	279
水泥、石灰和石膏的制造	39	39	450	5245	79	65	43	14	2855	2302	568
水泥制造	39	39	450	5245	79	65	43	14	2855	2302	568
水泥及石膏制品制造				178	2		5		28	20	－50
其他水泥制品制造				178	2		5		28	20	－50
砖瓦、石材及其他建筑材料制造				7							－7
粘土砖瓦及建筑砌块制造				7							－7
石墨及其他非金属矿物制品制造			499	523							－232
石墨及碳素制品制造			499	523							－232
黑色金属冶炼及压延加工业	1988	386	1061	2101		69	54	12	1023	1022	3066
炼钢	1988	462	93	654		3	10	4	181	181	2641
钢压延加工		－76	964	1319		67	44	8	842	842	569
铁合金冶炼			3	129							－144
有色金属冶炼及压延加工业	3		169	588	14		14	3	63	63	507
常用有色金属冶炼			135	84							461
铅锌冶炼				19							－13
锑冶炼			135	65							474
贵金属冶炼	3		25	466	14		14	3	22	22	152
金冶炼	3		25	466	14		14	3	22	22	152
有色金属压延加工			9	38					41	41	－107
常用有色金属压延加工			9	38					41	41	－107
金属制品业			41	13					37		70
建筑、安全用金属制品制造			41	13					37		70
安全、消防用金属制品制造			41	13					37		70

(续表 3－13) 单位：万元

项　目	其他业务收入	其他业务利润	营业费用	管理费用	税金	财产保险费	办公费	职工教育费	财务费用	利息支出	营业利润
通用设备制造业	32	8	363	1044	50	8	58	16	373	373	1003
锅炉及原动机制造	32	8	250	246	30	4	13	4	48	48	－5
内燃机及配件制造	32	8	250	246	30	4	13	4	48	48	－5
金属加工机械制造			11	591	5	1	29	9	283	283	807
机床附件制造			11	591	5	1	29	9	283	283	807
轴承、齿轮、传动和驱动部件的制造			26	63	15	4	6		26	26	65
齿轮、传动和驱动部件制造			26	63	15	4	6		26	26	65
通用零部件制造及机械修理			14	130			6	3	13	12	44
紧固件、弹簧制造			4	70			0	2	4	3	3
机械零部件加工及设备修理			10	60			6	1	9	9	41
金属铸、锻加工			63	14			4		3	3	91
钢铁铸件制造			63	14			4		3	3	91
专用设备制造业	35	12	145	345	24		5	4	108	107	－25
食品、饮料、烟草及饲料生产专用设备制造	13	5		92			2		34	34	－82
农副食品加工专用设备制造	13	5		92			2		34	34	－82
农、林、牧、渔专用机械制造	22	7	145	253	24		3	4	74	73	57
拖拉机制造	22	7	145	253	24		3	4	74	73	57
交通运输设备制造业	48	36	17	215	6		5	3	16	16	2
汽车制造			17	40	3		5	1	16	16	－32
汽车修理			17	40	3		5	1	16	16	－32
船舶及浮动装置制造	48	36		175	3			2			33
非金属船舶制造	48	36		175	3			2			33
电气机械及器材制造业	13	2	163	247			187	4	14	13	159
电线、电缆、光缆及电工器材制造	13	2	74	50			5	1	12	13	50
电线电缆制造	13	2	74	50			5	1	12	13	50
电池制造			89	197			183	2	2		109
工艺品及其他制造业			182	287		5	8	23	89	48	101
工艺美术品制造			182	287		5	8	23	89	48	101
天然植物纤维编织工艺品制造			182	287		5	8	23	89	48	101
电力、燃气及水的生产和供应业	1247	258	124	7946	345	90	449	119	2237	2238	2744
电力、热力的生产和供应业	1080	184	26	7056	245	70	404	104	1868	1882	3458
电力生产	1007	113	26	1026	123		104	18	1923	1885	1836
火力发电	55	37	2	70	2		2	1			－95
水力发电	952	76	23	956	121		102	17	1923	1885	1931
电力供应	73	71		6031	122	70	300	86	－55	－4	1622
水的生产和供应业	167	74	99	890	100	19	45	15	370	357	－714
自来水的生产和供应	167	74	99	890	100	19	45	15	370	357	－714

3-14 2005年规模以上工业企业主要经济指标(七)

单位:万元

项　目	投资收益	补贴收入	营业外收入	利润总额	应交所得税	亏损企业亏损总额	利税总额	广告费	研究开发费	劳动、失业保险费
总　计	**162**	**1005**	**3463**	**28531**	**3591**	**9099**	**75908**	**1867**	**115**	**1767**
一、按登记注册类型分组:										
内资企业	162	1004	2441	20259	3392	8927	59108	1860	115	1767
国有企业	47	197	2085	-2454	505	4829	3083	4	1	849
中央企业	0	197		104	50		121			6
地方企业	47		2085	-2559	455	4829	2962	4	1	843
集体企业		307		458	75	12	1445	6	9	
联营企业				15			15	1		3
国有与集体联营企业				15			15	1		3
有限责任公司	111	496	207	10750	754	1569	25016	1636	82	329
国有独资公司	111		39	3273	355		9190		17	123
其他有限责任公司		496	168	7477	399	1569	15826	1636	65	206
股份有限公司	4		27	9361	1588	103	22410	46		570
私营企业		4	122	2130	470	2415	7141	168	24	15
私营独资企业			7	454	41	375	1637	31	3	
私营合作企业				122	10		189			
私营有限责任公司		4	44	1511	418	1295	4512	136	21	15
私营股份有限公司			72	43		745	803	1		
港、澳、台商投资企业			1022	7542	178	171	13454			1
合资经营企业(港或澳、台资)			1025	6580		85	9556			
合作经营企业(港或澳、台资)				-3		3	121			
港澳台商独资经营企业			-3	966	178	83	3777			1
外商投资企业		1		730	21		3345	7		
中外合资经营企业				32	15		69			
中外合作经营企业		1		220	5		1102	7		
外资企业				478	1		2174			
二、按经济组织类型分组										
独资企业	47	504	2089	-99	801	5299	12116	41	12	850
国有企业	47	197	2085	-2454	505	4829	3083	4	1	849
集体企业		307		458	75	12	1445	6	9	
私营独资企业			7	454	41	375	1637	31	3	
港澳台商独资经营企业			-3	966	178	83	3777			1
外资企业				478	1		2174			
合作、合伙企业		1		353	15	4	1427	8		3
国有与集体联营企业				15			15	1		3
私营合伙企业				122	10		189			
合作经营企业(港或澳、台资)				-3		3	121			
中外合作经营企业		1		220	5		1102	7		

(续表 3－14)　　　　　　　　　　　　　　　　　　单位：万元

项　　目	投资收益	补贴收入	营业外收入	利润总额	应交所得税	亏损企业亏损总额	利税总额	广告费	研究开发费	劳动、失业保险费
股份有限公司	4		99	9404	1588	848	23213	46		570
股份有限公司(内资)	4		27	9361	1588	103	22410	46		570
私营股份有限公司			72	43		745	803	1		
有限责任公司	111	500	1276	18873	1188	2948	39153	1772	103	344
国有独资公司	111		39	3273	355		9190		17	123
私营有限责任公司		4	44	1511	418	1295	4512	136	21	15
合资经营企业(港或澳、台资)			1025	6580		85	9556			
中外合资经营企业				32	15		69			
其他有限责任公司		496	168	7477	399	1569	15826	1636	65	206
三、在总计中:亏损企业	7	245	1326	－9099	40	9099	－2990	63	3	500
在总计中:国有控股企业	133	205	3199	12519	1779	4886	36177	118	18	1511
在总计中:农村工业		245	79	5106	663	688	13416	1560	9	
在总计中:轻工业	4	5	229	17066	2421	1648	37182	1694	24	878
重工业	158	1000	3234	11465	1170	7451	38726	173	91	889
在总计中:大型企业	－25		15	4862	825		14125	3		535
中型企业	32	244	1222	21599	1734	1194	40795	1625	36	555
小型企业	154	761	2227	2070	1033	7905	20988	239	79	677
四、按工业行业大中小类分:										
总计	162	1005	3463	28531	3591	9099	75908	1867	115	1767
采矿业		197	45	－174	79	933	685	4		6
黑色金属矿采选业			36	－779		838	－640	1		
其他黑色金属矿采选			36	－779		838	－640	1		
有色金属矿采选业		197	3	664	74	11	1277			6
常用有色金属矿采选			3	560	24	11	1156			0
铅锌矿采选			3	560	24	11	1156			0
贵金属矿采选		197		104	50		121			6
金矿采选		197		104	50		121			6
非金属矿采选业			6	－59	5	84	48	3		
土砂石开采			6	－59	5	84	48	3		
粘土及其他土砂石开采			6	－59	5	84	48	3		
制造业	4	808	2589	25062	2921	7045	62730	1863	97	1266
农副食品加工业	4	4	172	13291	1801	465	27089	118	11	606
谷物磨制			36	317	1	222	376	1		
饲料加工		4	33	1595	325	74	1606	113	11	7
制糖	4		103	11419	1474		24974	5		599
蔬菜、水果和坚果加工				126			142			
其他农副食品加工				－165	1	170	－9			
淀粉及淀粉制品的制造				－170		170	－14			
豆制品制造				5	1		5			
食品制造业			20	409			889			83

(续表 3－14) 单位：万元

项　目	投资收益	补贴收入	营业外收入	利润总额	应交所得税	亏损企业亏损总额	利税总额	广告费	研究开发费	劳动、失业保险费
方便食品制造			7	365			439			1
米、面制品制造			7	365			439			1
罐头制造							61			
蔬菜、水果罐头制造							61			
其他食品制造			14	44			390			82
冷冻饮品及食用冰制造			14	44			390			82
纺织业			13	－40	7	60	6			3
棉、化纤纺织及印染精加工			13	－60		60	－52			3
棉、化纤纺织加工			13	－60		60	－52			3
毛纺织和染整精加工				20	7		57			
毛染整精加工				20	7		57			
纺织服装、鞋、帽制造业				－9		9	－9			
纺织服装制造				－9		9	－9			
皮革、毛皮、羽毛(绒)及其制品业				265	8	5	1935			
羽毛(绒)加工及制品制造				265	8	5	1935			
羽毛(绒)加工				265	8	5	1935			
木材加工及木、竹、藤、棕、草制		245	36	－377		438	307	2		
锯材、木片加工			6	2			3			
木片加工			6	2			3			
人造板制造		245	30	－381		387	－123			
胶合板制造			5	6			7			
纤维板制造		245	25	－387		387	－130			
竹、藤、棕、草制品制造				2		50	427	2		
造纸及纸制品业			3	2076	308	19	3469	41		25
造纸			－5	1947	300		3064	41		22
机制纸及纸板制造			－5	1947	300		3064	41		22
纸制品制造			7	129	8	19	405			3
纸和纸板容器的制造			7	－7		7	139			3
其他纸制品制造				136	8	12	266			
印刷业和记录媒介的复制				－70		70	－64			4
印刷				－70		70	－64			4
书、报、刊印刷				－70		70	－64			4
化学原料及化学制品制造业		244	5	103	128	719	3244	8	65	19
基础化学原料制造			1	277	61		2606			
无机盐制造				60	12		228			
其他基础化学原料制造			1	217	49		2378			
肥料制造		244		128		208	355	6	9	19
氮肥制造				73			77			
磷肥制造		244		－79		208	144	6	9	19
复混肥料制造				134			135			

项　目	投资收益	补贴收入	营业外收入	利润总额	应交所得税	亏损企业亏损总额	利税总额	广告费	研究开发费	劳动、失业保险费
农药制造				-385	65	471	-99	1	56	
化学农药制造				-385	65	471	-99	1	56	
专用化学产品制造			3	101	2	24	391			
化学试剂和助剂制造				19			46			
林产化学产品制造			3	82	2	24	345			
日用化学产品制造				-17		17	-9			
香料、香精制造				-17		17	-9			
医药制造业				1614	250	224	2906	1528	12	8
中成药制造				1837	250		3088	1500	10	8
兽用药品制造				-224		224	-182	28	3	
橡胶制品业				36			117			
橡胶零件制造				36			117			
塑料制品业				172	11		411			
塑料板、管、型材的制造				7			89			
塑料丝、绳及编织品的制造				137	1		229			
塑料包装箱及容器制造				29	10		94			
非金属矿物制品业		243	2269	2635	5	4641	10066	45		371
水泥、石灰和石膏的制造		243	2304	2960	5	4315	10185	45		370
水泥制造		243	2304	2960	5	4315	10185	45		370
水泥及石膏制品制造			-35	-85		85	-21			
其他水泥制品制造			-35	-85		85	-21			
砖瓦、石材及其他建筑材料制造				-8		8	-8			1
粘土砖瓦及建筑砌块制造				-8		8	-8			1
石墨及其他非金属矿物制品制造				-232		232	-90			
石墨及碳素制品制造				-232		232	-90			
黑色金属冶炼及压延加工业				3065		144	6698			135
炼钢				2640			5607			135
钢压延加工				569			1134			
铁合金冶炼				-144		144	-44			
有色金属冶炼及压延加工业		8	1	516	97	119	2289			
常用有色金属冶炼				461		13	2167			
铅锌冶炼				-13		13	-3			
锑冶炼				474			2169			
贵金属冶炼		8	1	161	94		183			
金冶炼		8	1	161	94		183			
有色金属压延加工			1	-106	3	106	-61			
常用有色金属压延加工			1	-106	3	106	-61			
金属制品业				70			120			
建筑、安全用金属制品制造				70			120			
安全、消防用金属制品制造				70			120			

(续表 3－14)　　单位:万元

项目	投资收益	补贴收入	营业外收入	利润总额	应交所得税	亏损企业亏损总额	利税总额	广告费	研究开发费	劳动、失业保险费
通用设备制造业		63	51	1074	269		2247	3	8	4
锅炉及原动机制造			51	11	4		53	3	8	4
内燃机及配件制造			51	11	4		53	3	8	4
金属加工机械制造				800	162		1501			
机床附件制造				800	162		1501			
轴承、齿轮、传动和驱动部件的制造				65	41		218			
齿轮、传动和驱动部件制造				65	41		218			
通用零部件制造及机械修理		63		107	34		303	1		
紧固件、弹簧制造				3			113			
机械零部件加工及设备修理		63		104	34		190	1		
金属铸、锻加工				91	29		172			
钢铁铸件制造				91	29		172			
专用设备制造业			7	－19		75	2	109	1	3
食品、饮料、烟草及饲料生产专用设备制造			7	－75		75	－54			3
农副食品加工专用设备制造			7	－75		75	－54			3
农、林、牧、渔专用机械制造				56			56	109	1	
拖拉机制造				56			56	109	1	
交通运输设备制造业			3	－17		32	25			4
汽车制造				－32		32	－19			1
汽车修理				－32		32	－19			1
船舶及浮动装置制造			3	15			44			3
非金属船舶制造			3	15			44			3
电气机械及器材制造业			7	166	36		205	4		
电线、电缆、光缆及电工器材制造			7	57			92	4		
电线电缆制造			7	57			92	4		
电池制造				109	36		114			
工艺品及其他制造业		1		102		28	778	5		
工艺美术品制造		1		102		28	778	5		
天然植物纤维编织工艺品制造		1		102		28	778	5		
电力、燃气及水的生产和供应业	158		829	3644	591	1122	12493		18	495
电力、热力的生产和供应业	158		808	4338	590	420	12935		18	347
电力生产	154		738	2725	449	420	6222		1	86
火力发电	2		5	－87		87	－78			
水力发电	152		733	2812	449	333	6299		1	86
电力供应	4		70	1613	141		6713		17	260
水的生产和供应业			21	－694	1	702	－442			148
自来水的生产和供应			21	－694	1	702	－442			148

3-15 2005年规模以上工业企业主要经济指标(八)

单位:万元

项目	养老保险和医疗保险费	住房公积金和住房补贴	本年应付工资总额	主营业务应付工资总额	本年应付福利费总额	主营业务应付福利费总额	本年应交增值税	本年进项税额	本年销项税额
总计	**4859**	**1367**	**46611**	**42150**	**4376**	**3842**	**42838**	**88536**	**130471**
一、按登记注册类型分组:									
内资企业	4817	1367	39651	35844	4347	3822	34351	78391	117963
国有企业	2206	498	9078	8474	1097	1040	5003	7928	12763
中央企业	50	14	186	186	30	30			200
地方企业	2156	484	8892	8288	1067	1011	5003	7928	12563
集体企业	50		1487	1169	103	102	872	1587	2305
联营企业			30	30	4	4			
国有与集体联营企业			30	30	4	4			
有限责任公司	1348	727	11916	9674	1142	839	12900	24008	43317
国有独资公司	708	721	4551	4324	196	171	5408	267	15263
其他有限责任公司	640	6	7365	5350	945	667	7492	23741	28054
股份有限公司	975	142	9486	9467	1249	1249	11483	14853	26325
私营企业	237		7654	7031	753	588	4093	30016	33254
私营独资企业	1		1187	881	136	123	1057	8674	9864
私营合作企业			174	174	22	22	62	367	430
私营有限责任公司	232		5371	5054	564	412	2530	19975	22002
私营股份有限公司	4		922	922	31	31	445	1000	958
港、澳、台商投资企业	36		4279	3703	15	7	5907	7874	10084
合资经营企业(港或澳、台资)			1644	1558			2975	3347	6537
合作经营企业(港或澳、台资)			524	508			124	170	294
港澳台商独资经营企业	36		2112	1638	15	7	2808	4357	3253
外商投资企业	7		2681	2602	13	13	2580	2272	2424
中外合资经营企业			531	531			37		
中外合作经营企业			1979	1979			848	550	1005
外资企业	7		172	93	13	13	1696	1722	1419
二、按经济组织类型分组									
独资企业	2300	498	14035	12254	1364	1284	11435	24267	29603
国有企业	2206	498	9078	8474	1097	1040	5003	7928	12763
集体企业	50		1487	1169	103	102	872	1587	2305
私营独资企业	1		1187	881	136	123	1057	8674	9864
港澳台商独资经营企业	36		2112	1638	15	7	2808	4357	3253
外资企业	7		172	93	13	13	1696	1722	1419
合作、合伙企业			2706	2690	26	26	1033	1087	1729
国有与集体联营企业			30	30	4	4			
私营合伙企业			174	174	22	22	62	367	430
合作经营企业(港或澳、台资)			524	508			124	170	294
中外合作经营企业			1979	1979			848	550	1005

（续表 3－15） 单位：万元

项　目	养老保险和医疗保险费	住房公积金和住房补贴	本年应付工资总　额	主营业务应付工资总额	本年应付福利费总额	主营业务应付福利费总　额	本　年应　交增值税	本年进项税额	本年销项税额
股份有限公司	979	142	10408	10388	1281	1281	11928	15852	27282
股份有限公司（内资）	975	142	9486	9467	1249	1249	11483	14853	26325
私营股份有限公司	4		922	922	31	31	445	1000	958
有限责任公司	1580	727	19462	16818	1706	1251	18442	47330	71856
国有独资公司	708	721	4551	4324	196	171	5408	267	15263
私营有限责任公司	232		5371	5054	564	412	2530	19975	22002
合资经营企业（港或澳、台资）			1644	1558			2975	3347	6537
中外合资经营企业			531	531			37		
其他有限责任公司	640	6	7365	5350	945	667	7492	23741	28054
三、在总计中：亏损企业	1671	73	10456	8972	783	597	5395	10863	14501
在总计中：国有控股企业	3571	1321	22017	20961	2286	2174	21370	23579	54452
在总计中：农村工业	80		5739	4545	423	367	7725	8362	9927
在总计中：轻工业	1725	230	21245	19584	2251	1934	17709	44509	60927
重工业	3134	1137	25366	22566	2125	1908	25129	44027	69544
在总计中：大型企业	604	102	6213	6213	925	925	8043	10939	18981
中型企业	2066	944	18987	17402	1784	1526	17772	41513	66489
小型企业	2189	322	21411	18535	1667	1390	17023	36085	45001
四、按工业行业大中小类分：									
总计	4859	1367	46611	42150	4376	3842	42838	88536	130471
采矿业	60	14	1602	1075	175	110	760	1128	1883
黑色金属矿采选业	9		1016	490	96	32	122	460	385
其他黑色金属矿采选	9		1016	490	96	32	122	460	385
有色金属矿采选业	50	14	431	431	59	58	537	255	992
常用有色金属矿采选			245	245	29	29	537	255	792
铅锌矿采选			245	245	29	29	537	255	792
贵金属矿采选	50	14	186	186	30	30			200
金矿采选	50	14	186	186	30	30			200
非金属矿采选业	1		156	154	20	20	101	413	506
土砂石开采	1		156	154	20	20	101	413	506
粘土及其他土砂石开采	1		156	154	20	20	101	413	506
制造业	3267	196	35028	31355	3272	2828	33981	82816	106390
农副食品加工业	1028	122	11154	9664	1562	1283	11986	24959	36896
谷物磨制	5		276	70	9	8	8	442	411
饲料加工	58		1397	956	192	36	7	8625	8631
制糖	965	122	9236	8411	1283	1178	11889	15170	27109
蔬菜、水果和坚果加工			55	37	65	48	15	96	111
其他农副食品加工			190	190	13	13	66	627	635
淀粉及淀粉制品的制造			98	98			66	565	627
豆制品制造			93	93	13	13		62	8
食品制造业	142	30	639	639	49	49	308	499	808

(续表 3-15)　　　　单位:万元

项　目	养老保险和医疗保险费	住房公积金和住房补贴	本年应付工资总额	主营业务应付工资总额	本年应付福利费总额	主营业务应付福利费总额	本年应交增值税	本年进项税额	本年销项税额
方便食品制造	5		245	245					
米、面制品制造	5		245	245					
罐头制造			54	54	1	1			
蔬菜、水果罐头制造			54	54	1	1			
其他食品制造	137	30	339	339	48	48	308	499	808
冷冻饮品及食用冰制造	137	30	339	339	48	48	308	499	808
纺织业	33		202	202	11	11	44		
棉、化纤纺织及印染精加工	33		64	64	11	11	8		
棉、化纤纺织加工	33		64	64	11	11	8		
毛纺织和染整精加工			138	138			37		
毛染整精加工			138	138			37		
纺织服装、鞋、帽制造业			219	219				13	
纺织服装制造			219	219				13	
皮革、毛皮、羽毛(绒)及其制品业			1251	1158	145	136	1532	11590	12965
羽毛(绒)加工及制品制造			1251	1158	145	136	1532	11590	12965
羽毛(绒)加工			1251	1158	145	136	1532	11590	12965
木材加工及木、竹、藤、棕、草制			1818	1607	42	14	668	1315	1896
锯材、木片加工			43	38	6	5		56	55
木片加工			43	38	6	5		56	55
人造板制造			321	130	36	9	245	1021	1160
胶合板制造			130	130	9	9		99	
纤维板制造			190		27		245	921	1160
竹、藤、棕、草制品制造			1454	1438			423	238	681
造纸及纸制品业	191	21	2105	2105	150	150	1281	3993	5254
造纸	146	21	1459	1459	137	137	1032	3198	4229
机制纸及纸板制造	146	21	1459	1459	137	137	1032	3198	4229
纸制品制造	46		646	646	14	14	249	795	1025
纸和纸板容器的制造	46		99	99	14	14	131	383	514
其他纸制品制造			547	547			118	412	510
印刷业和记录媒介的复制	40		34	34	5	5	5	23	28
印刷	40		34	34	5	5	5	23	28
书、报、刊印刷	40		34	34	5	5	5	23	28
化学原料及化学制品制造业	624	18	3837	3340	417	394	3054	6016	5560
基础化学原料制造	21		508	171	11	3	2314	2075	987
无机盐制造			171	171	3	3	153	132	183
其他基础化学原料制造	21		337		7		2161	1944	804
肥料制造	595	18	2475	2466	279	277	206	236	439
氮肥制造	180		444	444	62	62	4		
磷肥制造	415	18	1576	1567	216	215	202	236	439
复混肥料制造			455	455					

（续表 3－15）　　　　单位：万元

项　　目	养老保险和医疗保险费	住房公积金和住房补贴	本年应付工资总额	主营业务应付工资总额	本年应付福利费总额	主营业务应付福利费总额	本年应交增值税	本年进项税额	本年销项税额
农药制造			473	473	40	40	271	1129	1151
化学农药制造			473	473	40	40	271	1129	1151
专用化学产品制造	8		340	188	77	73	261	2360	2734
化学试剂和助剂制造	8		137		2		27	90	111
林产化学产品制造			203	188	75	73	234	2270	2623
日用化学产品制造			42	42	11		3	216	249
香料、香精制造			42	42	11		3	216	249
医药制造业			754	727	109	91	1160	1637	2782
中成药制造			645	618	97	79	1134	1596	2715
兽用药品制造			109	109	12	12	26	41	67
橡胶制品业			207	207	29	29	74	111	185
橡胶零件制造			207	207	29	29	74	111	185
塑料制品业			505	437	22	22	183	517	627
塑料板、管、型材的制造			83	83			75		
塑料丝、绳及编织品的制造			314	245	7	7	48	317	365
塑料包装箱及容器制造			109	109	15	15	60	201	263
非金属矿物制品业	931	5	6090	5160	251	210	6963	9506	16077
水泥、石灰和石膏的制造	916	5	5794	4950	234	193	6774	7505	13931
水泥制造	916	5	5794	4950	234	193	6774	7505	13931
水泥及石膏制品制造			85				63		
其他水泥制品制造			85				63		
砖瓦、石材及其他建筑材料制造	14		81	81	1	1			
粘土砖瓦及建筑砌块制造	14		81	81	1	1			
石墨及其他非金属矿物制品制造			130	130	17	17	126	2001	2146
石墨及碳素制品制造			130	130	17	17	126	2001	2146
黑色金属冶炼及压延加工业	122		1706	1663	199	193	3197	17247	17790
炼钢	122		1096	1096	153	153	2700	13102	13309
钢压延加工			546	503	45	39	447	4103	4390
铁合金冶炼			64	64			50	42	92
有色金属冶炼及压延加工业	7		379	66	35	3	1741	1987	1783
常用有色金属冶炼	7		107	18	4	3	1703	1792	1551
铅锌冶炼			28	18	4	3	8	133	140
锑冶炼	7		79				1696	1660	1411
贵金属冶炼			224		31				
金冶炼			224		31				
有色金属压延加工			48	48			38	194	232
常用有色金属压延加工			48	48			38	194	232
金属制品业			66	66	2	2			
建筑、安全用金属制品制造			66	66	2	2			
安全、消防用金属制品制造			66	66	2	2			

(续表 3－15) 单位:万元

项　　目	养老保险和医疗保险费	住房公积金和住房补贴	本年应付工资总　额	主营业务应付工资总额	本年应付福利费总额	主营业务应付福利费总　额	本　年应　交增值税	本年进项税额	本年销项税额
通用设备制造业	79		1406	1406	145	145	1037	1250	2095
锅炉及原动机制造	74		243	243	34	34	38	509	448
内燃机及配件制造	74		243	243	34	34	38	509	448
金属加工机械制造			581	581	81	81	649	515	1160
机床附件制造			581	581	81	81	649	515	1160
轴承、齿轮、传动和驱动部件的制造			142	142	19	19	139	117	266
齿轮、传动和驱动部件制造			142	142	19	19	139	117	266
通用零部件制造及机械修理	5		321	321	11	11	137	56	133
紧固件、弹簧制造			242	242			61		
机械零部件加工及设备修理	5		79	79	11	11	77	56	133
金属铸、锻加工			119	119			74	53	88
钢铁铸件制造			119	119			74	53	88
专用设备制造业	12		258	258	18	11	19	1013	832
食品、饮料、烟草及饲料生产专用设备制造	11		48	48	7		19	20	33
农副食品加工专用设备制造	11		48	48	7		19	20	33
农、林、牧、渔专用机械制造	1		210	210	11	11		994	799
拖拉机制造	1		210	210	11	11		994	799
交通运输设备制造业	61		195	195	28	28	24		
汽车制造	17		52	52	7	7	7		
汽车修理	17		52	52	7	7	7		
船舶及浮动装置制造	44		144	144	21	21	18		
非金属船舶制造	44		144	144	21	21	18		
电气机械及器材制造业			454	454	54	52	29	431	433
电线、电缆、光缆及电工器材制造			80	80	2		27		
电线电缆制造			80	80	2		27		
电池制造			374	374	52	52	2	431	433
工艺品及其他制造业			1750	1750			674	710	379
工艺美术品制造			1750	1750			674	710	379
天然植物纤维编织工艺品制造			1750	1750			674	710	379
电力、燃气及水的生产和供应业	1532	1157	9981	9720	929	904	8096	4593	22198
电力、热力的生产和供应业	1239	1099	8822	8595	787	762	7867	4593	22009
电力生产	320	215	1680	1453	214	189	3152	78	3178
火力发电			98	98	10	10	7		
水力发电	320	215	1582	1355	204	179	3145	78	3178
电力供应	919	884	7142	7142	573	573	4715	4515	18831
水的生产和供应业	293	57	1159	1125	141	141	230		189
自来水的生产和供应	293	57	1159	1125	141	141	230		189

3－16　2005年规模以上工业企业主要经济指标(九)

单位：万元

项　目	经营活动产生的现金流入	经营活动产生的现金流出	投资活动产生的现金流入	投资活动产生的现金流出	筹资活动产生的现金流入	筹资活动产生的现金流出	全部从业人员年平均人数(人)
总　计	**683601**	**615069**	**19338**	**46135**	**108406**	**137867**	**41981**
一、按登记注册类型分组：							
内资企业	629839	577564	18127	39900	103555	134217	34668
国有企业	95874	91413	512	4955	8511	6111	9194
中央企业	3701	3270	388				140
地方企业	92173	88143	125	4955	8511	6111	9054
集体企业	8241	7670	1	85	152	718	1697
联营企业	583	493				50	30
国有与集体联营企业	583	493				50	30
有限责任公司	257326	234828	15533	19591	9986	38628	7932
国有独资公司	127534	111309	13028	10131		20160	1066
其他有限责任公司	129792	123520	2505	9460	9986	18468	6866
股份有限公司	180014	155656	30	10646	76131	85129	6751
私营企业	87800	87504	2051	4623	8776	3580	9064
私营独资企业	7303	7139			20	176	1410
私营合作企业	1640	1711		2	150	86	265
私营有限责任公司	71019	69698	1645	3940	7160	3087	6179
私营股份有限公司	7838	8956	406	681	1446	231	1210
港、澳、台商投资企业	33777	30051	1211	6210	4780	3625	3714
合资经营企业(港或澳、台资)	10476	4519	150	6003	2711	2563	920
合作经营企业(港或澳、台资)	2024	2048		32	15		480
港澳台商独资经营企业	21277	23485	1061	175	2054	1062	2314
外商投资企业	19986	7454		26	72	25	3599
中外合资经营企业	1866	1868					865
中外合作经营企业	4562	3822		26	72	25	2597
外资企业	13558	1764					137
二、按经济组织类型分组							
独资企业	146253	131471	1574	5215	10737	8068	14752
国有企业	95874	91413	512	4955	8511	6111	9194
集体企业	8241	7670	1	85	152	718	1697
私营独资企业	7303	7139			20	176	1410
港澳台商独资经营企业	21277	23485	1061	175	2054	1062	2314
外资企业	13558	1764					137
合作、合伙企业	8809	8074		60	237	161	3372
国有与集体联营企业	583	493				50	30
私营合伙企业	1640	1711		2	150	86	265
合作经营企业(港或澳、台资)	2024	2048		32	15		480
中外合作经营企业	4562	3822		26	72	25	2597

(续表 3-16)　　　　　　　　　　　　　　　　　　　　　　　　　　　　　　　　单位:万元

项　　目	经营活动产生的现金流入	经营活动产生的现金流出	投资活动产生的现金流入	投资活动产生的现金流出	筹资活动产生的现金流入	筹资活动产生的现金流出	全部从业人员年平均人数(人)
股份有限公司	187853	164612	436	11327	77577	85360	7961
股份有限公司(内资)	180014	155656	30	10646	76131	85129	6751
私营股份有限公司	7838	8956	406	681	1446	231	1210
有限责任公司	340687	310913	17328	29533	19856	44278	15896
国有独资公司	127534	111309	13028	10131		20160	1066
私营有限责任公司	71019	69698	1645	3940	7160	3087	6179
合资经营企业(港或澳、台资)	10476	4519	150	6003	2711	2563	920
中外合资经营企业	1866	1868					865
其他有限责任公司	129792	123520	2505	9460	9986	18468	6866
三、在总计中:亏损企业	83175	84955	675	3009	12447	16066	14466
在总计中:国有控股企业	361647	315131	15988	28344	64177	98106	15371
在总计中:农村工业	78318	67205	447	2243	6134	2574	6857
在总计中:轻工业	279331	251040	2148	18476	90088	95725	18928
重工业	404270	364029	17189	27659	18318	42142	23053
在总计中:大型企业	115719	96882	10	4749	55400	69251	3609
中型企业	345963	318836	13287	30258	38006	31372	12441
小型企业	221919	199351	6041	11128	15001	37244	25931
四、按工业行业大中小类分:							
总计	683601	615069	19338	46135	108406	137867	41981
采矿业	8371	8725	527	2	364	10957	1853
黑色金属矿采选业	2496	3276	139	2	364	10957	1175
其他黑色金属矿采选	2496	3276	139	2	364	10957	1175
有色金属矿采选业	5874	5449	388				452
常用有色金属矿采选	2173	2179					312
铅锌矿采选	2173	2179					312
贵金属矿采选	3701	3270	388				140
金矿采选	3701	3270	388				140
非金属矿采选业							226
土砂石开采							226
粘土及其他土砂石开采							226
制造业	485829	437016	5751	34155	106822	105328	36412
农副食品加工业	204855	180373	2128	15372	85502	93316	7209
谷物磨制	5657	5855	406	675		88	174
饲料加工	20625	18607	1640	3425	1700	1483	1425
制糖	173894	150647	82	11266	82712	91601	5313
蔬菜、水果和坚果加工							72
其他农副食品加工	4679	5265		6	1090	144	225
淀粉及淀粉制品的制造	3623	4215		6	1090	144	105
豆制品制造	1056	1050					120
食品制造业	6143	5260	4	2578	2017	309	837

（续表 3－16） 单位：万元

项　目	经营活动产生的现金流入	经营活动产生的现金流出	投资活动产生的现金流入	投资活动产生的现金流出	筹资活动产生的现金流入	筹资活动产生的现金流出	全部从业人员年平均人数(人)
方便食品制造	7	7					414
米、面制品制造	7	7					414
罐头制造	392	342					160
蔬菜、水果罐头制造	392	342					160
其他食品制造	5745	4912	4	2578	2017	309	263
冷冻饮品及食用冰制造	5745	4912	4	2578	2017	309	263
纺织业	209	211					287
棉、化纤纺织及印染精加工	209	211					122
棉、化纤纺织加工	209	211					122
毛纺织和染整精加工							165
毛染整精加工							165
纺织服装、鞋、帽制造业							318
纺织服装制造							318
皮革、毛皮、羽毛(绒)及其制品业	26448	27153			880		1073
羽毛(绒)加工及制品制造	26448	27153			880		1073
羽毛(绒)加工	26448	27153			880		1073
木材加工及木、竹、藤、棕、草制	13082	12233		768	1806	686	2041
锯材、木片加工	407	407			30	77	63
木片加工	407	407			30	77	63
人造板制造	8967	9329		736	1761	609	430
胶合板制造							170
纤维板制造	8967	9329		736	1761	609	260
竹、藤、棕、草制品制造	3707	2498		32	15		1548
造纸及纸制品业	21199	19906	15	9	388	343	2592
造纸	14083	12526	15	3		255	1593
机制纸及纸板制造	14083	12526	15	3		255	1593
纸制品制造	7116	7380		6	388	88	999
纸和纸板容器的制造	3590	3867		6	388	88	128
其他纸制品制造	3526	3514					871
印刷业和记录媒介的复制	174	178				1	191
印刷	174	178				1	191
书、报、刊印刷	174	178				1	191
化学原料及化学制品制造业	59541	61503	1080	1073	10069	4925	3794
基础化学原料制造	19056	20493		2	2004	713	382
无机盐制造	1862	1842		2		16	262
其他基础化学原料制造	17194	18651			2004	697	120
肥料制造	26307	25748	17	417	4584	3517	2492
氮肥制造	6903	6329					820
磷肥制造	19309	19324	17	417	4584	3517	1454
复混肥料制造	95	95					218

(续表 3-16) 单位:万元

项　目	经营活动产生的现金流入	经营活动产生的现金流出	投资活动产生的现金流入	投资活动产生的现金流出	筹资活动产生的现金流入	筹资活动产生的现金流出	全部从业人员年平均人数(人)
农药制造	8882	8897		478	3100	625	532
化学农药制造	8882	8897		478	3100	625	532
专用化学产品制造	5297	6365	1063	176	381	71	328
化学试剂和助剂制造		1282	1061	175	1		100
林产化学产品制造	5297	5083	2	2	381	71	228
日用化学产品制造							60
香料、香精制造							60
医药制造业	5102	4732		68	1001	992	1030
中成药制造	4709	4436		68	1001	909	902
兽用药品制造	394	296				83	128
橡胶制品业							288
橡胶零件制造							288
塑料制品业	2908	2986		2	170	179	718
塑料板、管、型材的制造							132
塑料丝、绳及编织品的制造	2908	2986		2	170	179	441
塑料包装箱及容器制造							145
非金属矿物制品业	33084	26928	204	6372	2853	2683	9013
水泥、石灰和石膏的制造	32167	25275	204	6372	148	2443	8695
水泥制造	32167	25275	204	6372	148	2443	8695
水泥及石膏制品制造	878	1610			2705	240	60
其他水泥制品制造	878	1610			2705	240	60
砖瓦、石材及其他建筑材料制造	39	43					150
粘土砖瓦及建筑砌块制造	39	43					150
石墨及其他非金属矿物制品制造							108
石墨及碳素制品制造							108
黑色金属冶炼及压延加工业	58283	52781		5342	1000		1412
炼钢	54787	49387		5342	1000		734
钢压延加工	3496	3394					598
铁合金冶炼							80
有色金属冶炼及压延加工业	15050	3310	2293	2409	160	106	307
常用有色金属冶炼	13001	1217	5				57
铅锌冶炼	499	503	5				40
锑冶炼	12502	714					17
贵金属冶炼	2049	2093	2288	2409	160	106	162
金冶炼	2049	2093	2288	2409	160	106	162
有色金属压延加工							88
常用有色金属压延加工							88
金属制品业							110
建筑、安全用金属制品制造							110
安全、消防用金属制品制造							110

(续表 3－16)　　单位:万元

项　　目	经营活动产生的现金流　入	经营活动产生的现金流　出	投资活动产生的现金流　入	投资活动产生的现金流　出	筹资活动产生的现金流　入	筹资活动产生的现金流　出	全部从业人员年平均人数(人)
通用设备制造业	21386	21037		131	726	1297	1681
锅炉及原动机制造	5068	4694		79	725	1013	270
内燃机及配件制造	5068	4694		79	725	1013	270
金属加工机械制造	14486	14465			1	283	840
机床附件制造	14486	14465			1	283	840
轴承、齿轮、传动和驱动部件的制造	1734	1790		52			178
齿轮、传动和驱动部件制造	1734	1790		52			178
通用零部件制造及机械修理	99	88					268
紧固件、弹簧制造							176
机械零部件加工及设备修理	99	88					92
金属铸、锻加工							125
钢铁铸件制造							125
专用设备制造业	7084	7180	27	7	100	96	306
食品、饮料、烟草及饲料生产专用设备制造	223	272	27			23	142
农副食品加工专用设备制造	223	272	27			23	142
农、林、牧、渔专用机械制造	6861	6907		7	100	73	164
拖拉机制造	6861	6907		7	100	73	164
交通运输设备制造业	499	453					181
汽车制造							55
汽车修理							55
船舶及浮动装置制造	499	453					126
非金属船舶制造	499	453					126
电气机械及器材制造业	3821	3867			30	7	634
电线、电缆、光缆及电工器材制造	3780	3778			30	7	84
电线电缆制造	3780	3778			30	7	84
电池制造	41	90					550
工艺品及其他制造业	6962	6924		26	121	390	2390
工艺美术品制造	6962	6924		26	121	390	2390
天然植物纤维编织工艺品制造	6962	6924		26	121	390	2390
电力、燃气及水的生产和供应业	189402	169328	13060	11978	1220	21582	3716
电力、热力的生产和供应业	184911	165614	13060	11586	1056	21207	3018
电力生产	25247	14689	28	156	53	20168	956
火力发电	190	189	20	26		5	67
水力发电	25057	14500	8	131	53	20163	889
电力供应	159664	150925	13032	11430	1003	1039	2062
水的生产和供应业	4491	3714		392	165	375	698
自来水的生产和供应	4491	3714		392	165	375	698

3-17 规模以下工业主要产品产量

项目	计量单位	贵港市	港北区	港南区	覃塘区	市直	平南县	桂平市
铁矿石原矿量	吨	5717						5717
锌选矿产品含锌量	吨	680	680					
发电量	万千瓦小时	5936		1457			2500	1979
水电	万千瓦小时	5936		1457			2500	1979
大米	吨	12921	3051	2100	2210		5560	
精制食用植物油	吨	10508			938		4680	4890
配混合饲料	吨	9867					9867	
糖果	吨	502	420				82	
糕点	吨	876					876	
饼干	吨	26					26	
方便面	吨	165					165	
乳制品	吨	95					95	
饮料酒	千升	6155			1090		950	4115
白酒(折65度,商品量)	千升	6055			1090		850	4115
软饮料	吨	2392		2340			52	
果汁及果汁饮料	吨	30					30	
瓶(罐)装饮用水	吨	2340		2340				
精制茶	吨	459			349		110	
布	万米	260					260	
棉布	万米	260					260	
毛机织物(呢绒)	万米	16					16	
针棉织品折用纱线量	吨	5827						5827
服装	万件	3302.36			10.36		1350	1942
梭织服装	万件	2261.7			3.7		1275	983
西服及西服套装	万件	16					16	
衬衫	万件	52					52	
针织服装	万件	1040.66			6.66		75	959
皮鞋	万双	32					32	
天然皮革物提包(袋)、背包	万个	28					28	
人造板	立方米	98681	3525	5130	75626		14400	
胶合板	立方米	7714	3525				4189	
纤维板	立方米	80756		5130	75626			
家具	件	242495		1135	17808		217050	6502
木质家具	件	267195		1135	17808	25000	216750	6502
软体家具(包括床垫、沙发)	件	300					300	

(续表 3－17)

项　　目	计量单位	贵港市	港北区	港南区	覃塘区	市直	平南县	桂平市
纸浆	吨	335					335	
机制纸及纸板	吨	1979		1021			958	
纸制品	吨	1128220		1125360			2860	
瓦楞纸箱(纸箱)	吨	900					900	
本册	万本	413	88				325	
硫酸(折 100%)	吨	3056					3056	
农用氮、磷、钾化学肥料总计(折纯)	吨	12256		4720			7536	
磷肥(折合 P205 100%)	吨	12256		4720			7536	
建筑涂料	吨	360					360	
中成药	吨	1080					1080	
塑料制品	吨	209249	1153	201222		1183	3836	1855
塑料薄膜	吨	3567	115	3452				
农用薄膜	吨	3452		3452				
板、片及类似型材(塑料型材含板)	吨	171310		171260			50	
塑料制管子及其附件	吨	850					850	
塑料编织袋	吨	3788	1038	2750				
日用塑料制品	吨	28551		23760			2936	1855
水泥电杆	根	4850		4850				
水泥混凝土桩(水泥预制管桩)	米	8505			8505			
砖(折标准砖)	万块	190725	2922	53270	5192	1880	95600	31861
瓦	万片	3719					750	2969
天然大理石建筑板材(大理石板材)	平方米	3200					3200	
日用陶瓷	万件	130					130	
生铁	吨	259		259				
钢材	吨	6345		6345				
盘条(线材)	吨	6345		6345				
手工工具	万把	0.08		0.08				
日用不锈钢制品	吨	25					25	
民用钢质船舶	总吨	23844		16194		7650		
灯具及照明装置	套(台、个)	55000					55000	
锰矿石成品矿	吨	21872					16500	5372
淀粉	吨	4786	4786					
松香	吨	1092					650	442

3－18 分县、市（区）规模以下工业主要经济指标

	规模以下工业							规模以下工业法人企业						
	工业总产值（当个价格，万元）			工业增加值（当年价格，万元）		工业增加值（可比价格，万元）		工业总产值（当个价格，万元）			工业增加值（当年价格，万元）		工业增加值（可比价格，万元）	
	本年实际	上年同期	增长速度（%）	本年实际	上年同期	本年实际	增长速度（%）	本年实际	上年同期	增长速度（%）	本年实际	上年同期	本年实际	增长速度（%）
贵港市	951650	774229	22.92	303713	231193	289637	25.28	307740	193088	59.4	80723	53541	76982	43.8
港北区	103466	71734	44.2	36648	23965	34949	45.8	21661	9972	117.2	7586	3979	7234	81.8
港南区	160166	96816	65.43	57308	37162	54652	47.06	63733	18924	236.8	17589	4932	16774	240.1
覃塘区	101209	86925	16.43	37851	29591	36097	21.99	3254	2144	51.8	1264	855	1205	41.0
市　直	2142	1785	20.0	889	745	848	13.83	1566	1305	20.0	698	586	666	13.6
平南县	245145	193752	26.5	75839	59274	72324	22.0	125156	104917	19.3	30291	22885	28887	26.2
桂平市	339522	323218	5.04	95178	80935	90767	12.2	92370	55827	65.5	23295	20305	22215	9.4

（续表 3－18）

	个体工业							附营工业						
	工业总产值（当个价格，万元）			工业增加值（当年价格，万元）		工业增加值（可比价格，万元）		工业总产值（当个价格，万元）			工业增加值（当年价格，万元）		工业增加值（可比价格，万元）	
	本年实际	上年同期	增长速度（%）	本年实际	上年同期	本年实际	增长速度（%）	本年实际	上年同期	增长速度（%）	本年实际	上年同期	本年实际	增长速度（%）
贵港市	639408	576762	10.9	221582	176569	211312	19.7	4502	4379	2.8	1408	1083	1343	24.0
港北区	81805	61762	32.5	29062	19986	27715	38.7							
港南区	96433	77152	25.0	39719	31739	37878	19.3		740			491		
覃塘区	97172	84117	15.5	36261	28511	34580	21.3	783	664	17.9	326	225	311	38.2
市　直								576	480	20.0	191	159	182	14.6
平南县	118946	87904	35.3	45331	36198	43230	19.4	1043	931	12.0	217	191	207	8.3
桂平市	245052	265827	－7.8	71209	60138	67909	12.9	2100	1564	34.3	674	492	643	30.6

3-19 贵港市2005年报规模下工业主要经济指标

单位:万元

	规模以下工业法人企业												
	工业总产值	工业增加值	固定资产原价	固定资产本年折旧	主营业务收入	主营业务成本	主营业务税金及附加	应交增值税	费用合计	营业利润	劳动、失业保险费	全部从业人员平均人数(人)	全部从业人员劳动报酬
贵港市	307740	80723	136500	6301	290659	241215	9680	3129	16366	29295	743	35264	26616
港北区	21661	7586	8319	389	21219	16487	909	1268	1901	2729	6	2605	2168
港南区	63733	17589	22679	1885	63675	57348	1454	183	2368	6821	92	4517	3402
覃塘区	3254	1264	3453	173	3197	2409	57		353	507		605	503
市 直	1566	698	691	32	1472	1221	49	16	83	148	4	276	135
平南县	125156	30291	44132	1467	118246	95172	3857	3	7829	11876	483	16320	12091
桂平市	92370	23295	57226	2355	82850	68578	3354	1659	3832	7214	158	10941	8317

(续表3-19)

单位:万元

	个体工业										附营工业	
	工业总产值	工业增加值	营业收入	营业支出	生产经营直接成本支出	缴纳税费	租赁费	生产经营用固定资产原价	雇员报酬	全部从业人员平均人数(人)	工业总产值	工业增加值
贵港市	639408	221582	391950	440298	349345	12806	3790	182330	35735	47010	4502	1408
港北区	81805	29062	81805	57402	50076	2014	631	19761	2643	4273		
港南区	96433	39719	96433	61715	55674	1113	311	20212	3888	4882		
覃塘区	97172	36261	97172	66835	56042	1052	192	59658	5220	7247	783	326
市 直											576	191
平南县	118946	45331	45331	76746	50463	3160	1426	9505	5942	6993	1043	217
桂平市	245052	71209	71209	177600	137090	5467	1230	73194	18042	23615	2100	674

四、固定资产投资

4-1 全社会固定资产投资对比情况表

项　　目	计量单位	2005年		2004年		2005年—2004年		2005年比2004年增减(%)	
		本年完成	#建筑工程	本年完成	#建筑工程	本年完成	#建筑工程	本年完成	#建筑工程
全社会固定资产投资	万元	1294333	889708	586126	382510	708207	507198	120.8	132.6
一、城镇投资	万元	978142	648776	439723	268117	538419	380659	122.4	142.0
1.基本建设	万元	404986	288754	147536	95599	257450	193155	174.5	202.0
2.更新改造	万元	208802	94545	81089	31239	127713	63306	157.5	202.7
3.其他投资	万元	131717	85844	58869	26192	72848	59652	123.7	227.7
4.房地产	万元	168416	115412	129350	92208	39066	23204	30.2	25.2
5.城镇工矿区私人建(不含镇级)	万元	64221	64221	22879	22879	41342	41342	180.7	180.7
二、农村投资	万元	302505	229662	141790	111093	160715	118569	113.3	106.7
6.非农户投资	万元	158997	86154	73317	42620	85680	43534	116.9	102.1
7.农村个体(含工矿区镇级)	万元	143508	143508	68473	68473	75035	75035	109.6	109.6
三、零星投资	万元	13686	11270	4613	3300	9073	7970	196.7	241.5

4-2 城镇50万元以上投资综合表

项　　目	计量单位	总　计	基本建设	更新改造	其他投资
一、计划总投资	万元	1809573	1201469	420706	187398
#地方	万元	1259393	685933	386062	187398
#本年新开工项目	万元	636909	322186	187478	127245
#地方	万元	579529	299450	152834	127245
自开始建设至本年底累计完成投资	万元	968275	537218	280304	150753
#地方	万元	782900	378074	254073	150753
本年计划投资	万元	996788	562909	261526	172353
#地方	万元	843751	440263	231135	172353
二、自年初累计完成投资	万元	745505	404986	208802	131717
#地方	万元	584704	270176	182811	131717
#本月完成投资	万元	221059	137620	42939	40500
#地方	万元	144800	81346	22954	40500
#500万元以下项目投资	万元	52009	37391	6466	8152
#地方	万元	47257	35879	3226	8152
#国有控股	万元	348002	281090	41850	25062
#地方	万元	187911	146870	15979	25062
#住宅	万元	13249	12893	52	304
#经济使用房	万元				
1.按经济类型分:					
内资企业	万元	573705	386358	55630	131717
国有企业	万元	171381	137881	8880	24620
集体企业	万元	8041	5081	1280	1680
股份合作企业	万元	11646	9516	0	2130
联营企业	万元	468	168	300	0
国有联营企业	万元	300	0	300	0
集体联营企业	万元	168	168	0	0
国有与集体联营企业	万元				
其他联营企业	万元				
有限责任公司	万元	215093	154071	19875	41147
国有独资公司	万元	118428	112535	5893	0
其他有限责任公司	万元	96665	41536	13982	41147
股份有限公司	万元	36409	16270	20139	0
私营企业	万元	113290	47094	5156	61040
其他企业	万元	17377	16277	0	1100
港、澳、台商投资企业	万元	161567	10395	151172	0
合资经营企业(港或澳、台资)	万元	9741	4690	5051	0
合作经营企业(港或澳、台资)	万元	305	305	0	0
港、澳、台商独资经营企业	万元	151521	5400	146121	0
港、澳、台商投资股份有限公司	万元				
外商投资企业	万元	7400	5400	2000	0
中外合资经营企业	万元	2000	0	2000	0
中外合作经营企业	万元				
外资企业	万元	5400	5400	0	0

（续表 4－2）

项　　目	计量单位	总　计	基本建设	更新改造	其他投资
外商投资股份有限公司	万元				
个体经营	万元	2833	2833	0	0
个体户	万元	1878	1878	0	0
个人合伙	万元	955	955	0	0
2.按建设性质分：					
⑴新建	万元	546160	344837	102478	98845
⑵扩建	万元	160560	55550	86561	18449
⑶改建	万元	19315	3396	15477	442
3.按构成分：					
#⑴建筑工程	万元	428785	266919	85407	76459
⑵安装工程	万元	40358	21835	9138	9385
⑶设备、工具、器具购置	万元	211005	71718	99873	39414
#用于更新设备	万元	9930	865	9065	0
⑷其他费用	万元	65357	44514	14384	6459
4.按国民经济行业分：					
A.农、林、牧、渔业	万元	27232	4397	0	22835
农　业	万元	300	300	0	0
林　业	万元	2056	520	0	1536
畜牧业	万元	23919	2620	0	21299
渔　业	万元	80	80	0	0
农、林、牧、渔服务业	万元	877	877	0	0
B.采矿业	万元	48390	25700	0	22690
煤炭开采和洗选业	万元				
石油和天然气开采业	万元				
黑色金属矿采选业	万元	20950	20650	0	300
有色金属矿采选业	万元	4050	4050	0	0
非金属矿采选业	万元	23390	1000	0	22390
其他采矿业	万元				
C.制造业	万元	261351	58384	176577	26390
农副食品加工业	万元	20435	11385	1000	8050
#制糖业	万元				
食品制造业	万元	1295	200	895	200
饮料制造业	万元				
烟草制品业	万元				
纺织业	万元	5074	1524	3000	550
纺织服装、鞋、帽制造业	万元	2400	2400	0	0
皮革、毛皮、羽毛(绒)及其制品业	万元	510	360	0	150
木材加工及木、竹、藤、棕、草制品业	万元	10505	5855	0	4650
家具制造业	万元	210	210	0	0
造纸及纸制品业	万元	6739	1735	5004	0
印刷业和记录媒介的复制	万元	270	140	0	130
文教体育用品制造业	万元	460	0	0	460
石油加工、炼焦及核燃料加工业	万元				
化学原料及化学制品制造业	万元	6497	1360	1037	4100

（续表 4－2）

项　　目	计量单位	总　计	基本建设	更新改造	其他投资
医药制造业	万元	3620	370	3250	0
化学纤维制造业	万元				
橡胶制品业	万元				
塑料制品业	万元	1197	897	0	300
非金属矿物制品业	万元	163407	2700	156007	4700
#水泥	万元	155956	675	155281	0
黑色金属冶炼及压延加工业	万元	13672	9872	3800	0
有色金属冶炼及压延加工业	万元	1424	0	1274	150
金属制品业	万元	1035	35	0	1000
通用设备制造业	万元	6070	3810	1310	950
专用设备制造业	万元				
交通运输设备制造业	万元	11170	11170	0	0
电气机械及器材制造业	万元	4400	3800	0	600
通信设备、计算机及其他电子设备制造业	万元	500	500	0	0
仪器仪表及文化、办公用机械制造业	万元				
工艺品及其他制造业	万元	461	61	0	400
废弃资源和废旧材料回收加工业	万元				
D.电力、燃气及水的生产和供应业	万元	142219	132678	8112	1429
电力、热力的生产和供应业	万元	131678	124401	6962	315
#水　电	万元	1145	830	0	315
火　电	万元	113900	113900	0	0
燃气生产和供应业	万元	1216	1216	0	0
水的生产和供应业	万元	9325	7061	1150	1114
E.建筑业	万元	2000	2000	0	0
房屋和土木工程建筑业	万元	2000	2000	0	0
建筑安装业	万元				
建筑装饰业	万元				
其他建筑业	万元				
F.交通运输、仓储和邮政业	万元	88717	49389	2821	36507
铁路运输业	万元	200	200	0	0
道路运输业	万元	59734	47336	2821	9577
城市公共交通业	万元				
水上运输业	万元	18700	770	0	17930
航空运输业	万元				
管道运输业	万元				
装卸搬运和其他运输服务业	万元				
仓储业	万元	9933	933	0	9000
邮政业	万元	150	150	0	0
G.信息传输、计算机服务和软件业	万元	31400	12438	18782	180
电信和其他信息传输服务业	万元	31260	12378	18782	100
计算机服务业	万元	140	60	0	80
软件业	万元				
H.批发和零售业	万元	14105	12564	250	1291
批发业	万元	1908	927	0	981

(续表 4-2)

项　　目	计量单位	总　计	基本建设	更新改造	其他投资
零售业	万元	12197	11637	250	310
I.住宿和餐饮业	万元	7123	6381	0	742
住宿业	万元	3308	2866	0	442
餐饮业	万元	3815	3515	0	300
J.金融业	万元	910	910	0	0
银行业	万元	910	910	0	0
证券业	万元				
保险业	万元				
其他金融活动	万元				
K.房地产业	万元	1100	1100	0	0
房地产业	万元	1100	1100	0	0
L.租赁和商务服务业	万元	2032	2032	0	0
租赁业	万元				
商务服务业	万元	2032	2032	0	0
M.科学研究、技术服务和地质勘查业	万元	2196	2196	0	0
研究与试验发展	万元				
专业技术服务业	万元	800	800	0	0
科技交流和推广服务业	万元	1310	1310	0	0
地质勘查业	万元	86	86	0	0
N.水利、环境和公共设施管理业	万元	44667	37419	1500	5748
水利管理业	万元	11873	11515	358	0
环境管理业	万元	2226	1584	642	0
公共设施管理业	万元	30568	24320	500	5748
O.居民服务和其他服务业	万元	1250	450	0	800
居民服务业	万元	750	450	0	300
其他服务业	万元	500	0	0	500
P.教育	万元	29146	17291	0	11855
教　育	万元	29146	17291	0	11855
Q.卫生、社会保障和社会福利业	万元	9509	8437	372	700
卫　生	万元	9417	8345	372	700
社会保障业	万元				
社会福利业	万元	92	92	0	0
R.文化、体育和娱乐业	万元	1474	1474	0	0
新闻出版业	万元				
广播、电视、电影和音像业	万元	429	429	0	0
文化艺术业	万元				
体　育	万元				
娱乐业	万元	1045	1045	0	0
S.公共管理和社会组织	万元	30684	29746	388	550
中国共产党机关	万元				
国家机构	万元	25104	24216	338	550
人民政协和民主党派	万元				
群众团体、社会团体和宗教组织	万元				
基层群众自治组织	万元	5580	5530	50	0

(续表4-2)

项目	计量单位	总计	基本建设	更新改造	其他投资
T.国际组织	万元				
国际组织	万元				
三.本年新增固定资产	万元	417945	167975	142470	107500
#地方	万元	372995	143643	121852	107500
四、项目个数:					
1.施工项目个数	个	568	401	71	96
#地方	个	525	386	43	96
#500万元以下项目个数	个	321	237	34	50
#地方	个	297	229	18	50
#本年新开工	个	469	320	61	88
#地方	个	429	308	33	88
2.全投项目个数	个	422	285	53	84
#地方	个	386	273	29	84
五、房屋建筑面积⑴施工面积	平方米	951298	760827	55320	135151
#住宅	平方米	179004	171247	1000	6757
#经济适用房	平方米				
⑵竣工面积	平方米	494670	338665	31854	124151
#住宅	平方米	84991	77734	1000	6257
#经济适用房	平方米				
⑶竣工价值	万元	42383	27598	1644	13141
#住宅	万元	7964	7628	52	284
#经济适用房	万元				
六、规划用地面积	平方米	4145250	3875533	221725	47992
本年实际征用和购置土地面积	平方米	2707239	2475599	195010	36630
本年实际征用和购置土地成交价款	万元	25880	23659	2081	140
一、自年初累计资金来源合计	万元	757292	421367	206692	129233
#引进资金	万元	259524	57243	143155	59126
1.上年末结余资金	万元	6016	4322	214	1480
#引进资金	万元				
2.本年资金来源小计	万元	751276	417045	206478	127753
⑴国家预算内资金	万元	39684	34071	2092	3521
⑵国内贷款	万元	134553	127995	6558	0
#中行	万元	46400	46400	0	0
工行	万元	41000	41000	0	0
农行	万元	5670	4260	1410	0
建行	万元	9203	5655	3548	0
交行	万元				
农发	万元	3900	3500	400	0
开行	万元	25000	25000	0	0
其他	万元	3380	2180	1200	0
⑶债券	万元				
⑷利用外资	万元	154534	13507	138841	2186
#外商直接投资	万元	153344	13167	137991	2186
⑸自筹资金	万元	321385	204506	58643	58236

(续表4－2)

项　　　目	计量单位	总　计	基本建设	更新改造	其他投资
中央各部门自筹	万元	1285	585	700	0
省自筹	万元	12484	8410	40	4034
地(市)自筹	万元	30678	29228	1450	0
县自筹	万元	41345	35001	415	5929
企、事业单位自筹	万元	235593	131282	56038	48273
＃发行股票	万元				
(6)其他资金来源	万元	101120	36966	344	63810
＃集资	万元	6098	6098	0	0
二、本年各项应付、未付款合计	万元	234398	44762	99426	90210
＃工程款	万元	165193	42464	60584	62145
设备款	万元	43503	1030	30413	12060
※※※※＃地方项目※※※※					
一、自年初累计资金来源合计	万元	598084	286379	182472	129233
＃引进资金	万元	259144	56863	143155	59126
1.上年末结余资金	万元	6016	4322	214	1480
＃引进资金	万元				
2.本年资金来源小计	万元	592068	282057	182258	127753
(1)国家预算内资金	万元	35055	30632	902	3521
(2)国内贷款	万元	18905	15595	3310	0
＃中　行	万元				
工　行	万元				
农　行	万元	5670	4260	1410	0
建　行	万元	5955	5655	300	0
交　行	万元				
农　发	万元	3900	3500	400	0
开　行	万元				
其　他	万元	3380	2180	1200	0
(3)债　券	万元				
(4)利用外资	万元	154534	13507	138841	2186
＃外商直接投资	万元	153344	13167	137991	2186
(5)自筹资金	万元	283268	186171	38861	58236
中央各部门自筹	万元	585	585	0	0
省自筹	万元	12484	8410	40	4034
地(市)自筹	万元	30678	29228	1450	0
县自筹	万元	41345	35001	415	5929
企、事业单位自筹	万元	198176	112947	36956	48273
＃发行股票	万元				
(6)其他资金来源	万元	100306	36152	344	63810
＃集资	万元	5284	5284	0	0
二、本年各项应付、未付款合计	万元	231796	44762	96824	90210
＃工程款	万元	162591	42464	57982	62145
设备款	万元	43503	1030	30413	12060

4-3 农村非农户50万元投资综合表

项目	计量单位	总计	基本建设	更新改造	其他投资
一、计划总投资	万元	233824	184051	16079	33694
#地方	万元	233824	184051	16079	33694
#本年新开工项目	万元	175183	145292	15229	14662
#地方	万元	175183	145292	15229	14662
自开始建设至本年底累计完成投资	万元	177982	134909	15079	27994
#地方	万元	177982	134909	15079	27994
本年计划投资	万元	179839	139551	15389	24899
#地方	万元	179839	139551	15389	24899
二、自年初累计完成投资	万元	158997	121134	14489	23374
#地方	万元	158997	121134	14489	23374
#本月完成投资	万元	30614	24252	1426	4936
#地方	万元	30614	24252	1426	4936
#500万元以下项目投资	万元	50982	34760	8879	7343
#地方	万元	50982	34760	8879	7343
#国有控股	万元	7192	2557	850	3785
#地方	万元	7192	2557	850	3785
#住宅	万元	1778	1578	80	120
#经济使用房	万元				
1.按经济类型分:					
内资企业	万元	146762	110084	13414	23264
国有企业	万元	6842	2207	850	3785
集体企业	万元	12240	4014	1106	7120
股份合作企业	万元	3165	1120	1825	220
联营企业	万元	610	80	0	530
国有联营企业	万元				
集体联营企业	万元	80	80	0	0
国有与集体联营企业	万元				
其他联营企业	万元	530	0	0	530
有限责任公司	万元	17347	17165	182	0
国有独资公司	万元				
其他有限责任公司	万元	17347	17165	182	0
股份有限公司	万元	10678	10413	0	265
私营企业	万元	77656	59472	7801	10383
其他企业	万元	18224	15613	1650	961
港、澳、台商投资企业	万元	2694	2129	565	0
合资经营企业(港或澳、台资)	万元	1855	1855	0	0
合作经营企业(港或澳、台资)	万元				
港、澳、台商独资经营企业	万元	439	274	165	0
港、澳、台商投资股份有限公司	万元	400	0	400	0
外商投资企业	万元	7521	7521	0	0
中外合资经营企业	万元	500	500	0	0
中外合作经营企业	万元				
外资企业	万元	7021	7021	0	0

(续表 4-3)

项　　目	计量单位	总　计	基本建设	更新改造	其他投资
外商投资股份有限公司	万元				
个体经营	万元	2020	1400	510	110
个体户	万元	1780	1220	450	110
个人合伙	万元	240	180	60	0
2.按建设性质分:					
(1)新建	万元	109495	96647	3225	9623
(2)扩建	万元	29450	22626	4335	2489
(3)改建	万元	8169	1021	6868	280
3.按构成分:					
#(1)建筑工程	万元	76373	62852	4476	9045
(2)安装工程	万元	9781	8556	995	230
(3)设备、工具、器具购置	万元	51576	31533	7829	12214
#用于更新设备	万元	4345	1554	2500	291
(4)其他费用	万元	21267	18193	1189	1885
4.按国民经济行业分:					
A.农、林、牧、渔业	万元	8433	7451	0	982
农　业	万元	542	440	0	102
林　业	万元	1765	1085	0	680
畜牧业	万元	5286	5086	0	200
渔　业	万元	740	740	0	0
农、林、牧、渔服务业	万元	100	100	0	0
B.采矿业	万元	19222	16779	1593	850
煤炭开采和洗选业	万元	1000	1000	0	0
石油和天然气开采业	万元				
黑色金属矿采选业	万元	12838	12638	0	200
有色金属矿采选业	万元	3025	1510	865	650
非金属矿采选业	万元	2359	1631	728	0
其他采矿业	万元				
C.制造业	万元	74227	58837	10935	4455
农副食品加工业	万元	4653	3773	400	480
#制糖业	万元				
食品制造业	万元	5391	5028	363	0
饮料制造业	万元	4801	4801	0	0
烟草制品业	万元				
纺织业	万元	3970	3165	530	275
纺织服装、鞋、帽制造业	万元	4420	4110	210	100
皮革、毛皮、羽毛(绒)及其制品业	万元	10975	9735	200	1040
木材加工及木、竹、藤、棕、草制品业	万元	3068	1368	1445	255
家具制造业	万元	4180	4180	0	0
造纸及纸制品业	万元	1190	630	200	360
印刷业和记录媒介的复制	万元				
文教体育用品制造业	万元				
石油加工、炼焦及核燃料加工业	万元				
化学原料及化学制品制造业	万元	3917	2470	1347	100

（续表 4－3）

项　　目	计量单位	总　计	基本建设	更新改造	其他投资
医药制造业	万元	2677	2207	0	470
化学纤维制造业	万元				
橡胶制品业	万元	550	500	0	50
塑料制品业	万元	1835	1475	50	310
非金属矿物制品业	万元	7801	5971	1210	620
＃水泥	万元				
黑色金属冶炼及压延加工业	万元	4670	1010	3660	0
有色金属冶炼及压延加工业	万元	3200	3000	200	0
金属制品业	万元	575	375	0	200
通用设备制造业	万元	3450	2630	820	0
专用设备制造业	万元	80	80	0	0
交通运输设备制造业	万元	803	553	250	0
电气机械及器材制造业	万元	1796	1776	0	20
通信设备、计算机及其他电子设备制造业	万元				
仪器仪表及文化、办公用机械制造业	万元				
工艺品及其他制造业	万元	225	0	50	175
废弃资源和废旧材料回收加工业	万元				
D.电力、燃气及水的生产和供应业	万元	3839	3279	560	0
电力、热力的生产和供应业	万元	2634	2484	150	0
＃水　电	万元	2210	2210	0	0
火　电	万元				
燃气生产和供应业	万元				
水的生产和供应业	万元	1205	795	410	0
E.建筑业	万元	111	50	61	0
房屋和土木工程建筑业	万元	111	50	61	0
建筑安装业	万元				
建筑装饰业	万元				
其他建筑业	万元				
F.交通运输、仓储和邮政业	万元	15112	5332	340	9440
铁路运输业	万元	560	560	0	0
道路运输业	万元	7432	4772	340	2320
城市公共交通业	万元				
水上运输业	万元	7120	0	0	7120
航空运输业	万元				
管道运输业	万元				
装卸搬运和其他运输服务业	万元				
仓储业	万元				
邮政业	万元				
G.信息传输、计算机服务和软件业	万元	102	0	0	102
电信和其他信息传输服务业	万元				
计算机服务业	万元	102	0	0	102
软件业	万元				
H.批发和零售业	万元	8402	7272	300	830
批发业	万元	2960	2960	0	0

(续表4-3)

项　　目	计量单位	总　计	基本建设	更新改造	其他投资
零售业	万元	5442	4312	300	830
I.住宿和餐饮业	万元	2130	80	0	2050
住宿业	万元				
餐饮业	万元	2130	80	0	2050
J.金融业	万元				
银行业	万元				
证券业	万元				
保险业	万元				
其他金融活动	万元				
K.房地产业	万元	3605	3545	0	60
房地产业	万元	3605	3545	0	60
L.租赁和商务服务业	万元	3000	0	0	3000
租赁业	万元				
商务服务业	万元	3000	0	0	3000
M.科学研究、技术服务和地质勘查业	万元				
研究与试验发展	万元				
专业技术服务业	万元				
科技交流和推广服务业	万元				
地质勘查业	万元				
N.水利、环境和公共设施管理业	万元	3986	2636	0	1350
水利管理业	万元	2636	2636	0	0
环境管理业	万元				
公共设施管理业	万元	1350	0	0	1350
O.居民服务和其他服务业	万元	2500	2500	0	0
居民服务业	万元				
其他服务业	万元	2500	2500	0	0
P.教育	万元	9973	9793	0	180
教　育	万元	9973	9793	0	180
Q.卫生、社会保障和社会福利业	万元	562	562	0	0
卫　生	万元	562	562	0	0
社会保障业	万元				
社会福利业	万元				
R.文化、体育和娱乐业	万元	375	300	0	75
新闻出版业	万元				
广播、电视、电影和音像业	万元				
文化艺术业	万元	75	0	0	75
体　育	万元				
娱乐业	万元	300	300	0	0
S.公共管理和社会组织	万元	3418	2718	700	0
中国共产党机关	万元				
国家机构	万元	700	0	700	0
人民政协和民主党派	万元				
群众团体、社会团体和宗教组织	万元				
基层群众自治组织	万元	2718	2718	0	0

(续表 4－3)

项目	计量单位	总计	基本建设	更新改造	其他投资
T.国际组织	万元				
国际组织	万元				
三、本年新增固定资产	万元	108651	73813	12489	22349
#地方	万元	108651	73813	12489	22349
四、项目个数:					
1.施工项目个数	个	466	347	73	46
#地方	个	466	347	73	46
#500万元以下项目个数	个	357	258	66	33
#地方	个	357	258	66	33
#本年新开工	个	420	309	71	40
#地方	个	420	309	71	40
2.全投项目个数	个	362	267	64	31
#地方	个	362	267	64	31
五、房屋建筑面积(1)施工面积	平方米	545826	431926	34500	79400
#住　宅	平方米	31937	27737	1700	2500
#经济适用房	平方米				
(2)竣工面积	平方米	416726	316926	34000	65800
#住　宅	平方米	24987	23287	1700	0
#经济适用房	平方米				
(3)竣工价值	万元	26499	19552	1462	5485
#住　宅	万元	1367	1287	80	0
#经济适用房	万元				
六、规划用地面积	平方米	512424	371923	103001	37500
本年实际征用和购置土地面积	平方米	465631	330430	99701	35500
本年实际征用和购置土地成交价款	万元	6383	5565	498	320
一、自年初累计资金来源合计	万元	162576	124703	14599	23274
#引进资金	万元	48314	45584	1900	830
1.上年末结余资金	万元	4	4	0	0
#引进资金	万元				
2.本年资金来源小计	万元	162572	124699	14599	23274
(1)国家预算内资金	万元	1216	986	0	230
(2)国内贷款	万元	9868	7428	260	2180
#中　行	万元	600	500	100	0
工　行	万元	3200	1200	0	2000
农　行	万元	380	200	140	40
建　行	万元	1700	1700	0	0
交　行	万元	200	200	0	0
农　发	万元				
开　行	万元				
其　他	万元	3788	3628	20	140
(3)债　券	万元				
(4)利用外资	万元	7377	5902	1195	280
#外商直接投资	万元	6028	5628	400	0
(5)自筹资金	万元	110413	84994	10251	15168

（续表 4－3）

项　　目	计量单位	总　计	基本建设	更新改造	其他投资
中央各部门自筹	万元	39	39	0	0
省自筹	万元	98	98	0	0
地(市)自筹	万元	5133	4683	0	450
县自筹	万元	15182	13720	200	1262
企、事业单位自筹	万元	89961	66454	10051	13456
＃发行股票	万元				
⑹其他资金来源	万元	33698	25389	2893	5416
＃集资	万元	3015	1100	550	1365
二、本年各项应付、未付款合计	万元	1179	503	50	626
＃工程款	万元	601	271	50	280
设备款	万元	160	0	0	160
※※※※＃地方项目※※※※					
一、自年初累计资金来源合计	万元	162576	124703	14599	23274
＃引进资金	万元	48314	45584	1900	830
1.上年末结余资金	万元	4	4	0	0
＃引进资金	万元				
2.本年资金来源小计	万元	162572	124699	14599	23274
⑴国家预算内资金	万元	1216	986	0	230
⑵国内贷款	万元	9868	7428	260	2180
＃中　行	万元	600	500	100	0
工　行	万元	3200	1200	0	2000
农　行	万元	380	200	140	40
建　行	万元	1700	1700	0	0
交　行	万元	200	200	0	0
农　发	万元				
开　行	万元				
其　他	万元	3788	3628	20	140
⑶债　券	万元				
⑷利用外资	万元	7377	5902	1195	280
＃外商直接投资	万元	6028	5628	400	0
⑸自筹资金	万元	110413	84994	10251	15168
中央各部门自筹	万元	39	39	0	0
省自筹	万元	98	98	0	0
地(市)自筹	万元	5133	4683	0	450
县自筹	万元	15182	13720	200	1262
企、事业单位自筹	万元	89961	66454	10051	13456
＃发行股票	万元				
⑹其他资金来源	万元	33698	25389	2893	5416
＃集资	万元	3015	1100	550	1365
二、本年各项应付、未付款合计	万元	1179	503	50	626
＃工程款	万元	601	271	50	280
设备款	万元	160	0	0	160

4-4 城镇、工矿区和农村私人建房综合表

项　　目	代　码	城镇工矿区个数（个）	本年竣工房屋建筑面积（平方米）	其中:住宅	本年竣工房屋价值（万元）	其中:住宅	建房户数（户）
总　计	**G00**	**53**	**3891894**	**3850508**	**172679**	**170962**	**24147**
其中:农业户建房	G01	0	2846259	2796281	121432	120438	20411
1.市	G10	3	779172	779172	42680	42680	3264
其中:农业户建房	G11	0	238922	238922	12717	12717	1501
2.县城	G20	1	506190	506190	21541	21541	2055
其中:农业户建房	G21	0	264690	264690	13051	13051	1522
3.镇	G30	49	2606532	2565146	108458	106741	18828
其中:农业户建房	G31	0	2342647	2292669	95664	94670	17388
4.工矿区	G40						
其中:农业户建房	G41						
5.乡	X01	20	938806	938806	35050	35050	7268
其中:农业户建房	X02	0	938806	938806	35050	35050	7268

4-5 2005年房地产资金汇总表

项目	计量单位	贵港市	港北区	港南区	平南县	桂平市
一、年初存货	万元	45418	29767	4513	828	10310
二、年末资产负债						
流动资产合计	万元	17651	131231	8154	10218	26908
固定资产原价	万元	33905	15247	20	8253	10385
累计折旧	万元	1936	886	2	548	500
#本年折旧	万元	747	316	1	75	355
资产总计	万元	275533	194303	8179	29312	43739
负债合计	万元	143101	101469	4393	14817	22422
所有者权益合计	万元	132432	92834	3786	14495	21317
#实收资本	万元	95574	66923	1800	12420	14431
国家资本	万元	10520	10488	0	32	0
集体资本	万元	2355	1700	0	0	655
法人资本	万元	34581	24928	630	3673	5350
个人资本	万元	46718	29607	1170	8715	7226
港澳台资本	万元	200	200	0	0	0
外商资本	万元	1200	0	0	0	1200
三、损益及分配						
主营业务收入	万元	103116	80984	0	9734	12398
土地转让收入	万元	12641	1204	0	8990	2447
商品房屋销售收入	万元	88478	78709	0	0	9769
房屋出租收入	万元	141	105	0	0	36
其他收入	万元	1856	966	0	744	146
主营业务成本	万元	80464	63047	0	9052	8365
主营业务税金及附加	万元	6058	5201	0	225	632
主营业务利润	万元	13743	10748	-115	88	3022
其他业务收入	万元	7	7	0	0	0
其他业务利润	万元	7	7	0	0	0
销售费用	万元	2851	1988	115	369	379
管理费用	万元	4798	3318	121	448	911
#税金	万元	374	169	9	103	93
差旅费	万元	379	107	22	24	226
工会经费	万元	27	3	0	5	19
财务费用	万元	1631	1406	0	125	100
#利息支出	万元	1484	1405	0	34	45
营业利润	万元	7321	6031	-236	-485	2011
投资收益	万元	724	724	0	0	0
营业外收入	万元	23	13	10	0	0
营业外支出	万元	200	50	2	17	131
利润总额	万元	7868	6718	-228	-502	1880
应交所得税	万元	1165	1049	0	0	1167
劳动、失业保险费	万元	12	12	0	0	0
住房公积金及住房补贴	万元	3	3	0	0	0
四、工资、福利费						
本年应付工资总额(贷方累计发生额)	万元	2244	1607	47	222	368
本年应付福利费总额(贷方累计发生额)	万元	310	227	7	21	55
五、全部从业人员年平均人数(人)	人	1887	1223	40	316	308

4-6 房地产本年完成投资和资金汇总表

项　目	计量单位	贵港市	贵港市辖区	港北区	港南区	覃塘区	平南县	桂平市
一、计划总投资	万元	690976	0	428478	25600	0	121380	115518
#地方企业	万元	690976	0	428478	25600	0	121380	115518
自开始建设|累计完成投资	万元	345969	0	215764	9116	0	31546	89543
#地方企业	万元	345969	0	215764	9116	0	31546	89543
本年计划投资	万元	204430	0	110182	5570	0	33700	54978
#地方企业	万元	204430	0	110182	5570	0	33700	54978
本年房地产开发投资	万元	168416	0	88901	3984	0	26806	48725
#地方企业	万元	168416	0	88901	3984	0	26806	48725
#本月完成投资	万元	48613	0	24034	542	0	14100	9937
#地方企业	万元	48613	0	24034	542	0	14100	9937
上年房地产开发投资	万元							
#上年本月完成投资	万元							
#商品房建设投资	万元	158286	0	87479	3395	0	20661	46751
土地开发投资	万元	7637	0	1230	447	0	5145	815
土地购置费	万元	48730	0	26439	447	0	11715	10129
#国有单位投资	万元	2415	0	2415	0	0	0	0
#地方企业	万元	2415	0	2415	0	0	0	0
1.按经济类型分:								
内资企业	万元	167256	0	87741	3984	0	26806	48725
国有企业	万元	2065	0	2065	0	0	0	0
集体企业	万元	10315	0	4000	0	0	0	6315
股份合作企业	万元	3399	0	0	0	0	0	3399
联营企业	万元	0	0	0	0	0	0	0
国有联营企业	万元							
集体联营企业	万元	0	0	0	0	0	0	0
国有与集体联营企业	万元	0	0	0	0	0	0	0
其他联营企业	万元	0	0	0	0	0	0	0
有限责任公司	万元	25095	0	13903	2235	0	4900	4057
国有独资公司	万元	0	0	0	0	0	0	0
其他有限责任公司	万元	25095	0	13903	2235	0	4900	4057
股份有限公司	万元	12486	0	7650	0	0	0	4836
私营企业	万元	113896	0	60123	1749	0	21906	30118
其他企业	万元							
港、澳、台商投资企业	万元	1160	0	1160	0	0	0	0
合资经营企业(港或澳、台资)	万元	1160	0	1160	0	0	0	0
合作经营企业(港或澳、台资)	万元	0	0	0	0	0	0	0
港、澳、台商独资经营企业	万元	0	0	0	0	0	0	0
港、澳、台商投资股份有限公司	万元	0	0	0	0	0	0	0
外商投资企业	万元	0	0	0	0	0	0	0

(续表 4－6)

项　　目	计量单位	贵港市	贵港市辖　区	港北区	港南区	覃塘区	平南县	桂平市
中外合资经营企业	万元	0	0	0	0	0	0	0
中外合作经营企业	万元	0	0	0	0	0	0	0
外资企业	万元	0	0	0	0	0	0	0
外商投资股份有限公司	万元	0	0	0	0	0	0	0
个体经营	万元							
个体户	万元							
个人合伙	万元							
2.按构成分：　建筑工程	万元	112792	0	59683	2522	0	14805	35782
安装工程	万元	2620	0	1220	0	0	0	1400
设备、工器具购置	万元	870	0	0	0	0	0	870
其他费用	万元	52134	0	27998	1462	0	12001	10673
3.按工程用途分：　住　宅	万元	77548	0	34585	2522	0	8105	32336
其中：经济适用房	万元	0	0	0	0	0	0	0
办公楼	万元	1400	0	500	0	0	0	900
商业营业用房	万元	31228	0	25462	0	0	1800	3966
其　他	万元	58240	0	28354	1462	0	16901	11523
新增固定资产	万元	82002	0	58228	0	0	0	23774
＃地方企业	万元							
二、本年购置土地面积	平方米	1736505	0	800882	21140	0	778303	136180
三、本年土地成交价款	万元	49303	0	27012	447	0	11715	10129
四、完成开发土地面积	平方米	982382	0	164522	15000	0	640866	161994
五、自年初累计资金来源合计	万元	203932	0	122326	5319	0	21003	55284
＃区外境内资金	万元	34430	0	6180	0	0	8400	19850
1.上年末结余资金	万元	11060	0	9244	0	0	300	1516
＃区外境内资金	万元	0	0	0	0	0	0	0
2.本年资金来源小计	万元	192872	0	113082	5319	0	20703	53768
(1)国家预算内资金	万元							
(2)国内贷款	万元	33445	0	25035	0	0	4440	3970
＃中国银行	万元	1320	0	1200	0	0	0	120
工商银行	万元	12985	0	10285	0	0	0	2700
农业银行	万元	5940	0	2000	0	0	3940	0
建设银行	万元	9550	0	9550	0	0	0	0
交通银行	万元	0	0	0	0	0	0	0
农业发展银行	万元	0	0	0	0	0	0	0
开发银行	万元	0	0	0	0	0	0	0
其他金融机构	万元	3650	0	2000	0	0	500	1150
(3)债　券	万元							
(4)利用外资	万元	1250	0	50	0	0	0	1200
＃外商直接投资	万元	1200	0	0	0	0	0	1200
对外借款	万元							

（续表 4－6）

项　　目	计量单位	贵港市	贵港市辖　区	港北区	港南区	覃塘区	平南县	桂平市
#统借统还	万元							
(5)自筹资金	万元	88448	0	47858	5319	0	12220	23051
#自有资金	万元	42590	0	24220	1749	0	12220	4401
(6)其他资金来源	万元	69729	0	40139	0	0	4043	25547
#集资	万元							
定金及预付款	万元	32919	0	18318	0	0	4043	10558
六、本年各项应付、未付款合计	万元	7040	0	1237	0	0	5803	0
#工程款	万元	7030	0	1227	0	0	5803	0
设备款	万元	10	0	10	0	0	0	0
七、地方企业:自年初累计资金来源合计	万元	203932	0	122326	5319	0	21003	55284
#区外境内资金	万元	34430	0	6180	0	0	8400	19850
1.上年末结余资金	万元	11060	0	9244	0	0	300	1516
#区外境内资金	万元	0	0	0	0	0	0	0
2.本年资金来源小计	万元	192872	0	113082	5319	0	20703	53768
(1)国家预算内资金	万元							
(2)国内贷款	万元	33445	0	25035	0	0	4440	3970
#中国银行	万元	1320	0	1200	0	0	0	120
工商银行	万元	12985	0	10285	0	0	0	2700
农业银行	万元	5940	0	2000	0	0	3940	0
建设银行	万元	9550	0	9550	0	0	0	0
交通银行	万元	0	0	0	0	0	0	0
农业发展银行	万元	0	0	0	0	0	0	0
开发银行	万元	0	0	0	0	0	0	0
其他金融机构	万元	3650	0	2000	0	0	500	1150
(3)债　券	万元							
(4)利用外资	万元	1250	0	50	0	0	0	1200
#外商直接投资	万元	1200	0	0	0	0	0	1200
对外借款	万元							
#统借统还	万元							
(5)自筹资金	万元	88448	0	47858	5319	0	12220	23051
#自有资金	万元	42590	0	24220	1749	0	12220	4401
(6)其他资金来源	万元	69729	0	40139	0	0	4043	25547
#集资	万元							
定金及预付款	万元	32919	0	18318	0	0	4043	10558
八、本年各项应付、未付款合计	万元	7040	0	1237	0	0	5803	0
#工程款	万元	7030	0	1227	0	0	5803	0
设备款	万元	10	0	10	0	0	0	0

4-7 房地产开发企业(单位)施工销售和空置情况

项　　目	计量单位	按用途分合计:	住　宅	普通住房	经　济适应房	别墅、高档公寓	办公楼	商业营业用房	其　他
房屋施工面积	平方米	2034934	1352540	0	0	30000	10720	601295	70379
#新开工面积	平方米	787097	579324	0	0	30000	3500	186712	17561
房屋竣工面积	平方米	832538	580947	0	0	0	7220	244371	0
#不可销售面积	平方米	16570	800	0	0	0	2470	13300	0
商品住宅竣工套数	套	0	4734	0	0	0	0	0	0
竣工房屋价值	万元	75352	48474	0	0	0	695	26183	0
出租房屋面积	平方米	51595	700	0	0	0	1500	49395	0
商品房销售面积	平方米	805503	599780	0	0	0	0	205723	0
#现房销售面积	平方米	285335	238526	0	0	0	0	46809	0
期房销售面积	平方米	520168	361254	0	0	0	0	158914	0
商品房销售额	万元	118627	79334	0	0	0	0	39293	0
#现房销售额	万元	38168	28904	0	0	0	0	9264	0
期房销售额	万元	80459	50430	0	0	0	0	30029	0
商品住宅销售套数	套	0	4041	0	0	0	0	0	0
#现房销售套数	套	0	2126	0	0	0	0	0	0
期房销售套数	套	0	1915	0	0	0	0	0	0
现房平均销售价格	元/平方米	1338	1212	0	0	0	0	1979	0
期房平均销售价格	元/平方米	1547	1396	0	0	0	0	1890	0
空置面积	平方米	207046	167965	0	0	0	3250	35831	0
#空置1-3年(含1年)	平方米	36794	32654	0	0	0	0	4140	0
空置3年以上(含3年)	平方米								

4-8 建筑业企业生产情况表

项　　目	企业个数	其中:有工作量的企业个数	一、建筑业合同情况 签订的合同额	1.上年结转合同额	2.本年新签合同额	二、承包工程完成情况 1.直接从建设单位承揽工程完成的产值	(1)自行完成施工产值	(2)分包出去工程的产值
总　计	**40**	**35**	**1860978**	**795101**	**1065877**	**1080148**	**1080148**	**0**
其中:国有及国有控股企业	11	10	808594	328583	480011	382738	382738	0
一、按登记注册类型分组								
内资企业	40	35	1860978	795101	1065877	1080148	1080148	0
国有企业	8	8	770920	316203	454717	357663	357663	0
集体企业	20	19	689503	298869	390634	482136	482136	0
股份合作企业	0	0	0	0	0	0	0	0
联营企业	1	0	0	0	0	0	0	0
国有联营企业	0	0	0	0	0	0	0	0
集体联营企业	0	0	0	0	0	0	0	0
国有与集体联营企业	1	0	0	0	0	0	0	0
其他联营企业	0	0	0	0	0	0	0	0
有限责任公司	5	5	270883	129344	141539	146459	146459	0
国有独资公司	0	0	0	0	0	0	0	0
其他有限责任公司	5	5	270883	129344	141539	146459	146459	0
股份有限公司	3	2	39293	13965	25328	30625	30625	0
私营企业	3	1	90379	36720	53659	63265	63265	0
私营独资企业	0	0	0	0	0	0	0	0
私营合伙企业	0	0	0	0	0	0	0	0
私营有限责任公司	3	1	90379	36720	53659	63265	63265	0
私营股份有限公司	0	0	0	0	0	0	0	0
其他企业	0	0	0	0	0	0	0	0
港、澳、台商投资企业	0	0	0	0	0	0	0	0
合资经营企业(港或澳、台资)	0	0	0	0	0	0	0	0
合资经营企业(港或澳、台资)	0	0	0	0	0	0	0	0
港、澳、台商独资经营企业	0	0	0	0	0	0	0	0
港、澳、台商投资股份有限公司	0	0	0	0	0	0	0	0
外商投资企业	0	0	0	0	0	0	0	0
中外合资经营企业	0	0	0	0	0	0	0	0
中外合作经营企业	0	0	0	0	0	0	0	0
外资企业	0	0	0	0	0	0	0	0
外商投资股份有限公司	0	0	0	0	0	0	0	0
二、按国民经济行业分组								
房屋和土木工程建筑业	33	31	1830389	794604	1035785	1049699	1049699	0
房屋工程建筑	24	23	1491625	630877	860748	833094	833094	0
土木工程建筑	9	8	338764	163727	175037	216605	216605	0
铁路道路隧道和桥梁工程	4	4	275954	153417	122537	176203	176203	0
水利和港口工程建筑	2	2	18036	1742	16294	14084	14084	0
工矿工程建筑	0	0	0	0	0	0	0	0
架线和管道工程建筑	2	2	44774	8568	36206	26318	26318	0
其他土木工程建筑	1	0	0	0	0	0	0	0

(续表 4－8)

项　　目	企业个数	其中：有工作量的企业个数	一、建筑业合同情况 签订的合同额	1.上年结转合同额	2.本年新签合同额	二、承包工程完成情况 1.直接从建设单位承揽工程完成的产值	(1)自行完成施工产值	(2)分包出去工程的产值
建筑安装业	2	1	7019	0	7019	7019	7019	0
建筑装饰业	1	0	0	0	0	0	0	0
其它建筑业	4	3	23570	497	23073	23430	23430	0
工程准备	2	2	20250	497	19753	20110	20110	0
提供工程设备服务	0	0	0	0	0	0	0	0
其它未列明的建筑活动	2	1	3320	0	3320	3320	3320	0
三、按隶属关系分组								
中　央	0	0	0	0	0	0	0	0
地　方	40	35	1860978	795101	1065877	1080148	1080148	0
省(自治区、直辖市)	4	3	23570	497	23073	23430	23430	0
地(区、市、州、盟)	13	12	1125151	570013	555138	529602	529602	0
县(区、市、旗)及县以下	23	20	712257	224591	487666	527116	527116	0
四、按企业资质等级分组								
施工总承包	36	33	1821874	791931	1029943	1046562	1046562	0
特　级	0	0	0	0	0	0	0	0
一　级	2	2	558030	265580	292450	206130	206130	0
二　级	9	9	784493	388040	396453	514702	514702	0
三级及以下	25	22	479351	138311	341040	325730	325730	0
专业承包	4	2	39104	3170	35934	33586	33586	0
一　级	0	0	0	0	0	0	0	0
二　级	1	1	16000	0	16000	15860	15860	0
三级及以下	3	1	23104	3170	19934	17726	17726	0
五、按地区分								
贵港市	40	35	1860978	795101	1065877	1080148	1080148	0
港北区	17	15	1245061	630530	614531	621898	621898	0
港南区	10	8	139275	35466	103809	115114	115114	0
覃塘区	2	2	41485	8709	32776	32276	32276	0
平南县	6	5	250163	64572	185591	140616	140616	0
桂平市	5	5	184994	55824	129170	170244	170244	0
六、按营业状态分								
营业	35	35	1860978	795101	1065877	1080148	1080148	0
停业(歇业)	5	0	0	0	0	0	0	0
筹建	0	0	0	0	0	0	0	0
当年关闭	0	0	0	0	0	0	0	0
当年破产	0	0	0	0	0	0	0	0
其它	0	0	0	0	0	0	0	0
七、按控股情况分								
国有绝对控股	10	10	808594	328583	480011	382738	382738	0
国有相对控股	1	0	0	0	0	0	0	0
集体绝对控股	20	19	689503	298869	390634	482136	482136	0
集体相对控股	0	0	0	0	0	0	0	0

（续表 4-8）

项　　目	2.从建设单位以外承揽工程完成的产值	三、建筑业总产值	其中：装饰装修产值	其中：在外省完成的产值	1.建筑工程产值	2.安装工程产值	3.其他产值	四、竣工产值
总　计	**23016**	**1103164**	**33197**	**1805**	**1042812**	**39320**	**21032**	**1055248**
其中：国有及国有控股企业	13078	395816	5130	0	360240	29566	6010	438147
一、按登记注册类型分组								
内资企业	23016	1103164	33197	1805	1042812	39320	21032	1055248
国有企业	13078	370741	5130	0	352891	11840	6010	431462
集体企业	8708	490844	28067	1805	468068	9554	13222	417942
股份合作企业	0	0	0	0	0	0	0	0
联营企业	0	0	0	0	0	0	0	0
国有联营企业	0	0	0	0	0	0	0	0
集体联营企业	0	0	0	0	0	0	0	0
国有与集体联营企业	0	0	0	0	0	0	0	0
其他联营企业	0	0	0	0	0	0	0	0
有限责任公司	1230	147689	0	0	129963	17726	0	128673
国有独资公司	0	0	0	0	0	0	0	0
其他有限责任公司	1230	147689	0	0	129963	17726	0	128673
股份有限公司	0	30625	0	0	28625	200	1800	24629
私营企业	0	63265	0	0	63265	0	0	52542
私营独资企业	0	0	0	0	0	0	0	0
私营合伙企业	0	0	0	0	0	0	0	0
私营有限责任公司	0	63265	0	0	63265	0	0	52542
私营股份有限公司	0	0	0	0	0	0	0	0
其他企业	0	0	0	0	0	0	0	0
港、澳、台商投资企业	0	0	0	0	0	0	0	0
合资经营企业(港或澳、台资)	0	0	0	0	0	0	0	0
合资经营企业(港或澳、台资)	0	0	0	0	0	0	0	0
港、澳、台商独资经营企业	0	0	0	0	0	0	0	0
港、澳、台商投资股份有限公司	0	0	0	0	0	0	0	0
外商投资企业	0	0	0	0	0	0	0	0
中外合资经营企业	0	0	0	0	0	0	0	0
中外合作经营企业	0	0	0	0	0	0	0	0
外资企业	0	0	0	0	0	0	0	0
外商投资股份有限公司	0	0	0	0	0	0	0	0
二、按国民经济行业分组								
房屋和土木工程建筑业	23016	1072715	33197	1805	1019382	32301	21032	1025597
房屋工程建筑	6278	839372	33197	1805	815605	2735	21032	818132
土木工程建筑	16738	233343	0	0	203777	29566	0	207465
铁路道路隧道和桥梁工程	3660	179863	0	0	179863	0	0	171711
水利和港口工程建筑	0	14084	0	0	14084	0	0	14084
工矿工程建筑	0	0	0	0	0	0	0	0
架线和管道工程建筑	13078	39396	0	0	9830	29566	0	21670
其他土木工程建筑	0	0	0	0	0	0	0	0
建筑安装业	0	7019	0	0	0	7019	0	7019

（续表4－8）

项　　目	2.从建设单位以外承揽工程完成的产值	三、建筑业总产值	其中：装饰装修产值	其中：在外省完成的产值	1.建筑工程产值	2.安装工程产值	3.其他产值	四、竣工产值
建筑装饰业	0	0	0	0	0	0	0	0
其它建筑业	0	23430	0	0	23430	0	0	22632
工程准备	0	20110	0	0	20110	0	0	19312
提供工程设备服务	0	0	0	0	0	0	0	0
其它未列明的建筑活动	0	3320	0	0	3320	0	0	3320
三、按隶属关系分组								
中　央	0	0	0	0	0	0	0	0
地　方	23016	1103164	33197	1805	1042812	39320	21032	1055248
省(自治区、直辖市)	0	23430	0	0	23430	0	0	22632
地(区、市、州、盟)	13078	542680	21390	0	505135	37545	0	567446
县(区、市、旗)及县以下	9938	537054	11807	1805	514247	1775	21032	465170
四、按企业资质等级分组								
施工总承包	23016	1069578	33197	1805	1026952	21594	21032	1039388
特　级	0	0	0	0	0	0	0	0
一　级	0	206130	960	0	205170	960	0	267570
二　级	0	514702	25560	0	508692	0	6010	459540
三级及以下	23016	348746	6677	1805	313090	20634	15022	312278
专业承包	0	33586	0	0	15860	17726	0	15860
一　级	0	0	0	0	0	0	0	0
二　级	0	15860	0	0	15860	0	0	15860
三级及以下	0	17726	0	0	0	17726	0	0
五、按地区分								
贵港市	23016	1103164	33197	1805	1042812	39320	21032	1055248
港北区	13078	634976	21390	0	604450	30526	0	648221
港南区	0	115114	0	0	106042	7272	1800	100672
覃塘区	1651	33927	0	0	24508	1472	7947	25681
平南县	4627	145243	11807	1805	133908	50	11285	149310
桂平市	3660	173904	0	0	173904	0	0	131364
六、按营业状态分								
营业	23016	1103164	33197	1805	1042812	39320	21032	1055248
停业(歇业)	0	0	0	0	0	0	0	0
筹建	0	0	0	0	0	0	0	0
当年关闭	0	0	0	0	0	0	0	0
当年破产	0	0	0	0	0	0	0	0
其它	0	0	0	0	0	0	0	0
七、按控股情况分								
国有绝对控股	13078	395816	5130	0	360240	29566	6010	438147
国有相对控股	0	0	0	0	0	0	0	0
集体绝对控股	8708	490844	28067	1805	468068	9554	13222	417942
集体相对控股	0	0	0	0	0	0	0	0

（续表 4－8）

项目	五、房屋建筑施工面积	其中:本年新开工面积	其中:实行投标承包面积	其中:本年新开工	六、年末自有施工机械设备			计算劳动生产率的平均人数
					净值	总台数	总功率	
总　　计	**2861855**	**1200012**	**1674573**	**879325**	**191106**	**15247**	**299356**	**15305**
其中:国有及国有控股企业	618168	190326	618168	190326	51652	2898	50713	4219
一、按登记注册类型分组								
内资企业	2861855	1200012	1674573	879325	191106	15247	299356	15305
国有企业	618168	190326	618168	190326	49545	2663	38476	3524
集体企业	1941064	828988	763092	515801	96647	10909	233036	8330
股份合作企业	0	0	0	0	0	0	0	0
联营企业	0	0	0	0	0	0	0	0
国有联营企业	0	0	0	0	0	0	0	0
集体联营企业	0	0	0	0	0	0	0	0
国有与集体联营企业	0	0	0	0	0	0	0	0
其他联营企业	0	0	0	0	0	0	0	0
有限责任公司	51700	46200	51700	45200	13089	331	16255	1685
国有独资公司	0	0	0	0	0	0	0	0
其他有限责任公司	51700	46200	51700	45200	13089	331	16255	1685
股份有限公司	71321	48789	68511	48789	11327	746	2713	516
私营企业	179602	85709	173102	79209	20498	598	8876	1250
私营独资企业	0	0	0	0	0	0	0	0
私营合伙企业	0	0	0	0	0	0	0	0
私营有限责任公司	179602	85709	173102	79209	20498	598	8876	1250
私营股份有限公司	0	0	0	0	0	0	0	0
其他企业	0	0	0	0	0	0	0	0
港、澳、台商投资企业	0	0	0	0	0	0	0	0
合资经营企业(港或澳、台资)	0	0	0	0	0	0	0	0
合资经营企业(港或澳、台资)	0	0	0	0	0	0	0	0
港、澳、台商独资经营企业	0	0	0	0	0	0	0	0
港、澳、台商投资股份有限公司	0	0	0	0	0	0	0	0
外商投资企业	0	0	0	0	0	0	0	0
中外合资经营企业	0	0	0	0	0	0	0	0
中外合作经营企业	0	0	0	0	0	0	0	0
外资企业	0	0	0	0	0	0	0	0
外商投资股份有限公司	0	0	0	0	0	0	0	0
二、按国民经济行业分组								
房屋和土木工程建筑业	2861855	1200012	1674573	879325	183546	14870	291279	14970
房屋工程建筑	2769144	1153241	1585642	836334	146810	13758	252485	11791
土木工程建筑	92711	46771	88931	42991	36736	1112	38794	3179
铁路道路隧道和桥梁工程	91211	46771	87431	42991	28476	651	24789	1998
水利和港口工程建筑	1500	0	1500	0	4405	241	7550	491
工矿工程建筑	0	0	0	0	0	0	0	0
架线和管道工程建筑	0	0	0	0	3855	220	6455	690
其他土木工程建筑	0	0	0	0	0	0	0	0
建筑安装业	0	0	0	0	225	28	310	70

（续表4－8）

项　　目	五、房屋建筑施工面积	其中:本年新开工面积	其中:实行投标承包面积	其中:本年新开工	六、年末自有施工机械设备			计算劳动生产率的平均人数
					净值	总台数	总功率	
建筑装饰业	0	0	0	0	0	0	0	0
其它建筑业	0	0	0	0	7335	349	7767	265
工程准备	0	0	0	0	6314	290	6980	180
提供工程设备服务	0	0	0	0	0	0	0	0
其它未列明的建筑活动	0	0	0	0	1021	59	787	85
三、按隶属关系分组								
中　央	0	0	0	0	0	0	0	0
地　方	2861855	1200012	1674573	879325	191106	15247	299356	15305
省(自治区、直辖市)	0	0	0	0	7335	349	7767	265
地(区、市、州、盟)	882937	267177	880127	267177	57500	3785	43886	5611
县(区、市、旗)及县以下	1978918	932835	794446	612148	126271	11113	247703	9429
四、按企业资质等级分组								
施工总承包	2861855	1200012	1674573	879325	185093	14968	292147	14805
特　级	0	0	0	0	0	0	0	0
一　级	497017	128430	497017	128430	15124	1934	10032	1610
二　级	1362410	368143	629689	260636	92302	7299	171071	6669
三级及以下	1002428	703439	547867	490259	77667	5735	111044	6526
专业承包	0	0	0	0	6013	279	7209	500
一　级	0	0	0	0	0	0	0	0
二　级	0	0	0	0	5823	249	6534	100
三级及以下	0	0	0	0	190	30	675	400
五、按地区分								
贵港市	2861855	1200012	1674573	879325	191106	15247	299356	15305
港北区	1132183	422530	1053229	346386	81354	4907	58613	7344
港南区	477496	379664	268644	250024	30803	2098	58075	1713
覃塘区	49927	48075	40194	40194	6709	413	6150	605
平南县	360512	155456	200770	153221	33371	1685	25789	2725
桂平市	841737	194287	111736	89500	38869	6144	150729	2918
六、按营业状态分								
营业	2861855	1200012	1674573	879325	191106	15247	299356	15305
停业(歇业)	0	0	0	0	0	0	0	0
筹建	0	0	0	0	0	0	0	0
当年关闭	0	0	0	0	0	0	0	0
当年破产	0	0	0	0	0	0	0	0
其它	0	0	0	0	0	0	0	0
七、按控股情况分								
国有绝对控股	618168	190326	618168	190326	51652	2898	50713	4219
国有相对控股	0	0	0	0	0	0	0	0
集体绝对控股	1941064	828988	763092	515801	96647	10909	233036	8330
集体相对控股	0	0	0	0	0	0	0	0

（续表4－8）

项目	七、从业人员情况							
	年末从业人员	其中：管理人员	其中：工程技术人员	其中：持有一级资质证书的项目经理	其中：现场施工工人	其中：持证上岗人员	1.钢材	2.木材
总计	**16292**	**2897**	**2854**	**106**	**11090**	**8327**	**120703**	**70067**
其中：国有及国有控股企业	4446	770	962	75	2605	2344	26009	36287
一、按登记注册类型分组								
内资企业	16292	2897	2854	106	11090	8327	120703	70067
国有企业	3723	648	875	66	2218	1957	25775	36287
集体企业	8845	1634	1433	22	6296	4437	89165	28384
股份合作企业	0	0	0	0	0	0	0	0
联营企业	0	0	0	0	0	0	0	0
国有联营企业	0	0	0	0	0	0	0	0
集体联营企业	0	0	0	0	0	0	0	0
国有与集体联营企业	0	0	0	0	0	0	0	0
其他联营企业	0	0	0	0	0	0	0	0
有限责任公司	1856	326	273	15	1054	1051	2111	3703
国有独资公司	0	0	0	0	0	0	0	0
其他有限责任公司	1856	326	273	15	1054	1051	2111	3703
股份有限公司	558	119	113	3	382	369	2020	1683
私营企业	1310	170	160	0	1140	513	1632	10
私营独资企业	0	0	0	0	0	0	0	0
私营合伙企业	0	0	0	0	0	0	0	0
私营有限责任公司	1310	170	160	0	1140	513	1632	10
私营股份有限公司	0	0	0	0	0	0	0	0
其他企业	0	0	0	0	0	0	0	0
港、澳、台商投资企业	0	0	0	0	0	0	0	0
合资经营企业(港或澳、台资)	0	0	0	0	0	0	0	0
合资经营企业(港或澳、台资)	0	0	0	0	0	0	0	0
港、澳、台商独资经营企业	0	0	0	0	0	0	0	0
港、澳、台商投资股份有限公司	0	0	0	0	0	0	0	0
外商投资企业	0	0	0	0	0	0	0	0
中外合资经营企业	0	0	0	0	0	0	0	0
中外合作经营企业	0	0	0	0	0	0	0	0
外资企业	0	0	0	0	0	0	0	0
外商投资股份有限公司	0	0	0	0	0	0	0	0
二、按国民经济行业分组								
房屋和土木工程建筑业	15932	2832	2691	93	10945	8209	120496	70026
房屋工程建筑	12812	2234	2143	47	8589	6303	107606	53942
土木工程建筑	3120	598	548	46	2356	1906	12890	16084
铁路道路隧道和桥梁工程	1992	451	362	12	1498	1143	4090	6013
水利和港口工程建筑	516	80	67	9	502	410	620	710
工矿工程建筑	0	0	0	0	0	0	0	0
架线和管道工程建筑	612	67	119	25	356	353	8180	9361
其他土木工程建筑	0	0	0	0	0	0	0	0
建筑安装业	72	32	13	0	40	40	3	0

(续表 4－8)

项　　目	七、从业人员情况							
	年末从业人员	其中：管理人员	其中：工程技术人员	其中：持有一级资质证书的项目经理	其中：现场施工工人	其中：持证上岗人员	1.钢材	2.木材
建筑装饰业	0	0	0	0	35	4	38	12
其它建筑业	288	33	150	13	105	78	204	41
工程准备	194	23	93	13	78	78	204	41
提供工程设备服务	0	0	0	0	0	0	0	0
其它未列明的建筑活动	94	10	57	0	27	0	0	0
三、按隶属关系分组								
中　央	0	0	0	0	0	0	0	0
地　方	16292	2897	2854	106	11090	8327	120703	70067
省(自治区、直辖市)	288	33	150	13	105	78	204	41
地(区、市、州、盟)	5655	1094	1148	55	4017	3289	48867	39000
县(区、市、旗)及县以下	10349	1770	1556	38	6968	4960	71632	31026
四、按企业资质等级分组								
施工总承包	15775	2840	2752	97	10912	8149	120637	70026
特　级	0	0	0	0	0	0	0	0
一　级	1613	354	364	17	1196	1023	13506	19433
二　级	7244	1219	1162	15	4982	3352	80250	19814
三级及以下	6918	1267	1226	65	4734	3774	26881	30779
专业承包	517	57	102	9	178	178	66	41
一　级	0	0	0	0	0	0	0	0
二　级	106	15	68	9	23	23	36	41
三级及以下	411	42	34	0	155	155	30	0
五、按地区分								
贵港市	16292	2897	2854	106	11090	8327	120703	70067
港北区	7470	1256	1417	61	5546	3960	53249	41431
港南区	1793	457	597	21	1083	790	6571	4478
覃塘区	716	88	90	0	613	570	1589	724
平南县	2900	422	269	9	1046	954	6794	13764
桂平市	3413	674	481	15	2802	2053	52500	9670
六、按营业状态分								
营业	16292	2897	2854	106	11090	8327	120703	70067
停业(歇业)	0	0	0	0	0	0	0	0
筹建	0	0	0	0	0	0	0	0
当年关闭	0	0	0	0	0	0	0	0
当年破产	0	0	0	0	0	0	0	0
其它	0	0	0	0	0	0	0	0
七、按控股情况分								
国有绝对控股	4446	770	962	75	2605	2344	26009	36287
国有相对控股	0	0	0	0	0	0	0	0
集体绝对控股	8845	1634	1433	22	6296	4437	89165	28384
集体相对控股	0	0	0	0	0	0	0	0

(续表 4-8)

项目	八、主要建筑材料消耗量				九、补充资料			
	3.水泥	4.平板玻璃		5.铝材	企业总产值	在境外完成的营业额	合计	1.厂房、仓库
		重量箱	平方米					
总　计	**456008**	**66442**	**180544**	**4102**	**1128117**	**1805**	**1392527**	**74101**
其中:国有及国有控股企业	160374	61463	143964	882	414375	0	515943	2485
一、按登记注册类型分组								
内资企业	456008	66442	180544	4102	1128117	1805	1392527	74101
国有企业	154371	61363	143964	872	383558	0	515943	2485
集体企业	236141	4578	23290	3137	497238	1805	716150	64148
股份合作企业	0	0	0	0	0	0	0	0
联营企业	0	0	0	0	0	0	0	0
国有联营企业	0	0	0	0	0	0	0	0
集体联营企业	0	0	0	0	0	0	0	0
国有与集体联营企业	0	0	0	0	0	0	0	0
其他联营企业	0	0	0	0	0	0	0	0
有限责任公司	39303	400	12000	40	153431	0	48600	0
国有独资公司	0	0	0	0	0	0	0	0
其他有限责任公司	39303	400	12000	40	153431	0	48600	0
股份有限公司	9249	1	1290	53	30625	0	31001	6154
私营企业	16944	0	0	0	63265	0	80833	1314
私营独资企业	0	0	0	0	0	0	0	0
私营合伙企业	0	0	0	0	0	0	0	0
私营有限责任公司	16944	0	0	0	63265	0	80833	1314
私营股份有限公司	0	0	0	0	0	0	0	0
其他企业	0	0	0	0	0	0	0	0
港、澳、台商投资企业	0	0	0	0	0	0	0	0
合资经营企业(港或澳、台资)	0	0	0	0	0	0	0	0
合资经营企业(港或澳、台资)	0	0	0	0	0	0	0	0
港、澳、台商独资经营企业	0	0	0	0	0	0	0	0
港、澳、台商投资股份有限公司	0	0	0	0	0	0	0	0
外商投资企业	0	0	0	0	0	0	0	0
中外合资经营企业	0	0	0	0	0	0	0	0
中外合作经营企业	0	0	0	0	0	0	0	0
外资企业	0	0	0	0	0	0	0	0
外商投资股份有限公司	0	0	0	0	0	0	0	0
二、按国民经济行业分组								
房屋和土木工程建筑业	453323	66442	180544	4102	1097668	1805	1392527	74101
房屋工程建筑	387452	63467	180485	4088	857355	1805	1299816	72601
土木工程建筑	65871	2975	59	14	240313	0	92711	1500
铁路道路隧道和桥梁工程	40691	2975	59	4	181091	0	91211	0
水利和港口工程建筑	16700	0	0	0	14084	0	1500	1500
工矿工程建筑	0	0	0	0	0	0	0	0
架线和管道工程建筑	8480	0	0	10	45138	0	0	0
其他土木工程建筑	0	0	0	0	0	0	0	0
建筑安装业	2	0	0	0	7019	0	0	0

(续表 4－8)

项　　目	八、主要建筑材料消耗量				九、补充资料			
	3.水泥	4.平板玻璃		5.铝材	企　业总产值	在境外完成的营业额	合计	1.厂房、仓库
		重量箱	平方米					
建筑装饰业	0	0	0	0	0	0	0	0
其它建筑业	2683	0	0	0	23430	0	0	0
工程准备	2283	0	0	0	20110	0	0	0
提供工程设备服务	0	0	0	0	0	0	0	0
其它未列明的建筑活动	400	0	0	0	3320	0	0	0
三、按隶属关系分组								
中　央	0	0	0	0	0	0	0	0
地　方	456008	66442	180544	4102	1128117	1805	1392527	74101
省(自治区、直辖市)	2683	0	0	0	23430	0	0	0
地(区、市、州、盟)	201887	60004	133288	979	566405	0	633898	35687
县(区、市、旗)及县以下	251438	6438	47256	3123	538282	1805	758629	38414
四、按企业资质等级分组								
施工总承包	455101	66442	180544	4092	1088789	1805	1392527	74101
特　级	0	0	0	0	0	0	0	0
一　级	106029	57001	132941	50	218953	0	401965	0
二　级	163208	8445	11612	1757	519862	0	577068	47539
三级及以下	185864	996	35991	2285	349974	1805	413494	26562
专业承包	907	0	0	10	39328	0	0	0
一　级	0	0	0	0	0	0	0	0
二　级	857	0	0	0	15860	0	0	0
三级及以下	50	0	0	10	23468	0	0	0
五、按地区分								
贵港市	456008	66442	180544	4102	1128117	1805	1392527	74101
港北区	223072	60054	133288	1079	658701	0	784375	37001
港南区	82501	5	7552	1079	115114	0	122441	14204
覃塘区	11701	41	819	76	33927	0	35355	1451
平南县	72784	6332	38885	1381	145243	1805	153496	985
桂平市	65950	10	0	487	175132	0	296860	20460
六、按营业状态分								
营业	456008	66442	180544	4102	1128117	1805	1392527	74101
停业(歇业)	0	0	0	0	0	0	0	0
筹建	0	0	0	0	0	0	0	0
当年关闭	0	0	0	0	0	0	0	0
当年破产	0	0	0	0	0	0	0	0
其它	0	0	0	0	0	0	0	0
七、按控股情况分								
国有绝对控股	160374	61463	143964	882	414375	0	515943	2485
国有相对控股	0	0	0	0	0	0	0	0
集体绝对控股	236141	4578	23290	3137	497238	1805	716150	64148
集体相对控股	0	0	0	0	0	0	0	0

(续表4－8)

项目	房屋建筑竣工面积(平方米)							
	2.住宅	3.办公用房	4.批发和零售用房	5.住宿和餐饮用房	6.居民服务业用房	7.教育用房	8.文化、体育和娱乐用房	9.卫生医疗用房
总　计	**728831**	**129255**	**126780**	**37482**	**38760**	**139798**	**30255**	**15590**
其中:国有及国有控股企业	244597	67418	113700	2200	0	11978	18900	5840
一、按登记注册类型分组								
内资企业	728831	129255	126780	37482	38760	139798	30255	15590
国有企业	244597	67418	113700	2200	0	11978	18900	5840
集体企业	390900	46359	13080	35282	5760	116666	11355	9750
股份合作企业	0	0	0	0	0	0	0	0
联营企业	0	0	0	0	0	0	0	0
国有联营企业	0	0	0	0	0	0	0	0
集体联营企业	0	0	0	0	0	0	0	0
国有与集体联营企业	0	0	0	0	0	0	0	0
其他联营企业	0	0	0	0	0	0	0	0
有限责任公司	4100	11500	0	0	33000	0	0	0
国有独资公司	0	0	0	0	0	0	0	0
其他有限责任公司	4100	11500	0	0	33000	0	0	0
股份有限公司	16232	3978	0	0	0	4637	0	0
私营企业	73002	0	0	0	0	6517	0	0
私营独资企业	0	0	0	0	0	0	0	0
私营合伙企业	0	0	0	0	0	0	0	0
私营有限责任公司	73002	0	0	0	0	6517	0	0
私营股份有限公司	0	0	0	0	0	0	0	0
其他企业	0	0	0	0	0	0	0	0
港、澳、台商投资企业	0	0	0	0	0	0	0	0
合作经营企业(港或澳、台资)	0	0	0	0	0	0	0	0
合作经营企业(港或澳、台资)	0	0	0	0	0	0	0	0
港、澳、台商独资经营企业	0	0	0	0	0	0	0	0
港、澳、台商投资股份有限公司	0	0	0	0	0	0	0	0
外商投资企业	0	0	0	0	0	0	0	0
中外合资经营企业	0	0	0	0	0	0	0	0
中外合作经营企业	0	0	0	0	0	0	0	0
外资企业	0	0	0	0	0	0	0	0
外商投资股份有限公司	0	0	0	0	0	0	0	0
二、按国民经济行业分组								
房屋和土木工程建筑业	728831	129255	126780	37482	38760	139798	30255	15590
房屋工程建筑	660458	122062	122228	36882	38760	132371	30255	15590
土木工程建筑	68373	7193	4552	600	0	7427	0	0
铁路道路隧道和桥梁工程	68373	7193	4552	600	0	7427	0	0
水利和港口工程建筑	0	0	0	0	0	0	0	0
工矿工程建筑	0	0	0	0	0	0	0	0
架线和管道工程建筑	0	0	0	0	0	0	0	0
其他土木工程建筑	0	0	0	0	0	0	0	0
建筑安装业	0	0	0	0	0	0	0	0

（续表 4－8）

项　　目	房屋建筑竣工面积(平方米)							
	2.住宅	3.办公用房	4.批发和零售用房	5.住宿和餐饮用房	6.居民服务业用房	7.教育用房	8.文化、体育和娱乐用房	9.卫生医疗用房
建筑装饰业	0	0	0	0	0	0	0	0
其它建筑业	0	0	0	0	0	0	0	0
工程准备	0	0	0	0	0	0	0	0
提供工程设备服务	0	0	0	0	0	0	0	0
其它未列明的建筑活动	0	0	0	0	0	0	0	0
三、按隶属关系分组								
中　央	0	0	0	0	0	0	0	0
地　方	728831	129255	126780	37482	139798	30255	15590	
省(自治区、直辖市)	0	0	0	0	0	0	0	0
地(区、市、州、盟)	354126	45652	113700	0	0	39408	0	5840
县(区、市、旗)及县以下	374705	83603	13080	37482	38760	100390	30255	9750
四、按企业资质等级分组								
施工总承包	728831	129255	126780	37482	38760	139798	30255	15590
特　级	0	0	0	0	0	0	0	0
一　级	200815	32534	109148	0	0	17209	0	5840
二　级	302280	72112	14632	16600	5760	52974	30255	7900
三级及以下	225736	24609	3000	20882	33000	69615	0	1850
专业承包	0	0	0	0	0	0	0	0
一　级	0	0	0	0	0	0	0	0
二　级	0	0	0	0	0	0	0	0
三级及以下	0	0	0	0	0	0	0	0
五、按地区分								
贵港市	728831	129255	126780	37482	38760	139798	30255	15590
港北区	489772	45652	116700	4000	0	45925	0	5840
港南区	75436	3206	0	13200	0	11105	0	1850
覃塘区	19543	4971	0	3082	0	6308	0	0
平南县	13650	43351	0	2200	33000	27270	18900	0
桂平市	130430	32075	10080	15000	5760	49190	11355	7900
六、按营业状态分								
营业	728831	129255	126780	37482	38760	139798	30255	15590
停业(歇业)	0	0	0	0	0	0	0	0
筹建	0	0	0	0	0	0	0	0
当年关闭	0	0	0	0	0	0	0	0
当年破产	0	0	0	0	0	0	0	0
其它	0	0	0	0	0	0	0	0
七、按控股情况分								
国有绝对控股	244597	67418	113700	2200	0	11978	18900	5840
国有相对控股	0	0	0	0	0	0	0	0
集体绝对控股	390900	46359	13080	35282	5760	116666	11355	9750
集体相对控股	0	0	0	0	0	0	0	0

（续表 4－8）

项目	10.科研用房	11.其他用房	竣工房屋价值(千元) 合计	1.厂房、仓库	2.住宅	3.办公用房	4.批发和零售用房
总　计	**7228**	**64447**	**813825**	**43640**	**394772**	**90454**	**66570**
其中:国有及国有控股企业	5788	43037	348146	1550	138041	61620	59330
一、按登记注册类型分组							
内资企业	7228	64447	813825	43640	394772	90454	66570
国有企业	5788	43037	348146	1550	138041	61620	59330
集体企业	1440	21410	378330	37340	198595	22036	7240
股份合作企业	0	0	0	0	0	0	0
联营企业	0	0	0	0	0	0	0
国有联营企业	0	0	0	0	0	0	0
集体联营企业	0	0	0	0	0	0	0
国有与集体联营企业	0	0	0	0	0	0	0
其他联营企业	0	0	0	0	0	0	0
有限责任公司	0	0	12178	0	2500	3243	0
国有独资公司	0	0	0	0	0	0	0
其他有限责任公司	0	0	12178	0	2500	3243	0
股份有限公司	0	0	22629	4150	10164	3555	0
私营企业	0	0	52542	600	45472	0	0
私营独资企业	0	0	0	0	0	0	0
私营合伙企业	0	0	0	0	0	0	0
私营有限责任公司	0	0	52542	600	45472	0	0
私营股份有限公司	0	0	0	0	0	0	0
其他企业	0	0	0	0	0	0	0
港、澳、台商投资企业	0	0	0	0	0	0	0
合作经营企业(港或澳、台资)	0	0	0	0	0	0	0
合作经营企业(港或澳、台资)	0	0	0	0	0	0	0
港、澳、台商独资经营企业	0	0	0	0	0	0	0
港、澳、台商投资股份有限公司	0	0	0	0	0	0	0
外商投资企业	0	0	0	0	0	0	0
中外合资经营企业		0	0	0	0	0	0
中外合作经营企业	0	0	0	0	0	0	0
外资企业	0	0	0	0	0	0	0
外商投资股份有限公司	0	0	0	0	0	0	0
二、按国民经济行业分组							
房屋和土木工程建筑业	7228	64447	813825	43640	394772	90454	66570
房屋工程建筑	7228	61381	755585	42890	357051	85889	63090
土木工程建筑	0	3066	58240	750	37721	4565	3480
铁路道路隧道和桥梁工程	0	3066	57490	0	37721	4565	3480
水利和港口工程建筑	0	0	750	750	0	0	0
工矿工程建筑	0	0	0	0	0	0	0
架线和管道工程建筑	0	0	0	0	0	0	0
其他土木工程建筑	0	0	0	0	0	0	0
建筑安装业	0	0	0	0	0	0	0

(续表4－8)

项　　目	10.科研用房	11.其他用房	竣工房屋价值(千元) 合计	1.厂房、仓库	2.住宅	3.办公用房	4.批发和零售用房
建筑装饰业	0	0	0	0	0	0	0
其它建筑业	0	0	0	0	0	0	0
工程准备	0	0	0	0	0	0	0
提供工程设备服务	0	0	0	0	0	0	0
其它未列明的建筑活动	0	0	0	0	0	0	0
三、按隶属关系分组							
中　央	0	0	0	0	0	0	0
地　方	7228	64447	813825	43640	394772	90454	66570
省(自治区、直辖市)	0	0	0	0	0	0	0
地(区、市、州、盟)	5788	33697	409925	24316	204018	42887	59330
县(区、市、旗)及县以下	1440	30750	403900	19324	190754	47567	7240
四、按企业资质等级分组							
施工总承包	7228	64447	813825	43640	394772	90454	66570
特　级	0	0	0	0	0	0	0
一　级	5788	30631	255710	0	107740	32560	55850
二　级	1440	25576	335671	27510	171906	46240	8520
三级及以下	0	8240	222444	16130	115126	11654	2200
专业承包	0	0	0	0	0	0	0
一　级	0	0	0	0	0	0	0
二　级	0	0	0	0	0	0	0
三级及以下	0	0	0	0	0	0	0
五、按地区分							
贵港市	7228	64447	813825	43640	394772	90454	66570
港北区	5788	33697	494267	24916	276290	42887	61530
港南区	0	3440	72420	9228	40345	2958	0
覃塘区	0	0	21180	696	11305	2386	0
平南县	0	14140	96354	800	9972	30208	0
桂平市	1440	13170	129604	8000	56860	12015	5040
六、按营业状态分							
营业	7228	64447	813825	43640	394772	90454	66570
停业(歇业)	0	0	0	0	0	0	0
筹建	0	0	0	0	0	0	0
当年关闭	0	0	0	0	0	0	0
当年破产	0	0	0	0	0	0	0
其它	0	0	0	0	0	0	0
七、按控股情况分							
国有绝对控股	5788	43037	348146	1550	138041	61620	59330
国有相对控股	0	0	0	0	0	0	0
集体绝对控股	1440	21410	378330	37340	198595	22036	7240
集体相对控股	0	0	0	0	0	0	0

(续表 4－8)

项目	竣工房屋价值(千元)						
	合计						
	5.住宿和餐饮用房	6.居民服务业用房	7.教育用房	8.文化、体育和娱乐用房	9.卫生医疗用房	10.科研用房	11.其他用房
总计	**24038**	**8615**	**81308**	**20430**	**11011**	**6460**	**66527**
其中:国有及国有控股企业	3800	0	9340	14820	5750	5740	48155
一、按登记注册类型分组							
内资企业	24038	8615	81308	20430	11011	6460	66527
国有企业	3800	0	9340	14820	5750	5740	48155
集体企业	20238	2180	60738	5610	5261	720	18372
股份合作企业	0	0	0	0	0	0	0
联营企业	0	0	0	0	0	0	0
国有联营企业	0	0	0	0	0	0	0
集体联营企业	0	0	0	0	0	0	0
国有与集体联营企业	0	0	0	0	0	0	0
其他联营企业	0	0	0	0	0	0	0
有限责任公司	0	6435	0	0	0	0	0
国有独资公司	0	0	0	0	0	0	0
其他有限责任公司	0	6435	0	0	0	0	0
股份有限公司	0	0	4760	0	0	0	0
私营企业	0	0	6470	0	0	0	0
私营独资企业	0	0	0	0	0	0	0
私营合伙企业	0	0	0	0	0	0	0
私营有限责任公司	0	0	6470	0	0	0	0
私营股份有限公司	0	0	0	0	0	0	0
其他企业	0	0	0	0	0	0	0
港、澳、台商投资企业	0	0	0	0	0	0	0
合作经营企业(港或澳、台资)	0	0	0	0	0	0	0
合作经营企业(港或澳、台资)	0	0	0	0	0	0	0
港、澳、台商独资经营企业	0	0	0	0	0	0	0
港、澳、台商投资股份有限公司	0	0	0	0	0	0	0
外商投资企业	0	0	0	0	0	0	0
中外合资经营企业	0	0	0	0	0	0	0
中外合作经营企业	0	0	0	0	0	0	0
外资企业	0	0	0	0	0	0	0
外商投资股份有限公司	0	0	0	0	0	0	0
二、按国民经济行业分组							
房屋和土木工程建筑业	24038	8615	81308	20430	11011	6460	66527
房屋工程建筑	22038	8615	74659	20430	11011	6460	63452
土木工程建筑	2000	0	6649	0	0	0	3075
铁路道路隧道和桥梁工程	2000	0	6649	0	0	0	3075
水利和港口工程建筑	0	0	0	0	0	0	0
工矿工程建筑	0	0	0	0	0	0	0
架线和管道工程建筑	0	0	0	0	0	0	0
其他土木工程建筑	0	0	0	0	0	0	0
建筑安装业	0	0	0	0	0	0	0

(续表 4-8)

项　目	竣工房屋价值(千元)						
	合　计						
	5.住宿和餐饮用　房	6.居民服务业用房	7.教育用房	8.文化、体育和娱乐用房	9.卫生医疗用房	10.科研用房	11.其他用房
建筑装饰业	0	0	0	0	0	0	0
其它建筑业	0	0	0	0	0	0	0
工程准备	0	0	0	0	0	0	0
提供工程设备服务	0	0	0	0	0	0	0
其它未列明的建筑活动	0	0	0	0	0	0	0
三、按隶属关系分组							
中　央	0	0	0	0	0	0	0
地　方	24038	8615	81308	20430	11011	6460	66527
省(自治区、直辖市)	0	0	0	0	0	0	0
地(区、市、州、盟)	0	0	27419	0	5750	5740	40465
县(区、市、旗)及县以下	24038	8615	53889	20430	5261	720	26062
四、按企业资质等级分组							
施工总承包	24038	8615	81308	20430	11011	6460	66527
特　级	0	0	0	0	0	0	0
一　级	0	0	10680	0	5750	5740	37390
二　级	8900	2180	29100	20430	3950	720	16215
三级及以下	15138	6435	41528	0	1311	0	12922
专业承包	0	0	0	0	0	0	0
一　级	0	0	0	0	0	0	0
二　级	0	0	0	0	0	0	0
三级及以下	0	0	0	0	0	0	0
五、按地区分							
贵港市	24038	8615	81308	20430	11011	6460	66527
港北区	2800	0	33889	0	5750	5740	40465
港南区	8130	0	7328	0	1311	0	3120
覃塘区	2208	0	4585	0	0	0	0
平南县	3800	6435	12827	14820	0	0	17492
桂平市	7100	2180	22679	5610	3950	720	5450
六、按营业状态分							
营业	24038	8615	81308	20430	11011	6460	66527
停业(歇业)	0	0	0	0	0	0	0
筹建	0	0	0	0	0	0	0
当年关闭	0	0	0	0	0	0	0
当年破产	0	0	0	0	0	0	0
其它	0	0	0	0	0	0	0
七、按控股情况分							
国有绝对控股	3800	0	9340	14820	5750	5740	48155
国有相对控股	0	0	0	0	0	0	0
集体绝对控股	20238	2180	60738	5610	5261	720	18372
集体相对控股	0	0	0	0	0	0	0

（续表 4－8）

项　　目	一、年初存货	二、年末资产负债 流动资产合计	其中：存货	长期投资	固定资产合计	固定资产原价	其中：生产经营用
总　　计	**59337**	**640673**	**73931**	**30476**	**461868**	**583574**	**430721**
其中：国有及国有控股企业	25891	359267	36336	8570	189960	240257	154316
一、按登记注册类型分组							
内资企业	59337	640673	73931	30476	461868	583574	430721
国有企业	25709	241100	28204	500	156290	189329	133728
集体企业	13578	178632	19876	12240	195758	254142	203016
股份合作企业	0	0	0	0	0	0	0
联营企业	0	0	0	0	0	0	0
国有联营企业	0	0	0	0	0	0	0
集体联营企业	0	0	0	0	0	0	0
国有与集体联营企业	0	0	0	0	0	0	0
其他联营企业	0	0	0	0	0	0	0
有限责任公司	1869	172437	9919	8070	73378	100413	59743
国有独资公司	0	0	0	0	0	0	0
其他有限责任公司	1869	172437	9919	8070	73378	100413	59743
股份有限公司	3969	8310	3121	0	13482	12408	12408
私营企业	14212	40194	12811	9666	22960	27282	21826
私营独资企业	0	0	0	0	0	0	0
私营合伙企业	0	0	0	0	0	0	0
私营有限责任公司	14212	40194	12811	9666	22960	27282	21826
私营股份有限公司	0	0	0	0	0	0	0
其他企业	0	0	0	0	0	0	0
港、澳、台商投资企业	0	0	0	0	0	0	0
合资经营企业（港或澳、台资）	0	0	0	0	0	0	0
合作经营企业（港或澳、台资）	0	0	0	0	0	0	0
港、澳、台商独资经营企业	0	0	0	0	0	0	0
港、澳、台商投资股份有限公司	0	0	0	0	0	0	0
外商投资企业	0	0	0	0	0	0	0
中外合资经营企业	0	0	0	0	0	0	0
中外合作经营企业	0	0	0	0	0	0	0
外资企业	0	0	0	0	0	0	0
外商投资股份有限公司	0	0	0	0	0	0	0
二、按国民经济行业分组							
房屋和土木工程建筑业	55948	610239	70849	30476	447021	564570	411717
房屋工程建筑	39728	326457	45273	21906	315074	397461	307347
土木工程建筑	16220	283782	25576	8570	131947	167109	104370
铁路道路隧道和桥梁工程	6430	228407	7071	7438	68871	85339	62270
水利和港口工程建筑	2280	5076	1650	0	21653	26850	20920
工矿工程建筑	0	0	0	0	0	0	0
架线和管道工程建筑	7510	50299	16855	1132	41423	54920	21180
其他土木工程建筑	0	0	0	0	0	0	0

(续表4-8)

项　目	一、年初存货	二、年末资产负债					
		流动资产合计	其中：存货	长期投资	固定资产合计	固定资产原价	其中：生产经营用
建筑安装业	746	5345	1143	0	225	581	581
建筑装饰业	0	0	0	0	0	0	0
其它建筑业	2643	25089	1939	0	14622	18423	18423
工程准备	1958	20056	1600	0	11447	15504	15504
提供工程设备服务	0	0	0	0	0	0	0
其它未列明的建筑活动	685	5033	339	0	3175	2919	2919
三、按隶属关系分组							
中　央	0	0	0	0	0	0	0
地　方	59337	640673	73931	30476	461868	583574	430721
省(自治区、直辖市)	2643	25089	1939	0	14622	18423	18423
地(区、市、州、盟)	21096	436309	31000	12453	215023	290455	199798
县(区、市、旗)及县以下	35598	179275	40992	18023	232223	274696	212500
四、按企业资质等级分组							
施工总承包	58134	586086	64920	29344	419220	526687	404174
特　级	0	0	0	0	0	0	0
一　级	1325	132402	1611	0	90146	112359	68140
二　级	29364	210723	42359	10198	186379	241035	193157
三级及以下	27445	242961	20950	19146	142695	173293	142877
专业承包	1203	54587	9011	1132	42648	56887	26547
一　级	0	0	0	0	0	0	0
二　级	1203	18838	1061	0	10895	14547	14547
三级及以下	0	35749	7950	1132	31753	4230	12000
五、按地区分							
贵港市	59337	640673	73931	30476	461868	583574	430721
港北区	43370	493715	43207	29274	244546	325726	229378
港南区	2935	39779	3740	0	52129	59235	58524
覃塘区	1815	6667	1010	1200	14389	15060	9206
平南县	9234	25892	11504	0	48760	65526	62913
桂平市	1983	74620	14470	2	102044	118027	70700
六、按营业状态分							
营业	59337	640673	73931	30476	461868	583574	430721
停业(歇业)	0	0	0	0	0	0	0
筹建	0	0	0	0	0	0	0
当年关闭	0	0	0	0	0	0	0
当年破产	0	0	0	0	0	0	0
其它	0	0	0	0	0	0	0
七、按控股情况分							
国有绝对控股	25891	359267	36336	8570	189960	240257	154316
国有相对控股	0	0	0	0	0	0	0
集体绝对控股	13578	178632	19876	12240	195758	254142	203016
集体相对控股	0	0	0	0	0	0	0

（续表4-8）

项目	二、年末资产负债							
	累计折旧	其中：本年折旧	在建工程	无形及递延资产小计	其中：无形资产	其他资产	资产合计	流动负债合计
总　计	**157582**	**17270**	**31556**	**80536**	**42031**	**2534**	**1216087**	**576409**
其中：国有及国有控股企业	70120	8941	15503	30679	28240	0	588476	289728
一、按登记注册类型分组								
内资企业	157582	17270	31556	80536	42031	2534	1216087	576409
国有企业	45503	5573	8174	15859	14734	0	413749	247265
集体企业	72737	6765	14353	36202	136	2534	425366	219702
股份合作企业	0	0	0	0	0	0	0	0
联营企业	0	0	0	0	0	0	0	0
国有联营企业	0	0	0	0	0	0	0	0
集体联营企业	0	0	0	0	0	0	0	0
国有与集体联营企业	0	0	0	0	0	0	0	0
其他联营企业	0	0	0	0	0	0	0	0
有限责任公司	34394	4310	7329	15348	14034	0	269233	71480
国有独资公司	0	0	0	0	0	0	0	0
其他有限责任公司	34394	4310	7329	15348	14034	0	269233	71480
股份有限公司	626	256	1700	1400	1400	0	23192	7021
私营企业	4322	366	0	11727	11727	0	84547	30941
私营独资企业	0	0	0	0	0	0	0	0
私营合伙企业	0	0	0	0	0	0	0	0
私营有限责任公司	4322	366	0	11727	11727	0	84547	30941
私营股份有限公司	0	0	0	0	0	0	0	0
其他企业	0	0	0	0	0	0	0	0
港、澳、台商投资企业	0	0	0	0	0	0	0	0
合资经营企业(港或澳、台资)	0	0	0	0	0	0	0	0
合作经营企业(港或澳、台资)	0	0	0	0	0	0	0	0
港、澳、台商独资经营企业	0	0	0	0	0	0	0	0
港、澳、台商投资股份有限公司	0	0	0	0	0	0	0	0
外商投资企业	0	0	0	0	0	0	0	0
中外合资经营企业	0	0	0	0	0	0	0	0
中外合作经营企业	0	0	0	0	0	0	0	0
外资企业	0	0	0	0	0	0	0	0
外商投资股份有限公司	0	0	0	0	0	0	0	0
二、按国民经济行业分组								
房屋和土木工程建筑业	150951	16120	31556	80436	42019	2534	1170706	552081
房屋工程建筑	105575	9230	23188	52846	15743	2534	718817	356628
土木工程建筑	45376	6890	8368	27590	26276	0	451889	195453
铁路道路隧道和桥梁工程	16468	3769	0	26276	26276	0	330992	143872
水利和港口工程建筑	8052	713	1039	0	0	0	26729	5968
工矿工程建筑	0	0	0	0	0	0	0	0
架线和管道工程建筑	20856	2408	7329	1314	0	0	94168	45613
其他土木工程建筑	0	0	0	0	0	0	0	0

(续表 4－8)

项目	二、年末资产负债 累计折旧	其中：本年折旧	在建工程	无形及递延资产小计	其中：无形资产	其他资产	资产合计	流动负债合计
建筑安装业	356	58	0	0	0	0	5570	4974
建筑装饰业	0	0	0	0	0	0	0	0
其它建筑业	6275	1092	0	100	12	0	39811	19354
工程准备	4920	941	0	100	12	0	31603	13919
提供工程设备服务	0	0	0	0	0	0	0	0
其它未列明的建筑活动	1355	151	0	0	0	0	8208	5435
三、按隶属关系分组								
中　央	0	0	0	0	0	0	0	0
地　方	157582	17270	31556	80536	42031	2534	1216087	576409
省(自治区、直辖市)	6275	1092	0	100	12	0	39811	19354
地(区、市、州、盟)	85824	9679	10362	66505	28204	1220	731510	400441
县(区、市、旗)及县以下	65483	6499	21194	13931	13815	1314	444766	156614
四、按企业资质等级分组								
施工总承包	135121	14729	24227	79222	42031	2534	1116406	525440
特　级	0	0	0	0	0	0	0	0
一　级	22396	1790	183	1037	0	1220	224805	158604
二　级	72499	7155	16232	62499	26461	－37	469762	213801
三级及以下	40226	5784	7812	15686	15570	1351	421839	153035
专业承包	22461	2541	7329	1314	0	0	99681	50969
一　级	0	0	0	0	0	0	0	0
二　级	4515	873	0	0	0	0	29733	12966
三级及以下	17946	1668	7329	1314	0	0	69948	38003
五、按地区分								
贵港市	157582	17270	31556	80536	42031	2534	1216087	576409
港北区	91572	10468	10362	78332	39943	1220	847087	437922
港南区	11532	1439	1952	0	0	0	91908	31081
覃塘区	4271	790	3600	252	136	1351	23859	7677
平南县	26999	2312	10233	1952	1952	0	76604	17760
桂平市	23208	2261	5409	0	0	－37	176629	81969
六、按营业状态分								
营业	157582	17270	31556	80536	42031	2534	1216087	576409
停业(歇业)	0	0	0	0	0	0	0	0
筹建	0	0	0	0	0	0	0	0
当年关闭	0	0	0	0	0	0	0	0
当年破产	0	0	0	0	0	0	0	0
其它	0	0	0	0	0	0	0	0
七、按控股情况分								
国有绝对控股	70120	8941	15503	30679	28240	0	588476	289728
国有相对控股	0	0	0	0	0	0	0	0
集体绝对控股	72737	6765	14353	36202	136	2534	425366	219702
集体相对控股	0	0	0	0	0	0	0	0

（续表4－8）

项　　目	二、年末资产负债							
	长期负债合计	负债合计	所有者权益合计	其中：实收资本	国家资本	集体资本	法人资本	个人资本
总　　计	**93142**	**669551**	**546536**	**403629**	**163169**	**183678**	**19503**	**37279**
其中：国有及国有控股企业	83707	373435	215041	154638	154519	119	0	0
一、按登记注册类型分组								
内资企业	93142	669551	546536	403629	163169	183678	19503	37279
国有企业	3707	250972	162777	130673	130673	0	0	0
集体企业	6435	226137	199229	169102	0	161759	7373	0
股份合作企业	0	0	0	0	0	0	0	0
联营企业	0	0	0	0	0	0	0	0
国有联营企业	0	0	0	0	0	0	0	0
集体联营企业	0	0	0	0	0	0	0	0
国有与集体联营企业	0	0	0	0	0	0	0	0
其他联营企业	0	0	0	0	0	0	0	0
有限责任公司	83000	154480	114753	64745	32496	21919	0	10330
国有独资公司	0	0	0	0	0	0	0	0
其他有限责任公司	83000	154480	114753	64745	32496	21919	0	10330
股份有限公司	0	7021	16171	13109	0	0	12160	949
私营企业	0	30941	53605	26000	0	0	0	26000
私营独资企业	0	0	0	0	0	0	0	0
私营合伙企业	0	0	0	0	0	0	0	0
私营有限责任公司	0	30941	53606	26000	0	0	0	26000
私营股份有限公司	0	0	0	0	0	0	0	0
其他企业	0	0	0	0	0	0	0	0
港、澳、台商投资企业	0	0	0	0	0	0	0	0
合资经营企业(港或澳、台资)	0	0	0	0	0	0	0	0
合作经营企业(港或澳、台资)	0	0	0	0	0	0	0	0
港、澳、台商独资经营企业	0	0	0	0	0	0	0	0
港、澳、台商投资股份有限公司	0	0	0	0	0	0	0	0
外商投资企业	0	0	0	0	0	0	0	0
中外合资经营企业	0	0	0	0	0	0	0	0
中外合作经营企业	0	0	0	0	0	0	0	0
外资企业	0	0	0	0	0	0	0	0
外商投资股份有限公司	0	0	0	0	0	0	0	0
二、按国民经济行业分组								
房屋和土木工程建筑业	93142	645223	525483	383976	143816	183378	19503	37279
房屋工程建筑	13122	369750	349067	277228	71000	149446	19503	37279
土木工程建筑	80020	275473	176416	106748	72816	33932	0	0
铁路道路隧道和桥梁工程	80000	223872	107120	70946	43146	27800	0	0
水利和港口工程建筑	20	5988	20741	13743	7730	6013	0	0
工矿工程建筑	0	0	0	0	0	0	0	0
架线和管道工程建筑	0	45613	48555	22059	21940	119	0	0
其他土木工程建筑	0	0	0	0	0	0	0	0

(续表4－8)

项　　目	长期负债合计	负债合计	所有者权益合计	其中：实收资本	国家资本	集体资本	法人资本	个人资本
	二、年末资产负债							
建筑安装业	0	4974	596	300	0	300	0	0
建筑装饰业	0	0	0	0	0	0	0	0
其它建筑业	0	19354	20457	19353	19353	0	0	0
工程准备	0	13919	17684	16580	16580	0	0	0
提供工程设备服务	0	0	0	0	0	0	0	0
其它未列明的建筑活动	0	5435	2773	2773	2773	0	0	0
三、按隶属关系分组								
中　央	0	0	0	0	0	0	0	0
地　方	93142	669551	546536	403629	163169	183678	19503	37279
省(自治区、直辖市)	0	19354	20457	19353	19353	0	0	0
地(区、市、州、盟)	83249	483690	247820	170890	116086	40644	7080	7080
县(区、市、旗)及县以下	9893	166507	278259	213386	27730	143034	12423	30199
四、按企业资质等级分组								
施工总承包	93142	618582	497824	375130	134789	183559	19503	37279
特　级	0	0	0	0	0	0	0	0
一　级	200	158804	66001	57060	51000	6060	0	0
二　级	7107	220908	248854	168383	54273	88110	0	26000
三级及以下	85835	238870	182969	149687	29516	89389	19503	11279
专业承包	0	50969	48712	28499	28380	119	0	0
一　级	0	0	0	0	0	0	0	0
二　级	0	12966	16767	16380	16380	0	0	0
三级及以下	0	38003	31945	12119	12000	119	0	0
五、按地区分								
贵港市	93142	669551	546536	403629	163169	183678	19503	37279
港北区	84365	522287	324800	217740	116286	61294	7080	33080
港南区	0	31081	60827	56975	19153	24450	12423	949
覃塘区	1120	8797	15062	14357	0	14357	0	0
平南县	6487	24247	52357	38463	20000	15213	0	3250
桂平市	1170	83139	93490	76094	7730	68364	0	0
六、按营业状态分								
营业	93142	669551	546536	403629	163169	183678	19503	37279
停业(歇业)	0	0	0	0	0	0	0	0
筹建	0	0	0	0	0	0	0	0
当年关闭	0	0	0	0	0	0	0	0
当年破产	0	0	0	0	0	0	0	0
其它	0	0	0	0	0	0	0	0
七、按控股情况分								
国有绝对控股	83707	373435	215041	154638	154519	119	0	0
国有相对控股	0	0	0	0	0	0	0	0
集体绝对控股	6435	226137	199229	169102	0	161759	7343	0
集体相对控股	0	0	0	0	0	0	0	0

（续表4－8）

项目	二、年末资产负债		三、损益及分配					
	港澳台资本	外商资本	工程结算收入	工程结算成本	工程结算税金及附加	工程结算利润	其他业务收入	其他业务利润
总　　计	**0**	**0**	**991028**	**894297**	**35245**	**56696**	**7957**	**447**
其中：国有及国有控股企业	0	0	335145	300169	12749	21729	4535	－1263
一、按登记注册类型分组								
内资企业	0	0	991028	894297	35245	56696	7957	447
国有企业	0	0	306313	277525	11605	16948	4535	－1263
集体企业	0	0	424694	384784	14963	22239	3342	1630
股份合作企业	0	0	0	0	0	0	0	0
联营企业	0	0	0	0	0	0	0	0
国有联营企业	0	0	0	0	0	0	0	0
集体联营企业	0	0	0	0	0	0	0	0
国有与集体联营企业	0	0	0	0	0	0	0	0
其他联营企业	0	0	0	0	0	0	0	0
有限责任公司	151446	133809	3896	12037	80	80		
国有独资公司	0	0	0	0	0	0	0	0
其他有限责任公司	0	0	151446	133809	3896	12037	80	80
股份有限公司	0	0	44937	39792	2598	2464	0	0
私营企业	0	0	63638	58387	2183	3008	0	0
私营独资企业	0	0	0	0	0	0	0	0
私营合伙企业	0	0	0	0	0	0	0	0
私营有限责任公司	0	0	63638	58387	2183	3008	0	0
私营股份有限公司	0	0	0	0	0	0	0	0
其他企业	0	0	0	0	0	0	0	0
港、澳、台商投资企业	0	0	0	0	0	0	0	0
合资经营企业（港或澳、台资）	0	0	0	0	0	0	0	0
合作经营企业（港或澳、台资）	0	0	0	0	0	0	0	0
港、澳、台商独资经营企业	0	0	0	0	0	0	0	0
港、澳、台商投资股份有限公司	0	0	0	0	0	0	0	0
外商投资企业	0	0	0	0	0	0	0	0
中外合资经营企业	0	0	0	0	0	0	0	0
中外合作经营企业	0	0	0	0	0	0	0	0
外资企业	0	0	0	0	0	0	0	0
外商投资股份有限公司	0	0	0	0	0	0	0	0
二、按国民经济行业分组								
房屋和土木工程建筑业	0	0	961777	871906	34258	51147	7893	394
房屋工程建筑	0	0	705469	639603	27794	34083	6810	311
土木工程建筑	0	0	256308	232303	6464	17064	1083	83
铁路道路隧道和桥梁工程	0	0	199957	188368	4082	7362	1080	80
水利和港口工程建筑	0	0	14084	11360	821	1891	3	3
工矿工程建筑	0	0	0	0	0	0	0	0
架线和管道工程建筑	0	0	42267	32575	1561	7811	0	0
其他土木工程建筑	0	0	0	0	0	0	0	0

(续表4-8)

项目	二、年末资产负债		三、损益及分配					
	港澳台资本	外商资本	工程结算收入	工程结算成本	工程结算税金及附加	工程结算利润	其他业务收入	其他业务利润
建筑安装业	0	0	7019	5401	234	1181	0	0
建筑装饰业	0	0	0	0	0	0	0	0
其它建筑业	0	0	22232	16990	753	4368	64	53
工程准备	0	0	18912	14463	639	3731	36	25
提供工程设备服务	0	0	0	0	0	0	0	0
其它未列明的建筑活动	0	0	3320	2527	114	637	28	28
三、按隶属关系分组								
中　央	0	0	0	0	0	0	0	0
地　方	0	0	991028	894297	35245	56696	7957	447
省(自治区、直辖市)	0	0	22232	16990	753	4368	64	53
地(区、市、州、盟)	0	0	507539	458644	16589	31548	6185	129
县(区、市、旗)及县以下	0	0	461257	418663	17903	20780	1708	265
四、按企业资质等级分组								
施工总承包	0	0	954571	867108	33883	49086	7921	422
特　级	0	0	0	0	0	0	0	0
一　级	0	0	160280	146629	6662	6969	4474	-1313
二　级	0	0	446536	413290	12470	18989	2228	1544
三级及以下	0	0	347755	307189	14751	23128	1219	191
专业承包	0	0	36457	27189	1362	7610	36	25
一　级	0	0	0	0	0	0	0	0
二　级	0	0	15860	11895	544	3375	36	25
三级及以下	0	0	20597	15294	818	4235	0	0
五、按地区分								
贵港市	0	0	991028	894297	35245	56696	7957	447
港北区	0	0	592792	539035	19131	33961	6185	129
港南区	0	0	108191	95716	4779	7334	99	88
覃塘区	0	0	25681	21624	1185	2309	130	111
平南县	0	0	123391	107519	5923	8321	0	0
桂平市	0	0	140973	130403	4227	4771	1543	119
六、按营业状态分								
营业	0	0	991028	894297	35245	56696	7957	447
停业(歇业)	0	0	0	0	0	0	0	0
筹建	0	0	0	0	0	0	0	0
当年关闭	0	0	0	0	0	0	0	0
当年破产	0	0	0	0	0	0	0	0
其它	0	0	0	0	0	0	0	0
七、按控股情况分								
国有绝对控股	0	0	335145	300169	12749	21729	4535	-1263
国有相对控股	0	0	0	0	0	0	0	0
集体绝对控股	0	0	424694	384784	14963	22239	3342	1630
集体相对控股	0	0	0	0	0	0	0	0

（续表 4－8）

项目	三、损益及分配							
	经营费用	管理费用	其中：税金	财产保险费	差旅费	工会经费	财务费用	其中：利息支出
总　　计	**4790**	**38068**	**1919**	**559**	**2114**	**481**	**6368**	**4845**
其中：国有及国有控股企业	498	19356	320	174	639	238	1482	1437
一、按登记注册类型分组								
内资企业	4790	38068	1919	559	2114	481	6368	4845
国有企业	235	14193	282	147	614	208	1481	1470
集体企业	2708	12464	1295	334	1042	138	3311	2517
股份合作企业	0	0	0	0	0	0	0	0
联营企业	0	0	0	0	0	0	0	0
国有联营企业	0	0	0	0	0	0	0	0
集体联营企业	0	0	0	0	0	0	0	0
国有与集体联营企业	0	0	0	0	0	0	0	0
其他联营企业	0	0	0	0	0	0	0	0
有限责任公司	1704	7671	288	27	190	80	1242	539
国有独资公司	0	0	0	0	0	0	0	0
其他有限责任公司	1704	7671	288	27	190	80	1242	539
股份有限公司	83	1340	49	29	148	30	88	73
私营企业	60	2400	5	22	120	25	246	246
私营独资企业	0	0	0	0	0	0	0	0
私营合伙企业	0	0	0	0	0	0	0	0
私营有限责任公司	60	2400	5	22	120	25	246	246
私营股份有限公司	0	0	0	0	0	0	0	0
其他企业	0	0	0	0	0	0	0	0
港、澳、台商投资企业	0	0	0	0	0	0	0	0
合资经营企业（港或澳、台资）	0	0	0	0	0	0	0	0
合作经营企业（港或澳、台资）	0	0	0	0	0	0	0	0
港、澳、台商独资经营企业	0	0	0	0	0	0	0	0
港、澳、台商投资股份有限公司	0	0	0	0	0	0	0	0
外商投资企业	0	0	0	0	0	0	0	0
中外合资经营企业	0	0	0	0	0	0	0	0
中外合作经营企业	0	0	0	0	0	0	0	0
外资企业	0	0	0	0	0	0	0	0
外商投资股份有限公司	0	0	0	0	0	0	0	0
二、按国民经济行业分组								
房屋和土木工程建筑业	4466	31829	1859	559	1858	407	6394	4848
房屋工程建筑	3989	18818	1509	385	1351	188	5491	4238
土木工程建筑	477	13011	350	174	507	219	903	610
铁路道路隧道和桥梁工程	145	3633	203	37	228	190	454	395
水利和港口工程建筑	12	1515	110	0	215	0	200	0
工矿工程建筑	0	0	0	0	0	0	0	0
架线和管道工程建筑	320	7863	37	137	64	29	249	215
其他土木工程建筑	0	0	0	0	0	0	0	0

(续表 4-8)

项　　目	三、损益及分配							
	经营费用	管理费用	其中：税金	财产保险费	差旅费	工会经费	财务费用	其中：利息支出
建筑安装业	203	1099	2	0	6	35	-4	-4
建筑装饰业	0	0	0	0	0	0	0	0
其它建筑业	121	5140	58	0	250	39	-22	1
工程准备	79	3740	8	0	189	22	-13	1
提供工程设备服务	0	0	0	0	0	0	0	0
其它未列明的建筑活动	42	1400	50	0	61	17	-9	0
三、按隶属关系分组								
中　央	0	0	0	0	0	0	0	0
地　方	4790	38068	1919	559	2114	481	6368	4845
省(自治区、直辖市)	121	5140	58	0	250	39	-22	1
地(区、市、州、盟)	758	21759	978	454	482	303	4131	4015
县(区、市、旗)及县以下	3911	11169	883	105	1382	139	2259	829
四、按企业资质等级分组								
施工总承包	4494	29605	1883	532	1971	432	6480	4945
特　级	0	0	0	0	0	0	0	0
一　级	20	4367	126	0	76	19	1263	1261
二　级	1787	12360	823	339	726	288	2367	2273
三级及以下	2687	12878	934	193	1169	125	2850	1411
专业承包	296	8463	36	27	143	49	-112	-100
一　级	0	0	0	0	0	0	0	0
二　级	46	3400	6	0	124	20	-12	0
三级及以下	250	5063	30	27	17	29	-100	-100
五、按地区分								
贵港市	4790	38068	1919	559	2114	481	6368	4845
港北区	665	23573	991	479	669	295	4464	4350
港南区	362	6879	134	29	236	115	85	46
覃塘区	563	888	23	21	111	31	384	61
平南县	1628	4469	406	30	770	35	1362	388
桂平市	1572	2259	365	0	328	5	73	0
六、按营业状态分								
营业	4790	38068	1919	559	2114	481	6368	4845
停业(歇业)	0	0	0	0	0	0	0	0
筹建	0	0	0	0	0	0	0	0
当年关闭	0	0	0	0	0	0	0	0
当年破产	0	0	0	0	0	0	0	0
其它	0	0	0	0	0	0	0	0
七、按控股情况分								
国有绝对控股	498	19356	320	174	639	238	1482	1437
国有相对控股	0	0	0	0	0	0	0	0
集体绝对控股	2708	12464	1295	334	1042	138	3311	2517
集体相对控股	0	0	0	0	0	0	0	0

(续表 4-8)

项　　目	三、损益及分配							
	营业利润	营业外收入	营业外支出	利润总额	应交所得税	应付利润	劳动、失业保险费	住房公积金及住房补贴
总　计	**12707**	**3420**	**849**	**15435**	**5449**	**6486**	**5959**	**2314**
其中:国有及国有控股企业	-372	1227	56	799	421	962	3699	2206
一、按登记注册类型分组								
内资企业	12707	3420	849	15435	5449	6486	5959	2314
国有企业	11	50	24	37	196	443	1499	272
集体企业	8094	173	199	8225	3041	1993	2200	108
股份合作企业	0	0	0	0	0	0	0	0
联营企业	0	0	0	0	0	0	0	0
国有联营企业	0	0	0	0	0	0	0	0
集体联营企业	0	0	0	0	0	0	0	0
国有与集体联营企业	0	0	0	0	0	0	0	0
其他联营企业	0	0	0	0	0	0	0	0
有限责任公司	3204	1177	32	4349	1280	2404	2200	1934
国有独资公司	0	0	0	0	0	0	0	0
其他有限责任公司	3204	1177	32	4349	1280	2404	2200	1934
股份有限公司	1036	0	42	994	328	665	0	0
私营企业	362	2020	552	1830	604	981	60	0
私营独资企业	0	0	0	0	0	0	0	0
私营合伙企业	0	0	0	0	0	0	0	0
私营有限责任公司	362	2020	552	1830	604	981	60	0
私营股份有限公司	0	0	0	0	0	0	0	0
其他企业	0	0	0	0	0	0	0	0
港、澳、台商投资企业	0	0	0	0	0	0	0	0
合资经营企业(港或澳、台资)	0	0	0	0	0	0	0	0
合作经营企业(港或澳、台资)	0	0	0	0	0	0	0	0
港、澳、台商独资经营企业	0	0	0	0	0	0	0	0
港、澳、台商投资股份有限公司	0	0	0	0	0	0	0	0
外商投资企业	0	0	0	0	0	0	0	0
中外合资经营企业	0	0	0	0	0	0	0	0
中外合作经营企业	0	0	0	0	0	0	0	0
外资企业	0	0	0	0	0	0	0	0
外商投资股份有限公司	0	0	0	0	0	0	0	0
二、按国民经济行业分组								
房屋和土木工程建筑业	13318	3420	843	16052	5430	6396	5681	2071
房屋工程建筑	10085	2224	635	11830	4083	3713	3092	0
土木工程建筑	3233	1196	208	4222	1347	2683	2589	2071
铁路道路隧道和桥梁工程	3355	14	1	3368	1175	2125	294	145
水利和港口工程建筑	179	0	157	23	10	9	6	0
工矿工程建筑	0	0	0	0	0	0	0	0
架线和管道工程建筑	-301	1182	50	831	162	549	2289	1926
其他土木工程建筑	0	0	0	0	0	0	0	0

（续表4－8）

项目	三、损益及分配							
	营业利润	营业外收入	营业外支出	利润总额	应交所得税	应付利润	劳动、失业保险费	住房公积金及住房补贴
建筑安装业	86	0	6	80	12	68	217	108
建筑装饰业	0	0	0	0	0	0	0	0
其它建筑业	－697	0	0	－697	7	22	61	135
工程准备	29	0	0	29	7	22	42	72
提供工程设备服务	0	0	0	0	0	0	0	0
其它未列明的建筑活动	－726	0	0	－726	0	0	19	63
三、按隶属关系分组								
中央	0	0	0	0	0	0	0	0
地方	12707	3420	849	15435	5449	6486	5959	2314
省（自治区、直辖市）	－697	0	0	－697	7	22	61	135
地（区、市、州、盟）	5787	1400	111	7076	2124	3546	4580	2179
县（区、市、旗）及县以下	7617	2020	738	9056	3318	2918	1318	0
四、按企业资质等级分组								
施工总承包	13423	2257	818	15019	5385	6134	3752	316
特级	0	0	0	0	0	0	0	0
一级	26	31	5	52	1	48	1079	0
二级	5806	2193	584	7774	2875	3420	1912	200
三级及以下	7591	33	229	7193	2509	2666	761	116
专业承包	－716	1163	31	416	64	352	2207	1998
一级	0	0	0	0	0	0	0	0
二级	12	0	0	12	4	8	38	72
三级及以下	－728	1163	31	404	60	344	2169	1926
五、按地区分								
贵港市	12707	3420	849	15435	5449	6486	5959	2314
港北区	6053	3420	657	8816	2719	4473	4427	2071
港南区	458	0	6	352	687	243	305	243
覃塘区	1148	0	0	1045	122	122	28	0
平南县	2490	0	157	2334	500	952	0	0
桂平市	2558	0	29	2888	1421	696	1199	0
六、按营业状态分								
营业	12707	3420	849	15435	5449	6486	5959	2314
停业（歇业）	0	0	0	0	0	0	0	0
筹建	0	0	0	0	0	0	0	0
当年关闭	0	0	0	0	0	0	0	0
当年破产	0	0	0	0	0	0	0	0
其它	0	0	0	0	0	0	0	0
七、按控股情况分								
国有绝对控股	－372	1227	56	799	421	962	3699	2206
国有相对控股	0	0	0	0	0	0	0	0
集体绝对控股	8094	173	199	8225	3041	1993	2200	108
集体相对控股	0	0	0	0	0	0	0	0

（续表 4－8）

项　　目	四、工资、福利费				五、补充资料		六、全部从业人员年平均人数
	本年应付工资总额（贷方累计发生额）	其中：主营业务应付工资总额	本年应付福利费总额（贷方累计发生额）	其中：主营业务应付福利费总额	应收工程款	其中：竣工工程	
总　　计	**125579**	**121123**	**14442**	**13468**	**113505**	**102581**	**16406**
其中：国有及国有控股企业	42838	40186	6486	6280	52642	52319	4498
一、按登记注册类型分组							
内资企业	125579	121123	14442	13468	113505	102581	16406
国有企业	36001	33349	4351	4145	48042	47719	3787
集体企业	64090	63480	6115	5486	50822	43585	8957
股份合作企业	0	0	0	0	0	0	0
联营企业	0	0	0	0	0	0	0
国有联营企业	0	0	0	0	0	0	0
集体联营企业	0	0	0	0	0	0	0
国有与集体联营企业	0	0	0	0	0	0	0
其他联营企业	0	0	0	0	0	0	0
有限责任公司	15985	15145	3455	3338	6500	6500	1854
国有独资公司	0	0	0	0	0	0	0
其他有限责任公司	15985	15145	3455	3338	6500	6500	1854
股份有限公司	6383	6029	85	63	4721	4162	548
私营企业	3120	3120	436	436	3420	615	1260
私营独资企业	0	0	0	0	0	0	0
私营合伙企业	0	0	0	0	0	0	0
私营有限责任公司	3120	3120	436	436	3420	615	1260
私营股份有限公司	0	0	0	0	0	0	0
其他企业	0	0	0	0	0	0	0
港、澳、台商投资企业	0	0	0	0	0	0	0
合资经营企业（港或澳、台资）	0	0	0	0	0	0	0
合作经营企业（港或澳、台资）	0	0	0	0	0	0	0
港、澳、台商独资经营企业	0	0	0	0	0	0	0
港、澳、台商投资股份有限公司	0	0	0	0	0	0	0
外商投资企业	0	0	0	0	0	0	0
中外合资经营企业	0	0	0	0	0	0	0
中外合作经营企业	0	0	0	0	0	0	0
外资企业	0	0	0	0	0	0	0
外商投资股份有限公司	0	0	0	0	0	0	0
二、按国民经济行业分组							
房屋和土木工程建筑业	120904	116448	13878	12904	111579	100655	16052
房屋工程建筑	85749	84205	8630	7868	99634	89986	12792
土木工程建筑	35155	32243	5248	3036	11945	10669	3260
铁路道路隧道和桥梁工程	19403	17961	2465	2293	5970	5017	2035
水利和港口工程建筑	7139	5749	399	371	1034	1034	518
工矿工程建筑	0	0	0	0	0	0	0
架线和管道工程建筑	8613	8533	2384	2372	4941	4618	707
其他土木工程建筑	0	0	0	0	0	0	0

（续表 4－8）

项　目	四、工资、福利费				五、补充资料		六、全部从业人员年平均人数
	本年应付工资总额（贷方累计发生额）	其中：主营业务应付工资总额	本年应付福利费总额（贷方累计发生额）	其中：主营业务应付福利费总额	应收工程款	其中：竣工工程	
建筑安装业	1755	1755	245	245	0	0	71
建筑装饰业	0	0	0	0	0	0	0
其它建筑业	2920	2920	319	319	1926	1926	283
工程准备	2027	2027	194	194	1288	1288	190
提供工程设备服务	0	0	0	0	0	0	0
其它未列明的建筑活动	893	893	125	125	638	638	93
三、按隶属关系分组							
中　央	0	0	0	0	0	0	0
地　方	125579	121123	14442	13468	113505	102581	16406
省（自治区、直辖市）	2920	2920	319	319	1926	1926	283
地（区、市、州、盟）	52276	49460	6910	6535	48693	47811	5921
县（区、市、旗）及县以下	70383	68743	7213	6614	62886	52844	10202
四、按企业资质等级分组							
施工总承包	120749	116293	12588	11614	107629	96705	15890
特　级	0	0	0	0	0	0	0
一　级	11210	10380	1272	1156	34091	34091	1823
二　级	53634	52082	6601	5810	21834	16915	7162
三级及以下	55905	53831	4715	4648	51704	45699	6905
专业承包	4830	4830	1854	1854	5876	5876	516
一　级	0	0	0	0	0	0	0
二　级	1017	1017	142	142	1276	1276	105
三级及以下	3813	3813	1712	1712	4600	4600	411
五、按地区分							
贵港市	125579	121123	14442	13468	113505	102581	16406
港北区	57701	54885	7153	6778	61125	57238	7675
港南区	12532	12532	1189	1167	19045	17739	1759
覃塘区	4985	4985	1512	1512	13638	11062	684
平南县	20771	20771	1846	1846	13049	12961	2875
桂平市	29590	27950	2742	2165	6648	3581	3413
六、按营业状态分							
营业	125579	121123	14442	13468	113505	102581	16406
停业（歇业）	0	0	0	0	0	0	0
筹建	0	0	0	0	0	0	0
当年关闭	0	0	0	0	0	0	0
当年破产	0	0	0	0	0	0	0
其它	0	0	0	0	0	0	0
七、按控股情况分							
国有绝对控股	42838	40186	6486	6280	52642	52319	4498
国有相对控股	0	0	0	0	0	0	0
集体绝对控股	64090	63480	6115	5486	50822	43585	8957
集体相对控股	0	0	0	0	0	0	0

五、能源、交通运输

5-1 交通运输及电信业企业业务活动情况

指标名称	计量单位	本年实际
公路运输企业		
汽车	辆	1565
其中:客车	辆	1323
客位	客位	33188
其中:货车	辆	200
吨位	吨位	1440.00
客运量	人	130566115
货运量	吨	233775
货物周转量	吨公里	26211470
水路运输企业		
机动船	艘	2127
净载重	吨位	894393
载客量	客位	2760
客运量	人	1302914
旅客周转量	人公里	8290058
货运量	吨	17580360
港口企业		
码头长度	米	2480
泊位数	个	36
港口货物吞吐量	万吨	416
国际标准集装箱吞吐量	TEU	9502
装卸企业		
装卸量	万吨	216
城市交通企业		
公共汽(电)车	辆	110
出租汽车	辆	140
客运量	人	12931738
电信企业		
局用交换机容量	万门	102
固定电话用户	万户	76
其中:住宅电话用户	万户	51
移动交换机容量	万户	28
移动电话用户	万户	29
其中:CDMA 用户	万户	1
增值电信业务服务收入	万元	7526
其中:1.因特网接入服务	万元	1615
2.信息服务	万元	860

5-2 交通运输及电信业企业财务状况综合表

单位:千元

指 标 名 称	企业数(个)	亏损企业	年末从业人员数(个)	固定资产原价	本年折旧	资产总计	负债合计	实收资本	营业收入合计	主营业务收入
总 计	**83**	**20**	**12370**	**2773843**	**557222**	**2279358**	**874341**	**1119184**	**1437792**	**1351397**
一、按登记注册类型分组										
国有企业	11	3	1857	1957821	494173	1552843	498604	698524	561603	519626
集体企业	36	12	6964	388775	21266	429461	215418	350561	402564	401100
股份合作企业	6	1	261	23732	1205	23133	9366	14621	16175	16175
其他有限责任公司	7	1	1485	244857	29589	173276	123675	28268	186027	153275
股份有限公司	9	2	539	21666	438	22268	6183	14100	64529	64527
私营独资企业	3	0	148	5170	36	9270	2700	1150	5250	5250
私营合伙企业	1	0	60	6080	0	7000	0	1800	16000	15000
私营有限责任公司	5	1	568	33051	4735	30582	3250	8400	40099	40099
私营股份有限公司	2	0	262	61547	3562	20144	11133	1080	12035	12035
外资企业	1	0	185	28294	2174	7019	4012	0	130100	120900
二、按交通运输及电信行业中类分组										
交通运输、仓储和邮政业	78	18	11633	1018784	67996	997969	436740	489939	874475	812824
道路运输业	17	0	3750	403656	40509	290689	161204	82077	349265	315513
公路旅客运输	9	0	3381	370625	39257	256859	152973	64718	287569	254817
道路货物运输	7	0	295	21031	1252	23830	8231	8359	42413	41413
道路运输辅助活动	1	0	74	12000	0	10000	0	9000	19283	19283
城市公共交通业	2	0	414	18398	2377	11987	4053	12647	2200	2200
公共电汽车客运	1	0	327	14398	1577	10387	1653	8647	200	200
出租车客运	1	0	87	4000	800	1600	2400	4000	2000	2000
水上运输业	52	18	6959	510288	23045	586036	248265	389616	473023	446773
水上货物运输	38	16	4642	341703	18640	363135	177813	313009	252285	250977
水上运输辅助活动	14	2	2317	168585	4405	222901	70452	76607	220738	195796
装卸搬运和其他运输服务业	6	0	275	10418	214	18373	7452	2220	12009	12009
装卸搬运	6	0	275	10418	214	18373	7452	2220	12009	12009
邮政业	1	0	235	76024	1851	90884	15766	3379	37978	36329
信息传输、计算机服务和软件业	5	2	737	1755059	489226	1281389	437601	629245	563317	538573
电信和其他信息传输服务业	5	2	737	1755059	489226	1281389	437601	629245	563317	538573
电信	5	2	737	1755059	489226	1281389	437601	629245	563317	538573

（续表 5－2）　　　　单位：千元

指标名称	主营业务成本	主营业务税金及附加	费用合计	营业利润	利润总额	亏损企业亏损总额	从业人员劳动报酬	劳动、失业保险费	全部从业人员年平均人数（人）
总　计	**940680**	**47879**	**218321**	**164778**	**165203**	**10353**	**138595**	**11511**	**12370**
一、按登记注册类型分组									
国有企业	305234	17268	112643	82980	82437	8731	46181	7401	1857
集体企业	353391	14947	18788	17621	19243	1375	56121	89	6964
股份合作企业	7679	826	4069	4790	4759	14	2159	65	261
其他有限责任公司	115802	5784	20447	18282	17901	9	19177	3593	1485
股份有限公司	46581	2171	2546	13457	13459	65	3654	12	539
私营独资企业	4326	100	312	570	570	0	1102	0	148
私营合伙企业	13500	800	200	500	380	0	760	280	60
私营有限责任公司	31973	2030	1089	5385	5385	159	3814	13	568
私营股份有限公司	9224	259	1789	778	654	0	2248	0	262
外资企业	50050	3627	56180	20250	20250	0	3023	58	185
二、按交通运输及电信行业中类分组									
交通运输、仓储和邮政业	647197	30401	81041	80416	79938	1710	113192	7167	11633
道路运输业	238995	9934	30629	44756	44131	0	38141	3919	3750
公路旅客运输	192434	7382	27678	35746	36019	0	35015	3524	3381
道路货物运输	33042	1349	2590	4810	3912	0	2771	395	295
道路运输辅助活动	13519	1203	361	4200	4200	0	355	0	74
城市公共交通业	1725	155	233	87	87	0	3310	13	414
公共电汽车客运	0	0	113	87	87	0	2892	0	327
出租车客运	1725	155	120	0	0	0	418	13	87
水上运输业	367030	18881	42480	34475	34619	1710	62124	3065	6959
水上货物运输	209563	12219	16557	16152	17530	1602	32243	76	4642
水上运输辅助活动	157467	6662	25923	18323	17089	108	29881	2989	2317
装卸搬运和其他运输服务业	10244	220	955	648	751	0	2875	8	275
装卸搬运	10244	220	955	648	751	0	2875	8	275
邮政业	29203	1211	6744	450	350	0	6742	162	235
信息传输、计算机服务和软件业	293483	17478	137280	84362	85265	8643	25403	4344	737
电信和其他信息传输服务业	293483	17478	137280	84362	85265	8643	25403	4344	737
电信	293483	17478	137280	84362	85265	8643	25403	4344	737

5-3 分品种分行业能源消费

行业名称	原煤（吨）	焦炭（吨）	其他焦化产品（吨）	高炉煤气（万立方米）	液化天然气（吨）	汽油（吨）
合计	**1635334**	**161896**	**26115**	**1904.00**	**127**	**766**
(一)采矿业	**26423**	**0**	**0**	**0.00**	**0**	**17**
黑色金属矿采选业	26423	0	0	0.00	0	0
有色金属矿采选业	0	0	0	0.00	0	17
非金属矿采选业	0	0	0	0.00	0	0
(二)制造业	**1608911**	**161896**	**26115**	**1904.00**	**127**	**599**
农副食品加工业	594831	0	0	0.00	0	402
食品制造业	1649	0	0	0.00	127	17
纺织业	3255	0	0	0.00	0	0
纺织服装、鞋、帽制造业	0	0	0	0.00	0	0
皮革、毛皮、羽毛(绒)及其制品业	531	0	0	0.00	0	0
木材加工及木、竹、藤、棕、草制品业	15519	0	0	0.00	0	0
造纸及纸制品业	33082	0	0	0.00	0	0
印刷业和记录媒介的复制	0	0	0	0.00	0	0
化学原料及化学制品制造业	83352	0	0	0.00	0	36
医药制造业	1046	0	0	0.00	0	15
橡胶制品业	250	0	0	0.00	0	0
塑料制品业	180	0	0	0.00	0	0
非金属矿物制品业	849273	0	0	0.00	0	25
黑色金属冶炼及压延加工业	23998	155240	26115	1904.00	0	28
有色金属冶炼及压延加工业	1945	0	0	0.00	0	17
金属制品业	0	0	0	0.00	0	0
通用设备制造业	0	6656	0	0.00	0	53
专用设备制造业	0	0	0	0.00	0	6
交通运输设备制造业	0	0	0	0.00	0	0
电气机械及器材制造业	0	0	0	0.00	0	0
工艺品及其他制造业	0	0	0	0.00	0	0
(三)电力、燃气及水的生产和供应业	**0**	**0**	**0**	**0.00**	**0**	**150**
电力、热力的生产和供应业	0	0	0	0.00	0	135
水的生产和供应业	0	0	0	0.00	0	15

（续表5-3）

行业名称	煤油（吨）	柴油（吨）	燃料油（吨）	热力（百万千焦）	电力（万千瓦时）	其他燃料（吨标准煤）
合计	**1**	**5414**	**10**	**5048613.00**	**175742.69**	**77708**
（一）采矿业	**0**	**807**	**0**	**0.00**	**4698.40**	**0**
黑色金属矿采选业	0	765	0	0.00	3448.40	0
有色金属矿采选业	0	42	0	0.00	936.00	0
非金属矿采选业	0	0	0	0.00	314.00	0
（二）制造业	**1**	**4544**	**10**	**5048613.00**	**152840.92**	**77708**
农副食品加工业	1	1182	0	4798005.00	45124.65	37259
食品制造业	0	92	0	0.00	797.00	2230
纺织业	0	0	0	0.00	431.00	0
纺织服装、鞋、帽制造业	0	91	0	0.00	26.40	0
皮革、毛皮、羽毛（绒）及其制品业	0	12	0	0.00	1706.80	0
木材加工及木、竹、藤、棕、草制品业	0	0	0	0.00	2676.53	0
造纸及纸制品业	0	0	0	250608.00	7113.00	0
印刷业和记录媒介的复制	0	0	0	0.00	17.60	0
化学原料及化学制品制造业	0	1080	0	0.00	10156.52	38219
医药制造业	0	40	0	0.00	257.56	0
橡胶制品业	0	0	0	0.00	90.00	0
塑料制品业	0	0	0	0.00	1559.00	0
非金属矿物制品业	0	1614	0	0.00	53932.19	0
黑色金属冶炼及压延加工业	0	195	0	0.00	27124.72	0
有色金属冶炼及压延加工业	0	10	0	0.00	804.00	0
金属制品业	0	0	0	0.00	9.80	0
通用设备制造业	0	186	10	0.00	562.41	0
专用设备制造业	0	28	0	0.00	107.44	0
交通运输设备制造业	0	0	0	0.00	184.50	0
电气机械及器材制造业	0	2	0	0.00	111.00	0
工艺品及其他制造业	0	12	0	0.00	48.80	0
（三）电力、燃气及水的生产和供应业	**0**	**63**	**0**	**0.00**	**18203.37**	**0**
电力、热力的生产和供应业	0	55	0	0.00	16848.57	0
水的生产和供应业	0	8	0	0.00	1354.80	0

5-4 工业企业能源购进、消费与库存情况

能源名称	计量单位	企业单位数(个)	年初库存量	购进量	
				实物量	金额(千元)
原煤	吨	79	114011	1659697	612831.34
焦炭	吨	5	32101	143860	131028.00
其他焦化产品	吨	1	816	27100	16260.00
高炉煤气	万立方米	1	0.00	0.00	0.00
液化天然气	吨	1	0	127	592.00
汽油	吨	24	9	763	3279.51
煤油	吨	1	0	1	4.00
柴油	吨	40	211	5375	22268.29
燃料油	吨	1	0	10	60.00
热力	百万千焦	3	0.00	250608.00	6198.00
电力	万千瓦时	158	0.00	131163.69	620139.94
其他燃料	吨标准煤	9	155	9337	2421.40
能源合计	吨标准煤	158	0	0	0.00

(续表5-4)

能源名称	计量单位	消费量					年末库存量
		合计	1.工业生产消费	用于原材料	2.非工业生产消费	合计中:运输工具消费	
原煤	吨	1635334	1634675	0	659	10	135167
焦炭	吨	161896	161896	0	0	0	14031
其他焦化产品	吨	26115	26115	0	0	0	1801
高炉煤气	万立方米	1904.00	1904.00	0.00	0.00	0.00	0.00
液化天然气	吨	127	127	0	0	0	0
汽油	吨	766	231	18	535	501	6
煤油	吨	1	1	0	0	0	0
柴油	吨	5414	5167	203	247	411	214
燃料油	吨	10	10	10	0	0	0
热力	百万千焦	5048613.00	5048613.00	0.00	0.00	0.00	0.00
电力	万千瓦时	175742.69	172572.10	0.00	3170.59	0.00	0.00
其他燃料	吨标准煤	77708	77698	0	10	0	9
能源合计	吨标准煤	1698131	1692607	0	5524	0	0

5-5 工业企业能源购进、消费与库存附表

能源名称	计量单位	工业生产消费量	加工转换投入合计	火力发电	供　热	制　气	能源加工转换产出
原　煤	吨	873946	520892	193357	327535	0	0
焦　炭	吨	155240	0	0	0	0	0
其他焦化产品	吨	26115	0	0	0	0	0
高炉煤气	万立方米	1904	1904	0	0	1904	0
其他煤气	万立方米	0	0	0	0	0	2449
汽　油	吨	139	0	0	0	0	0
煤　油	吨	1	0	0	0	0	0
柴　油	吨	1780	85	21	64	0	0
热　力	百万千焦	4798005	0	0	0	0	5117700
电　力	万千瓦时	81370	0	0	0	0	26060
其他燃料	吨标准煤	66365	44828	39511	5317	0	0
能源合计	吨标准煤	1005889	305544	135225	167871	2449	208990

六、贸易、旅游、外经

6-1 贵港市及县(市、区)社会消费品零售总额

(与2004年第一次全国经济普查数据衔接)

1996年 单位:万元

项目	贵港市	港北区	港南区	覃塘区	平南县	桂平市
社会消费品零售总额	453897	112410	32934	34627	115458	158468
(一)按销售地区分						
市	182275	79483		24484		78308
县	41477				41477	
县以下	230145	32927	32934	10143	73981	80160
(二)按经济类型分						
国有经济	89749	20796	6093	6406	24259	32195
集体经济	93794	21991	6443	6774	29662	28924
私营经济	733	733				
个体经济	195977	36356	16136	16966	57826	68693
联营经济						
股份制经济	17987	17987				
外商投资经济						
港澳台投资经济						
其他经济	55657	14547	4262	4481	3711	28656
(三)按行业分						
批发零售贸易业	287335	73058	21405	22505	68135	102232
限额以上	46423	3731	3534	7348	7980	23830
限额以下及个体户	240912	69327	17871	15157	60155	78402
其中:个体	167540	28924	13959	14676	48838	61143
餐饮业	28437	7432	2177	2290	8988	7550
限额以上						
限额以下及个体户	28437	7432	2177	2290	8988	7550
其中:个体	28437	7432	2177	2290	8988	7550
其他行业	138125	31920	9352	9832	38335	48686

注:三区按1997年各占"市辖三区"比重计算。

6-2 贵港市及县(市、区)社会消费品零售总额

(与2004年第一次全国经济普查数据衔接)

1997年

单位:万元

项　　目	贵港市	港北区	港南区	覃塘区	平南县	桂平市
社会消费品零售总额	439009	118361	34668	36453	99537	149990
(一)按销售地区分						
市	175949	102367	318			73264
县	33078				33078	
县以下	229982	15994	34350	36453	66459	76726
(二)按经济类型分						
国有经济	87539	24764	6343	11312	17736	27384
集体经济	87154	11313	11580	14588	25062	24611
私营经济	880	845			35	
个体经济	183092	39661	14838	7759	52680	68154
联营经济						
股份制经济	17298	16029		1269		
外商投资经济	3241	3241				
港澳台投资经济	189		189			
其他经济	59616	22508	1718	1525	4024	29841
(三)按行业分						
批发零售贸易业	276027	61681	29461	24205	67035	93645
限额以上	45596	3150	4864	7903	7851	21828
限额以下及个体户	230431	58531	24597	16302	59184	71817
其中:个体	153673	30483	12695	6484	44814	59197
餐饮业	29419	9178	2143	1275	7866	8957
限额以上						
限额以下及个体户	29419	9178	2143	1275	7866	8957
其中:个体	29419	9178	2143	1275	7866	8957
其他行业	133563	47502	3064	10973	24636	47388

6-3 贵港市及县(市、区)社会消费品零售总额

(与2004年第一次全国经济普查数据衔接)

1998年　　　　单位:万元

项　目	贵港市	市　直	港北区	港南区	覃塘区	平南县	桂平市
社会消费品零售总额	467896	27173	191185	28788	41788	59330	119632
(一)按销售地区分							
市	262591	27173	147252		24728		63438
县	20977					20977	
县以下	184328		43933	28788	17060	38353	56194
(二)按经济类型分							
国有经济	73848	13563	21534	567	15880	5229	17075
集体经济	63360	6594	17593	5611	10339	11403	11820
私营经济	223		221	2			
个体经济	220582		88908	20848	11493	39073	60260
联营经济							
股份制经济	30372	5256	23099		2017		
外商投资经济	1760	1760					
港澳台投资经济							
其他经济	77751		39830	1760	2059	3625	30477
(三)按行业分							
批发零售贸易业	267402	18622	103039	20085	23599	35204	66853
限额以上	54611	18622	5262	3316	7705	4123	15583
限额以下及个体户	212791		97777	16769	15894	31081	51270
其中:个体	191578		83176	16573	9478	31081	51270
餐饮业	27405	663	5732	4275	2015	6878	7842
限额以上	663	663					
限额以下及个体户	26742		5732	4275	2015	6878	7842
其中:个体	26742		5732	4275	2015	6878	7842
其他行业	173089	7888	82414	4428	16174	17248	44937

6-4 贵港市及县(市、区)社会消费品零售总额

(与2004年第一次全国经济普查数据衔接)

1999年　　　　单位:万元

项　目	贵港市	市　直	港北区	港南区	覃塘区	平南县	桂平市
社会消费品零售总额	493678	100301	150998	29986	42770	58927	110696
(一)按销售地区分							
市	287905	95778	111586		22687		57854
县	22287					22287	
县以下	183486	4523	39412	29986	20083	36640	52842
(二)按经济类型分							
国有经济	97869	50063	14866		14382	7918	10640
集体经济	62117	24340	11400	3940	5917	7192	9328
私营经济							
个体经济	220676		82053	24358	16441	39568	58256
联营经济							
股份制经济	28147	19399	6318		2430		
外商投资经济	9108	6499	2609				
港澳台投资经济							
其他经济	75761		33752	1688	3600	4249	32472
(三)按行业分							
批发零售贸易业	286968	68737	88700	23017	19757	31355	55402
限额以上	100104	68737	4530	3800	6451	3672	12914
限额以下及个体户	186864		84170	19217	13306	27683	42488
其中:个体	179879		77185	19217	13306	27683	42488
餐饮业	28863	2449	4868	2964	2602	7694	8286
限额以上	2449	2449					
限额以下及个体户	26414		4868	2964	2602	7694	8286
其中:个体	26414		4868	2964	2602	7694	8286
其他行业	177847	29115	57430	4005	20411	19878	47008

6-5 贵港市及县(市、区)社会消费品零售总额

(与2004年第一次全国经济普查数据衔接)

2000年　　单位:万元

项　　目	贵港市	市　直	港北区	港南区	覃塘区	平南县	桂平市
社会消费品零售总额	536727	151694	118504	34538	46080	63082	122829
(一)按销售地区分							
市	311444	145858	80450		22207		62929
县	27546					27546	
县以下	197737	5836	38054	34538	23873	35536	59900
(二)按经济类型分							
国有经济	127379	88518			12924	12592	13345
集体经济	68330	35458	4127	4430	7402	4587	12326
私营经济	336		336				
个体经济	231975		81012	28289	19624	41194	61856
联营经济							
股份制经济	22516	19669			2847		
外商投资经济	8049	8049					
港澳台投资经济							
其他经济	78142		33029	1819	3283	4709	35302
(三)按行业分							
批发零售贸易业	322936	122464	65050	26826	22669	28321	57606
限额以上	154030	122464	3322	4429	7402	2985	13428
限额以下及个体户	168906		61728	22397	15267	25336	44178
其中:个体	168906		61728	22397	15267	25336	44178
餐饮业	34838	3523	5490	3367	3265	10029	9164
限额以上	3523	3523					
限额以下及个体户	31315		5490	3367	3265	10029	9164
其中:个体	31315		5490	3367	3265	10029	9164
其他行业	179223	25977	47964	4345	20146	24732	56059

6-6 贵港市及县(市、区)社会消费品零售总额

(与2004年第一次全国经济普查数据衔接)

2001年

单位:万元

项　目	贵港市	市　直	港北区	港南区	覃塘区	平南县	桂平市
社会消费品零售总额	585838	157382	129940	35236	51126	73295	138859
(一)按销售地区分							
市	339104	157382	88916		22460		70346
县	32432					32432	
县以下	214302		41024	35236	28666	40863	68513
(二)按经济类型分							
国有经济	92396	50886			13123	15962	12425
集体经济	68832	29491	6726	4886	11738	4859	11132
私营经济							
个体经济	259950		89497	28380	18927	46909	76237
联营经济							
股份制经济	72377	69477			2900		
外商投资经济	7528	7528					
港澳台投资经济							
其他经济	84755		33717	1970	4438	5565	39065
(三)按行业分							
批发零售贸易业	357119	129325	73497	26742	27342	33090	67123
限额以上	170430	129325	5476	4885	11737	3903	15104
限额以下及个体户	186689		68021	21857	15605	29187	52019
其中:个体	186689		68021	21857	15605	29187	52019
餐饮业	40578	3636	6129	3872	3322	11085	12534
限额以上	4419	3636	783				
限额以下及个体户	36159		5346	3872	3322	11085	12534
其中:个体	36159		5346	3872	3322	11085	12534
其他行业	188141	24421	50314	4622	20462	29120	59202

6-7 贵港市及县(市、区)社会消费品零售总额

(与2004年第一次全国经济普查数据衔接)

2002年

单位:万元

项　目	贵港市	市　直	港北区	港南区	覃塘区	平南县	桂平市
社会消费品零售总额	634638	57950	163464	54465	68304	106425	184030
(一)按销售地区分							
市	286321	57950	107497		26281		94593
县	41486					41486	
县以下	306831		55967	54465	42023	64939	89437
(二)按经济类型分							
国有经济	68761	18168	1577	998	10253	15977	21788
集体经济	85211	2531	11146	13382	20075	17243	20834
私营经济	21055		14968		5663	424	
个体经济	329597		101371	37808	22029	66723	101666
联营经济							
股份制经济	42389	35527			5483		1379
外商投资经济	1724	1724					
港澳台投资经济							
其他经济	85901		34402	2277	4801	6058	38363
(三)按行业分							
批发零售贸易业	386132	56325	100386	41755	47108	49239	91319
限额以上	99295	51920	5558	5444	20420	4192	11761
限额以下及个体户	286837	4405	94828	36311	26688	45047	79558
其中:个体	217340		76146	27377	18207	29395	66215
餐饮业	54914	1625	7783	4949	3822	17058	19677
限额以上	2376	1625	751				
限额以下及个体户	52538		7032	4949	3822	17058	19677
其中:个体	44441		6689	4949	3822	16732	12249
其他行业	193592		55295	7761	17374	40128	73034

6-8 贵港市及县(市、区)社会消费品零售总额

(与2004年第一次全国经济普查数据衔接)

2003年 单位:万元

项 目	贵港市	市 直	港北区	港南区	覃塘区	平南县	桂平市
社会消费品零售总额	706987	63409	181772	62199	72266	121963	205378
(一)按销售地区分							
市	305150	63409	116252		32608		92881
县	48450					48450	
县以下	353387		65520	62199	39658	73513	112497
(二)按经济类型分							
国有经济	61154	17471	2920	924	2357	6527	30955
集体经济	92682	2310	13128	9134	16805	15441	35864
私营经济	39361	668	25658	1035	4967	5179	1854
个体经济	466490		140066	51106	43797	94816	136705
联营经济							
股份制经济	47300	42960			4340		
外商投资经济							
港澳台投资经济							
其他经济							
(三)按行业分							
批发零售贸易业	622995	57141	169709	59144	66355	87201	183445
限额以上	119824	57141	6683	6340	18209	5446	26005
限额以下及个体户	503171		163026	52804	48146	81755	157440
其中:个体	399004		129406	48076	37886	63710	119926
餐饮业	50252	107	12063	3055	5911	12636	16480
限额以上	983	107	876				
限额以下及个体户	49269		11187	3055	5911	12636	16480
其中:个体	43692		10660	3030	5911	8979	15112
其他行业	33740	6161				22126	5453

6-9 贵港市及县(市、区)社会消费品零售总额

(与2004年第一次全国经济普查数据衔接)

2004年　　　　单位:万元

项　目	贵港市	市　直	港北区	港南区	覃塘区	平南县	桂平市
社会消费品零售总额	799602	68926	208856	70845	80360	139770	230845
(一)按销售地区分							
市	370856	68926	139056	10426	34354		118094
县	45984					45984	
县以下	382762		69800	60419	46006	93786	112751
(二)按经济类型分							
国有经济	32341	20953	1107	2529	228	3439	4085
集体经济	49456	3074	4873	8259	8778	15431	9041
私营经济	58680	3149	28995	510	2753	4417	18856
个体经济	592342		159067	59547	65967	110571	197190
联营经济							
股份制经济	50913	35193	9760			5912	48
外商投资经济	339	255	84				
港澳台投资经济							
其他经济	15531	6302	4970		2634		1625
(三)按行业分							
批发零售贸易业	712560	66639	186041	64871	69215	119449	206345
限额以上	126201	64348	21426	7719	11430	7194	14084
限额以下及个体户	586359	2291	164615	57152	57785	112255	192261
其中:个体	542428		148073	56296	57456	99032	181571
餐饮业	63339	1287	17831	2940	8511	14324	18446
限额以上	7675	1156	4535			337	1647
限额以下及个体户	55664	131	13296	2940	8511	13987	16799
其中:个体	49598		10989	2940	8511	11539	15619
其他行业	23703	1000	4984	3034	2634	5997	6054

6-10 贵港市及县(市、区)社会消费品零售总额

(与2004年第一次全国经济普查数据衔接)

2005年　　单位:万元

项　目	贵港市	市　直	港北区	港南区	覃塘区	平南县	桂平市
社会消费品零售总额	914162	80860	244786	80105	90866	156933	260612
(一)按销售地区分							
市	438643	80860	163611	11774	38173		144225
县	53363					53363	
县以下	422156		81175	68331	52693	103570	116387
(二)按经济类型分							
国有经济	30215	17402	1195	2848	169	3841	4760
集体经济	53708	2716	5414	8954	9717	16716	10191
私营经济	79301	2613	40726	571	3586	4890	26915
个体经济	664970		180014	67732	74431	125078	217715
联营经济							
股份制经济	69266	50290	12519			6408	49
外商投资经济	384	300	84				
港澳台投资经济							
其他经济	16318	7539	4834		2963		982
(三)按行业分							
批发零售贸易业	817021	77841	219654	73224	78265	134340	233697
限额以上	155434	75296	34632	8313	12068	8443	16682
限额以下及个体户	661587	2545	185022	64911	66197	125897	217015
其中:个体	609388		167641	64253	64793	112169	200532
餐饮业	70552	1188	20298	3479	9638	15958	19991
限额以上	8275	1033	5220			375	1647
限额以下及个体户	62277	155	15078	3479	9638	15583	18344
其中:个体	55582		12373	3479	9638	12909	17183
其他行业	26589	1831	4834	3402	2963	6635	6924

6-11 限额以上批发零售贸易业商品购进、销售、库存总额

单位:万元

项　目	法人企业(个)	产业活动单位(个)	从业人员(人)	购进总额	进　口
总　计	**57**	**389**	**7105**	**326820.2**	**2**
一、批发业	24	265	4713	255409.6	
其中:国有及国有控股	7	248	3456	177774.8	
1.按登记注册类型分组					
内资企业	24	265	4713	255409.6	
国有企业	6	21	1153	62547.7	
集体企业	7	124	923	30004.9	
股份合作企业		1	54	2028.4	
联营企业					
国有联营企业					
集体联营企业					
国有与集体联营企业					
其他联营企业					
有限责任公司	2	3	183	10083.2	
国有独资企业					
其他有限责任公司	2	3	183	10083.2	
股份有限公司	1	83	1664	92189.7	
私营企业	8	33	736	58555.7	
私营独资企业	3	3	113	6133.6	
私营合伙企业					
私营有限责任公司	5	30	623	52422.1	
私营股份有限公司					
其他企业					
港、澳、台商投资企业					
合资经营企业(港或澳、台资)					
合作经营企业(港或澳、台资)					
独资经营企业					
投资股份有限公司					
外商投资企业					
中外合资经营企业					
中外合作经营企业					
外资企业					
外商投资股份有限公司					
2.按国民经济行业分组					
农畜产品批发	3	7	117	10040	

(续表 6-11)　　单位:万元

项　　目	法人企业(个)	产业活动单位(个)	从业人员(人)	购进总额	进　口
食品、饮料及烟草制品批发	4	30	1081	79564.6	
米、面制品及食用油批发					
烟草制品批发	1	1	461	47240	
纺织、服装及日用品批发		2	8		
服装批发					
文化、体育用品及器材批发	3	13	473	12986.8	
医药及医疗器材批发		3	96	2028.4	
矿产品、建材及化工产品批发	12	207	2900	145938.7	
煤炭及制品批发					
石油及制品批发	3	88	1781	96395	
金属及金属矿批发	1	2	168	4401.5	
建材批发		1			
化肥批发	7	112	888	30004.9	
机械设备、五金交电及电子产品批发	1	2	13	1832	
汽车、摩托车及零配件批发					
家用电器批发					
计算机、软件及辅助设备批发					
贸易经纪与代理	1	1	25	3019.1	
其他批发					
二、零售业	33	124	2392	71410.6	2
其中:国有及国有控股	9	100	1252	25194.4	2
1.按登记注册类型分组					
内资企业	33	124	2392	71410.6	2
国有企业	6	10	445	14592.5	
集体企业	8	87	366	16404	
股份合作企业					
联营企业					
国有联营企业					
集体联营企业					
国有与集体联营企业					
其他联营企业					
有限责任公司	5	6	595	13097.2	2
国有独资企业					
其他有限责任公司	5	6	595	13097.2	2
股份有限公司	5	7	489	10782.8	
私营企业	8	13	437	15684.1	
私营独资企业	1	1	50	828	

（续表 6－11）　　　　单位：万元

项　目	法人企业（个）	产业活动单位（个）	从业人员（人）	购进总额	进　口
私营合伙企业					
私营有限责任公司	6	9	347	14225.1	
私营股份有限公司	1	3	40	631	
其他企业	1	1	60	850	
港、澳、台商投资企业					
合资经营企业（港或澳、台资）					
合作经营企业（港或澳、台资）					
独资经营企业					
投资股份有限公司					
外商投资企业					
中外合资经营企业					
中外合作经营企业					
外资企业					
外商投资股份有限公司					
2.按国民经济行业分组					
综合零售	12	47	1022	26947.4	
百货零售	1	3	66	783.1	
超级市场零售	2	2	650	6930.3	
食品、饮料及烟草制品专门零售		7	34		
纺织、服装及日用品专门零售	1	19	142	1163.7	
服装零售	1	4	114	1163.7	
文化、体育用品及器材专门零售	1	8	144	6016	
体育用品零售		1	3		
图书零售	1	5	133	6016	
医药及医疗器材专门零售	1	12	129	317.5	
药品零售	1	12	129	317.5	
汽车、摩托车、燃料及零配件专门零售	11	15	494	26260.9	
汽车零售	6	6	154	11325.9	
机动车燃料零售	1	3	204	2298.6	
家用电器及电子产品专门零售	3	7	258	4622.7	2
家用电器零售	3	7	258	4622.7	2
计算机、软件及辅助设备零售					
通信设备零售					
五金、家具及室内装修材料专门零售	2	6	105	1460	
无店铺及其他零售	2	3	64	4622.4	
邮购及电子销售					

(续表 6－11)　　　　单位：万元

项　目	销售总额 合计	批发	#出口	零售	年末库存总额
总　计	**350006.6**	**246337.4**	**11478.8**	**103669.2**	**23581.3**
一、批发业	279134.9	230913.6	11478.8	48221.3	8999.8
其中：国有及国有控股	198647.8	162651.5	8967.8	35996.3	6955.8
1.按登记注册类型分组					
内资企业	279134.9	230913.6	11478.8	48221.3	8999.8
国有企业	65948.1	63224.2	3150.8	2723.9	3483.6
集体企业	31594.7	22187.1	2511	9407.6	1259.6
股份合作企业	2238.7	2238.7			156.7
联营企业					
国有联营企业					
集体联营企业					
国有与集体联营企业					
其他联营企业					
有限责任公司	13445	13445			371.5
国有独资企业					
其他有限责任公司	13445	13445			371.5
股份有限公司	105760	72487.6	5817	33272.4	3315.5
私营企业	60148.4	57331		2817.4	412.9
私营独资企业	6438.5	5484.1		954.4	113.2
私营合伙企业					
私营有限责任公司	53709.9	51846.9		1863	299.7
私营股份有限公司					
其他企业					
港、澳、台商投资企业					
合资经营企业(港或澳、台资)					
合作经营企业(港或澳、台资)					
独资经营企业					
投资股份有限公司					
外商投资企业					
中外合资经营企业					
中外合作经营企业					
外资企业					
外商投资股份有限公司					
2.按国民经济行业分组					
农畜产品批发	10384.4	10384.4			34
食品、饮料及烟草制品批发	83717.4	83717.4			3497.8

（续表 6－11） 单位：万元

项目	销售总额				年末库存总额
	合计	批发	#出口	零售	
米、面制品及食用油批发					
烟草制品批发	48868.4	48868.4			3118
纺织、服装及日用品批发					
服装批发					
文化、体育用品及器材批发	13097.9	10842.7		2255.2	241.2
医药及医疗器材批发	2238.7	2238.7			156.7
矿产品、建材及化工产品批发	164682.7	120579.6	8328	44103.1	5036.9
煤炭及制品批发					
石油及制品批发	110283.4	75587.9	5817	34695.5	3430.8
金属及金属矿批发	7478.3	7478.3			92.4
建材批发					
化肥批发	31594.7	22187.1	2511	9407.6	1259.6
机械设备、五金交电及电子产品批发	1863			1863	31
汽车、摩托车及零配件批发					
家用电器批发					
计算机、软件及辅助设备批发					
贸易经纪与代理	3150.8	3150.8	3150.8		2.2
其他批发					
二、零售业	70871.7	15423.8		55447.9	14581.5
其中：国有及国有控股	25774.3	6740.8		19033.5	8898.6
1.按登记注册类型分组					
内资企业	70871.7	15423.8		55447.9	14581.5
国有企业	14871	3598.2		11272.8	8385.9
集体企业	17116.4	7784.2		9332.2	1523.3
股份合作企业					
联营企业					
国有联营企业					
集体联营企业					
国有与集体联营企业					
其他联营企业					
有限责任公司	13115.5	597		12518.5	793.9
国有独资企业					
其他有限责任公司	13115.5	597		12518.5	793.9
股份有限公司	11107.9	3186.7		7921.2	458
私营企业	14140.9	257.7		13883.2	2990.4
私营独资企业	785			785	119

(续表 6-11)　　单位:万元

项　目	销售总额				年末库存总额
	合计	批发	#出口	零售	
私营合伙企业					
私营有限责任公司	12700.5	257.7		12442.8	2697.7
私营股份有限公司	655.4			655.4	173.7
其他企业	520			520	430
港、澳、台商投资企业					
合资经营企业(港或澳、台资)					
合作经营企业(港或澳、台资)					
独资经营企业					
投资股份有限公司					
外商投资企业					
中外合资经营企业					
中外合作经营企业					
外资企业					
外商投资股份有限公司					
2.按国民经济行业分组					
综合零售	27502.6	8924.3		18578.3	9686.1
百货零售	631.7	44.1		587.6	
超级市场零售	7121.5			7121.5	479.8
食品、饮料及烟草制品专门零售					
纺织、服装及日用品专门零售	1548.9			1548.9	328.2
服装零售	1548.9			1548.9	328.2
文化、体育用品及器材专门零售	5887	1547		4340	315
体育用品零售					
图书零售	5887	1547		4340	315
医药及医疗器材专门零售	303.1	213.6		89.5	40
药品零售	303.1	213.6		89.5	40
汽车、摩托车、燃料及零配件专门零售	24935.5	3958.2		20977.3	2697.2
汽车零售	11307.3	1792.2		9515.1	556.7
机动车燃料零售	2547.4	1746.1		801.3	12.3
家用电器及电子产品专门零售	4424.8	203		4221.8	833.7
家用电器零售	4424.8	203		4221.8	833.7
计算机、软件及辅助设备零售					
通信设备零售					
五金、家具及室内装修材料专门零售	1426.1			1426.1	594.9
无店铺及其他零售	4843.7	577.7		4266	86.4
邮购及电子销售					

6-12 限额以上批发零售企业财务状况(一)

单位:万元

项目	法人企业(个)	亏损企业数(个)	二、年末资产负债		
			流动资产合计	其中:存货	固定资产原价
总计	**57**	**17**	**63256.5**	**15815.3**	**51821.2**
一、批发业	24	6	37690.5	8509.6	34945.2
其中:国有及国有控股	7	2	23827.7	6642.3	29193.8
1.按登记注册类型分组					
内资企业	24	6	37690.5	8509.6	34945.2
国有企业	6	2	9414.2	3106.7	5054.1
集体企业	7	3	9498.5	859.1	2427.7
股份合作企业					
联营企业					
国有联营企业					
集体联营企业					
国有与集体联营企业					
其他联营企业					
有限责任公司	2		1106.3	371.5	914.6
国有独资企业					
其他有限责任公司	2		1106.3	371.5	914.6
股份有限公司	1		14413.5	3535.6	24139.7
私营企业	8	1	3258	636.7	2409.1
私营独资企业	3		920.8	113.2	626.6
私营合伙企业					
私营有限责任公司	5	1	2337.2	523.5	1782.5
私营股份有限公司					
其他企业					
港、澳、台商投资企业					
合资经营企业(港或澳、台					
合作经营企业(港或澳、台					
独资经营企业					
投资股份有限公司					
外商投资企业					
中外合资经营企业					
中外合作经营企业					
外资企业					
外商投资股份有限公司					
2.按国民经济行业分组					
农畜产品批发	3	2	1000.5	34	163.7

(续表 6-12)　　单位:万元

项　　目	法人企业(个)	亏损企业数(个)	二、年末资产负债		
			流动资产合计	其中:存货	固定资产原价
食品、饮料及烟草制品批发	4		8735.6	3397.9	4697.9
米、面制品及食用油批发					
烟草制品批发	1		6725	2633	2828.4
纺织、服装及日用品批发					
服装批发					
文化、体育用品及器材批发	3		1573.2	195	1859.7
医药及医疗器材批发					
矿产品、建材及化工产品批发	12	3	25557.8	4849.5	27930.8
煤炭及制品批发					
石油及制品批发	3		14634.3	3643.9	24739
金属及金属矿批发	1		390.8	92.4	764.1
建材批发					
化肥批发	7	3	9498.5	859.1	2427.7
机械设备、五金交电及电子产品批	1		200	31	10
汽车、摩托车及零配件批发					
家用电器批发					
计算机、软件及辅助设备批发					
贸易经纪与代理	1	1	623.4	2.2	283.1
其他批发					
二、零售业	33	11	25566	7305.7	16876
其中:国有及国有控股	9	2	9759.9	1220.2	6224.2
1.按登记注册类型分组					
内资企业	33	11	25566	7305.7	16876
国有企业	6	2	8067.6	903.7	6145.9
集体企业	8	4	7328.1	431	2561.5
股份合作企业					
联营企业					
国有联营企业					
集体联营企业					
国有与集体联营企业					
其他联营企业					
有限责任公司	5	2	2284.4	798.4	481
国有独资企业					
其他有限责任公司	5	2	2284.4	798.4	481
股份有限公司	5	1	2220	581.6	123.7
私营企业	8	2	5210.9	4161	6563.9
私营独资企业	1		103	85	954

(续表 6-12)　　　　单位:万元

项　　目	法人企业(个)	亏损企业数(个)	二、年末资产负债		
			流动资产合计	其中:存货	固定资产原价
私营合伙企业					
私营有限责任公司	6	2	4885.9	3902.3	5607
私营股份有限公司	1		222	173.7	2.9
其他企业	1		455	430	1000
港、澳、台商投资企业					
合资经营企业(港或澳、台					
合作经营企业(港或澳、台					
独资经营企业					
投资股份有限公司					
外商投资企业					
中外合资经营企业					
中外合作经营企业					
外资企业					
外商投资股份有限公司					
2.按国民经济行业分组					
综合零售	12	7	9683.1	1207.4	7203.5
百货零售	1	1	327.5	113.8	42.6
超级市场零售	2	1	1824.8	515.7	198.2
食品、饮料及烟草制品专门零售					
纺织、服装及日用品专门零售	1	1	241.4	226.8	599.9
服装零售	1	1	241.4	226.8	599.9
文化、体育用品及器材专门零售	1		532.5	89.3	1258.8
体育用品零售					
图书零售	1		532.5	89.3	1258.8
医药及医疗器材专门零售	1	1	141.2	31.7	413.7
药品零售	1	1	141.2	31.7	413.7
汽车、摩托车、燃料及零配件专门	11	2	7971.9	4636.5	5589.1
汽车零售	6	1	4237.8	1851.7	305.4
机动车燃料零售	1		243.2	196.7	
家用电器及电子产品专门零售	3		878.1	432.7	5.3
家用电器零售	3		878.1	432.7	5.3
计算机、软件及辅助设备零售					
通信设备零售					
五金、家具及室内装修材料专门零	2		5523.1	594.9	1474.6
无店铺及其他零售	2		594.7	86.4	331.1
邮购及电子销售					

(续表6－12)　　单位:万元

项　目	二、年末资产负债				
	累计折旧	其中:本年折旧	资产合计	负债合计	所有者权益合计
总　计	**11359**	**2285.7**	**123480.7**	**70228.8**	**53251.9**
一、批发业	8970.7	1499	78939.6	31925	47014.6
其中:国有及国有控股	7404.8	1380.9	56775.5	16740.6	40034.9
1.按登记注册类型分组					
内资企业	8970.7	1499	78939.6	31925	47014.6
国有企业	2400.4	468.8	15149.6	4940.3	10209.3
集体企业	686.6	29.8	12462	9040.2	3421.8
股份合作企业					
联营企业					
国有联营企业					
集体联营企业					
国有与集体联营企业					
其他联营企业					
有限责任公司	273.9	75.3	2787.4	2611.7	175.7
国有独资企业					
其他有限责任公司	273.9	75.3	2787.4	2611.7	175.7
股份有限公司	5004.4	912.1	41625.9	11800.3	29825.6
私营企业	605.4	13	6914.7	3532.5	3382.2
私营独资企业	10.5	1.5	1537.1	851.4	685.7
私营合伙企业					
私营有限责任公司	594.9	11.5	5377.6	2681.1	2696.5
私营股份有限公司					
其他企业					
港、澳、台商投资企业					
合资经营企业(港或澳、台					
合作经营企业(港或澳、台					
独资经营企业					
投资股份有限公司					
外商投资企业					
中外合资经营企业					
中外合作经营企业					
外资企业					
外商投资股份有限公司					
2.按国民经济行业分组					
农畜产品批发	63.9	6.6	1100.5	846.8	253.7
食品、饮料及烟草制品批发	2084.8	376.5	15445.7	5717.5	9728.2

（续表 6－12） 单位：万元

项　　目	二、年末资产负债				
	累计折旧	其中：本年折旧	资产合计	负债合计	所有者权益合计
米、面制品及食用油批发					
烟草制品批发	1469.8	365.3	10122.5	2263.8	7858.7
纺织、服装及日用品批发					
服装批发					
文化、体育用品及器材批发	796.7	90.7	3003.6	941	2062.6
医药及医疗器材批发					
矿产品、建材及化工产品批发	5938.9	1011	57889.6	23351.6	34538
煤炭及制品批发					
石油及制品批发	5011.8	912.1	42438.6	12086.4	30352.2
金属及金属矿批发	240.5	69.1	1954.8	1906.7	48.1
建材批发					
化肥批发	686.6	29.8	12462	9040.2	3421.8
机械设备、五金交电及电子产品批	4	2	206	102	104
汽车、摩托车及零配件批发					
家用电器批发					
计算机、软件及辅助设备批发					
贸易经纪与代理	82.4	12.2	1294.2	966.1	328.1
其他批发					
二、零售业	2388.3	786.7	44541.1	38303.8	6237.3
其中：国有及国有控股	1185.2	160.3	16363.7	15504.7	859
1.按登记注册类型分组					
内资企业	2388.3	786.7	44541.1	38303.8	6237.3
国有企业	1135.5	138.9	14419.2	14374.4	44.8
集体企业	377.6	88.5	11335.8	9209.6	2126.2
股份合作企业					
联营企业					
国有联营企业					
集体联营企业					
国有与集体联营企业					
其他联营企业					
有限责任公司	314.4	58.8	2919.4	2585.8	333.6
国有独资企业					
其他有限责任公司	314.4	58.8	2919.4	2585.8	333.6
股份有限公司	57.7	29.1	2509.9	1692.4	817.5
私营企业	453.1	421.4	11951.8	9536.6	2415.2
私营独资企业	36	11	1021	6	1015

(续表 6-12)　　　　　　　　　　　　　　　　　　　　　　　　　　单位:万元

项　　目	二、年末资产负债				
	累计折旧	其中:本年折旧	资产合计	负债合计	所有者权益合计
私营合伙企业					
私营有限责任公司	416	409.8	10707	9381.7	1325.3
私营股份有限公司	1.1	0.6	223.8	148.9	74.9
其他企业	50	50	1405	905	500
港、澳、台商投资企业					
合资经营企业(港或澳、台					
合作经营企业(港或澳、台					
独资经营企业					
投资股份有限公司					
外商投资企业					
中外合资经营企业					
中外合作经营企业					
外资企业					
外商投资股份有限公司					
2.按国民经济行业分组					
综合零售	867	249.6	18126.2	12556.8	5569.4
百货零售	7.4	7.4	362.7	432.4	-69.7
超级市场零售	70.2	40.2	2239.6	1859.3	380.3
食品、饮料及烟草制品专门零售					
纺织、服装及日用品专门零售	163.3	158.2	938.2	1227.1	-288.9
服装零售	163.3	158.2	938.2	1227.1	-288.9
文化、体育用品及器材专门零售	457		2390.5	1574.9	815.6
体育用品零售					
图书零售	457		2390.5	1574.9	815.6
医药及医疗器材专门零售	29.4		525.5	310.1	215.4
药品零售	29.4		525.5	310.1	215.4
汽车、摩托车、燃料及零配件专门	464.1	275	14105.3	11457.4	2647.9
汽车零售	84.4	4.7	5467.2	3892.1	1575.1
机动车燃料零售			243.2	243.2	
家用电器及电子产品专门零售	2.1	1.1	887.3	500	387.3
家用电器零售	2.1	1.1	887.3	500	387.3
计算机、软件及辅助设备零售					
通信设备零售					
五金、家具及室内装修材料专门零	126.3	67.4	6921.4	9846.3	-2924.9
无店铺及其他零售	279.1	35.4	646.7	831.2	-184.5
邮购及电子销售					

6-13 限额以上批发零售企业财务状况(二)

单位:万元

项　　目	二、年末资产负债				
	所有者权益合计				
	实收资本	国家资本	集体资本	法人资本	个人资本
总　计	**12916.5**	**2956.7**	**3226.6**	**4032.9**	**2700.3**
一、批发业	4239.7	754.1	1749.5	850	886.1
其中:国有及国有控股	694.1	694.1			
1.按登记注册类型分组					
内资企业	4239.7	754.1	1749.5	850	886.1
国有企业	694.1	694.1			
集体企业	1858.7		1749.5		109.2
股份合作企业					
联营企业					
国有联营企业					
集体联营企业					
国有与集体联营企业					
其他联营企业					
有限责任公司	205			150	55
国有独资企业					
其他有限责任公司	205			150	55
股份有限公司					
私营企业	1481.9	60		700	721.9
私营独资企业	621.9				621.9
私营合伙企业					
私营有限责任公司	860	60		700	100
私营股份有限公司					
其他企业					
港、澳、台商投资企业					
合资经营企业(港或澳、台					
合作经营企业(港或澳、台					
独资经营企业					
投资股份有限公司					
外商投资企业					
中外合资经营企业					
中外合作经营企业					
外资企业					
外商投资股份有限公司					
2.按国民经济行业分组					
农畜产品批发	138.9	16			122.9

(续表 6-13)　　　　单位:万元

项　　目	二、年末资产负债				
	所有者权益合计				
	实收资本	国家资本	集体资本	法人资本	个人资本
食品、饮料及烟草制品批发	537.9	282.9		200	55
米、面制品及食用油批发					
烟草制品批发	282.9	282.9			
纺织、服装及日用品批发					
服装批发					
文化、体育用品及器材批发	208	158			50
医药及医疗器材批发					
矿产品、建材及化工产品批发	3057.7		1749.5	650	658.2
煤炭及制品批发					
石油及制品批发	549				549
金属及金属矿批发	150			150	
建材批发					
化肥批发	1858.7		1749.5		109.2
机械设备、五金交电及电子产品批	60	60			
汽车、摩托车及零配件批发					
家用电器批发					
计算机、软件及辅助设备批发					
贸易经纪与代理	237.2	237.2			
其他批发					
二、零售业	8676.8	2202.6	1477.1	3182.9	1814.2
其中:国有及国有控股	3462.6	2172.6	280	970.9	39.1
1.按登记注册类型分组					
内资企业	8676.8	2202.6	1477.1	3182.9	1814.2
国有企业	2682.6	2172.6		510	
集体企业	1585.6		1197.1	202	186.5
股份合作企业					
联营企业					
国有联营企业					
集体联营企业					
国有与集体联营企业					
其他联营企业					
有限责任公司	500	30		450	20
国有独资企业					
其他有限责任公司	500	30		450	20
股份有限公司	830		280	460.9	89.1
私营企业	2578.6			1060	1518.6
私营独资企业	1007				1007

（续表 6－13）　单位：万元

项　目	二、年末资产负债				
	所有者权益合计				
	实收资本	国家资本	集体资本	法人资本	个人资本
私营合伙企业					
私营有限责任公司	1501.6			1060	441.6
私营股份有限公司	70				70
其他企业	500			500	
港、澳、台商投资企业					
合资经营企业(港或澳、台					
合作经营企业(港或澳、台					
独资经营企业					
投资股份有限公司					
外商投资企业					
中外合资经营企业					
中外合作经营企业					
外资企业					
外商投资股份有限公司					
2.按国民经济行业分组					
综合零售	4404.1	1591.5	1477.1	302	1033.5
百货零售					
超级市场零售	380		280	100	
食品、饮料及烟草制品专门零售					
纺织、服装及日用品专门零售	60			60	
服装零售	60			60	
文化、体育用品及器材专门零售	188.8	188.8			
体育用品零售					
图书零售	188.8	188.8			
医药及医疗器材专门零售	107.6	107.6			
药品零售	107.6	107.6			
汽车、摩托车、燃料及零配件专门	2883.3	69.7		2320.9	492.7
汽车零售	1693.6			1270.9	422.7
机动车燃料零售					
家用电器及电子产品专门零售	268				268
家用电器零售	268				268
计算机、软件及辅助设备零售					
通信设备零售					
五金、家具及室内装修材料专门零	715	215		500	
无店铺及其他零售	50	30			20
邮购及电子销售					

(续表 6－13)　　单位:万元

项　　目	二、年末资产负债 所有者权益合计 实收资本 港澳台资本	外商资本	三、损益及分配 营业收入合计	其中:主营业务收入	主营业务成本
总　计			**354419.1**	**354023.4**	**280618.2**
一、批发业			281925.5	281701.8	221081.4
其中:国有及国有控股			205389.4	205322.4	161510.2
1.按登记注册类型分组					
内资企业			281925.5	281701.8	221081.4
国有企业			60496.1	60496.1	48250
集体企业			33323.8	33287.2	22389.4
股份合作企业					
联营企业					
国有联营企业					
集体联营企业					
国有与集体联营企业					
其他联营企业					
有限责任公司			8391.2	8389.7	7208.5
国有独资企业					
其他有限责任公司			8391.2	8389.7	7208.5
股份有限公司			144893.3	144826.3	113260.2
私营企业			34821.1	34702.5	29973.3
私营独资企业			6618.2	6618.2	5812.4
私营合伙企业					
私营有限责任公司			28202.9	28084.3	24160.9
私营股份有限公司					
其他企业					
港、澳、台商投资企业					
合资经营企业(港或澳、台					
合作经营企业(港或澳、台					
独资经营企业					
投资股份有限公司					
外商投资企业					
中外合资经营企业					
中外合作经营企业					
外资企业					
外商投资股份有限公司					
2.按国民经济行业分组					
农畜产品批发			8069.5	8069.5	6355.6
食品、饮料及烟草制品批发			57865	57744.9	46935.3

(续表6－13)　　单位:万元

项　　目	二、年末资产负债		三、损益及分配		
	所有者权益合计		营业收入合计	其中:主营业务收入	主营业务成本
	实收资本				
	港澳台资本	外商资本			
米、面制品及食用油批发					
烟草制品批发			48868.4	48868.4	39985.6
纺织、服装及日用品批发					
服装批发					
文化、体育用品及器材批发			11977.1	11977.1	10003.1
医药及医疗器材批发					
矿产品、建材及化工产品批发			199000.1	198896.5	154085.3
煤炭及制品批发					
石油及制品批发			147927	147860	116024.2
金属及金属矿批发			2423	2423	1734.4
建材批发					
化肥批发			33323.8	33287.2	22389.4
机械设备、五金交电及电子产品批			1863	1863	1683
汽车、摩托车及零配件批发					
家用电器批发					
计算机、软件及辅助设备批发					
贸易经纪与代理			3150.8	3150.8	2019.1
其他批发					
二、零售业			72493.6	72321.6	59536.8
其中:国有及国有控股			31447.3	31447.3	26075.4
1.按登记注册类型分组					
内资企业			72493.6	72321.6	59536.8
国有企业			14835	14835	11132.6
集体企业			13398.2	13226.2	12118.5
股份合作企业					
联营企业					
国有联营企业					
集体联营企业					
国有与集体联营企业					
其他联营企业					
有限责任公司			11465.5	11465.5	7085.5
国有独资企业					
其他有限责任公司			11465.5	11465.5	7085.5
股份有限公司			18466.9	18466.9	16556.8
私营企业			13808	13808	12249.4
私营独资企业			671	671	584

(续表 6－13) 单位：万元

项　　目	二、年末资产负债		三、损益及分配		
	所有者权益合计		营业收入合计	其中：主营业务收入	主营业务成本
	实收资本				
	港澳台资本	外商资本			
私营合伙企业					
私营有限责任公司			12481.6	12481.6	11099.3
私营股份有限公司			655.4	655.4	566.1
其他企业			520	520	394
港、澳、台商投资企业					
合资经营企业(港或澳、台					
合作经营企业(港或澳、台					
独资经营企业					
投资股份有限公司					
外商投资企业					
中外合资经营企业					
中外合作经营企业					
外资企业					
外商投资股份有限公司					
2.按国民经济行业分组					
综合零售			23670.4	23498.4	18077.4
百货零售			631.7	631.7	547.6
超级市场零售			7121.5	7121.5	3168.6
食品、饮料及烟草制品专门零售					
纺织、服装及日用品专门零售			1330	1330	1130.1
服装零售			1330	1330	1130.1
文化、体育用品及器材专门零售			5887	5887	4049.8
体育用品零售					
图书零售			5887	5887	4049.8
医药及医疗器材专门零售			267.1	267.1	244.6
药品零售			267.1	267.1	244.6
汽车、摩托车、燃料及零配件专门			32294.5	32294.5	28826.2
汽车零售			11403.4	11403.4	9890.2
机动车燃料零售			9810.3	9810.3	8851.4
家用电器及电子产品专门零售			2774.8	2774.8	2415.4
家用电器零售			2774.8	2774.8	2415.4
计算机、软件及辅助设备零售					
通信设备零售					
五金、家具及室内装修材料专门零			1426.1	1426.1	394
无店铺及其他零售			4843.7	4843.7	4399.3
邮购及电子销售					

6-14 限额以上批发零售企业财务状况(三)

单位:万元

项　目	三、损益及分配				
	主营业务税金及附加	主营业务利润	其他业务利润	营业费用	管理费用
总　计	**1458.9**	**30055.9**	**1572.9**	**11799.5**	**7008.1**
一、批发业	667.4	26097.8	372.4	8652.9	5216.3
其中:国有及国有控股	387.1	21170.2	159.7	6706.6	3588.7
1.按登记注册类型分组					
内资企业	667.4	26097.8	372.4	8652.9	5216.3
国有企业	190.9	10826.4	122.7	2599.6	3074.4
集体企业	194.5	3169.9	85.1	820.5	664.3
股份合作企业					
联营企业					
国有联营企业					
集体联营企业					
国有与集体联营企业					
其他联营企业					
有限责任公司	24.7	191.8		157	491
国有独资企业					
其他有限责任公司	24.7	191.8		157	491
股份有限公司	196.2	10343.8	37	4107	514.3
私营企业	61.1	1565.9	127.6	968.8	472.3
私营独资企业	1.9	503.8	2.1	367.6	17
私营合伙企业					
私营有限责任公司	59.2	1062.1	125.5	601.2	455.3
私营股份有限公司					
其他企业					
港、澳、台商投资企业					
合资经营企业(港或澳、台					
合作经营企业(港或澳、台					
独资经营企业					
投资股份有限公司					
外商投资企业					
中外合资经营企业					
中外合作经营企业					
外资企业					
外商投资股份有限公司					
2.按国民经济行业分组					
农畜产品批发	3.7	377	17.4	221.9	92.3

(续表 6-14)　　　　单位:万元

项　目	三、损益及分配				
	主营业务税金及附加	主营业务利润	其他业务利润	营业费用	管理费用
食品、饮料及烟草制品批发	212	10124.4	176.2	2103.5	2743.6
米、面制品及食用油批发					
烟草制品批发	154.9	8727.8	74.5	1363.7	2495.5
纺织、服装及日用品批发					
服装批发					
文化、体育用品及器材批发	17.3	1376.8	16	947.8	467.3
医药及医疗器材批发					
矿产品、建材及化工产品批发	434.2	13948.1	124.2	5210.9	1775.3
煤炭及制品批发					
石油及制品批发	198.1	10611.6	39.1	4362.2	524.7
金属及金属矿批发	22.4			25.2	465.7
建材批发					
化肥批发	194.5	3169.9	85.1	820.5	664.3
机械设备、五金交电及电子产品批		140	28	90	25
汽车、摩托车及零配件批发					
家用电器批发					
计算机、软件及辅助设备批发					
贸易经纪与代理	0.2	131.5	10.6	78.8	112.8
其他批发					
二、零售业	791.5	3958.1	1200.5	3146.6	1791.8
其中:国有及国有控股	709.9	2168.1	471.3	1300.7	1228.6
1.按登记注册类型分组					
内资企业	791.5	3958.1	1200.5	3146.6	1791.8
国有企业	684.9	866.8	469	654.1	1045.3
集体企业	10.4	263.7	64.7	30.1	318.2
股份合作企业					
联营企业					
国有联营企业					
集体联营企业					
国有与集体联营企业					
其他联营企业					
有限责任公司	33.7	478.9	474.4	932.8	64
国有独资企业					
其他有限责任公司	33.7	478.9	474.4	932.8	64
股份有限公司	52.7	1367.3	6.2	791.7	203.8
私营企业	8.8	956.4	186.2	729.9	148.5
私营独资企业	2	85	9	56	12

(续表6-14)　　单位:万元

项　目	三、损益及分配				
	主营业务税金及附加	主营业务利润	其他业务利润	营业费用	管理费用
私营合伙企业					
私营有限责任公司	5.3	783.6	177.2	639	129.6
私营股份有限公司	1.5	87.8		34.9	6.9
其他企业	1	25		8	12
港、澳、台商投资企业					
合资经营企业(港或澳、台					
合作经营企业(港或澳、台					
独资经营企业					
投资股份有限公司					
外商投资企业					
中外合资经营企业					
中外合作经营企业					
外资企业					
外商投资股份有限公司					
2.按国民经济行业分组					
综合零售	74.9	663.4	691.6	1019	601.6
百货零售	27.2	41.2	3.9	114.1	
超级市场零售	36.2	349.3	452	802.8	50.1
食品、饮料及烟草制品专门零售					
纺织、服装及日用品专门零售	1.3	224.2	177.2	481.5	26.4
服装零售	1.3	224.2	177.2	481.5	26.4
文化、体育用品及器材专门零售	28.3	427.1	126.4	435	407.1
体育用品零售					
图书零售	28.3	427.1	126.4	435	407.1
医药及医疗器材专门零售	0.2	9.1			26.5
药品零售	0.2	9.1			26.5
汽车、摩托车、燃料及零配件专门	24.8	1917	188.5	743.8	508.8
汽车零售	7.5	246.4	147.5	170.9	200.3
机动车燃料零售	14.2	944.6	0.2	390.5	121
家用电器及电子产品专门零售	3.6	176.8		71.9	102.5
家用电器零售	3.6	176.8		71.9	102.5
计算机、软件及辅助设备零售					
通信设备零售					
五金、家具及室内装修材料专门零	654.3	200.2	16.8	80	96.5
无店铺及其他零售	4.1	340.3		315.4	22.4
邮购及电子销售					

(续表 6－14)　　单位:万元

项　　目	三、损益及分配				
	管理费用			财务费用	其中:利息支出
	其中:税金	差旅费	工会经费		
总　计	**280**	**210.4**	**82.6**	**573.1**	**344.5**
一、批发业	155.7	141.4	64.1	287	223.9
其中:国有及国有控股	94.3	87.9	50	90.5	30.9
1.按登记注册类型分组					
内资企业	155.7	141.4	64.1	287	223.9
国有企业	61.3	58.9	32.9	46	39.2
集体企业	35.7	9.7	3	109.9	109.9
股份合作企业					
联营企业					
国有联营企业					
集体联营企业					
国有与集体联营企业					
其他联营企业					
有限责任公司	20.3	12.4	4.8	54.3	54.3
国有独资企业					
其他有限责任公司	20.3	12.4	4.8	54.3	54.3
股份有限公司	33	29	17.1	44.5	－8.3
私营企业	5.4	31.4	6.3	32.3	28.8
私营独资企业	0.9	3.7	0.3	－0.1	－0.1
私营合伙企业					
私营有限责任公司	4.5	27.7	6	32.4	28.9
私营股份有限公司					
其他企业					
港、澳、台商投资企业					
合资经营企业(港或澳、台					
合作经营企业(港或澳、台					
独资经营企业					
投资股份有限公司					
外商投资企业					
中外合资经营企业					
中外合作经营企业					
外资企业					
外商投资股份有限公司					
2.按国民经济行业分组					
农畜产品批发	2.2	5	0.3	2.1	－0.1
食品、饮料及烟草制品批发	50.7	41.2	33.3	64.4	63.1

(续表6-14)　　　　单位:万元

项　　目	三、损益及分配				
	管理费用			财务费用	其中:利息支出
	其中:税金	差旅费	工会经费		
米、面制品及食用油批发					
烟草制品批发	30.1	32.4	27	12	12
纺织、服装及日用品批发					
服装批发					
文化、体育用品及器材批发	15.2	32.4	5.4	14.6	14.4
医药及医疗器材批发					
矿产品、建材及化工产品批发	83.1	51.9	24.6	180.9	128.1
煤炭及制品批发					
石油及制品批发	33.9	31.5	17.1	44.5	-8.3
金属及金属矿批发	13.5	10.7	4.5	21.9	21.9
建材批发					
化肥批发	35.7	9.7	3	109.9	109.9
机械设备、五金交电及电子产品批				3	3
汽车、摩托车及零配件批发					
家用电器批发					
计算机、软件及辅助设备批发					
贸易经纪与代理	4.5	10.9	0.5	22	15.4
其他批发					
二、零售业	124.3	69	18.5	286.1	120.6
其中:国有及国有控股	63.7	29.5	13.2	254	100.5
1.按登记注册类型分组					
内资企业	124.3	69	18.5	286.1	120.6
国有企业	56	11.6	10.7	225.6	85.5
集体企业	10	2	0.7	7.1	-3
股份合作企业					
联营企业					
国有联营企业					
集体联营企业					
国有与集体联营企业					
其他联营企业					
有限责任公司	7	24.9	3.6	-3.7	-3.8
国有独资企业					
其他有限责任公司	7	24.9	3.6	-3.7	-3.8
股份有限公司	7.8	17.9	2.5	29.1	15.2
私营企业	37.5	10.6	1	28	26.7
私营独资企业				22	22

(续表 6－14)　　　　单位:万元

项　目	三、损益及分配				
	管理费用			财务费用	其中:利息支出
	其中:税金	差旅费	工会经费		
私营合伙企业					
私营有限责任公司	37.5	8.7	1	6	4.7
私营股份有限公司		1.9			
其他企业	6	2			
港、澳、台商投资企业					
合资经营企业(港或澳、台					
合作经营企业(港或澳、台					
独资经营企业					
投资股份有限公司					
外商投资企业					
中外合资经营企业					
中外合作经营企业					
外资企业					
外商投资股份有限公司					
2.按国民经济行业分组					
综合零售	29.7	25.9	10.6	91.3	80.6
百货零售				0.7	0.2
超级市场零售	3.2	24.8	6.1	13.8	13.8
食品、饮料及烟草制品专门零售					
纺织、服装及日用品专门零售	21.5	0.8		0.1	
服装零售	21.5	0.8		0.1	
文化、体育用品及器材专门零售	24.1	2.3	3.9	60.5	
体育用品零售					
图书零售	24.1	2.3	3.9	60.5	
医药及医疗器材专门零售	0.4		0.2	0.6	0.6
药品零售	0.4		0.2	0.6	0.6
汽车、摩托车、燃料及零配件专门	39.4	24.2	2	55.6	42
汽车零售	12.4	10.4	2	3	2.7
机动车燃料零售		5.6		13.2	
家用电器及电子产品专门零售		1	1	1.1	
家用电器零售		1	1	1.1	
计算机、软件及辅助设备零售					
通信设备零售					
五金、家具及室内装修材料专门零	7	2.9	0.8	79.5	
无店铺及其他零售	2.2	11.9		－2.6	－2.6
邮购及电子销售					

6-15 限额以上批发零售企业财务状况(四)

单位:万元

项　　目	三、损益及分配				
	营业利润	利润总额	应　交 所得税	劳动、失业 保险费	住房公积金 和住房补贴
总　计	**13952.8**	**13738.5**	**3688.2**	**1113.2**	**280.7**
一、批发业	13344.2	13034	3552.4	863.4	274.7
其中:国有及国有控股	11296.2	10989.5	3449.8	678.7	274.7
1.按登记注册类型分组					
内资企业	13344.2	13034	3552.4	863.4	274.7
国有企业	5581.2	5304.3	1589.2	476.5	225.8
集体企业	1660.3	1660.3		104.1	
股份合作企业					
联营企业					
国有联营企业					
集体联营企业					
国有与集体联营企业					
其他联营企业					
有限责任公司	163.2	163.2	94.3		
国有独资企业					
其他有限责任公司	163.2	163.2	94.3		
股份有限公司	5715	5685.2	1860.6	202.2	48.9
私营企业	224.5	221	8.3	80.6	
私营独资企业	121.8	120.9	1		
私营合伙企业					
私营有限责任公司	102.7	100.1	7.3	80.6	
私营股份有限公司					
其他企业					
港、澳、台商投资企业					
合资经营企业(港或澳、台					
合作经营企业(港或澳、台					
独资经营企业					
投资股份有限公司					
外商投资企业					
中外合资经营企业					
中外合作经营企业					
外资企业					
外商投资股份有限公司					
2.按国民经济行业分组					
农畜产品批发	111.8	109.9			

(续表 6-15) 单位:万元

项　目	三、损益及分配				
	营业利润	利润总额	应交所得税	劳动、失业保险费	住房公积金和住房补贴
食品、饮料及烟草制品批发	5608.9	5335.4	1545.9	493.5	196.2
米、面制品及食用油批发					
烟草制品批发	4954.2	4683.3	1545.5	412.9	178.2
纺织、服装及日用品批发					
服装批发					
文化、体育用品及器材批发	63.1	58.1	44	63.5	29.6
医药及医疗器材批发					
矿产品、建材及化工产品批发	7581.9	7552.1	1955.5	306.3	48.9
煤炭及制品批发					
石油及制品批发	5719.3	5689.5	1861.6	202.2	48.9
金属及金属矿批发	160.9	160.9	93.9		
建材批发					
化肥批发	1660.3	1660.3		104.1	
机械设备、五金交电及电子产品批	50	50	7		
汽车、摩托车及零配件批发					
家用电器批发					
计算机、软件及辅助设备批发					
贸易经纪与代理	-71.5	-71.5		0.1	
其他批发					
二、零售业	608.6	704.5	135.8	249.8	6
其中:国有及国有控股	393.9	512.1	22.2	196.1	3
1.按登记注册类型分组					
内资企业	608.6	704.5	135.8	249.8	6
国有企业	-51.4	68.8	11.9	195.6	3
集体企业	14.7	-5.7	2	43.3	
股份合作企业					
联营企业					
国有联营企业					
集体联营企业					
国有与集体联营企业					
其他联营企业					
有限责任公司	-15.9	-29.4	4	4.5	2.7
国有独资企业					
其他有限责任公司	-15.9	-29.4	4	4.5	2.7
股份有限公司	379.9	377.9	10.3	0.5	
私营企业	276.3	287.9	107.5	5.9	0.3
私营独资企业	4	4	1		

(续表 6-15)　　单位:万元

项　目	三、损益及分配				
	营业利润	利润总额	应　交 所得税	劳动、失业 保险费	住房公积金 和住房补贴
私营合伙企业					
私营有限责任公司	226.3	237.9	100.4	5.9	0.3
私营股份有限公司	46	46	6.1		
其他企业	5	5	0.1		
港、澳、台商投资企业					
合资经营企业(港或澳、台					
合作经营企业(港或澳、台					
独资经营企业					
投资股份有限公司					
外商投资企业					
中外合资经营企业					
中外合作经营企业					
外资企业					
外商投资股份有限公司					
2.按国民经济行业分组					
综合零售	-263.1	-144.6	1	163.7	
百货零售	-69.7	-69.7			
超级市场零售	-43.3	-41.2			
食品、饮料及烟草制品专门零售					
纺织、服装及日用品专门零售	-106.6	-107		5.9	
服装零售	-106.6	-107		5.9	
文化、体育用品及器材专门零售	85.7	57.4	18.9		
体育用品零售					
图书零售	85.7	57.4	18.9		
医药及医疗器材专门零售	-18	-5.4		44.1	
药品零售	-18	-5.4		44.1	
汽车、摩托车、燃料及零配件专门	828.4	804.7	112.1	23.8	3.7
汽车零售	50.8	50.7	7.3	14.7	3.7
机动车燃料零售	420.1	418.4			
家用电器及电子产品专门零售	42.3	54.3	3.7		
家用电器零售	42.3	54.3	3.7		
计算机、软件及辅助设备零售					
通信设备零售					
五金、家具及室内装修材料专门零	33	32.4	0.1	10	
无店铺及其他零售	6.9	12.7		2.3	2.3
邮购及电子销售					

(续表 6-15)　　单位:万元

项　目	四、工资、福利费、增值税 本年应付工资总额(贷方累计发生额)	本年应付福利费总额(贷方累计发生额)	本年应交增值税	五、全部从业人员年平均人数(人)
总　计	**6019.9**	**610.3**	**6424.3**	**5155**
一、批发业	4126.5	503.6	5760.7	3097
其中:国有及国有控股	2859.3	351.9	3822.4	1702
1.按登记注册类型分组				
内资企业	4126.5	503.6	5760.7	3097
国有企业	2004.7	232.3	1848.9	765
集体企业	561.7	29.5	501.3	596
股份合作企业				
联营企业				
国有联营企业				
集体联营企业				
国有与集体联营企业				
其他联营企业				
有限责任公司	237.2	33.8	1014.6	177
国有独资企业				
其他有限责任公司	237.2	33.8	1014.6	177
股份有限公司	854.6	119.6	1973.5	937
私营企业	468.3	88.4	422.4	622
私营独资企业	106.8	11.1	21.7	141
私营合伙企业				
私营有限责任公司	361.5	77.3	400.7	481
私营股份有限公司				
其他企业				
港、澳、台商投资企业				
合资经营企业(港或澳、台				
合作经营企业(港或澳、台				
独资经营企业				
投资股份有限公司				
外商投资企业				
中外合资经营企业				
中外合作经营企业				
外资企业				
外商投资股份有限公司				
2.按国民经济行业分组				
农畜产品批发	101.1	46.8	58.3	149
食品、饮料及烟草制品批发	2006.4	233	3011.7	830

(续表 6-15)　　单位:万元

项　　目	四、工资、福利费、增值税			五、全部从业人员年平均人数(人)
	本年应付工资总额(贷方累计发生额)	本年应付福利费总额(贷方累计发生额)	本年应交增值税	
米、面制品及食用油批发				
烟草制品批发	1689.6	188.7	1472.7	461
纺织、服装及日用品批发				
服装批发				
文化、体育用品及器材批发	206.8	29.5	176.1	203
医药及医疗器材批发				
矿产品、建材及化工产品批发	1777.4	189.7	2496.6	1880
煤炭及制品批发				
石油及制品批发	945.9	128.8	1995.2	1062
金属及金属矿批发	224.4	31.4	0.1	162
建材批发				
化肥批发	561.7	29.5	501.3	596
机械设备、五金交电及电子产品批	9	1	18	10
汽车、摩托车及零配件批发				
家用电器批发				
计算机、软件及辅助设备批发				
贸易经纪与代理	25.8	3.6		25
其他批发				
二、零售业	1893.4	106.7	663.6	2058
其中:国有及国有控股	830.2	45.2	508.2	639
1.按登记注册类型分组				
内资企业	1893.4	106.7	663.6	2058
国有企业	613.1	13.5	275.5	377
集体企业	307.5	14.4	17.8	423
股份合作企业				
联营企业				
国有联营企业				
集体联营企业				
国有与集体联营企业				
其他联营企业				
有限责任公司	376.6	33.7	48.8	539
国有独资企业				
其他有限责任公司	376.6	33.7	48.8	539
股份有限公司	282.5	36	262.1	345
私营企业	255.7	9.1	54.4	314
私营独资企业	47	1	18	50

(续表 6－15) 单位：万元

项　　目	四、工资、福利费、增值税			五、全部从业人员年平均人数（人）
	本年应付工资总额（贷方累计发生额）	本年应付福利费总额（贷方累计发生额）	本年应交增值税	
私营合伙企业				
私营有限责任公司	184.9	5.9	24.4	239
私营股份有限公司	23.8	2.2	12	25
其他企业	58		5	60
港、澳、台商投资企业				
合资经营企业（港或澳、台				
合作经营企业（港或澳、台				
独资经营企业				
投资股份有限公司				
外商投资企业				
中外合资经营企业				
中外合作经营企业				
外资企业				
外商投资股份有限公司				
2.按国民经济行业分组				
综合零售	934.6	79.7	164.9	1169
百货零售	50.1	2.2	24.3	66
超级市场零售	412.2	43	99.8	640
食品、饮料及烟草制品专门零售				
纺织、服装及日用品专门零售	93.5	0.7	11.8	105
服装零售	93.5	0.7	11.8	105
文化、体育用品及器材专门零售	230	－35	174.6	98
体育用品零售				
图书零售	230	－35	174.6	98
医药及医疗器材专门零售	49.3	3.3	5.1	82
药品零售	49.3	3.3	5.1	82
汽车、摩托车、燃料及零配件专门	349.5	40.4	202.9	330
汽车零售	155.3	19.2	52.4	144
机动车燃料零售	71.4	10.6	119.3	65
家用电器及电子产品专门零售	78.2	4	22.4	113
家用电器零售	78.2	4	22.4	113
计算机、软件及辅助设备零售				
通信设备零售				
五金、家具及室内装修材料专门零	103	6	58.4	100
无店铺及其他零售	55.3	7.6	23.5	61
邮购及电子销售				

6-16 星级住宿业和限额以上餐饮业企业财务状况(一)

单位:万元

项目	企业数(个)	亏损企业数(个)	一、年末资产负债							
			流动资产小计	存货	固定资产原价	累计折旧	本年折旧	资产合计	负债合计	所有者权益合计
总计	**27**	**10**								
一、住宿业	11	6								
其中:国有及国有控股	4	4								
1.按登记注册类型分组										
内资企业	11	6								
国有企业	5	4								
集体企业										
股份合作企业										
联营企业										
国有联营企业										
集体联营企业										
国有与集体联营企业										
其他联营企业										
有限责任公司	1									
国有独资企业										
其他有限责任公司	1									
股份有限公司										
私营企业	5	2								
私营独资企业	3	1								
私营合伙企业	2	1								
私营有限责任公司										
私营股份有限公司										
其他企业										
港、澳、台商投资企业										
合资经营企业(港或澳、台资)										
合作经营企业(港或澳、台资)										
独资经营企业										
投资股份有限公司										
外商投资企业										
中外合资经营企业										
中外合作经营企业										
外资企业										
外商投资股份有限公司										
2.按国民经济行业分组										
旅游饭店	8	6								
一般旅馆	3									

(续表 6-16) 单位:万元

项　目	企业数(个)	亏损企业数(个)	一、年末资产负债							
			流动资产小计	存货	固定资产原价	累计折旧	本年折旧	资产合计	负债合计	所有者权益合计
其他住宿服务										
二、餐饮业	16	4								
其中:国有及国有控股	1									
1.按登记注册类型分组										
内资企业	16	4								
国有企业	1									
集体企业										
股份合作企业										
联营企业										
国有联营企业										
集体联营企业										
国有与集体联营企业										
其他联营企业										
有限责任公司										
国有独资企业										
其他有限责任公司										
股份有限公司										
私营企业	15	4								
私营独资企业	12	2								
私营合伙企业	1	1								
私营有限责任公司	1									
私营股份有限公司	1	1								
其他企业										
港、澳、台商投资企业										
合资经营企业(港或澳、台资)										
合作经营企业(港或澳、台资)										
独资经营企业										
投资股份有限公司										
外商投资企业										
中外合资经营企业										
中外合作经营企业										
外资企业										
外商投资股份有限公司										
2.按国民经济行业分组										
正餐服务	16	4								
快餐服务										
饮料及冷饮服务										
其他餐饮服务										

6-17 星级住宿业和限额以上餐饮业企业财务状况(二)

单位:万元

项　目	二、损益及分配					三、工资、福利费		五、全部从业人员年平均人数(人)
	营业利润	利润总额	应交所得税	劳动、失业保险费	住房公积金和住房补贴	本年应付工资总额(贷方累计发生额)	本年应付福利费总额(贷方累计发生额)	
总　计								**2002**
一、住宿业								745
其中:国有及国有控股								316
1.按登记注册类型分组								
内资企业								745
国有企业								322
集体企业								
股份合作企业								
联营企业								
国有联营企业								
集体联营企业								
国有与集体联营企业								
其他联营企业								
有限责任公司								27
国有独资企业								
其他有限责任公司								27
股份有限公司								
私营企业								396
私营独资企业								183
私营合伙企业								213
私营有限责任公司								
私营股份有限公司								
其他企业								
港、澳、台商投资企业								
合资经营企业(港或澳、台资)								
合作经营企业(港或澳、台资)								
独资经营企业								
投资股份有限公司								
外商投资企业								
中外合资经营企业								
中外合作经营企业								
外资企业								
外商投资股份有限公司								
2.按国民经济行业分组								
旅游饭店								531
一般旅馆								214

（续表 6－17） 单位：万元

项　　目	二、损益及分配					三、工资、福利费		五、全部从业人员年平均人数(人)
	营业利润	利润总额	应交所得税	劳动、失业保险费	住房公积金和住房补贴	本年应付工资总额(贷方累计发生额)	本年应付福利费总额(贷方累计发生额)	
其他住宿服务								
二、餐饮业								1257
其中:国有及国有控股								166
1.按登记注册类型分组								
内资企业								1257
国有企业								166
集体企业								
股份合作企业								
联营企业								
国有联营企业								
集体联营企业								
国有与集体联营企业								
其他联营企业								
有限责任公司								
国有独资企业								
其他有限责任公司								
股份有限公司								
私营企业								1091
私营独资企业								908
私营合伙企业								40
私营有限责任公司								103
私营股份有限公司								40
其他企业								
港、澳、台商投资企业								
合资经营企业(港或澳、台资)								
合作经营企业(港或澳、台资)								
独资经营企业								
投资股份有限公司								
外商投资企业								
中外合资经营企业								
中外合作经营企业								
外资企业								
外商投资股份有限公司								
2.按国民经济行业分组								
正餐服务								1257
快餐服务								
饮料及冷饮服务								
其他餐饮服务								

6-18 餐饮业销售情况

单位:万元

项　　目	法人企业(个)	产业活动单位(个)	从业人员(人)	营　业总收入	1.客房收入	2.餐费收入
总　计	**27**	**36**	**2803**	**11023.4**	**3229.1**	**7059.4**
一、住宿业	11	16	1235	3903.8	2030.9	1593.1
其中:国有及国有	4	7	372	1580.2	856	571.6
1.按登记注册类型分						
内资企业	11	16	1235	3903.8	2030.9	1593.1
国有企业	5	8	461	1297.2	753	403.6
集体企业		2	121	358	166	168
股份合作企业						
联营企业						
国有联营企业						
集体联营企业						
国有与集体联						
其他联营企业						
有限责任公司	1	1	257	424.4	287.9	136.5
国有独资企业						
其他有限责任	1	1	257	424.4	287.9	136.5
股份有限公司						
私营企业	5	5	396	1824.2	824	885
私营独资企业	3	3	183	786.2	460.2	257.3
私营合伙企业	2	2	213	1038	363.8	627.7
私营有限责任						
私营股份有限						
其他企业						
港、澳、台商投资						
合资经营企业(						
合作经营企业(						
独资经营企业						
投资股份有限公						
外商投资企业						
中外合资经营企						
中外合作经营企						
外资企业						
外商投资股份有						
2.按国民经济行业分						
旅游饭店	8	12	773	2666.6	1334.5	1056.8
一般旅馆	3	4	462	1237.2	696.4	536.3

（续表6-18） 单位:万元

项　　目	法人企业（个）	产业活动单位（个）	从业人员（人）	营　业总收入	1.客房收入	2.餐费收入
其他住宿服务						
二、餐饮业	16	20	1568	7119.6	1198.2	5466.3
其中:国有及国有	1	1	166	883	532	294
1.按登记注册类型分						
内资企业	16	20	1568	7119.6	1198.2	5466.3
国有企业	1	2	196	883	532	294
集体企业		1	10			
股份合作企业						
联营企业						
国有联营企业						
集体联营企业						
国有与集体联						
其他联营企业						
有限责任公司		1	161	287.1	154.8	100.9
国有独资企业						
其他有限责任		1	161	287.1	154.8	100.9
股份有限公司						
私营企业	15	16	1201	5949.5	511.4	5071.4
私营独资企业	12	13	1018	5033.2	511.4	4155.1
私营合伙企业	1	1	40	119.5		119.5
私营有限责任	1	1	103	424.4		424.4
私营股份有限	1	1	40	372.4		372.4
其他企业						
港、澳、台商投资						
合资经营企业(						
合作经营企业(						
独资经营企业						
投资股份有限公						
外商投资企业						
中外合资经营企						
中外合作经营企						
外资企业						
外商投资股份有						
2.按国民经济行业分						
正餐服务	16	19	1558	7119.6	1198.2	5466.3
快餐服务						
饮料及冷饮服务						
其他餐饮服务		1	10			

(续表 6-18) 单位:万元

项　　目	营业总收入		年末餐饮营业面积(万平方米)	年末住宿或餐饮企业拥有床位数(万个)	年末住宿或餐饮企业拥有餐位数(万位)
	3.商品销售收入	4.其他收入			
总　计	**188.8**	**546.1**	**3.5499**	**0.4388**	**1.6216**
一、住宿业	78.8	201	1.1685	0.3564	0.5113
其中:国有及国有	24	128.6	0.7365	0.2503	0.2155
1.按登记注册类型分					
内资企业	78.8	201	1.1685	0.3564	0.5113
国有企业	12	128.6	0.4165	0.2445	0.1508
集体企业	24		0.32	0.0208	0.07
股份合作企业					
联营企业					
国有联营企业					
集体联营企业					
国有与集体联					
其他联营企业					
有限责任公司			0.092	0.0388	0.0065
国有独资企业					
其他有限责任			0.092	0.0388	0.0065
股份有限公司					
私营企业	42.8	72.4	0.34	0.0523	0.284
私营独资企业	3.7	65	0.28	0.0328	0.205
私营合伙企业	39.1	7.4	0.06	0.0195	0.079
私营有限责任					
私营股份有限					
其他企业					
港、澳、台商投资					
合资经营企业(					
合作经营企业(					
独资经营企业					
投资股份有限公					
外商投资企业					
中外合资经营企					
中外合作经营企					
外资企业					
外商投资股份有					
2.按国民经济行业分					
旅游饭店	75.3	200	0.9865	0.2955	0.4498
一般旅馆	3.5	1	0.182	0.0609	0.0615
其他住宿服务					

(续表 6－18)　　单位：万元

项　　目	营业总收入		年末餐饮营业面积(万平方米)	年末住宿或餐饮企业拥有床位数(万个)	年末住宿或餐饮企业拥有餐位数(万位)
	3.商品销售收入	4.其他收入			
二、餐饮业	110	345.1	2.3814	0.0824	1.1103
其中:国有及国有	46	11	0.18	0.0216	0.16
1.按登记注册类型分					
内资企业	110	345.1	2.3814	0.0824	1.1103
国有企业	46	11	0.18	0.0216	0.16
集体企业					
股份合作企业					
联营企业					
国有联营企业					
集体联营企业					
国有与集体联					
其他联营企业					
有限责任公司		31.4	0.15	0.0104	0.04
国有独资企业					
其他有限责任		31.4	0.15	0.0104	0.04
股份有限公司					
私营企业	64	302.7	2.0514	0.0504	0.9103
私营独资企业	64	302.7	1.7064	0.0504	0.7663
私营合伙企业			0.2		0.032
私营有限责任			0.045		0.087
私营股份有限			0.1		0.025
其他企业					
港、澳、台商投资					
合资经营企业(					
合作经营企业(					
独资经营企业					
投资股份有限公					
外商投资企业					
中外合资经营企					
中外合作经营企					
外资企业					
外商投资股份有					
2.按国民经济行业分					
正餐服务	110	345.1	2.3814	0.0824	1.1103
快餐服务					
饮料及冷饮服务					
其他餐饮服务					

6-19 批发零售贸易业商品销售总额

单位:万元

项目	销售合计	批发	零售
贵港市	**1354631**	**537610**	**817021**
一、按行业及规模分组			
1.批发业	627878	414769	213109
2.零售业	726753	122841	603912
二、按规模分组			
1.限额以上企业(单位)	478452	323018	155434
2.限额以下企业(单位)和个体	876179	214592	661587
其中:个体户	763178	152893	610285

6-20 限额以上批发零售业商品销售分类销售额

单位:万元

项 目	销售合计	批 发	零 售
类值合计	**478452**	**323018**	**155434**
食品、饮料、烟酒类	136664	111957	24707
粮油类	880	108	772
肉禽蛋类	4791	4344	447
其他食品类	47464	44001	3463
饮料类	2307	349	1958
烟酒类	81222	63155	18067
服装、鞋帽、针纺织品类	7129		7129
服装类	2783		2783
鞋帽类	1858		1858
针、纺织品类	2488		2488
化妆品类	1653		1653
金银珠宝类	56		56
日用品类	3994	194	3800
其中:洗涤用品类	1833	33	1800
儿童玩具类	417	31	386
五金、电料类	5103	413	4690
体育、娱乐用品类	723		723
书报杂志类	21007	13132	7875
电子出版物及音像制品类	210		210
家用电器和音响器材类	5905	120	5785
中西药品类	1980	309	1671
其中:西药类	1052	153	899
中草药及中成药类	773	146	627
文化办公用品类	980		980
家具类	18276	17445	831
通讯器材类	65		65
煤炭及制品类	1029		1029
木材及制品类	7		7
石油及制品类	168629	109253	59376
化工材料及制品类	41196	39796	1400
其中:化肥类	38050	38050	
金属材料类	14582	14313	269
建筑及装潢材料类	490		490
机电产品及设备类	4879	4028	851
其中:农机类	3579	3579	
汽车类	18696		18696
种子饲料类	1156	1156	
棉麻类	778	572	206
其他类	23265	10330	12935

6-21 限额以上批发零售贸易业商品销售数量

项　　目	单 位	销售合计	批 发	零 售
粮　　食	吨	95		95
食用植物油	吨	244	3	241
食　　糖	吨	55843	55026	817
卷　　烟	万支	350898	344712	6186
酒	吨	489	103	386
其中:白　酒	吨	208	17	191
啤　酒	吨	263	85	178
棉　　花	吨	6		6
布	米	3582		3582
各种服装	百件	11367		11367
其中:童　装	百件	5415		5415
鞋	百双	4552		4552
照相机	台	125		125
其中:数码照相机	台	125		125
彩色电视机	台	7239		7239
组合音响	台	153		153
摄 像 机	台	84		84
影 碟 机	台	945		945
家用电冰箱	台	2018		2018
家用洗衣机	台	1671		1671
房间空调器	台	1935		1935
微 波 炉	台	814		814
微型计算机	台			
普通电话机	部	128		128
移动电话机	部	482		482
化学肥料	吨	174120	174120	
化学农药	吨	3721	3721	
农用薄膜	吨	54	54	
煤　　炭	吨	13311		13311
木　　材	立方			
汽　　油	吨	97814	58891	38923
煤　　油	吨	1176	1062	114
柴　　油	吨	197837	132982	64855
钢　　材	吨	18564	18564	
铜	吨			
铝	吨			
水　　泥	吨			
汽　　车	辆	1392	92	1300
其中:轿　车	辆	160		160
摩 托 车	辆	18470		18470
拖 拉 机	台	72	72	

6-22 国际旅游收入

计量单位:万元

项目	收入	项目	收入
合计	**1926**	(2)铁道	
一、商品性收入	715	(3)海运	
1.商品销售收入	238	(4)内河	
2.饮食销售收入	477	(5)公路	121
二、劳务性收入	1211	4.市内交通费	121
1.旅行社旅游业务费收入		5.邮政电讯费	
2.宿费	969	6.文化娱乐费	
3.长途交通费	121	7.其他	
(1)民航			

6-23 国际旅游人数表

计量单位:人次

项目	人数	人天数(人天)
合计	**14855**	**23119**
港澳同胞	12405	19598
台湾同胞	219	360
华侨	852	976
外国人	1379	2185
其中:东盟	562	902
文莱		
印度尼西亚	103	174
马来西亚	105	163
菲律宾	85	123
新加坡	133	211
泰国	49	85
越南	84	143
缅甸	3	3
柬埔寨		
老挝		
其中:日本	171	279
韩国	148	259
美国	87	131
加拿大	125	187
英国	53	71
法国	54	81
德国	27	47
意大利	23	33
荷兰		
澳大利亚	69	106
新西兰	11	26

6－24　外国和港澳台地区在华投资

计量单位：万美元

项　目	新签协议		客商实际投资				期末实有企业(个)			从业人员(人)	
	合同数(个)	客　商投资额	合　计	现　金	实　物	其　他	合　计	建成投产企业	本期新增企业	合　计	#客商
合　计	**8**	**8828**	**3259**	**3259**			**70**		**8**	**2622**	**27**
1.中外合资经营企业							20			798	9
2.中外合作经营企业	1	185	897	897			2		1	200	1
3.外资企业	7	8643	2362	2362			48		7	1624	17
4.外商投资股份制企业											
5.其　他											
A.农、林、牧、渔业											
B.采掘业	1	185	897	897			1		1	162	
C.制造业	7	8643	2362	2362			45		7	1586	
D.电力、煤气及水的生产和供应业							1			56	
E.建筑业											
F.交通运输、仓储和邮政业											
G.信息传输、计算机服务软件业											
H.批发和零售业							3			306	
I.住宿和餐饮业							5			108	
J.金融业							3			58	
K.房地产业							4			128	
L.租赁和商务服务业											
M.科学研究、技术服务和地质勘查业											
N.水利、环境和公共设施管理业											
O.居民服务和其他服务业							8			218	
P.教　育											
Q.卫生、社会保障和社会福利											
R.文化、体育和娱乐业											
S.其　他											
1.亚　洲	6	3424	1790	1790							
其中：香　港	4	3036	1633	1633							
澳　门											
台　湾	1	181	157	157							
日　本											
新加坡											
泰　国											
2.非　洲											
3.欧　洲											
其中：丹　麦											
英　国											
德　国											
法　国											
4.拉丁美洲	1	5219	572	572							
5.北美洲											
其中：加拿大											
美　国											
6.大洋州	1	185	897	897							
其中：澳大利亚	1	185	897	897							
7.其　他											

七、从业人员和劳动报酬情况

7-1 贵港市全部单位从业人员和劳动报酬情况(一)

项目	单位数(个)	年末人数(人)						按用工期限分组				
		单位从业人员	#女性	#使用的农村劳动力	1.在岗职工	#专业技术人员	#女性	#长期职工	#临时职工	2.其他从业人员	#聘用的离退休人员	#聘用的港澳台和外籍人员
总计	**4018**	**145429**	**57949**	**15431**	**136483**	**62450**	**27237**	**126037**	**10446**	**8946**	**174**	**4**
其中:国有控股	662	43709	16889	5121	39436	10889	4162	34402	5034	4273	30	0
1.企业	627	58243	22762	11331	53342	11509	3566	46097	7245	4901	54	4
2.事业	2561	73408	32079	3988	69554	49511	23207	66616	2938	3854	104	0
3.机关	830	13778	3108	112	13587	1430	464	13324	263	191	16	0
(一)农、林、牧、渔业	180	4231	1749	23	4088	982	246	3994	94	143	1	0
1.农业	29	1713	835	0	1713	119	29	1713	0	0	0	0
2.林业	7	749	340	3	650	198	36	562	88	99	0	0
3.畜牧业	4	392	217	0	389	91	33	389	0	3	0	0
4.渔业	3	24	8	0	23	10	3	23	0	1	0	0
5.农、林、牧、渔服务业	137	1353	349	20	1313	564	145	1307	6	40	1	0
(二)采矿业	5	387	157	0	383	73	26	370	13	4	4	0
3.黑色金属矿采选业	2	211	110	0	207	46	21	194	13	4	4	0
4.有色金属矿采选业	2	156	43	0	156	19	1	156	0	0	0	0
5.非金属矿采选业	1	20	4	0	20	8	4	20	0	0	0	0
(三)制造业	104	24865	11388	5390	24328	2640	873	21339	2989	537	29	4
1.农副食品加工业	14	6927	2748	250	6727	930	370	5258	1469	200	4	0
2.食品制造业	3	260	85	0	260	61	17	260	0	0	0	0
3.饮料制造业	4	75	35	0	75	30	9	75	0	0	0	0
5.纺织业	4	197	99	148	197	22	6	197	0	0	0	0
6.纺织服装、鞋、帽制造业	3	135	72	12	135	4	2	135	0	0	0	0
7.皮革、毛皮、羽毛(绒)及其制品业	1	220	200	0	220	12	0	220	0	0	0	0
8.木材加工及木、竹、藤、棕、草制品业	12	3460	2063	2078	3453	170	61	3288	165	7	0	0
10.造纸及纸制品业	8	2327	1372	765	2327	183	62	1914	413	0	0	0
11.印刷业和记录媒介的复制	2	191	92	0	191	15	4	191	0	0	0	0
12.文教体育用品制造业	4	4	1	0	4	2	1	4	0	0	0	0
14.化学原料及化学制品制造业	5	2169	715	330	2151	235	34	2014	137	18	16	2
15.医药制造业	4	964	574	104	942	146	60	724	218	22	0	0
17.橡胶制品业	1	18	0	0	18	0	0	18	0	0	0	0
18.塑料制品业	3	57	35	0	57	5	1	57	0	0	0	0
19.非金属矿物制品业	16	5061	2216	1053	4775	524	157	4221	554	286	0	0
20.黑色金属冶炼及压延加工业	2	1055	267	0	1055	95	20	1055	0	0	0	0
21.有色金属冶炼及压延加工业	2	48	13	0	46	25	7	46	0	2	0	2
22.金属制品业	6	166	83	0	166	27	11	166	0	0	0	0
23.通用设备制造业	2	289	91	0	287	54	14	287	0	2	2	0
24.专用设备制造业	2	105	36	0	105	12	4	105	0	0	0	0
25.交通运输设备制造业	7	251	61	0	251	50	26	218	33	0	0	0
26.电气机械及器材制造业	1	86	30	0	86	9	1	86	0	0	0	0
29.工艺品及其他制造业	1	800	500	650	800	29	6	800	0	0	0	0
(四)电力、燃气及水的生产和供应业	12	3456	1473	244	3405	772	269	3395	10	51	1	0

(续表 7-1)

项目	单位数(个)	年末人数(人) 单位从业人员	#女性	#使用的农村劳动力	1.在岗职工	#专业技术人员	#女性	按用工期限分组 #长期职工	#临时职工	2.其他从业人员	#聘用的离退休人员	#聘用的港澳台和外籍人员
1.电力、热力的生产和供应业	7	2670	938	244	2670	673	236	2670	0	0	0	0
2.燃气生产和供应业	1	52	12	0	52	20	5	42	10	0	0	0
3.水的生产和供应业	4	734	523	0	683	79	28	683	0	51	1	0
(五)建筑业	20	8807	1616	4901	5979	1631	254	3709	2270	2828	6	0
1.房屋和土木工程建筑业	20	8807	1616	4901	5979	1631	254	3709	2270	2828	6	0
(六)交通运输、仓储和邮政业	72	6595	2221	589	5667	1743	435	4372	1295	928	1	0
2.道路运输业	13	1608	616	0	1596	271	86	1284	312	12	1	0
3.城市公共交通业	2	343	54	0	343	17	2	51	292	0	0	0
4.水上运输业	26	2990	892	559	2702	1242	285	2033	669	288	0	0
7.装卸搬运和其他运输服务业	1	27	20	0	27	2	2	27	0	0	0	0
8.仓储业	27	697	251	0	522	126	38	500	22	175	0	0
9.邮政业	3	930	388	30	477	85	22	477	0	453	0	0
(七)信息传输、计算机服务和软件业	7	652	164	4	652	228	87	648	4	0	0	0
1.电信和其他信息传输服务业	7	652	164	4	652	228	87	648	4	0	0	0
(八)批发和零售业	284	6544	2499	97	6008	1107	359	5708	300	536	2	0
1.批发业	130	3379	1270	35	3249	535	172	3190	59	130	0	0
2.零售业	154	3165	1229	62	2759	572	187	2518	241	406	2	0
(九)住宿和餐饮业	9	572	424	73	566	189	81	525	41	6	6	0
1.住宿业	9	572	424	73	566	189	81	525	41	6	6	0
(十)金融业	86	3702	1443	38	3559	2656	1070	3384	175	143	1	0
1.银行业	69	3341	1294	38	3257	2585	1050	3130	127	84	1	0
3.保险业	17	361	149	0	302	71	20	254	48	59	0	0
(十一)房地产业	18	504	198	0	496	116	37	495	1	8	0	0
其中:1.房地产开发经营	11	200	70	0	193	79	18	193	0	7	0	0
2.物业管理	2	136	72	0	136	18	12	136	0	0	0	0
3.房地产中介服务	3	22	8	0	22	10	3	22	0	0	0	0
(十二)租赁和商务服务业	116	1565	658	0	1556	208	102	1555	1	9	4	0
1.租赁业	1	3	2	0	3	0	0	3	0	0	0	0
2.商务服务业	115	1562	656	0	1553	208	102	1552	1	9	4	0
(十三)科学研究、技术服务和地质勘查业	103	1698	475	38	1612	835	192	1502	110	86	6	0
1.研究与试验发展	5	173	42	0	173	109	20	173	0	0	0	0
(1)自然科学研究与试验发展	2	41	16	0	41	38	14	41	0	0	0	0
(2)工程和技术研究与试验发展	1	106	10	0	106	61	4	106	0	0	0	0
(3)农业科学研究与试验发展	2	26	16	0	26	10	2	26	0	0	0	0
2.专业技术服务业	85	803	196	38	753	316	56	643	110	50	5	0
其中:(1)气象服务	5	51	9	0	51	7	3	51	0	0	0	0
(2)地震服务	2	12	3	0	12	0	0	12	0	0	0	0
(5)技术检测	31	303	83	0	303	85	4	303	0	0	0	0
(6)环境监测	1	9	5	0	9	9	5	9	0	0	0	0
(7)工程技术与规划管理	43	414	93	38	364	205	41	264	100	50	5	0
3.科技交流和推广服务业	10	160	57	0	160	101	31	160	0	0	0	0

（续表 7－1）

项　　目	单位数（个）	年末人数（人） 单位从业人员	#女性	#使用的农村劳动力	1.在岗职工	#专业技术人员	#女性	按用工期限分组 #长期职工	#临时职工	2.其他从业人员	#聘用的离退休人员	#聘用的港澳台和外籍人员
4.地质勘查业	3	562	180	0	526	309	85	526	0	36	1	0
（十四）水利、环境和公共设施管理业	58	2841	1134	25	2535	521	240	2419	116	306	1	0
1.水利管理业	42	1674	504	0	1446	185	40	1445	1	228	1	0
2.环境管理业	9	685	388	24	615	241	171	500	115	70	0	0
3.公共设施管理业	7	482	242	1	474	95	29	474	0	8	0	0
（十五）居民服务和其他服务业	11	170	55	0	164	35	7	139	25	6	0	0
1.居民服务业	9	153	46	0	147	25	2	124	23	6	0	0
2.其他服务业	2	17	9	0	17	10	5	15	2	0	0	0
（十六）教育	1346	46182	20717	3436	43372	38014	17484	42034	1338	2810	25	0
其中：1.初等教育	1089	24899	12365	2633	22443	20067	10040	21790	653	2456	0	0
2.中等教育	239	20862	8108	802	20547	17661	7257	19872	675	315	25	0
3.高等教育	2	85	34	0	57	54	24	57	0	28	0	0
（十七）卫生、社会保障和社会福利业	149	10082	5592	293	9890	7353	4293	8849	1041	192	62	0
1.卫生	121	9703	5344	264	9547	7243	4225	8591	956	156	62	0
2.社会保障业	21	167	85	0	166	61	30	159	7	1	0	0
3.社会福利业	7	212	163	29	177	49	38	99	78	35	0	0
（十八）文化、体育和娱乐业	60	630	240	30	610	242	99	556	54	20	1	0
1.新闻出版社	1	108	26	30	107	27	10	65	42	1	1	0
2.广播、电视、电影和音像业	14	151	60	0	149	43	16	149	0	2	0	0
3.文化艺术业	41	309	135	0	292	137	61	285	7	17	0	0
4.体育	4	62	19	0	62	35	12	57	5	0	0	0
（十九）公共管理和社会组织	1378	21946	5746	250	21613	3105	1083	21044	569	333	24	0
其中：（1）中国共产党机关	50	594	136	0	591	16	10	591	0	3	3	0
（2）国家机构	1269	20898	5434	250	20570	2965	1038	20015	555	328	20	0
（3）人民政协和民主党派	14	164	52	0	164	41	11	164	0	0	0	0
（4）群众社团、社会团体和宗教组织	45	290	124	0	288	83	24	274	14	2	1	0

7-2 贵港市全部单位从业人员和劳动报酬情况(二)

项目	离开本单位仍保留劳动关系的职工年末人数(人)	其中：内部退养职工	长期病、休假职工	平均人数(人) 单位从业人员	1.在岗职工	2.其他从业人员	#聘用的离退休人员	#聘用的港澳台和外籍人员	离开本单位仍保留劳动关系的职工	#内部退养职工
总计	**13164**	**2512**	**124**	**143388**	**133501**	**9887**	**176**	**4**	**13099**	**2724**
其中:国有控股	9026	1704	81	42968	38487	4481	29	0	8944	1896
1.企业	11482	2089	86	57263	51779	5484	53	4	11417	2313
2.事业	1602	378	37	72444	68243	4201	106	0	1597	364
3.机关	80	45	1	13681	13479	202	17	0	85	47
(一)农、林、牧、渔业	491	69	19	4271	4128	143	1	0	472	66
1.农业	38	23	0	1750	1750	0	0	0	40	25
2.林业	329	45	18	749	650	99	0	0	304	40
3.畜牧业	0	0	0	392	389	3	0	0	0	0
4.渔业	60	0	0	24	23	1	0	0	60	0
5.农、林、牧、渔服务业	64	1	1	1356	1316	40	1	0	68	1
(二)采矿业	464	54	1	392	388	4	4	0	477	72
3.黑色金属矿采选业	376	42	1	215	211	4	4	0	383	57
4.有色金属矿采选业	88	12	0	157	157	0	0	0	94	15
5.非金属矿采选业	0	0	0	20	20	0	0	0	0	0
(三)制造业	2912	439	10	23915	23512	403	28	4	2859	473
1.农副食品加工业	333	26	0	5775	5729	46	3	0	333	26
2.食品制造业	91	33	0	269	269	0	0	0	93	35
3.饮料制造业	74	0	0	75	75	0	0	0	74	0
5.纺织业	409	0	0	310	310	0	0	0	313	0
6.纺织服装、鞋、帽制造业	50	0	0	135	135	0	0	0	50	0
7.皮革、毛皮、羽毛(绒)及其制品业	0	0	0	220	220	0	0	0	0	0
8.木材加工及木、竹、藤、棕、草制品业	16	16	0	3410	3403	7	7	0	16	16
10.造纸及纸制品业	118	0	0	2336	2336	0	0	0	105	0
11.印刷业和记录媒介的复制	20	0	0	191	191	0	0	0	20	0
12.文教体育用品制造业	0	0	0	4	4	0	0	0	0	0
14.化学原料及化学制品制造业	350	13	0	2199	2181	18	16	2	357	20
15.医药制造业	0	0	0	988	966	22	0	0	0	0
17.橡胶制品业	0	0	0	18	18	0	0	0	0	0
18.塑料制品业	19	0	0	57	57	0	0	0	19	0
19.非金属矿物制品业	584	141	5	5089	4803	286	0	0	599	146
20.黑色金属冶炼及压延加工业	33	33	0	1098	1098	0	0	0	38	38
21.有色金属冶炼及压延加工业	3	0	0	48	46	2	0	2	3	0
22.金属制品业	64	0	0	168	168	0	0	0	64	0
23.通用设备制造业	74	18	0	288	266	22	2	0	76	18
24.专用设备制造业	196	7	0	108	108	0	0	0	196	10
25.交通运输设备制造业	478	152	5	243	243	0	0	0	503	164
26.电气机械及器材制造业	0	0	0	86	86	0	0	0	0	0
29.工艺品及其他制造业	0	0	0	800	800	0	0	0	0	0
(四)电力、燃气及水的生产和供应业	252	162	7	3459	3381	78	1	0	220	159

（续表 7－2）

项目	离开本单位仍保留劳动关系的职工年末人数(人)	其中：内部退养职工	长期病、休假职工	平均人数（人）						
				单位从业人员	1.在岗职工	2.其他从业人员	#聘用的离退休人员	#聘用的港澳台和外籍人员	离开本单位仍保留劳动关系的职工	#内部退养职工
1.电力、热力的生产和供应业	149	126	0	2654	2654	0	0	0	146	123
2.燃气生产和供应业	0	0	0	46	46	0	0	0	0	0
3.水的生产和供应业	103	36	7	759	681	78	1	0	74	36
(五)建筑业	236	94	0	8587	5295	3292	6	0	234	92
1.房屋和土木工程建筑业	236	94	0	8587	5295	3292	6	0	234	92
(六)交通运输、仓储和邮政业	543	191	21	6533	5372	1161	1	0	588	228
2.道路运输业	41	6	8	1616	1603	13	1	0	41	6
3.城市公共交通业	4	0	0	350	51	299	0	0	4	0
4.水上运输业	127	68	12	2990	2697	293	0	0	144	78
7.装卸搬运和其他运输服务业	0	0	0	27	27	0	0	0	0	0
8.仓储业	327	74	0	695	521	174	0	0	336	83
9.邮政业	44	43	1	855	473	382	0	0	63	61
(七)信息传输、计算机服务和软件业	73	70	3	653	653	0	0	0	74	71
1.电信和其他信息传输服务业	73	70	3	653	653	0	0	0	74	71
(八)批发和零售业	5652	516	31	6689	6162	527	2	0	5785	609
1.批发业	1386	197	5	3430	3300	130	0	0	1371	288
2.零售业	4266	319	26	3259	2862	397	2	0	4414	321
(九)住宿和餐饮业	303	171	0	572	555	17	6	0	259	171
1.住宿业	303	171	0	572	555	17	6	0	259	171
(十)金融业	406	402	2	3765	3619	146	1	0	450	448
1.银行业	399	397	2	3406	3319	87	1	0	443	443
3.保险业	7	5	0	359	300	59	0	0	7	5
(十一)房地产业	255	6	1	505	497	8	0	0	177	6
其中：1.房地产开发经营	184	6	0	201	194	7	0	0	106	6
2.物业管理	71	0	1	136	136	0	0	0	71	0
3.房地产中介服务	0	0	0	22	22	0	0	0	0	0
(十二)租赁和商务服务业	280	127	0	1565	1556	9	4	0	219	136
1.租赁业	73	0	0	3	3	0	0	0	3	0
2.商务服务业	207	127	0	1562	1553	9	4	0	216	136
(十三)科学研究、技术服务和地质勘查业	250	32	8	1701	1616	85	7	0	257	21
1.研究与试验发展	0	0	0	174	174	0	0	0	0	0
(1)自然科学研究与试验发展	0	0	0	42	42	0	0	0	0	0
(2)工程和技术研究与试验发展	0	0	0	106	106	0	0	0	0	0
(3)农业科学研究与试验发展	0	0	0	26	26	0	0	0	0	0
2.专业技术服务业	38	5	0	798	749	49	6	0	52	5
其中：(1)气象服务	0	0	0	51	51	0	0	0	0	0
(2)地震服务	0	0	0	12	12	0	0	0	0	0
(5)技术检测	0	0	0	300	300	0	0	0	0	0
(6)环境监测	0	0	0	9	9	0	0	0	0	0
(7)工程技术与规划管理	17	5	0	412	363	49	6	0	31	5
3.科技交流和推广服务业	23	0	0	160	160	0	0	0	23	0

(续表 7-2)

项　　目	离开本单位仍保留劳动关系的职工年末人数(人)	其中:内部退养职工	长期病、休假职工	平均人数(人) 单位从业人员	1.在岗职工	2.其他从业人员	#聘用的离退休人员	#聘用的港澳台和外籍人员	离开本单位仍保留劳动关系的职工	#内部退养职工
4.地质勘查业	189	27	8	569	533	36	1	0	182	16
(十四)水利、环境和公共设施管理业	224	18	2	2814	2432	382	1	0	216	18
1.水利管理业	128	18	2	1666	1440	226	1	0	120	18
2.环境管理业	1	0	0	667	518	149	0	0	1	0
3.公共设施管理业	95	0	0	481	474	7	0	0	95	0
(十五)居民服务和其他服务业	55	0	0	170	164	6	0	0	55	0
1.居民服务业	55	0	0	153	147	6	0	0	55	0
2.其他服务业	0	0	0	17	17	0	0	0	0	0
(十六)教育	41	4	5	45363	42298	3065	25	0	45	4
其中:1.初等教育	15	0	5	24649	21972	2677	0	0	15	0
2.中等教育	26	4	0	20299	19947	352	25	0	30	4
3.高等教育	0	0	0	83	57	26	0	0	0	0
(十七)卫生、社会保障和社会福利业	110	51	9	9975	9777	198	63	0	110	55
1.卫生	107	51	8	9599	9443	156	63	0	107	55
2.社会保障业	1	0	1	165	157	8	0	0	1	0
3.社会福利业	2	0	0	211	177	34	0	0	2	0
(十八)文化、体育和娱乐业	366	22	1	627	607	20	1	0	366	22
1.新闻出版社	1	0	1	108	107	1	1	0	1	0
2.广播、电视、电影和音像业	365	22	0	151	149	2	0	0	365	22
3.文化艺术业	0	0	0	306	289	17	0	0	0	0
4.体育	0	0	0	62	62	0	0	0	0	0
(十九)公共管理和社会组织	251	84	4	21832	21489	343	25	0	236	73
其中:(1)中国共产党机关	0	0	0	586	583	3	3	0	0	0
(2)国家机构	250	83	4	20796	20458	338	21	0	235	72
(3)人民政协和民主党派	0	0	0	165	165	0	0	0	0	0
(4)群众社团、社会团体和宗教组织	1	1	0	285	283	2	1	0	1	1

7-3 贵港市全部单位从业人员和劳动报酬情况(三)

项目	劳动报酬和生活费(千元)							平均劳动报酬和生活费(元)		
	单位从业人员劳动报酬	1.在岗职工工资总额	2.其他从业人员劳动报酬	#聘用的离退休人员	#聘用的港澳台和外籍人员	离开本单位仍保留劳动关系的职工生活费	#内部退养职工	单位从业人员平均劳动报酬	在岗职工平均工资	离开本单位仍保留劳动关系的职工平均生活费
总计	**1740918**	**1671933**	**68985**	**2126**	**96**	**37528**	**14408**	**12141**	**12524**	**2865**
其中:国有控股	552919	516625	36294	382	0	28398	10323	12868	13423	3175
1.企业	659409	613114	46295	566	96	30643	12145	11515	11841	2684
2.事业	868692	847482	21210	1435	0	6202	1812	11991	12419	3884
3.机关	212817	211337	1480	125	0	683	451	15556	15679	8035
(一)农、林、牧、渔业	35635	34759	876	3	0	837	313	8343	8420	1773
1.农业	12756	12756	0	0	0	168	36	7289	7289	4200
2.林业	5133	4539	594	0	0	363	265	6853	6983	1194
3.畜牧业	3806	3789	17	0	0	0	0	9709	9740	0
4.渔业	211	205	6	0	0	135	0	8792	8913	2250
5.农、林、牧、渔服务业	13729	13470	259	3	0	171	12	10125	10236	2515
(二)采矿业	3527	3421	106	106	0	141	139	8997	8817	296
3.黑色金属矿采选业	1261	1155	106	106	0	82	82	5865	5474	214
4.有色金属矿采选业	2127	2127	0	0	0	59	57	13548	13548	628
5.非金属矿采选业	139	139	0	0	0	0	0	6950	6950	0
(三)制造业	236466	234031	2435	241	96	1812	1710	9888	9954	634
1.农副食品加工业	84834	84291	543	43	0	75	75	14690	14713	225
2.食品制造业	3232	3232	0	0	0	207	207	12015	12015	2226
3.饮料制造业	534	534	0	0	0	54	0	7120	7120	730
5.纺织业	2175	2175	0	0	0	18	0	7016	7016	58
6.纺织服装、鞋、帽制造业	897	897	0	0	0	0	0	6644	6644	0
7.皮革、毛皮、羽毛(绒)及其制品业	1391	1391	0	0	0	0	0	6323	6323	0
8.木材加工及木、竹、藤、棕、草制品业	26450	26400	50	50	0	100	100	7757	7758	6250
10.造纸及纸制品业	18622	18622	0	0	0	0	0	7972	7972	0
11.印刷业和记录媒介的复制	468	468	0	0	0	0	0	2450	2450	0
12.文教体育用品制造业	28	28	0	0	0	0	0	7000	7000	0
14.化学原料及化学制品制造业	20098	19920	178	130	48	109	109	9140	9133	305
15.医药制造业	7384	7224	160	0	0	0	0	7474	7478	0
17.橡胶制品业	108	108	0	0	0	0	0	6000	6000	0
18.塑料制品业	520	520	0	0	0	0	0	9123	9123	0
19.非金属矿物制品业	44533	43257	1276	0	0	686	686	8751	9006	1145
20.黑色金属冶炼及压延加工业	9802	9802	0	0	0	74	74	8927	8927	1947
21.有色金属冶炼及压延加工业	920	872	48	0	48	0	0	19167	18957	0
22.金属制品业	819	819	0	0	0	18	0	4875	4875	281
23.通用设备制造业	2560	2380	180	18	0	135	135	8889	8947	1776
24.专用设备制造业	624	624	0	0	0	20	20	5778	5778	102
25.交通运输设备制造业	2469	2469	0	0	0	316	304	10160	10160	628
26.电气机械及器材制造业	849	849	0	0	0	0	0	9872	9872	0
29.工艺品及其他制造业	7149	7149	0	0	0	0	0	8936	8936	0
(四)电力、燃气及水的生产和供应业	90323	90170	153	10	0	1573	1279	26112	26670	7150

(续表 7－3)

项目	劳动报酬和生活费(千元)							平均劳动报酬和生活费(元)		
	单位从业人员劳动报酬	1.在岗职工工资总额	2.其他从业人员劳动报酬	#聘用的离退休人员	#聘用的港澳台和外籍人员	离开本单位仍保留劳动关系的职工生活费	#内部退养职工	单位从业人员平均劳动报酬	在岗职工平均工资	离开本单位仍保留劳动关系的职工平均生活费
1.电力、热力的生产和供应业	79215	79215	0	0	0	991	941	29847	29847	6788
2.燃气生产和供应业	460	460	0	0	0	0	0	10000	10000	0
3.水的生产和供应业	10648	10495	153	10	0	582	338	14029	15411	7865
(五)建筑业	81040	49779	31261	35	0	467	333	9438	9401	1996
1.房屋和土木工程建筑业	81040	49779	31261	35	0	467	333	9438	9401	1996
(六)交通运输、仓储和邮政业	79388	71502	7886	8	0	1610	1234	12152	13310	2738
2.道路运输业	23296	23220	76	8	0	53	44	14416	14485	1293
3.城市公共交通业	3120	508	2612	0	0	0	0	8914	9961	0
4.水上运输业	30616	28763	1853	0	0	548	414	10239	10665	3806
7.装卸搬运和其他运输服务业	332	332	0	0	0	0	0	12296	12296	0
8.仓储业	6825	6484	341	0	0	601	368	9820	12445	1789
9.邮政业	15199	12195	3004	0	0	408	408	17777	25782	6476
(七)信息传输、计算机服务和软件业	20096	20096	0	0	0	788	765	30775	30775	10649
1.电信和其他信息传输服务业	20096	20096	0	0	0	788	765	30775	30775	10649
(八)批发和零售业	65343	62337	3006	30	0	19371	2229	9769	10116	3348
1.批发业	40428	39664	764	0	0	2103	1075	11787	12019	1534
2.零售业	24915	22673	2242	30	0	17268	1154	7645	7922	3912
(九)住宿和餐饮业	5222	5095	127	58	0	468	428	9129	9180	1807
1.住宿业	5222	5095	127	58	0	468	428	9129	9180	1807
(十)金融业	59467	58087	1380	5	0	3739	3716	15795	16051	8309
1.银行业	53130	52166	964	5	0	3669	3658	15599	15717	8282
3.保险业	6337	5921	416	0	0	70	58	17652	19737	10000
(十一)房地产业	7504	7437	67	0	0	1186	23	14859	14964	6701
其中:1.房地产开发经营	2644	2584	60	0	0	556	23	13154	13320	5245
2.物业管理	2167	2167	0	0	0	630	0	15934	15934	8873
3.房地产中介服务	377	377	0	0	0	0	0	17136	17136	0
(十二)租赁和商务服务业	16992	16917	75	44	0	1054	705	10858	10872	4813
1.租赁业	25	25	0	0	0	0	0	8333	8333	0
2.商务服务业	16967	16892	75	44	0	1054	705	10862	10877	4880
(十三)科学研究、技术服务和地质勘查业	21535	21120	415	90	0	1266	164	12660	13069	4926
1.研究与试验发展	2384	2384	0	0	0	0	0	13701	13701	0
(1)自然科学研究与试验发展	762	762	0	0	0	0	0	18143	18143	0
(2)工程和技术研究与试验发展	1298	1298	0	0	0	0	0	12245	12245	0
(3)农业科学研究与试验发展	324	324	0	0	0	0	0	12462	12462	0
2.专业技术服务业	9774	9644	130	80	0	355	46	12248	12876	6827
其中:(1)气象服务	613	613	0	0	0	0	0	12020	12020	0
(2)地震服务	196	196	0	0	0	0	0	16333	16333	0
(5)技术检测	3877	3877	0	0	0	0	0	12923	12923	0
(6)环境监测	100	100	0	0	0	0	0	11111	11111	0
(7)工程技术与规划管理	4832	4702	130	80	0	193	46	11728	12953	6226
3.科技交流和推广服务业	1561	1561	0	0	0	23	0	9756	9756	1000

(续表 7-3)

项　　目	劳动报酬和生活费(千元)							平均劳动报酬和生活费(元)		
	单位从业人员劳动报酬	1.在岗职工工资总额	2.其他从业人员劳动报酬	#聘用的离退休人员	#聘用的港澳台和外籍人员	离开本单位仍保留劳动关系的职工生活费	#内部退养职工	单位从业人员平均劳动报酬	在岗职工平均工资	离开本单位仍保留劳动关系的职工平均生活费
4.地质勘查业	7816	7531	285	10	0	888	118	13736	14129	4879
(十四)水利、环境和公共设施管理业	31991	29120	2871	10	0	672	178	11369	11974	3111
1.水利管理业	19691	17227	2464	10	0	303	178	11819	11963	2525
2.环境管理业	6575	6213	362	0	0	0	0	9858	11994	0
3.公共设施管理业	5725	5680	45	0	0	369	0	11902	11983	3884
(十五)居民服务和其他服务业	3225	3182	43	0	0	330	0	18971	19402	6000
1.居民服务业	3022	2979	43	0	0	330	0	19752	20265	6000
2.其他服务业	203	203	0	0	0	0	0	11941	11941	0
(十六)教育	504000	491056	12944	445	0	357	13	11110	11609	7933
其中:1.初等教育	250547	240221	10326	0	0	140	0	10165	10933	9333
2.中等教育	248319	246004	2315	445	0	217	13	12233	12333	7233
3.高等教育	1018	801	217	0	0	0	0	12265	14053	0
(十七)卫生、社会保障和社会福利业	157897	155419	2478	864	0	691	487	15829	15896	6282
1.卫生	153194	151066	2128	864	0	664	487	15959	15998	6206
2.社会保障业	2222	2140	82	0	0	8	0	13467	13631	8000
3.社会福利业	2481	2213	268	0	0	19	0	11758	12503	9500
(十八)文化、体育和娱乐业	7485	7381	104	9	0	30	30	11938	12160	82
1.新闻出版社	2549	2540	9	9	0	0	0	23602	23738	0
2.广播、电视、电影和音像业	1015	1003	12	0	0	30	30	6722	6732	82
3.文化艺术业	3271	3188	83	0	0	0	0	10690	11031	0
4.体育	650	650	0	0	0	0	0	10484	10484	0
(十九)公共管理和社会组织	313782	311024	2758	168	0	1136	662	14373	14474	4814
其中:(1)中国共产党机关	9339	9321	18	18	0	0	0	15937	15988	0
(2)国家机构	297191	294462	2729	145	0	1121	647	14291	14393	4770
(3)人民政协和民主党派	2860	2860	0	0	0	0	0	17333	17333	0
(4)群众社团、社会团体和宗教组织	4392	4381	11	5	0	15	15	15411	15481	15000

组织起来　促进发展　依照法规　切实维权

2006年1月20日，中共贵港市委召开全市工会工作会议，时任市委副书记、市总工会主席韦良、市人大常委会副主任曾伟佳、市人民政府副市长刘杰清、市政协副主席黄一红参加会议，市总工会党组书记、副主席麦振光同志汇报了全市工会工作情况，韦良同志作重要讲话，要求各级工会要围绕中心，服务大局，维护职工队伍和社会稳定，各级党组织要切实加强对工会工作的领导，政府及有关部门要支持工会依法独立开展工作，维护职工合法权益。

贵港市总工会

2006年，全市各级工会紧紧围绕建设富裕文明和谐贵港这一主题，坚定不移地走中国特色社会主义工会发展道路，按照中央“扩大覆盖面、增强凝聚力”的要求，突出“组织起来、促进发展，依照法规、切实维权，协调关系、构建和谐”的工作主线，抓住机遇、开拓进取，各项工作取得了新进展，整体工作水平再上新台阶。

围绕大局，推动发展。广泛开展“当好主力军、建功‘十一五’、和谐奔小康”竞赛活动，深入实施职工经济技术创新工程和“创建学习型组织、争做知识型职工”活动，推进职工队伍技术素质的提高和高技能人才队伍的建设。积极主动参与国有企业改制，促进企业快速健康发展，在推进企业改革改制中维护职工的合法权益。认真做好劳模评选、表彰、宣传和服务工作，充分发挥劳模的示范、导向和激励作用。杨庆繁、谭海涛两名同志被授予全国五一劳动奖章，广西电网公司贵港供电局、华润水泥（平南）有限公司制造部电气供电电器维护班被授予广西五一劳动奖状，贵糖集团有限公司黄振标等7名同志被授予广西五一劳动奖章。

固本强基，夯实基础。全年完成基层组织建设197个，我市的工会基层组织数达到2082个；发展会员15450名，会员达到166488人。加强对县市区工会工作的指导，县市区总工会主席由党委副书记或常委担任，县市区工会标准化建设稳步推进，桂平市总工会以全区最高分成为第一批工会标准化建设达标县（市）；乡镇工会逐步规范，水平不断提高，作用不断突出。

加强维权，推动和谐。市总工会积极参与《劳动合同法（草案）》、《广西实施〈工伤保险条例〉办法》等以及我市涉及职工利益的法律法规政策的修改和征求意见工作。进一步推进和完善联席(联系)会议制度、劳动关系三方协商会议制度、劳动合同制度、平等协商和集体合同制度、职代会制度、厂务公开民主管理制度等工会维权机制建设，把维权纳入规范化、制度化、法制化的轨道。2006年，全市已签订集体合同278份，覆盖企业998家，覆盖职工62808人，占全市现有建会企业的87%。签订女职工特殊权益保护专项集体合同的企业301家。在全市建有工会组织的公有制企业中，全部建立了职代会制度和实行了厂务公开制度，非公有制企业中，实行厂务公开民主管理制度的已达60.8%。在已建立工会组织职工人数100人以上的非公有制企事业单位中，建立职代会制度的已达94%。

近年来，贵港市总工会始终把困难职工、困难劳模的冷暖挂在心上，积极开展送温暖活动。图为时任市委副书记、市总工会主席韦良，市总工会党组书记、副主席麦振光同志深入市肉联厂慰问困难劳模韦子佳。

切实帮扶，维护稳定。送温暖工程不断增强，实现了规范化管理。元旦、春节期间，筹措慰问金217.6万元，走访慰问困难职工7455人，慰问各级困难劳模79人。其中，市总工会筹集送温暖慰问金69.1万元，慰问困难企业59家，慰问特困职工440人，慰问困难劳模30人。积极开展“金秋助学”活动，全市共筹集助学资金21.9万元，资助各类特困学生219名。积极动员组织职工参加全区职工医疗互助保障计划，全年共发动职工参加保障3075份，完成自治区总工会下达任务的136.9%。2004年广西职工医疗互助保障计划实施以来，全市共有78名患病职工共获得赔付121万多元，慰问患病职工13名，发放慰问金6500元，为困难职工解决看病难的问题。

自强素质，勇于创新。市总工会先后开展了“加强社会主义荣辱观教育，提高工会工作水平和服务能力”主题教育、学习《江泽民文选》和“八桂先行”等活动，建立保持共产党员先进性的长效机制，努力提高机关工作人员的综合素质，为全面完成各项工作任务提供保障。机关各项工作制度得到好贯彻执行，各项工作有力推进。其中组织建设、困难职工帮扶、职工医疗互助保障、工会经费收缴等赶上了全区的先进行列。

帮助困难职工子女解决上学难的问题，是市总工会帮扶工作的一项重要内容。图为2006年贵港市总工会举行的“金秋助学”受助仪式，市委副书记韦均林参加仪式并作重要讲话，勉励受助学生刻苦学习，回报社会。

圣湖中学

原市委覃远通书记到校视察指导

学校领导班子正在研究工作

圣湖中学是经贵港市人民政府和贵港市教育局批准，由贵港市高级中学及其教职工合股创办的一所股份制性质的全日制完全中学。学校座落在碧波荡漾的圣湖湖畔，与贵高毗邻。校园布局合理、环境优美，是一块令人神往的读书求学圣地。

学校教学、生活设施先进：现有教学楼、实验楼、图书楼、办公楼、教工住宅楼各一幢；学生公寓楼四幢，（设有室内电话，电风扇，冷、热水供应系统）；学生食堂一幢。建设装备了校园广播系统、闭路电视教学系统、天文观测圆顶、阅览室和多功能报告厅。师生活动场地足够，学校建有足球场1个，篮、排球场11个，标准田径运动场1个。设有专门的音乐室，美术室，音乐、美术设备齐全。

学校实行董事会领导下的校长负责制。董事长由贵高校长覃国亭担任。校长黄家新为全国优秀教师、中学特级教师，曾在贵港高中担任多年主要领导职务。学校师资力量雄厚，数量足够，素质良好，结构合理。学校现有36个教学班，在校生2200多人。专任教师108名，其中特级教师3人（语文黄家新、数学卢东彪，物理杨燕光）；中学高级教师21名，他们大多数是原贵高的领导、科组长、骨干教师；还有一批来自公办学校年富力强的骨干教师和大学优秀毕业生。教师学历达标率达96.9%。

学校直接受益于贵高这所百年名校深厚的文化积淀和成功的管理经验，教育教学活动同步安排，师生获益匪浅。学校创建6年来，经过不懈努力，学校教育教学质量不断提高，中考成绩连续几年名列贵港前茅，高考本科上线率年年稳定在60%以上。学校先后获得贵港市先进民办学校、贵港市高中教育质量一等奖、贵港市初中教育质量一等奖、贵港市中小学校常规管理优秀学校、贵港市学校安全工作合格单位、贵港市中小学规范管理优秀学校、全国中小学生美术书法摄影大赛团体一等奖、广西A级食品生产经营单位、贵港市校园文化建设先进单位、贵港市民间组织自律与诚信建设先进单位等荣誉称号。

目前，学校正在以科学发展观为指导思想，落实学校的发展规划，描绘着持续发展的新蓝图，明天的圣湖将会更加美好。

2006年广西生物学科教学研讨会在我校召开

我校师生参加全市城乡清洁大行动签名仪式

学校荣誉

我们美丽的校园

校园晨曦

圣湖中学欢迎您

远眺圣湖

贵港市江南中学

GUIGANGSHIJIANGNANZHONGXVE

市委陈定远副书记、市教育局姚伟文局长到我校指导工作

市政府宾能松副市长、市教育局苏志勇副局长到我校指导工作

团结务实的行政领导班子

贵港市江南中学是一所建于1982年的市直属全日制寄宿高中。2006年秋季期有48个教学班共2978多人，其中专任教师182人，高级职称52人，占28.57%，中级职称以上148人，占81.32%，有特级教师1人，园丁工程A、B类对象13人，教育硕士8人，在读教育硕士6人，研究生课程结业16人，市教坛明星1人，学科带头人9人，骨干教师7人，贵港市专业技术拔尖人才1人，优秀青年科技人才2人，市“十佳青年教师”1人。校园占地84666平方米，建筑总面积52964平方米。有教学楼3幢，科技楼1幢，实验楼1幢，学生公寓3幢；教学现代设备完善。有标准多媒体教室2间，70座学生电脑教室3间，48个教室都安装上多媒体设备；藏书10万册（含电子图书）；标准的理化生实验室8间，仪器室3间，仪器配备达I类标准。学校有300个信息点的校园宽带网、闭路电视网、校内电话网和英语调频发射台2006年学校先后荣获广西食品卫生监督量化管理A级单位、全区爱国卫生先进单位、市规范管理“十佳学校”、市教育质量特等奖、自治区语言文字规范化示范校、全区中小学学校德育工作先进集体、广西中小学教育教学论文评选工作优秀组织奖、贵港市教育信息化建设先进集体、自治区校园文化建设先进单位等荣誉称号。

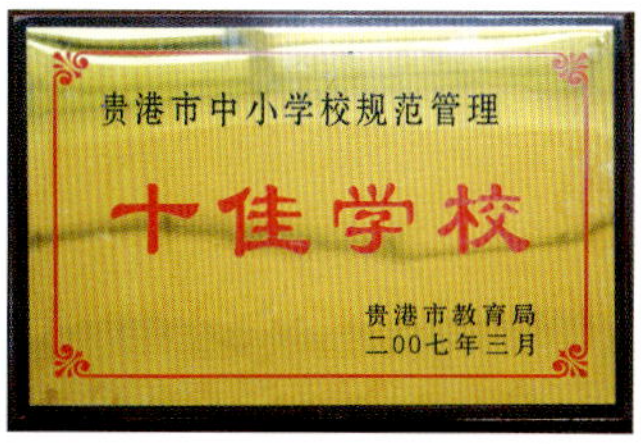

美丽的校园风光

贵高合作学校——贵港市桥南中学

贵高领导与高董事长亲切交谈

区领导到我校指导工作

教育局领导到我校指导工作

区市领导参加我校庆典

董事长：高承孝

贵港市桥南中学创建于1998年9月，坐落于美丽的郁江之畔，灵秀的南山脚下，位于江南大道中段，占地120多亩。现有32个中学教学班，在校学生2000多人，专业外籍教师2人，教职工150名。是全市唯一具备双语教育资格学校，是贵港高中的合作学校，是贵港市办学规模较大的民办学校。

学校大气高雅，布局合理，环境优美。拥有共50间教室的雄伟教学楼，能容纳3000学生住宿的标准化学生公寓，配套标准400米环形跑道的足球场，拥有装备先进的理化生实验室、多媒体教室、电脑室、音乐室、画室、健美室、图书室、大型阅览室。校园内高楼林立，绿树掩映，绿草如茵，鸟语花香，教学区、运动区和生活区合理分开。是青少年读书的圣地、生活的乐园、成才的摇篮。

近年来，学校在增加投入、改善办学条件的同时，强化管理、提高质量，取得了较快的发展。2007年，桥南中学又找到了一条促进学校跨越式发展的办学新路子——与自治区首批示范性高中、八桂百年名校贵港市高级中学合作办学。依托贵港高中的优势教育资源，强力推进学校的发展。学校以“建设一流的教书育人环境，实施一流的教育教学管理，维护一流的教育教学秩序，创造一流的教育教学质量”为总体办学目标，在“科研强校、特色兴校、质量立校”的办学理念统下，树立“勤奋、求实、文明、进取”的校风，弘扬“好学、善思、刻苦、踏实”的学风，倡导“爱、严、实、新”的教风，构建“三元整合教学”模式，着力培养“合格＋特长”的现代社会需求的新型人才。

桥南中学从2003年起连续4年被评为贵港市先进民办学校，期间还荣获贵港市“校园文化建设先进单位”、“中小学常规管理工作优秀学校”等荣誉称号。2006年81人参加高考，5人被全国重点大学录取，其中黄仁武同学被全国十大名校——华中科技大学录取，学校荣获贵港市高考二等奖；2007年325人参加高考，11人被全国重点大学录取，其中黄振干同学被全国十大名校——吉林大学录取。

校园全景图

平南县中学

校长：邓存才

自治区副书记李纪恒到我校检查工作

校园一角

平南县中学始建于1909年，是一所积淀了深厚文化底蕴的百年老校。学校占地100亩，总建筑面积4万多平方米。教学、实验、生活、办公等设备齐全，理化生实验仪器和电化教学设备均按国家Ⅰ类标准配置，建成了校园网，现代教学设施满足教学需要。学校有300米环形跑道的田径运动场，体育器材设施基本达到国家一类标准。近年来，平南县中学加强了校园环境建设，营造富有文化品味、现代气息和人文精神的校园文化，绿色校园无处不在激励、提示师生创造美的环境、塑造美的心灵。

学校现有高中50个班，学生2800多人，教职工211人。任课教师172人，其中，中学高级教师26人，中级职称教师75人；自治区A类"21世纪园丁工程"培养对象10人，市级B类"21世纪园丁工程"培养对象15人，县级C类培养对象12人，一支德才兼备、朝气蓬勃的师资队伍正在形成。

平南县中学以"三个面向"和"三个代表"重要思想为指导，提出了"塑造一个最好的你"办学理念，即不求人人拔尖，但求人人发展，德智体美等方面在原有的基础上朝着最好的方向发展，让人人体验成功，人人能够成才；以"团结、求实、拼搏、创新"为校训，形成了"敬业、博学、严谨、善教"的教风和"刻苦、善思、协作、进取"的学风。

近年来，平南县中学的综合办学水平和学生的综合素质都得到提高。学校先后获广西中小学德育工作先进单位、广西优秀家长学校、广西绿色学校、自治区"文明小区"、广西中小学教育信息化建设先进集体、2004年度全区学生军训先进单位、中国师德建设示范单位、2006年度全国中小学思想道德建设活动先进单位等荣誉称号，是全国教育发展"十五"规划重点课题"三结合德育创新发展研究"实验学校。2005年2月被广西教育厅确定为自治区示范性普通高中，同年6月，获评为贵港市加强和改进未成年人思想道德建设工作先进集体。

近4年高考，平南县中学每年都跨上一个新的台阶，连续创造辉煌。2007年高考更创历史新高，考上一本分数线255人，二本分数线以上850人，三本分数线以上1139人。

在新的历史时期，平南县中学在自治区示范性普通高中的基点上，必将为高校培养更多合格新生，为社会培养更多高素质人才，办成人民群众满意的学校。

广西平南县中学
2006年度全国中小学思想道德建设活动
先 进 单 位

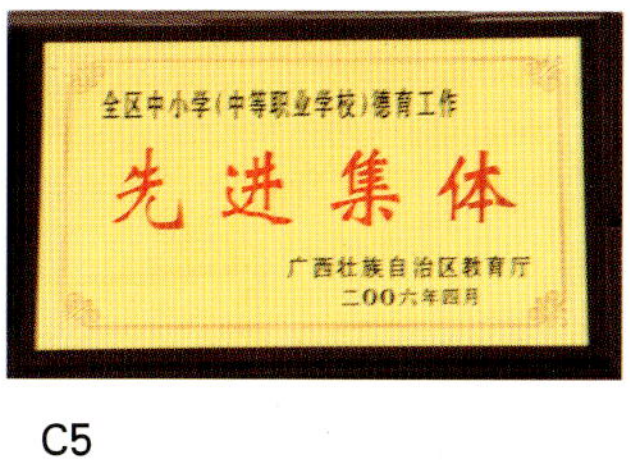

全区中小学(中等职业学校)德育工作
先进集体
广西壮族自治区教育厅
二〇〇六年四月

贵港市创新中学

市教育局关心支持创新中学。上图为时任局长吴能枝到该校为教师作专题讲学实况图片。

贵港市创新中学创办于2003年，办学初期为初中教育层次，2005年增加高中教育办学层次。该校是一所设施完善，管理规范的高起点完全中学。

学校拥有高素质的师资队伍，在职专任教师73名，拥有大学本科学历教师69名，其中中学高教师15名。校园占地85亩，规划布局合理，绿树成荫。有标准的400米环形跑道，大型足球场，标准的篮球场及室内灯光球场，可容纳2000名师生举行文艺晚会的综合大厅。学生宿舍每间住8人，内设卫生间，每生配鸿运扇一台，金属柜一格。校园文化氛围浓，品位高，宽带网进校，是最适宜中学生读书成长的摇篮。

学校依法办学，以学生为中心，全面实施素质教育。办学四年，形成了“使每一堂课都成为精品，让每一个学生都得到充分发展，把每一位学生都当作自己的孩子”的办学理念，培养了初中毕业生560名，考上示范性高中125名，中考状元一名，首届高中学生参加省级会考，平均分名列同类学校第二名，中央电视台曾在新闻栏目，播放了该校全面实施素质教育的新闻。

校址：贵港城区江南大道江南水厂西侧（乘四路车到达）
电话：(0775) 4327998　4327858　6885608

该校注重学习方法传授。上图为04年市中考状元，创新中学毕业生车敏回校给学生作学习方法介绍实况图片。

教师不断进取，虚心好学。上图为创新中学教师认真聆听专家讲学实况图片。

学校重视对学生进行爱国主义教育。上图为中央电视台播放该校纪念“12.9”爱国学生运动文艺晚会实况图片。

创新中学校园生活丰富多彩。上图为06年该校校运入场仪式实况图片。

贵港市港南区教育和科技局

2006年，我区教职工总数达4702人，其中普通高中教师300人，初中教师1525人，小学教师2183人，在全区中小学教师专任教师中，具有本科以上学历533人，专科以上学历2374人，已获得特级教师1人，高级职称教师36人，中级职称教师1612人，初级职称教师2361人。我区有小学164所，普通初中30所，普通高中3所，学生达87000多人。

2006年我区教科局教研工作大获丰收，我区申报的贵港市教育科学“十一五”规划课题，中学有9个课题批准立项。2006年前结题，中学有2个广西教育科学“十五”规划课题通过结题，有4个贵港市教育科学“十五”规划课题通过结题。中学教师或教研员共发表论文10篇，获奖论文56篇。指导教师申报、研究、及时结题并通过成果鉴定获奖励的课题达15项，占全市结题项目的42%，其中《初中数学课题实施的教与学策略研究》获得市一等奖《如何提高农村初中生的记叙文作文能力》等七个课题获市二等奖，占该奖项的58%，三等奖七个，占该奖项的40%，居贵港市第一。组织教师参加各类教育教学比赛，130多名教师获奖。

桂平市木乐镇人民政府

书记：唐柏林

镇长：冯　艺

木乐镇位于桂平市的东大门，全镇人口5.65万人，其中农业人口占94%。1995年经国务院批准，列为全国农村现代化小城镇建设试验镇。近几年，木乐镇的发展进入了快速时期，服装、针织等企业不断增多。主要产品是运动服等，畅销全国各地以及东南亚、中东、南非、俄罗斯等国家和地区。目前，在木乐镇就业的人数约有1.2万人。服装、针织业已成为木乐镇经济的主要支柱产业。

木乐镇今后发展的方向是：进一步抓好机制创新、产品创新、制度创新，引导企业增强品牌和名牌意识，瞄准市场需要，大力推进品牌战略，在运动服系列中打造一批有市场、有特色、有竞争力的拳头产品，创造新的更多岗位，增加农民收入，推进全镇经济再上新台阶。

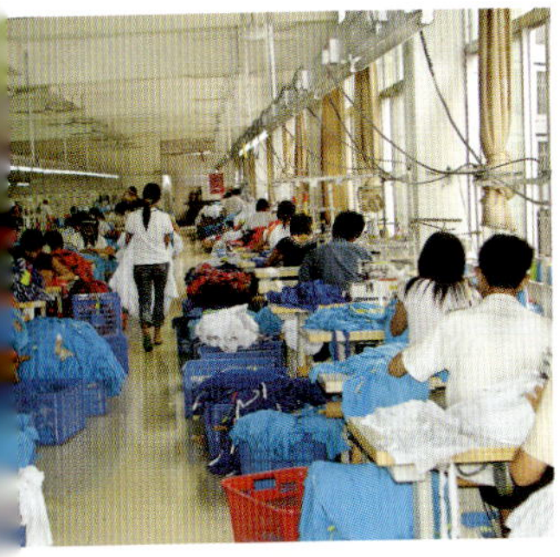

中华人民共和国贵港海事局

中共贵港市委书记赖德荣到该局指导工作

中华人民共和国贵港海事局(正处级)前身为广西壮族自治区贵港港航监督处。2000年全国水监体制改革后划归交通部垂直管理，履行贵港、玉林两市辖区水上交通安全监督管理和对外开放口岸部门职能。2001年5月17日正式挂牌成立，下设6个科室和3个基层海事处。现有职工56人，大专以上学历占94.6%，有博士1人。

贵港海事局辖区有船县（市）区12个，水运企业65家；有通航河流10条，通航里程674.2公里；有船水库33座，渡口127处；有各类船舶3764艘，有各类船员2.7万人。贵港是广西水运最发达的地区和交通枢纽，拥有船舶运力110万吨，占全广西船舶运力的60%。贵港港是国家一类开放口岸，是华南地区最大的内河港口和全国内河港口13强。2006年，港口吞吐量2276万吨。

局领导研究工作

贵港海事局长期以来坚持以水上交通安全监督管理为中心,以服务经济和社会发展全局,服务社会主义新农村建设,服务人民群众安全便捷出行为已任，扎扎实实工作，诚心诚意为人民服务，努力“追求社会满意度最高、追求工作绩效最优、追求职工归属感最强”，实现了贵港水上交通安全形势持续稳定，文明单位建设不断深化，得到了各级政府和社会各届的广泛认可。2002年以来，获得省部级荣誉称号15个，有4人次获得省部级表彰。2002年、2005年连续两届获得“全国精神文明建设工作先进单位”称号。

自治区领导颁全国文明单位奖

局领导现场办工

文艺演出

贵港市港航管理处

主任：杨万山

贵港市港航管理处由原贵港市航务管理处更名，成立于1996年11月。近几年来，该处紧紧围绕市委、市政府的中心工作，致力实施“以港兴市、以港富市”战略，依法行政，热情服务，充分发挥港航行业主管部门的监督、引导和服务作用，促进了贵港市港航事业持续、快速、健康发展，使贵港市港航行业始终保持广西内河龙头地位，港口经济始终成为贵港市发展的新亮点，管理处被树为贵港市文明示范窗口。

2005年12月13日，副市长韩广宗、贵港市港航管理处主任杨万山共同为贵港市港航管理处揭牌。

港航生产持续攀升，各项生产指标位居广西首位。“十五”期间，贵港市港口建设、港口生产、港口经济实现跨越式发展，各项生产指标位居广西同行之首。共完成货物吞吐量6425万吨，比“九五”增长189.4%，年均增长37.99%；贵港市水路货运周转量完成306亿吨公里，比“九五”增长120.5%，年均增长24.1%。贵港港跻身全国内河港口13强，发展成为全国内河28个主要港口之一和华南、西南地区内河最大的港口，2005年货物吞吐量完成2002万吨。

以人为本，精神文明建设高歌猛进。该处大力推进创建文明行业活动，提高了港航行业的服务质理和工作效率，树立了文明执法、热情服务的机关新形象。先后获得省、市级荣誉8项12个，是广西壮族自治区文明单位。

贵港市公路运输管理处

贵港市公路运输管理处2006年通过加大道路运输结构调整，强化道路运输监管，道路运输业得到了全面、协调、持续发展。

（一）道路运输保障能力进一步提高。

2006年全市道路运输行业共完成客运量2041.57万人、客运周转量286534.34万人公里，与2005年同比分别增加6%、5.1%。完成货运量1376.59万吨、货运周转量197540.66万吨公里，与2005年同比分别增加10%、20.3%。

全市驾驶员培训学校发展到13家，机动车维修厂家达到858家；全市客运站发展到19家；汽车综合性能检测站有3家。

团结进取的领导班子

主任：梁志敏

（二）道路运输市场秩序进一步好转

2006年通过加大了道路运输市场整治力度和范围，特别是整治城区运输秩序，贵港市中心城区交通秩序明显好转，改装拼装、无牌无证和非法营运的机动车、人力三轮车、电瓶三轮车、残疾人三轮大幅减少，机动车和营运人力三轮车按规定道路或范围行驶，基本达到了车畅其流、人便于行的整治目的，保障了中心城区道路交通有序、安全、畅通。

↑运管人员整治城区交通秩序，重拳打击非法营运

（三）道路运输安全生产形势稳定

2006年贵港市道路运输安全生产与去年同期相比，责任事故率下降8%，死亡人数下降21%，无一次死亡3人以上特大道路运输交通事故，杜绝了群死群伤的特大事故发生，保证了春节、五一等重大节假日群众安全出行及市庆、三会一节活动顺利举行。

→自治区文明单位、自治区文明庭院——贵港市公路运输管理处

贵港市交通征费稽查处

2007年6月，自治区文明委评出自治区第11批文明单位，贵港市交通征费稽查处名列其中。这是该处继1999年1月获得市文明单位称号之后，在精神文明建设方面取得的又一殊荣。

贵港市交通征费稽查处始终把文明建设工作放在重要位置，从人力、物力和财力上给予倾斜，努力构建和谐征稽，创建征稽文明。他们注重引导干部职工树立正确的世界观、人生观和价值观，增强文明创建意识，开展了征稽文明服务“比服务质量、比办事效率、比业务技术、比工作成效、比精神面貌”的“流动红旗”竞赛活动，同时评选文明征稽员。全处近年来建立健全管理规章制度30多项，并装订成册，人手一份，制定了各岗位工作职责，并装框上墙，用制度管人管事；进一步公开政务内容，增加工作透明度，及时向干部职工通报全处的重大事项和工作情况，接受干部职工监督。发挥党团组织先进性作用，经常组织党员、团员青年和干部职工开展学雷锋活动，上街、上门、上户、上路开展为民服务，为车主解答征稽工作法律法规和政策规定的有关问题，为百姓做好事、解难事、办实事，培养“四有”征稽文明队伍。

该处开展形式多样、内容丰富的创建活动。处领导班子高度重视思想政治工作，有计划有组织地开展思想政治教育、职业道德教育和业务技能培训。班子带头学习，通过办班学习、写心得体会文章、出宣传墙（板）报、投宣传稿件等形式，全面增强干部职工的学习能力、创新能力和综合素质。近3年来，举办各种培训班30多期，还通过选派干部进修和鼓励自学等方式，提高干部学历层次，使干部队伍素质大大提高，知识结构明显改善。

通过深入持久地抓精神文明建设，有力地促进了各项业务工作。2004年，全市交通规费征收打了翻身仗，2005年征费额突破亿元大关，从原来全区排名较后名次跃升为第六名，2004年至2006年，贵港征稽处获得自治区公路管理局“先进单位”和“创新创效奖”等多项荣誉。

征稽处谢子樟主任（左一）和黄光瑞副主任一起研究工作

自治区公路管理局黄克助局长到贵港征稽处检查指导工作

征稽科技手段不断更新

坚持政治业务学习制度建设学习型队伍

开展军事训练实行征稽工作军事化管理

一年一度的国庆节气排球比赛

精神文明建设活动丰富多彩

征费大楼外景

广西贵港市群星电缆有限公司

广西贵港市群星电缆有限公司(前身贵港市电缆厂)始创于1969年，是国家二级计量企业，广西生产电线电缆的专业厂家。

公司生产的“群星”牌0.6/1KV全塑电力电缆、阻燃电缆、控制电缆、耐火电缆、低压交联电缆、10KV及以下架空线、塑料绝缘电线等产品销往全国各地，广泛适用于输配电工程、电站、电机、建筑、铁道、公路交通、通讯等其他领域，博得了广大用户极高的赞誉，连续多年荣获广西“重合同，守信用”企业，“广西消费者信得过商品”，“广西优质产品”等称号。被广西机械工业局、广西电力工业局审核选择为进入电网的指定产品和列入国家经贸委城乡电网建设和改造工程“推荐目录”的企业。2003年通过了ISO9001:2000版质量体系认证并取得国家强制性认证产品CCC证书，并获得广西消费者协会推荐2005年度消费者信得过商品。2006年再度获得“广西名牌产品”称号，2006年12月又获得“广西著名商标”称号。

目前公司厂区总占地面积近27000平方米，建筑面积近8000平方米，拥有生产各种规格电线电缆产品的专用设备和检验检测设备。

为使“群星”不断创新，不断发展，本公司100多名员工及20多名工程技术人员万众一心，秉承“以质量求生存、以创新求发展”的经营理念，精心打造中国电线电缆行业知名品牌。

感谢新老用户予以的支持和厚爱，让我们共同携手推广“群星”，同时热忱欢迎各届人士前来投资合作，共创美好未来!

销售电话：0775-4272206

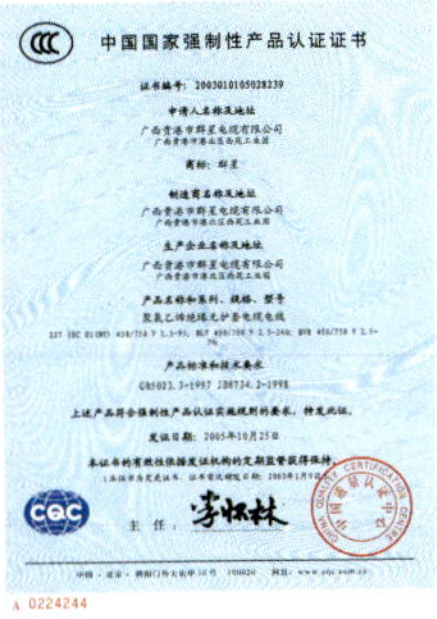

3C证书

ISO证书

采用国际标准证书

广西名牌产品

广西贵港红旗纸业有限公司

贵港市地税局

【地方税务概况】 年内贵港市地税局内设机构10个，直属单位2个，下辖5个正科级单位，全市共有52个税务所（分局），职工总数693人(含助征员)。2006年全局共组织各项收入65963.5万元，同比增收2853.6万元，增长4.52%。

【税收征管】 2006年贵港市地税局继续加强税收征管。一是加强户籍管理。与工商、国税部门建立户籍信息对比制度，定期进行户籍信息对比，及时掌握应纳税业户在工商、国税部门办证的变化情况。二是加强户籍管理工作。三是强化重大税源和重点税种管理。四是进一步加强营业税、个人所得税、企业所得税、资源税、车船使用税等重点税种管理，完善营业税分行业管理制度，抓好企业所得税清算工作，加大对高收入群体的税收管理，完善资源税、车船使用税代扣代征办法。五是强化行业税收管理。六是加强发票管理，促进以票管税。七是认真做好机构微调工作，大力优化机构职能、人力资源配置。根据《自治区地方税务局关于贵港市地方税务局机构微调职能优化力量重组方案的批复》的文件精神，及时制定实施方案，精心组织，分阶段循序渐进地推进机构微调作。

【税收网络信息化建设】 按照"统一规划、分步实施、整合资源、突出重点、量力而行、注重实效"的信息化建设指导原则稳步扎实地推进以应用新版《广西地税信息系统》和《公文处理系统》为主要内容的信息化建设工作。

【税收法制】 一是组织开展税收执法检查、税收执法监察、税收票证检查和税收票证清理等项工作。二是加大稽查力度，维持良好的税收秩序。强化稽查目标管理，抓住重点。

【税收宣传】 在当地党委政府及相关部门的大力支持和紧密配合下，紧紧围绕"依法诚信纳税，共建和谐社会"的宣传主题，精心策划，积极组织，求真务实，创新形式，突出重点开展税收宣传工作，进一步增强了公民依法诚信纳税意识，营造了良好的依法治税环境，推动了全市地税工作的不断开展。

【税收服务】 一是及时做好地方税收政策的宣传、解释、落实，确保了政策顺利、及时、正确、全面地贯彻实施。二是继续做好优化纳税服务工作，及时贯彻落实自治区地税局制定下发的《纳税服务规范》、《纳税服务准则》、《纳税服务承诺》和全区地税系统办税服务厅岗位职责体系，逐步提高了纳税服务质量。三是认真配合政府做好招商引资涉税服务工作，对招商引资落户企业（项目）实施全程跟踪管理，提供优质的纳税服务，营造良好的纳税环境。

【税收政务协作】 加大政务协作，完善协税网络。充分发挥发挥社会协税护税网络的作用，在零星税源管理、交通运输营业税、房地产交易营业税、资源税、车船使用税等税种的管理上，通过发挥社会协税护税网络的作用，利用有关部门代征代收，减少了征管压力，从源头上加强了税源的管理。

2006年10月26日，贵港市唐成良市长到贵港市地方税务局指导工作

2006年6月5日，贵港市地方税务局朱伟明局长、马吉体副局长深入企业进行税源调查。

2006年6月8日，贵港市电台直播间阳光热线直播现场，图自左至右为市局李标科长、梁宽伦科长、朱伟明局长、龚敬能科长、覃建苗科长。

港北区地税局城北分局办税大厅的办税员正在为纳税人办理涉税事项

①

②

贵港市人民防空办公室

③

④

⑤

贵港市人民防空办公室是正处级行政单位，于2001年底机构改革时单列设置，内设综合科、业务科两个科，下设通信站，现在编在职人员15人。其主要职责是：贯彻执行国家人民防空法律、法规、政策；主管贵港市人民防空组织指挥的建设和和理；主管贵港市人民防空通信警报建设和管理；主管贵港市人民防空工程的规划、建设和管理；开展人民防空执法的工作；开展人民防空教育的工作；开展人民防空宣传的工作；负责贵港市人民防空财务和固定资产的管理等。

2006年，在贵港市委、市政府的正确领导下，贵港市人民防空办公室努力克服困难，开拓进取，不断推进贵港市人防事业的发展。一是按照“政治合格、业务精湛、作风优良、廉政高效”的要求，开展党员先进性教育活动和“准军事化”建设，加强人防队伍建设。二是结合贵港城区新区开发和旧城改造建设一批平战结合的防空地下室，取得较好的战备效益、经济效益和社会效益。三是在贵港城区公立初中学校中全面开展人民防空知识教育，进一步提高青年学生的防空、防灾的自救互救能力。四是依法对一批违法建设的民用建筑业主进行处罚。五是利用电视、报纸等媒体连续一周开展人民防空宣传活动，市民群众的国防观念和人防意识不断增强。六是举行防空警报试鸣演习。七是启动人防指挥所和城市人口疏散基地建设。八是进一步落实县级人防工作机构建设。2006年获自治区人防工程建设先进单位。

① 贵港市党政军领导和自治区人防办领导为贵港市0401人防工程奠基剪彩。
② 贵港军分区周平司令员、市人民政府庞文达副市长、自治区人防办周元伟副主任与有关部门领导一起组织指挥防空警报试鸣演习。
③ 市人防办刘世平主任与班子领导研究贵港市人防建设工作。
④ 贵港市城区初中学校开展人民防空教育。
⑤ 2006年贵港市举行人民防空疏散、掩散演习。

贵港市水利电力建筑安装公司

公司经理：梁文叶

贵港市水利电力建筑安装公司成立于一九八四年九月，是一家承建工民建工程和水利电力建筑安装工程的集体三级施工企业。企业拥有固定资产2000多万元，公司拥有雄厚的技术力量，所承建的工程质量均达到国家验收标准，交验合格率为100%，优良品率达70%。贵县木梓电站，获市优良工程，在施工中应用了“水泥在渠道防渗中的作用”的先进技术，获区水电厅颁发的“应用科学技术进步”二等奖；市水电仓库2#、3#职住楼、市港北区交通局2#、3#住宅楼、市汽车运输总公司住宅楼、市中医院6#、7#住宅楼工程、市畜牧兽医站住宅楼工程均获取贵港市“优质工程”称号。我公司多次被评为水电系统先进集体，且得到建设部门表彰。1998年获区建设厅颁布的建筑工程质量承诺单位称号，1997、1998、1999、2000、2001、2002、2003、2004、200年连续九年被自治区工商局授予为“重合同，守信用”企业，2000、2001连续两年被广西建筑业联合会评为“广西建筑施工企业安全生产（管理）先进单位”，2000、2001年度连续两年被评为贵港市建筑施工企业安全生产（管理）先进单位、2003年度贵港市建筑业先进施工企业、2003年度贵港市建筑业设备管理优秀企业、2003年度贵港市建筑业安全生产管理先进企业、2003年度广西建筑业设备管理优秀企业，2004年度被评为广西建筑业先进施工企业，广西建筑业设备管理优秀企业。

公司领导班子

荣获市优质工程的市港北区交通局2#、3#住宅楼

荣获市优质工程的市中医院6#、7#住宅楼

贵港市环境卫生管理处

贵港市环境卫生管理处是隶属于贵港市市政管理局管理的一个全额拨款的事业单位。主要工作职责是：负责宣传贯彻执行国家、省、市有关市容环境卫生管理的法规和环境卫生管理的规划和年度计划，市区范围环卫设施的规划、街道的清扫保洁、垃圾收运处理、居民住户的上门收垃圾有偿服务、城区公厕的管理、环卫公共设施的维护和市容环境卫生监察等工作。

贵港市环境卫生管理处的前身是贵县环卫站，始建于1978年，1992年撤站改处，定为科级单位，1996年随贵港市地级市的成立，升格为副处级单位。现有环卫干部职工495人。其中固定工260人，合同工235人，内设机构有办公室、财务科、清扫保洁科、有偿服务科、机械运输科、市容卫生监察队、垃圾处理场7个科室场队。责任清扫保洁面积近240万平方米。上门收集垃圾服务住户户数28000多户。现有环卫专用车17辆、垃圾无害化处理场1座，压缩式垃圾中转站2座、公厕5座。

在上级党委和政府的关心支持下，以及环卫干部职工共同努力下，环卫工人整体素质、社会地位不断提高，环卫设施日趋完善，市容环境有了质的变化。在这次深入实施城乡清洁工程运动中，环卫工人始终坚持“清洁城市，造福人民”这一宗旨，发扬“宁愿一人脏，换来万人洁”的奉献精神，充分发挥了主力军的重要作用。为建设清洁美丽的滨江贵港市作出了积极贡献。

主任：陈运兴

广西壮族自治区二七三地质队

党委书记、队长：杨宗武

队领导班子

办公楼外貌

广西贵港双龙面粉有限公司

广西贵港双龙面粉有限公司，创办于二000年十二月，公司拥有资产2000万元占地面积1.5万平方米，创容10000吨，有日处一小麦200吨面粉生产线一条，铁路专用线直达厂区，有码头、有通往广东珠江三角洲和港澳水路，地理位置优越，交通十分方便，是一个以加工小麦、粮油、饲料经营和中转服务综合性的企业。

公司现有员工40人，其中高、中级职称6人；初级职称15人；技术力量雄厚，生产设备优良，工艺先进检测设备齐全。可根据市场需要，生产出不同等级，不同精度，不同品质的各种专用面粉。

壹陆® YI LIU　质量安全 QS4508010102 45　鑫驰® Xin Chi

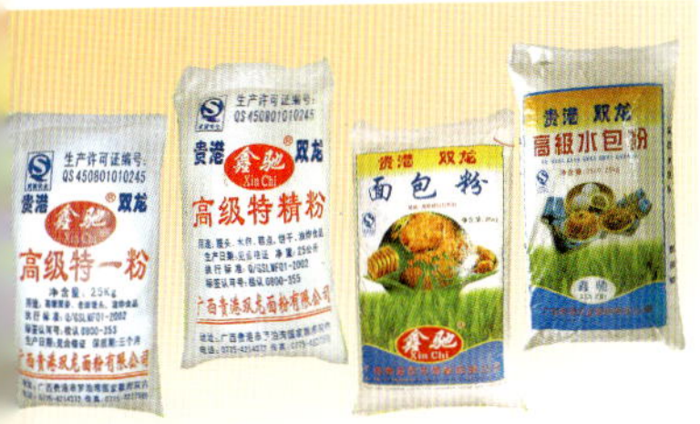

公司坚持以“质量第一、用严至上”为宗旨，强化质量管理、产品稳定，公司首批荣获“全国工业产品生产许可证”。

公司生产的“鑫驰”“壹陆”牌高级特精面粉，高级面包粉、高级糕点粉、高级特制一等粉。高筋粉、高级水仓粉、高级月饼粉、月饼专用粉、上白粉在广西、广东等地享有较高声誉。

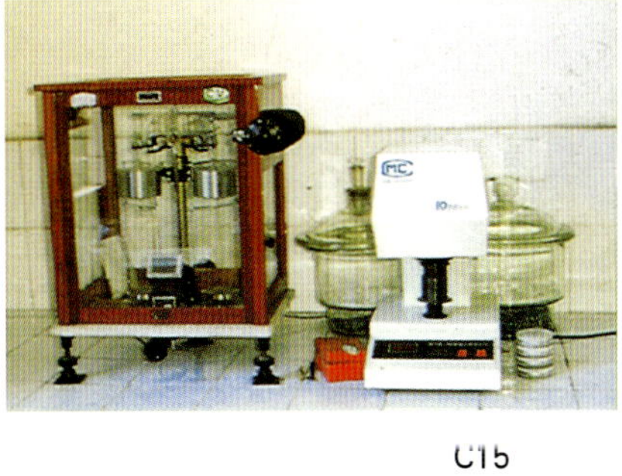

贵港市华隆房地产开发有限公司

贵港市委书记赖德荣、贵港市市长唐成良、中共贵港市委副书记韦均林、自治区林业局局长黎梅松、贵港市林业局局长徐庆林、公司董事长刘健兴、中大公司总经理黄柱文、荣森公司总经理蓝子尊一同参加开业典礼

贵港市华隆房地产开发有限公司，系由贵港市知名企业家黄柱文、刘建兴先生共同出资设立的一家大型房地产开发有限公司，注册资金1080万元，公司在册员工30多名，均具备专业房地产开发、销售、工程技术知识。

华隆商业广场系公司2006年度的重点项目，也是贵港市市庆十大献礼工程之一，建成后将是目前贵港市中心最大最繁华的商场。占地面积约21000平方米，建筑面积约57000平方米，其中商业建筑面积约31000平方米，住宅建筑面积约26000平方米。建筑密度约40%，容积率约为2.1。

华隆商业广场位于贵港市主干道江北大道中段，周边商场、超市、步行街众星拱月，银行、酒店、美食、娱乐场所、机关单位更是围绕其间，使得项目具备相当可观的商业价值。

华隆商业广场采用国内领先的一站式购物中心布局，项目地下一层为大型超市及地下停车场，一层、二层为大型卖场，三至六层为住宅层。项目规划有综合商业区、购物休闲区、管理服务区、商务住宅区、纯住宅区等五大功能区。商场四周设置回形街区，商场内设5大入口，形成畅通的商业脉络，尽最大限度地吸纳商业人流。项目还配套罕见5000多平方米大型地下停车场，方便业主停车，满足市民购物停车需求。公司额外投资3000多万元在临街处兴建约3000平方米的休闲广场，广场集休闲、娱乐、活动、停车等多种功能于一身。整个项目融综合商业、金融、旅业、餐饮、休闲、娱乐、住宅等功能于一体，是贵港市首屈一指的商业旗舰！

广西贵港市吉田房地产开发有限公司

吉田小区

吉田商场属贵港市吉田房地产开发的大型商场，位于贵港市金港大道与中山北路交汇处西南角，商场共4层，一层占地2700多平方，第二层以上每层2500平方米，共10200平方米，周边设有4500平方米的双层生态停车场，共配备380个停车位。毗临贵港市行政中心、邮政大厦、中国电信、中国银行、梦之岛百货、绿岛购物中心，黄金十字路口，优越的地理位置，交通便利，2006年小区内进驻了中国移动、农业银行、大地财险等。2006年“吉田大厦”的落成，更加增添了“吉田商场”区域的优势。

吉田商场是贵港市新区的第一超大卖场，是贵港商业新区的标志性购物中心，是一座集购物、餐饮、娱乐、休闲于一体的综合性一站式现代化综合型购物市场，，三面路口，交通便捷，人流如织，商铺林立，尽显繁华，坐享盛名，是贵港市最具发展潜力的品牌推广中心和名、优、特商品集散地，也是国内外商品进入地级贵港市480多万人的消费大市场的第一理想门户，有着无限的升值潜能。

吉田商场

吉祥花苑

贵港市天源房地产开发有限公司

广场明珠北立面效果

贵港市天源房地产开发有限公司成立于2003年9月，注册资金1000万元人民币。作为贵港有名的房地产开发公司，天源地产本着“优质生活，完美体现”的精神，致力于贵港房地产的开发建设，脚踏实地，追求不止，奉献不息。

是热切的倾情，是专业的执着，造就了贵港天源房地产今日的宏基伟业：广场明珠——一个专属城市贵族的荣耀名宅，彰显居者的极至品位。

广场明珠灯饰布艺城是贵港市首家大型灯饰、布艺市场，位处贵港新区核心商圈，毗邻市政府新世纪广场、建筑材料市场，周边中国电信、金融大厦、交通大厦等政府机关、企事业单位林立，、世纪经典、龙凤嘉苑、盛世名门等新兴小区环绕而建，汇聚众多高消费人群；与梦之岛百货、北京华联、正佳电子城相邻，并依托4、8路等多路公交车通达全城；全新的经营模式，完善的商场规划，优质的管理服务，将打造贵港市最具实力的综合性灯具布艺市场。

贵港市万家居房地产开发有限公司

董事长：龚天建

贵港市万家居房地产开发有限公司成立于2003年，注册资金为人民币1500万元，属房地产开发三级资质，主要从事房地产开发建设、商品房销售业务。

经过几年来的努力，公司已经发展为拥有一支专业队伍的房地产公司，现有员工85人，其中有建筑、会计专业职称的16人，中级以上职称10人，公司机构设置为行政办公室、销售部、财务部、策划部、工程部、客服务中心和属下万家居物业管理有限公司。

在建立现代企业管理制度的基础上，公司逐步实现规范化管理，不断完善公司各项规章制度，对人力资源实行规范化、人性化、科学化管理，吸纳各类专业管理人才，注重建立和培养优秀的企业文化，争创品牌企业，公司具有一定的市场竞争力。

近年来我公司开发了阳光都市高尚商业住宅社区，在贵港市首家引进海派纯居住建筑风格，小区设计理念超前，园艺景观造型别致。该小区占地面积82亩，总建筑面积12万平方米，总投资人民币1.2亿，商品房总套数达1000多户。拥有6000平方米的地下停车场。该项目曾获“2004年广西最具影响力楼盘”称号，另一开发项目，“阳光天地高级写字楼”（23层），预计投资达到1.5亿，建筑面积约3万平方米正在报建阶段。

业务精英

在房地产开发过程中，我们严格按照上级主管部门要求开展业务，确立“真诚守信”理念，在策划、销售、施工、管理各环节都确保规范、合法、合理，真正做到内抓管理，外树企业形象。项目开发依次为理五证（包括《土地使用证》、《用地规划许可证》、《工程规划许可证》、《工程施工许可证》、《商品房预售许可证》），按规定缴交农民工工资保证金，按工程进度结付工程款。房屋在交付使用时，同时向业主提供了《住宅使用说明书》和《信宅质量保证书》。公司还成立了贵港市万家居物业管理有限公司，确保小区前期物业管理提前介入，为业主创造舒适、安静的居住环境。

通过开展业务，各部门的员工在实践工作中得到锻炼，部分员工也成为房地产行业优秀的业务骨干，为公司今后的发展打下了人才储备的基础。

在市场竞争日益激烈的今天，我公司坚信“以人为本，以诚取信”开拓房地产市场必能取得消费者的认可，多年来我公司没有发生合同纠纷，没有任何消费投诉。公司坚持开发一个项目，塑造一座精品，服务一批业主，结识一批朋友，以优良的业绩获得良好的声誉，树立了优秀的社会形象。我公司多次获得“重合同，守信用”、“优秀纳税人”光荣称号，并被评为2005年度贵港市“民营企业10强”称号，排名第12位。获港北区“非公有制企业20强”称号，排名第3位。

中国网通贵港市分公司

总经理：黎　明

丰富多彩的企业文娱活动

热情周到的营业员队伍

朝气蓬勃的领导班子

中国网通贵港市分公司按照速度与效益并重的发展思路，在加快无线市话和宽带网络建设的同时，加快营销渠道及营业服务网点建设，初步形成了覆盖贵港、桂平、平南的本地无线市话网络及覆盖贵港城区的宽带网络，营业厅服务网点分布到各城区及部分乡镇，可为当地政府、企事业单位、社会公众用户提供"大灵通"无线市话、宽带上网、办公及家庭电话、企业专线、ICT系统集成等业务，为推动贵港本地信息化建设、促进本地通信服务质量改善，起到了积极的作用。

平南县卫生局

局长：张鉴泉

第一、新型农村合作医疗试点工作取得显著成绩。

今年是我县实施新型农村合作医疗的第二年，县卫生局在县委、县政府的正
领导下，坚持把新型农村合作医疗这件好事办好，实事办实，不断探索新农合长
管理机制，使农民得到最多的实惠。

第二、卫生两项体制改革全面完成

今年，我县卫生两体制改革已经全面完成。为此，我县的疾病预防控制和卫
监督工作正式开始各司其职、各负其责。

第三、农村初级卫生保健制度不断完善、妇幼保健工作成绩显著

在财政极其困难的情况，逐年增加农村卫生经费，把在编疾病控制卫生监督
妇幼保健人员、初保人员工资列入财政预算。

第四、狠抓医疗质量管理，全面提高医疗单位的服务水平

2006年，我局继续抓好医院管理年活动，要求各医疗单位，坚持"以人为本的科学发展观，坚持把维护群众利益，促进和谐医患关系放在第一位，不断提高医疗服务质量和水平，满足人民日益增长的医疗服需求，主要抓了以下几方面：1、强化医疗质量管理。2、着重抓业务学习，加强医、护、技"三基"培训考核，促进业务的提高。3、强医疗机构、医务人员、医疗技术准入管理，规范医疗机构和医务人员的执业行为，加强医务人员的医德、医风教育，坚决执行卫部和自治区卫生行风的各项规定，坚持纠正医疗机构收受红包、开单提成、药物回扣和乱收费等不正之风。

第五、依托全区的城乡清洁工程，进一步加强爱国卫生工作

今年，是全区全面开展城乡清洁工程的第一年，我们以城乡清洁工程为依托，进一步开展加强爱国卫生运动，抓好农村改水改"创卫"和健康教育等工作。据不完全统计，全县共清理卫生死角1500多处，清理垃圾5000多吨，疏通沟渠20万多米，铲除杂草20万平方米，消毒环境400多万平方米，灭鼠80万余只，完成农村改水改厕4530座，新增农村自来水受益人口21000人。官成镇育梧白庙屯已经做好迎接自治区卫生村检查的工作。

港北区教育和科技局

局长：欧阳乐

欧阳乐局长（左一）深入学校调研

表彰有突出贡献的教师（温龙飞摄）

港北区坚持把教育放在优先发展地位，每年召开教育工作会议，努力营造尊师重教氛围（温龙飞摄）

港北区教育和科技局是港北区教育行政主管部门，该局以办人民满意教育为根本宗旨，以发展农村教育为重点，以提高教育教学质量为中心，真抓实干，开拓创新，教育改革和发展取得了新的进展。素质教育全面推进，各项改革继续深化，全区实现“两基”达标，高中阶段教育总体规模有所增长，职业教育和成人教育稳步发展，办学质量和办学效益不断提高。全区上下形成了“党以重教为先、政以兴教为本、民以支教为荣，师以从教为乐”的良好社会风尚。

目前，港北区有小学128所，在校生67149人，教职工2953人；初中22所，在校生28203人，教职工1621人；高完中3所；九年一贯制学校9所。另外，我区尚有乡镇成人文化技术学校8所，村成人文化技术学校117所。全区有全国特级教师2名，全国重点培养青年骨干教师1明，自治区特级教师4名，自治区骨干教师115名，市级学科带头人、教学骨干、教坛新秀115人。1995年6月顺利通过自治区“两基”评估验收。2000年，港北区再次通过自治区人民政府“两基”工作的复查。2007年6月，国家教育督导团对广西各县（市区）“两基”工作进行评估验收，港北区“两基”主要指标基本符合国家规定的验收标准。2006–2007学年度小学毕业生合格率99.5%，初中毕业生合格率98.86%。2007年全区高考考上本科线292人、大专线以上1156人，分别比上年增加38人和208人；中考被贵高录为正取生220人，比上年增加38人，名列全市第一。

为了进一步优化教育资源结构，构建起各级各类教育相互衔接沟通、配套协调的现代教育体系，建立终身教育制度健全完备的学习型社会。港北区教育和科技局将在加快统筹整合资源、搞好教育规划与布局、大力实施素质教育、推进教育综合改革试点、加强教师队伍建设等工作重点难点上狠下功夫。展望未来，港北教育将抓住大好机遇，向高标准、高质量的目标不断迈进。港北教育的明天更加美好、灿烂！

港北区教育和科技局办公楼

美丽的西江小学校园

局长：覃纪雄

港北区财政局

我局坚持科学发展观，认真贯彻落实自治区第九次党代会及港北区第三次党代会精神，紧紧围绕区委“加快建设富裕和谐新港北”的奋斗目标，创新财政工作思路，深化财政改革，加强和改进财政管理，强化收入征管，优化支出结构，确保了全区工资按月发放和各项重点支出的需要，从而使全区财政收入在去年高增长的基础上，继续保持较好的增长态势。至12月31日止，全区实现财政收入27922万元，同比增长47．10%，有力地促进了我区经济发展和社会稳定。

2006年获“2001-2005年贵港市法制宣传先进单位”、“2005年全市财政系统信息工作先进单位”、“港北区财税工作先进单位”、“港北区先进党支部”、“2005-2006年学年度尊师重教先进单位”、“2005年办理提案先进单位”、“2005年人口和计划生育工作先进单位”等荣誉称号。实现了物质文明、精神文明和政治文明建设三丰收。

港南区财政局

局长、党组书记：韦长安

局领导班子全体成员

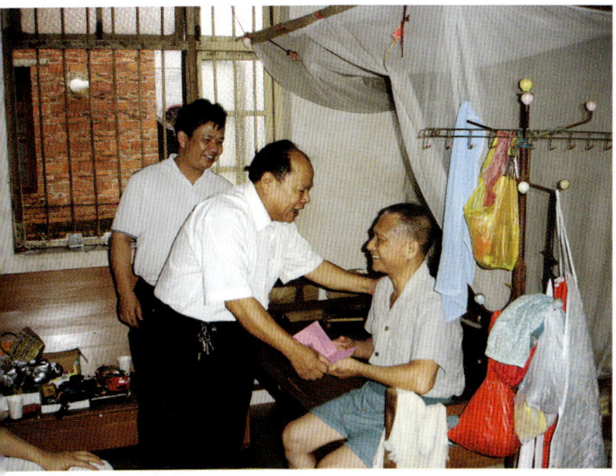

纪检组长陈达高慰问老党员

港南区财政局成立于1996年6月，是港南区政府主管全区财政工作的职能部门，内设5个职能股室、3个局属二级事业单位，下辖8个乡镇财政所。全系统共有干部职工106人，其中局机关和二层机构26人。

近几年来，港南区财政局坚持以邓小平理论和“三个代表”重要思想为指导，以财税增收为中心，不断做大财政“蛋糕”，港南区财政收入与支出稳步增长，财政改革与管理成效显著，有力地促进了经济发展和社会稳定。

港南区财政局十分重视财源建设工作，积极主动投身于招商引资工作，参与了江南工业园等重大项目的洽谈、论证，为招商引资上项目当好参谋助手。2006年，全区续建、扩建、新上项目108个，项目计划总投资33.09亿元，累计到位资金9.34亿元，新上项目56个，计划投资16.25亿元，已到位资金2.85亿元，为我区财税增收注入了新的增长点。

2006年，港南区实现财政收入9636万元，比上年增收1779万元，增长22.6 %，成为近几年来增收额最多的一年。

在抓收入的同时，港南区财政局科学安排预算，合理调度资金，确保工资发放及社会保障支出，并保证了教育、卫生、公安、司法等涉及社会发展稳定方面的支出。

近年来，港南区财政局在乡镇财政管理体制、部门预算、国库集中支付、财务集中核算、政府采购和财政监督等方面不断深化改革，收到了良好的效果。

2006年，港南区财政局分别荣获2001-2005年自治区财政法制宣传教育先进集体、全市财政信息工作先进单位、港南区工作突出贡献先进集体等荣誉。

2007年，港南区财政局将立足协调发展、强化管理、内强素质，继续抓好增收节支工作，实现财政收入历史性跨越。

局领导深入基层调研

局干部职工开展特困帮扶活动

平南县水利局

区政府孙瑜副主席、市委书记赖德荣到平南检查城区防洪堤建设

平南县委徐育东副书记向市人大调研团汇报城区防洪堤建设情况

2007年7月市人大代表团到平南调研水利工程建设

区水利厅领导检查水利工程安全

市、县人大代表到平南调研官成水库水利工程管理体制改革

平南县水利局下设机构有办公室、财统股、综合技术股、农田水利股、地方电力股、水政水法规股、水政监察大队、水土保持监督管理站、水利工程管理站、防汛抗旱办公室、水利电力设计室、水利水电建筑安装工程公司等12个机构。全水利系统共有干部职工759人，其中干部160人，工人599人。具有高级职称专业技术人员1人，中级职称42人，初级职称79人，高级工206人，中级工211人，初级工140人，技师6人。

西江自西向南流过，在县境内长度44公里，将平南县境分为南北两个部分，两岸防洪堤长95.5公里，共有大小涵闸186座。县境内共有主要河流16条，集雨面积2987.73平方公里，多年平均径流量26.49亿立方米，水能总蕴藏量8.41万千瓦，可开发量6.46万千瓦，水能资源开发利用尚有较大的潜力。全县有大型水库1座，中型水库3座，小型水库51座，灌溉面积63万亩。

在县历届党政领导、人大、政协等有关部门的共同努力和在自治区人民政府的高度重视下，平南县城区防洪工程于2004年通过可行性研究批复，计划投资超过亿元，并作为重点项目申请国债建设。这是全县人民，特别是城区人民盼望已久的大喜事，是我县基础设施建设的重要组成部分，是关系到县城区环境改变和经济发展的大局，是利在当代，功在千秋的宏伟大业。

在实施建设城区防洪堤中得到了全体拆迁户的积极支持配合以及得到了区、市主要领导亲临现场指导工作。为了我们共同的目标，早日把我县城区防洪堤工程建设好，共同建设我们的美好家园，把平南真正建设成为“西江明珠”。

认真细致做好水电站防汛安全生产检查工作

正在建设中的平南城区防洪堤全景

平南县教育局

陈健智局长在平南县第十六届城区运动会开幕式上致辞

平南县现有普通公办高中8所，民办高中9所，职业技术学校6所，县师范学校1所，乡镇成人文化技术学校21所，初中70所，乡镇中心小学21所，幼儿园93所，特殊教育学校1所。2006−2007学年度初，全县普通高中在校生19825人，职高（中专）在校生2500人，中小学在校生21万多人，小学附设学前班学生26151人，在园幼儿8137人，特教学校学生28人；全县公办中小学教职工编制共11602多名。

市领导到我县指导工作

近年来，平南县教育局以狠抓高考质量为提高教育教学质量的突破口，大力开展“教育教学质量年”活动，教育教学质量稳步提高，2004年至2007年高考，全县上本科线以上分别是1011人、1888人、2302人和2668人，高考成绩连续四年创历史新高。平南县以提高教师工资待遇为着力点，积极营造尊师重教的氛围。通过调整财政支出结构，优先落实发放教师的工资。落实了职称评聘和工资挂钩的政策，教师的工资待遇和社会地位得到了提高。同时加大师资补充力度。2001年以来，从代课教师、大中专毕业生和社会优秀青年中公开招聘中小学教师共3226人，新招聘教师中代课教师比例占1/3，基本解决了代课教师的出路问题，降低了教师的空编率。以开展“校长建设年”活动为契机，抓好中小学校长队伍建设，提高中小学校长队伍的整体素质。积极实施“21世纪园丁工程”，全面提高教师的业务水平。明确了“积极鼓励、大力支持、正确引导、加强管理”的民办学校发展方针，职业技术学校以校企联合为创新办学模式，走出一条校企合作、产教结合的新路子，职业教育和民办教育取得突破性发展。2006年4月平南县教育局成立党委，在教育系统中开展“争当园丁先锋，建设和谐校园”主题实践活动，学校党建工作呈现出生机蓬勃的新局面。现全县教育系统党支部发展到274个，党员3518人。学校党员占全县党员1/10多，占全县教职工人数近1/3。

自治区副主席吴恒在平南县教育局陈健智局长陪同下到同和镇中心小学调研、视察、指导

市教育局长姚伟文在陈健智局长陪同下到平南县中学检查、指导工作

在新的历史时期，平南县教育局将以教育发展“十一五”计划为指导，以人才和队伍建设为基础，以不断提高教育教学质量为中心，以学科建设为重点，以构建和谐校园为保障，进一步解放思想、深化改革、抢抓机遇、促进发展，力争平南县教育事业取得更大的成就，整体实力跨上新的台阶。

教育局领导班子

广西贵港江南工业园区管委会

2006年自治区人民政府陆兵主席视察园区

高新技术产业园筹建处揭牌仪式

高新技术产业园规划评审会

园区已建成投入使用的标准化厂房

贵港江南工业园区设立于2001年4月，园区规划面积为18.8平方公里，是目前贵港市唯一一个省级工业园区，是贵港市招商引资、承接东部产业转移的发展平台和推进工业化、城镇化进程的重要载体之一。

园区位于贵港市南环路与324国道交汇处，距离市区约3公里，交通便捷。主导产业为建材、制造、化工、饲料、电子信息、服装、食品加工和林产品加工等，园区现有企业50家。

自治区和贵港市委、市政府大力支持园区建设。2006年至2007年自治区累计投入扶持资金2800万元，市财政投入4600万元用于园区基础设施建设。一期基础设施工程2005年开工，2006年底完成，开发用地面积1772亩，路网长5.18公里，共安排新项目18个，投资总额11.6亿元。二期基础设施投资5400万元，平整土地1000亩，修建道路4500米，铺设给排水管网6000米，供电线路2000米，工程正紧张施工当中。

园区认真贯彻落实自治区和市委市政府的指示精神，大力推进标准厂房建设，"筑巢引凤"，提高土地集约用地，增强承载产业转移能力。2007年，已建成标准厂房8万平方米，在建94.7万平方米，总投资额8亿多元，标准厂房建设规模名列广西前茅。

园区按照"一园多区"的思路，采取合作共赢，资源整合，优势互补的策略，与广西农垦局、港北区政府合作开发高新技术产业园，产业园规划用地5.6万亩，一期开发5000亩；与市林业局、覃塘区政府合作开发建设林产品加工区，加工区规划用地2000亩。这两个分园（区）的建成，将为做大做强园区经济，打造贵港市特色优势产业的集聚区和促进贵港市工业发展打下坚实的基础。

贵港江南工业园按照科学发展观的要求，贯彻"六靠"思路，走新型工业化的道路，在市委市政府的正确领导和大力支持下，抓住东部产业转移的历史性发展机遇，依托贵港市得天独厚的区位优势和资源优势，引进技术、资金、人才，把园区建设成为贵港工业经济发展的重要载体和广西承接东部产业转移的重要基地。

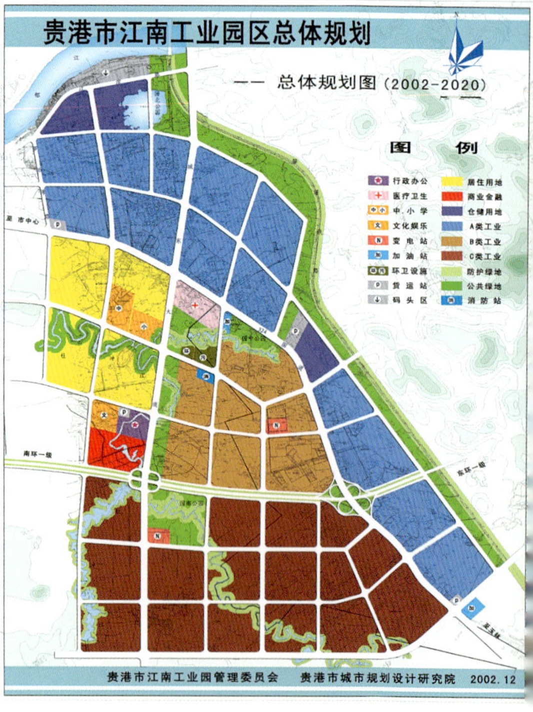

园区总体规划图

桂平市财政局

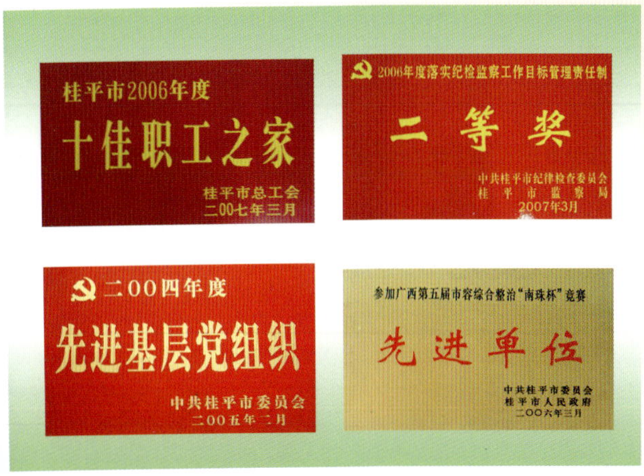

局长：陈新汉

赠书仪式

会议现场

桂平市财政局位于桂平市沙岗东路，占地面积4亩。全市财政系统由二十六个乡镇财政所和局机关17个股室构成。主要职责是贯彻执行国家财政、税收方针、政策、法规；编制市本级预决算草案并组织预算执行，管理市级财政公共支出；监督财政税收政策、法律、法规和制度的执行情况等。

近年来，桂平市财政局在市委、政府的正确领导下，以“经济发展是硬道理，财源建设是硬功夫，财政增收是真本事”为理念，认真落实市委、市政府的决策部署，全力支持经济发展，大力加强财源建设，依法强化税收征管，实现了财政收入的连续稳定增长。桂平市财政收入从2001年的23078万元，发展到2006年的44923万元，年平均增长达18.93%；同时，积极推进部门预算、收支两条线、政府采购、国库集中支付、乡财县管等一系列财政改革，其中，政府采购的规模和质量取得了较大的成绩：从2001年采购金额560万元发展到2006年的5863.6万元，年平均增长率为190%，年平均节约率为10.2%；财政的管理、调控和监督服务职能得到了进一步强化，不断优化财政支出结构，财政资金有效保证了全市各项重点项目支出需要，为促进桂平市经济和社会各项事业健康快速发展做出了积极贡献。

在积极推进财政改革与发展的同时，注重加强三个文明建设，努力树立财政部门“为民、务实、清廉”的良好形象，三个文明建设取得了丰硕成果。连续多年被桂平市委、市政府授予“优秀党支部”、“优秀基层党组织”、“财税工作突出贡献奖”“综治先进单位”等荣誉称号。

在桂平知名度不断提升的今天，市区的建设日新月异，高楼林立，鳞次栉比；商铺繁荣，人潮熙攘；街道整洁，车水马龙，一派全国优秀旅游城市的新景象。这些，都是桂平市政府坚持以经济建设为中心，坚持工业兴市，坚持人民城市人民建的努力结果。而桂平财政在这方面多渠道筹集和投入资金，支持各项事业发展，支持创建全国优秀旅游城市，发挥了社会主义财政的积极作用。

桂平市人口和计划生育局

桂平市委书记黄志光（右排右二）、分管计生工作的副书记覃伯贤(右排右三)等领导正在乡镇调研人口和计划生育工作。

自治区人口计生委主任伍先华(中)在桂平市检查药具发放管理工作

图为人口和计划生育局全体班子成员正在研究部署人口和计划生育工作

桂平市高度重视计划生育工作。图为市委、市政府召开全市人口资源环境工作会议的场景。

桂平市人口和计划生育局在桂平市委、市政府领导和上级主管部门的领导下，认真贯彻落实中央《决定》精神和《人口与计划生育法》、《广西壮族自治区人口与计划生育条例》，坚持计划生育“三为主”方针，采取多种形式宣传人口和计划生育法律法规。深入开展“婚育新风进万家”、“关爱女孩”和创建计划生育“三好一满意”活动，积极推进计划生育新机制建设，依法行政、文明执法，采取综合措施统筹解决人口问题，经常性地开展人口和计划生育工作，为广大育龄群众提供安全优质的计划生育技术服务，不断促进和提升人口和计生工作的整体水平，年年完成与上级签订的计划生育目标责任制指标。其中2001—2002年连续被自治区人民政府评为“计划生育达标先进单位”。2005年被自治区宣传部、人口计生委评为 “婚育新风进万家活动先进单位”。2006年桂平市计划生育协会被评为全国计划生育协会“先进单位”。

桂平市计划生育技术服务队巡回到各乡镇开展优质服务。图为已婚育龄妇女正在等候妇检。

桂平市高度重视计划生育宣传工作，充分利用多种形式开展计划生育宣传活动。图为广大群众踊跃参与计划生育宣传活动的热烈场面。

桂平市广播电视事业局

组织党员干部开展理论学习

定期举办新闻业务学习班，不断提高新闻工作者业务水平

我台新闻工作者与灾区小朋友“心连心”

近年来，桂平市广播电视事业局认真贯彻“三个代表”重要思想，全面落实科学发展观，围绕桂平市委、市政府工作大局，全力推进广播电视事业发展，在宣传报道工作、事业建设和队伍建设等方面取得显著成效，多次获得桂平市文明单位、贵港市文明单位、广西电视台宣传报道先进单位等荣誉称号。

一、唱响主旋律，打好主动仗，广播电视宣传报道工作创佳绩

桂平市广电局以“当好政府喉舌、唱响主旋律”为工作目标，围绕桂平市委、市政府中心工作进行全面、深入报道。近年来，各项宣传报道的总量和质量明显提升，每年均有一批优秀作品在广西台评比中获奖，获奖作品的数量和质量均位列全区县（市）台前列，连续13年被广西电视台评为宣传报道先进单位。

二、广电网络覆盖率不断提高，事业建设成效显著

截止到2007年6月，桂平市城区有线电视数字化的整体转换任务全部完成。2004—2005年度该市“村村通”工程共完成投资430多万元，建成了全区县（市）级最大的农村有线电视网络。目前，该局发射的无线广播电视覆盖桂平、平南以及玉林、梧州部分县（市），惠及群众达500多万。随着总投资160多万元的广电综合大楼续建和装修工程的完工并投入使用，该局成为了全区办公环境最好的县（市）级广电部门之一。

三、狠抓队伍建设，打造“专业型、学习型”人才发展基地

桂平市广电局坚持以人才发展为战略，在全国范围内招聘了一批具有大专以上学历的新闻专业人才，为该市广电队伍建设注入新的血液和活力。此外，该局还通过邀请业内资深人士授课、定期举办业务培训班、分批选送干部职工到兄弟台、上级台跟班学习等方式提高广电队伍的综合素质。该局通过招引、培养等手段，打造出了一支专业素质过硬、政治思想可靠的广电队伍，极大了推动了桂平市广播电视事业的持续健康发展。

综合办公室外景

桂平交通征费稽查所

所领导在研究工作（左二为所长岑成新）

团结拼搏的桂平征稽所（后右二为所长岑成新）

桂平交通征费稽查所现有干部职工12人，全部具有大专以上学历，其中中级职称1人，党员3人，35岁以下青年7人，是一支奋勇向上、积极作为的充满创新活动的交通征稽队伍。桂平征稽所作为贵港处的征费大所，管辖全处4000多台车辆，担负全处27%的征费任务。今年以来，全所干部职工顺应改革发展的需要，与时俱进，开拓进取，迎难而上，在不断提高自身素质的同时，还注重以“微笑献社会，文明创一流”的优质服务打造征稽品牌，坚持弘扬“精诚团结、塑新形象、真抓实干、铸造辉煌”的贵港征稽精神，以“征费”为中心，严格执行征收政策，加强费源管理，优化征费环境，强化队伍建设，加快创新步伐。在进一步贯彻落实“三个代表”重要思想和科学发展观的同时，努力构建和谐社会，在行业窗口建设和文明建设优质服务中，展示了良好的职业道德和形象，连续几年保持地市级“文明单位”和“青年文明号”荣誉称号。

2006年交通规费完成情况

到2006年11月30日止，共征收交通规费2467万元，完成年计划2570万元的96%，较去年同期增长-7.53%。

指令性征收计划：累计征收2226万元，完成计划2310万元的96.4%。

新增车辆征收计划：累计征收183万元，完成计划211万元的86.7%。

滞纳金征收29.6万元，完成年计划22万元的134.5%。交通局代征27.4万元，完成年计划27万元的101.5%。

近年来精神文明建设创建成绩

保持1999年获得的贵港市“青年文明号”荣誉称号；

获2002年自治区交通征稽系统“先进集体”荣誉称号；

被命名为2004年贵港市“文明窗口”单位；

获2004年贵港市“文明单位”荣誉称号；

获2005年贵港市“文明单位”荣誉称号；

获2005年自治区公路局创建文明行业先进集体荣誉称号。

公司团结和谐的领导班子

公司举办企业文化节，开展丰富多彩的文体活动。

桂平市电业公司

桂平市电业公司担负全市26个乡镇、170多万人口的工农业生产生活用电的供电生产与服务，电网覆盖面积达4000多平方公里。现有110kV变电站1座，35kV变电站20座，35kV线路总长度509公里，lOkV线路2600公里，用电客户310000多户。

近年来，公司不断深化企业改革，内抓管理，外树形象，全体员工以"高标准、严要求、快节奏"的工作作风，主动承担社会责任，以优质的服务赢得了客户的满意，努力打造经营型、服务型、一体化、现代化的供电企业。通过一、二农网改造和县城电网改造进一步完善了桂平市电网的主网结构，提高了电网的安全可靠供电，为地方经济发展打下了良好的供电基础。

2005、2006年连续两年供电量突破了5亿千瓦时，企业发展呈现出崭新面貌和良好态势，公司先后获得"自治区文明单位"、"广西企业管理先进单位"、"广西企业100强"、"企业档案工作目标管理国家二级达标单位"、广西电网公司"双文明单位"、"县级先进供电企业"、"农网建设与改造先进集体"及"中国南方电网县级供电企业基础管理达标单位"等荣誉称号。

公司城区供电所抢修服务中心荣获全国"安康杯"竞赛优胜班组

公司荣获"广西企业100强"荣誉称号

公司积极开展县城电网改造，解决用电"卡脖子"问题，为地方经济发展服务

桂平市石龙镇

团结务实的领导集体

石龙镇位于桂平市西部，俗称桂平“西大门”，东与蒙圩相邻，西与港北区庆丰镇毗邻，南与厚禄乡接壤，北与武宣县三里镇黔江隔河相望。石龙镇因座落于本镇五指山（海拔710米）南麓的形拟巨龙的石山而得名，意为“石破天惊，龙腾虎跃”。

石龙镇总面积284平方公里，耕地面积45882.94亩，其中水田37863.1亩，旱地7959.84亩，人均耕地0.59亩，林地面积约25.8万亩。辖21个村街，382个村民小组，19730户，人口79409多人，其中，壮族人口占81.2%，农业户口74389人，占96.3%。

石龙镇三家班子领导团结协作，务实创新，形象好，素质强，富有号召力、凝聚力和战斗力，积极带领全镇党员和人民群众共同建设富裕、繁荣、文明、和谐的石龙。建设了一支高素质的党员、干部队伍。石龙镇是一个农业大镇，农业资源得天独厚，北回归线横贯全镇，全年光照充足，降雨充沛，适宜发展亚热带农业，镇内有达开水库，是广西较大的内陆水库之一，水稻种植优势明显，是桂平市优质稻种植基地。全镇山地面积约150平方公里，林地面积约30万亩，林业资源优势明显，杉、松、竹、八角、玉桂、速丰桉种植比较普遍。

石龙镇交通便利，南梧二级公路横贯全镇8个村，圩镇位于贵港至桂平市中点，是上通桂柳，下达粤港澳的重要交通要道，规划中的南广高速铁路、贵港——梧州高速公路横贯全镇，随着高速铁路和公路的动工兴建，将为我镇加快发展提供良好的交通条件。

2006年，石龙镇党委、政府依托资源和区位优势，以邓小平理论和“三个代表”重要思想为指导，按照“抓住机遇，加快发展，农林稳镇、工业强镇、商贸富镇”工作思路，解放思想，勇于创新，优化投资环境，加大招商引资力度，积极为石龙镇投资的企业提供优质服务、排忧解难，民营经济已成为石龙镇的主要经济支柱。共引资1.5亿元，新上项目5家。初步形成采选矿、扎钢、针织、松脂、大米、木材加工等工业规模。其中投资700万元的广龙灯饰铸造制品厂，已建成投产，投资300万元的洪木中板厂已建成投产，投资8000万元占地300多亩的“福龙苑”公墓项目，现已进入建设阶段；投资3000万元的广西弘泰矿业责任有限公司，已到位资金1000万元，已进入矿产资源勘探；投资500万元的桂平市蜀阳单采血浆有限公司，目前已完成征地工作，近期可动工兴建。石龙镇通过不断优化环境，引资上项目，加快了地方经济发展。2006年全镇农林牧渔总产值20641万元，工农业总产值35500万元，粮食总产量2998万公斤，财税收入1045万元，其中国税收入864万元，地税收入173万元。

桂平市交通局

党组书记：林柱祥

局长：覃伟波

桂平市交通局是负责组织编制全市公路、水路交通行业的发展规划，交通基础设施的建设和管理、交通行业管理、地方交通规费征收稽查等工作的政府重要组成部门。局机关设4个职能股室，即：办公室、人事教育股、综合股、财务股。下辖公路管理所、公路运输管理所、港航管理所、交通规费征收办公室、货运服务站，干部职工总人数300多人。2006年，在桂平市委、市政府的正确领导和上级交通主管部门的正确指导下，桂平市交通局创新工作方式，找准工作切入点，努力提高办事效率，各项工作取得了可喜的成绩：玉林至桂平二级公路桂平段56公里建成通车，武宣至平南二级公路桂平段工程建设进展顺利；以服务群众为平台，推进新农村建设，修建农村四级公路58条214.63公里，总投资3827.82万元，实现通达公路的行政村60个；行业管理工作上新台阶，全市拥有公路养护里程697.795公里（其中二级公路150多公里），境内干流河道168公里，营运货车1784辆6383吨，营运客车372辆9766座位，营运船舶572艘23.36万吨3228客位。该局荣获广西第五届市容综合整治“南珠杯”竞赛活动先进集体、贵港市交通工作目标管理一等奖、桂平市2001至2005年法制宣传教育工作先进集体等称号。在贵港市交通系统第一届运动会上，桂平市交通局取得了女子篮球第一名、男子篮球第三名的好成绩。

桂平市委书记黄志光（中）参加桂平市农村公路建设工作会议

桂平市国营金田林场

桂平市国营金田林场是广西经营面积较大的国有林场之一，经营面积42万亩，森林蓄积量132万立方米，曾被国家林业部、人事部授予全国先进单位和全国国营林场100佳单位，场部设在桂平市桂贵中路。

经过不断深化改革，金田林场已由原单一木材生产销售逐步发展为集林业、林产品加工业、森林旅游业、茶叶种植及加工等多业并举的综合型林场。年可生产松、杉、桉树等优质木材4—5万立方米，中密度纤维板7—8万立方米，优质有机茶10吨，干八角150吨，桂皮100吨。同时积极发展森林旅游业，被誉为“北回归线上的绿色明珠”、“小西双版纳”、“遗植物宝库”的广西庞潭国家森林公园就位于金田林场内，是桂平市三个国家旅游景区之一，公园以其葱郁的森林，造型千姿百态的奇峰异石、层层叠叠的溪涧，清澈见底的幽潭、如银龙飞舞的瀑布等秀丽多姿的自然景观，以及丰富的动植物资源，成为人们旅游观光、休闲度假的最佳场所。

热诚欢迎社会各界人士前来旅游观光、悠闲度假、洽谈业务、投资开发。

奇石滩，给人们自然美的享受，溪中水质清澈见底，鱼在水中游，形态各异，形象逼真的石头遍地，令你目不暇接。

处于三面垂直悬崖之中，深达208多米的龙潭峡谷。在公园内，引凤亭是观赏龙潭峡谷的最佳位置。

猕猴迎宾。猕猴属国家二级保护动物，在公园内生长100多只，分为四大帮派，由于长期定点喂养，使猕猴有与人亲近相处的习惯，在公园内你可以与猕猴同乐，你到此旅游时可一定要记住带水果、花生、香蕉之类食品礼物来， 这样，你会得到猕猴最热情的欢迎，享受到与猕猴相处的最大乐趣但也要切记不要戏弄猴子，避免猕猴发怒伤人。

溪水潺潺，满目斑斓的溪水，让你尽情享受回归大自然的乐趣

广东五针松。国家二级保护植物，位天龙潭崩冲景区，形态之美比黄山松有过之而不及。

党委书记：薛运良

镇长：黄坤才

桂平市白沙镇人民政府

贵港市领导来白沙镇视察工作

白沙镇位于桂平市西南部。辖14个行政村，121个自然屯，201个村民小组，行政区域面积164.12平方公里。2006年末人口6.8万，以汉族人口为主，有壮族等少数民族2000多人。人口自然增长率4.5‰。耕地面积0.34万公顷、经济作物种植面积0.12万公顷。农机动力2.6万千瓦。有林面积0.125万公顷，森林覆盖率30%。郁江过境。四等级公路里程8公里。全国闻名的七十二洞天福地之一——罗丛岩就位于白沙圩东北面，距白沙圩3公里。该镇是一个商、住、旅游同时发展的乡镇。

全年实现国内生产总值25736万元，其中第一产业增加值17735万元，第二产业增加值3035万元，第三产业增加值4966万元。人均国内生产总值3932元。财政一般预算收入356万元，财政一般预算支出355万元。全社会固定资产投资完成额4870万元。社会消费品零售总额6816万元。商品出口总额2600万元。实际利用外资9000万元。城镇居民人均可支配收入5041元，人均消费支出3579元。农村居民人均纯收入1810元，人均生活费支出1194元。城乡居民年末储蓄存款余额9850万元。

书记：黄建全

镇长：黎祖源

桂平市蒙圩镇人民政府

团结奋进的镇三家班子领导
（左起：梁天泉　柒广联　张　滨　蒋艺华　何有波　刘　军
黄建全　黎祖源　梁新宇　张汝奇　黄延斌）

蒙圩镇位于桂平市中西部，距城区13公里。全镇面积238平方公里，耕地面积4225公顷，辖15个村、1个街，人口81374人（2006年末）。蒙圩交通便利，南梧二级公路、郁江过境 矿产资源石灰石、白大理石、麦饭石等丰富。2006年，全镇生产总值6.24亿元，固定资产投资7924万元，财税收入600万元，获桂平市目标责任考核一等奖，财税工作二等奖。

——实施“农业稳镇”战略。全镇年种植水稻5.6万亩，其中优质谷4.9万亩；种植蔬菜2万亩，其中新阳村的苦麦菜，流兰村和曹良村的蕃茄、香芋，罗容村的萝卜远近闻名，是桂平市优质谷生产基地和菜篮子基地。另外，全镇种有甘蔗5000多亩，龙眼6000多亩，速丰桉1万多亩。近年来，加强农民技术培训，抓好水利设施建设，成立农民用水者协会，进一步加快农业结构调整步伐。

——实施“工业强镇”战略。全镇有矿山企业37家，其中，石碴加工厂10家，红砖厂3家，麦饭石厂2家，石灰厂3家，以桂平市右江贸易公司为龙头，形成矿产开采、加工、运输产业链，是桂平市的石碴、石灰生产基地；以罗容汽车运输公司为带动，全镇有运输汽车1000多辆，年运输净收入9000多万元，素有“广西运输第一镇”的美称。

——实施“招商富镇”战略。占地1.5万亩的龙门食品工业集中区座落在蒙圩，投资1亿多元的广西坤锦禾食品有限公司、桂平市富多氏活性保健食品公司、桂平市龙门科技种养场、桂平市中联畜牧有限公司等4家规模企业已进驻工业区。投资1.3亿元的广西名燕特种水泥有限公司正在建设。投资13亿元的华润水泥项目已落户蒙圩。

——实施“集贸兴镇”战略。全镇有3所幼儿园，16所小学，2所初学，教职工600多人，一级甲等卫生院1所。全镇实现村村通电话、电视、公路。近年来，投资3000多万元建设占地面积10公顷的商贸住宅小区，引进蒙圩万联购物城，带动新开发区建设。深入开展市容“荷花杯”竞赛活动，大力实施“城乡清洁工程”，推动城镇绿化、净化、硬化、亮化、美化。

镇党委书记黄建全到驻军部队开展“八一”慰问活动

投资1.3亿元的广西名燕特种水泥有限公司开工仪式

贵港市安全生产监督管理局

我局领导深入贵钢车间检查安全生产工作

贵港市安全生产监督管理局为主管安全生产综合监督管理的贵港市人民政府工作部门，承担市安全生产委员会办公室的日常工作；综合管理全市安全生产工作，依法行使市安全生产综合监督管理职权，指导、协调和监督有关部门安全生产监督管理工作；依法组织重大事故的调查处理工作，并监督事故查处的落实情况；负责综合监督管理危险化学品和烟花爆竹安全生产工作；负责监督管理市管理的工矿商贸生产经营单位安全生产工作等职责。

几年来，我局认真贯彻落实全国全区和全市安全生产工作会议精神要求，扎实抓好各项措施落实，保证生产安全，促进经济发发，安监工作取得了很大成绩，安全形势总体稳定，特别是2006年，各项安全生产控制指标是历年来最好的一年，全市共发生各类伤亡事故980起，同比下降10.5%；死亡189人，同比下降22.54%；受伤1086人，同比上升7.85%；直接经济损失354.99万元，同比下降32.27%；发生一次死亡3人以上的事故（属道路交通）1起，同比下降85.71%，死亡3人，同比下降87.50%；杜绝了一次死亡10人以上的特大事故。2006年全区安全生产目标责任年度考核中，我市获得第二名，另外，我局被评为2006年度全国安监系统先进单位，宋首新局长和李志登科长 被评为2006年度全国安监系统先进个人。

我市非常重视生产事故应急救援工作，经常组织开展各种全事故应急演练。在贵糖集团公司开展液氯泄露事故应急救演练

我局在梦之岛开展一条街安全法宣传咨询活动，为群众分发传资料和法律咨询服务。

市政府坚持每一季度召开一次防范特大安全事故工作会议。图为市人民政府召开2007年二季度防范特大安全事故工作会议。

贵港市 华诚物业清洁有限责任公司
华诚酒店、清洁用品经营部

总经理：梁振伦

多功能清洗机　空气净化消毒机　泳池清洗机　无动力扫地机

我公司创建于2001年，是贵港市第一家专业清洁公司，也是意大利特丽洁物业保洁连锁服务中心。公司员工经过严格的专业技术培训，有较系统的清洁保养知识，适应各种高难度清洗服务工作。

本公司配备多种专业设备，使用环保型专用清洁剂，几年来，先后与市直、三区两县（市）数十家单位建立长期业务关系，服务遍及千家万户。

公司还经营宾馆、酒店用品，清洁设备、清洁用品，洗涤用品；代理高空作业车，空气净化消毒机等。

全自动洗地机

电信大楼外墙清洗

正在清洗世纪广场石雕

自动升降机

八、人民生活

8-1 城镇居民家庭生活主要指标

项目	计量单位	附加单位	合计	贵港市港北	贵港市港南	贵港市覃塘	贵港市平南	贵港市桂平
家庭基本情况			–	–	–	–	–	–
调查户月数	户		5040.00	1200.00	720.00	720.00	1200.00	1200.00
总体户数	万户		29.16	12.58	1.36	0.49	6.03	8.72
可支配收入	元	人	7642.41	8308.01	8766.87	7382.48	6786.84	7056.02
服务性消费支出	元	人	1343.67	1340.91	1288.63	1087.03	1364.82	1355.89
旅游人次	次	百人	178.20	21.00	17.76	9.24	22.92	584.16
旅游花费	元	百人	12486.12	12286.20	20036.52	5805.72	11853.12	12643.08
现金收支情况	–		–	–	–	–	–	–
一、期初手存现金	元	人	10568.30	13210.01	4275.73	6869.59	13829.68	4919.01
二、家庭总收入	元	人	8145.63	8976.73	9075.01	7548.61	7036.40	7527.27
其中:可支配收入	元	人	7642.41	8308.01	8766.87	7382.48	6786.84	7056.02
(一)工薪收入	元	人	5971.64	6632.53	6577.41	5090.07	5618.83	5126.91
(二)经营净收入	元	人	616.83	700.09	523.33	1442.16	238.34	726.81
(三)财产性收入	元	人	71.29	100.36	144.57	170.57	45.36	26.89
(四)转移性收入	元	人	1485.87	1543.75	1829.70	845.82	1133.88	1646.67
三、出售财物收入	元	人	6.59	5.18	1.33	4.99	19.15	0.31
四、借贷收入	元	人	1684.61	1543.75	1750.58	3572.17	1466.51	1952.47
五、家庭总支出	元	人	6786.60	7321.86	6443.34	6775.76	6074.64	6495.30
(一)消费支出	元	人	5305.65	5347.75	5373.44	4514.96	5148.47	5394.18
(二)购房与建房支出	元	人	300.98	607.04	0.00	1355.01	0.00	4.02
(三)转移性支出	元	人	788.34	829.91	846.41	796.93	729.46	755.96
(四)财产性支出	元	人	1.38	2.00	3.57	19.51	0.00	0.00
(五)社会保障支出	元	人	390.25	535.17	219.94	89.35	196.71	341.14
六、借贷支出	元	人	3310.93	3503.10	4164.03	4078.75	3000.82	3063.02
七、期末手存现金	元	人	10307.60	12910.71	4495.27	7140.85	13276.29	4840.73
消费支出	元	人	5305.65	5347.75	5373.44	4514.96	5148.47	5394.18
其中:服务性消费支出	元	人	1343.67	1340.91	1288.63	1087.03	1364.82	1355.89
通过互联网购买商品或服务支出	元	人	0.00	0.00	0.00	0.00	0.00	0.00
一、食品	元	人	2437.56	2523.87	2326.15	1934.44	2282.89	2459.29
二、衣着	元	人	334.93	396.94	310.03	317.31	299.93	264.53
三、家庭设备用品及服务	元	人	316.25	308.26	339.76	335.39	311.61	328.31
四、医疗保健	元	人	266.94	242.44	313.51	216.80	328.28	257.55
五、交通和通讯	元	人	583.93	505.89	635.87	576.15	649.63	655.31
六、教育文化娱乐服务	元	人	699.05	722.33	887.62	614.11	623.77	696.35
七、居住	元	人	578.53	539.57	481.74	370.75	587.02	662.15
八、杂项商品和服务	元	人	88.46	108.45	78.75	150.02	65.35	70.69

8－2 农村住户人均收支情况

指 标 名 称	单 位	贵港市	覃塘区	港北区	港南区	平南县	桂平市
(一)住房面积	平方米	28.66	30.02	24.76	30.37	29.26	28.18
1.楼房面积	平方米	19.90	24.13	21.32	26.23	21.51	14.66
2.砖瓦平房面积	平方米	8.14	5.04	3.44	4.08	7.54	12.30
3.其 他	平方米	0.63	0.85		0.07	0.21	1.22
4.耕 地	亩	0.82	1.17	0.84	0.77	0.61	0.87
一.总收入	元	4191.76	3943.12	3562.73	3968.26	3714.35	4874.70
(一)工资性收入	元	1067.36	1068.50	925.98	1118.54	972.51	1156.49
1.在非企业组织中劳动得到收入	元	81.47	124.29	75.62	88.89	74.27	71.31
2.在本乡地域内劳动得到收入	元	217.25	292.62	246.22	407.42	89.43	211.60
3.外出从业得到收入	元	768.63	651.59	604.13	622.23	808.81	873.58
(二)家庭经营收入	元	3060.70	2836.41	2485.08	2799.80	2692.61	3653.53
1.第一产业收入	元	2251.43	2693.99	2321.98	2490.39	2382.84	1901.62
(1)农业收入	元	1271.83	1677.50	1397.66	1489.49	1251.86	1039.61
(2)林业收入	元	43.15	3.06	6.59	7.53	115.44	25.35
(3)牧业收入	元	916.56	1000.85	905.28	975.67	990.56	815.36
(4)渔业收入	元	19.88	12.59	12.46	17.70	24.97	21.30
2.第二产业收入	元	638.02	32.41	28.05	1.32	100.28	1627.26
(1)工业收入	元	609.22	17.97		1.09	17.90	1622.99
(2)建筑业收入	元	28.81	14.44	28.05	0.23	82.38	4.27
3.第三产业收入	元	171.25	110.01	135.04	308.09	209.49	124.65
(三)财产性收入	元	11.20	18.63	50.28	7.84	2.06	6.35
(四)转移性收入	元	52.51	19.58	101.40	42.08	47.17	58.34
二.总支出	元	3772.01	3312.27	2322.45	3114.34	3184.84	4977.90
(一)家庭经营费用支出	元	1413.65	1013.80	643.08	1068.57	922.16	2238.40
1.第一产业生产费用支出	元	910.76	988.37	642.28	927.33	888.49	966.15
(1)农业生产费用支出	元	418.43	558.35	354.13	496.32	407.20	369.00
(2)林业生产费用支出	元	2.84	5.09	0.62	8.24	3.64	0.16
(3)牧业生产费用支出	元	479.12	423.70	286.51	419.42	451.34	590.41
(4)渔业生产费用支出	元	10.37	1.23	1.02	3.34	26.31	6.59

(续表 8－2)

指标名称	单位	贵港市	覃塘区	港北区	港南区	平南县	桂平市
2.第二产业生产费用支出	元	481.09	16.70		34.34	27.49	1259.05
(2)建筑业生产费用支出	元	11.43	15.31		21.19	17.39	5.26
3.第三产业生产费用支出	元	21.80	8.73	0.80	106.91	6.18	13.20
(二)购置生产性固定资产支出	元	73.07	43.52	8.42	110.73	32.55	116.80
(四)税费支出	元	7.03	14.63		3.07	1.91	11.51
(五)生活消费支出	元	2206.27	2164.85	1654.82	1862.31	2206.31	2487.65
其中:服务性支出	元	822.86	880.75	518.87	795.96	629.53	1036.46
1.食品消费支出	元	1017.68	1063.48	631.76	690.59	925.65	1288.21
2.衣着消费支出	元	74.22	46.75	57.41	43.35	66.35	104.68
3.居住消费支出	元	243.16	175.18	261.96	406.13	173.54	255.01
4.家庭设备.用品消费支出	元	106.11	102.99	112.15	79.77	103.39	116.90
5.交通和通讯消费支出	元	312.18	211.07	175.32	144.83	544.97	269.13
6.文化教育.娱乐消费支出	元	306.38	411.29	317.45	338.09	270.26	283.64
7.医疗保健消费支出	元	99.48	129.78	71.58	78.71	92.63	109.06
8.其他商品和服务消费支出	元	47.06	24.31	27.19	80.84	29.51	61.03
(六)财产性支出	元	16.38	9.13			2.02	39.58
(七)转移性支出	元	55.48	66.35	16.13	69.66	19.88	83.56
一、全年纯收入	元	2693.15	2834.63	2840.97	2834.85	2688.25	2559.89
(一)工资性收入	元	1067.36	1068.50	925.98	1118.54	972.51	1156.49
(二)家庭经营纯收入	元	1584.52	1741.46	1774.09	1672.16	1706.57	1360.05
(三)财产性纯收入	元	11.20	18.63	50.28	7.84	2.06	6.35
(四)转移性纯收入	元	30.08	6.04	90.63	36.31	7.11	37.00
二、全年现金纯收入	元	2184.97	2238.83	2431.43	2483.47	2063.02	2086.40
三、全年实物纯收入	元	508.19	595.80	409.54	351.39	625.23	473.49

8-3 行政事业单位财务状况综合表(一)

2005 年度　　　　单位:千元

指 标 名 称	行政事业单位合计(个)	全部从业人员年平均人数(人)	年末资产	固定资产原价	上年结余
总　计	**5552**	**96098**	**72730363**	**50292866**	**2072260**
一、按登记注册类型分组					
内资企业	5552	96098	72730363	50292866	2072260
国有企业	3249	84027	64680926	44489480	1852013
集体企业	686	1872	1206669	550309	14233
股份合作企业	71	432	68204	66884	2665
联营企业	1	799	0	0	0
国有与集体联营企业	1	799	0	0	0
私营企业	36	1143	1535689	1349865	73942
私营独资企业	15	376	773829	601952	17888
私营合伙企业	21	767	761860	747913	56054
其他企业	1509	7825	5238875	3836328	129407
二、按国民经济行业分组(中类)					
交通运输、仓储和邮政业	15	398	50801	38167	10050
道路运输业	2	239	25302	21472	10050
道路运输辅助活动	2	239	25302	21472	10050
仓储业	13	159	25499	16695	0
谷物、棉花等农产品仓储	10	125	5000	3500	0
其他仓储	3	34	20499	13195	0
租赁和商务服务业	130	3121	4229179	2649645	59516
商务服务业	130	3121	4229179	2649645	59516
企业管理服务	93	815	2692403	1215406	34080
法律服务	7	17	8623	6360	318
咨询与调查	12	67	68254	48730	733
职业中介服务	4	45	56710	32717	3523
市场管理	14	2177	1403189	1346432	20862
科学研究、技术服务和地质勘查业	190	2112	1192272	758818	22448
研究与试验发展	18	342	282673	156659	15716
农业科学研究与试验发展	9	181	171967	58068	14716
医学研究与试验发展	1	3	0	0	0
社会人文科学研究与试验发展	8	158	110706	98591	1000
专业技术服务业	49	685	508347	295720	-1238
气象服务	3	51	64057	53006	0
地震服务	4	16	4270	4270	2062
测绘服务	2	23	12793	3193	190
技术检测	8	94	54663	51849	919
环境监测	2	46	9570	9370	0
工程技术与规划管理	29	415	344321	164162	-4409

(续表8－3)　　单位：千元

指标名称	行政事业单位合计(个)	全部从业人员年平均人数(人)	年末资产	固定资产原价	上年结余
其他专业技术服务	1	40	18673	9870	0
科技交流和推广服务业	122	959	252155	207124	7970
技术推广服务	120	946	251795	206764	7970
科技中介服务	1	4	360	360	0
其他科技服务	1	9	0	0	0
地质勘查业	1	126	149097	99315	0
矿产地质勘查	1	126	149097	99315	0
水利、环境和公共设施管理业	50	1739	2809919	2600773	－55
水利管理业	39	974	2595683	2401120	－3028
防洪管理	1	7	30000	30000	0
水资源管理	25	896	2537436	2343315	－3365
其他水利管理	13	71	28247	27805	337
环境管理业	5	371	28422	27401	2973
环境治理	5	371	28422	27401	2973
公共设施管理业	6	394	185814	172252	0
市政公共设施管理	3	90	107055	102893	0
城市绿化管理	2	240	67059	67059	0
游览景区管理	1	64	11700	2300	0
居民服务和其他服务业	4	111	188576	79312	10064
居民服务业	3	100	168146	78492	10064
殡葬服务	3	100	168146	78492	10064
其他服务业	1	11	20430	820	0
清洁服务	1	11	20430	820	0
教育	1511	46645	24582675	20668144	306274
教育	1511	46645	24582675	20668144	306274
学前教育	102	824	286114	281826	2715
初等教育	1151	24504	11215534	9502881	76986
中等教育	243	20371	12921668	10735129	209114
高等教育	5	796	79738	79713	0
其他教育	10	150	79621	68595	17459
卫生、社会保障和社会福利业	1165	12418	9134014	6206528	－45836
卫生	1107	12014	8814435	5931914	－50969
医院	17	4923	6034006	3803297	－10382
卫生院及社区医疗活动	77	2708	1206450	909240	－17644
门诊部医疗活动	888	1500	277531	243887	12407
计划生育技术服务活动	112	1774	398410	344480	10902
妇幼保健活动	5	635	528738	399491	－25270
疾病预防控制及防疫活动	6	411	264173	182814	0
其他卫生活动	2	63	105127	48705	－20982
社会保障业	47	177	184109	170020	3612

(续表 8-3)　　单位:千元

指标名称	行政事业单位合计(个)	全部从业人员年平均人数(人)	年末资产	固定资产原价	上年结余
社会保障业	47	177	184109	170020	3612
社会福利业	11	227	135470	104594	1521
提供住宿的社会福利	9	218	132227	101351	469
不提供住宿的社会福利	2	9	3243	3243	1052
文化、体育和娱乐业	107	738	619453	557439	53569
新闻出版业	1	108	42300	23219	－1828
出版业	1	108	42300	23219	－1828
广播、电视、电影和音像业	77	322	345821	320447	53747
广播	64	187	140026	127533	1583
电视	11	87	152638	139930	3287
电影	2	48	53157	52984	48877
文化艺术业	25	266	172790	156953	1650
文艺创作与表演	5	75	24909	24909	0
艺术表演场馆	1	19	14130	14130	0
图书馆与档案馆	8	65	63159	62239	565
文物及文化保护	2	17	32365	24866	0
博物馆	3	40	13961	12219	0
群众文化活动	1	22	21026	16220	0
文化艺术经纪代理	1	4	1700	1700	85
其他文化艺术	4	24	1540	670	1000
体育	4	42	58542	56820	0
体育场馆	3	16	58542	56820	0
其他体育	1	26	0	0	0
公共管理和社会组织	2380	28816	29923474	16734040	1656230
中国共产党机关	100	1185	516820	365981	11852
中国共产党机关	100	1185	516820	365981	11852
国家机构	965	19448	24907860	12366396	1492427
国家权力机构	10	143	156348	22173	22858
国家行政机构	937	18462	24125785	11860916	1352317
人民法院和人民检察院	17	831	620727	478307	117252
其他国家机构	1	12	5000	5000	0
人民政协和民主党派	11	84	10486	8213	1183
人民政协	6	73	9389	7675	928
民主党派	5	11	1097	538	255
群众团体、社会团体和宗教组织	157	2054	572986	419821	28841
群众团体	39	161	235576	164776	11948
社会团体	114	1830	325082	243582	16696
宗教组织	4	63	12328	11463	197
基层群众自治组织	1147	6045	3915322	3573629	121927
社区自治组织	185	898	710689	604436	11243
村民自治组织	962	5147	3204633	2969193	110684

8-4 行政事业单位财务状况综合表(二)

2005 年度　　　　单位:千元

指 标 名 称	本年收入合计	财政拨款	预算外资金收入	上级补助收入	事业收入
总 计	**34672947**	**17863143**	**938278**	**1110776**	**11846967**
一、按登记注册类型分组					
内资企业	34672947	17863143	938278	1110776	11846967
国有企业	32998767	17604839	932345	1043586	10890265
集体企业	438524	57378	2240	9413	243301
股份合作企业	37597	0	0	960	28087
联营企业	13500	0	0	0	0
国有与集体联营企业	13500	0	0	0	0
私营企业	482817	0	0	0	453559
私营独资企业	275704	0	0	0	269999
私营合伙企业	207113	0	0	0	183560
其他企业	701742	200926	3693	56817	231755
二、按国民经济行业分组(中类)					
交通运输、仓储和邮政业	67746	2941	0	53000	0
道路运输业	57000	0	0	53000	0
道路运输辅助活动	57000	0	0	53000	0
仓储业	10746	2941	0	0	0
谷物、棉花等农产品仓储	3320	980	0	0	0
其他仓储	7426	1961	0	0	0
租赁和商务服务业	1357549	290339	380	10671	440204
商务服务业	1357549	290339	380	10671	440204
企业管理服务	863133	273280	380	907	14635
法律服务	5178	1633	0	0	1335
咨询与调查	17830	5336	0	64	2741
职业中介服务	22680	9421	0	1510	7393
市场管理	448728	669	0	8190	414100
科学研究、技术服务和地质勘查业	893516	552766	30671	18832	168465
研究与试验发展	126254	66597	2240	3312	19766
农业科学研究与试验发展	53873	29028	0	120	4042
医学研究与试验发展	385	0	0	0	0
社会人文科学研究与试验发展	71996	37569	2240	3192	15724
专业技术服务业	497057	264604	28018	10485	135619
气象服务	55452	34284	0	6959	0
地震服务	8238	5804	2434	0	0
测绘服务	21465	800	0	0	20661
技术检测	96944	10562	8116	0	66093
环境监测	11617	11582	0	0	35
工程技术与规划管理	290625	192740	13584	3526	48830

（续表8-4） 单位：千元

指标名称	本年收入合计	财政拨款	预算外资金收入	上级补助收入	事业收入
其他专业技术服务	12716	8832	3884	0	0
科技交流和推广服务业	194806	149138	413	5035	13080
技术推广服务	194215	148803	413	5035	13080
科技中介服务	335	335	0	0	0
其他科技服务	256	0	0	0	0
地质勘查业	75399	72427	0	0	0
矿产地质勘查	75399	72427	0	0	0
水利、环境和公共设施管理业	303445	110680	1068	10158	74590
水利管理业	118721	7935	0	4369	29961
防洪管理	1200	1200	0	0	0
水资源管理	107456	4091	0	4369	28345
其他水利管理	10065	2644	0	0	1616
环境管理业	63645	32588	0	1135	29443
环境治理	63645	32588	0	1135	29443
公共设施管理业	121079	70157	1068	4654	15186
市政公共设施管理	60508	40983	1068	1647	2942
城市绿化管理	53671	29174	0	1807	10744
游览景区管理	6900	0	0	1200	1500
居民服务和其他服务业	111897	9345	0	0	102077
居民服务业	96967	9345	0	0	87147
殡葬服务	96967	9345	0	0	87147
其他服务业	14930	0	0	0	14930
清洁服务	14930	0	0	0	14930
教育	10981881	6418895	111181	300229	3682027
教育	10981881	6418895	111181	300229	3682027
学前教育	116591	43473	0	2668	50467
初等教育	5250755	3925325	26430	208094	1001104
中等教育	5530792	2415537	84751	87714	2587252
高等教育	44325	7754	0	1700	33018
其他教育	39418	26806	0	53	10186
卫生、社会保障和社会福利业	7034144	467968	65902	35510	6081518
卫生	6861976	392702	65902	28048	6056023
医院	4223857	31731	0	2150	4086326
卫生院及社区医疗活动	1096193	25767	0	3532	953414
门诊部医疗活动	363949	3454	0	1340	265798
计划生育技术服务活动	334740	281695	5870	7060	38938
妇幼保健活动	471330	8326	0	60	457983
疾病预防控制及防疫活动	223759	41469	60032	13906	106434
其他卫生活动	148148	260	0	0	147130
社会保障业	55759	45393	0	50	2995

(续表8-4) 单位:千元

指标名称	本年收入合计	财政拨款	预算外资金收入	上级补助收入	事业收入
社会保障业	55759	45393	0	50	2995
社会福利业	116409	29873	0	7412	22500
提供住宿的社会福利	110958	27569	0	7412	22500
不提供住宿的社会福利	5451	2304	0	0	0
文化、体育和娱乐业	278679	96502	472	2540	105882
新闻出版业	85297	0	0	0	80124
出版业	85297	0	0	0	80124
广播、电视、电影和音像业	102954	20232	0	1859	20874
广播	44649	17697	0	825	13353
电视	53470	2535	0	1034	5097
电影	4835	0	0	0	2424
文化艺术业	84719	71041	472	681	4404
文艺创作与表演	14481	10012	392	310	2470
艺术表演场馆	5904	4060	80	0	0
图书馆与档案馆	33447	31316	0	300	404
文物及文化保护	5230	4410	0	0	820
博物馆	10213	8761	0	71	710
群众文化活动	5405	3726	0	0	0
文化艺术经纪代理	1230	280	0	0	0
其他文化艺术	8809	8476	0	0	0
体育	5709	5229	0	0	480
体育场馆	1103	623	0	0	480
其他体育	4606	4606	0	0	0
公共管理和社会组织	13644090	9913707	728604	679836	1192204
中国共产党机关	729828	674841	6725	3293	3127
中国共产党机关	729828	674841	6725	3293	3127
国家机构	12144396	8877564	719274	606481	1122361
国家权力机构	101352	89367	1910	3200	6700
国家行政机构	11415959	8245897	633004	603281	1115661
人民法院和人民检察院	621125	536340	84360	0	0
其他国家机构	5960	5960	0	0	0
人民政协和民主党派	67707	67551	0	30	0
人民政协	62801	62645	0	30	0
民主党派	4906	4906	0	0	0
群众团体、社会团体和宗教组织	231673	101615	1762	15555	25679
群众团体	116194	47321	1762	9474	12409
社会团体	114395	54294	0	5689	12937
宗教组织	1084	0	0	392	333
基层群众自治组织	470486	192136	843	54477	41037
社区自治组织	64457	22412	0	8811	11555
村民自治组织	406029	169724	843	45666	29482

8－5　行政事业单位财务状况综合表(三)

2005 年度　　　　单位:千元

指 标 名 称	经营收入	其他收入	本年支出合计	人员支出	公用支出
总　　计	**1251829**	**1661954**	**34453212**	**13407135**	**12041320**
一、按登记注册类型分组					
内资企业	1251829	1661954	34453212	13407135	12041320
国有企业	930805	1596927	32481936	12618464	11336793
集体企业	110873	15319	435238	169791	191545
股份合作企业	8500	50	36000	23357	12343
联营企业	13500	0	13500	13500	0
国有与集体联营企业	13500	0	13500	13500	0
私营企业	12718	16540	769374	169801	240083
私营独资企业	5705	0	241544	90357	137686
私营合伙企业	7013	16540	527830	79444	102397
其他企业	175433	33118	717164	412222	260556
二、按国民经济行业分组(中类)					
交通运输、仓储和邮政业	6453	5352	73700	31097	8433
道路运输业	0	4000	62955	24985	3800
道路运输辅助活动	0	4000	62955	24985	3800
仓储业	6453	1352	10745	6112	4633
谷物、棉花等农产品仓储	2300	40	3320	3290	30
其他仓储	4153	1312	7425	2822	4603
租赁和商务服务业	527927	88028	1312655	349462	744298
商务服务业	527927	88028	1312655	349462	744298
企业管理服务	497858	76073	882985	119385	640957
法律服务	2210	0	5256	2456	2325
咨询与调查	4309	5380	18310	11443	3668
职业中介服务	3920	436	17549	7155	10017
市场管理	19630	6139	388555	209023	87331
科学研究、技术服务和地质勘查业	86442	36340	863730	308725	183375
研究与试验发展	14462	19877	127665	48458	32517
农业科学研究与试验发展	14077	6606	55803	17313	5269
医学研究与试验发展	385	0	256	231	25
社会人文科学研究与试验发展	0	13271	71606	30914	27223
专业技术服务业	57168	1163	455799	128061	80170
气象服务	14171	38	52951	7592	6773
地震服务	0	0	9753	2427	6697
测绘服务	0	4	21263	4033	6056
技术检测	12020	153	93638	19565	20780
环境监测	0	0	11617	4779	4098
工程技术与规划管理	30977	968	253861	79123	33652

(续表 8-5)　　　　单位:千元

指 标 名 称	经营收入	其他收入	本年支出合计	人员支出	公用支出
其他专业技术服务	0	0	12716	10542	2114
科技交流和推广服务业	14090	13050	197411	115908	57762
技术推广服务	14090	12794	196820	115357	57722
科技中介服务	0	0	335	335	0
其他科技服务	0	256	256	216	40
地质勘查业	722	2250	82855	16298	12926
矿产地质勘查	722	2250	82855	16298	12926
水利、环境和公共设施管理业	74718	32231	344397	158244	112493
水利管理业	70618	5838	159955	72761	50044
防洪管理	0	0	1200	550	650
水资源管理	65932	4719	148235	68041	47659
其他水利管理	4686	1119	10520	4170	1735
环境管理业	0	479	64871	36483	21499
环境治理	0	479	64871	36483	21499
公共设施管理业	4100	25914	119571	49000	40950
市政公共设施管理	0	13868	57301	12633	30756
城市绿化管理	0	11946	54670	31467	9694
游览景区管理	4100	100	7600	4900	500
居民服务和其他服务业	0	475	111964	48439	55060
居民服务业	0	475	95364	43219	46880
殡葬服务	0	475	95364	43219	46880
其他服务业	0	0	16600	5220	8180
清洁服务	0	0	16600	5220	8180
教育	87902	381647	10979477	5997152	2717601
教育	87902	381647	10979477	5997152	2717601
学前教育	17085	2898	114461	64621	34304
初等教育	3432	86370	5215444	3227171	924080
中等教育	65802	289736	5573290	2666719	1737157
高等教育	0	1853	45398	17619	17100
其他教育	1583	790	30884	21022	4960
卫生、社会保障和社会福利业	129310	253936	6963141	2081486	3864903
卫生	129100	190201	6782782	2021908	3795872
医院	6429	97221	4114469	1115252	2437832
卫生院及社区医疗活动	30193	83287	1110870	352374	582729
门诊部医疗活动	90937	2420	351468	172522	131104
计划生育技术服务活动	605	572	341085	152338	94940
妇幼保健活动	0	4961	508806	143661	327932
疾病预防控制及防疫活动	936	982	218548	76941	97169
其他卫生活动	0	758	137536	8820	124166
社会保障业	0	7321	54952	29006	20143

(续表 8－5)　　单位：千元

指 标 名 称	经营收入	其他收入	本年支出合计	人员支出	公用支出
社会保障业	0	7321	54952	29006	20143
社会福利业	210	56414	125407	30572	48888
提供住宿的社会福利	210	53267	121502	29933	48123
不提供住宿的社会福利	0	3147	3905	639	765
文化、体育和娱乐业	56387	16896	270307	118070	129032
新闻出版业	0	5173	86143	25492	59905
出版业	0	5173	86143	25492	59905
广播、电视、电影和音像业	55437	4552	96099	47534	42231
广播	10460	2314	41264	24208	13157
电视	44742	62	49295	20198	27235
电影	235	2176	5540	3128	1839
文化艺术业	950	7171	82356	40510	25817
文艺创作与表演	0	1297	12680	6827	4456
艺术表演场馆	0	1764	5904	4124	651
图书馆与档案馆	0	1427	34028	13757	15371
文物及文化保护	0	0	5230	3288	207
博物馆	0	671	9143	4978	2435
群众文化活动	0	1679	5405	2779	1197
文化艺术经纪代理	950	0	1170	340	0
其他文化艺术	0	333	8796	4417	1500
体育	0	0	5709	4534	1079
体育场馆	0	0	1103	964	43
其他体育	0	0	4606	3570	1036
公共管理和社会组织	282690	847049	13533841	4314460	4226125
中国共产党机关	0	41842	721497	252183	386344
中国共产党机关	0	41842	721497	252183	386344
国家机构	83803	734913	12024807	3683586	3543221
国家权力机构	0	175	113490	33182	66473
国家行政机构	83803	734313	11277913	3445152	3289655
人民法院和人民检察院	0	425	627444	203572	182813
其他国家机构	0	0	5960	1680	4280
人民政协和民主党派	0	126	66464	16702	38399
人民政协	0	126	61994	14602	36474
民主党派	0	0	4470	2100	1925
群众团体、社会团体和宗教组织	38781	48281	232734	90360	75348
群众团体	7381	37847	109076	27920	30004
社会团体	31400	10075	122575	61856	44845
宗教组织	0	359	1083	584	499
基层群众自治组织	160106	21887	488339	271629	182813
社区自治组织	17028	4651	65894	34154	31167
村民自治组织	143078	17236	422445	237475	151646

8-6 行政事业单位财务状况综合表(四)

2005 年度　　单位:千元

指标名称	对个人和家庭补助	基本建设项目支出	其他项目支出	收支结余	经营税金
总　　计	**2938554**	**2420219**	**2139643**	**2291995**	**60158**
一、按登记注册类型分组					
内资企业	2938554	2420219	2139643	2291995	60158
国有企业	2871371	2075499	2128799	2368844	56063
集体企业	17057	1365	4802	17519	564
股份合作企业	0	0	0	4262	0
联营企业	0	0	0	0	0
国有与集体联营企业	0	0	0	0	0
私营企业	19140	340000	260	－212615	270
私营独资企业	13411	0	0	52048	270
私营合伙企业	5729	340000	260	－264663	0
其他企业	30986	3355	5782	113985	3261
二、按国民经济行业分组(中类)					
交通运输、仓储和邮政业	28	0	0	4096	129
道路运输业	28	0	0	4095	0
道路运输辅助活动	28	0	0	4095	0
仓储业	0	0	0	1	129
谷物、棉花等农产品仓储	0	0	0	0	0
其他仓储	0	0	0	1	129
租赁和商务服务业	9942	75624	58627	104410	21803
商务服务业	9942	75624	58627	104410	21803
企业管理服务	8912	50000	58551	14228	240
法律服务	0	0	0	240	207
咨询与调查	40	0	69	253	296
职业中介服务	377	0	0	8654	167
市场管理	613	25624	7	81035	20893
科学研究、技术服务和地质勘查业	206127	54180	42730	52234	4841
研究与试验发展	15583	18587	7867	14305	307
农业科学研究与试验发展	2954	18489	7867	12786	307
医学研究与试验发展	0	0	0	129	0
社会人文科学研究与试验发展	12629	98	0	1390	0
专业技术服务业	134110	21686	32710	40020	4409
气象服务	5041	0	1509	2501	445
地震服务	440	189	0	547	0
测绘服务	1300	0	7800	392	1000
技术检测	2014	18000	23181	4225	530
环境监测	6	2724	10	0	0
工程技术与规划管理	125249	773	210	32355	2434

指标名称	对个人和家庭补助	基本建设项目支出	其他项目支出	收支结余	经营税金
其他专业技术服务	60	0	0	0	0
科技交流和推广服务业	15232	1907	2153	5365	59
技术推广服务	15232	1907	2153	5365	59
科技中介服务	0	0	0	0	0
其他科技服务	0	0	0	0	0
地质勘查业	41202	12000	0	－7456	66
矿产地质勘查	41202	12000	0	－7456	66
水利、环境和公共设施管理业	14391	15512	6444	－41007	4106
水利管理业	4970	2218	5745	－44262	1281
防洪管理	0	0	0	0	0
水资源管理	4420	2218	5091	－44144	1107
其他水利管理	550	0	654	－118	174
环境管理业	6889	0	0	1747	1773
环境治理	6889	0	0	1747	1773
公共设施管理业	2532	13294	699	1508	1052
市政公共设施管理	618	13294	0	3207	81
城市绿化管理	114	0	699	－999	671
游览景区管理	1800	0	0	－700	300
居民服务和其他服务业	2592	2673	3200	9997	830
居民服务业	2592	2673	0	11667	0
殡葬服务	2592	2673	0	11667	0
其他服务业	0	0	3200	－1670	830
清洁服务	0	0	3200	－1670	830
教育	1317617	667882	123830	308678	2881
教育	1317617	667882	123830	308678	2881
学前教育	12781	0	2365	4845	270
初等教育	925355	93237	26966	112297	1274
中等教育	373998	574210	92644	166616	1337
高等教育	3066	0	0	－1073	0
其他教育	2417	435	1855	25993	0
卫生、社会保障和社会福利业	208596	349143	177765	25167	183
卫生	175561	341935	177643	28225	183
医院	104064	306357	54939	99006	0
卫生院及社区医疗活动	31253	35478	32587	－32321	104
门诊部医疗活动	2912	0	0	24888	2
计划生育技术服务活动	14820	100	75308	4557	77
妇幼保健活动	10729	0	3480	－62746	0
疾病预防控制及防疫活动	11503	0	11329	5211	0
其他卫生活动	280	0	0	－10370	0
社会保障业	2608	1631	0	4419	0

(续表8-6) 单位:千元

指标名称	对个人和家庭补助	基本建设项目支出	其他项目支出	收支结余	经营税金
社会保障业	2608	1631	0	4419	0
社会福利业	30427	5577	122	-7477	0
提供住宿的社会福利	29927	5577	122	-10075	0
不提供住宿的社会福利	500	0	0	2598	0
文化、体育和娱乐业	16160	118	415	61941	10945
新闻出版业	0	0	0	-2674	3415
出版业	0	0	0	-2674	3415
广播、电视、电影和音像业	3055	118	415	60602	7398
广播	1183	118	415	4968	779
电视	1862	0	0	7462	5039
电影	10	0	0	48172	1580
文化艺术业	13029	0	0	4013	132
文艺创作与表演	1397	0	0	1801	0
艺术表演场馆	1129	0	0	0	0
图书馆与档案馆	2730	0	0	-16	0
文物及文化保护	1735	0	0	0	132
博物馆	1730	0	0	1070	0
群众文化活动	1429	0	0	0	0
文化艺术经纪代理	0	0	0	145	0
其他文化艺术	2879	0	0	1013	0
体育	76	0	0	0	0
体育场馆	76	0	0	0	0
其他体育	0	0	0	0	0
公共管理和社会组织	1163101	1255087	1726632	1766479	14440
中国共产党机关	43576	704	20663	20183	14
中国共产党机关	43576	704	20663	20183	14
国家机构	1067694	1249079	1696235	1612016	13839
国家权力机构	13357	160	318	10720	0
国家行政机构	1019566	1077355	1663917	1490363	13839
人民法院和人民检察院	34771	171564	32000	110933	0
其他国家机构	0	0	0	0	0
人民政协和民主党派	10791	0	0	2426	0
人民政协	10727	0	0	1735	0
民主党派	64	0	0	691	0
群众团体、社会团体和宗教组织	15506	2009	5513	27780	1
群众团体	8913	1949	750	19066	0
社会团体	6593	60	4763	8516	1
宗教组织	0	0	0	198	0
基层群众自治组织	25534	3295	4221	104074	586
社区自治组织	358	0	0	9806	367
村民自治组织	25176	3295	4221	94268	219

8-7 服务业企业财务状况综合表

2005 年度　　　　　　　　　　　　　　　　单位:千元

指标名称	企业数(个)	年末从业人员数(人)	固定资产原价	本年折旧	资产总计	负债合计
总　　计	**725**	**8030**	**6942640**	**607463**	**10002968**	**6166538**
其中:国有及国有控股	26	1082	3369710	467423	6332458	5362605
一、按登记注册类型分组						
内资企业	723	7818	6890610	606343	9942248	6110628
国有企业	34	1336	3499786	471199	6234592	5258720
集体企业	197	571	202180	11047	390875	208323
股份合作企业	9	280	291898	24388	295726	67803
联营企业	1	12	0	0	6790	0
集体联营企业	1	12	0	0	6790	0
有限责任公司	11	543	100362	45191	167714	65394
其他有限责任公司	11	543	100362	45191	167714	65394
股份有限公司	9	495	45954	3640	533800	230050
私营企业	325	3820	2320892	41471	1980036	262578
私营独资企业	279	3066	1938071	31936	1429988	204485
私营合伙企业	25	430	324444	3417	332730	23810
私营有限责任公司	17	252	30537	4228	184758	34103
私营股份有限公司	4	72	27840	1890	32560	180
其他企业	137	761	429538	9407	332715	17760
港、澳、台商投资企业	1	208	51530	1070	59760	55910
港、澳、台商独资经营企业	1	208	51530	1070	59760	55910
外商投资企业	1	4	500	50	960	0
中外合资经营企业	1	4	500	50	960	0
二、按国民经济行业分组(中类)						
交通运输、仓储和邮政业	9	338	603741	85655	2971354	2049574
仓储业	9	338	603741	85655	2971354	2049574
谷物、棉花等农产品仓储	3	130	349655	8915	2320631	1521129
其他仓储	6	208	254086	76740	650723	528445
信息传输、计算机服务和软件业	141	335	121045	14578	172298	16045
计算机服务业	140	328	119545	14278	170798	15745
计算机维修	1	5	50	0	150	40
其他计算机服务	139	323	119495	14278	170648	15705
软件业	1	7	1500	300	1500	300
公共软件服务	1	7	1500	300	1500	300
金融业	1	8	140	0	50270	270
其他金融活动	1	8	140	0	50270	270
典当	1	8	140	0	50270	270
租赁和商务服务业	63	1157	1117297	281165	2950124	3585650
租赁业	1	200	0	0	28892	27980
机械设备租赁	1	200	0	0	28892	27980
商务服务业	62	957	1117297	281165	2921232	3557670
企业管理服务	6	462	1003334	262140	2730850	3511240
法律服务	13	57	4340	950	4180	1270
咨询与调查	5	52	3570	50	21700	4580
广告业	18	129	26060	5700	59860	14380
职业中介服务	1	3	0	0	1780	1420
市场管理	3	100	45340	10080	45380	5290
旅行社	7	86	6155	195	25797	3717
其他商务服务	9	68	28498	2050	31685	15773
科学研究、技术服务和地质勘查业	29	546	114600	18019	254212	99857

(续表 8-7)　　单位:千元

指标名称	企业数(个)	年末从业人员数(人)	固定资产原价	本年折旧	资产总计	负债合计
专业技术服务业	23	448	97859	12592	203859	66695
气象服务	1	8	795	164	2878	1575
测绘服务	1	20	60	5	1440	2710
技术检测	9	156	71158	8404	96647	23619
工程技术与规划管理	9	194	21776	3939	80414	35361
其他专业技术服务	3	70	4070	80	22480	3430
科技交流和推广服务业	5	59	15241	5257	47373	30542
技术推广服务	4	44	14241	4957	46073	30542
其他科技服务	1	15	1000	300	1300	0
地质勘查业	1	39	1500	170	2980	2620
基础地质勘查	1	39	1500	170	2980	2620
水利、环境和公共设施管理业	5	550	1707918	52598	980851	21771
水利管理业	2	240	1634538	47428	973106	18511
防洪管理	1	10	263669	0	263669	0
水资源管理	1	230	1370869	47428	709437	18511
环境管理业	1	15	2710	270	2910	0
环境治理	1	15	2710	270	2910	0
公共设施管理业	2	295	70670	4900	4835	3260
城市绿化管理	1	9	570	0	3510	3260
游览景区管理	1	286	70100	4900	1325	0
居民服务和其他服务业	17	324	92600	42829	119180	1550
居民服务业	11	298	88940	42769	113460	400
理发及美容保健服务	7	58	3100	9	5890	400
摄影扩印服务	2	3	360	20	310	0
其他居民服务	2	237	85480	42740	107260	0
其他服务业	6	26	3660	60	5720	1150
修理与维护	4	19	2360	50	4390	1050
清洁服务	2	7	1300	10	1330	100
教育	200	3812	2621256	44995	2016221	270603
教育	200	3812	2621256	44995	2016221	270603
学前教育	106	723	236420	8367	189715	12850
初等教育	31	720	481013	3780	285720	1400
中等教育	38	2054	1802038	26623	1434636	245353
其他教育	25	315	101785	6225	106150	11000
卫生、社会保障和社会福利业	242	640	337610	9868	297750	37100
卫生	217	576	277230	5922	238440	37100
医院	1	89	30900	66	30800	0
卫生院及社区医疗活动	4	81	35620	3	43100	37000
门诊部医疗活动	211	382	190510	5753	144440	100
专科疾病防治活动	1	24	20200	100	20100	0
社会福利业	25	64	60380	3946	59310	0
提供住宿的社会福利	24	58	60380	3946	59260	0
不提供住宿的社会福利	1	6	0	0	50	0
文化、体育和娱乐业	18	320	226433	57756	190708	84118
广播、电视、电影和音像业	12	207	210263	55778	166408	82618
广播	3	3	1150	80	1150	0
电影	9	204	209113	55698	165258	82618
娱乐业	6	113	16170	1978	24300	1500
室内娱乐活动	5	111	14170	1978	21300	1500
休闲健身娱乐活动	1	2	2000	0	3000	0

(续表8-7) 单位:千元

指标名称	实收资本	营业收入合计	主营业务收入	主营业务成本	主营业务税金及附加	费用合计
总　计	**3949008**	**3494697**	**3282362**	**2037854**	**70766**	**1213304**
其中:国有及国有控股	2420553	1273321	1246301	954005	15613	480579
一、按登记注册类型分组						
内资企业	3892878	3444577	3232242	2037854	70766	1168674
国有企业	2465440	1291184	1253845	975174	21879	502141
集体企业	70620	125957	125957	55064	3674	32168
股份合作企业	102090	160228	136363	93699	2536	43072
联营企业	6070	29650	29650	27000	90	680
集体联营企业	6070	29650	29650	27000	90	680
有限责任公司	56200	154670	154670	35885	1886	114663
其他有限责任公司	56200	154670	154670	35885	1886	114663
股份有限公司	172450	556859	418608	365044	17076	60700
私营企业	806453	990082	977432	445474	21871	354578
私营独资企业	601163	802912	790473	366088	15050	275029
私营合伙企业	48560	51855	51644	8170	817	31041
私营有限责任公司	142930	105189	105189	52189	4500	39899
私营股份有限公司	13800	30126	30126	19027	1504	8609
其他企业	213555	135947	135717	40514	1754	60672
港、澳、台商投资企业	55630	49560	49560	0	0	44130
港、澳、台商独资经营企业	55630	49560	49560	0	0	44130
外商投资企业	500	560	560	0	0	500
中外合资经营企业	500	560	560	0	0	500
二、按国民经济行业分组(中类)						
交通运输、仓储和邮政业	302531	967035	936372	847344	7880	196690
仓储业	302531	967035	936372	847344	7880	196690
谷物、棉花等农产品仓储	203631	464888	444858	438074	5700	110643
其他仓储	98900	502147	491514	409270	2180	86047
信息传输、计算机服务和软件业	126813	167651	163276	98757	11237	28884
计算机服务业	123813	166151	161776	98377	11207	28034
计算机维修	150	350	350	100	20	160
其他计算机服务	123663	165801	161426	98277	11187	27874
软件业	3000	1500	1500	380	30	850
公共软件服务	3000	1500	1500	380	30	850
金融业	50000	1460	1460	0	90	500
其他金融活动	50000	1460	1460	0	90	500
典当	50000	1460	1460	0	90	500
租赁和商务服务业	1110460	837298	694227	496086	26646	215578
租赁业	20000	1124	1124	0	0	1328
机械设备租赁	20000	1124	1124	0	0	1328
商务服务业	1090460	836174	693103	496086	26646	214250
企业管理服务	981150	590618	447997	373200	18295	141390
法律服务	2740	17407	17307	3060	930	7107
咨询与调查	8500	23080	23080	2850	470	17210
广告业	60380	62568	62558	38919	2403	12124
职业中介服务	410	920	920	840	30	50
市场管理	5200	36540	36540	850	630	16370
旅行社	15830	68441	68331	52887	1961	12510
其他商务服务	16250	36600	36370	23480	1927	7489
科学研究、技术服务和地质勘查业	143261	217205	216655	86634	9514	112931
专业技术服务业	125311	158988	158988	50208	8588	93039

（续表 8－7） 单位：千元

指标名称	实收资本	营业收入合计	主营业务收入	主营业务成本	主营业务税金及附加	费用合计
气象服务	500	10384	10384	6044	222	3710
测绘服务	0	4764	4764	0	256	5287
技术检测	45799	60533	60533	15483	3862	34288
工程技术与规划管理	63402	64057	64057	20331	3808	40394
其他专业技术服务	15610	19250	19250	8350	440	9360
科技交流和推广服务业	16750	48747	48197	28436	616	18772
技术推广服务	15450	43747	43197	28436	616	13772
其他科技服务	1300	5000	5000	0	0	5000
地质勘查业	1200	9470	9470	7990	310	1120
基础地质勘查	1200	9470	9470	7990	310	1120
水利、环境和公共设施管理业	1290509	158388	158388	114535	4653	95763
水利管理业	1279899	79148	79148	103975	383	27953
防洪管理	290500	6798	6798	0	10	0
水资源管理	989399	72350	72350	103975	373	27953
环境管理业	2710	2280	2280	0	0	2280
环境治理	2710	2280	2280	0	0	2280
公共设施管理业	7900	76960	76960	10560	4270	65530
城市绿化管理	5500	5860	5860	2160	70	3630
游览景区管理	2400	71100	71100	8400	4200	61900
居民服务和其他服务业	13660	138358	137278	13217	1938	100192
居民服务业	8230	132308	131228	11357	1743	98017
理发及美容保健服务	5100	10460	9400	3537	233	2286
摄影扩印服务	140	758	758	390	40	91
其他居民服务	2990	121090	121070	7430	1470	95640
其他服务业	5430	6050	6050	1860	195	2175
修理与维护	4130	3830	3830	1420	135	1455
清洁服务	1300	2220	2220	440	60	720
教育	673695	756477	726167	258021	4855	333523
教育	673695	756477	726167	258021	4855	333523
学前教育	90045	86106	86106	24982	528	37215
初等教育	54210	126378	120504	18016	557	48423
中等教育	493800	441599	417313	165521	980	215411
其他教育	35640	102394	102244	49502	2790	32474
卫生、社会保障和社会福利业	157170	176488	176378	86309	931	57650
卫生	108800	169469	169359	85399	931	53076
医院	30800	40847	40847	15092	0	25532
卫生院及社区医疗活动	2500	16812	16812	7043	221	12948
门诊部医疗活动	55400	106750	106750	61614	688	13276
专科疾病防治活动	20100	5060	4950	1650	22	1320
社会福利业	48370	7019	7019	910	0	4574
提供住宿的社会福利	48370	6409	6409	910	0	3964
不提供住宿的社会福利	0	610	610	0	0	610
文化、体育和娱乐业	80909	74337	72161	36951	3022	71593
广播、电视、电影和音像业	58309	11276	9100	3141	1251	50639
广播	1150	110	110	0	0	60
电影	57159	11166	8990	3141	1251	50579
娱乐业	22600	63061	63061	33810	1771	20954
室内娱乐活动	19600	61711	61711	33740	1641	20834
休闲健身娱乐活动	3000	1350	1350	70	130	120

(续表 8-7)　　　　单位:千元

指标名称	营业利润	利润总额	从业人员劳动报酬	劳动、失业保险费	全部从业人员年平均人数(人)
总　计	**177110**	**195812**	**704390**	**29842**	**8104**
其中:国有及国有控股	-193404	-87157	187422	17748	1350
一、按登记注册类型分组					
内资企业	171620	190322	686144	29842	7892
国有企业	-221791	-117327	131744	24179	1610
集体企业	36395	36887	41166	2170	573
股份合作企业	21034	35526	30244	235	294
联营企业	1880	1880	680	0	13
集体联营企业	1880	1880	680	0	13
有限责任公司	2477	2328	107203	409	348
其他有限责任公司	2477	2328	107203	409	348
股份有限公司	83128	82130	49462	2080	493
私营企业	213999	116982	265765	469	3802
私营独资企业	187233	96389	210610	167	3036
私营合伙企业	16328	12307	27722	70	453
私营有限责任公司	9452	7300	23925	232	240
私营股份有限公司	986	986	3508	0	73
其他企业	34498	31916	59880	300	759
港、澳、台商投资企业	5430	5430	17846	0	208
港、澳、台商独资经营企业	5430	5430	17846	0	208
外商投资企业	60	60	400	0	4
中外合资经营企业	60	60	400	0	4
二、按国民经济行业分组(中类)					
交通运输、仓储和邮政业	-103665	19215	40120	11211	330
仓储业	-103665	19215	40120	11211	330
谷物、棉花等农产品仓储	-108928	1231	16150	3258	133
其他仓储	5263	17984	23970	7953	197
信息传输、计算机服务和软件业	44007	18708	19392	80	340
计算机服务业	43767	18468	19092	0	333
计算机维修	70	70	160	0	5
其他计算机服务	43697	18398	18932	0	328
软件业	240	240	300	80	7
公共软件服务	240	240	300	80	7
金融业	870	870	500	0	8
其他金融活动	870	870	500	0	8
典当	870	870	500	0	8
租赁和商务服务业	77055	69642	86626	8195	960
租赁业	-204	-204	438	100	6
机械设备租赁	-204	-204	438	100	6
商务服务业	77259	69846	86188	8095	954
企业管理服务	26777	26010	44970	7520	463
法律服务	8829	8149	8486	70	59
咨询与调查	2550	2550	7230	50	52
广告业	9374	9374	7764	85	126
职业中介服务	0	0	210	0	3
市场管理	18690	18690	9260	0	100
旅行社	7565	933	5055	70	80
其他商务服务	3474	4140	3213	300	71
科学研究、技术服务和地质勘查业	10791	11753	56103	3650	592
专业技术服务业	10368	11330	43134	3411	491

(续表8-7)　　　　单位:千元

指标名称	营业利润	利润总额	从业人员劳动报酬	劳动、失业保险费	全部从业人员年平均人数(人)
气象服务	408	420	2819	20	20
测绘服务	-779	-868	2237	657	21
技术检测	7623	9163	13779	2119	181
工程技术与规划管理	2016	1645	17299	615	201
其他专业技术服务	1100	970	7000	0	68
科技交流和推广服务业	373	373	9229	239	62
技术推广服务	373	373	5229	239	47
其他科技服务	0	0	4000	0	15
地质勘查业	50	50	3740	0	39
基础地质勘查	50	50	3740	0	39
水利、环境和公共设施管理业	-52500	-71030	65733	843	566
水利管理业	-52600	-67630	34143	24	256
防洪管理	6798	-6798	6798	0	20
水资源管理	-59398	-60832	27345	24	236
环境管理业	0	0	2200	0	15
环境治理	0	0	2200	0	15
公共设施管理业	100	-3400	29390	819	295
城市绿化管理	100	0	2090	0	9
游览景区管理	0	-3400	27300	819	286
居民服务和其他服务业	23033	23010	102237	0	323
居民服务业	21213	21190	100967	0	297
理发及美容保健服务	4404	4404	1781	0	57
摄影扩印服务	259	236	186	0	3
其他居民服务	16550	16550	99000	0	237
其他服务业	1820	1820	1270	0	26
修理与维护	820	820	940	0	19
清洁服务	1000	1000	330	0	7
教育	175940	122110	269160	855	3814
教育	175940	122110	269160	855	3814
学前教育	28475	18560	39768	45	728
初等教育	53754	13565	49244	0	763
中等教育	65948	71061	154249	45	2007
其他教育	27763	18924	25899	765	316
卫生、社会保障和社会福利业	37622	35811	52705	225	647
卫生	36132	35041	49383	225	580
医院	223	223	12566	0	93
卫生院及社区医疗活动	1808	1630	7771	0	81
门诊部医疗活动	32033	31120	27946	130	382
专科疾病防治活动	2068	2068	1100	95	24
社会福利业	1490	770	3322	0	67
提供住宿的社会福利	1490	770	2712	0	61
不提供住宿的社会福利	0	0	610	0	6
文化、体育和娱乐业	-36043	-34277	11814	4783	524
广播、电视、电影和音像业	-43013	-42071	6440	4783	420
广播	50	50	50	0	3
电影	-43063	-42121	6390	4783	417
娱乐业	6970	7794	5374	0	104
室内娱乐活动	5940	6764	5254	0	102
休闲健身娱乐活动	1030	1030	120	0	2

2006年统计资料

一、综　合

1-1 贵港市1995年-2006年地区生产总值(经普调整后)

单位:万元

	1995年			1996年			1997年		
	现价	不变价	增长速度	现价	不变价	增长速度	现价	不变价	增长速度
地区生产总值	1043520	560067	-	1082568	562847	0.5	1115835	600341	6.7
第一产业	517849	243122	-	509513	230236	-5.3	520259	250727	8.9
第二产业	216170	146421	-	197049	134633	-8.1	205794	143327	6.5
工业	200726	138051	-	181715	126454	-8.4	192617	136318	7.8
规模以上工业			-						
规模以下工业			-						
建筑业	15444	8371	-	15334	8178	-2.3	13176	7009	-14.3
第三产业	309501	170524	-	376006	197978	16.1	389783	206287	4.2
交通运输仓储邮政业	65229	35198	-	60615	32712	-7.1	68743	37259	13.9
批发零售贸易餐饮业	75634	39006	-	112994	58275	49.4	116144	60023	3.0
金融保险业	49647	29427	-	57837	30574	3.9	41903	22289	-27.1
房地产业	48305	26720	-	58685	31022	16.1	63653	33876	9.2
其他服务业	70686	40173	-	85875	45395	13.0	99340	52840	16.4

(续表1-1)

单位:万元

	1998年			1999年			2000年		
	现价	不变价	增长速度	现价	不变价	增长速度	现价	不变价	增长速度
地区生产总值	1136593	645780	7.6	1153792	681864	5.6	1208064	711316	4.3
第一产业	517282	272541	8.7	513133	291073	6.8	511672	286125	-1.7
第二产业	215773	152812	6.6	219823	157759	3.2	248735	173236	9.8
工业	200585	144843	6.3	205370	149870	3.5	231563	164085	9.5
规模以上工业	86291	61902	7.7	96777	68587	10.8	114216	78738	14.8
规模以下工业	114294	82942	5.2	108594	81283	-2.0	117347	85347	5.0
建筑业	15189	7969	13.7	14453	7889	-1.0	17171	9151	16.0
第三产业	403537	220427	6.9	420836	233032	5.7	447658	251955	8.1
交通运输仓储邮政业	72511	41059	10.2	83172	43523	6.0	86267	47919	10.1
批发零售贸易餐饮业	118025	62184	3.6	120206	66412	6.8	129541	72522	9.2
金融保险业	30391	16717	-25.0	24237	13724	-17.9	19334	10911	-20.5
房地产业	70601	38856	14.7	72051	40799	5.0	75879	42635	4.5
其他服务业	112010	61612	16.6	121170	68574	11.3	136638	77968	13.7

（续表 1-1） 单位：万元

	2001年			2002年			2003年		
	现 价	不变价	增长速度	现 价	不变价	增长速度	现 价	不变价	增长速度
地区生产总值	1323544	1310220	8.5	1398166	1451662	10.8	1569217	1617441	11.4
第一产业	525891	535721	4.7	529225	586614	9.5	525083	615123	4.9
第二产业	281131	282061	13.4	299368	314001	11.3	385801	392656	25.0
工 业	259754	261507	12.9	272373	288411	10.3	339773	350069	21.4
规模以上工业	125287	126323	10.6	128760	135923	7.6	157688	175776	29.3
规模以下工业	134468	135184	15.2	143613	152488	12.8	182085	174294	14.3
建筑业	21376	20554	19.7	26995	25590	24.5	46028	42587	66.4
第三产业	516522	492438	10.0	569574	551048	11.9	658334	609661	10.6
交通运输仓储邮政业	113713	94203	9.2	123480	107580	14.2	158936	124266	15.5
批发零售贸易餐饮业	137206	140293	8.3	144961	151095	7.7	158761	163621	8.3
金融保险业	20309	20088	3.9	25040	24868	23.8	28473	27885	12.1
房地产业	79019	77852	2.6	85713	84780	8.9	100635	96311	13.6
其他服务业	166275	160003	17.1	190380	182723	14.2	211528	197579	8.1

（续表 1-1） 单位：万元

	2004年			2005年			2006年		
	现 价	不变价	增长速度	现 价	不变价	增长速度	现 价	不变价	增长速度
地区生产总值	1911778	1824021	12.8	2270151	2119779	16.2	2651942	2566533	13.1
第一产业	622058	657567	6.9	660055	706199	7.4	710924	703556	6.6
第二产业	535184	486688	23.9	768236	670414	37.8	930119	914004	19.0
工 业	462400	423617	21.0	644236	564329	33.2	793261	778635	20.9
规模以上工业	231100	221785	26.2	340523	311475	40.4	422124	421772	23.9
规模以下工业	231300	201832	15.8	303713	252854	25.3	371137	356863	17.5
建筑业	72784	63071	48.1	124000	106085	68.2	136858	135369	9.2
第三产业	754536	679766	11.5	841860	743167	9.3	1010899	948973	12.7
交通运输仓储邮政业	188015	148746	19.7	177332	163591	10.0	249593	202087	14.0
批发零售贸易餐饮业	180810	179165	9.5	201509	198898	11.0	238899	237965	18.1
金融保险业	33116	31036	11.3	34986	32209	3.8	43609	43066	23.1
房地产业	111569	101704	5.6	128903	110718	8.9	146736	144380	12.0
其他服务业	241026	219115	10.9	299130	237750	8.5	332062	321475	7.5

注：1995年—2000年是以1990年为100的不变价；2001—2005年是以2000年为100的不变价；2006年后是以2005年为100的不变价。

1-2　港北区1995年-2006年地区生产总值(经普调整后)

单位:万元

	1995年			1996年			1997年		
	现　价	不变价	增长速度	现　价	不变价	增长速度	现　价	不变价	增长速度
地区生产总值	-	-	-	161832	84375	-	168599	88213	4.5
第一产业	-	-	-	51731	23529	-	56324	27011	14.8
第二产业	-	-	-	20185	13178	-	22832	13811	4.8
工　业	-	-	-	18044	12036	-	20649	12650	5.1
规模以上工业	-	-	-			-			
规模以下工业	-	-	-			-			
建筑业	-	-	-	2141	1142	-	2183	1161	1.7
第三产业	-	-	-	89916	47668	-	89443	47391	-0.6
交通运输仓储邮政业	-	-	-	36002	19429	-	38046	20245	4.2
批发零售贸易餐饮业	-	-	-	20270	10454	-	20905	10925	4.5
金融保险业	-	-	-	13335	7049	-	9661	5139	-27.1
房地产业	-	-	-	12396	6553	-	12639	6724	2.6
其他服务业	-	-	-	7913	4183	-	8192	4358	4.2

(续表1-2)　　单位:万元

	1998年			1999年			2000年		
	现　价	不变价	增长速度	现　价	不变价	增长速度	现　价	不变价	增长速度
地区生产总值	173691	94966	7.7	184197	107792	13.5	193997	114170	5.9
第一产业	60666	30387	12.5	60985	35310	16.2	59367	33121	-6.2
第二产业	23163	15283	10.6	27658	19957	30.6	38573	27128	35.9
工　业	20604	13941	10.2	26059	19085	36.9	36913	26243	37.5
规模以上工业				13627	10134	36.9	23835	16934	67.1
规模以下工业				12432	8951	36.9	13078	9309	4.0
建筑业	2559	1342	15.5	1599	872	-35.0	1660	885	1.5
第三产业	89862	49296	4.0	95554	52525	6.5	96057	53921	2.7
交通运输仓储邮政业	38235	21035	3.9	41185	22087	5.0	40054	22131	0.2
批发零售贸易餐饮业	21286	11569	5.9	22074	12402	7.2	22944	13059	5.3
金融保险业	7007	3854	-25.0	5588	3164	-17.9	4420	2494	-20.5
房地产业	12943	7120	5.9	13596	7455	4.7	13483	7574	1.6
其他服务业	10391	5718	31.2	13111	7417	29.7	15156	8663	16.8

（续表 1-2） 单位：万元

	2001年			2002年			2003年		
	现　价	不变价	增长速度	现　价	不变价	增长速度	现　价	不变价	增长速度
地区生产总值	214074	208107	7.3	233368	234182	12.5	257794	265054	13.2
第一产业	61804	61623	3.8	63032	65813	6.8	59140	67919	3.2
第二产业	43919	44012	14.1	46715	48991	11.3	62167	66746	36.2
工　业	39694	39950	8.2	41089	43658	9.3	51584	56954	30.5
规模以上工业	26917	27029	13.4	26707	29083	7.6	27878	34260	17.8
规模以下工业	12777	12921	-1.2	14382	14575	12.8	23706	22694	55.7
建筑业	4225	4062	144.7	5626	5333	31.3	10583	9792	83.6
第三产业	108351	102472	6.7	123621	119378	16.5	136487	130389	9.2
交通运输仓储邮政业	44561	39894	-0.4	44829	41051	2.9	44640	41790	1.8
批发零售贸易餐饮业	25605	26180	14.1	32953	34348	31.2	38555	39740	15.7
金融保险业	4643	4592	3.9	5724	5685	23.8	5846	5725	0.7
房地产业	14686	14467	7.3	15406	15234	5.3	19900	18875	23.9
其他服务业	18856	17339	14.4	24709	23060	33.0	27546	24259	5.2

（续表 1-2） 单位：万元

	2004年			2005年			2006年		
	现　价	不变价	增长速度	现　价	不变价	增长速度	现　价	不变价	增长速度
地区生产总值	316986	298092	12.5	433234	382728	28.4	560234	544232	25.6
第一产业	69309	71973	6.0	75094	78641	9.3	82900	81169	8.1
第二产业	94178	82424	23.5	164322	140578	70.6	223464	216205	31.6
工　业	74224	65141	14.4	120522	103126	58.3	164168	157554	30.7
规模以上工业	50259	44239	29.1	83874	72644	64.2	118527	113649	35.5
规模以下工业	23965	20902	-7.9	36648	30482	45.8	45641	43904	19.8
建筑业	19954	17283	76.5	43800	37452	116.7	59296	58651	33.9
第三产业	153499	143695	10.2	193818	163509	13.8	253870	246858	27.4
交通运输仓储邮政业	53500	50691	21.3	69882	53378	5.3	92603	88362	26.4
批发零售贸易餐饮业	44552	44033	10.8	50473	49781	13.1	59573	59401	18.0
金融保险业	7045	6602	15.3	7116	6538	-1.0	8463	8354	17.4
房地产业	18787	16972	-10.1	29744	26892	58.4	42609	41852	40.7
其他服务业	29615	25397	4.7	36603	26920	6.0	50622	48888	33.6

注：1995年—2000年是以1990年为100的不变价；2001—2005年是以2000年为100的不变价；2006年后是以2005年为100的不变价。

1-3 港南区1995年-2006年地区生产总值(经普调整后)

单位:万元

	1995年			1996年			1997年		
	现 价	不变价	增长速度	现 价	不变价	增长速度	现 价	不变价	增长速度
地区生产总值	120529	67924	–	125051	69352	2.1	128661	69523	0.2
第一产业	51946	25270	–	53089	25573	1.2	53173	26136	2.2
第二产业	30389	22298	–	32958	22728	1.9	34329	21563	-5.1
工 业	29050	21577	–	31604	21944	1.7	32734	20715	-5.6
规模以上工业	4067	3021	–	4456	3072	1.7	5067	3248	5.7
规模以下工业	24983	18566	–	27148	18872	1.6	27667	17467	-7.4
建筑业	1339	721	–	1354	784	8.7	1595	848	8.2
第三产业	38194	20356	–	39004	21051	3.4	41159	21824	3.7
交通运输仓储邮政业	1608	863	–	1632	894	3.6	1701	922	3.1
批发零售贸易餐饮业	11704	6046	–	12081	6457	6.8	13169	6928	7.3
金融保险业	6162	3254	–	6318	3371	3.6	6608	3513	4.2
房地产业	9156	4832	–	9248	4871	0.8	9250	4910	0.8
其他服务业	9564	5361	–	9725	5458	1.8	10431	5551	1.7

(续表1-3)

单位:万元

	1998年			1999年			2000年		
	现 价	不变价	增长速度	现 价	不变价	增长速度	现 价	不变价	增长速度
地区生产总值	124194	73020	5.0	117059	69079	-5.4	118970	70012	1.4
第一产业	49175	28227	8.0	56427	32320	14.5	56542	32385	0.2
第二产业	33050	21812	1.2	18141	12841	-41.1	19637	13347	3.9
工 业	31236	20860	0.7	15101	11181	-46.4	16937	11908	6.5
规模以上工业	4751	3187	-1.9	2197	1629	-48.9	3242	2286	40.3
规模以下工业	26485	17673	1.2	12904	9552	-46.0	13695	9622	0.7
建筑业	1814	952	12.3	3040	1660	74.4	2700	1439	-13.3
第三产业	41969	22981	5.3	42491	23918	4.1	42791	24280	1.5
交通运输仓储邮政业	1853	948	2.8	1877	993	4.7	1854	1014	2.1
批发零售贸易餐饮业	13414	7337	5.9	13762	7726	5.3	13802	7873	1.9
金融保险业	6180	3394	-3.4	4394	2488	-26.7	4464	2520	1.3
房地产业	9046	4979	1.4	8804	4984	0.1	8891	4999	0.3
其他服务业	11476	6323	13.9	13654	7727	22.2	13780	7874	1.9

(续表 1-3) 单位:万元

	2001年			2002年			2003年		
	现 价	不变价	增长速度	现 价	不变价	增长速度	现 价	不变价	增长速度
地区生产总值	137156	132710	11.5	154118	148397	11.8	160720	161051	8.5
第一产业	58302	57221	1.2	66372	62485	9.2	63254	65609	5.0
第二产业	30515	28418	44.7	34661	33495	17.9	37218	38098	13.7
工 业	27295	25321	49.5	30802	29853	17.9	32050	33316	11.6
规模以上工业	7487	6953	114.5	8009	8060	15.9	4775	7210	-10.5
规模以下工业	19808	18368	34.1	22793	21793	18.6	27275	26106	19.8
建筑业	3220	3097	14.7	3859	3642	17.6	5168	4782	31.3
第三产业	48339	47071	10.0	53155	52417	11.4	60248	57344	9.4
交通运输仓储邮政业	2196	1979	6.7	2427	2181	10.2	2991	2403	10.2
批发零售贸易餐饮业	14282	14603	5.8	15524	16180	10.8	17350	17895	10.6
金融保险业	4683	4634	3.8	5164	5130	10.7	5798	5679	10.7
房地产业	9247	9113	2.5	9507	9405	3.2	10108	9706	3.2
其他服务业	17931	16742	21.5	20533	19521	16.6	24001	21661	11.0

(续表 1-3) 单位:万元

	2004年			2005年			2006年		
	现 价	不变价	增长速度	现 价	不变价	增长速度	现 价	不变价	增长速度
地区生产总值	200369	186330	15.7	288409	263072	41.2	327472	320122	11.0
第一产业	77189	69847	6.5	84080	76968	10.2	91261	91008	8.0
第二产业	56603	55143	44.7	118523	120731	118.9	139265	134715	13.7
工 业	48446	48075	44.3	106373	108624	125.9	124398	122091	14.8
规模以上工业	11284	15653	117.1	49065	60943	289.3	55220	55556	13.2
规模以下工业	37162	32422	24.2	57308	47681	47.1	69178	66535	16.1
建筑业	8157	7068	47.8	12150	12107	71.3	14867	12624	3.9
第三产业	66577	61340	7.0	85806	65373	6.6	96946	94399	10.0
交通运输仓储邮政业	3537	2876	19.7	12038	3310	15.1	14054	13410	11.4
批发零售贸易餐饮业	19692	19631	9.7	21713	21468	9.4	24522	24422	12.5
金融保险业	5866	5497	-3.2	2933	2701	-50.9	3488	3443	17.4
房地产业	10959	10036	3.4	11675	10166	1.3	13291	13146	12.6
其他服务业	26523	23300	7.6	37447	27728	19.0	41592	39978	6.8

注:1995年—2000年是以1990年为100的不变价;2001—2005年是以2000年为100的不变价;2006年后是以2005年为100的不变价。

1-4 覃塘区1995年-2006年地区生产总值(经普调整后)

单位:万元

	1995年			1996年			1997年		
	现 价	不变价	增长速度	现 价	不变价	增长速度	现 价	不变价	增长速度
地区生产总值	105864	51132	–	113909	54934	7.4	117973	60225	9.6
第一产业	66674	28691	–	71475	30757	7.2	71352	34233	11.3
第二产业	13877	9343	–	14550	9790	4.8	16658	10070	2.9
工 业	10282	7425	–	10756	7766	4.6	12996	8123	4.6
规模以上工业	5361	3871	–	5608	4049	4.6	6776	4235	4.6
规模以下工业	4921	3554	–	5148	3717	4.6	6220	3888	4.6
建筑业	3595	1918	–	3794	2024	5.5	3662	1947	-3.8
第三产业	25313	13098	–	27884	14387	9.8	29963	15922	10.7
交通运输仓储邮政业	2488	1343	–	2570	1387	3.3	1964	1010	-27.2
批发零售贸易餐饮业	9777	4856	–	11976	5948	22.5	14546	7721	29.8
金融保险业	1241	656	–	1283	678	3.4	1349	700	3.2
房地产业	4685	2477	–	4755	2514	1.5	4759	2532	0.7
其他服务业	7122	3766	–	7300	3860	2.5	7345	3959	2.6

(续表1-4)

单位:万元

	1998年			1999年			2000年		
	现 价	不变价	增长速度	现 价	不变价	增长速度	现 价	不变价	增长速度
地区生产总值	118764	62871	4.4	114230	69103	9.9	124267	74639	8.0
第一产业	68737	34165	-0.2	55715	35873	5.0	58695	35801	-0.2
第二产业	18298	11548	14.7	20394	14340	24.2	24067	16424	14.5
工 业	14170	9383	15.5	16801	12376	31.9	19675	14083	13.8
规模以上工业	7387	4892	15.5	8759	6452	31.9	10257	7342	13.8
规模以下工业	6783	4491	15.5	8042	5924	31.9	9418	6741	13.8
建筑业	4128	2165	11.2	3593	1964	-9.3	4392	2341	19.2
第三产业	31729	17158	7.8	38121	18890	10.1	41505	22414	18.7
交通运输仓储邮政业	2025	1065	5.4	2191	1235	16.0	2557	1431	15.9
批发零售贸易餐饮业	14630	7798	1.0	16497	8196	5.1	18078	10073	22.9
金融保险业	1355	745	6.4	1405	818	9.8	1343	756	-7.6
房地产业	5075	2790	10.2	7846	3088	10.7	8682	3959	28.2
其他服务业	8644	4760	20.2	10182	5553	16.7	10845	6195	11.6

(续表 1-4)　　单位:万元

	2001年			2002年			2003年		
	现　价	不变价	增长速度	现　价	不变价	增长速度	现　价	不变价	增长速度
地区生产总值	136838	133615	7.5	149086	150859	12.9	164424	167268	10.9
第一产业	62499	61395	4.6	67527	67227	9.5	71369	70118	4.3
第二产业	28427	26862	11.6	26921	30182	12.4	34433	40856	35.4
工　业	22672	21328	8.4	20280	23823	11.7	27738	34662	45.5
规模以上工业	11820	11119	8.4	10573	12420	11.7	12170	18071	45.5
规模以下工业	10852	10209	8.4	9707	11403	11.7	15568	16591	45.5
建筑业	5755	5534	26.0	6641	6359	14.9	6695	6194	-2.6
第三产业	45912	45358	9.3	54638	53450	17.8	58622	56294	5.3
交通运输仓储邮政业	3181	3119	22.0	4153	3540	13.5	4483	3600	1.7
批发零售贸易餐饮业	19307	19741	9.2	22702	23433	18.7	23830	24581	4.9
金融保险业	1501	1518	13.0	3797	3769	148.3	3873	3792	0.6
房地产业	9165	9029	4.0	9776	9553	5.8	9565	9180	-3.9
其他服务业	12758	11951	10.2	14210	13155	10.1	16871	15141	15.1

(续表 1-4)　　单位:万元

	2004年			2005年			2006年		
	现　价	不变价	增长速度	现　价	不变价	增长速度	现　价	不变价	增长速度
地区生产总值	203481	186782	11.7	262764	227590	21.8	290400	280111	6.6
第一产业	83095	74325	6.0	91888	81033	9.0	102349	98752	7.5
第二产业	51905	49017	20.0	84096	76621	56.3	94814	90164	7.2
工　业	45700	43640	25.9	64396	59732	36.9	80114	75624	17.4
规模以上工业	16109	19986	10.6	26545	30878	54.5	33222	30543	15.1
规模以下工业	29591	23654	42.6	37851	28854	22.0	46892	45081	19.1
建筑业	6205	5377	-13.2	19700	16889	214.1	14700	14540	-26.2
第三产业	68481	63440	12.7	86780	69936	10.2	93237	91196	5.1
交通运输仓储邮政业	4746	3859	7.2	9622	4144	7.4	11354	10834	12.6
批发零售贸易餐饮业	26777	26543	8.0	31119	30722	15.7	34981	34794	11.8
金融保险业	5114	4793	26.4	1870	1722	-64.1	2224	2195	17.4
房地产业	10244	9364	2.0	12214	10445	11.5	13904	13753	12.6
其他服务业	21600	18881	24.7	31955	22903	21.3	30773	29618	-7.3

注:1995年—2000年是以1990年为100的不变价;2001—2005年是以2000年为100的不变价;2006年后是以2005年为100的不变价。

1-5 平南县1995年-2006年地区生产总值(经普调整后)

单位:万元

	1995年			1996年			1997年		
	现 价	不变价	增长速度	现 价	不变价	增长速度	现 价	不变价	增长速度
地区生产总值	272442	173170	20	279127	167639	-3.2	294292	178605	6.5
第一产业	146062	92604	31	149568	92497	-0.1	171006	101635	9.9
第二产业	53236	39441	13	51548	37351	-5.3	48839	37607	0.7
工 业	45738	35905	21	44364	34197	-4.8	44798	35458	3.7
规模以上工业	11364	8920		11121	9174	2.8	11329	10152	10.7
规模以下工业	34375	26985		33244	25023	-7.3	33469	25306	1.1
建筑业	7497	3537	-51	7183	3154	-10.8	4041	2150	-31.9
第三产业	73144	41125	10	78011	37791	-8.1	74447	39362	4.2
交通运输仓储邮政业	14295	7733	15	13549	7132	-7.8	14444	7828	9.8
批发零售贸易餐饮业	15216	7784	2	14414	7406	-4.9	15675	7950	7.4
金融保险业	5117	2719	-48	5698	3032	11.5	5575	2967	-2.2
房地产业	16811	15424	15	15982	7910	-48.7	15501	8246	4.3
其他服务业	21706	7465	39	28369	12311	32.6	23252	12371	0.5

(续表1-5)

单位:万元

	1998年			1999年			2000年		
	现 价	不变价	增长速度	现 价	不变价	增长速度	现 价	不变价	增长速度
地区生产总值	301955	184779	3.5	323849	195648	5.9	321195	194215	-0.7
第一产业	177252	105798	4.1	188844	112749	6.6	184254	106989	-5.1
第二产业	48512	37269	-0.9	52384	37917	1.7	51979	39415	4.0
工 业	44133	34972	-1.4	47593	35394	1.2	46839	36675	3.6
规模以上工业	11260	10089	-0.6	13108	10889	7.9	12562	9837	-9.7
规模以下工业	32873	24883	-1.7	34485	24505	-1.5	34276	26838	9.5
建筑业	4379	2297	6.9	4791	2523	9.8	5140	2740	8.6
第三产业	76190	41712	6.0	82621	44983	7.8	84962	47811	6.3
交通运输仓储邮政业	15028	8384	7.1	16685	8956	6.8	17850	9989	11.5
批发零售贸易餐饮业	16947	9002	13.2	19063	9797	8.8	18924	10477	6.9
金融保险业	2377	1307	-55.9	2921	1701	30.1	3135	1769	4.0
房地产业	16752	9217	11.8	17409	9870	7.1	17239	9686	-1.9
其他服务业	25086	13802	11.6	26544	14659	6.2	27815	15890	8.4

（续表 1－5） 单位：万元

	2001年			2002年			2003年		
	现 价	不变价	增长速度	现 价	不变价	增长速度	现 价	不变价	增长速度
地区生产总值	339497	343855	7.1	352008	374429	8.9	370206	407922	8.9
第一产业	188352	194533	5.6	183690	207256	6.5	172461	219277	5.8
第二产业	55604	55843	7.4	61384	61511	10.2	70342	66936	8.8
工 业	49432	49908	6.6	54269	54402	9.0	60917	58216	7.0
规模以上工业	13420	13550	7.9	11630	11545	－14.8	12349	11725	1.6
规模以下工业	36011	36358	6.1	42639	42857	17.9	48569	46491	8.5
建筑业	6173	5935	15.5	7115	7109	19.8	9425	8720	22.7
第三产业	95541	93480	10.0	106933	105662	13.0	127403	121708	15.2
交通运输仓储邮政业	19439	19144	7.3	20911	21242	11.0	27855	25172	18.5
批发零售贸易餐饮业	20306	20763	9.7	21964	22893	10.3	25276	26092	14.0
金融保险业	3421	3385	8.0	4068	4041	19.4	4501	4408	9.1
房地产业	18651	18375	6.6	21565	21330	16.1	25133	24103	13.0
其他服务业	33724	31813	14.4	38425	36156	13.7	44638	41934	16.0

（续表 1－5） 单位：万元

	2004年			2005年			2006年		
	现 价	不变价	增长速度	现 价	不变价	增长速度	现 价	不变价	增长速度
地区生产总值	431651	458259.9	12.3	519428	534154	16.6	581606	573165	10.3
第一产业	193582	231857	5.7	200951	245449	5.9	210295	209290	4.2
第二产业	95823	94134.71	40.6	143656	137870	46.5	171127	169431	17.9
工 业	77358	78138	34.2	119056	116867	49.6	147176	145741	22.4
规模以上工业	18084	18084	54.2	43217	43617	141.2	52718	54886	27.0
规模以下工业	59274	60054	29.2	75839	73250	22.0	94458	90855	19.8
建筑业	18465	15996.71	83.5	24600	21004	31.3	23951	23690	－3.7
第三产业	142246	132268.2	8.7	174821	150835	14.0	200184	194444	11.2
交通运输仓储邮政业	29521	27001.74	7.3	33280	31705	17.4	41769	39856	19.8
批发零售贸易餐饮业	29356	28917.35	10.8	33185	32694	13.1	36982	36774	10.8
金融保险业	4882	4575.659	3.8	9783	9007	96.8	11169	11025	12.7
房地产业	26885	24572.62	2.0	28939	24991	1.7	34447	34002	17.5
其他服务业	51602	47200.86	12.6	69634	52438	11.1	75817	72786	4.5

注：1995年—2000年是以1990年为100的不变价；2001—2005年是以2000年为100的不变价；2006年后是以2005年为100的不变价。

1-6 桂平市1995年-2006年地区生产总值(经普调整后)

单位:万元

	1995年			1996年			1997年		
	现 价	不变价	增长速度	现 价	不变价	增长速度	现 价	不变价	增长速度
地区生产总值	366301	184102	2	360050	178895	-2.8	361087	184097	2.9
第一产业	207715	83573	7	189121	78868	-5.6	214707	88317	12.0
第二产业	70877	54569	-9	86257	56551	3.6	70010	55455	-1.9
工 业	59564	47947	-8	65999	51504	7.4	62506	51453	-0.1
规模以上工业									
规模以下工业									
建筑业	11313	6623	-15	20258	5046	-23.8	7504	4003	-20.7
第三产业	87709	45959	9	84672	43477	-5.4	76369	40325	-7.2
交通运输仓储邮政业	10807	6528	2	10831	5852	-10.4	9400	5079	-13.2
批发零售贸易餐饮业	30875	16793	9	27304	14126	-15.9	22101	11435	-19.1
金融保险业	5569	3349	32	3759	3007	-10.2	1035	550	-81.7
房地产业	11678	8175	51	9595	7676	-6.1	16549	8805	14.7
其他服务业	28779	11115	-9	33182	12815	15.3	27285	14456	12.8

(续表1-6)

单位:万元

	1998年			1999年			2000年		
	现 价	不变价	增长速度	现 价	不变价	增长速度	现 价	不变价	增长速度
地区生产总值	337424	193339	5.0	349676	206216	6.7	348849	210967	2.3
第一产业	176924	91143	3.2	180650	96702	6.1	173323	97089	0.4
第二产业	69983	52661	-5.0	71345	54728	3.9	69664	54074	-1.2
工 业	61695	48314	-6.1	64208	50833	5.2	63809	50954	0.2
规模以上工业	27209	21742		24770	19611	-9.8	23235	18670	-4.8
规模以下工业	34486	26572		39438	31222	17.5	40574	32284	3.4
建筑业	8288	4347	8.6	7137	3895	-10.4	5855	3120	-19.9
第三产业	90517	49535	22.8	97681	54785	11.3	105861	59805	9.2
交通运输仓储邮政业	11512	6334	24.7	12370	6777	7.0	12784	7157	5.6
批发零售贸易餐饮业	30247	16375	43.2	28154	15704	-4.1	30912	17384	10.7
金融保险业	1864	1026	86.4	3836	2172	111.7	2066	1166	-46.3
房地产业	18676	10275	16.7	20512	11611	13.0	22874	12853	10.7
其他服务业	28218	15526	7.4	32808	18522	19.3	37225	21245	14.7

(续表1-6) 单位:万元

	2001年			2002年			2003年		
	现价	不变价	增长速度	现价	不变价	增长速度	现价	不变价	增长速度
地区生产总值	373831	371886	6.6	380853	407612	9.6	426377	452727	11.1
第一产业	179463	177830	2.6	164183	194723	9.5	170858	200760	3.1
第二产业	75212	77171	10.8	83673	83779	8.6	98997	101911	21.6
工业	68276	70502	10.5	75378	75836	7.6	87914	91657	20.9
规模以上工业	24109	24978	7.5	24306	25578	2.4	30542	36740	43.6
规模以下工业	44168	45524	12.2	51073	50259	10.4	57373	54918	9.3
建筑业	6935	6669	13.9	8294	7942	19.1	11083	10254	29.1
第三产业	119156	116885	10.4	132998	129110	10.5	156522	150056	16.2
交通运输仓储邮政业	13431	13052	2.1	15223	13457	3.1	17479	14910	10.8
批发零售贸易餐饮业	32560	33292	7.7	35418	36421	9.4	40138	41192	13.1
金融保险业	3826	3784	83.1	6858	6811	80.0	7629	7471	9.7
房地产业	24614	24247	6.0	28600	27908	15.1	34717	33378	19.6
其他服务业	44725	42511	14.2	46898	44513	4.7	56559	53104	19.3

(续表1-6) 单位:万元

	2004年			2005年			2006年		
	现价	不变价	增长速度	现价	不变价	增长速度	现价	不变价	增长速度
地区生产总值	527541	523870	15.7	604019	575931	9.9	699108	661104	9.5
第一产业	197050	214010	6.6	208042	227357	6.2	223904	223229	7.3
第二产业	151177	143105	40.4	176931	161167	12.6	233835	202533	14.5
工业	131174	125771	37.2	155131	142533	13.3	209791	178751	15.2
规模以上工业	50239	55147	50.1	59953	63330	14.8	97819	71104	18.6
规模以下工业	80935	70624	28.6	95178	79203	12.1	111972	107646	13.1
建筑业	20003	17334	69.1	21800	18634	7.5	24044	23782	9.1
第三产业	179314	166755	11.1	219046	187407	12.4	241369	235342	7.4
交通运输仓储邮政业	19649	16968	13.8	20562	19153	12.9	22724	21683	5.5
批发零售贸易餐饮业	45635	45287	9.9	50871	50223	10.9	57211	56987	12.0
金融保险业	8812	8259	10.5	10504	9671	17.1	11698	11547	9.9
房地产业	38454	35214	5.5	42889	36844	4.6	48537	47933	11.8
其他服务业	66764	61027	14.9	94220	71516	17.2	101199	97191	3.2

注:1995年—2000年是以1990年为100的不变价;2001—2005年是以2000年为100的不变价;2006年后是以2005年为100的不变价。

1-7 1995年-2006年全市及各县市区人均GDP

单位:元

	1995年	1996年	1997年	1998年	1999年	2000年	2001年	2002年	2003年	2004年	2005年	2006年
贵港市												
人均GDP(现价)	2470	2533	2573	2587	2601	2687	2971	3039	3365	4042	4800	5587
人均GDP(不变价)	1326	1317	1385	1470	1537	1582	2877	3156	3468	3857	4482	5407
增长速度(%)	-	-0.7	5.1	6.2	4.6	2.9	7.1	9.7	9.9	11.2	16.2	12.6
港北区												
人均GDP(现价)	-	-	4160	4329	4498	4505	4876	5260	5747	6893	9307	11998
人均GDP(不变价)	-	-	2177	2367	2633	2651	4740	5279	5909	6482	8222	11656
增长速度(%)	-	-	-	8.7	11.2	0.7	5.2	11.4	11.9	9.7	26.8	25.2
港南区												
人均GDP(现价)	-	2609	2620	2463	2304	2320	2503	2648	2719	3332	4739	5306
人均GDP(不变价)	-	1447	1416	1448	1360	1365	2421	2550	2725	3099	4323	5187
增长速度(%)	-	-	-2.2	2.3	-6.1	0.4	4.4	5.3	6.9	13.7	39.5	9.4
覃塘区												
人均GDP(现价)	-	2377	2434	2417	2304	2468	2679	2893	3113	3765	4852	5334
人均GDP(不变价)	-	1146	1243	1279	1394	1482	2616	2927	3167	3456	4203	5145
增长速度(%)	-	-	8.4	3.0	8.9	6.3	6.0	11.9	8.2	9.1	21.6	6.0
平南县												
人均GDP(现价)	-	2380	2479	2515	2668	2608	2717	2787	2901	3353	4037	4491
人均GDP(不变价)	-	1430	1505	1539	1612	1577	2752	2964	3197	3559	4151	4425
增长速度(%)	-	-	5.2	2.3	4.8	-2.2	5.5	7.7	7.8	11.3	16.6	9.6
桂平市												
人均GDP(现价)	-	2349	2329	2154	2211	2166	2273	2283	2526	3102	3577	4142
人均GDP(不变价)	-	1167	1187	1234	1304	1310	2261	2443	2682	3081	3411	3917
增长速度(%)	-	-	1.7	3.9	5.6	0.5	4.4	8.0	9.8	14.8	10.7	9.5

1-8 1995年-2006年全市及各县市区三次产业结构

单位：%

	1995年	1996年	1997年	1998年	1999年	2000年	2001年	2002年	2003年	2004年	2005年	2006年
贵港市												
地区生产总值	100	100	100	100	100	100	100	100	100	100	100	100
第一产业	49.6	47.1	46.6	45.5	44.5	42.3	39.7	37.9	33.4	32.5	29.1	26.8
第二产业	20.7	18.2	18.5	19.0	19.0	20.6	21.3	21.4	24.6	28.0	33.8	35.1
其中:工业	19.2	16.8	17.3	17.6	17.8	19.2	19.6	19.5	21.7	24.2	28.4	29.9
第三产业	29.7	34.7	34.9	35.5	36.5	37.1	39.0	40.7	42.0	39.5	37.1	38.1
港北区												
地区生产总值	–	100	100	100	100	100	100	100	100	100	100	100
第一产业	–	32.0	33.4	34.9	33.1	30.6	28.9	27.0	22.9	21.9	22.9	21.9
第二产业	–	12.5	13.5	13.3	15.0	19.9	20.5	20.0	24.1	29.7	24.1	29.7
其中:工业	–	11.1	12.2	11.9	14.1	19.0	18.5	17.6	20.0	23.4	20.0	23.4
第三产业	–	55.6	53.1	51.7	51.9	49.5	50.6	53.0	52.9	48.4	52.9	48.4
港南区												
地区生产总值	100	100	100	100	100	100	100	11.8	8.5	100	100	100
第一产业	43.1	42.5	41.3	39.6	48.2	47.5	42.5	9.2	5.0	38.5	29.2	27.9
第二产业	25.2	26.4	26.7	26.6	15.5	16.5	22.2	17.9	13.7	28.2	41.1	42.5
其中:工业	24.1	25.3	25.4	25.2	12.9	14.2	19.9	17.9	11.6	24.2	36.9	38.0
第三产业	31.7	31.2	32.0	33.8	36.3	36.0	35.2	11.4	9.4	33.2	29.8	29.6
覃塘区												
地区生产总值	100	100	100	100	100	100	100	100	100	100	100	100
第一产业	63.0	62.7	60.5	57.9	48.8	47.2	45.7	45.3	43.4	40.8	35.0	35.2
第二产业	13.1	12.8	14.1	15.4	17.9	19.4	20.8	18.1	20.9	25.5	32.0	32.6
其中:工业	9.7	9.4	11.0	11.9	14.7	15.8	16.6	13.6	16.9	22.5	24.5	27.6
第三产业	23.9	24.5	25.4	26.7	33.4	33.4	33.6	36.6	35.7	33.7	33.0	32.1
平南县												
地区生产总值	100	100	100	100	100	100	100	100	100	100	100	100
第一产业	53.6	53.6	58.1	58.7	58.3	57.4	55.5	52.2	46.6	44.8	38.7	44.8
第二产业	19.5	18.5	16.6	16.1	16.2	16.2	16.4	17.4	19.0	22.2	27.7	22.2
其中:工业	16.8	15.9	15.2	14.6	14.7	14.6	14.6	15.4	16.5	17.9	22.9	17.9
第三产业	26.8	27.9	25.3	25.2	25.5	26.5	28.1	30.4	34.4	33.0	33.7	33.0
桂平市												
地区生产总值	100	100	100	100	100	100	100	100	100	100	100	100
第一产业	59.2	54.2	59.5	52.4	51.7	49.7	48.0	43.1	40.1	37.4	34.4	37.4
第二产业	20.2	21.6	19.4	20.7	20.4	20.0	20.1	22.0	23.2	28.7	29.3	28.7
其中:工业	17.0	18.9	17.3	18.3	18.4	18.3	18.3	19.8	20.6	24.9	25.7	24.9
第三产业	20.5	24.2	21.1	26.8	27.9	30.3	31.9	34.9	36.7	34.0	36.3	34.0

1-9 总 产 出

2006 年　　　　　　　　　　　　　　　　计算单位：万元

贵港市	按当年价格计算		按不变价格计算		
	绝对额		绝对额		以上年为100的指数(%)
	本 年	上 年	本 年	上 年	本 年
总产出	**5796316**	**5009904**	**5642792**	**5009904**	**112.6**
第一产业	1174812	1082306	1161650	1082306	107.3
农、林、牧、渔业	1174812	1082306	1161650	1082306	107.3
农 业	561306	518462	552006	518462	106.5
林 业	32375	29479	31672	29479	107.4
畜牧业	472536	431153	465473	431153	108.0
渔 业	101426	96609	105391	96609	109.1
农、林、牧、渔服务业	7169	6603	7108	6603	107.7
第二产业	2992549	2462917	2881334	2462917	117.0
工 业	2534829	2048201	2428594	2048201	118.6
规模以上工业	1350366	1039452	1289687	1039452	124.1
规模以下工业	1184463	1008749	1138907	1008749	112.9
采矿业	170038	151157	163498	151157	108.2
制造业	2211965	1776812	2116721	1776812	119.1
电力、燃气及水的生产和供应业	152826	120232	148375	120232	123.4
建筑业	457720	414716	452740	414716	109.2
房屋和土木工程建筑业	440011	402042	435224	402042	108.3
建筑安装业	6275	2826	6207	2826	219.6
建筑装饰业	1200	1093	1187	1093	108.6
其他建筑业	10234	8755	10123	8755	115.6
第三产业	1628955	1464681	1599808	1464681	109.2
交通运输、仓储和邮政业	512998	436695	494378	436695	113.2
铁路运输业	80561	79240	85195	79240	107.5
道路运输业	193997	142156	164382	142156	115.6
城市公共交通业	2428	1043	2292	1043	219.9
水上运输业	207164	186829	214815	186829	115.0
航空运输业	0	0	0	0	0
管道运输业	0	0	0	0	0.0
装卸搬运和其他运输服务业	2996	5617	2865	5617	51.0
仓储业	15513	13203	14830	13203	112.3
邮政业	10340	8608	9999	8608	116.2
信息传输、计算机服务和软件业	90434	75516	96273	75516	127.5
电信和其他信息传输服务业	87012	73431	93002	73431	126.7
计算机服务业	3422	2070	3271	2070	158.1
软件业	0	15	0	15	0.0
批发和零售业	312732	279417	311796	279417	111.6
批发业	130998	109531	130606	109531	119.2
零售业	181733	169885	181190	169885	106.7
住宿和餐饮业	94635	83746	93852	83746	112.1

(续表 1-9)　　　　　　　　　　　　　　　　　　　　　　　　计算单位:万元

贵港市	按当年价格计算		按不变价格计算		
	绝对额		绝对额		以上年为100的指数(%)
	本年	上年	本年	上年	本年
住宿业	15649	14692	16034	14692	109.1
餐饮业	78986	69054	77819	69054	112.7
金融业	61622	53732	60854	53732	113.3
银行业	43917	45424	43370	45424	95.5
证券业	1255	525	1239	525	236.1
保险业	16449	7768	16245	7768	209.1
其他金融活动		15	0	15	0.0
房地产业	158975	143232	156365	143232	109.2
房地产开发经营业	28305	22680	27225	22680	120.0
物业管理业	557	389	533	389	137.0
房地产中介服务业	794	554	759	554	137.0
其他房地产活动	1934	1350	1849	1350	137.0
居民自有住房服务业	127385	118259	125999	118259	106.5
租赁和商务服务业	23879	23574	22829	23574	96.8
租赁业	4240	4135	4054	4135	98.0
商务服务业	19639	19439	18775	19439	96.6
科学研究、技术服务和地质勘查业	9411	11832	8998	11832	76.0
研究与试验发展	1799	1009	1720	1009	170.4
专业技术服务业	4251	7567	4064	7567	53.7
科技交流和推广服务业	2661	2436	2544	2436	104.4
地质勘查业	700	819	669	819	81.7
水利、环境和公共设施管理业	2202	5499	2174	5499	39.5
水利管理业	38	3130	37	3130	1.2
环境管理业	714	607	704	607	116.1
公共设施管理业	1451	1763	1432	1763	81.2
居民服务和其他服务业	39993	37824	38235	37824	101.1
居民服务业	16262	18752	15547	18752	82.9
其他服务业	23732	19072	22688	19072	119.0
教育	123024	117698	120848	117698	102.7
卫生、社会保障和社会福利业	84381	79133	79920	79133	101.0
卫生	82807	76602	78415	76602	102.4
社会保障业	724	542	692	542	127.7
社会福利业	850	1990	813	1990	40.9
文化、体育和娱乐业	4016	17473	4053	17473	23.2
新闻出版业	325	818	328	818	40.1
广播、电视、电影和音像业	1188	1573	1198	1573	76.2
文化艺术业	691	801	697	801	87.0
体育	71	80	72	80	90.0
娱乐业	1742	14201	1758	14201	12.4
公共管理和社会组织	110653	99311	109233	99311	110.0

1-10 地区生产总值构成项目

2006 年

单位：万元

贵港市	增加值	劳动者报酬	生产税净额	补贴	固定资产折旧	营业盈余	补充资料	
							从业人员年末数（人）	固定资产原值年末数
地区生产总值	2651941	1236778	326540	4194	322431	766192	1671897	9372369
第一产业	710924	687027	14064	0	9833	0	1214100	399027
农、林、牧、渔业	710924	687027	14064	0	9833	0	1214100	399027
农　业	380534	368538	6736	0	5260	0	652393	289529
林　业	22489	21534	461	0	494	0	37359	459
畜牧业	230575	222183	5602	0	2790	0	386442	107924
渔　业	74054	71839	1149	0	1066	0	130924	660
农、林、牧、渔服务业	3272	2933	116	0	223	0	6982	455
第二产业	930119	213532	127307	4194	67809	521470	152674	1412898
工　业	793261	134158	101199	4194	60729	497174	135579	1361918
规模以上工业	422124	61046	52827	4194	43698	264553	43129	1025306
规模以下工业	371137	73112	48373	0	17031	232620	92450	336612
采矿业	52190	6943	3446	172	3890	37911	7851	66087
制造业	683819	116883	79147	4022	52811	434978	123401	805633
电力、燃气及水的生产和供应业	57252	10332	18606	0	4028	24286	4327	490198
建筑业	136858	79374	26108	0	7080	24296	17095	50980
房屋和土木工程建筑业	129042	75148	24804	0	6555	22535	16516	49967
建筑安装业	3567	1284	872	0	179	1232	330	295
建筑装饰业	189	129	39	0	5	16	15	10
其他建筑业	4060	2813	393	0	341	513	234	708
第三产业	1010899	336219	185169	0	244789	244722	305123	7560444
交通运输、仓储和邮政业	249593	70807	44973	0	32892	100921	32931	1123054
铁路运输业	46317	17813	2893	0	7912	17699	938	163325
道路运输业	99563	22618	13776	0	10863	52307	12368	489283
城市公共交通业	2464	1796	99	0	428	140	1998	8655
水上运输业	86622	22395	27575	0	8198	28454	12607	369233
航空运输业	0	0	0	0	0	0	0	0
管道运输业	6	0	2	0	1	3	0	0
装卸搬运和其他运输服务业	908	338	146	0	46	378	852	1825
仓储业	7516	1733	34	0	4892	856	2005	81533
邮政业	6198	4114	448	0	552	1084	2163	9200
信息传输、计算机服务和软件业	74700	5906	3188	0	37165	28442	3587	355850
电信和其他信息传输服务业	72429	5470	2970	0	36821	27167	3454	352142
计算机服务业	2271	435	218	0	343	1275	133	3708
软件业	0	0	0	0	0	0	0	0
批发和零售业	191907	23508	112504	0	16035	39861	114684	276547
批发业	78286	12372	31878	0	5716	28320	9771	99591
零售业	113621	11136	80626	0	10318	11541	104913	176956
住宿和餐饮业	46992	6628	6669	0	3119	30576	12340	81489

(续表 1－10)　　　　　　　　　　　　　　　　　　　　　　　　单位：万元

贵港市	增加值	劳动者报酬	生产税净额	补贴	固定资产折旧	营业盈余	补充资料：从业人员年末数（人）	补充资料：固定资产原值年末数
住宿业	8496	1941	1360	0	736	4459	3543	17039
餐饮业	38496	4687	5309	0	2383	26117	8797	64450
金融业	43609	23136	4883	0	5332	10257	4076	81137
银行业	38485	17842	3842	0	4893	11908	3658	70254
证券业	768	141	65	0	20	542	32	658
保险业	4355	5153	976	0	419	－2193	386	10225
其他金融活动	0	0	0	0	0	0	0	0
房地产业	146736	5305	8828	0	120797	11807	1447	5012931
房地产开发经营业	24282	3599	8609	0	709	11364	997	17725
物业管理业	279	214	26	0	11	28	125	275
房地产中介服务业	481	264	49	0	32	135	68	800
其他房地产活动	2165	1227	143	0	516	280	257	12900
居民自有住房服务业	119529	0	0	0	119529	0	0	4981231
租赁和商务服务业	13946	5017	685	0	5074	3170	3740	37380
租赁业	2295	215	169	0	525	1386	860	566
商务服务业	11651	4802	517	0	4549	1784	2880	36814
科学研究、技术服务和地质勘查业	6815	6426	134	0	494	－239	1604	11300
研究与试验发展	1135	1068	3	0	23	41	160	579
专业技术服务业	3136	3099	129	0	173	－265	739	3265
科技交流和推广服务业	1742	1499	0	0	258	－16	155	6449
地质勘查业	802	760	1	0	40	0	550	1007
水利、环境和公共设施管理业	761	2848	257	0	1914	－4258	2656	49615
水利管理业	－829	1419	168	0	1835	－4251	1492	47784
环境管理业	601	562	19	0	17	3	703	378
公共设施管理业	989	867	69	0	62	－10	461	1453
居民服务和其他服务业	23129	8976	1879	0	1195	11079	11077	24058
居民服务业	10797	4156	608	0	546	5488	5432	11087
其他服务业	12332	4820	1272	0	649	5592	5645	12971
教　育	100735	87269	319	0	11309	1839	71552	273886
卫生、社会保障和社会福利业	39499	26910	464	0	2651	9474	21048	67120
卫　生	38339	25906	458	0	2503	9471	20225	63310
社会保障业	535	442	0	0	92	1	342	2305
社会福利业	625	562	5	0	56	2	481	1505
文化、体育和娱乐业	4264	2838	222	0	412	791	1524	5595
新闻出版业	385	291	39	0	10	46	143	240
广播、电视、电影和音像业	954	599	63	0	318	－27	139	3464
文化艺术业	557	518	0	0	35	4	294	867
体　育	51	50	0	0	0	0	60	0
娱乐业	2317	1379	120	0	50	767	888	1024
公共管理和社会组织	68214	60646	164	0	6402	1002	22857	160482

注：本表按当年价格计算。

1-11 地区生产总值构成项目

2005 年 单位:万元

贵港市	增加值	劳动者报酬	生产税净额	补贴	固定资产折旧	营业盈余
地区生产总值	2270151	1052931	200092	0	297998	719130
第一产业	660055	584778	13048	0	9127	53102
农、林、牧、渔业	660055	584778	13048	0	9127	53102
农　业	351923	327743	6229	0	4864	13086
林　业	20332	18869	416	0	448	599
畜牧业	213894	176634	5197	0	2588	29475
渔　业	70910	58935	1099	0	1021	9855
农、林、牧、渔服务业	2996	2597	106	0	206	87
第二产业	768236	197611	51076	0	60168	459381
工　业	644236	118579	29138	0	49790	446729
规模以上工业	340523	54928	6387	0	32382	246826
规模以下工业	303713	63651	22751	0	17408	199903
采矿业	51578	6136	1866	0	2154	41421
制造业	540323	103310	25339	0	36006	375667
电力、燃气及水的生产和供应业	52335	9132	1932	0	11630	29640
建筑业	124000	79032	21938	0	10378	12652
房屋和土木工程建筑业	118611	75085	21185	0	9727	12614
建筑安装业	1834	1640	141	0	38	15
建筑装饰业	163	130	29	0	2	1
其他建筑业	3392	2176	583	0	611	22
第三产业	841859	270542	135967	0	228703	206647
交通运输、仓储和邮政业	177332	35311	14810	0	51455	75756
铁路运输业	44842	17005	2605	0	5770	19462
道路运输业	58792	4818	3618	0	19009	31347
城市公共交通业	2155	407	56	0	1328	364
水上运输业	58942	7714	8011	0	20531	22686
航空运输业	0	0	0	0	0	0
管道运输业	0	0	0	0	0	0
装卸搬运和其他运输服务业	975	211	76	0	106	582
仓储业	6396	1475	29	0	4164	728
邮政业	5230	3681	415	0	547	587
信息传输、计算机服务和软件业	51241	4666	2578	0	21080	22916
电信和其他信息传输服务业	50363	4552	2501	0	20893	22417
计算机服务业	868	110	77	0	184	497
软件业	10	4	0	0	3	3
批发和零售业	159814	21888	97668	0	13471	26787
批发业	53249	11970	20252	0	5092	15936
零售业	106565	9918	77417	0	8379	10852
住宿和餐饮业	41695	6451	5957	0	2556	26731

（续表 1－11）　　单位：万元

贵港市	增加值	劳动者报酬	生产税净额	补贴	固定资产折旧	营业盈余
住宿业	7216	1986	1319	0	1582	2329
餐饮业	34479	4465	4638	0	973	24403
金融业	34986	16213	3299	0	4139	11335
银行业	30378	13352	2490	0	3805	10730
证券业	269	132	26	0	66	45
保险业	4324	2724	782	0	267	551
其他金融活动	15	5	1	0	0	9
房地产业	128903	4005	6667	0	109679	8552
房地产开发经营业	18403	2871	6515	0	747	8270
物业管理业	190	147	18	0	8	17
房地产中介服务业	327	184	35	0	22	86
其他房地产活动	1441	803	99	0	360	179
居民自有住房服务业	108542	0	0	0	108542	0
租赁和商务服务业	12836	4925	1102	0	4017	2792
租赁业	2219	126	598	0	145	1349
商务服务业	10617	4799	504	0	3872	1443
科学研究、技术服务和地质勘查业	8578	7329	197	0	618	435
研究与试验发展	760	656	3	0	63	39
专业技术服务业	5584	4645	181	0	379	379
科技交流和推广服务业	1585	1425	8	0	135	16
地质勘查业	649	603	4	0	41	1
水利、环境和公共设施管理业	4566	2645	694	0	1712	－485
水利管理业	2998	1315	617	0	1580	－515
环境管理业	531	490	18	0	14	9
公共设施管理业	1038	840	59	0	118	21
居民服务和其他服务业	18042	4368	785	0	748	12141
居民服务业	8940	2141	386	0	372	6041
其他服务业	9102	2227	399	0	376	6100
教　育	92225	78885	706	0	8862	3771
卫生、社会保障和社会福利业	41605	25789	615	0	2727	12475
卫　生	40181	24910	600	0	2523	12149
社会保障业	385	315	0	0	68	2
社会福利业	1038	564	15	0	136	323
文化、体育和娱乐业	6902	1771	744	0	946	3441
新闻出版业	322	278	34	0	9	0
广播、电视、电影和音像业	1544	651	91	0	686	116
文化艺术业	599	532	1	0	63	3
体　育	70	47	0	0	23	0
娱乐业	4368	262	618	0	165	3323
公共管理和社会组织	63135	56297	144	0	6694	0

注：本表按当年价格计算。

1-12 按可比价格计算的地区生产总值

2006 年　　计算单位：万元

贵港市	绝对额		以上年为100的指数(%)
	本年	上年	本年
地区生产总值	2566533	2270151	113.1
第一产业	703556	660055	106.6
农、林、牧、渔业	703556	660055	106.6
农　业	374235	351923	106.3
林　业	21999	20332	108.2
畜牧业	227134	213894	106.2
渔　业	76944	70910	108.5
农、林、牧、渔服务业	3244	2996	108.3
第二产业	914004	768236	119.0
工　业	778635	644236	120.9
规模以上工业	421772	340523	123.9
规模以下工业	356863	303713	117.5
采矿业	50183	51578	97.3
制造业	672868	540323	124.5
电力、燃气及水的生产和供应业	55584	52335	106.2
建筑业	135369	124000	109.2
房屋和土木工程建筑业	127638	118611	107.6
建筑安装业	3528	1834	192.4
建筑装饰业	187	163	114.7
其他建筑业	4016	3392	118.4
第三产业	948973	841859	112.7
交通运输、仓储和邮政业	202087	177332	114.0
铁路运输业	48212	44842	107.5
道路运输业	67984	58792	115.6
城市公共交通业	4029	2155	186.9
水上运输业	67771	58942	115.0
航空运输业	0	0	0
管道运输业	0	0	0.0
装卸搬运和其他运输服务业	831	975	85.2
仓储业	7185	6396	112.3
邮政业	6075	5230	116.2
信息传输、计算机服务和软件业	65956	51241	128.7
电信和其他信息传输服务业	63785	50363	126.7
计算机服务业	2171	868	250.1
软件业	0	10	0.0
批发和零售业	191333	159814	119.7
批发业	78052	53249	146.6
零售业	113281	106565	106.3
住宿和餐饮业	46632	41695	111.8

(续表1-12)　　　　　　　　　　　　　　　　　　　　　　　　　计算单位:万元

贵 港 市	绝对额		以上年为100的指数(%)
	本 年	上 年	本 年
住宿业	8705	7216	120.6
餐饮业	37927	34479	110.0
金融业	43066	34986	123.1
银行业	38006	30378	125.1
证券业	758	269	281.8
保险业	4301	4324	99.5
其他金融活动	0	15	0.0
房地产业	144380	128903	112.0
房地产开发经营业	23355	18403	126.9
物业管理业	267	190	140.5
房地产中介服务业	460	327	140.8
其他房地产活动	2070	1441	143.7
居民自有住房服务业	118228	108542	108.9
租赁和商务服务业	13333	12836	103.9
租赁业	2194	2219	98.9
商务服务业	11139	10617	104.9
科学研究、技术服务和地质勘查业	6515	8578	75.9
研究与试验发展	1085	760	142.8
专业技术服务业	2998	5584	53.7
科技交流和推广服务业	1665	1585	105.1
地质勘查业	766	649	118.1
水利、环境和公共设施管理业	751	4566	16.4
水利管理业	-818	2998	-27.3
环境管理业	593	531	111.8
公共设施管理业	976	1038	94.0
居民服务和其他服务业	22112	18042	122.6
居民服务业	10323	8940	115.5
其他服务业	11789	9102	129.5
教 育	98954	92225	107.3
卫生、社会保障和社会福利业	42213	41605	101.5
卫 生	41105	40181	102.3
社会保障业	511	385	132.8
社会福利业	597	1038	57.5
文化、体育和娱乐业	4302	6902	62.3
新闻出版业	389	322	120.8
广播、电视、电影和音像业	963	1544	62.3
文化艺术业	562	599	93.9
体 育	51	70	73.5
娱乐业	2338	4368	53.5
公共管理和社会组织	67338	63135	106.7
地区外净要素收入			

二、农　　业

2-1 农村基本情况及从业人员

	单 位	贵港市	市辖区	港北区	港南区	覃塘区	平南县	桂平市
一、农村基层组织								
1.乡镇个数	个	74	27	8	9	10	21	26
其中:镇个数	个	54	16	4	6	6	17	21
2.村民委员会	个	1107	415	110	161	144	278	414
3.居民委员会	个	34	12	7	4	1	4	18
4.村民小组	个	23367	8348	1974	3652	2722	7170	7849
二、农村社会基础设施								
1.通汽车村数	个	1056	412	107	161	144	242	402
2.通电话村数	个	1074	410	105	161	144	273	391
3.自来水受益村数	个	383	252	42	103	107	39	92
三、乡(镇)村户数	万户	103.98	35.93	8.73	13.26	13.94	28.17	39.88
四、乡(镇)村人口数	万人	441.16	157.74	43.63	59.44	54.67	121.54	161.88
五、乡(镇)村劳动力资源数	万人	234.54	87.06	23.97	34.53	28.56	63.99	83.49
其中:劳动年龄内	万人	216.39	78.61	21.11	31.23	26.27	59.98	77.8
乡(镇)村从业人员数	万人	215.62	77.58	21.33	30.75	25.5	59.54	78.5
其中:劳动年龄内	万人	202.13	71.58	19.72	28.59	23.27	56.29	74.26
按性别分								
1.男	万人	113.52	40.81	11.75	16.11	12.95	31.35	41.36
2.女	万人	102.1	36.77	9.58	14.64	12.55	28.19	37.14
按国民经济行业分								
1.农林牧渔业从业人员	万人	121.41	47.15	13.2	17.11	16.84	31.63	42.63
2.工业从业人员	万人	11.85	3.14	1.03	1.35	0.76	4.27	4.44
其中:采矿业	万人	1.21	0.02	0.02			0.26	0.93
制造业	万人	10.52	3.06	0.95	1.35	0.76	4.01	3.45
电力业	万人	0.12	0.06	0.06				0.06
3.建筑业从业人员	万人	11.27	3.89	1.06	1.91	0.92	3.44	3.94
4.交通运输、仓储业及邮政业	万人	4.89	1.96	0.69	0.78	0.49	1.64	1.29
5.信息传输、计算机服务	万人	0.58	0.15	0.03	0.1	0.02	0.14	0.29
6.批发与零售贸易业从业人员	万人	6.23	1.82	0.57	0.68	0.57	1.31	3.1
7.住宿和餐饮业从业人员	万人	2.08	0.95	0.3	0.44	0.21	0.61	0.52
8.其他从业人员	万人	57.31	18.52	4.45	8.38	5.69	16.5	22.29
其中:外出从业人员	万人	52.21	16.22	3.55	7.36	5.31	15.23	20.76

2-2 耕地面积情况

单位:公顷

	贵港市	市辖区	港北区	港南区	覃塘区	平南县	桂平市
一、年初耕地总资源	211299	85183	24004	26561	34618	49148	76968
二、年初耕地面积(按原口径)	190374	77580	21336	24731	31513	44858	67936
(1)水　田	131727	47354	13106	18173	16075	34288	50085
(2)旱　地	58647	30226	8230	6558	15438	10570	17851
三、当年新增加的耕地面积	476	88	74		14	72	316
1.新开荒	476	88	74		14	72	316
四、当年减少的耕地	540	262	247		15	237	41
1.国家基建占地	303	262	247		15		41
2.退耕还林、还牧	186					186	
3.改渔塘	1					1	
4.改果园	3					3	
5.乡(镇)村集体基建占地	1					1	
6.农民个人建房占地	39					39	
7.因灾废弃及撩荒	7					7	
五、年末耕地总资源	211603	85077	23658	26803	34616	48627	77899
(一)常用耕地面积	204406	81968	21331	26731	33906	47461	74977
1.年末耕地面积(按原口径)	190310	77406	21163	24731	31512	44693	68211
(1)水　田	131630	47362	13106	18173	16083	34183	50085
(2)旱　地	58680	30044	8057	6558	15429	10510	18126
其中:水浇地	6374	4907	3986	648	273	1467	
2.小于1米的沟渠路田埂设	9461	3286	124	1397	1765	2018	4157
3.按标准亩统计净增加面	4635	1276	44	603	629	750	2609
(二)临时性耕地	7197	3109	2327	72	710	1166	2922
1.临时种植农作物的坡度	4980	1471	698	63	710	1143	2366
其中:小于1米的沟渠路田	2335	65	6	59		39	2231
2.其他临时性耕地	2217	1638	1629	9		23	556

2-3 农业机械化情况

	计量单位	贵港市	市辖区	港北区	港南区	覃塘区	平南县	桂平市
一、农业机械总动力合计	千瓦	2004331	827083	217849	339308	269926	471489	705759
1.柴油发动机动力	千瓦	1636340	674339	178839	282930	212570	380970	581031
2.汽油发动机动力	千瓦	8844	98	44	4	50	4058	4688
3.电动机动力	千瓦	353537	152088	38911	55903	57274	82900	118549
4.其他机械动力	千瓦	5610	558	55	471	32	3561	1491
二、主要农业机械与设备								
大中型拖拉机	台	4399	1088	799	9	280	1308	2003
	千瓦	107317	29147	17513	369	11265	25550	52620
小型拖拉机	台	26461	8911	1866	4679	2366	5748	11802
	千瓦	216387	72299	18726	28023	25550	54600	89488
大中型拖拉机配套农具	部	931	821	545	2	274		110
小型拖拉机配套农具	部	73157	24995	3133	18372	3490	14125	34037
农用排灌电动机	台	44106	20333	3300	14807	2226	9768	14005
	千瓦	118961	40809	15636	18391	6782	35970	42182
农用排灌柴油机	台	62849	37351	5556	12557	19238	8670	16828
	千瓦	301843	157319	35677	59959	61683	61713	82811
农用排灌其他动力机械	台	241	11	11			230	
	千瓦	2471	11	11			2460	
联合收割机	台	193	104	45	51	8	40	49
	千瓦	6690	3281	1482	1502	297	1600	1809
自走式机动割晒机	台	137	89	31	50	8	12	36
	千瓦	4530	2747	988	1462	297	460	1323
机动脱粒机	台	83891	33196	5195	24954	3047	31540	19155
	千瓦	109885	57770	2254	28352	27164	8286	43829
农用载重汽车	台	1711	815	182	460	173	488	408
	千瓦	151242	79082	16819	46481	15782	34100	38060
农用运输车	台	2619	959	444	447	68	833	827
	千瓦	67860	23813	14931	6990	1892	25410	18637
渔用机动船	艘	938	7		7		109	822
	千瓦	4026	115		115		920	2991
农用水泵(包括潜水泵)	台	96659	49124	6426	22343	20355	20220	27315
节水灌溉机械	套	7912	4055	2808	679	568	335	3522
附报:当年机耕地面积	公顷	114087	49460	13265	23305	12890	27123	37504

2-4 农村能源、物质消耗及农田水利情况

	计量单位	贵港市	市辖区	港北区	港南区	覃塘区	平南县	桂平市
一、水电建设								
1.乡(镇)办水电站个数	个	23					9	14
装机容量	千瓦	6820					2535	4285
发电量	千瓦小时	14371103					7441103	6930000
2.村和村民小组办水电站个数	个	20	2	2			16	2
装机容量	千瓦	1761	85	85			426	1250
发电量	千瓦小时	1176300	413000	413000			113300	650000
二、农村用电量(不含县办工业和城镇生活用电)	万千瓦时	29494	12988	3440	4475	5073	5766	10740
三、农用化肥施用量								
1.按实物量计算	吨	626079	235728	62259	77383	96086	144524	245827
(1)氮肥	吨	211115	73842	18844	26039	28959	50188	87085
(2)磷肥	吨	160558	55515	17453	17975	20087	38370	66673
(3)钾肥	吨	84957	31188	9637	10606	10945	21248	32521
(4)复合肥	吨	169449	75183	16325	22763	36095	34718	59548
2.按折纯法计算	吨	172364	70368	17378	21356	31634	40017	61979
(1)氮肥	吨	50325	18886	4712	6065	8109	12548	18891
(2)磷肥	吨	25415	8879	2616	2650	3613	5756	10780
(3)钾肥	吨	37292	14469	4337	4658	5474	9562	13261
(4)复合肥	吨	59332	28134	5713	7983	14438	12151	19047
四、农用塑料薄膜使用量	吨	2853	660	97	197	366	226	1967
其中:地膜使用量	吨	2489	619	87	166	366	137	1733
地膜覆盖面积	吨	14558	6649	1209	1143	4297	1854	6055
五、农用柴油使用量	吨	20123	7453	1925	2732	2796	3883	8787
六、农药使用量(实物量)	吨	5060	2139	386	947	806	542	2379
七.农田水利建设基本情况								
1.有效灌溉面积	公顷	153690	57160	12980	23930	20250	42030	54500
其中:实灌面积	公顷	121830	44310	9100	20740	14470	40780	36740
2.旱涝保收面积	公顷	113980	43070	8880	18310	15880	33010	37900
3.机电排灌面积	公顷	35550	9680	1900	3260	4520	9120	16750
4.机电井	眼	127	127			127		

2-5 农业主要产品生产情况(一)

贵港市	全年合计			春收			夏收			秋收		
	播种面积(公斤)	每公顷产量(公斤)	总产量(吨)	播种面积(公斤)	每公顷产量(公斤)	总产量(吨)	播种面积(公斤)	每公顷产量(公斤)	总产量(吨)	播种面积(公斤)	每公顷产量(公斤)	总产量(吨)
农作物总播种面积	464439											
一、粮食合计	272504	5173	1409530	2177	6732	4252	136601	15419	707729	133726	15831	697549
(一)谷物合计	240595	5536	1332014	442	10302	1434	123895	16417	682817	116258	16909	647763
1.稻谷	211282	5763	1217554				105165	17238	608280	106117	17334	609274
其中:优质稻	139791	5818	813249				68021	17201	396138	71770	17559	417111
早稻	105165	5784	608280				105165	17238	608280			
晚稻	106117	5742	609274							106117	17334	609274
3.玉米	29258	3908	114332	442	10302	1434	18694	10820	74452	10122	10392	38446
其中:杂交玉米	25102	3983	99981	219	7430	824	15928	10367	65157	8955	12399	34000
5.高粱	55	2327	128				36	4406	85	19	2263	43
(二)豆类合计	14251	2009	28624	495	5157	798	10026	6098	20735	3730	5890	7091
大豆	10126	2201	22285				7224	6517	16416	2902	6225	5869
绿豆	2080	1544	3212				1700	4830	2621	380	3283	591
红小豆	28	1536	43				28	3167	43			
其他豆类	2017	1529	3084	495	5157	798	1074	4781	1655	448	5295	631
(三)红薯	17658	2769	48892	1240	3097	2020	2680	5543	4177	13738	9344	42695

2-6 农业主要产品生产情况(一)

市辖区	全年合计			春收			夏收			秋收		
	播种面积(公斤)	每公顷产量(公斤)	总产量(吨)	播种面积(公斤)	每公顷产量(公斤)	总产量(吨)	播种面积(公斤)	每公顷产量(公斤)	总产量(吨)	播种面积(公斤)	每公顷产量(公斤)	总产量(吨)
农作物总播种面积	176198											
一、粮食合计	103702	5329	552617	49	2857	140	51698	5812	300445	51955	4851	252032
(一)谷物合计	93529	5667	530049	20	4150	83	47720	6083	290280	45789	5235	239686
1.稻谷	77853	5906	459787				38681	6373	246508	39172	5445	213279
其中:优质稻	59669	6171	368237				29594	6449	190865	30075	5898	177372
早稻	38681	6373	246508				38681	6373	246508			
晚稻	39172	5445	213279							39172	5445	213279
3.玉米	15625	4489	70142	20	4150	83	9007	4851	43695	6598	3996	26364
其中:杂交玉米	13995	4467	62512				8135	4854	39486	5860	3929	23026
5.高粱	51	2353	120				32	2406	77	19	2263	43
(二)豆类合计	5414	2369	12824	29	1966	57	3799	2572	9771	1586	1889	2996
大豆	4824	2428	11713				3386	2659	9002	1438	1885	2711
绿豆	510	1882	960				382	1874	716	128	1906	244
红小豆	6	1667	10				6	1667	10			
其他豆类	74	1905	141	29	1966	57	25	1720	43	20	2050	41
(三)红薯	4759	2047	9744				179	2201	394	4580	2041	9350

2-7 农业主要产品生产情况(一)

港北区	全年合计			春收			夏收			秋收		
	播种面积(公斤)	每公顷产量(公斤)	总产量(吨)	播种面积(公斤)	每公顷产量(公斤)	总产量(吨)	播种面积(公斤)	每公顷产量(公斤)	总产量(吨)	播种面积(公斤)	每公顷产量(公斤)	总产量(吨)
农作物总播种面积	40941											
一、粮食合计	25677	5396	138562	38	2763	105	12631	6058	76514	13008	4762	61943
(一)谷物合计	23887	5602	133818	15	4200	63	12104	6205	75104	11768	4984	58651
1.稻谷	19872	5741	114077				9982	6394	63829	9890	5081	50248
其中:优质稻	18049	6047	109134				9056	6696	60638	8993	5393	48496
早稻	9982	6394	63829				9982	6394	63829			
晚稻	9890	5081	50248							9890	5081	50248
3.玉米	4015	4917	19741	15	4200	63	2122	5313	11275	1878	4474	8403
其中:杂交玉米	3541	4938	17485				1859	5332	9913	1682	4502	7572
(二)豆类合计	916	2364	2165	23	1826	42	497	2700	1342	396	1972	781
大豆	865	2397	2073				481	2726	1311	384	1984	762
绿豆	28	1786	50				16	1938	31	12	1583	19
其他豆类	23	1826	42	23	1826	42						
(三)红薯	874	2951	2579				30	2267	68	844	2975	2511

2-8 农业主要产品生产情况(一)

港南区	全年合计			春收			夏收			秋收		
	播种面积(公斤)	每公顷产量(公斤)	总产量(吨)	播种面积(公斤)	每公顷产量(公斤)	总产量(吨)	播种面积(公斤)	每公顷产量(公斤)	总产量(吨)	播种面积(公斤)	每公顷产量(公斤)	总产量(吨)
农作物总播种面积	60241											
一、粮食合计	40640	5728	232786	11	3182	35	20184	5917	119427	20445	5543	113324
(一)谷物合计	38298	5919	226693	5	4000	20	19516	6039	117850	18777	5796	108823
1.稻谷	32919	6136	201992				16424	6277	103088	16495	5996	98904
其中:优质稻	25833	6401	165346				12894	6271	80863	12939	6529	84483
早稻	16424	6277	103088				16424	6277	103088			
晚稻	16495	5996	98904							16495	5996	98904
3.玉米	5328	4614	24581	5	4000	20	3060	4799	14685	2263	4364	9876
其中:杂交玉米	4172	4604	19207				2451	4830	11838	1721	4282	7369
5.高粱	51	2353	120				32	2406	77	19	2263	43
(二)豆类合计	952	2290	2180	6	2500	15	519	2410	1251	427	2141	914
大豆	633	2427	1536				340	2606	886	293	2218	650
绿豆	262	2042	535				148	2108	312	114	1956	223
红小豆	6	1667	10				6	1667	10			
其他豆类	51	1941	99	6	2500	15	25	1720	43	20	2050	41
(三)红薯	1390	2815	3913				149	2188	326	1241	2890	3587

2-9 农业主要产品生产情况(一)

覃塘区	全年合计			春收			夏收			秋收		
	播种面积(公斤)	每公顷产量(公斤)	总产量(吨)	播种面积(公斤)	每公顷产量(公斤)	总产量(吨)	播种面积(公斤)	每公顷产量(公斤)	总产量(吨)	播种面积(公斤)	每公顷产量(公斤)	总产量(吨)
农作物总播种面积	75016											
一、粮食合计	37385	4849	181269				18883	5534	104504	18502	4149	76765
(一)谷物合计	31344	5409	169538				16100	6045	97326	15244	4737	72212
1.稻谷	25062	5734	143718				12275	6484	79591	12787	5015	64127
其中:优质稻	15787	5939	93757				7644	6458	49364	8143	5452	44393
早稻	12275	6484	79591				12275	6484	79591			
晚稻	12787	5015	64127							12787	5015	64127
3.玉米	6282	4110	25820				3825	4637	17735	2457	3291	8085
其中:杂交玉米	6282	4110	25820				3825	4637	17735	2457	3291	8085
(二)豆类合计	3546	2391	8479				2783	2579	7178	763	1705	1301
大豆	3326	2437	8104				2565	2653	6805	761	1707	1299
绿豆	220	1705	375				218	1711	373	2	1000	2
(三)红薯	2495	1303	3252							2495	1303	3252

2-10 农业主要产品生产情况(一)

平南县	全年合计			春收			夏收			秋收		
	播种面积(公斤)	每公顷产量(公斤)	总产量(吨)	播种面积(公斤)	每公顷产量(公斤)	总产量(吨)	播种面积(公斤)	每公顷产量(公斤)	总产量(吨)	播种面积(公斤)	每公顷产量(公斤)	总产量(吨)
农作物总播种面积	108814											
一、粮食合计	65960	5206	343375	1194	1894	2262	32174	4831	155429	32592	5697	185684
(一)谷物合计	56555	5645	319273	174	2362	411	28406	5242	149298	27975	6061	169564
1.稻谷	54122	5778	312724				26571	5419	144387	27551	6110	168337
其中:优质稻	12154	5716	69477				5400	5424	29289	6754	5950	40188
早稻	26571	5434	144387				26571	5419	144387			
晚稻	27551	6110	168337							27551	6110	168337
3.玉米	2429	2693	6541	174	2362	411	1831	2678	4903	424	2894	1227
其中:杂交玉米	680	2654	1805	61	3607	220	526	2135	1123	93	4968	462
5.高粱	4	2000	8				4	2000	8			
(二)豆类合计	3539	1880	6653	225	1747	393	2588	1779	4605	726	2280	1655
大豆	2397	2017	4835				1734	1905	3304	663	2309	1531
绿豆	392	1559	611				392	1559	611			
红小豆	22	1500	33				22	1500	33			
其他豆类	728	1613	1174	225	1747	393	440	1493	657	63	1968	124
(三)红薯	5866	2975	17449	795	1834	1458	1180	1633	1526	3891	3718	14465

2-11 农业主要产品生产情况(一)

桂平市	全年合计 播种面积(公斤)	全年合计 每公顷产量(公斤)	全年合计 总产量(吨)	春收 播种面积(公斤)	春收 每公顷产量(公斤)	春收 总产量(吨)	夏收 播种面积(公斤)	夏收 每公顷产量(公斤)	夏收 总产量(吨)	秋收 播种面积(公斤)	秋收 每公顷产量(公斤)	秋收 总产量(吨)
农作物总播种面积	179427											
一、粮食合计	102842	4993	513538	934	1981	1850	52729	4776	251855	49179	5283	259833
(一)谷物合计	90511	5333	482692	248	3790	940	47769	5092	243239	42494	5613	238513
1.稻　谷	79307	5612	445043				39913	5446	217385	39394	5779	227658
其中:优质稻	67968	5525	375535				33027	5328	175984	34941	5711	199551
早　稻	39913	5446	217385				39913	5446	217385			
晚　稻	39394	5779	227658							39394	5779	227658
3.玉　米	11204	3360	37649	248	3790	940	7856	3291	25854	3100	3502	10855
其中:杂交玉米	10427	3420	35664	158	3823	604	7267	3378	24548	3002	3502	10512
(二)豆类合计	5298	1727	9147	241	1444	348	3639	1747	6359	1418	1721	2440
大　豆	2905	1975	5737				2104	1953	4110	801	2031	1627
绿　豆	1178	1393	1641				926	1397	1294	252	1377	347
其他豆类	1215	1456	1769	241	1444	348	609	1568	955	365	1277	466
(三)红　薯	7033	3085	21699	445	1263	562	1321	1709	2257	5267	3585	18880

2-12 农业主要产品生产情况(二)

	贵港市			市辖区			港北区			港南区		
	播种面积	每公顷产量	总产量(吨)	播种面积	每公顷产量	总产量(吨)	播种面积	每公顷产量	总产量(吨)	播种面积	每公顷产量	总产量(吨)
二、经济作物	89509			41956			9100			10726		
1.油料作物	32127	2787	89541	11097	2840	31515	2494	3118	7776	3482	2783	9690
其中:花生	31907	2790	89008	11069	2846	31506	2494	3118	7776	3482	2783	9690
芝麻	220	1059	233	28	321	9						
2.棉花	25	1000	25									
3.麻类	228	2886	658	196	3005	589				196	3005	589
黄红麻	227	2885	655	196	3005	589				196	3005	589
熟麻	196	3342	655	196	3005	589				196	3005	589
苎麻	1	3000	3									
4.甘蔗	31309	73279	2294291	25655	74122	1901596	6457	82354	531763	2967	73294	217462
(1)糖蔗	29361	71667	2104207	24963	73322	1830325	6391	82831	529374	2416	64000	154625
(2)果蔗	1948	97579	190084	692	102993	71271	66	36197	2389	551	114042	62837
5.烟叶	747	2514	1878									
(1)晒烟	537	2613	1403									
(2)烤烟	210	2262	475									
6.药材产值	6421	6014	38614	2180	1426	3108				2180	1426	3108
7.木薯	17758	6762	120077	2526	6862	17334	149	3443	513	1599	8988	14372
8.其他经济作物	894	4810	4300	302	10099	3050				302	10099	3050
(1)席草	253	14834	3753	214	14252	3050				214	14252	3050
(2)红瓜籽	335	1107	371									
(3)其他	306	2778	850	88						88		
三、其他农作物	102426			30540			6164			8875		
1.蔬菜(包括菜用瓜)	71859	21328	1532626	19149	20360	389866	4125	27382	112950	5523	20625	113912
2.食用菌(干鲜混合)	473	18928	8953	463	18683	8650				140	8671	1214
(1)香菇(干品)	1	2000	2									
(2)蘑菇(鲜品)	466	18742	8734	462	18719	8648				139	8719	1212
(3)云(木)耳(干品)			2									
(4)其它食用菌	6	35833	215	1	2000	2				1	2000	2
3.果瓜类	1212	27498	33328	438	16498	7226	20	1500	30	194	24722	4796
其中:西瓜	1003	27040	27121	354	15997	5663				130	25100	3263
香(甜)瓜	189	32683	6177	64	23953	1533				64	23953	1533
草莓	20	1500	30	20	1500	30	20	1500	30			
4.青饲料	27487	12	334	10159	33	334	2019	165	334	2874		
5.饲草	101	38168	3855	65	57231	3720				65	57231	3720
6.绿肥	371	15569	5776	73						2		
7.马蹄	443	13767	6099	193	1269	245				77	3182	245
8.其他	480	2292	1100									

(续表 2－12)

	覃塘区			平南县			桂平市		
	播种面积	每公顷产量	总产量（吨）	播种面积	每公顷产量	总产量（吨）	播种面积	每公顷产量	总产量（吨）
二、经济作物	22130			17110			30443		
1.油料作物	5121	2743	14049	7217	3126	22557	13813	2568	35469
其中:花生	5093	2757	14040	7215	3126	22556	13623	2565	34946
芝麻	28	321	9	2	500	1	190	1174	223
2.棉　花							25	1000	25
3.麻　类				21	2429	51	11	1636	18
黄红麻				21	2429	51	10	1500	15
熟　麻						51			15
苎　麻							1	3000	3
4.甘　蔗	16231	70998	1152371	2087	77906	162589	3567	64510	230106
(1)糖　蔗	16156	70954	1146326	1365	69442	94789	3033	59048	179093
(2)果　蔗	75	80600	6045	722	93906	67800	534	95530	51013
5.烟　叶				747	2514	1878			
(1)晒　烟				537	2613	1403			
(2)烤　烟				210	2262	475			
6.药材产值				1081	6738	7284	3160	8931	28222
7.木　薯	778	3148	2449	5686	6931	39410	9546	6635	63333
8.其他经济作物				271			321	3894	1250
(1)席　草				6	83833	503	33	6061	200
(2)红瓜籽				265	1109	294	70	1100	77
(3)其　他							218	3899	850
三、其他农作物	15501			25744			46142		
1.蔬菜(包括菜用瓜)	9501	17157	163004	16896	32741	553188	35814	16462	589572
2.食用菌(干鲜混合)	323	23022	7436	8	37000	296	2	3500	7
(1)香菇(干品)							1	2000	2
(2)蘑菇(鲜品)	323	23022	7436	3	27000	81	1	5000	5
(3)云(木)耳(干品)						2			
(4)其它食用菌				5	42600	213			
3.果瓜类	224	10714	2400	391	46834	18312	383	20339	7790
其中:西　瓜	224	10714	2400	271	50620	13718	378	20476	7740
香(甜)瓜				120	38283	4594	5	10000	50
4.青饲料	5266			8300			9028		
5.饲　草				36	3750	135			
6.绿　肥	71						298	19383	5776
7.马　蹄	116			113	30389	3434	137	17664	2420
8.其　他							480	2292	1100

2-13 茶叶和水果生产情况

计量单位:吨、公顷

	贵港市	市辖区	港北区	港南区	覃塘区	平南县	桂平市
一、茶叶合计	1816	521	33	46	442	1162	133
2.绿毛茶	1735	518	33	43	442	1085	132
5.其它茶	81	3		3		77	1
二、水果合计	153112	23996	7112	10615	6269	63674	65442
1.蕉类	9293	1466	65	613	788	4790	3037
其中:香蕉	3352	740	52	458	230	394	2218
2.柚子	1205	236	155	4	77	803	166
其中:沙田柚	726	236	155	4	77	412	78
3.柑桔	9295	586	280	45	261	6085	2624
4.橙	1617	85	7	5	73	1339	193
5.梨	1240	361	88	1	272	497	382
6.菠萝	564					3	561
7.龙眼	51272	7619	2433	3737	1449	33542	10111
8.荔枝	49039	5820	1359	3563	898	8208	35011
9.芒果	1997	743	269	406	68	987	267
10.枣子	1614	253	126	127		746	615
11.柿子	6804	1838	809	511	518	3060	1906
12.葡萄	567	407	118	26	263	53	107
13.桃	1243	755	302	129	324		488
15.其他水果	17362	3827	1101	1448	1278	3561	9974
三、年末实有茶园面积	1683	737	21	123	593	708	238
其中:当年采摘面积	1481	706	20	113	573	658	117
四.年末桑园面积	7284	3251	220	1811	1220	3933	100
五.年末果园面积	57188	9585	1554	5302	2729	19368	28235
其中:香 蕉 园	1799	530	30	208	292	461	808
柑桔橙园	1524	127	43	8	76	860	537
梨　园	410	111	15	30	66	212	87
荔 枝 园	22331	3943	530	2726	687	2243	16145
菠 萝 园	70					3	67
龙 眼 园	26137	4409	933	2122	1354	13087	8641
芒 果 园	634	197	3	183	11	402	35
葡 萄 园	100	74		6	68	2	24
桃　园	356	190		15	175		166
猕猴桃园	20						20

2-14 林业生产情况

	单　位	贵港市	市辖区	港北区	港南区	覃塘区	平南县	桂平市
一、营林情况								
(一)当年造林面积	公顷	4591	2024	739	461	824	567	2000
按造林方式分:								
(1)人工造林(年末成活率 85%以上)	公顷	4591	2024	739	461	824	567	2000
按主要的林种用途分:								
1.用材林	公顷	4591	2024	739	461	824	567	2000
其中:速生丰产林	公顷	4130	1563	739		824	567	2000
(二)当年迹地更新面积	公顷	3994	1028	346	240	442	433	2533
其中:人工更新面积	公顷	3261	295	55	240		433	2533
人工促进天然更新面积	公顷	733	733	291		442		
(三)封山育林面积	公顷	42872	11616	383		11233	14000	17256
(四)当年四旁零星植树万株	384	151	80	39	32	23	210	
(五)林木种籽采集量	吨	21						21
(六)育苗面积	公顷	25	5	2		3	13	7
其中:本年新育	公顷	25	5	2		3	13	7
(七)当年苗木产量	公顷	799.3	799.3	538	1.3	260		
(八)当年幼林抚育作业面积	公顷	16730	2282	485	1130	667	1067	13381
(九)成林抚育(实际)面积(包括间伐)	公顷	24454	2704	737	867	1100		21750
二、林产品产量(包括农户自用)								
2.油桐籽(籽:油=4:1)	吨	123	81	81			13	29
3.油茶籽(籽:油=5:1))	吨	598	229	229			325	44
7.松脂	吨	18779	9982	1382	2600	6000	6162	2635
8.竹笋干(鲜笋按 1/3 折干)	吨	553	60	60			319	174
10.板栗	吨	27						27
12.八角	吨	2090	76	6	20	50	802	1212
13.桂皮	吨	2504					1141	1363
16.桂油	吨	101					76	25
17.安叶油	吨	1						1
三、全社会竹木采伐量								
1.全社会木采伐材	立方米	344459	130140	47972	37530	44638	29369	184950
原　木	立方米	341078	130140	47972	37530	44638	25988	184950
其中:桉　木	万根	30896	15594	4203		11391		15302
薪　材	立方米	3381					3381	
其中:村及村以下木材采伐	立方米	221639	105887	32623	37530	35734	25302	90450
原　木	立方米	218258	105887	32623	37530	35734	21921	90450
其中:桉　木	万根	23415	8113	4066		4047		15302
薪　材	立方米	3381					3381	
2.全社会竹材采伐								
篙　竹	万根	2761.3	40		40		1272	1449.3
大杂竹	万根	664.12	8.02		5.02	3	117	539.1
小杂竹	吨	4718	484		284	200	1790	2444
其中:村及村以下竹材采伐								
篙　竹	万根	2761.3	40		40		1272	1449.3
大杂竹	万根	664.12	8.02		5.02	3	117	539.1
小杂竹	万吨	4718	484		284	200	1790	2444

2-15 畜牧业生产情况

	贵港市			市辖区			港北区			港南区		
	出栏数(头.只.匹)	肉产量(吨)	年末存栏(头.只.匹)	出栏数(头.只.匹)	肉产量(吨)	年末存栏(头.只.匹)	出栏数(头.只.匹)	肉产量(吨)	年末存栏(头.只.匹)	出栏数(头.只.匹)	肉产量(吨)	年末存栏(头.只.匹)
一、大牲畜	118264	10779	504039	39272	3539	266328	10672	981	66559	16700	1487	102045
其中:从事农事劳役的	5300		241117	5300		209066			56632			75964
1.牛	118264	10779	500110	39272	3539	265910	10672	981	66559	16700	1487	101627
(1)黄　牛			217301			91397			20503			51362
(2)水　牛			281251			173005			45718			49095
(3)良种及改良种乳			1558			1508			338			1170
2.马			3929			418						418
二、猪	3394352	280010	2152305	1527480	124183	923529	535732	43927	280289	470779	38579	301125
三、山　羊	18699	281	8816	7654	114	4239	2960	44	1461	1394	21	1478
四、家　禽(万只)	3986.61	57492	1531.52	1675.38	23885	612.07	781.91	10996	205.72	468.15	6945	223.56
鸡(万只)	2701.67	34427	1138.27	1052.47	13741	428.55	452.7	5702	143.61	395.6	5480	176.23
鸭(万只)	1198.53	20311	362.03	617.36	9993	180.93	326.99	5230	61.15	69.22	1378	45.7
鹅(万只)	86.41	2754	31.22	5.55	151	2.59	2.22	64	0.96	3.33	87	1.63
五、特种家禽	11871	808	1719	11871	702	1719	11871	11	1719		691	
肉　鸽	1975416	777	319967	1789158	702	291017	38020	11	5864	1751138	691	285153
鹌　鹑	12	20	1.3									
其　他	15000	11										
六、其它饲养动物		1895			415			132			283	
兔(万只)	10.24	183	4.73	3.82	74	2.56	3.31	64	2.43	0.51	10	0.13
狗	170494	1712	61303	35104	341	41061	6690	68	3073	28414	273	37988
七、肉类总产量		351265			152838			56091			48006	
八、奶类产量		2355			1845			1703			142	
其中:牛奶产量		2355			1845			1703			142	
九、蜂蜜产量		830			119			56			63	
十、禽蛋产量		14529			7295			1929			2055	
十一、蚕茧产量		13589			8371			550			3900	
其中:桑蚕茧		13589			8371			550			3900	

(续表2-15)

	覃塘区			平南县			桂平市		
	出栏数(头.只.匹)	肉产量(吨)	年末存栏(头.只.匹)	出栏数(头.只.匹)	肉产量(吨)	年末存栏(头.只.匹)	出栏数(头.只.匹)	肉产量(吨)	年末存栏(头.只.匹)
一、大牲畜	11900	1071	97724	35162	3170	97869	43830	4070	139842
其中:从事农事劳役的	5300		76470			32051			
1.牛	11900	1071	97724	35162	3170	96378	43830	4070	137822
(1)黄　牛			19532			53964			71940
(2)水　牛			78192			42414			65832
(3)良种及改良种乳									50
2.马						1491			2020
二、猪	520969	41677	342115	751628	63257	630770	1115244	92570	598006
三、山　羊	3300	49	1300	10265	155	3947	780	12	630
四、家　禽(万只)	425.32	5944	182.79	1157.73	16676	399.95	1153.5	16931	519.5
鸡(万只)	204.17	2559	108.71	857.64	10792	320.22	791.56	9894	389.5
鸭(万只)	221.15	3385	74.08	231.84	3700	58.1	349.33	6618	123
鹅(万只)				68.25	2184	21.63	12.61	419	7
五、特种家禽					56			50	
肉　鸽				106258	56	15950	80000	19	13000
鹌　鹑							12	20	1.3
其　他							15000	11	
六、其它饲养动物					309			1171	
兔(万只)				4.64	67	1.37	1.78	42	0.8
狗				24220	242	3389	111170	1129	16853
七、肉类总产量		48741			83623			114804	
八、奶类产量					374			136	
其中:牛奶产量					374			136	
九、蜂蜜产量					435			276	
十、禽蛋产量		3311			3679			3555	
十一、蚕茧产量		3921			4969			249	
其中:桑蚕茧		3921			4969			249	

2-16 渔业生产情况

	计量单位	贵港市	市辖区	港北区	港南区	覃塘区	平南县	桂平市
一、水产品总产量	吨	153148	42811	10802	19140	12869	57127	53210
(二)淡水产品产量	吨	153148	42811	10802	19140	12869	57127	53210
1.淡水捕捞	吨	13821	4397	1268	1551	1578	4579	4845
(1)鱼　类	吨	11273	3734	1043	1113	1578	3556	3983
(2)甲壳(虾蟹)吨		1650	320	7	313		785	545
(3)贝　类	吨	559	267	177	90		170	122
(4)其他类	吨	339	76	41	35		68	195
2.淡水养殖	吨	139327	38414	9534	17589	11291	52548	48365
(1)鱼　类	吨	131969	38171	9526	17354	11291	50373	43425
(2)虾蟹类	吨	3108					472	2636
(3)贝　类	吨	2067					1310	757
(4)其他类	吨	2183	243	8	235		393	1547
二、水产品养殖面积	公顷	24230	10267	2357	4150	3760	6623	7340
(二)淡水养殖面	公顷	24230	10267	2357	4150	3760	6623	7340
1.池塘养殖	公顷	10285	3729	921	2177	631	2936	3620
2.河沟养殖	公顷	757	79	32	47		489	189
3.山塘水库养殖	公顷	12267	6446	1391	1926	3129	2741	3080
4.其他养殖	公顷	921	13	13			457	451
补充资料:稻田养鱼面	公顷	177	152		152			25

2-17 蔬菜及花卉生产情况

	贵港市		市辖区		港北区		港南区	
	播种面积（公顷）	产量（吨）	播种面积（公顷）	产量吨	播种面积（公顷）	产量（吨）	播种面积（公顷）	产量吨
一、蔬菜合计	71859	1532626	19149	389866	4125	112950	5523	113912
1.叶菜类	30560	674588	9128	199683	2279	73231	2232	43282
其中:菠　菜	2880	59959	920	21106	568	15588	352	5518
芹　菜	1439	28210	219	3119			194	2759
大白菜	6569	137914	2932	55550	898	22625	971	22692
圆白菜	1610	35322						
菜心菜	8192	193970	4208	84025			679	11448
2.瓜菜类	5925	140189	1626	29467	238	4896	667	15094
其中:黄　瓜	1274	25670	220	3960			220	3960
3.块根、块茎类	14274	302453	2626	55312	311	7202	841	22048
其中:萝　卜	3167	60507	924	17381	311	7202	278	6931
胡萝卜	344	6654	77	1718			77	1718
马铃薯	8711	202301	1543	34141			404	11327
4.茄果菜类	3088	65706	726	13164	91	1661	334	6394
其中:茄　子	966	18268	364	6929	17	637	131	2303
西红柿	823	19390	336	5861	74	650	177	4091
5.葱蒜类	4164	74931	1303	22968	169	2600	289	4539
其中:大　葱	1104	18984	390	5558	169	2600	125	1687
蒜　头	1305	20589	466	7457			151	2357
6.菜用豆类	3802	71191	999	16554	96	2034	391	6580
其中:四季豆	387	6971	99	1675	14	283	85	1392
豆　角	1984	36278	762	11037	9	199	241	2898
7.水生菜类	2371	52835	730	18584	52	1327	195	5991
其中:莲　藕	1580	37005	697	17570	52	1327	162	4977
8.其他蔬菜	7675	150733	2011	34134	889	19999	574	9984
二、药材产值	6421	38614	2180	3108			2180	3108
淮　山	2960	26918						
厚　朴	159	1112						
两面针	5	35						
三、花卉作物种植面积	310		300		200		100	
①出售的切花、切叶		1259		1160		1160		
②出售的盆栽(盆景)		1952427		1449399		1149399		300000
③出售的观赏植物		408285		396050		361050		35000
⑥出售的草坪草皮		361071		361068		361068		
补充资料:蔬菜大棚	185							
蔬菜大棚面积	30							

(续表 2-17)

	覃塘区		平南县		桂平市	
	播种面积（公顷）	产量吨	播种面积（公顷）	产量（吨）	播种面积（公顷）	产量吨
一、蔬菜合计	9501	163004	16896	553188	35814	589572
1.叶菜类	4617	83170	6354	226284	15078	248621
其中:菠　菜			395	8275	1565	30578
芹　菜	25	360	384	8707	836	16384
大白菜	1063	10233	1389	36207	2248	46157
圆白菜			511	16283	1099	19039
菜心菜	3529	72577	1520	54939	2464	55006
2.瓜菜类	721	9477	1777	66334	2522	44388
其中:黄　瓜			424	10743	630	10967
3.块根、块茎类	1474	26062	4706	152782	6942	94359
其中:萝　卜	335	3248	1094	29341	1149	13785
胡萝卜			38	786	229	4150
马铃薯	1139	22814	2814	91736	4354	76424
4.茄果菜类	301	5109	647	21531	1715	31011
其中:茄　子	216	3989	182	4688	420	6651
西红柿	85	1120	211	7933	276	5596
5.葱蒜类	845	15829	818	16292	2043	35671
其中:大　葱	96	1271	339	7495	375	5931
蒜　头	315	5100	317	5608	522	7524
6.菜用豆类	512	7940	808	18962	1995	35675
其中:四季豆			36	762	252	4534
豆　角	512	7940	436	11107	786	14134
7.水生菜类	483	11266	512	13572	1129	20679
其中:莲　藕	483	11266	361	9805	522	9630
8.其他蔬菜	548	4151	1274	37431	4390	79168
二、药材产值			1081	7284	3160	28222
淮　山			278	2570	2682	24348
厚　朴			159	1112		
两面针			5	35		
三、花卉作物种植面积			10			
①出售的切花、切叶				39		60
②出售的盆栽(盆景)				67460		435568
③出售的观赏植物				9010		3225
⑥出售的草坪草皮						3
补充资料:蔬菜大棚					185	
蔬菜大棚面积					30	

2-18 农林牧渔业总产值

单位:万元

	贵港市			市辖区			港北区			港南区		
	上年现行	当年现行	90年不变	上年现行	当年现行	90年不变	上年现行	当年现行	90年不变	上年现行	当年现行	90年不变
农林牧渔业总产值	1161381	1174498	660002	448934	458339	241613	127585	130021	68408	152319	153282	81842
一、农业产值	552159	561443	310798	212353	219204	110861	53959	56556	28425	72637	72683	37877
(一)种植业	537730	548747	304563	205226	212928	107776	53753	56374	28336	66437	67224	35193
1.主产品产值	519912	530935	292947	196079	203783	101158	51472	54094	26677	64192	64980	33744
(1)粮食作物合计	206270	207081	78387	81002	81322	30552	20049	20130	7564	33609	33792	12783
(2)经济作物合计	109496	118510	63397	58739	65423	36128	14955	16841	8941	12850	13569	8429
其中:油　料	29757	30086	13216	10440	10560	4649	2575	2605	1147	3209	3246	1429
麻　类	537	549	225	430	440	184	279	279	90	151	161	94
糖　类	56743	64108	32992	44706	51112	27345	12029	13882	7647	6586	7127	3127
烟　叶	2183	2183	466									
药材类	11124	11736	10874	1844	1892	3140	33	33	33	1811	1859	3107
(3)蔬菜(食用菌类)园艺作物	154591	155705	53518	43847	44574	18240	14481	15170	6496	11869	11736	4257
其中:蔬　菜	149705	150682	49956	39252	39837	14899	10338	10779	3501	11417	11390	3911
(4)水果、饮料和香料	38595	39127	91334	6355	6485	12741	1518	1520	3391	2800	2850	6651
其中:水　果	35843	36284	90213	5554	5637	12411	1468	1466	3370	2731	2780	6623
#果用瓜	2288	2650	1179	502	580	257				353	405	178
(5)其他种植业	10962	10512	6312	6137	5978	3496	468	433	285	3065	3033	1624
2.副产品产值	17817	17812	11617	9146	9145	6619	2281	2280	1660	2244	2244	1449
(1)粮食作物副产品	8639	8636	4566	3374	3373	1971	874	874	513	1300	1299	736
(2)经济作物副产品	9177	9177	7049	5773	5773	4647	1407	1407	1147	945	945	713
(二)其他农业	14430	12695	6236	7128	6275	3085	206	181	89	6201	5459	2684
其中:采集野生植物	14430	12695	6236	7128	6275	3085	206	181	89	6201	5459	2684
二、林业产值	31670	32374	29082	7554	7910	6951	2453	2516	2351	2383	2519	2200
(一)林木的培育和种植	4029	4052	2138	970	979	511	350	355	183	262	264	135
(二)林产品	9148	10270	5875	2327	2742	813	578	659	224	818	975	271
(三)全社会竹木采伐	18495	18052	21071	4259	4189	5628	1526	1502	1944	1303	1280	1794
三、牧业产值	465057	472087	249348	198273	201612	105227	63774	63840	33088	63803	65097	33469
(一)牲畜饲养	16401	17120	9649	5416	5656	3175	1519	1587	884	2238	2335	1326
1.牛饲养	16017	16693	9561	5259	5481	3139	1458	1520	870	2210	2303	1319
2.羊饲养	385	426	90	158	174	37	61	67	14	29	32	7
(二)猪的饲养	283211	281369	136005	125603	124786	60317	44429	44140	21336	39020	38766	18738
(三)家禽的饲养	79837	79953	47122	32541	32576	19786	14655	14715	9161	10248	10156	5624
(四)活的畜禽产品	11263	11668	6907	5897	6104	3520	1975	2014	1018	1514	1561	960
(六)其他动物及产品	74346	81978	49664	28817	32492	18428	1196	1385	688	10783	12279	6821
其中:蚕　茧	24295	28996	13670	14966	17862	8421	983	1174	553	6973	8322	3923
四、渔业产值	105387	101424	65793	29134	27978	17784	7243	6953	4388	13160	12647	8091
(二)淡水产品	105387	101424	65793	29134	27978	17784	7243	6953	4388	13160	12647	8091
五、农林牧渔服务业产值	7108	7169	4981	1619	1635	790	156	156	156	336	336	205
(一)农　业	3531	3557	2531	816	827	384	72	72	72	162	162	97
(二)林　业	436	442	425	42	42	20	13	13	13	5	5	4
(三)牧　业	2546	2570	1538	640	644	315	49	49	49	136	136	82
(四)渔　业	595	600	487	121	122	71	22	22	22	33	33	22

(续表2－18)

	覃塘区			平南县			桂平市		
	上年现行	当年现行	90年不变	上年现行	当年现行	90年不变	上年现行	当年现行	90年不变
农林牧渔业总产值	169030	175036	91363	343016	345593	197778	369431	370566	220611
一、农业产值	85757	89965	44559	154501	154393	87209	185305	187846	112728
(一)种植业	85036	89330	44247	149990	150435	85274	182514	185384	111513
1.主产品产值	80415	84709	40737	146642	147089	83408	177191	180063	108381
(1)粮食作物合计	27344	27400	10205	50441	50638	19310	74827	75121	28525
(2)经济作物合计	30934	35013	18758	21516	22215	11142	29241	30872	16127
其中:油　料	4656	4709	2073	7471	7557	3327	11846	11969	5240
麻　类				13	14	8	94	95	33
糖　类	26091	30103	16571	5485	5817	2338	6552	7179	3309
烟　叶				2183	2183	466			
药材类				3369	3420	3163	5911	6424	4571
(3)蔬菜(食用菌类)园艺作物	17497	17668	7487	54231	53590	17634	56513	57541	17644
其中:蔬　菜	17497	17668	7487	54100	53483	17521	56353	57362	17536
(4)水果、饮料和香料	2037	2115	2699	16612	16939	33088	15628	15703	45505
其中:水　果	1355	1391	2418	14866	15161	32381	15423	15486	45421
#果用瓜	149	175	79	1301	1500	664	485	570	258
(5)其他种植业	2604	2512	1587	3842	3707	2235	983	827	581
2.副产品产值	4621	4621	3510	3348	3346	1866	5323	5321	3132
(1)粮食作物副产品	1200	1200	722	2039	2038	942	3226	3225	1653
(2)经济作物副产品	3421	3421	2787	1308	1308	924	2096	2096	1478
(二)其他农业	721	635	312	4511	3958	1936	2791	2462	1215
其中:采集野生植物	721	635	312	4511	3958	1936	2791	2462	1215
二、林业产值	2718	2875	2400	8507	8819	7266	15609	15645	14865
(一)林木的培育和种植	358	360	193	276	277	136	2783	2796	1491
(二)林产品	931	1108	318	4154	4599	2787	2667	2929	2275
(三)全社会竹木采伐	1430	1407	1890	4077	3943	4344	10159	9920	11099
三、牧业产值	70696	72675	38670	139428	143274	78277	127356	127201	65844
(一)牲畜饲养	1659	1734	965	4921	5143	2860	6064	6321	3614
1.牛饲养	1591	1658	950	4710	4909	2812	6048	6303	3610
2.羊饲养	68	75	16	211	234	49	16	18	4
(二)猪的饲养	42154	41880	20243	63980	63564	30725	93628	93019	44963
(三)家禽的饲养	7638	7705	5001	24044	24095	13375	23252	23282	13961
(四)活的畜禽产品	2408	2529	1542	2758	2848	1728	2608	2716	1659
(六)其他动物及产品	16838	18828	10919	43725	47624	29589	1804	1862	1647
其中:蚕　茧	7010	8366	3945	8884	10603	4999	445	531	250
四、渔业产值	8731	8378	5305	38697	37202	23962	37556	36244	24047
(二)淡水产品	8731	8378	5305	38697	37202	23962	37556	36244	24047
五、农林牧渔服务业产值	1127	1143	429	1883	1904	1064	3606	3630	3127
(一)农　业	582	593	215	944	954	586	1771	1776	1561
(二)林　业	24	24	3	76	77	47	318	323	358
(三)牧　业	455	459	184	714	723	329	1192	1203	894
(四)渔　业	66	67	27	149	150	102	325	328	314

2－19 农林牧渔业中间消耗

	贵港市	市辖区	港北区	港南区	覃塘区	平南县	桂平市
农林牧渔业生产中间消耗总计	463789	181829	47121	62021	72687	135298	146662
一、农业中间消耗合计	180772	69240	15455	25019	28766	47964	63568
(一)种植业中间消耗	173348	67479	15442	23379	28658	47566	58303
1.中间物质消耗	154678	63237	14574	21741	26922	37917	53524
(1)用种量	48398	17819	7329	4921	5569	5682	24897
(2)役畜用饲料.饲草	9990	6718	1021	2456	3241	763	2509
(3)肥　料	63474	28258	2900	10250	15108	23568	11648
(4)燃　料	9681	3768	665	941	2162	2938	2975
(5)农　药	10809	2462	588	1275	599	2218	6129
(6)农用塑料薄膜	1137	331	86	179	66	255	551
(7)用电量	5967	2681	1695	939	47	968	2318
(8)小农具购置费	2258	545	259	218	68	151	1562
(9)办公用品购置费	330	32	16		16	24	274
(10)其他物质消耗	2534	623	15	562	46	1350	561
2.生产服务支出(包括物资和非物质生	18670	4242	868	1638	1736	9649	4779
(二)其他农业中间消耗	7424	1761	13	1640	108	398	5265
1.中间物质消耗	5826	1511	13	1390	108	198	4117
(1)原材料	3951	987		900	87	198	2766
(2)燃　料	322	55		50	5		267
(3)用电量	623	175	13	160	2		448
(4)其他物质消耗	930	294		280	14		636
2.生产服务支出(包括物资和非物质生	1598	250		250		200	1148
二、林业中间物质消耗	9886	1330	605	454	271	4021	4535
(一)中间物质消耗	8646	1233	591	426	216	3705	3708
1.用种量	1102	723	410	184	129		379
2.肥　料	3972	187	106	46	35	1406	2379
3.燃　料	896	25			25	795	76
4.农　药	334	35		29	6	60	239
5.用电量	147	36	33		3	69	42
6.林业小农机具购置	259	33	16	10	7	26	200
7.办公用品购置	107	23	18		5	26	58
8.其他物质消耗	1829	171	8	157	6	1323	335
(二)生产服务支出(包括物资和非物质生	1240	97	14	28	55	316	827
三、牧业中间消耗合计	241961	103579	29794	32614	41171	70866	67516
(一)中间物质消耗	234583	102435	29546	31825	41064	68298	63850
1.用种量	6101	2683	374	702	1607	1316	2102

(续表 2－19)

	贵港市	市辖区	港北区	港南区	覃塘区	平南县	桂平市
2.饲料.饲草	202812	96641	28745	28714	39182	58374	47797
3.燃　料	11000	729	81	458	190	871	9400
4.用电量	1346	1049	218	771	60	277	20
5.畜牧用药品	6662	225	128	80	17	4012	2425
6.其他物质消耗	6662	1108		1100	8	3448	2106
(二)生产服务支出(包括物资和非物质生	7378	1144	248	789	107	2568	3666
四、渔业中间消耗合计	27372	6854	1185	3729	1940	11304	9214
(一)中间物质消耗	24788	6560	1074	3575	1911	10850	7378
1.用种量	7302	1947	410	980	557	2900	2455
2.饲　料	13121	3685	617	1760	1308	5269	4167
3.燃　料	542	49	14		35	467	26
4.用电量	241	17	12		5	69	155
5.办公用品购置	241	21	21			15	205
6.其他物质消耗	3341	841		835	6	2130	370
(二)生产服务支出(包括物资和非物质生	2584	294	111	154	29	454	1836
五、农林牧渔服务业中间消耗	3898	826	82	205	539	1143	1929
(一)农　业	1764	388	36	97	255	570	806
(二)林　业	183	23	1	4	18	55	105
(三)牧　业	1635	329	41	82	206	427	879
(四)渔　业	316	86	4	22	60	91	139

三、工　　业

3-1 规模以上工业企业单位数

单位:个

项　　目	贵港市	港北区	港南区	覃塘区	市　直	平南县	桂平市
总　　计	**179**	**39**	**26**	**18**	**23**	**30**	**43**
一、按登记注册类型分组:							
内资企业	155	34	24	17	21	21	38
国有企业	33	3		4	7	5	14
中央企业	1				1		
地方企业	32	3		4	6	5	14
集体企业	9	3	2		1	1	2
联营企业	1	1					
国有与集体联营企业	1	1					
有限责任公司	32	10	2	6	7	3	4
国有独资公司	2				2		
其他有限责任公司	30	10	2	6	5	3	4
股份有限公司	6			2	2	1	1
私营企业	74	17	20	5	4	11	17
私营独资企业	22	5	8	1		2	6
私营合作企业	3		1				2
私营有限责任公司	41	10	11	4	3	9	4
私营股份有限公司	8	2			1		5
港、澳、台商投资企业	15	3	2	1	2	5	2
合资经营企业(港或澳、台资)	3	1	1			1	
合作经营企业(港或澳、台资)	2					2	
港澳台商独资经营企业	10	2	1	1	2	2	2
外商投资企业	9	2				4	3
中外合资经营企业	3					1	2
中外合作经营企业	4	1				3	
外资企业	2	1					1
二、按经济组织类型分组:							
独资企业	76	14	11	6	10	10	25
国有企业	33	3		4	7	5	14
集体企业	9	3	2		1	1	2
私营独资企业	22	5	8	1		2	6
港澳台商独资经营企业	10	2	1	1	2	2	2
外资企业	2	1					1
合作、合伙企业	10	2	1			5	2
国有与集体联营企业	1	1					
私营合伙企业	3		1				2
合作经营企业(港或澳、台资)	2					2	
中外合作经营企业	4	1				3	
股份有限公司	14	2		2	3	1	6
股份有限公司(内资)	6			2	2	1	1

(续表 3－1)　　　　　　　　　　　　　　　　　　　　　　　　　　　　单位:个

项　　目	贵港市	港北区	港南区	覃塘区	市　直	平南县	桂平市
私营股份有限公司	8	2			1		5
有限责任公司	79	21	14	10	10	14	10
国有独资公司	2				2		
私营有限责任公司	41	10	11	4	3	9	4
合资经营企业(港或澳、台资)	3	1	1			1	
中外合资经营企业	3					1	2
其他有限责任公司	30	10	2	6	5	3	4
三、在总计中:亏损企业	76	12	9	8	12	14	21
在总计中:国有控股企业	40	5		4	11	6	14
在总计中:农村工业	36	14	1	1		20	
在总计中:轻工业	80	18	19	2	10	13	18
重工业	99	21	7	16	13	17	25
在总计中:大型企业	1				1		
中型企业	23	4	2	3	5	3	6
小型企业	155	35	24	15	17	27	37
四、按工业行业大中小类分:							
采矿业	12	1			1	2	8
黑色金属矿采选业	4						4
其他黑色金属矿采选	4						4
有色金属矿采选业	6	1			1		4
常用有色金属矿采选	5	1					4
铅锌矿采选	5	1					4
贵金属矿采选	1				1		
金矿采选	1				1		
非金属矿采选业	2					2	
土砂石开采	2					2	
粘土及其他土砂石开采	2					2	
制造业	154	38	26	15	19	25	31
农副食品加工业	19	7	4	1	1	2	4
谷物磨制	5	2	2				1
饲料加工	6	4	2				
制　糖	4	1		1	1		1
蔬菜、水果和坚果加工	2					2	
其他农副食品加工	2						2
淀粉及淀粉制品的制造	1						1
豆制品制造	1						1
食品制造业	4				1	1	2
方便食品制造	2						2
米、面制品制造	2						2
罐头制造	1					1	
蔬菜、水果罐头制造	1					1	
其他食品制造	1				1		

（续表 3－1）　　单位：个

项　　目	贵港市	港北区	港南区	覃塘区	市　直	平南县	桂平市
冷冻饮品及食用冰制造	1				1		
饮料制造业	4	1				1	2
酒精制造	1						1
酒的制造	2					1	1
白酒制造	1						1
其他酒制造	1					1	
软饮料制造	1	1					
果菜汁及果菜汁饮料制造	1	1					
纺织业	3					1	2
棉、化纤纺织及印染精加工	1						1
棉、化纤纺织加工	1						1
毛纺织和染整精加工	1						1
毛染整精加工	1						1
丝绢纺织及精加工	1					1	
缫丝加工	1					1	
纺织服装、鞋、帽制造业	1	1					
纺织服装制造	1	1					
皮革、毛皮、羽毛(绒)及其制品业	15	1	14				
皮革制品制造	1	1					
皮手套及皮装饰制品制造	1	1					
羽毛(绒)加工及制品制造	14		14				
羽毛(绒)加工	14		14				
木材加工及木、竹、藤、棕、草制品业	8	2		1	1	3	1
锯材、木片加工	1				1		
木片加工	1				1		
人造板制造	3	2		1			
胶合板制造	1	1					
纤维板制造	2	1		1			
竹、藤、棕、草制品制造	4					3	1
造纸及纸制品业	10	4	1		4		1
造　纸	3				3		
机制纸及纸板制造	3				3		
纸制品制造	7	4	1		1		1
纸和纸板容器的制造	2	1			1		
其他纸制品制造	5	3	1				1
印刷业和记录媒介的复制	1				1		
印　刷	1				1		
书、报、刊印刷	1				1		
化学原料及化学制品制造业	20	6	4	4	2	2	2
基础化学原料制造	3	2	1				
无机盐制造	2	1	1				
其他基础化学原料制造	1	1					

(续表 3－1)　　　　　　　　　　　　　　　　　　　　　　　　　　　　　单位:个

项　目	贵港市	港北区	港南区	覃塘区	市　直	平南县	桂平市
肥料制造	7	1	1	1	2	1	1
氮肥制造	1				1		
磷肥制造	4		1	1	1		1
复混肥料制造	2	1				1	
农药制造	4	1		2		1	
化学农药制造	4	1		2		1	
专用化学产品制造	5	1	2	1			1
化学试剂和助剂制造	1		1				
林产化学产品制造	4	1	1	1			1
日用化学产品制造	1	1					
香料、香精制造	1	1					
医药制造业	6	3			1		2
中药饮片加工	1	1					
中成药制造	2				1		1
兽用药品制造	3	2					1
橡胶制品业	2	1				1	
橡胶零件制造	2	1				1	
塑料制品业	6	1	1	1	1	1	1
塑料板、管、型材的制造	1					1	
塑料丝、绳及编织品的制造	2	1	1				
塑料包装箱及容器制造	1						1
日用塑料制造	1				1		
日用塑料杂品制造	1				1		
其他塑料制品制造	1			1			
非金属矿物制品业	28	5	1	8	4	7	3
水泥、石灰和石膏的制造	25	3	1	8	4	7	2
水泥制造	25	3	1	8	4	7	2
水泥及石膏制品制造	1	1					
其他水泥制品制造	1	1					
砖瓦、石材及其他建筑材料制造	1						1
粘土砖瓦及建筑砌块制造	1						1
玻璃及玻璃制品制造	1	1					
技术玻璃制品制造	1	1					
黑色金属冶炼及压延加工业	4	1	1				2
炼　钢	1	1					
钢压延加工	3		1				2
有色金属冶炼及压延加工业	3	2					1
常用有色金属冶炼	1	1					
锑冶炼	1	1					
贵金属冶炼	1	1					
金冶炼	1	1					
有色金属压延加工	1						1

（续表 3－1）　　　　单位：个

项　　目	贵港市	港北区	港南区	覃塘区	市　直	平南县	桂平市
常用有色金属压延加工	1						1
金属制品业	1	1					
结构性金属制品制造	1	1					
金属结构制造	1	1					
通用设备制造业	7				1	1	5
锅炉及原动机制造	1				1		
内燃机及配件制造	1				1		
金属加工机械制造	1						1
机床附件制造	1						1
轴承、齿轮、传动和驱动部件的制造	1						1
齿轮、传动和驱动部件制造	1						1
通用零部件制造及机械修理	2					1	1
紧固件、弹簧制造	1					1	
机械零部件加工及设备修理	1						1
金属铸、锻加工	2						2
钢铁铸件制造	2						2
专用设备制造业	1				1		
农、林、牧、渔专用机械制造	1				1		
拖拉机制造	1				1		
交通运输设备制造业	3				1	1	1
汽车制造	1				1		
汽车修理	1				1		
船舶及浮动装置制造	2					1	1
金属船舶制造	1					1	
非金属船舶制造	1						1
电气机械及器材制造业	3	2					1
电线、电缆、光缆及电工器材制造	2	2					
电线电缆制造	1	1					
绝缘制品制造	1	1					
电池制造	1						1
仪器仪表及文化、办公用机械制造	1						1
文化、办公用机械制造	1						1
计算器及货币专用设备制造	1						1
工艺品及其他制造业	4					4	
工艺美术品制造	4					4	
天然植物纤维编织工艺品制造	4					4	
电力、燃气及水的生产和供应业	13			3	3	3	4
电力、热力的生产和供应业	10			3	2	2	3
电力生产	7			3	1	1	2
水力发电	7			3	1	1	2
电力供应	3				1	1	1
水的生产和供应业	3				1	1	1
自来水的生产和供应	3				1	1	1

3-2 规模以上工业现价总产值

单位:千元

项　　目	贵港市	港北区	港南区	覃塘区	市　直	平南县	桂平市
总　　计	**13011479**	**3523135**	**1781925**	**993956**	**3155588**	**1339767**	**2217108**
一、按登记注册类型分组:							
内资企业	10833477	2880365	1673870	608012	3023513	507596	2140121
国有企业	922774	154827		50545	156559	106500	454343
中央企业	27464				27464		
地方企业	895310	154827		50545	129095	106500	454343
集体企业	179044	75933	58097		8034	6143	30837
联营企业	9052	9052					
国有与集体联营企业	9052	9052					
有限责任公司	3389294	913101	287951	213834	1360935	62579	550894
国有独资公司	1096858				1096858		
其他有限责任公司	2292436	913101	287951	213834	264077	62579	550894
股份有限公司	1770632			167972	1361891	10169	230600
私营企业	4562681	1727452	1327822	175661	136094	322205	873447
私营独资企业	812063	60527	588750	48193		19028	95565
私营合作企业	43565		6235				37330
私营有限责任公司	3259664	1648784	732837	127468	134822	303177	312576
私营股份有限公司	447389	18141			1272		427976
港、澳、台商投资企业	1103788	368252	108055	385944	132075	76383	33079
合资经营企业(港或澳、台资)	113552	22458	80011			11083	
合作经营企业(港或澳、台资)	32452					32452	
港澳台商独资经营企业	957784	345794	28044	385944	132075	32848	33079
外商投资企业	1074214	274518				755788	43908
中外合资经营企业	736125					703206	32919
中外合作经营企业	89420	36838				52582	
外资企业	248669	237680					10989
二、按经济组织类型分组:							
独资企业	3120334	874761	674891	484682	296668	164519	624813
国有企业	922774	154827		50545	156559	106500	454343
集体企业	179044	75933	58097		8034	6143	30837
私营独资企业	812063	60527	588750	48193		19028	95565
港澳台商独资经营企业	957784	345794	28044	385944	132075	32848	33079
外资企业	248669	237680					10989
合作、合伙企业	174489	45890	6235			85034	37330
国有与集体联营企业	9052	9052					
私营合伙企业	43565		6235				37330
合作经营企业(港或澳、台资)	32452					32452	
中外合作经营企业	89420	36838				52582	
股份有限公司	2218021	18141		167972	1363163	10169	658576
股份有限公司(内资)	1770632			167972	1361891	10169	230600

(续表 3-2)　　单位：千元

项　　目	贵港市	港北区	港南区	覃塘区	市 直	平南县	桂平市
私营股份有限公司	447389	18141			1272		427976
有限责任公司	7498635	2584343	1100799	341302	1495757	1080045	896389
国有独资公司	1096858				1096858		
私营有限责任公司	3259664	1648784	732837	127468	134822	303177	312576
合资经营企业(港或澳、台资)	113552	22458	80011			11083	
中外合资经营企业	736125					703206	32919
其他有限责任公司	2292436	913101	287951	213834	264077	62579	550894
三、在总计中:亏损企业	2218408	319083	457309	83330	308728	433661	616297
在总计中:国有控股企业	2112046	187179		50545	1291879	128100	454343
在总计中:农村工业	1297718	755854	48333	34288		459243	
在总计中:轻工业	5852500	1566617	1354845	222043	1684840	193697	830458
重工业	7158979	1956518	427080	771913	1470748	1146070	1386650
在总计中:大型企业	1234689				1234689		
中型企业	6018454	1931447	128344	645406	1362110	941209	1009938
小型企业	5758336	1591688	1653581	348550	558789	398558	1207170
四、按工业行业大中小类分:							
采矿业	243761	10000			27464	17542	188755
黑色金属矿采选业	79716						79716
其他黑色金属矿采选	79716						79716
有色金属矿采选业	146503	10000			27464		109039
常用有色金属矿采选	119039	10000					109039
铅锌矿采选	119039	10000					109039
贵金属矿采选	27464				27464		
金矿采选	27464				27464		
非金属矿采选业	17542					17542	
土砂石开采	17542					17542	
粘土及其他土砂石开采	17542					17542	
制造业	11324671	3513135	1781925	989747	2005006	1279121	1755737
农副食品加工业	3369768	1456734	274101	142833	1234689	25968	235443
谷物磨制	163541	45640	94427				23474
饲料加工	1508717	1329043	179674				
制　糖	1635969	82051		142833	1234689		176396
蔬菜、水果和坚果加工	25968					25968	
其他农副食品加工	35573						35573
淀粉及淀粉制品的制造	24584						24584
豆制品制造	10989						10989
食品制造业	130621				83024	14203	33394
方便食品制造	33394						33394
米、面制品制造	33394						33394
罐头制造	14203					14203	
蔬菜、水果罐头制造	14203					14203	
其他食品制造	83024				83024		

(续表3-2) 单位:千元

项　　目	贵港市	港北区	港南区	覃塘区	市　直	平南县	桂平市
冷冻饮品及食用冰制造	83024				83024		
饮料制造业	139129	6850				5863	126416
酒精制造	96090						96090
酒的制造	36189					5863	30326
白酒制造	30326						30326
其他酒制造	5863					5863	
软饮料制造	6850	6850					
果菜汁及果菜汁饮料制造	6850	6850					
纺织业	45130					21600	23530
棉、化纤纺织及印染精加工	2470						2470
棉、化纤纺织加工	2470						2470
毛纺织和染整精加工	21060						21060
毛染整精加工	21060						21060
丝绢纺织及精加工	21600					21600	
缫丝加工	21600					21600	
纺织服装、鞋、帽制造业	11674	11674					
纺织服装制造	11674	11674					
皮革、毛皮、羽毛(绒)及其制品业	1077201	6221	1070980				
皮革制品制造	6221	6221					
皮手套及皮装饰制品制造	6221	6221					
羽毛(绒)加工及制品制造	1070980		1070980				
羽毛(绒)加工	1070980		1070980				
木材加工及木、竹、藤、棕、草制	206226	29600		116629	2797	54447	2753
锯材、木片加工	2797				2797		
木片加工	2797				2797		
人造板制造	146229	29600		116629			
胶合板制造	20300	20300					
纤维板制造	125929	9300		116629			
竹、藤、棕、草制品制造	57200					54447	2753
造纸及纸制品业	345190	33863	9764		289704		11859
造　纸	259277				259277		
机制纸及纸板制造	259277				259277		
纸制品制造	85913	33863	9764		30427		11859
纸和纸板容器的制造	38842	8415			30427		
其他纸制品制造	47071	25448	9764				11859
印刷业和记录媒介的复制	1354				1354		
印　刷	1354				1354		
书、报、刊印刷	1354				1354		
化学原料及化学制品制造业	1420112	706987	161441	140529	186490	207821	16844
基础化学原料制造	486013	470120	15893				
无机盐制造	151893	136000	15893				
其他基础化学原料制造	334120	334120					

(续表 3－2)　　　　　　　　　　　　　　　　　　　　单位:千元

项　　目	贵港市	港北区	港南区	覃塘区	市　直	平南县	桂平市
肥料制造	447353	156510	48333	46336	186490	4621	5063
氮肥制造	62620				62620		
磷肥制造	223602		48333	46336	123870		5063
复混肥料制造	161131	156510				4621	
农药制造	261172	11972		46000	203200		
化学农药制造	261172	11972		46000	203200		
专用化学产品制造	192174	34985	97215	48193			11781
化学试剂和助剂制造	28044		28044	48193			
林产化学产品制造	164130	34985	69171	48193			11781
日用化学产品制造	33400	33400					
香料、香精制造	33400	33400					
医药制造业	319680	17875			41775		260030
中药饮片加工	6600	6600					
中成药制造	291775				41775		250000
兽用药品制造	21305	11275					10030
橡胶制品业	19852	5302				14550	
橡胶零件制造	19852	5302				14550	
塑料制品业	149294	9224	6235	79210	8034	14591	32000
塑料板、管、型材的制造	14591					14591	
塑料丝、绳及编织品的制造	15459	9224	6235				
塑料包装箱及容器制造	32000						32000
日用塑料制造	8034				8034		
日用塑料杂品制造	8034				8034		
其他塑料制品制造	79210			79210			
非金属矿物制品业	1667354	137797	11321	510546	54122	830000	123568
水泥、石灰和石膏的制造	1628221	107949	11321	510546	54122	830000	114283
水泥制造	1628221	107949	11321	510546	54122	830000	114283
水泥及石膏制品制造	22458	22458					
其他水泥制品制造	22458	22458					
砖瓦、石材及其他建筑材料制造	9285						9285
粘土砖瓦及建筑砌块制造	9285						9285
玻璃及玻璃制品制造	7390	7390					
技术玻璃制品制造	7390	7390					
黑色金属冶炼及压延加工业	1492303	739189	248083				505031
炼　钢	739189	739189					
钢压延加工	753114		248083				505031
有色金属冶炼及压延加工业	274830	260980					13850
常用有色金属冶炼	237680	237680					
锑冶炼	237680	237680					
贵金属冶炼	23300	23300					
金冶炼	23300	23300					
有色金属压延加工	13850						13850

(续表 3－2)　　　　　　　　　　　　　　　　　　　　　　　　　　单位：千元

项　目	贵港市	港北区	港南区	覃塘区	市　直	平南县	桂平市
常用有色金属压延加工	13850						13850
金属制品业	5719	5719					
结构性金属制品制造	5719	5719					
金属结构制造	5719	5719					
通用设备制造业	318846				41162	6143	271541
锅炉及原动机制造	41162				41162		
内燃机及配件制造	41162				41162		
金属加工机械制造	230600						230600
机床附件制造	230600						230600
轴承、齿轮、传动和驱动部件的制造	16400						16400
齿轮、传动和驱动部件制造	16400						16400
通用零部件制造及机械修理	20580					6143	14437
紧固件、弹簧制造	6143					6143	
机械零部件加工及设备修理	14437						14437
金属铸、锻加工	10104						10104
钢铁铸件制造	10104						10104
专用设备制造业	60583				60583		
农、林、牧、渔专用机械制造	60583				60583		
拖拉机制造	60583				60583		
交通运输设备制造业	25870				1272	20500	4098
汽车制造	1272				1272		
汽车修理	1272				1272		
船舶及浮动装置制造	24598					20500	4098
金属船舶制造	20500					20500	
非金属船舶制造	4098						4098
电气机械及器材制造业	130700	85120					45580
电线、电缆、光缆及电工器材制造	85120	85120					
电线电缆制造	80038	80038					
绝缘制品制造	5082	5082					
电池制造	45580						45580
仪器仪表及文化、办公用机械制造	49800						49800
文化、办公用机械制造	49800						49800
计算器及货币专用设备制造	49800						49800
工艺品及其他制造业	63435					63435	
工艺美术品制造	63435					63435	
天然植物纤维编织工艺品制造	63435					63435	
电力、燃气及水的生产和供应业	1443047			4209	1123118	43104	272616
电力、热力的生产和供应业	1398953			4209	1096858	34923	262963
电力生产	187584			4209	129892	120	53363
水力发电	187584			4209	129892	120	53363
电力供应	1211369				966966	34803	209600
水的生产和供应业	44094				26260	8181	9653
自来水的生产和供应	44094				26260	8181	9653

3-3 规模以上工业现价增加值

单位：千元

项　　目	贵港市	港北区	港南区	覃塘区	市　直	平南县	桂平市
总　　计	**4221240**	**1191426**	**551628**	**271342**	**828566**	**523617**	**854661**
一、按登记注册类型分组：							
内资企业	3405792	929879	505912	128059	808635	201757	831550
国有企业	298210	51105		10981	29185	58577	148362
中央企业	-5147				-5147		
地方企业	303357	51105		10981	34332	58577	148362
集体企业	57733	28389	9479		807	3168	15890
联营企业	333	333					
国有与集体联营企业	333	333					
有限责任公司	968566	225759	58196	60815	325960	18522	279314
国有独资公司	275939				275939		
其他有限责任公司	692627	225759	58196	60815	50021	18522	279314
股份有限公司	629898			25904	427019	3118	173857
私营企业	1451052	624293	438237	30359	25664	118372	214127
私营独资企业	244504	20659	205408	6404		6029	6004
私营合作企业	23136		1625				21511
私营有限责任公司	1164216	599223	231204	23955	25332	112343	172159
私营股份有限公司	19196	4411			332		14453
港、澳、台商投资企业	396415	146517	45716	143283	19931	23523	17445
合资经营企业(港或澳、台资)	46995	7473	35682			3840	
合作经营企业(港或澳、台资)	9749					9749	
港澳台商独资经营企业	339671	139044	10034	143283	19931	9934	17445
外商投资企业	419033	115030				298337	5666
中外合资经营企业	287578					279912	7666
中外合作经营企业	38995	20570				18425	
外资企业	92460	94460					-2000
二、按经济组织类型分组：							
独资企业	1032578	333657	224921	160668	49923	77708	185701
国有企业	298210	51105		10981	29185	58577	148362
集体企业	57733	28389	9479		807	3168	15890
私营独资企业	244504	20659	205408	6404		6029	6004
港澳台商独资经营企业	339671	139044	10034	143283	19931	9934	17445
外资企业	92460	94460					-2000
合作、合伙企业	72213	20903	1625			28174	21511
国有与集体联营企业	333	333					
私营合伙企业	23136		1625				21511
合作经营企业(港或澳、台资)	9749					9749	
中外合作经营企业	38995	20570				18425	
股份有限公司	649094	4411		25904	427351	3118	188310
股份有限公司(内资)	629898			25904	427019	3118	173857

(续表 3－3)　　　　　　　　　　　　　　　　　　　　　　　　单位：千元

项　　目	贵港市	港北区	港南区	覃塘区	市　直	平南县	桂平市
私营股份有限公司	19196	4411			332		14453
有限责任公司	2467355	832455	325082	84770	351292	414617	459139
国有独资公司	275939				275939		
私营有限责任公司	1164216	599223	231204	23955	25332	112343	172159
合资经营企业(港或澳、台资)	46995	7473	35682			3840	
中外合资经营企业	287578					279912	7666
其他有限责任公司	692627	225759	58196	60815	50021	18522	279314
三、在总计中：亏损企业	619028	119671	144791	20746	56609	173044	104167
在总计中：国有控股企业	607819	61320		10981	322376	64780	148362
在总计中：农村工业	470173	290661	5964	10125		163423	
在总计中：轻工业	1943802	556241	454528	32466	507451	66189	326927
重工业	2277438	635185	97100	238876	321115	457428	527734
在总计中：大型企业	391256				391256		
中型企业	1905445	567030	41646	186629	242603	393568	473969
小型企业	1924539	624396	509982	84713	194707	130049	380692
四、按工业行业大中小类分：							
采矿业	55750	4102			-5147	5419	51376
黑色金属矿采选业	-3801						-3801
其他黑色金属矿采选	-3801						-3801
有色金属矿采选业	54132	4102			-5147		55177
常用有色金属矿采选	59279	4102					55177
铅锌矿采选	59279	4102					55177
贵金属矿采选	-5147				-5147		
金矿采选	-5147				-5147		
非金属矿采选业	5419					5419	
土砂石开采	5419					5419	
粘土及其他土砂石开采	5419					5419	
制造业	3723396	1187324	551628	268107	541407	478669	696261
农副食品加工业	1087660	518814	107623	22232	391256	8419	39316
谷物磨制	50043	10908	41526				-2391
饲料加工	542823	476726	66097				
制　糖	490633	31180		22232	391256		45965
蔬菜、水果和坚果加工	8419					8419	
其他农副食品加工	-4258						-4258
淀粉及淀粉制品的制造	-2258						-2258
豆制品制造	-2000						-2000
食品制造业	37442				24210	6324	6908
方便食品制造	6908						6908
米、面制品制造	6908						6908
罐头制造	6324					6324	
蔬菜、水果罐头制造	6324					6324	
其他食品制造	24210				24210		

（续表 3-3）　　单位：千元

项　　目	贵港市	港北区	港南区	覃塘区	市　直	平南县	桂平市
冷冻饮品及食用冰制造	24210				24210		
饮料制造业	37051	2495				2137	32419
酒精制造	14908						14908
酒的制造	19648					2137	17511
白酒制造	17511						17511
其他酒制造	2137					2137	
软饮料制造	2495	2495					
果菜汁及果菜汁饮料制造	2495	2495					
纺织业	10564					6203	4361
棉、化纤纺织及印染精加工	155						155
棉、化纤纺织加工	155						155
毛纺织和染整精加工	4206						4206
毛染整精加工	4206						4206
丝绢纺织及精加工	6203					6203	
缫丝加工	6203					6203	
纺织服装、鞋、帽制造业	3805	3805					
纺织服装制造	3805	3805					
皮革、毛皮、羽毛(绒)及其制品业	345766	2376	343390				
皮革制品制造	2376	2376					
皮手套及皮装饰制品制造	2376	2376					
羽毛(绒)加工及制品制造	343390		343390				
羽毛(绒)加工	343390		343390				
木材加工及木、竹、藤、棕、草制	51301	10971		21114	1761	17521	-66
锯材、木片加工	1761				1761		
木片加工	1761				1761		
人造板制造	32085	10971		21114			
胶合板制造	7196	7196					
纤维板制造	24889	3775		21114			
竹、藤、棕、草制品制造	17455					17521	-66
造纸及纸制品业	79584	11820	3515		60789		3460
造　纸	55694				55694		
机制纸及纸板制造	55694				55694		
纸制品制造	23890	11820	3515		5095		3460
纸和纸板容器的制造	9181	4086			5095		
其他纸制品制造	14709	7734	3515				3460
印刷业和记录媒介的复制	71				71		
印　刷	71				71		
书、报、刊印刷	71				71		
化学原料及化学制品制造业	453575	270031	44769	33292	23206	80473	1804
基础化学原料制造	199795	195589	4206				
无机盐制造	64556	60350	4206				
其他基础化学原料制造	135239	135239					

单位:千元

项　目	贵港市	港北区	港南区	覃塘区	市　直	平南县	桂平市
肥料制造	85157	46953	5964	7746	23206	1310	-22
氮肥制造	6286				6286		
磷肥制造	30608		5964	7746	16920		-22
复混肥料制造	48263	46953				1310	
农药制造	102817	4512		19142		79163	
化学农药制造	102817	4512		19142		79163	
专用化学产品制造	54034	11205	34599	6404			1826
化学试剂和助剂制造	10034		10034				
林产化学产品制造	44000	11205	24565	6404			1826
日用化学产品制造	11772	11772					
香料、香精制造	11772	11772					
医药制造业	220332	5159			13951		201222
中药饮片加工	2253	2253					
中成药制造	211956				13951		198005
兽用药品制造	6123	2906					3217
橡胶制品业	6774	2521				4253	
橡胶零件制造	6774	2521				4253	
塑料制品业	39398	2623	1625	10234	807	4764	19345
塑料板、管、型材的制造	4764					4764	
塑料丝、绳及编织品的制造	4248	2623	1625				
塑料包装箱及容器制造	19345						19345
日用塑料制造	807				807		
日用塑料杂品制造	807				807		
其他塑料制品制造	10234			10234			
非金属矿物制品业	593584	55513	3944	181235	9175	318654	25063
水泥、石灰和石膏的制造	579779	45485	3944	181235	9175	318654	21286
水泥制造	579779	45485	3944	181235	9175	318654	21286
水泥及石膏制品制造	7473	7473					
其他水泥制品制造	7473	7473					
砖瓦、石材及其他建筑材料制造	3777						3777
粘土砖瓦及建筑砌块制造	3777						3777
玻璃及玻璃制品制造	2555	2555					
技术玻璃制品制造	2555	2555					
黑色金属冶炼及压延加工业	366249	162616	46762				156871
炼　钢	162616	162616					
钢压延加工	203633		46762				156871
有色金属冶炼及压延加工业	104904	104342					562
常用有色金属冶炼	94460	94460					
锑冶炼	94460	94460					
贵金属冶炼	9882	9882					
金冶炼	9882	9882					
有色金属压延加工	562						562

（续表 3－3） 单位：千元

项目	贵港市	港北区	港南区	覃塘区	市直	平南县	桂平市
常用有色金属压延加工	562						562
金属制品业	1496	1496					
结构性金属制品制造	1496	1496					
金属结构制造	1496	1496					
通用设备制造业	205099				12035	3168	189896
锅炉及原动机制造	12035				12035		
内燃机及配件制造	12035				12035		
金属加工机械制造	173857						173857
机床附件制造	173857						173857
轴承、齿轮、传动和驱动部件的制造	7250						7250
齿轮、传动和驱动部件制造	7250						7250
通用零部件制造及机械修理	11808					3168	8640
紧固件、弹簧制造	3168					3168	
机械零部件加工及设备修理	8640						8640
金属铸、锻加工	149						149
钢铁铸件制造	149						149
专用设备制造业	3814				3814		
农、林、牧、渔专用机械制造	3814				3814		
拖拉机制造	3814				3814		
交通运输设备制造业	8876				332	6166	2378
汽车制造	332				332		
汽车修理	332				332		
船舶及浮动装置制造	8544					6166	2378
金属船舶制造	6166					6166	
非金属船舶制造	2378						2378
电气机械及器材制造业	45214	32742					12472
电线、电缆、光缆及电工器材制造	32742	32742					
电线电缆制造	31107	31107					
绝缘制品制造	1635	1635					
电池制造	12472						12472
仪器仪表及文化、办公用机械制造	250						250
文化、办公用机械制造	250						250
计算器及货币专用设备制造	250						250
工艺品及其他制造业	20587					20587	
工艺美术品制造	20587					20587	
天然植物纤维编织工艺品制造	20587					20587	
电力、燃气及水的生产和供应业	442094			3235	292306	39529	107024
电力、热力的生产和供应业	413489			3235	275939	34531	99784
电力生产	169117			3235	113057	38	52787
水力发电	169117			3235	113057	38	52787
电力供应	244372				162882	34493	46997
水的生产和供应业	28605				16367	4998	7240
自来水的生产和供应	28605				16367	4998	7240

3-4 规模以上工业可比价增加值(按行业中类分)

单位:千元

项　　目	贵港市	港北区	港南区	覃塘区	市　直	平南县	桂平市
总　　计	**4055472**	**1194222**	**528434**	**264458**	**712883**	**527960**	**827515**
其他黑色金属矿采选	－3621						－3621
常用有色金属矿采选	36671	2538					34134
贵金属矿采选	－3901				－3901		
土砂石开采	6930					6930	
谷物磨制	50199	10942	41655				－2398
饲料加工	546100	479604	66496				
制　糖	352897	22427		15991	281418.399		33061
蔬菜、水果和坚果加工	7681					7681	
其他农副食品加工	－4266						－4266
方便食品制造	6789						6789
罐头制造	5833					5833	
其他食品制造	23939				23939		
酒精制造	14474						14474
酒的制造	19506					2122	17384
软饮料制造	2424	2424					
棉、化纤纺织及印染精加工	154						154
毛纺织和染整精加工	3837						3837
丝绢纺织及精加工	5051					5051	
纺织服装制造	3750	3750					
皮革制品制造	2400	2400					
羽毛(绒)加工及制品制造	321677		321677				
锯材、木片加工	1654				1654		
人造板制造	31069	10624		20445			
竹、藤、棕、草制品制造	18013					18082	－68
造　纸	56008				56008		0
纸制品制造	24800	12270	3649		5289		3592
印　刷	72				72		
基础化学原料制造	220063	215430	4633				
肥料制造	87954	48495	6160	8000	23968	1353	－23
农药制造	105022	4609		19553		80861	0
专用化学产品制造	42310	8774	27092	5014			1430
日用化学产品制造	11999	11999					

(续表3－4)　　　　　　　　　　　　　　　　　　　　　　　　　　单位：千元

项　　目	贵港市	港北区	港南区	覃塘区	市　直	平南县	桂平市
中药饮片加工	2055	2055					
中成药制造	210357				13846		196512
兽用药品制造	6091	2891					3200
橡胶零件制造	6783	2525				4259	
塑料板、管、型材的制造	5083					5083	
塑料丝、绳及编织品的制造	4046	2498	1548				
塑料包装箱及容器制造	18760						18760
日用塑料制造	821				821		
其他塑料制品制造	9136			9136			
水泥、石灰和石膏的制造	585931	45968	3986	183158	9272	322035	21512
水泥及石膏制品制造	7582	7582					
砖瓦、石材及其他建筑材料制造	3799						3799
玻璃及玻璃制品制造	2589	2589					
炼　钢	184497	184497					
钢压延加工	224438		51540				172899
常用有色金属冶炼	70173	70173					
贵金属冶炼	7297	7297					
有色金属压延加工	494						494
结构性金属制品制造	1492	1492					
锅炉及原动机制造	12552				12552		
金属加工机械制造	172666						172666
轴承、齿轮、传动和驱动部件的制造	7248						7248
通用零部件制造及机械修理	10773					2890	7882
金属铸、锻加工	148						148
农、林、牧、渔专用机械制造	3759				3759		
汽车制造	332				332		
船舶及浮动装置制造	9704					7003	2701
电线、电缆、光缆及电工器材制造	28370	28370					
电池制造	11031						11031
文化、办公用机械制造	228						228
工艺美术品制造	20587					20587	
电力生产	165218			3160	110450	37	51570
电力供应	237185				158092	33479	45615
自来水的生产和供应	26759				15311	4675	6773

3-5 规模以上工业主要产品产量

产品名称	计量单位	本月止累计	产品名称	计量单位	本月止累计
贵港市					
铅选矿产品含铅量	吨	628	化学农药原药(折有效成分 100%)	吨	10509
锌选矿产品含锌量	吨	5156	杀虫剂原药	吨	10509
发电量	万千瓦小时	102724	硫酸(折 100%)	吨	188510
火电	万千瓦小时	28763	中成药	吨	6378
水电	万千瓦小时	73961	塑料制品	吨	4227
大米	吨	40875	塑料制管子及其附件	吨	517
小麦粉	吨	8004	塑料编织袋	吨	2658
成品糖	吨	136740	塑料包装箱及容器	吨	951
配混合饲料	吨	526202	日用塑料制品	吨	101
速冻米面食品	吨	560	水泥熟料	吨	4621194
乳制品	吨	1146	水泥	吨	5848594
发酵酒精(折 96 度,商品量)	千升	28557	商品混凝土	立方米	89201
饮料酒	千升	1315	砖(折标准砖)	万块	4475
白酒(折 65 度,商品量)	千升	1303	夹层玻璃	平方米	87489
软饮料	吨	231	生铁	吨	285909
果汁及果汁饮料	吨	231	粗钢	吨	303072
冷冻饮品	吨	16222	钢材	吨	264152
纱	吨	674	钢筋	吨	55200
服装	万件	269	盘条(线材)	吨	208952
针织服装	万件	269	铁合金	吨	390
人造板	立方米	133470	黄金	千克	174
胶合板	立方米	15283	白银	千克	470
纤维板	立方米	87594	铝材	吨	645
刨花板	立方米	30593	内燃机	千瓦	155000
纸浆	吨	12841	小型拖拉机	台	1505
机制纸及纸板	吨	254287	收获机械	台	271
纸制品	吨	1802	场上作业机械	台	1651
瓦楞纸箱(纸箱)	吨	665	农业运输机械	辆	121
氢氧化钠(烧碱)(折 100%)	吨	2211	电力电缆	千米	1817
碳化钙(电石)(折 300 升/千克)	吨	48499	锰矿石成品矿	吨	38067
合成氨	吨	36676	淀粉	吨	13007
农用氮、磷、钾化学肥料总计(折纯)	吨	164930	松香	吨	17098
氮肥(折含 N100%)	吨	27141	饮料酒	吨	1581
磷肥(折合 P2O5100%)	吨	137789	白酒(折 65 度,商品量)	吨	1562
港北区					
发电量	万千瓦小时	2406	纸制品	吨	665

（续表 3－5）

产品名称	计量单位	本月止累计	产品名称	计量单位	本月止累计
火电	万千瓦小时	2406	瓦楞纸箱(纸箱)	吨	665
大米	吨	7944	碳化钙(电石)(折 300 升/千克)	吨	48499
小麦粉	吨	8004	塑料制品	吨	1372
成品糖	吨	24050	塑料编织袋	吨	1372
配混合饲料	吨	433423	水泥	吨	580800
软饮料	吨	231	商品混凝土	立方米	89201
果汁及果汁饮料	吨	231	夹层玻璃	平方米	87489
服装	万件	269	生铁	吨	285909
针织服装	万件	269	粗钢	吨	303072
人造板	立方米	27683	电力电缆	千米	1817
胶合板	立方米	15283	松香	吨	3787
纤维板	立方米	12400	乳制品	吨	1146
港南区					
大米	吨	26230	塑料制品	吨	1048
配混合饲料	吨	92480	塑料编织袋	吨	832
机制纸及纸板	吨	5041	塑料包装箱及容器	吨	153
硫酸(折 100%)	吨	50290	日用塑料制品	吨	63
农用氮、磷、钾化学肥料总计(折纯)	吨	81331	水泥	吨	46698
磷肥(折合 P2O5100%)	吨	81331	钢材	吨	96665
松香	吨	8574	盘条(线材)	吨	96665
覃塘区					
发电量	万千瓦小时	1090	农用氮、磷、钾化学肥料总计(折纯)	吨	10365
水电	万千瓦小时	1090	磷肥(折合 P2O5100%)	吨	10365
成品糖	吨	35333	化学农药原药(折有效成分 100%)	吨	661
发酵酒精(折 96 度,商品量)	千升	2527	杀虫剂原药	吨	661
人造板	立方米	105787	水泥熟料	吨	1794316
纤维板	立方米	75194	水泥	吨	1499398
刨花板	立方米	30593	铁合金	吨	390
松香	吨	4737			
市直					
发电量	万千瓦小时	73740	农用氮、磷、钾化学肥料总计(折纯)	吨	62661
火电	万千瓦小时	23976	氮肥	吨	27141
水电	万千瓦小时	49764	磷肥	吨	35520
速冻米面食品	吨	560	塑料制品	吨	454
成品糖	吨	56432	塑料编织袋	吨	454
冷冻饮品	吨	16222	水泥	吨	246377

（续表 3－5）

产品名称	计量单位	本月止累计	产品名称	计量单位	本月止累计
机制纸及纸板	吨	236972	黄金	千克	174
纸制品	吨	1137	白银	千克	470
硫酸（折 100%）	吨	138220	小型拖拉机	台	1505
合成氨	吨	36676	收获机械	台	271
中成药	吨	2171	场上作业机械	台	1651
内燃机	千瓦	155000	农业运输机械	辆	121
平南县					
发电量	万千瓦小时	2381	塑料制品	吨	555
水电	万千瓦小时	2381	塑料制管子及其附件	吨	517
农用氮、磷、钾化学肥料总计（折纯）	吨	6178	日用塑料制品	吨	38
磷肥（折合 P2O5100%）	吨	6178	饮料酒	吨	369
化学农药原药（折有效成分 100%）	吨	9848	白酒（折 65 度，商品量）	吨	350
杀虫剂原药	吨	9848	饮料酒	千升	227
水泥熟料	吨	2826878	白酒（折 65 度，商品量）	千升	215
水泥	吨	2940751			
桂平市					
铅选矿产品含铅量	吨	628	农用氮、磷、钾化学肥料总计（折纯）	吨	4395
锌选矿产品含锌量	吨	5156	磷肥（折合 P2O5100%）	吨	4395
发电量	万千瓦小时	23107	中成药	吨	4207
火电	万千瓦小时	2382	塑料制品	吨	798
水电	万千瓦小时	20725	塑料包装箱及容器	吨	798
大米	吨	6701	水泥	吨	534569
成品糖	吨	20925	砖（折标准砖）	万块	4475
配混合饲料	吨	299	钢材	吨	167487
发酵酒精（折 96 度，商品量）	千升	26030	钢筋	吨	55200
饮料酒	千升	1088	盘条（线材）	吨	112287
白酒（折 65 度，商品量）	千升	1088	铝材	吨	645
纱	吨	674	锰矿石成品矿	吨	38067
纸浆	吨	12841	淀粉	吨	13007
机制纸及纸板	吨	12274	饮料酒	吨	1212
氢氧化钠（烧碱）（折 100%）	吨	2211	白酒（折 65 度，商品量）	吨	1212

3-6 规模以上工业企业主要经济指标(一)

单位:千元

项目	企业单位数(个)	亏损企业	工业总产值(当年价格)	新产品产值	工业销售产值(当年价格)	出口交货值
总计	**179**	**76**	**13011479**	**145284**	**12398961**	**395117**
一、按登记注册类型分组:						
内资企业	155	72	10833477	145284	10439432	38097
国有企业	33	24	922774		911573	
中央企业	1	1	27464		27464	
地方企业	32	23	895310		884109	
集体企业	9	2	179044		175664	
联营企业	1		9052		9052	
国有与集体联营企业	1		9052		9052	
有限责任公司	32	14	3389294	115624	3209563	17719
国有独资公司	2		1096858		1090382	
其他有限责任公司	30	14	2292436	115624	2119181	17719
股份有限公司	6	2	1770632		1716460	
私营企业	74	30	4562681	29660	4417120	20378
私营独资企业	22	7	812063	8026	800419	30
私营合作企业	3		43565		30901	5542
私营有限责任公司	41	19	3259664	21634	3153399	14806
私营股份有限公司	8	4	447389		432401	
港、澳、台商投资企业	15	3	1103788		988611	238156
合资经营企业(港或澳、台资)	3		113552		111883	921
合作经营企业(港或澳、台资)	2	1	32452		32452	15052
港澳台商独资经营企业	10	2	957784		844276	222183
外商投资企业	9	1	1074214		970918	118864
中外合资经营企业	3	1	736125		709656	
中外合作经营企业	4		89420		85882	49689
外资企业	2		248669		175380	69175
二、按经济组织类型分组:						
独资企业	76	35	3120334	8026	2907312	291388
国有企业	33	24	922774		911573	
集体企业	9	2	179044		175664	
私营独资企业	22	7	812063	8026	800419	30
港澳台商独资经营企业	10	2	957784		844276	222183
外资企业	2		248669		175380	69175
合作、合伙企业	10	1	174489		158287	70283
国有与集体联营企业	1		9052		9052	
私营合伙企业	3		43565		30901	5542
合作经营企业(港或澳、台资)	2	1	32452		32452	15052
中外合作经营企业	4		89420		85882	49689
股份有限公司	14	6	2218021		2148861	
股份有限公司(内资)	6	2	1770632		1716460	

（续表 3－6） 单位：千元

项目	企业单位数（个）	亏损企业	工业总产值（当年价格）	新产品产值	工业销售产值（当年价格）	出口交货值
私营股份有限公司	8	4	447389		432401	
有限责任公司	79	34	7498635	137258	7184501	33446
国有独资公司	2		1096858		1090382	
私营有限责任公司	41	19	3259664	21634	3153399	14806
合资经营企业（港或澳、台资）	3		113552		111883	921
中外合资经营企业	3	1	736125		709656	
其他有限责任公司	30	14	2292436	115624	2119181	17719
三、在总计中：亏损企业	76	76	2218408	73431	2094966	52524
在总计中：国有控股企业	40	27	2112046		2087390	
在总计中：农村工业	36	11	1297718	21634	1073836	326022
在总计中：轻工业	80	25	5852500	12082	5700468	128094
重工业	99	51	7158979	133202	6698493	267023
在总计中：大型企业	1		1234689		1238214	
中型企业	23	8	6018454	65405	5725415	17719
小型企业	155	68	5758336	79879	5435332	377398
四、按工业行业大中小类分：						
采矿业	12	8	243761	112779	228333	10380
黑色金属矿采选业	4	4	79716	46813	71932	9240
其他黑色金属矿采选	4	4	79716	46813	71932	9240
有色金属矿采选业	6	2	146503	65966	135034	
常用有色金属矿采选	5	1	119039	65966	107570	
铅锌矿采选	5	1	119039	65966	107570	
贵金属矿采选	1	1	27464		27464	
金矿采选	1	1	27464		27464	
非金属矿采选业	2	2	17542		21367	1140
土砂石开采	2	2	17542		21367	1140
粘土及其他土砂石开采	2	2	17542		21367	1140
制造业	154	60	11324671	32505	10737099	384737
农副食品加工业	19	4	3369768	2474	3362902	10873
谷物磨制	5	1	163541		152930	
饲料加工	6	1	1508717		1521471	
制　糖	4	1	1635969		1628649	
蔬菜、水果和坚果加工	2		25968	2474	25188	921
其他农副食品加工	2	1	35573		34664	9952
淀粉及淀粉制品的制造	1	1	24584		24359	
豆制品制造	1		10989		10305	9952
食品制造业	4	1	130621	1582	119660	
方便食品制造	2	1	33394		31512	
米、面制品制造	2	1	33394		31512	
罐头制造	1		14203	1582	5839	
蔬菜、水果罐头制造	1		14203	1582	5839	
其他食品制造	1		83024		82309	

(续表 3－6) 单位：千元

项　　目	企业单位数（个）	亏损企业	工业总产值（当年价格）	新产品产值	工业销售产值（当年价格）	出口交货值
冷冻饮品及食用冰制造	1		83024		82309	
饮料制造业	4	1	139129		118664	
酒精制造	1	1	96090		93946	
酒的制造	2		36189		17868	
白酒制造	1		30326		12568	
其他酒制造	1		5863		5300	
软饮料制造	1		6850		6850	
果菜汁及果菜汁饮料制造	1		6850		6850	
纺织业	3	1	45130		40084	
棉、化纤纺织及印染精加工	1		2470		2470	
棉、化纤纺织加工	1		2470		2470	
毛纺织和染整精加工	1		21060		20917	
毛染整精加工	1		21060		20917	
丝绢纺织及精加工	1	1	21600		16697	
缫丝加工	1	1	21600		16697	
纺织服装、鞋、帽制造业	1	1	11674		11674	11674
纺织服装制造	1	1	11674		11674	11674
皮革、毛皮、羽毛(绒)及其制品业	15	6	1077201		1048398	624
皮革制品制造	1		6221		6222	
皮手套及皮装饰制品制造	1		6221		6222	
羽毛(绒)加工及制品制造	14	6	1070980		1042176	624
羽毛(绒)加工	14	6	1070980		1042176	624
木材加工及木、竹、藤、棕、草制	8	4	206226		203669	37028
锯材、木片加工	1	1	2797		2757	
木片加工	1	1	2797		2757	
人造板制造	3	2	146229		144923	
胶合板制造	1	1	20300		20692	
纤维板制造	2	1	125929		124231	
竹、藤、棕、草制品制造	4	1	57200		55989	37028
造纸及纸制品业	10	4	345190		358805	
造纸	3		259277		272741	
机制纸及纸板制造	3		259277		272741	
纸制品制造	7	4	85913		86064	
纸和纸板容器的制造	2	1	38842		38842	
其他纸制品制造	5	3	47071		47222	
印刷业和记录媒介的复制	1	1	1354		1769	
印刷	1	1	1354		1769	
书、报、刊印刷	1	1	1354		1769	
化学原料及化学制品制造业	20	6	1420112	17578	1224165	183054
基础化学原料制造	3	2	486013		420602	174037
无机盐制造	2	2	151893		155580	4415
其他基础化学原料制造	1		334120		265022	169622

(续表 3-6)　　　　　　　　　　　　　　　　　　　　　　单位:千元

项　目	企业单位数(个)	亏损企业	工业总产值(当年价格)	新产品产值	工业销售产值(当年价格)	出口交货值
肥料制造	7	2	447353		424433	
氮肥制造	1		62620		62620	
磷肥制造	4	2	223602		216286	
复混肥料制造	2		161131		145527	
农药制造	4	1	261172	17578	176798	
化学农药制造	4	1	261172	17578	176798	
专用化学产品制造	5	1	192174		175702	8987
化学试剂和助剂制造	1		28044		24528	8987
林产化学产品制造	4	1	164130		151174	
日用化学产品制造	1		33400		26630	30
香料、香精制造	1		33400		26630	30
医药制造业	6	2	319680	8026	248657	
中药饮片加工	1	1	6600		6480	
中成药制造	2		291775		220685	
兽用药品制造	3	1	21305	8026	21492	
橡胶制品业	2	2	19852		18724	
橡胶零件制造	2	2	19852		18724	
塑料制品业	6		149294		136505	5542
塑料板、管、型材的制造	1		14591		14077	
塑料丝、绳及编织品的制造	2		15459		15792	5542
塑料包装箱及容器制造	1		32000		19392	
日用塑料制造	1		8034		8034	
日用塑料杂品制造	1		8034		8034	
其他塑料制品制造	1		79210		79210	
非金属矿物制品业	28	21	1667354		1606297	375
水泥、石灰和石膏的制造	25	20	1628221		1566951	375
水泥制造	25	20	1628221		1566951	375
水泥及石膏制品制造	1		22458		22458	
其他水泥制品制造	1		22458		22458	
砖瓦、石材及其他建筑材料制造	1		9285		9285	
粘土砖瓦及建筑砌块制造	1		9285		9285	
玻璃及玻璃制品制造	1	1	7390		7603	
技术玻璃制品制造	1	1	7390		7603	
黑色金属冶炼及压延加工业	4		1492303		1454365	
炼钢	1		739189		683786	
钢压延加工	3		753114		770579	
有色金属冶炼及压延加工业	3	1	274830		200362	59223
常用有色金属冶炼	1		237680		165075	59223
锑冶炼	1		237680		165075	59223
贵金属冶炼	1		23300		20865	
金冶炼	1		23300		20865	
有色金属压延加工	1	1	13850		14422	

(续表3-6)　　单位:千元

项　目	企业单位数(个)	亏损企业	工业总产值(当年价格)	新产品产值	工业销售产值(当年价格)	出口交货值
常用有色金属压延加工	1	1	13850		14422	
金属制品业	1	1	5719		5719	
结构性金属制品制造	1	1	5719		5719	
金属结构制造	1	1	5719		5719	
通用设备制造业	7	1	318846	1014	258728	8479
锅炉及原动机制造	1	1	41162	1014	41676	8479
内燃机及配件制造	1	1	41162	1014	41676	8479
金属加工机械制造	1		230600		173955	
机床附件制造	1		230600		173955	
轴承、齿轮、传动和驱动部件的制造	1		16400		16352	
齿轮、传动和驱动部件制造	1		16400		16352	
通用零部件制造及机械修理	2		20580		14249	
紧固件、弹簧制造	1		6143		6131	
机械零部件加工及设备修理	1		14437		8118	
金属铸、锻加工	2		10104		12496	
钢铁铸件制造	2		10104		12496	
专用设备制造业	1		60583	1831	55773	
农、林、牧、渔专用机械制造	1		60583	1831	55773	
拖拉机制造	1		60583	1831	55773	
交通运输设备制造业	3	2	25870		24598	
汽车制造	1	1	1272			
汽车修理	1	1	1272			
船舶及浮动装置制造	2	1	24598		24598	
金属船舶制造	1		20500		20500	
非金属船舶制造	1	1	4098		4098	
电气机械及器材制造业	3		130700		126699	8252
电线、电缆、光缆及电工器材制造	2		85120		80612	
电线电缆制造	1		80038		75530	
绝缘制品制造	1		5082		5082	
电池制造	1		45580		46087	8252
仪器仪表及文化、办公用机械制造	1		49800		49800	
文化、办公用机械制造	1		49800		49800	
计算器及货币专用设备制造	1		49800		49800	
工艺品及其他制造业	4	1	63435		61082	59613
工艺美术品制造	4	1	63435		61082	59613
天然植物纤维编织工艺品制造	4	1	63435		61082	59613
电力、燃气及水的生产和供应业	13	8	1443047		1433529	
电力、热力的生产和供应业	10	6	1398953		1389898	
电力生产	7	5	187584		178529	
水力发电	7	5	187584		178529	
电力供应	3	1	1211369		1211369	
水的生产和供应业	3	2	44094		43631	
自来水的生产和供应	3	2	44094		43631	

3-7 规模以上工业企业主要经济指标(二)

单位：千元

项目	工业中间投入合计	直接材料	制造费用中的中间投入	管理费用中的中间投入	营业费用中的中间投入	工业增加值（当年价格）	资产总计
总计	**9282419**	**7260908**	**1402069**	**251296**	**184940**	**4221240**	**15398048**
一、按登记注册类型分组：							
内资企业	7782583	5966034	1287446	216777	166437	3405792	11965007
国有企业	678912	501878	89971	43991	13151	298210	2055871
中央企业	32767	11463	5157	4904	5704	-5147	32105
地方企业	646145	490415	84814	39087	7447	303357	2023766
集体企业	128215	97425	22289	3329	3353	57733	203956
联营企业	8719	6306	291	889	1199	333	5502
国有与集体联营企业	8719	6306	291	889	1199	333	5502
有限责任公司	2571785	1436141	978851	63702	44899	968566	5830973
国有独资公司	890525	12096	855823	2109		275939	3687050
其他有限责任公司	1681260	1424045	123028	61593	44899	692627	2143923
股份有限公司	1229739	1017467	73711	51781	53942	629898	2223649
私营企业	3165213	2906817	122333	53085	49893	1451052	1645056
私营独资企业	580942	546067	16714	6999	5416	244504	210868
私营合作企业	21137	18501	1513	842	199	23136	20654
私营有限责任公司	2127736	1926902	98872	41137	36631	1164216	1252843
私营股份有限公司	435398	415347	5234	4107	7647	19196	160691
港、澳、台商投资企业	799258	680748	74134	16652	12549	396415	1655063
合资经营企业(港或澳、台资)	68431	53239	7456	2925	3905	46995	95759
合作经营企业(港或澳、台资)	23783	21956	411	528	590	9749	8885
港澳台商独资经营企业	707044	605553	66267	13199	8054	339671	1550419
外商投资企业	700578	614126	40489	17867	5954	419033	1777978
中外合资经营企业	491580	430538	27123	12067	793	287578	1658383
中外合作经营企业	52139	38294	9353	3350	725	38995	69195
外资企业	156859	145294	4013	2450	4436	92460	50400
二、按经济组织类型分组：							
独资企业	2251972	1896217	199254	69968	34410	1032578	4071514
国有企业	678912	501878	89971	43991	13151	298210	2055871
集体企业	128215	97425	22289	3329	3353	57733	203956
私营独资企业	580942	546067	16714	6999	5416	244504	210868
港澳台商独资经营企业	707044	605553	66267	13199	8054	339671	1550419
外资企业	156859	145294	4013	2450	4436	92460	50400
合作、合伙企业	105778	85057	11568	5609	2713	72213	104236
国有与集体联营企业	8719	6306	291	889	1199	333	5502
私营合伙企业	21137	18501	1513	842	199	23136	20654
合作经营企业(港或澳、台资)	23783	21956	411	528	590	9749	8885
中外合作经营企业	52139	38294	9353	3350	725	38995	69195
股份有限公司	1665137	1432814	78945	55888	61589	649094	2384340
股份有限公司(内资)	1229739	1017467	73711	51781	53942	629898	2223649

(续表 3-7) 单位:千元

项目	工业中间投入合计	直接材料	制造费用中的中间投入	管理费用中的中间投入	营业费用中的中间投入	工业增加值(当年价格)	资产总计
私营股份有限公司	435398	415347	5234	4107	7647	19196	160691
有限责任公司	5259532	3846820	1112302	119831	86228	2467355	8837958
国有独资公司	890525	12096	855823	2109		275939	3687050
私营有限责任公司	2127736	1926902	98872	41137	36631	1164216	1252843
合资经营企业(港或澳、台资)	68431	53239	7456	2925	3905	46995	95759
中外合资经营企业	491580	430538	27123	12067	793	287578	1658383
其他有限责任公司	1681260	1424045	123028	61593	44899	692627	2143923
三、在总计中:亏损企业	1674319	1352050	157898	73307	35147	619028	3219540
在总计中:国有控股企业	1630347	555227	952182	53827	15079	607819	6100943
在总计中:农村工业	856501	734954	56032	22855	18112	470173	905770
在总计中:轻工业	4062052	3601228	167524	104104	129936	1943802	4203321
重工业	5220367	3659680	1234545	147192	55004	2277438	11194727
在总计中:大型企业	906668	759469	44094	32428	45154	391256	1471806
中型企业	4396784	3019263	1105745	119933	74886	1905445	7398064
小型企业	3978967	3482176	252230	98935	64900	1924539	6528178
四、按工业行业大中小类分:							
采矿业	201284	128098	32337	19397	7556	55750	552176
黑色金属矿采选业	85765	56031	17660	6045	1263	-3801	354726
其他黑色金属矿采选	85765	56031	17660	6045	1263	-3801	354726
有色金属矿采选业	102327	63187	14022	13246	6255	54132	125295
常用有色金属矿采选	69560	51724	8865	8342	551	59279	93190
铅锌矿采选	69560	51724	8865	8342	551	59279	93190
贵金属矿采选	32767	11463	5157	4904	5704	-5147	32105
金矿采选	32767	11463	5157	4904	5704	-5147	32105
非金属矿采选业	13192	8880	655	106	38	5419	72155
土砂石开采	13192	8880	655	106	38	5419	72155
粘土及其他土砂石开采	13192	8880	655	106	38	5419	72155
制造业	7981296	6965374	487969	206663	177208	3723396	10131289
农副食品加工业	2372820	2085191	93279	70438	82794	1087660	2738613
谷物磨制	113587	103557	3838	1605	2599	50043	56516
饲料加工	965960	895671	23374	19628	25073	542823	350799
制　糖	1234831	1040646	61185	46527	51690	490633	2234242
蔬菜、水果和坚果加工	18183	15782	665	493	792	8419	35406
其他农副食品加工	40259	29535	4217	2185	2640	-4258	61650
淀粉及淀粉制品的制造	27270	23140	1534	505	451	-2258	58786
豆制品制造	12989	6395	2683	1680	2189	-2000	2864
食品制造业	95996	82819	5916	810	2382	37442	147433
方便食品制造	26486	24497	171	525	232	6908	17450
米、面制品制造	26486	24497	171	525	232	6908	17450
罐头制造	7879	7461	215	117	61	6324	30314
蔬菜、水果罐头制造	7879	7461	215	117	61	6324	30314
其他食品制造	61631	50861	5530	168	2089	24210	99669

(续表 3－7) 单位：千元

项　　目	工业中间投入合　计	直接材料	制造费用中的中间投入	管理费用中的中间投入	营业费用中的中间投入	工　业增加值（当年价格）	资产总计
冷冻饮品及食用冰制造	61631	50861	5530	168	2089	24210	99669
饮料制造业	106285	93496	4754	2791	2787	37051	177133
酒精制造	84186	80750	1020	1305		14908	104741
酒的制造	17128	8789	3421	1430	2763	19648	64235
白酒制造	13260	5611	3146	1128	2715	17511	33811
其他酒制造	3868	3178	275	302	48	2137	30424
软饮料制造	4971	3957	313	56	24	2495	8157
果菜汁及果菜汁饮料制造	4971	3957	313	56	24	2495	8157
纺织业	34974	29175	3920	1147	361	10564	67344
棉、化纤纺织及印染精加工	2315	1345	470	483		155	23472
棉、化纤纺织加工	2315	1345	470	483		155	23472
毛纺织和染整精加工	17262	14521	2115	104	361	4206	10252
毛染整精加工	17262	14521	2115	104	361	4206	10252
丝绢纺织及精加工	15397	13309	1335	560		6203	33620
缫丝加工	15397	13309	1335	560		6203	33620
纺织服装、鞋、帽制造业	7878	5033	1245	949	651	3805	16415
纺织服装制造	7878	5033	1245	949	651	3805	16415
皮革、毛皮、羽毛(绒)及其制品业	751724	726829	13444	4455	3275	345766	122465
皮革制品制造	3860	3646	82	133		2376	1093
皮手套及皮装饰制品制造	3860	3646	82	133		2376	1093
羽毛(绒)加工及制品制造	747864	723183	13362	4322	3275	343390	121372
羽毛(绒)加工	747864	723183	13362	4322	3275	343390	121372
木材加工及木、竹、藤、棕、草制	162066	143795	9545	3683	2358	51301	165699
锯材、木片加工	1038	980	40	20		1761	1739
木片加工	1038	980	40	20		1761	1739
人造板制造	120101	104853	8515	2698	1746	32085	134884
胶合板制造	13104	10810	1054	568	667	7196	3781
纤维板制造	106997	94043	7461	2130	1079	24889	131103
竹、藤、棕、草制品制造	40927	37962	990	965	612	17455	29076
造纸及纸制品业	279944	246644	20726	5483	7164	79584	308523
造　纸	214763	191426	14499	3882	5234	55694	240735
机制纸及纸板制造	214763	191426	14499	3882	5234	55694	240735
纸制品制造	65181	55218	6227	1601	1930	23890	67788
纸和纸板容器的制造	31596	28500	909	1009	1115	9181	46785
其他纸制品制造	33585	26718	5318	592	815	14709	21003
印刷业和记录媒介的复制	1360	1233	107	20		71	5563
印　刷	1360	1233	107	20		71	5563
书、报、刊印刷	1360	1233	107	20		71	5563
化学原料及化学制品制造业	988083	834439	79621	27478	24681	453575	804283
基础化学原料制造	298387	281793	5177	4101	5312	199795	201344
无机盐制造	88677	82772	2481	1337	2121	64556	77830
其他基础化学原料制造	209710	199021	2696	2764	3191	135239	123514

(续表 3－7)　　　　　　　　　　　　　　　　　　　　　　　　单位:千元

项　　目	工业中间投入合　计	直接材料	制造费用中的中间投入	管理费用中的中间投入	营业费用中的中间投入	工　业增加值(当年价格)	资产总计
肥料制造	364505	290481	49627	9285	11160	85157	290716
氮肥制造	56354	27438	28916			6286	20869
磷肥制造	195283	158284	20711	5758	7377	30608	206488
复混肥料制造	112868	104759		3527	3783	48263	63359
农药制造	161437	117169	14600	9537	5609	102817	212256
化学农药制造	161437	117169	14600	9537	5609	102817	212256
专用化学产品制造	141656	124752	9357	4338	2166	54034	77322
化学试剂和助剂制造	18338	10103	5352	1758	1080	10034	26619
林产化学产品制造	123318	114649	4005	2580	1086	44000	50703
日用化学产品制造	22098	20244	860	217	434	11772	22645
香料、香精制造	22098	20244	860	217	434	11772	22645
医药制造业	113421	65038	6872	11346	28089	220332	266797
中药饮片加工	4410	3882	298	150	80	2253	4980
中成药制造	92173	49069	4448	10050	27560	211956	210426
兽用药品制造	16838	12087	2126	1146	449	6123	51391
橡胶制品业	14175	12238	1168	429	182	6774	25157
橡胶零件制造	14175	12238	1168	429	182	6774	25157
塑料制品业	112076	99495	10941	1311	195	39398	40700
塑料板、管、型材的制造	10552	9583	495	427	47	4764	8397
塑料丝、绳及编织品的制造	11576	10495	526	366	98	4248	10979
塑料包装箱及容器制造	13250	12046	866	338		19345	6617
日用塑料制造	7411	6810	330	180	50	807	2947
日用塑料杂品制造	7411	6810	330	180	50	807	2947
其他塑料制品制造	69287	60561	8724			10234	11760
非金属矿物制品业	1219340	973022	160213	35637	4863	593584	4229545
水泥、石灰和石膏的制造	1192278	952437	155396	34524	4578	579779	4171865
水泥制造	1192278	952437	155396	34524	4578	579779	4171865
水泥及石膏制品制造	16439	12700	2551	695	231	7473	25151
其他水泥制品制造	16439	12700	2551	695	231	7473	25151
砖瓦、石材及其他建筑材料制造	5590	3520	1760	310		3777	8967
粘土砖瓦及建筑砌块制造	5590	3520	1760	310		3777	8967
玻璃及玻璃制品制造	5033	4365	506	108	54	2555	23562
技术玻璃制品制造	5033	4365	506	108	54	2555	23562
黑色金属冶炼及压延加工业	1166629	1090555	44789	12316	6960	366249	565018
炼　钢	608266	567671	29286	7506	260	162616	451326
钢压延加工	558363	522884	15503	4810	6700	203633	113692
有色金属冶炼及压延加工业	170994	158407	4335	4580	2469	104904	77709
常用有色金属冶炼	143870	138899	1330	770	2247	94460	47536
锑冶炼	143870	138899	1330	770	2247	94460	47536
贵金属冶炼	13418	6437	2982	3645	180	9882	23118
金冶炼	13418	6437	2982	3645	180	9882	23118
有色金属压延加工	13706	13071	23	165	42	562	7055

(续表 3-7)　　　　单位:千元

项　　目	工业中间投入合　计	直接材料	制造费用中的中间投入	管理费用中的中间投入	营业费用中的中间投入	工　业增加值（当年价格）	资产总计
常用有色金属压延加工	13706	13071	23	165	42	562	7055
金属制品业	4346	3773		468	60	1496	4286
结构性金属制品制造	4346	3773		468	60	1496	4286
金属结构制造	4346	3773		468	60	1496	4286
通用设备制造业	126052	78421	21234	18761	3387	205099	203398
锅炉及原动机制造	29392	23291	814	2163	2418	12035	68311
内燃机及配件制造	29392	23291	814	2163	2418	12035	68311
金属加工机械制造	64615	29800	16808	15316		173857	92947
机床附件制造	64615	29800	16808	15316		173857	92947
轴承、齿轮、传动和驱动部件的制造	11039	9135	871	255	145	7250	13445
齿轮、传动和驱动部件制造	11039	9135	871	255	145	7250	13445
通用零部件制造及机械修理	10233	6582	2183	833	463	11808	15380
紧固件、弹簧制造	3657	1683	1262	477	196	3168	7946
机械零部件加工及设备修理	6576	4899	921	356	267	8640	7434
金属铸、锻加工	10773	9613	558	194	361	149	13315
钢铁铸件制造	10773	9613	558	194	361	149	13315
专用设备制造业	56769	52846	449	1777	1075	3814	48741
农、林、牧、渔专用机械制造	56769	52846	449	1777	1075	3814	48741
拖拉机制造	56769	52846	449	1777	1075	3814	48741
交通运输设备制造业	17010	12314	2473	414	1217	8876	29351
汽车制造	940		76	83	584	332	8246
汽车修理	940		76	83	584	332	8246
船舶及浮动装置制造	16070	12314	2397	331	633	8544	21105
金属船舶制造	14350	11480	1730	110	633	6166	5520
非金属船舶制造	1720	834	667	221		2378	15585
电气机械及器材制造业	86956	82092	2451	1008	1068	45214	40164
电线、电缆、光缆及电工器材制造	52934	49208	1331	1008	1068	32742	26422
电线电缆制造	49487	46168	1013	952	1045	31107	17940
绝缘制品制造	3447	3040	318	56	23	1635	8482
电池制造	34022	32884	1120			12472	13742
仪器仪表及文化、办公用机械制造	49550	48905		199	348	250	7590
文化、办公用机械制造	49550	48905		199	348	250	7590
计算器及货币专用设备制造	49550	48905		199	348	250	7590
工艺品及其他制造业	42848	39614	487	1163	842	20587	39362
工艺美术品制造	42848	39614	487	1163	842	20587	39362
天然植物纤维编织工艺品制造	42848	39614	487	1163	842	20587	39362
电力、燃气及水的生产和供应业	1099839	167436	881763	25236	176	442094	4714583
电力、热力的生产和供应业	1081582	160692	877879	21633	29	413489	4495287
电力生产	49521	6055	18485	3022	29	169117	2854726
水力发电	49521	6055	18485	3022	29	169117	2854726
电力供应	1032061	154637	859394	18611		244372	1640561
水的生产和供应业	18257	6744	3884	3603	147	28605	219296
自来水的生产和供应	18257	6744	3884	3603	147	28605	219296

3-8 规模以上工业企业主要经济指标(三)

单位:千元

项目	资产总计							
	流动资产合计	短期投资	应收帐款净额	存货	产成品	流动资产年平均余额	长期投资	固定资产合计
总计	**4804514**	**16034**	**743165**	**1476385**	**571781**	**4463955**	**183524**	**9326998**
一、按登记注册类型分组:								
内资企业	4078336	16034	598653	1198183	522720	3699064	183514	6770942
国有企业	487424	617	67014	80550	50886	459918	28042	1410481
中央企业	10918			2208		11624		20593
地方企业	476506	617	67014	78342	50886	448294	28042	1389888
集体企业	68889		31832	26480	6680	60861	3208	82778
联营企业	3739		2347	1063	101	3246		1763
国有与集体联营企业	3739		2347	1063	101	3246		1763
有限责任公司	1492081	4195	178710	403575	153633	1371886	61645	3909790
国有独资公司	445021		40628	12043		452262	27055	3144332
其他有限责任公司	1047060	4195	138082	391532	153633	919624	34590	765458
股份有限公司	1116985	300	160645	279279	137982	976135	79635	907446
私营企业	909218	10922	158105	407236	173438	827018	10984	458684
私营独资企业	153952	210	54184	57343	43218	136711	3053	49420
私营合作企业	14962	400	5985	3540	3508	9155		3576
私营有限责任公司	646458	310	87558	317611	104750	596025	6131	359033
私营股份有限公司	93846	10002	10378	28742	21962	85127	1800	46655
港、澳、台商投资企业	472678		97192	159036	25508	517987	10	1098342
合资经营企业(港或澳、台资)	28899		12616	12446	1748	40707	10	28231
合作经营企业(港或澳、台资)	7183		3273	2277	565	7783		1576
港澳台商独资经营企业	436596		81303	144313	23195	469497		1068535
外商投资企业	253500		47320	119166	23553	246904		1457714
中外合资经营企业	183595		37010	84419	2347	183468		1410546
中外合作经营企业	23657		9773	12071	7870	24740		44216
外资企业	46248		537	22676	13336	38696		2952
二、按经济组织类型分组:								
独资企业	1193109	827	234870	331362	137315	1165683	34303	2614166
国有企业	487424	617	67014	80550	50886	459918	28042	1410481
集体企业	68889		31832	26480	6680	60861	3208	82778
私营独资企业	153952	210	54184	57343	43218	136711	3053	49420
港澳台商独资经营企业	436596		81303	144313	23195	469497		1068535
外资企业	46248		537	22676	13336	38696		2952
合作、合伙企业	49541	400	21378	18951	12044	44924		51131
国有与集体联营企业	3739		2347	1063	101	3246		1763
私营合伙企业	14962	400	5985	3540	3508	9155		3576
合作经营企业(港或澳、台资)	7183		3273	2277	565	7783		1576
中外合作经营企业	23657		9773	12071	7870	24740		44216
股份有限公司	1210831	10302	171023	308021	159944	1061262	81435	954101
股份有限公司(内资)	1116985	300	160645	279279	137982	976135	79635	907446

(续表 3-8)　　单位:千元

项　　目	资产总计							
	流动资产合计	短期投资	应收帐款净额	存货	产成品	流动资产年平均余额	长期投资	固定资产合计
私营股份有限公司	93846	10002	10378	28742	21962	85127	1800	46655
有限责任公司	2351033	4505	315894	818051	262478	2192086	67786	5707600
国有独资公司	445021		40628	12043		452262	27055	3144332
私营有限责任公司	646458	310	87558	317611	104750	596025	6131	359033
合资经营企业(港或澳、台资)	28899		12616	12446	1748	40707	10	28231
中外合资经营企业	183595		37010	84419	2347	183468		1410546
其他有限责任公司	1047060	4195	138082	391532	153633	919624	34590	765458
三、在总计中:亏损企业	1050704	10017	178657	334511	135234	962206	17447	1596764
在总计中:国有控股企业	984957	617	111724	110511	58220	957923	55697	4767473
在总计中:农村工业	445568		111875	212861	62518	403577	4339	273147
在总计中:轻工业	2166625	11293	381197	667736	279477	1982610	112533	1530274
重工业	2637889	4741	361968	808649	292304	2481345	70991	7796724
在总计中:大型企业	601192		83756	222181	98080	491497	6320	815623
中型企业	2233455	466	262825	643408	161257	2175539	123658	4515954
小型企业	1969867	15568	396584	610796	312444	1796919	53546	3995421
四、按工业行业大中小类分:								
采矿业	196296	4700	24561	61745	23346	158724		301484
黑色金属矿采选业	106106		15729	38987	8792	87063		236519
其他黑色金属矿采选	106106		15729	38987	8792	87063		236519
有色金属矿采选业	75548	4700	4114	20097	13924	57190		45764
常用有色金属矿采选	64630	4700	4114	17889	13924	45566		25171
铅锌矿采选	64630	4700	4114	17889	13924	45566		25171
贵金属矿采选	10918			2208		11624		20593
金矿采选	10918			2208		11624		20593
非金属矿采选业	14642		4718	2661	630	14471		19201
土砂石开采	14642		4718	2661	630	14471		19201
粘土及其他土砂石开采	14642		4718	2661	630	14471		19201
制造业	4007088	10734	668430	1398640	548435	3695997	129633	5094650
农副食品加工业	1400076	10302	116901	443406	176135	1290359	52292	1022826
谷物磨制	44287	10002	3676	11628	1623	48319	900	8799
饲料加工	247444		12826	118351	15847	255045	5300	57402
制　糖	1052243	300	92300	296485	145046	939910	45982	947668
蔬菜、水果和坚果加工	15547		4822	3882	1280	18163	10	5574
其他农副食品加工	40555		3277	13060	12339	28922	100	3383
淀粉及淀粉制品的制造	38907		2740	12304	11909	28667	100	3367
豆制品制造	1648		537	756	430	255		16
食品制造业	25857	16	4964	10742	8315	29822	50	98357
方便食品制造	8321	16	1550	1740	1200	8140		9129
米、面制品制造	8321	16	1550	1740	1200	8140		9129
罐头制造	9097		2939	6027	4832	9097		18065
蔬菜、水果罐头制造	9097		2939	6027	4832	9097		18065
其他食品制造	8439		475	2975	2283	12585	50	71163

(续表 3－8)　　单位:千元

项　　目	资产总计 流动资产合计	短期投资	应收帐款净额	存货	产成品	流动资产年平均余额	长期投资	固定资产合计
冷冻饮品及食用冰制造	8439		475	2975	2283	12585	50	71163
饮料制造业	85333		20851	38799	6679	61158	500	60680
酒精制造	39226		4870	15378	2042	24165		35645
酒的制造	41582		15531	19660	980	32493	500	21413
白酒制造	23095		14876	3951	980	15339		10241
其他酒制造	18487		655	15709		17154	500	11172
软饮料制造	4525		450	3761	3657	4500		3622
果菜汁及果菜汁饮料制造	4525		450	3761	3657	4500		3622
纺织业	27976		3567	18257	9580	22397		31955
棉、化纤纺织及印染精加工	5312		788	364		4923		16885
棉、化纤纺织加工	5312		788	364		4923		16885
毛纺织和染整精加工	6488		2547	2559	2347	5748		3764
毛染整精加工	6488		2547	2559	2347	5748		3764
丝绢纺织及精加工	16176		232	15334	7233	11726		11306
缫丝加工	16176		232	15334	7233	11726		11306
纺织服装、鞋、帽制造业	5713		3556	550		5571		9482
纺织服装制造	5713		3556	550		5571		9482
皮革、毛皮、羽毛(绒)及其制品业	108591		46016	48876	34342	96825		12420
皮革制品制造	746		651	95	40	1093		176
皮手套及皮装饰制品制造	746		651	95	40	1093		176
羽毛(绒)加工及制品制造	107845		45365	48781	34302	95732		12244
羽毛(绒)加工	107845		45365	48781	34302	95732		12244
木材加工及木、竹、藤、棕、草制	102468		16160	37781	12537	91560		57917
锯材、木片加工	1207		323	5		1207		528
木片加工	1207		323	5		1207		528
人造板制造	81572		5695	32540	11118	71668		49324
胶合板制造	2847		981	1365	1023	2219		934
纤维板制造	78725		4714	31175	10095	69449		48390
竹、藤、棕、草制品制造	19689		10142	5236	1419	18685		8065
造纸及纸制品业	187434		60220	31941	14331	173526	44898	57431
造　纸	153323		54461	16981	6076	142934	44888	29577
机制纸及纸板制造	153323		54461	16981	6076	142934	44888	29577
纸制品制造	34111		5759	14960	8255	30592	10	27854
纸和纸板容器的制造	21221		3209	9835	6194	17158	10	19754
其他纸制品制造	12890		2550	5125	2061	13434		8100
印刷业和记录媒介的复制	1392		930	359	137	1502		4171
印　刷	1392		930	359	137	1502		4171
书、报、刊印刷	1392		930	359	137	1502		4171
化学原料及化学制品制造业	446933	40	74079	262866	129491	383649	5307	170719
基础化学原料制造	114390		27816	62039	11372	83969		28585
无机盐制造	4698		385	3008	1176	4529		16834
其他基础化学原料制造	109692		27431	59031	10196	79440		11751

（续表 3－8） 单位：千元

项目	资产总计							
	流动资产合计	短期投资	应收帐款净额	存货	产成品	流动资产年平均余额	长期投资	固定资产合计
肥料制造	168176		7691	124754	79260	141398	5186	57508
氮肥制造	12621			8732	143	11895		8247
磷肥制造	99355		4663	64850	32242	86134	4686	42602
复混肥料制造	56200		3028	51172	46875	43369	500	6659
农药制造	95748	40	17961	44263	15445	100593	121	53947
化学农药制造	95748	40	17961	44263	15445	100593	121	53947
专用化学产品制造	49434		15388	26655	21130	38504		27512
化学试剂和助剂制造	6886		4441	614	344	6512		19733
林产化学产品制造	42548		10947	26041	20786	31992		7779
日用化学产品制造	19185		5223	5155	2284	19185		3167
香料、香精制造	19185		5223	5155	2284	19185		3167
医药制造业	203700	165	76437	52312	21134	191059		45321
中药饮片加工	3590		921	1585	562	1660		1390
中成药制造	167941	165	64909	42652	14268	160878		28421
兽用药品制造	32169		10607	8075	6304	28521		15510
橡胶制品业	21984		6156	11494	3093	20969		3173
橡胶零件制造	21984		6156	11494	3093	20969		3173
塑料制品业	30708		17330	3790	1408	23940		7875
塑料板、管、型材的制造	4270		1263	1736	785	4681		4127
塑料丝、绳及编织品的制造	7800		3603	249	50	7163		1063
塑料包装箱及容器制造	4241		1292	15	8	3701		2376
日用塑料制造	2641		1412	846	141	2255		305
日用塑料杂品制造	2641		1412	846	141	2255		305
其他塑料制品制造	11756		9760	944	424	6140		4
非金属矿物制品业	755793	1	122630	205171	29093	792999	217	3229220
水泥、石灰和石膏的制造	738911	1	117796	195776	28144	776922	217	3193380
水泥制造	738911	1	117796	195776	28144	776922	217	3193380
水泥及石膏制品制造	6532		4378	429		5824		13662
其他水泥制品制造	6532		4378	429		5824		13662
砖瓦、石材及其他建筑材料制造	358			91		348		8608
粘土砖瓦及建筑砌块制造	358			91		348		8608
玻璃及玻璃制品制造	9992		456	8875	949	9905		13570
技术玻璃制品制造	9992		456	8875	949	9905		13570
黑色金属冶炼及压延加工业	360363		12713	134875	48042	293971	22496	161238
炼　钢	295634		3473	111477	30583	226832	22496	116548
钢压延加工	64729		9240	23398	17459	67139		44690
有色金属冶炼及压延加工业	53530		1426	26810	15066	48059		9562
常用有色金属冶炼	44600			21920	12906	38441		2936
锑冶炼	44600			21920	12906	38441		2936
贵金属冶炼	3769			1155		3769		5275
金冶炼	3769			1155		3769		5275
有色金属压延加工	5161		1426	3735	2160	5849		1351

（续表 3－8）　　　　　　　　　　　　　　　　　　　　　　　　　　单位：千元

项　　目	资产总计							
	流动资产合计	短期投资	应收帐款净额	存货	产成品	流动资产年平均余额	长期投资	固定资产合计
常用有色金属压延加工	5161		1426	3735	2160	5849		1351
金属制品业	2155		1659	166		2337		2080
结构性金属制品制造	2155		1659	166		2337		2080
金属结构制造	2155		1659	166		2337		2080
通用设备制造业	101010		49871	36356	19171	91761	970	51290
锅炉及原动机制造	32404		12280	17825	5163	32888	20	15620
内燃机及配件制造	32404		12280	17825	5163	32888	20	15620
金属加工机械制造	39780		20057	14845	11497	33835		23367
机床附件制造	39780		20057	14845	11497	33835		23367
轴承、齿轮、传动和驱动部件的制造	8749		6300	1032	1020	7350		4658
齿轮、传动和驱动部件制造	8749		6300	1032	1020	7350		4658
通用零部件制造及机械修理	9459		4855	1394	668	8943		5898
紧固件、弹簧制造	5613		2394	1265	653	5097		2310
机械零部件加工及设备修理	3846		2461	129	15	3846		3588
金属铸、锻加工	10618		6379	1260	823	8745	950	1747
钢铁铸件制造	10618		6379	1260	823	8745	950	1747
专用设备制造业	21809		609	17710	9340	17169		11551
农、林、牧、渔专用机械制造	21809		609	17710	9340	17169		11551
拖拉机制造	21809		609	17710	9340	17169		11551
交通运输设备制造业	7958		4995	1740	1250	7863	800	20144
汽车制造	4332		3995	337		4923	800	2852
汽车修理	4332		3995	337		4923	800	2852
船舶及浮动装置制造	3626		1000	1403	1250	2940		17292
金属船舶制造	1488		1000			1530		4032
非金属船舶制造	2138			1403	1250	1410		13260
电气机械及器材制造业	25943		9985	6495	5285	22778	2103	10774
电线、电缆、光缆及电工器材制造	14578		7698	5842	4743	11413	2103	8397
电线电缆制造	13931		7698	5278	4235	11013		3874
绝缘制品制造	647			564	508	400	2103	4523
电池制造	11365		2287	653	542	11365		2377
仪器仪表及文化、办公用机械制造	530	210		320		530		7060
文化、办公用机械制造	530	210		320		530		7060
计算器及货币专用设备制造	530	210		320		530		7060
工艺品及其他制造业	29832		17375	7824	4006	26193		9404
工艺美术品制造	29832		17375	7824	4006	26193		9404
天然植物纤维编织工艺品制造	29832		17375	7824	4006	26193		9404
电力、燃气及水的生产和供应业	601130	600	50174	16000		609234	53891	3930864
电力、热力的生产和供应业	579816		49910	14499		586897	39098	3775991
电力生产	339658		41854	5480		338349	32341	2383536
水力发电	339658		41854	5480		338349	32341	2383536
电力供应	240158		8056	9019		248548	6757	1392455
水的生产和供应业	21314	600	264	1501		22337	14793	154873
自来水的生产和供应	21314	600	264	1501		22337	14793	154873

3-9 规模以上工业企业主要经济指标(四)

单位:千元

项　目	资产总计							负债合计
	固定资产原价	固定资产原价:生产经营用	累计折旧	本年折旧	固定资产净值	固定资产净值年平均余额	无形资产	
总　计	**10253056**	**8903590**	**2632693**	**436977**	**7620363**	**7733348**	**852083**	**9728597**
一、按登记注册类型分组:								
内资企业	8240064	7286492	2488209	360837	5751855	5929464	750388	7769871
国有企业	2013002	1451942	721356	68554	1291646	1309747	122846	1699683
中央企业	39470	39470	19056	564	20414	12518	593	90293
地方企业	1973532	1412472	702300	67990	1271232	1297229	122253	1609390
集体企业	78492	42528	31752	2900	46740	76794	48868	154747
联营企业	2312	1379	549	153	1763	1829		1574
国有与集体联营企业	2312	1379	549	153	1763	1829		1574
有限责任公司	4112900	3952495	1038851	176937	3074049	3153942	314062	3443036
国有独资公司	3186509	3186509	764384	126232	2422125	2466033	59021	2041974
其他有限责任公司	926391	765986	274467	50705	651924	687909	255041	1401062
股份有限公司	1506343	1472455	602880	85893	903463	964251	91504	1337824
私营企业	527015	365693	92821	26400	434194	422901	173108	1133007
私营独资企业	61247	42423	13336	2606	47911	46891	1382	163271
私营合作企业	8441	7690	4925	725	3516	6802	2116	11240
私营有限责任公司	406446	296850	69498	22081	336948	322591	153189	862476
私营股份有限公司	50881	18730	5062	988	45819	46617	16421	96020
港、澳、台商投资企业	887466	854229	59192	34740	828274	762975	40371	973053
合资经营企业(港或澳、台资)	31920	30531	3774	2413	28146	28118	8381	39255
合作经营企业(港或澳、台资)	1791	1189	314	132	1477	1574	125	7868
港澳台商独资经营企业	853755	822509	55104	32195	798651	733283	31865	925930
外商投资企业	1125526	762869	85292	41400	1040234	1040909	61324	985673
中外合资经营企业	1070236	756264	75866	40581	994370	995112	60027	941413
中外合作经营企业	51539	6605	8627	788	42912	43060	1297	22215
外资企业	3751		799	31	2952	2737		22045
二、按经济组织类型分组:								
独资企业	3010247	2359402	822347	106286	2187900	2169452	204961	2965676
国有企业	2013002	1451942	721356	68554	1291646	1309747	122846	1699683
集体企业	78492	42528	31752	2900	46740	76794	48868	154747
私营独资企业	61247	42423	13336	2606	47911	46891	1382	163271
港澳台商独资经营企业	853755	822509	55104	32195	798651	733283	31865	925930
外资企业	3751		799	31	2952	2737		22045
合作、合伙企业	64083	16863	14415	1798	49668	53265	3538	42897
国有与集体联营企业	2312	1379	549	153	1763	1829		1574
私营合伙企业	8441	7690	4925	725	3516	6802	2116	11240
合作经营企业(港或澳、台资)	1791	1189	314	132	1477	1574	125	7868
中外合作经营企业	51539	6605	8627	788	42912	43060	1297	22215
股份有限公司	1557224	1491185	607942	86881	949282	1010868	107925	1433844
股份有限公司(内资)	1506343	1472455	602880	85893	903463	964251	91504	1337824

(续表 3－9)　　　　单位:千元

项　　目	资产总计							
	固定资产原价	固定资产原价:生产经营用	累计折旧	本年折旧	固定资产净值	固定资产净值年平均余额	无形资产	负债合计
私营股份有限公司	50881	18730	5062	988	45819	46617	16421	96020
有限责任公司	5621502	5036140	1187989	242012	4433513	4499763	535659	5286180
国有独资公司	3186509	3186509	764384	126232	2422125	2466033	59021	2041974
私营有限责任公司	406446	296850	69498	22081	336948	322591	153189	862476
合资经营企业(港或澳、台资)	31920	30531	3774	2413	28146	28118	8381	39255
中外合资经营企业	1070236	756264	75866	40581	994370	995112	60027	941413
其他有限责任公司	926391	765986	274467	50705	651924	687909	255041	1401062
三、在总计中:亏损企业	2018554	1426078	648256	65560	1370298	1454532	458469	2493965
在总计中:国有控股企业	5440877	4812383	1551293	201500	3889584	3950506	258593	4000421
在总计中:农村工业	316555	202258	88929	13138	227626	270053	166533	638657
在总计中:轻工业	2267274	2031292	825836	115294	1441438	1496541	289898	2516710
重工业	7985782	6872298	1806857	321683	6178925	6236807	562185	7211887
在总计中:大型企业	1296968	1296968	481571	63552	815397	873529	45660	854389
中型企业	4353589	3736221	850618	215918	3502971	3563853	426223	5056711
小型企业	4602499	3870401	1300504	157507	3301995	3295966	380200	3817497
四、按工业行业大中小类分:								
采矿业	295362	151583	59418	10438	235944	274437	42267	434605
黑色金属矿采选业	194849	85852	21007	6271	173842	217329	161	267194
其他黑色金属矿采选	194849	85852	21007	6271	173842	217329	161	267194
有色金属矿采选业	78045	45576	33877	3227	44168	38129	3982	128623
常用有色金属矿采选	38575	6106	14821	2663	23754	25611	3389	38330
铅锌矿采选	38575	6106	14821	2663	23754	25611	3389	38330
贵金属矿采选	39470	39470	19056	564	20414	12518	593	90293
金矿采选	39470	39470	19056	564	20414	12518	593	90293
非金属矿采选业	22468	20155	4534	940	17934	18979	38124	38788
土砂石开采	22468	20155	4534	940	17934	18979	38124	38788
粘土及其他土砂石开采	22468	20155	4534	940	17934	18979	38124	38788
制造业	5674611	4732947	1374950	247306	4299661	4321056	694468	6583623
农副食品加工业	1654211	1602143	632385	82920	1021826	1087485	182801	1531281
谷物磨制	8522	7587	1385	308	7137	8724	9	24754
饲料加工	79911	57833	23701	9801	56210	52109	2155	210869
制　糖	1555186	1527749	605664	72181	949522	1017796	160270	1238767
蔬菜、水果和坚果加工	6903	5401	1329	517	5574	5597	3955	18683
其他农副食品加工	3689	3573	306	113	3383	3259	16412	38208
淀粉及淀粉制品的制造	3573	3573	206	82	3367	3171	16412	37358
豆制品制造	116		100	31	16	88		850
食品制造业	114408	110603	17917	354	96491	89741	22174	97066
方便食品制造	10112	9830	983	98	9129	9129		16668
米、面制品制造	10112	9830	983	98	9129	9129		16668
罐头制造	18328	17962	263	136	18065	18065	3152	16403
蔬菜、水果罐头制造	18328	17962	263	136	18065	18065	3152	16403
其他食品制造	85968	82811	16671	120	69297	62547	19022	63995

（续表 3－9） 单位：千元

项　　目	资产总计							负债合计
	固定资产原价	固定资产原价:生产经营用	累计折旧	本年折旧	固定资产净值	固定资产净值年平均余额	无形资产	
冷冻饮品及食用冰制造	85968	82811	16671	120	69297	62547	19022	63995
饮料制造业	46092	13441	2640	935	43452	36872	28877	116113
酒精制造	26176		744	744	25432	12755	28680	66664
酒的制造	16104	13441	1706	191	14398	19617	197	41149
白酒制造	6638	6638			6638	10241		20206
其他酒制造	9466	6803	1706	191	7760	9376	197	20943
软饮料制造	3812		190		3622	4500		8300
果菜汁及果菜汁饮料制造	3812		190		3622	4500		8300
纺织业	29670	19098	13889	1151	15781	15263	7413	76203
棉、化纤纺织及印染精加工	8098	8098	6887		1211	1320	1275	49428
棉、化纤纺织加工	8098	8098	6887		1211	1320	1275	49428
毛纺织和染整精加工	10266		6502	651	3764	4504		5575
毛染整精加工	10266		6502	651	3764	4504		5575
丝绢纺织及精加工	11306	11000	500	500	10806	9439	6138	21200
缫丝加工	11306	11000	500	500	10806	9439	6138	21200
纺织服装、鞋、帽制造业	6080	5760	945	468	5135	5355	1220	660
纺织服装制造	6080	5760	945	468	5135	5355	1220	660
皮革、毛皮、羽毛(绒)及其制品业	13503	13307	1405	400	12098	12776	802	98789
皮革制品制造	176		68		108	107		651
皮手套及皮装饰制品制造	176		68		108	107		651
羽毛(绒)加工及制品制造	13327	13307	1337	400	11990	12669	802	98138
羽毛(绒)加工	13327	13307	1337	400	11990	12669	802	98138
木材加工及木、竹、藤、棕、草制	78199	67522	23237	7253	54962	55590	1676	105503
锯材、木片加工	830	830	302	42	528	528		1338
木片加工	830	830	302	42	528	528		1338
人造板制造	68493	61732	20865	6670	47628	47653	379	89981
胶合板制造	1235	1089	301	175	934	923		2840
纤维板制造	67258	60643	20564	6495	46694	46730	379	87141
竹、藤、棕、草制品制造	8876	4960	2070	541	6806	7409	1297	14184
造纸及纸制品业	104095	85179	48936	15308	55159	52340	4070	192380
造　纸	71375	60424	41798	14802	29577	29146		140490
机制纸及纸板制造	71375	60424	41798	14802	29577	29146		140490
纸制品制造	32720	24755	7138	506	25582	23194	4070	51890
纸和纸板容器的制造	24136	18701	6612	503	17524	17606	4070	33320
其他纸制品制造	8584	6054	526	3	8058	5588		18570
印刷业和记录媒介的复制	7904	2260	3733	78	4171	4225		8670
印　刷	7904	2260	3733	78	4171	4225		8670
书、报、刊印刷	7904	2260	3733	78	4171	4225		8670
化学原料及化学制品制造业	278140	186409	108925	11802	169215	161708	120446	593399
基础化学原料制造	37820	5647	9635	710	28185	28997	2070	144452
无机盐制造	18305	5647	1771	710	16534	17136		75836
其他基础化学原料制造	19515		7864		11651	11861	2070	68616

（续表 3－9） 单位：千元

项　　目	资产总计							负债合计
	固定资产原价	固定资产原价：生产经营用	累计折旧	本年折旧	固定资产净值	固定资产净值年平均余额	无形资产	
肥料制造	133153	99531	75695	4997	57458	56229	55268	188539
氮肥制造	9876	9876	1629	922	8247	6506		18685
磷肥制造	115067	88035	72477	4055	42590	43145	55268	122604
复混肥料制造	8210	1620	1589	20	6621	6578		47250
农药制造	72036	48591	18090	4157	53946	54489	62440	181767
化学农药制造	72036	48591	18090	4157	53946	54489	62440	181767
专用化学产品制造	30117	27706	3632	1481	26485	18852	375	58111
化学试剂和助剂制造	20608	20608	1579	771	19029	11218		16024
林产化学产品制造	9509	7098	2053	710	7456	7634	375	42087
日用化学产品制造	5014	4934	1873	457	3141	3141	293	20530
香料、香精制造	5014	4934	1873	457	3141	3141	293	20530
医药制造业	72515	52415	27356	3347	45159	46689	13960	174042
中药饮片加工	1520	1300	130	80	1390	1250		2539
中成药制造	51877	44115	23456	2918	28421	29279	13960	127846
兽用药品制造	19118	7000	3770	349	15348	16160		43657
橡胶制品业	4008	4008	1270	190	2738	2243		24666
橡胶零件制造	4008	4008	1270	190	2738	2243		24666
塑料制品业	14952	14581	7175	846	7777	10641	2116	27227
塑料板、管、型材的制造	4965	4965	936	30	4029	3569	0	6954
塑料丝、绳及编织品的制造	1745	1374	682	125	1063	1075	2116	6019
塑料包装箱及容器制造	6914	6914	4538	600	2376	5650		2004
日用塑料制造	1324	1324	1019	91	305	343		1853
日用塑料杂品制造	1324	1324	1019	91	305	343		1853
其他塑料制品制造	4	4			4	4		10397
非金属矿物制品业	2896781	2271204	406100	95925	2490681	2480722	223445	2837508
水泥、石灰和石膏的制造	2839986	2228500	385060	91220	2454926	2447490	219019	2801420
水泥制造	2839986	2228500	385060	91220	2454926	2447490	219019	2801420
水泥及石膏制品制造	15891	14904	2314	1425	13577	13526	4426	4099
其他水泥制品制造	15891	14904	2314	1425	13577	13526	4426	4099
砖瓦、石材及其他建筑材料制造	10904		2296		8608	8608		7156
粘土砖瓦及建筑砌块制造	10904		2296		8608	8608		7156
玻璃及玻璃制品制造	30000	27800	16430	3280	13570	11098		24833
技术玻璃制品制造	30000	27800	16430	3280	13570	11098		24833
黑色金属冶炼及压延加工业	188118	172100	30610	18647	157508	144559	18788	422159
炼　钢	142603	142603	29122	18447	113481	101402	16015	334842
钢压延加工	45515	29497	1488	200	44027	43157	2773	87317
有色金属冶炼及压延加工业	15113	3075	5551	869	9562	9818		58148
常用有色金属冶炼	3635		699		2936	2649		21195
锑冶炼	3635		699		2936	2649		21195
贵金属冶炼	8403		3128	724	5275	5275		22798
金冶炼	8403		3128	724	5275	5275		22798
有色金属压延加工	3075	3075	1724	145	1351	1894		14155

(续表3－9)　　　　单位：千元

项　目	资产总计							负债合计
	固定资产原价	固定资产原价：生产经营用	累计折旧	本年折旧	固定资产净值	固定资产净值年平均余额	无形资产	
常用有色金属压延加工	3075	3075	1724	145	1351	1894		14155
金属制品业	2480	480	400	182	2080	2177	50	1701
结构性金属制品制造	2480	480	400	182	2080	2177	50	1701
金属结构制造	2480	480	400	182	2080	2177	50	1701
通用设备制造业	78693	65281	27764	4261	50929	48366	50090	107365
锅炉及原动机制造	31991	22509	16705	1141	15286	18795	20267	42085
内燃机及配件制造	31991	22509	16705	1141	15286	18795	20267	42085
金属加工机械制造	27485	25386	4118	1420	23367	21227	29800	50879
机床附件制造	27485	25386	4118	1420	23367	21227	29800	50879
轴承、齿轮、传动和驱动部件的制造	6583	5850	1931	721	4652	493		5961
齿轮、传动和驱动部件制造	6583	5850	1931	721	4652	493		5961
通用零部件制造及机械修理	10095	9163	4218	774	5877	6093	23	7198
紧固件、弹簧制造	5553	4621	3243	416	2310	2423	23	4385
机械零部件加工及设备修理	4542	4542	975	358	3567	3670		2813
金属铸、锻加工	2539	2373	792	205	1747	1758		1242
钢铁铸件制造	2539	2373	792	205	1747	1758		1242
专用设备制造业	14782	14000	4199	651	10583	10673	15380	39322
农、林、牧、渔专用机械制造	14782	14000	4199	651	10583	10673	15380	39322
拖拉机制造	14782	14000	4199	651	10583	10673	15380	39322
交通运输设备制造业	25277	15504	7533	364	17744	20024	187	19198
汽车制造	3119	3119	267	36	2852	2844		7547
汽车修理	3119	3119	267	36	2852	2844		7547
船舶及浮动装置制造	22158	12385	7266	328	14892	17180	187	11651
金属船舶制造	4032	3732	2400	60	1632	4032		760
非金属船舶制造	18126	8653	4866	268	13260	13148	187	10891
电气机械及器材制造业	12213	3389	1913	1060	10300	8017	848	24666
电线、电缆、光缆及电工器材制造	8790		867	770	7923	5640	848	16777
电线电缆制造	3874		474	377	3400	2640	134	14232
绝缘制品制造	4916		393	393	4523	3000	714	2545
电池制造	3423	3389	1046	290	2377	2377		7889
仪器仪表及文化、办公用机械制造	7240	1240	180	180	7060	7060		
文化、办公用机械制造	7240	1240	180	180	7060	7060		
计算器及货币专用设备制造	7240	1240	180	180	7060	7060		
工艺品及其他制造业	10137	9948	887	115	9250	8712	125	27557
工艺美术品制造	10137	9948	887	115	9250	8712	125	27557
天然植物纤维编织工艺品制造	10137	9948	887	115	9250	8712	125	27557
电力、燃气及水的生产和供应业	4283083	4019060	1198325	179233	3084758	3137855	115348	2710369
电力、热力的生产和供应业	4107219	3924687	1133308	171174	2973911	3026756	88482	2573277
电力生产	2541661	2478840	733796	87289	1807865	1816006	87292	1113314
水力发电	2541661	2478840	733796	87289	1807865	1816006	87292	1113314
电力供应	1565558	1445847	399512	83885	1166046	1210750	1190	1459963
水的生产和供应业	175864	94373	65017	8059	110847	111099	26866	137092
自来水的生产和供应	175864	94373	65017	8059	110847	111099	26866	137092

3-10 规模以上工业企业主要经济指标(五)

单位:千元

项目	负债合计			所有者权益合计	实收资本					
	流动负债合计	应付帐款	长期负债合计			国家资本	集体资本	法人资本	个人资本	港澳台资本
总计	**5431095**	**1360708**	**4193802**	**5669451**	**4048020**	**1630445**	**123417**	**495611**	**559913**	**761568**
一、按登记注册类型分组:										
内资企业	4617665	1084523	3048506	4195136	2731962	1630445	98985	467181	535351	
国有企业	1353261	110064	344914	356188	446832	424945	1000	20085	802	
中央企业	11851	1897	78442	-58188	680			680		
地方企业	1341410	108167	266472	414376	446152	424945	1000	19405	802	
集体企业	130528	8672	23469	49209	15117		11790	680	2647	
联营企业	1574	1079		3928	1950	1650	300			
国有与集体联营企业	1574	1079		3928	1950	1650	300			
有限责任公司	998085	428050	2444320	2387937	1610484	1203850	85435	197099	124100	
国有独资公司	-164593	80953	2206566	1645076	1103486	1103486				
其他有限责任公司	1162678	347097	237754	742861	506998	100364	85435	197099	124100	
股份有限公司	1220556	271719	117267	885825	374630			190059	184571	
私营企业	913661	264939	118536	512049	282949		460	59258	223231	
私营独资企业	135093	30015	26742	47597	38978		460	13962	24556	
私营合作企业	11240	5000		9414	7175			500	6675	
私营有限责任公司	711340	214477	63994	390367	185085			42984	142101	
私营股份有限公司	55988	15447	27800	64671	51711			1812	49899	
港、澳、台商投资企业	469857	192662	503196	682010	614871			21576	19100	121700
合资经营企业(港或澳、台资)	35607	19246	3648	56504	53301			20460	19100	13741
合作经营企业(港或澳、台资)	6068	885	1800	1017	1488			1116		372
港澳台商独资经营企业	428182	172531	497748	624489	560082					107587
外商投资企业	343573	83523	642100	792305	701187		24432	6854	5462	639868
中外合资经营企业	301413	74137	640000	716970	648130			5398		639232
中外合作经营企业	20115	4657	2100	46980	33807		24432	1456	5462	636
外资企业	22045	4729		28355	19250					
二、按经济组织类型分组:										
独资企业	2069109	326011	892873	1105838	1080259	424945	13250	34727	28005	107587
国有企业	1353261	110064	344914	356188	446832	424945	1000	20085	802	
集体企业	130528	8672	23469	49209	15117		11790	680	2647	
私营独资企业	135093	30015	26742	47597	38978		460	13962	24556	
港澳台商独资经营企业	428182	172531	497748	624489	560082					107587
外资企业	22045	4729		28355	19250					
合作、合伙企业	38997	11621	3900	61339	44420	1650	24732	3072	12137	1008
国有与集体联营企业	1574	1079		3928	1950	1650	300			
私营合伙企业	11240	5000		9414	7175			500	6675	
合作经营企业(港或澳、台资)	6068	885	1800	1017	1488			1116		372
中外合作经营企业	20115	4657	2100	46980	33807		24432	1456	5462	636
股份有限公司	1276544	287166	145067	950496	426341			191871	234470	
股份有限公司(内资)	1220556	271719	117267	885825	374630			190059	184571	

(续表 3－10)　　单位：千元

项　　目	负债合计			所有者权益合计	实收资本					
	流动负债合计	应付帐款	长期负债合计			国家资本	集体资本	法人资本	个人资本	港澳台资本
私营股份有限公司	55988	15447	27800	64671	51711			1812	49899	
有限责任公司	2046445	735910	3151962	3551778	2497000	1203850	85435	265941	285301	652973
国有独资公司	－164593	80953	2206566	1645076	1103486	1103486				
私营有限责任公司	711340	214477	63994	390367	185085			42984	142101	
合资经营企业(港或澳、台资)	35607	19246	3648	56504	53301			20460	19100	13741
中外合资经营企业	301413	74137	640000	716970	648130			5398		639232
其他有限责任公司	1162678	347097	237754	742861	506998	100364	85435	197099	124100	
三、在总计中：亏损企业	1827587	268582	590754	725575	869156	354041	86435	218674	183535	26471
在总计中：国有控股企业	1277992	216024	2720920	2100522	1649512	1623725	4900	20085	802	
在总计中：农村工业	572916	97831	53817	267113	202654		10395	49087	69126	53280
在总计中：轻工业	2145604	584835	360392	1686611	908295	97578	3841	404090	326510	70650
重工业	3285491	775873	3833410	3982840	3139725	1532867	119576	91521	233403	690918
在总计中：大型企业	773582	184096	80806	617417	252689			154099	98590	
中型企业	2571561	667659	2485149	2341353	1811201	155524	89484	210970	235712	667016
小型企业	2085952	508953	1627847	2710681	1984130	1474921	33933	130542	225611	94552
四、按工业行业大中小类分：										
采矿业	328854	42656	105750	117571	135048	3583	81835	20037	29593	
黑色金属矿采选业	245685	23075	21508	87532	116949	879	81835	14070	20165	
其他黑色金属矿采选	245685	23075	21508	87532	116949	879	81835	14070	20165	
有色金属矿采选业	49381	17894	79242	－3328	9121	2704		5967	450	
常用有色金属矿采选	37530	15997	800	54860	8441	2704		5287	450	
铅锌矿采选	37530	15997	800	54860	8441	2704		5287	450	
贵金属矿采选	11851	1897	78442	－58188	680			680		
金矿采选	11851	1897	78442	－58188	680			680		
非金属矿采选业	33788	1687	5000	33367	8978				8978	
土砂石开采	33788	1687	5000	33367	8978				8978	
粘土及其他土砂石开采	33788	1687	5000	33367	8978				8978	
制造业	4728729	1225856	1751196	3547666	2558981	273723	40982	475574	530068	761568
农副食品加工业	1419243	370112	111498	1207332	608347	22666	1300	379865	190470	13741
谷物磨制	21706	3613	2510	31762	24396			2500	21896	
饲料加工	209616	108235	1252	139930	68750	1650	1300	13000	43900	8900
制　糖	1156930	242154	81836	995475	490195	21016		363905	105274	
蔬菜、水果和坚果加工	16283	9919	2400	16723	16701			460	11400	4841
其他农副食品加工	14708	6191	23500	23442	8305				8000	
淀粉及淀粉制品的制造	13858	5673	23500	21428	8000				8000	
豆制品制造	850	518		2014	305					
食品制造业	55593	10945	41473	50367	11868	9368		500	2000	
方便食品制造	16668	137		782	517	17		500		
米、面制品制造	16668	137		782	517	17		500		
罐头制造	10533	4265	5870	13911	2000				2000	
蔬菜、水果罐头制造	10533	4265	5870	13911	2000				2000	
其他食品制造	28392	6543	35603	35674	9351	9351				

（续表 3－10）　　单位：千元

项　目	负债合计			所有者权益合计	实收资本					
	流动负债合计	应付帐款	长期负债合计			国家资本	集体资本	法人资本	个人资本	港澳台资本
冷冻饮品及食用冰制造	28392	6543	35603	35674	9351	9351				
饮料制造业	67591	26303	48452	61020	48721			－143	43560	5304
酒精制造	34664	10590	32000	38077	40560				40560	
酒的制造	32899	15691	8250	23086	8304				3000	5304
白酒制造	11956	4581	8250	13605	5304					5304
其他酒制造	20943	11110		9481	3000				3000	
软饮料制造	28	22	8202	－143	－143			－143		
果菜汁及果菜汁饮料制造	28	22	8202	－143	－143			－143		
纺织业	59805	3064	16398	－8859	16489	12989				
棉、化纤纺织及印染精加工	33030	99	16398	－25956	2989	2989				
棉、化纤纺织加工	33030	99	16398	－25956	2989	2989				
毛纺织和染整精加工	5575	2547		4677	3500					
毛染整精加工	5575	2547		4677	3500					
丝绢纺织及精加工	21200	418		12420	10000	10000				
缫丝加工	21200	418		12420	10000	10000				
纺织服装、鞋、帽制造业	660			15755	18636					18636
纺织服装制造	660			15755	18636					18636
皮革、毛皮、羽毛(绒)及其制品业	97892	22053		23676	12617			1675	10942	
皮革制品制造	651	631		442	450				450	
皮手套及皮装饰制品制造	651	631		442	450				450	
羽毛(绒)加工及制品制造	97241	21422		23234	12167			1675	10492	
羽毛(绒)加工	97241	21422		23234	12167			1675	10492	
木材加工及木、竹、藤、棕、草制	102602	20780	2901	60196	16987	327		3483	5462	5894
锯材、木片加工	1118		220	401	327	327				
木片加工	1118		220	401	327	327				
人造板制造	89981	15812		44903	2200			2200		
胶合板制造	2840	2054		941	600			600		
纤维板制造	87141	13758		43962	1600			1600		
竹、藤、棕、草制品制造	11503	4968	2681	14892	14460			1283	5462	5894
造纸及纸制品业	182320	65912	9310	116143	82802		1036	14545	42208	25013
造　纸	140490	57896		100245	62909			300	39908	22701
机制纸及纸板制造	140490	57896		100245	62909			300	39908	22701
纸制品制造	41830	8016	9310	15898	19893		1036	14245	2300	2312
纸和纸板容器的制造	24010	5432	9310	13465	10407			8107	2300	
其他纸制品制造	17820	2584		2433	9486		1036	6138		2312
印刷业和记录媒介的复制	7325	1042	1345	－3107	539	539				
印　刷	7325	1042	1345	－3107	539	539				
书、报、刊印刷	7325	1042	1345	－3107	539	539				
化学原料及化学制品制造业	488658	106380	20996	210884	168073	21357	7649	16582	68487	53998
基础化学原料制造	74580	20717		56892	50799			3000	2000	45799
无机盐制造	5964	2970		1994	5000			3000	2000	
其他基础化学原料制造	68616	17747		54898	45799					45799

（续表 3－10） 单位：千元

项目	负债合计			所有者权益合计	实收资本					
	流动负债合计	应付帐款	长期负债合计			国家资本	集体资本	法人资本	个人资本	港澳台资本
肥料制造	154514	33721	20153	102177	46968	18057	7649	2282	18980	
氮肥制造	18685	2437		2184	680				680	
磷肥制造	102451	16912	20153	83884	40506	18057	7649		14800	
复混肥料制造	33378	14372		16109	5782			2282	3500	
农药制造	181767	34636		30489	52304			8000	44304	
化学农药制造	181767	34636		30489	52304			8000	44304	
专用化学产品制造	57267	8558	843	19211	15502	3300		800	3203	8199
化学试剂和助剂制造	16024	4864		10595	8199					8199
林产化学产品制造	41243	3694	843	8616	7303	3300		800	3203	
日用化学产品制造	20530	8748		2115	2500			2500		
香料、香精制造	20530	8748		2115	2500			2500		
医药制造业	141127	44348	24458	92755	22329			1076	21253	
中药饮片加工	2539	322		2441	2917				2917	
中成药制造	120844	39629	7002	82580	16000			264	15736	
兽用药品制造	17744	4397	17456	7734	3412			812	2600	
橡胶制品业	24666	1273		491	3500				3500	
橡胶零件制造	24666	1273		491	3500				3500	
塑料制品业	27227	9531		13473	8992		1365	1000	6627	
塑料板、管、型材的制造	6954			1443	460		460			
塑料丝、绳及编织品的制造	6019	95		4960	3352				3352	
塑料包装箱及容器制造	2004			4613	3775			500	3275	
日用塑料制造	1853	21		1094	905		905			
日用塑料杂品制造	1853	21		1094	905		905			
其他塑料制品制造	10397	9415		1363	500			500		
非金属矿物制品业	1434295	312718	1399812	1392037	1358852	192072	27432	31380	18553	636920
水泥、石灰和石膏的制造	1403194	309627	1394825	1370445	1337577	191297	27432	11380	18053	636920
水泥制造	1403194	309627	1394825	1370445	1337577	191297	27432	11380	18053	636920
水泥及石膏制品制造	2851	2370	1248	21052	20000			20000		
其他水泥制品制造	2851	2370	1248	21052	20000			20000		
砖瓦、石材及其他建筑材料制造	3417	59	3739	1811	775	775				
粘土砖瓦及建筑砌块制造	3417	59	3739	1811	775	775				
玻璃及玻璃制品制造	24833	662		－1271	500				500	
技术玻璃制品制造	24833	662		－1271	500				500	
黑色金属冶炼及压延加工业	387921	148349	30000	142859	69700				69700	
炼　钢	304842	139549	30000	116484	50000				50000	
钢压延加工	83079	8800		26375	19700				19700	
有色金属冶炼及压延加工业	54392	5248	3756	19561	27545	1500		7100		
常用有色金属冶炼	21195	4211		26341	18945					
锑冶炼	21195	4211		26341	18945					
贵金属冶炼	22798	1032		320	1500	1500				
金冶炼	22798	1032		320	1500	1500				
有色金属压延加工	10399	5	3756	－7100	7100			7100		

(续表 3－10)　　单位：千元

项　目	负债合计			所有者权益合计	实收资本					
	流动负债合计	应付帐款	长期负债合计			国家资本	集体资本	法人资本	个人资本	港澳台资本
常用有色金属压延加工	10399	5	3756	－7100	7100			7100		
金属制品业	1701	2		2585	3000			3000		
结构性金属制品制造	1701	2		2585	3000			3000		
金属结构制造	1701	2		2585	3000			3000		
通用设备制造业	89299	32102	18066	96033	39167		2200		36967	
锅炉及原动机制造	33519	16416	8566	26226	3000				3000	
内燃机及配件制造	33519	16416	8566	26226	3000				3000	
金属加工机械制造	41379	10901	9500	42068	30000				30000	
机床附件制造	41379	10901	9500	42068	30000				30000	
轴承、齿轮、传动和驱动部件的制造	5961	2149		7484	100		100			
齿轮、传动和驱动部件制造	5961	2149		7484	100		100			
通用零部件制造及机械修理	7198	2636		8182	4747		2100		2647	
紧固件、弹簧制造	4385	636		3561	3067		2100		967	
机械零部件加工及设备修理	2813	2000		4621	1680				1680	
金属铸、锻加工	1242			12073	1320				1320	
钢铁铸件制造	1242			12073	1320				1320	
专用设备制造业	30322	24598	9000	9419	16000	6720		9280		
农、林、牧、渔专用机械制造	30322	24598	9000	9419	16000	6720		9280		
拖拉机制造	30322	24598	9000	9419	16000	6720		9280		
交通运输设备制造业	7844	236	9754	10153	7764	6185		880	699	
汽车制造	3150	212	4300	699	699				699	
汽车修理	3150	212	4300	699	699				699	
船舶及浮动装置制造	4694	24	5454	9454	7065	6185		880		
金属船舶制造			760	4760	880			880		
非金属船舶制造	4694	24	4694	4694	6185	6185				
电气机械及器材制造业	22489	9357	2177	15498	6362			4062	2300	
电线、电缆、光缆及电工器材制造	14600	5372	2177	9645	5862			3562	2300	
电线电缆制造	14232	5040		3708	2300				2300	
绝缘制品制造	368	332	2177	5937	3562			3562		
电池制造	7889	3985		5853	500			500		
仪器仪表及文化、办公用机械制造				7590	7340				7340	
文化、办公用机械制造				7590	7340				7340	
计算器及货币专用设备制造				7590	7340				7340	
工艺品及其他制造业	25757	11503	1800	11805	3351			1289		2062
工艺美术品制造	25757	11503	1800	11805	3351			1289		2062
天然植物纤维编织工艺品制造	25757	11503	1800	11805	3351			1289		2062
电力、燃气及水的生产和供应业	373512	92196	2336856	2004214	1353991	1353139	600		252	
电力、热力的生产和供应业	339397	89780	2233879	1922010	1301375	1301123			252	
电力生产	148751	59855	964562	1741412	1183627	1183375			252	
水力发电	148751	59855	964562	1741412	1183627	1183375			252	
电力供应	190646	29925	1269317	180598	117748	117748				
水的生产和供应业	34115	2416	102977	82204	52616	52016	600			
自来水的生产和供应	34115	2416	102977	82204	52616	52016	600			

3-11 规模以上工业企业主要经济指标(六)

单位:千元

项目	外商资本	主营业务收入	主营业务成本	主营业务税金及附加	其他业务收入	其他业务利润	营业费用	管理费用	税金	财产保险费
总计	**477066**	**11932785**	**9818490**	**47917**	**154168**	**36347**	**232018**	**490338**	**11014**	**4048**
一、按登记注册类型分组:										
内资企业		10098501	8209135	46549	134043	35275	210172	431072	10664	3965
国有企业		1009579	918252	5616	5987	4181	9984	86946	1766	1319
中央企业		25909	18119	166	589	589	34	4893	32	160
地方企业		983670	900133	5450	5398	3592	9950	82053	1734	1159
集体企业		164398	154597	492	1681	1585	3233	7530	195	150
联营企业		9052	6804				1199	889	18	5
国有与集体联营企业		9052	6804				1199	889	18	5
有限责任公司		3144788	2020518	17562	57454	26250	58299	157716	4279	1064
国有独资公司		1152114	241818	6217	13383	11562		55369	1521	322
其他有限责任公司		1992674	1778700	11345	44071	14688	58299	102347	2758	742
股份有限公司		1464943	1224317	6459	53690	1288	56777	94418	3158	550
私营企业		4305741	3884647	16420	15231	1971	80680	83573	1248	877
私营独资企业		775078	743915	1570	6690	91	7415	9307	194	87
私营合作企业		28141	25415	250			283	903	231	
私营有限责任公司		3067574	2705411	11490	8477	1870	65912	67873	823	715
私营股份有限公司		434948	409906	3110	64	10	7070	5490		75
港、澳、台商投资企业	452495	966496	869023	910	20125	1072	14491	25445	320	63
合资经营企业(港或澳、台资)		100710	87115	45			4040	4118	16	
合作经营企业(港或澳、台资)		32452	30365	5			1888	713		
港澳台商独资经营企业	452495	833334	751543	860	20125	1072	8563	20614	304	63
外商投资企业	24571	867788	740332	458			7355	33821	30	20
中外合资经营企业	3500	617933	510575				707	27571	19	12
中外合作经营企业	1821	86651	76566	458			2314	4800		8
外资企业	19250	163204	153191				4334	1450	11	
二、按经济组织类型分组:										
独资企业	471745	2945593	2721498	8538	34483	6929	33529	125847	2470	1619
国有企业		1009579	918252	5616	5987	4181	9984	86946	1766	1319
集体企业		164398	154597	492	1681	1585	3233	7530	195	150
私营独资企业		775078	743915	1570	6690	91	7415	9307	194	87
港澳台商独资经营企业	452495	833334	751543	860	20125	1072	8563	20614	304	63
外资企业	19250	163204	153191				4334	1450	11	
合作、合伙企业	1821	156296	139150	713			5684	7305	249	13
国有与集体联营企业		9052	6804				1199	889	18	5
私营合伙企业		28141	25415	250			283	903	231	
合作经营企业(港或澳、台资)		32452	30365	5			1888	713		
中外合作经营企业	1821	86651	76566	458			2314	4800		8
股份有限公司		1899891	1634223	9569	53754	1298	63847	99908	3158	625
股份有限公司(内资)		1464943	1224317	6459	53690	1288	56777	94418	3158	550

(续表 3－11)　　　　单位：千元

项　目	外商资本	主营业务收入	主营业务成本	主营业务税金及附加	其他业务收入	其他业务利润	营业费用	管理费用	税金	财产保险费
私营股份有限公司		434948	409906	3110	64	10	7070	5490		75
有限责任公司	3500	6931005	5323619	29097	65931	28120	128958	257278	5137	1791
国有独资公司		1152114	241818	6217	13383	11562		55369	1521	322
私营有限责任公司		3067574	2705411	11490	8477	1870	65912	67873	823	715
合资经营企业(港或澳、台资)		100710	87115	45			4040	4118	16	
中外合资经营企业	3500	617933	510575				707	27571	19	12
其他有限责任公司		1992674	1778700	11345	44071	14688	58299	102347	2758	742
三、在总计中：亏损企业		2146945	2007453	15250	41856	11375	44254	145154	2869	1498
在总计中：国有控股企业		2244614	1226665	12226	19631	15810	13260	157526	3845	1663
在总计中：农村工业	20766	1040618	928220	4213	33100	1800	34494	43828	1158	575
在总计中：轻工业	5626	5337226	4635029	22550	68023	4134	153739	181195	4809	1514
重工业	471440	6595559	5183461	25367	86145	32213	78279	309143	6205	2534
在总计中：大型企业		1076794	907683	3981	32316	1067	49562	65284	2298	16
中型企业	452495	5617451	4080952	16029	75013	26192	92671	238467	3816	2420
小型企业	24571	5238540	4829855	27907	46839	9088	89785	186587	4900	1612
四、按工业行业大中小类分：										
采矿业		200615	159026	3201	24598	1079	3692	24281	1187	285
黑色金属矿采选业		56937	64800	228	5300	－2363	1135	8330	2	49
其他黑色金属矿采选		56937	64800	228	5300	－2363	1135	8330	2	49
有色金属矿采选业		121748	77300	2923	7032	3257	911	14407	1163	160
常用有色金属矿采选		95839	59181	2757	6443	2668	877	9514	1131	
铅锌矿采选		95839	59181	2757	6443	2668	877	9514	1131	
贵金属矿采选		25909	18119	166	589	589	34	4893	32	160
金矿采选		25909	18119	166	589	589	34	4893	32	160
非金属矿采选业		21930	16926	50	12266	185	1646	1544	22	76
土砂石开采		21930	16926	50	12266	185	1646	1544	22	76
粘土及其他土砂石开采		21930	16926	50	12266	185	1646	1544	22	76
制造业	477066	10110748	8998575	35754	113107	21980	226908	364194	7382	2409
农副食品加工业	305	3083535	2571312	8032	63534	2066	95664	123157	3113	733
谷物磨制		136221	121113	919	64	10	2874	1745	63	23
饲料加工		1418424	1159722	41	185	152	35169	23337	115	5
制　糖		1466601	1236164	6965	63285	1904	54507	94468	2854	637
蔬菜、水果和坚果加工		27373	23040	35			576	2155	70	51
其他农副食品加工	305	34916	31273	72			2538	1452	11	17
淀粉及淀粉制品的制造		24611	23849	72			451	772		17
豆制品制造	305	10305	7424				2087	680	11	
食品制造业		90195	72993	1864	47		4266	3484	376	80
方便食品制造		31712	25768	875	47		185	525		1
米、面制品制造		31712	25768	875	47		185	525		1
罐头制造		5839	4632	642			231	307		27
蔬菜、水果罐头制造		5839	4632	642			231	307		27
其他食品制造		52644	42593	347			3850	2652	376	52

(续表 3-11) 单位:千元

项　目	外商资本	主营业务收入	主营业务成本	主营业务税金及附加	其他业务收入	其他业务利润	营业费用	管理费用	税金	财产保险费
冷冻饮品及食用冰制造		52644	42593	347			3850	2652	376	52
饮料制造业		123694	104836	7096			4857	3912	49	45
酒精制造		98976	93018	5823				1304		
酒的制造		17868	7518	1248			4819	2028	49	45
白酒制造		12568	4898	857			3224	1426	13	40
其他酒制造		5300	2620	391			1595	602	36	5
软饮料制造		6850	4300	25			38	580		
果菜汁及果菜汁饮料制造		6850	4300	25			38	580		
纺织业	3500	37306	35113	32			285	2171	113	22
棉、化纤纺织及印染精加工		2470	1970					483		
棉、化纤纺织加工		2470	1970					483		
毛纺织和染整精加工	3500	20653	19504				275	396	19	12
毛染整精加工	3500	20653	19504				275	396	19	12
丝绢纺织及精加工		14183	13639	32			10	1292	94	10
缫丝加工		14183	13639	32			10	1292	94	10
纺织服装、鞋、帽制造业		11674	10487		61	61	651	1244	9	
纺织服装制造		11674	10487		61	61	651	1244	9	
皮革、毛皮、羽毛(绒)及其制品业		1049778	1038551	2012	236	-3	1921	3546	35	4
皮革制品制造		6450	6316					132		
皮手套及皮装饰制品制造		6450	6316					132		
羽毛(绒)加工及制品制造		1043328	1032235	2012	236	-3	1921	3414	35	4
羽毛(绒)加工		1043328	1032235	2012	236	-3	1921	3414	35	4
木材加工及木、竹、藤、棕、草制	1821	205027	193719	353	4	4	4102	4849	65	278
锯材、木片加工		2791	2879	3	4	4		123	20	15
木片加工		2791	2879	3	4	4		123	20	15
人造板制造		146247	139948	342			2189	3200	45	263
胶合板制造		23149	22075	23			667	568	7	
纤维板制造		123098	117873	319			1522	2632	38	263
竹、藤、棕、草制品制造	1821	55989	50892	8			1913	1526		
造纸及纸制品业		356985	316299	1095	559	501	7560	10061	497	169
造　纸		271754	235767	723	235	235	5616	7406	401	14
机制纸及纸板制造		271754	235767	723	235	235	5616	7406	401	14
纸制品制造		85231	80532	372	324	266	1944	2655	96	155
纸和纸板容器的制造		38105	33987	247	324	266	1394	1966	60	155
其他纸制品制造		47126	46545	125			550	689	36	
印刷业和记录媒介的复制		1771	1812	9	16	15		603	5	
印　刷		1771	1812	9	16	15		603	5	
书、报、刊印刷		1771	1812	9	16	15		603	5	
化学原料及化学制品制造业		1226400	1112207	2217	33620	13687	41435	59312	781	559
基础化学原料制造		411109	390560	1038	20163	1110	8228	7557	15	26
无机盐制造		154921	147337	1038	1110	1110	5037	4793	15	26
其他基础化学原料制造		256188	243223		19053		3191	2764		

(续表 3－11) 单位：千元

项　　目	外商资本	主营业务收入	主营业务成本	主营业务税金及附加	其他业务收入	其他业务利润	营业费用	管理费用	税金	财产保险费
肥料制造		425917	397631	245	13200	12320	13788	26466	378	255
氮肥制造		69876	63584				1136	4797		
磷肥制造		210514	199648	240	13200	12320	8869	17198	378	216
复混肥料制造		145527	134399	5			3783	4471		39
农药制造		176798	128603	410			14974	19128	293	194
化学农药制造		176798	128603	410			14974	19128	293	194
专用化学产品制造		187206	173229	473	257	257	3698	4412	44	61
化学试剂和助剂制造		24739	18329				1080	1758		
林产化学产品制造		162467	154900	473	257	257	2618	2654	44	61
日用化学产品制造		25370	22184	51			747	1749	51	23
香料、香精制造		25370	22184	51			747	1749	51	23
医药制造业		195120	132521	1887	946	221	28192	13029	160	109
中药饮片加工		5736	5280	6			153	304	1	
中成药制造		169757	110372	1268	946	221	27560	10903	89	99
兽用药品制造		19627	16869	613			479	1822	70	10
橡胶制品业		17173	13724	118			779	3335	4	
橡胶零件制造		17173	13724	118			779	3335	4	
塑料制品业		133783	128863	190			1377	1606	44	9
塑料板、管、型材的制造		14007	12876	59			328	563		
塑料丝、绳及编织品的制造		15794	15000	50			98	459	28	5
塑料包装箱及容器制造		16576	15810	53				338	10	
日用塑料制造		8196	7706	28			81	246	6	4
日用塑料杂品制造		8196	7706	28			81	246	6	4
其他塑料制品制造		79210	77471				870			
非金属矿物制品业	452495	1484375	1312784	3736	989	989	3589	74352	866	33
水泥、石灰和石膏的制造	452495	1444001	1279538	3553	989	989	3142	72633	844	23
水泥制造	452495	1444001	1279538	3553	989	989	3142	72633	844	23
水泥及石膏制品制造		24231	20130	24			312	1376	16	
其他水泥制品制造		24231	20130	24			312	1376	16	
砖瓦、石材及其他建筑材料制造		9285	6285					60		
粘土砖瓦及建筑砌块制造		9285	6285					60		
玻璃及玻璃制品制造		6858	6831	159			135	283	6	10
技术玻璃制品制造		6858	6831	159			135	283	6	10
黑色金属冶炼及压延加工业		1448965	1383080	5223	12402	4162	15743	22240	105	254
炼　钢		683786	663744	4002	12402	4162	971	8417	87	39
钢压延加工		765179	719336	1221			14772	13823	18	215
有色金属冶炼及压延加工业	18945	188186	174982	190	15		2602	6076	153	
常用有色金属冶炼	18945	152899	145767				2247	770	0	
锑冶炼	18945	152899	145767				2247	770	0	
贵金属冶炼		20865	15288	123	15		275	4874	152	
金冶炼		20865	15288	123	15		275	4874	152	
有色金属压延加工		14422	13927	67			80	432	1	

（续表 3－11）　　　　单位：千元

项　　目	外商资本	主营业务收入	主营业务成本	主营业务税金及附加	其他业务收入	其他业务利润	营业费用	管理费用	税金	财产保险费
常用有色金属压延加工		14422	13927	67			80	432	1	
金属制品业		5719	5362	14			60	469	23	
结构性金属制品制造		5719	5362	14			60	469	23	
金属结构制造		5719	5362	14			60	469	23	
通用设备制造业		152612	117538	1119	263	178	3375	19868	954	51
锅炉及原动机制造		32476	27965	32	263	178	2559	2667	283	31
内燃机及配件制造		32476	27965	32	263	178	2559	2667	283	31
金属加工机械制造		76782	54729	630				14463	667	
机床附件制造		76782	54729	630				14463	667	
轴承、齿轮、传动和驱动部件的制造		16351	12629	224			162	1120		20
齿轮、传动和驱动部件制造		16351	12629	224			162	1120		
通用零部件制造及机械修理		14501	11827	131			293	1424	4	
紧固件、弹簧制造		6131	5217	37			26	787		
机械零部件加工及设备修理		8370	6610	94			267	637	4	
金属铸、锻加工		12502	10388	102			361	194		
钢铁铸件制造		12502	10388	102			361	194		
专用设备制造业		55773	50293		171	6	1591	3422		19
农、林、牧、渔专用机械制造		55773	50293		171	6	1591	3422		19
拖拉机制造		55773	50293		171	6	1591	3422		19
交通运输设备制造业		25562	20760	361	244	99	2219	2288	26	36
汽车制造		1088	553	61			219	607		
汽车修理		1088	553	61			219	607		
船舶及浮动装置制造		24474	20207	300	244	99	2000	1681	26	36
金属船舶制造		20500	17870	180	100	30	2000	110		30
非金属船舶制造		3974	2337	120	144	69		1571	26	6
电气机械及器材制造业		103597	93545	206		－6	3698	2753	4	
电线、电缆、光缆及电工器材制造		58948	54895	105		－6	1203	1153	4	
电线电缆制造		53612	50067	61		－6	1192	952	4	
绝缘制品制造		5336	4828	44			11	201		
电池制造		44649	38650	101			2495	1600		
仪器仪表及文化、办公用机械制造		49800	48905				348	199		
文化、办公用机械制造		49800	48905				348	199		
计算器及货币专用设备制造		49800	48905				348	199		
工艺品及其他制造业		63718	58889				2594	2218		8
工艺美术品制造		63718	58889				2594	2218		8
天然植物纤维编织工艺品制造		63718	58889				2594	2218		8
电力、燃气及水的生产和供应业		1621422	660889	8962	16463	13288	1418	101863	2445	1354
电力、热力的生产和供应业		1577762	630291	8680	13839	12015	123	89751	2060	1037
电力生产		184242	140264	3270	1736	1733	123	15262	1091	
水力发电		184242	140264	3270	1736	1733	123	15262	1091	
电力供应		1393520	490027	5410	12103	10282		74489	969	1037
水的生产和供应业		43660	30598	282	2624	1273	1295	12112	385	317
自来水的生产和供应		43660	30598	282	2624	1273	1295	12112	385	317

3－12 规模以上工业企业主要经济指标(七)

单位:万元

项目	管理费用		财务费用	利息支出	营业利润	投资收益	补贴收入	营业外收入	利润总额	应交所得税
	办公费	职工教育费								
总计	**20845**	**4552**	**183206**	**170731**	**178547**	**12183**	**41942**	**28586**	**167136**	**29366**
一、按登记注册类型分组:										
内资企业	20279	4237	145889	134769	73486	12183	16213	28039	40969	28340
国有企业	4299	851	29921	30005	－42599	1099	2406	11239	－63093	3396
中央企业	106	39	5539	5629	－2253		1488	2	－1117	605
地方企业	4193	812	24382	24376	－40346	1099	918	11237	－61976	2791
集体企业	288	171	1819	1170	－1693		767	4247	2832	935
联营企业	49	6	34	10	126				126	41
国有与集体联营企业	49	6	34	10	126				126	41
有限责任公司	8511	1909	48192	40027	47822	2891	8267	3813	22422	10793
国有独资公司	3810	878	20497	21226	21656	－205	0	1126	22290	1846
其他有限责任公司	4701	1031	27695	18801	26166	3096	8267	2687	132	8947
股份有限公司	1820	418	32838	32483	50842	8170	0	2777	56562	10639
私营企业	5312	882	33085	31074	18988	23	4773	5963	22120	2536
私营独资企业	1071	38	5746	4379	6087		180	42	5646	904
私营合作企业	185	19	82	38	643			15	471	157
私营有限责任公司	3728	776	24194	23593	8523	21	4593	5832	12266	1470
私营股份有限公司	328	49	3063	3064	3735	2		74	3737	5
港、澳、台商投资企业	427	312	15175	23546	41544		7327	537	44249	952
合资经营企业(港或澳、台资)	86		906	192	4484			－100	4384	
合作经营企业(港或澳、台资)	44	33	298	151	－845			32	－813	
港澳台商独资经营企业	297	279	13971	23203	37905		7327	605	40678	952
外商投资企业	139	3	22142	12416	63517		18402	10	81918	74
中外合资经营企业	31		21059	12418	57862		18367		76229	52
中外合作经营企业	108	3	417	－2	2096				2096	4
外资企业			666		3559		35	10	3593	18
二、按经济组织类型分组:										
独资企业	5955	1339	52123	58757	3259	1099	10715	16143	－10344	6205
国有企业	4299	851	29921	30005	－42599	1099	2406	11239	－63093	3396
集体企业	288	171	1819	1170	－1693		767	4247	2832	935
私营独资企业	1071	38	5746	4379	6087		180	42	5646	904
港澳台商独资经营企业	297	279	13971	23203	37905		7327	605	40678	952
外资企业			666		3559		35	10	3593	18
合作、合伙企业	386	61	831	197	2020			47	1880	202
国有与集体联营企业	49	6	34	10	126			0	126	41
私营合伙企业	185	19	82	38	643			15	471	157
合作经营企业(港或澳、台资)	44	33	298	151	－845			32	－813	
中外合作经营企业	108	3	417	－2	2096				2096	4
股份有限公司	2148	467	35901	35547	54577	8172		2851	60299	10644
股份有限公司(内资)	1820	418	32838	32483	50842	8170		2777	56562	10639

(续表 3－12)　　　　单位:万元

项目	管理费用		财务费用	利息支出	营业利润	投资收益	补贴收入	营业外收入	利润总额	应交所得税
	办公费	职工教育费								
私营股份有限公司	328	49	3063	3064	3735	2		74	3737	5
有限责任公司	12356	2685	94351	76230	118691	2912	31227	9545	115301	12315
国有独资公司	3810	878	20497	21226	21656	－205		1126	22290	1846
私营有限责任公司	3728	776	24194	23593	8523	21	4593	5832	12266	1470
合资经营企业(港或澳、台资)	86		906	192	4484			－100	4384	
中外合资经营企业	31		21059	12418	57862		18367		76229	52
其他有限责任公司	4701	1031	27695	18801	26166	3096	8267	2687	132	8947
三、在总计中:亏损企业	6655	1295	55917	55364	－117313	1101	2917	4956	－182076	2995
在总计中:国有控股企业	8712	2101	54032	54807	－27044	894	2679	12455	－46943	5283
在总计中:农村工业	2205	642	24548	18888	4128		45	4595	8639	233
在总计中:轻工业	6432	2080	59260	55461	98762	8172	5126	7206	67152	16656
重工业	14413	2472	123946	115270	79785	4011	36816	21380	99984	12710
在总计中:大型企业	706	110	25523	25295	25828	69		445	24226	5010
中型企业	9142	2716	76957	79983	143116	11197	36067	17047	121581	15207
小型企业	10997	1726	80726	65453	9603	917	5875	11094	21329	9149
四、按工业行业大中小类分:										
采矿业	1492	80	13896	13821	－5004		1721	189	－4052	2281
黑色金属矿采选业	1188		4766	4671	－25633		233	90	－25704	
其他黑色金属矿采选	1188		4766	4671	－25633		233	90	－25704	
有色金属矿采选业	272	80	5617	5637	22757		1488	32	23738	2281
常用有色金属矿采选	166	41	78	8	25010			30	24855	1676
铅锌矿采选	166	41	78	8	25010			30	24855	1676
贵金属矿采选	106	39	5539	5629	－2253		1488	2	－1117	605
金矿采选	106	39	5539	5629	－2253		1488	2	－1117	605
非金属矿采选业	32		3513	3513	－2128			67	－2086	
土砂石开采	32		3513	3513	－2128			67	－2086	
粘土及其他土砂石开采	32		3513	3513	－2128			67	－2086	
制造业	12333	2998	144082	130862	166059	12369	40221	17400	176259	22985
农副食品加工业	2754	1039	41118	39263	59308	5922	4628	6506	28357	9109
谷物磨制	340		1988	1174	4695			64	4435	17
饲料加工	312	345	2214	1666	14001		4593	5459	17681	790
制　糖	1608	481	34783	34723	41598	5920		973	7189	8228
蔬菜、水果和坚果加工	438	213	451	52	1116				1116	56
其他农副食品加工	56		1682	1648	－2102	2	35	10	－2064	18
淀粉及淀粉制品的制造	56		1640	1648	－2173	2		10	－2161	
豆制品制造			42		71		35		97	18
食品制造业	107	76	4069	4064	3471			110	3469	1
方便食品制造	29	2	1061	1056	3251			47	3298	
米、面制品制造	29	2	1061	1056	3251			47	3298	
罐头制造	65	19	25	25	2				2	1
蔬菜、水果罐头制造	65	19	25	25	2				2	1
其他食品制造	13	55	2983	2983	218			63	169	

(续表 3-12)　　　　　　　　　　　　　　　　　　　　　　　　　　单位：万元

项　　目	管理费用		财务费用	利息支出	营业利润	投资收益	补贴收入	营业外收入	利润总额	应交所得税
	办公费	职工教育费								
冷冻饮品及食用冰制造	13	55	2983	2983	218			63	169	
饮料制造业	209	1	2457	1836	-768			115	-654	89
酒精制造			1111	1111	-2483				-2483	
酒的制造	209	1	725	725	1530			115	1644	43
白酒制造	101	1	660	660	1503				1503	
其他酒制造	108		65	65	27			115	141	43
软饮料制造			621		185				185	46
果菜汁及果菜汁饮料制造			621		185				185	46
纺织业	228	239	371	354	-825		273	54	-551	52
棉、化纤纺织及印染精加工	7		17					54	1	
棉、化纤纺织加工	7		17					54	1	
毛纺织和染整精加工	31		161	161	158				158	52
毛染整精加工	31		161	161	158				158	52
丝绢纺织及精加工	190	239	193	193	-983		273		-710	
缫丝加工	190	239	193	193	-983		273		-710	
纺织服装、鞋、帽制造业	17				-648		0		-648	
纺织服装制造	17				-648		0		-648	
皮革、毛皮、羽毛(绒)及其制品业	112	15	3721	3720	-223		180	80	-113	
皮革制品制造			-1		3				3	
皮手套及皮装饰制品制造			-1		3				3	
羽毛(绒)加工及制品制造	112	15	3722	3720	-226		180	80	-116	
羽毛(绒)加工	112	15	3722	3720	-226		180	80	-116	
木材加工及木、竹、藤、棕、草制	354	8	2685	2315	-761		5806	-12	4978	
锯材、木片加工	1	5	-2	-2	-208		137	72	-6	
木片加工	1	5	-2	-2	-208		137	72	-6	
人造板制造	280		2289	2289	-1771		5669	-89	3761	
胶合板制造	93	5			-238		0	0	-238	
纤维板制造	187		2284	2289	-1533		5669	-89	3999	
竹、藤、棕、草制品制造	73	3	398	28	1218			5	1223	
造纸及纸制品业	323	184	-73	-321	21893	2250		28	21110	3781
造　纸	187	178	-278	-321	22589	2250		18	21807	3781
机制纸及纸板制造	187	178	-278	-321	22589	2250		18	21807	3781
纸制品制造	136	6	205		-696			10	-697	
纸和纸板容器的制造	108	2	63		260			10	259	
其他纸制品制造	28	4	142		-956				-956	
印刷业和记录媒介的复制	5				-638			38	-600	
印　刷	5				-638			38	-600	
书、报、刊印刷	5				-638			38	-600	
化学原料及化学制品制造业	3294	399	21864	18760	3016	21		4445	6968	656
基础化学原料制造	23	6	2004		2832				2812	
无机盐制造	23	6	-34		-2140				-2160	
其他基础化学原料制造			2038		4972				4972	

(续表 3-12)　　　　单位:万元

项　　目	管理费用		财务费用	利息支出	营业利润	投资收益	补贴收入	营业外收入	利润总额	应交所得税
	办公费	职工教育费								
肥料制造	505	298	3952	3262	-3845			4495	317	115
氮肥制造	178	10			359				359	20
磷肥制造	327	288	3153	2463	-6274			4412	-2195	95
复混肥料制造			799	799	2070			83	2153	
农药制造	2214	56	14522	14588	-858	21			-964	213
化学农药制造	2214	56	14522	14588	-858	21			-964	213
专用化学产品制造	432	39	1043	445	4595			-50	4511	328
化学试剂和助剂制造	33	18	45	22	3526				3500	
林产化学产品制造	399	21	998	423	1069			-50	1011	328
日用化学产品制造	120		343	465	292				292	
香料、香精制造	120		343	465	292				292	
医药制造业	575	76	2076	2081	17002			38	16900	2610
中药饮片加工	30	5			-9				-9	
中成药制造	290	54	1046	1053	18829			38	18736	2610
兽用药品制造	255	17	1030	1028	-1818				-1827	
橡胶制品业	38	1	158	158	-941				-941	
橡胶零件制造	38	1	158	158	-941				-941	
塑料制品业	443	23	134	93	1612			19	1622	186
塑料板、管、型材的制造	245				181				181	
塑料丝、绳及编织品的制造	140		91	89	96				93	32
塑料包装箱及容器制造	46	16			375			15	388	128
日用塑料制造	12	7	41	4	93			4	97	26
日用塑料杂品制造	12	7	41	4	93			4	97	26
其他塑料制品制造			2		867				863	
非金属矿物制品业	936	222	45605	48416	38513	1080	28522	1648	63186	1
水泥、石灰和石膏的制造	885	220	45343	48224	36928	1080	28522	1748	61701	1
水泥制造	885	220	45343	48224	36928	1080	28522	1748	61701	1
水泥及石膏制品制造	43		262	192	2125			-100	2025	
其他水泥制品制造	43		262	192	2125			-100	2025	
砖瓦、石材及其他建筑材料制造	3	2			10				10	
粘土砖瓦及建筑砌块制造	3	2			10				10	
玻璃及玻璃制品制造	5				-550				-550	
技术玻璃制品制造	5				-550				-550	
黑色金属冶炼及压延加工业	628	188	12009	3822	14831	3096		142	18000	2423
炼　钢	101	165	3543	3665	7270	3096		142	10439	2423
钢压延加工	527	23	8466	157	7561				7561	
有色金属冶炼及压延加工业	117	37	1203	579	3130			10	3063	30
常用有色金属冶炼			624		3488			10	3496	
锑冶炼			624		3488			10	3496	
贵金属冶炼	117	37	174	174	131				56	
金冶炼	117	37	174	174	131				56	
有色金属压延加工			405	405	-489				-489	30

（续表 3－12） 单位：万元

项　目	管理费用		财务费用	利息支出	营业利润	投资收益	补贴收入	营业外收入	利润总额	应交所得税
	办公费	职工教育费								
常用有色金属压延加工			405	405	－489				－489	30
金属制品业	9		45	44	－416				－416	
结构性金属制品制造	9		45	44	－416				－416	
金属结构制造	9		45	44	－416				－416	
通用设备制造业	730	64	4249	4224	6636		767	3787	10617	2867
锅炉及原动机制造	108	29	706	663	－1275			1080	－250	
内燃机及配件制造	108	29	706	663	－1275			1080	－250	
金属加工机械制造	482	9	2691	2712	4269			2707	6851	1733
机床附件制造	482	9	2691	2712	4269			2707	6851	1733
轴承、齿轮、传动和驱动部件的制造	47	14	633	633	1582				1189	378
齿轮、传动和驱动部件制造	47	14	633	633	1582				1189	378
通用零部件制造及机械修理	83	12	172	172	652		767		1419	463
紧固件、弹簧制造			39	37	25				25	3
机械零部件加工及设备修理	83	12	133	135	627		767		1394	460
金属铸、锻加工	10		47	44	1408				1408	293
钢铁铸件制造	10		47	44	1408				1408	293
专用设备制造业	25	36	622	619	－150			171	12	
农、林、牧、渔专用机械制造	25	36	622	619	－150			171	12	
拖拉机制造	25	36	622	619	－150			171	12	
交通运输设备制造业	78	72	592	252	－560			133	－518	
汽车制造	61	47	197	197	－549				－549	
汽车修理	61	47	197	197	－549				－549	
船舶及浮动装置制造	17	25	395	55	－11			133	31	
金属船舶制造	15	5	397	58	－27			100	73	
非金属船舶制造	2	20	－2	－3	16			33	－42	
电气机械及器材制造业	1226	113	337	318	3052			16	3026	926
电线、电缆、光缆及电工器材制造	120	15	319	318	1267			16	1241	337
电线电缆制造	120	15	309	318	1025			16	999	337
绝缘制品制造			10		242				242	
电池制造	1106	98	18		1785				1785	589
仪器仪表及文化、办公用机械制造			98		250					250
文化、办公用机械制造			98		250					250
计算器及货币专用设备制造			98		250					250
工艺品及其他制造业	125	205	742	265	－725		45	72	－608	4
工艺美术品制造	125	205	742	265	－725		45	72	－608	4
天然植物纤维编织工艺品制造	125	205	742	265	－725		45	72	－608	4
电力、燃气及水的生产和供应业	7020	1474	25228	26048	17492	－186		10997	－5071	4100
电力、热力的生产和供应业	6400	1353	21349	22346	21457	－186		10856	－913	4083
电力生产	1120	86	21930	21954	5122	－186		8697	13324	2658
水力发电	1120	86	21930	21954	5122	－186		8697	13324	2658
电力供应	5280	1267	－581	392	16335			2159	－14237	1425
水的生产和供应业	620	121	3879	3702	－3965			141	－4158	17
自来水的生产和供应	620	121	3879	3702	－3965			141	－4158	17

3－13 规模以上工业企业主要经济指标(八)

单位:千元

项　　目	亏损企业亏损总额	利税总额	广告费	研究开发费	劳动、失业保险费	养老保险和医疗保险费	住房公积金和住房补贴	本年应付工资总额	主营业务应付工资总额	本年应付福利费总额
总　　计	**182076**	**707233**	**15456**	**3858**	**16111**	**56689**	**23155**	**547581**	**452592**	**50340**
一、按登记注册类型分组:										
内资企业	179708	442416	14390	3848	15855	49518	19458	446626	385925	46309
国有企业	82398	－3129	－1132	105	6382	17968	6448	89147	77267	11063
中央企业	1117	－795		105	490	643	150	2550	2550	150
地方企业	81281	－2334	－1132		5892	17325	6298	86597	74717	10913
集体企业	588	10228	58	80	30	734		15628	10556	1267
联营企业		126	46	22		53		330	330	46
国有与集体联营企业		126	46	22		53		330	330	46
有限责任公司	68940	191041	12713	1862	1186	17708	11779	153426	133648	13794
国有独资公司		98113		984	1532	11201	9983	65658	65392	3464
其他有限责任公司	68940	92928	12713	878	－346	6507	1796	87768	68256	10330
股份有限公司	3316	152026	550	18	7788	9427	1231	96885	96885	14298
私营企业	24466	92124	2155	1761	469	3628		91210	67239	5841
私营独资企业	3709	20599	336	300		19		15939	10074	834
私营合作企业		1429	1					2546	1757	258
私营有限责任公司	15076	56044	1694	1461	396	2580		64815	50268	4492
私营股份有限公司	5681	14052	124		73	1029		7910	5140	257
港、澳、台商投资企业	1859	137044	922	10	256	3114	2358	60316	47291	4024
合资经营企业(港或澳、台资)		6303				7		6775	515	1
合作经营企业(港或澳、台资)	828	272	20	10				6498	6198	
港澳台商独资经营企业	1031	130469	902		256	3107	2358	47043	40578	4023
外商投资企业	509	127773	144			4057	1339	40639	19376	7
中外合资经营企业	509	119262				4057	1339	23706	3350	
中外合作经营企业		4268	70					14620	14620	
外资企业		4243	74					2313	1406	7
二、按经济组织类型分组:										
独资企业	87726	162410	238	485	6668	21828	8806	170070	139881	17194
国有企业	82398	－3129	－1132	105	6382	17968	6448	89147	77267	11063
集体企业	588	10228	58	80	30	734		15628	10556	1267
私营独资企业	3709	20599	336	300		19		15939	10074	834
港澳台商独资经营企业	1031	130469	902		256	3107	2358	47043	40578	4023
外资企业		4243	74					2313	1406	7
合作、合伙企业	828	6095	137	32		53		23994	22905	304
国有与集体联营企业		126	46	22		53		330	330	46
私营合伙企业		1429	1					2546	1757	258
合作经营企业(港或澳、台资)	828	272	20	10				6498	6198	
中外合作经营企业		4268	70					14620	14620	
股份有限公司	8997	166078	674	18	7861	10456	1231	104795	102025	14555
股份有限公司(内资)	3316	152026	550	18	7788	9427	1231	96885	96885	14298

(续表 3-13)　　　　　　　　　　　　　　　　　　　　　　　　　　单位:千元

项　　目	亏损企业亏损总额	利税总额	广告费	研究开发费	劳动、失业保险费	养老保险和医疗保险费	住房公积金和住房补贴	本年应付工资总额	主营业务应付工资总额	本年应付福利费总额
私营股份有限公司	5681	14052	124		73	1029		7910	5140	257
有限责任公司	84525	372650	14407	3323	1582	24352	13118	248722	187781	18287
国有独资公司		98113		984	1532	11201	9983	65658	65392	3464
私营有限责任公司	15076	56044	1694	1461	396	2580		64815	50268	4492
合资经营企业(港或澳、台资)		6303				7		6775	515	1
中外合资经营企业	509	119262				4057	1339	23706	3350	
其他有限责任公司	68940	92928	12713	878	-346	6507	1796	87768	68256	10330
三、在总计中:亏损企业	182076	-91887	-623	1913	7140	19520	3798	146012	120240	15046
在总计中:国有控股企业	88720	91403	-1086	1111	8860	30982	18172	167604	152984	16205
在总计中:农村工业	9387	41808	214	1509	44	619		71293	55441	2448
在总计中:轻工业	60471	243056	14476	392	9058	17091	3356	230636	206161	21881
重工业	121605	464177	980	3466	7053	39598	19799	316945	246431	28459
在总计中:大型企业		91442	24	18	6452	7334	968	61991	61991	8956
中型企业	89055	421385	14302	2572	3172	26434	15900	246786	205397	22983
小型企业	93021	194406	1130	1268	6487	22921	6287	238804	185204	18401
四、按工业行业大中小类分:										
采矿业	28939	12422	36	105	516	788	150	23072	8079	1991
黑色金属矿采选业	25704	-23228				15		12819	2642	1242
其他黑色金属矿采选	25704	-23228				15		12819	2642	1242
有色金属矿采选业	1149	36617		105	516	750	150	8743	4779	596
常用有色金属矿采选	32	37412			26	107		6193	2229	446
铅锌矿采选	32	37412			26	107		6193	2229	446
贵金属矿采选	1117	-795		105	490	643	150	2550	2550	150
金矿采选	1117	-795		105	490	643	150	2550	2550	150
非金属矿采选业	2086	-967	36			23		1510	658	153
土砂石开采	2086	-967	36			23		1510	658	153
粘土及其他土砂石开采	2086	-967	36			23		1510	658	153
制造业	114861	592034	15419	2769	10383	37221	5746	405836	328881	36837
农副食品加工业	44180	127101	1871	40	7516	9849	1122	116343	100340	13217
谷物磨制	1428	5443	12		6	98		3190	557	28
饲料加工	2289	17788	1682	22		160		22491	10795	792
制　糖	38302	103649	68	18	7490	9571	1122	87398	86104	12252
蔬菜、水果和坚果加工		1785	35		20	20		1176	991	145
其他农副食品加工	2161	-1564	74					2088	1893	
淀粉及淀粉制品的制造	2161	-1661						682	487	
豆制品制造		97	74					1406	1406	
食品制造业	1152	8150	-1189		82	1240	294	7577	7545	530
方便食品制造	1152	4173	-1199		9	86		3072	3040	5
米、面制品制造	1152	4173	-1199		9	86		3072	3040	5
罐头制造		644	6					841	841	12
蔬菜、水果罐头制造		644	6					841	841	12
其他食品制造		3333	4		73	1154	294	3664	3664	513

(续表 3－13) 单位:千元

项　目	亏损企业亏损总额	利税总额	广告费	研究开发费	劳动、失业保险费	养老保险和医疗保险费	住房公积金和住房补贴	本年应付工资总额	主营业务应付工资总额	本年应付福利费总额
冷冻饮品及食用冰制造		3333	4		73	1154	294	3664	3664	513
饮料制造业	2483	10649	902		2	99		2621	821	281
酒精制造	2483	6344				96		1257		156
酒的制造		3479	902		2	3		821	821	71
白酒制造		2805	902		2	3		508	508	71
其他酒制造		674						313	313	
软饮料制造		826						543		54
果菜汁及果菜汁饮料制造		826						543		54
纺织业	710	－111			36	507		3952	2540	310
棉、化纤纺织及印染精加工		1			36	505		540	540	80
棉、化纤纺织加工		1			36	505		540	540	80
毛纺织和染整精加工		566						1412		
毛染整精加工		566						1412		
丝绢纺织及精加工	710	－678				2		2000	2000	230
缫丝加工	710	－678				2		2000	2000	230
纺织服装、鞋、帽制造业	648	－639				57		3106	3106	409
纺织服装制造	648	－639				57		3106	3106	409
皮革、毛皮、羽毛(绒)及其制品业	1389	22188						8367	7373	973
皮革制品制造		18						213		
皮手套及皮装饰制品制造		18						213		
羽毛(绒)加工及制品制造	1389	22170						8154	7373	973
羽毛(绒)加工	1389	22170						8154	7373	973
木材加工及木、竹、藤、棕、草制	2866	12472	20	10		193		21356	21056	1138
锯材、木片加工	6	－1				190		488	488	68
木片加工	6	－1				190		488	488	68
人造板制造	2477	10060						7649	7649	1070
胶合板制造	238	－215						3182	3182	445
纤维板制造	2239	10275						4467	4467	625
竹、藤、棕、草制品制造	383	2413	20	10		3		13219	12919	
造纸及纸制品业	1419	36543	526		141	1502	127	24427	23926	2196
造　纸		33710	526		117	1202	127	18211	18211	2014
机制纸及纸板制造		33710	526		117	1202	127	18211	18211	2014
纸制品制造	1419	2833			24	300		6216	5715	182
纸和纸板容器的制造	78	2441			24	300		1446	1225	182
其他纸制品制造	1341	392						4770	4490	
印刷业和记录媒介的复制	600	－514			50	431		350	345	49
印　刷	600	－514			50	431		350	345	49
书、报、刊印刷	600	－514			50	431		350	345	49
化学原料及化学制品制造业	6985	30731	211	1496	556	5225	315	47717	33998	4357
基础化学原料制造	2160	16019						7259	3000	120
无机盐制造	2160	218						3516	3000	19
其他基础化学原料制造		15801						3743		101

（续表 3－13） 单位：千元

项目	亏损企业亏损总额	利税总额	广告费	研究开发费	劳动、失业保险费	养老保险和医疗保险费	住房公积金和住房补贴	本年应付工资总额	主营业务应付工资总额	本年应付福利费总额
肥料制造	2707	2871	94	80	556	5172	315	26598	21482	2759
氮肥制造		379	0	0	217	2044	0	5047	5047	490
磷肥制造	2707	334	94	80	339	3128	315	18218	13418	2269
复混肥料制造		2158						3333	3017	
农药制造	1720	2528	117	1416				8560	8350	808
化学农药制造	1720	2528	117	1416				8560	8350	808
专用化学产品制造	398	8500				53		4774	1166	670
化学试剂和助剂制造		3828				44		2722		390
林产化学产品制造	398	4672				9		2052	1166	280
日用化学产品制造		813						526		
香料、香精制造		813						526		
医药制造业	2410	32860	12302	342	135			8962	7666	1015
中药饮片加工	9	60						355		58
中成药制造		32358	12002	42	135			6878	6456	797
兽用药品制造	2401	442	300	300				1729	1210	160
橡胶制品业	941	274						1743	1743	140
橡胶零件制造	941	274						1743	1743	140
塑料制品业	0	3992	1		6	93		4065	3238	324
塑料板、管、型材的制造		965						832	832	
塑料丝、绳及编织品的制造		508	1					1487	747	105
塑料包装箱及容器制造		1036						1097	1010	153
日用塑料制造		309			6	93		472	472	66
日用塑料杂品制造		309			6	93		472	472	66
其他塑料制品制造		1174						177	177	
非金属矿物制品业	46504	212492	324		3360	15563	3848	80902	51651	5882
水泥、石灰和石膏的制造	45954	209090	324		3346	15365	3848	75871	48847	5770
水泥制造	45954	209090	324		3346	15365	3848	75871	48847	5770
水泥及石膏制品制造		3503				7		1919	64	
其他水泥制品制造		3503				7		1919	64	
砖瓦、石材及其他建筑材料制造		92			14	191		2740	2740	60
粘土砖瓦及建筑砌块制造		92			14	191		2740	2740	60
玻璃及玻璃制品制造	550	－193						372		52
技术玻璃制品制造	550	－193						372		52
黑色金属冶炼及压延加工业		63798	131	786	－1657	244		17736	15417	1751
炼　钢		46134			－1657	244		11027	11027	1544
钢压延加工		17664	131	786				6709	4390	207
有色金属冶炼及压延加工业	489	4321			2	5	40	3846		353
常用有色金属冶炼		4146						907		7
锑冶炼		4146						907		7
贵金属冶炼		179			2	5	40	2474		346
金冶炼		179			2	5	40	2474		346
有色金属压延加工	489	－4						465		

(续表 3－13)　　单位：千元

项　目	亏损企业亏损总额	利税总额	广告费	研究开发费	劳动、失业保险费	养老保险和医疗保险费	住房公积金和住房补贴	本年应付工资总额	主营业务应付工资总额	本年应付福利费总额
常用有色金属压延加工	489	－4						465		
金属制品业	416	－279						226	226	
结构性金属制品制造	416	－279						226	226	
金属结构制造	416	－279						226	226	
通用设备制造业	250	24041	51	92	59	776		20067	18150	2379
锅炉及原动机制造	250	47	51	92	59	704		1660	1660	232
内燃机及配件制造	250	47	51	92	59	704		1660	1660	232
金属加工机械制造		15353						12358	12358	1786
机床附件制造		15353						12358	12358	1786
轴承、齿轮、传动和驱动部件的制造		3302						1917		249
齿轮、传动和驱动部件制造		3302						1917		249
通用零部件制造及机械修理		3011				72		3027	3027	112
紧固件、弹簧制造		744						2270	2270	
机械零部件加工及设备修理		2267				72		757	757	112
金属铸、锻加工		2328						1105	1105	
钢铁铸件制造		2328						1105	1105	
专用设备制造业		12	108			42		2143	2143	210
农、林、牧、渔专用机械制造		12	108			42		2143	2143	210
拖拉机制造		12	108			42		2143	2143	210
交通运输设备制造业	591	－141	117	3	95	1328		2286	1901	236
汽车制造	549	－488	112		67	931		385		52
汽车修理	549	－488	112		67	931		385		52
船舶及浮动装置制造	42	347	5	3	28	397		1901	1901	184
金属船舶制造		269	5	3				590	590	
非金属船舶制造	42	78			28	397		1311	1311	184
电气机械及器材制造业		4702				67		7808	5460	1087
电线、电缆、光缆及电工器材制造		1902				67		1266		171
电线电缆制造		1616				67		969		136
绝缘制品制造		286						297		35
电池制造		2800						6542	5460	916
仪器仪表及文化、办公用机械制造								2765	2765	
文化、办公用机械制造								2765	2765	
计算器及货币专用设备制造								2765	2765	
工艺品及其他制造业	828	－608	44					17471	17471	
工艺美术品制造	828	－608	44					17471	17471	
天然植物纤维编织工艺品制造	828	－608	44					17471	17471	
电力、燃气及水的生产和供应业	38276	102777	1	984	5212	18680	17259	118673	115632	11512
电力、热力的生产和供应业	34007	103885	1	984	4122	15370	15446	106011	103407	9746
电力生产	3575	47648			1716	5458	3572	24481	21877	3238
水力发电	3575	47648			1716	5458	3572	24481	21877	3238
电力供应	30432	56237	1	984	2406	9912	11874	81530	81530	6508
水的生产和供应业	4269	－1108			1090	3310	1813	12662	12225	1766
自来水的生产和供应	4269	－1108			1090	3310	1813	12662	12225	1766

3-14 规模以上工业企业主要经济指标(九)

单位：千元

项目	主营业务应付福利费总额	本年应交增值税	本年进项税额	本年销项税额	经营活动产生的现金流入	经营活动产生的现金流出	投资活动产生的现金流入
总计	**45665**	**492180**	**970722**	**1478144**	**9546228**	**9311145**	**143435**
一、按登记注册类型分组:							
内资企业	42132	354898	813338	1271549	8701116	8428862	143303
国有企业	10309	54348	88016	136478	910625	879033	29450
中央企业	150	156		156	28305	23287	
地方企业	10159	54192	88016	136322	882320	855746	29450
集体企业	1255	6904	13730	20593	112749	113871	5601
联营企业	46				8337	8421	
国有与集体联营企业	46				8337	8421	
有限责任公司	11529	151057	230630	498955	3826798	3760856	105919
国有独资公司	3426	69606	3377	196588	1659735	1587678	104113
其他有限责任公司	8103	81451	227253	302367	2167063	2173178	1806
股份有限公司	14298	89005	190461	280112	2043464	1866612	1416
私营企业	4695	53584	290501	335411	1799143	1800069	917
私营独资企业	605	13383	94491	102486	460646	454684	805
私营合作企业	246	708	3281	8877	9752	9700	
私营有限责任公司	3739	32288	186964	216836	1267877	1260932	110
私营股份有限公司	105	7205	5765	7212	60868	74753	2
港、澳、台商投资企业	3533	91885	66926	113020	624477	649838	132
合资经营企业(港或澳、台资)	1	1874	1136	1556	37356	31233	
合作经营企业(港或澳、台资)		1080	3406	2958	38505	36588	132
港澳台商独资经营企业	3532	88931	62384	108506	548616	582017	
外商投资企业		45397	90458	93575	220635	232445	
中外合资经营企业		43033	60359	69430	15620	15620	
中外合作经营企业		1714	3731	5557	28554	27138	
外资企业		650	26368	18588	176461	189687	
二、按经济组织类型分组:							
独资企业	15701	164216	284989	386651	2209097	2219292	35856
国有企业	10309	54348	88016	136478	910625	879033	29450
集体企业	1255	6904	13730	20593	112749	113871	5601
私营独资企业	605	13383	94491	102486	460646	454684	805
港澳台商独资经营企业	3532	88931	62384	108506	548616	582017	
外资企业		650	26368	18588	176461	189687	
合作、合伙企业	292	3502	10418	17392	85148	81847	132
国有与集体联营企业	46				8337	8421	
私营合伙企业	246	708	3281	8877	9752	9700	
合作经营企业(港或澳、台资)		1080	3406	2958	38505	36588	132
中外合作经营企业		1714	3731	5557	28554	27138	
股份有限公司	14403	96210	196226	287324	2104332	1941365	1418
股份有限公司(内资)	14298	89005	190461	280112	2043464	1866612	1416

(续表 3－14)　　单位：千元

项　　目	主营业务应付福利费总额	本年应交增值税	本年进项税额	本年销项税额	经营活动产生的现金流入	经营活动产生的现金流出	投资活动产生的现金流入
私营股份有限公司	105	7205	5765	7212	60868	74753	2
有限责任公司	15269	228252	479089	786777	5147651	5068641	106029
国有独资公司	3426	69606	3377	196588	1659735	1587678	104113
私营有限责任公司	3739	32288	186964	216836	1267877	1260932	110
合资经营企业(港或澳、台资)	1	1874	1136	1556	37356	31233	
中外合资经营企业		43033	60359	69430	15620	15620	
其他有限责任公司	8103	81451	227253	302367	2167063	2173178	1806
三、在总计中：亏损企业	13062	74939	235867	297017	1722808	1710735	31630
在总计中：国有控股企业	14837	126120	96344	339291	2664827	2560493	133563
在总计中：农村工业	2095	28956	108387	94380	854813	887447	889
在总计中：轻工业	20652	153354	471491	618809	4413727	4210528	9944
重工业	25013	338826	499231	859335	5132501	5100617	133491
在总计中：大型企业	8956	63235	145919	209154	1320599	1111382	93
中型企业	21673	283775	348500	712479	4595163	4630515	107652
小型企业	15036	145170	476303	556511	3630466	3569248	35690
四、按工业行业大中小类分：							
采矿业	521	13273	12835	24092	111328	130769	26402
黑色金属矿采选业	173	2248	6775	8097	51477	75941	402
其他黑色金属矿采选	173	2248	6775	8097	51477	75941	402
有色金属矿采选业	295	9956	2178	11044	59851	54828	26000
常用有色金属矿采选	145	9800	2178	10888	31546	31541	26000
铅锌矿采选	145	9800	2178	10888	31546	31541	26000
贵金属矿采选	150	156		156	28305	23287	
金矿采选	150	156		156	28305	23287	
非金属矿采选业	53	1069		4951			
土砂石开采	53	1069	3882	4951			
粘土及其他土砂石开采	53	1069	3882	4951			
制造业	33799	380021	903677	1180284	7322285	7168009	12638
农副食品加工业	12850	90712	200462	295562	2267554	2096647	4092
谷物磨制	24	89	3086	5750	35594	33085	
饲料加工	560	66		10	186748	189587	1454
制　糖	12121	89495	189910	281938	1978253	1792486	2636
蔬菜、水果和坚果加工	145	634	2988	3622	25535	24342	
其他农副食品加工		428	4478	4242	41424	57147	2
淀粉及淀粉制品的制造		428	3451	4184	30004	46158	2
豆制品制造			1027	58	11420	10989	
食品制造业	513	2817	5840	8657	65263	57283	1
方便食品制造							
米、面制品制造							
罐头制造					3900	3862	
蔬菜、水果罐头制造					3900	3862	
其他食品制造	513	2817	5840	8657	61363	53421	1

（续表 3－14） 单位：千元

项　目	主营业务应付福利费总额	本年应交增值税	本年进项税额	本年销项税额	经营活动产生的现金流入	经营活动产生的现金流出	投资活动产生的现金流入
冷冻饮品及食用冰制造	513	2817	5840	8657	61363	53421	1
饮料制造业	71	4207	15789	19379	135852	145149	
酒精制造		3004	13938	16941	113823	124943	
酒的制造	71	587	1851	2438	22029	20206	
白酒制造	71	445	1703	2148	16713	15314	
其他酒制造		142	148	290	5316	4892	
软饮料制造		616					
果菜汁及果菜汁饮料制造		616					
纺织业	80	408	3384	2492	20279	30450	
棉、化纤纺织及印染精加工	80				460	438	
棉、化纤纺织加工	80				460	438	
毛纺织和染整精加工		408					
毛染整精加工		408					
丝绢纺织及精加工			3384	2492	19819	30012	
缫丝加工			3384	2492	19819	30012	
纺织服装、鞋、帽制造业	409	9	162	10			
纺织服装制造	409	9	162	10			
皮革、毛皮、羽毛(绒)及其制品业	928	20289	157759	177664	981454	980205	
皮革制品制造		15	946	1096	6450	6305	
皮手套及皮装饰制品制造		15	946	1096	6450	6305	
羽毛(绒)加工及制品制造	928	20274	156813	176568	975004	973900	
羽毛(绒)加工	928	20274	156813	176568	975004	973900	
木材加工及木、竹、藤、棕、草制	1138	7141	20393	25150	233351	217954	132
锯材、木片加工	68	2	424	426	3439	3445	
木片加工	68	2	424	426	3439	3445	
人造板制造	1070	5957	17751	21501	199155	186833	
胶合板制造	445		2857	575			
纤维板制造	625	5957	14894	20926	199155	186833	
竹、藤、棕、草制品制造		1182	2218	3223	30757	27676	132
造纸及纸制品业	2185	14338	45625	57830	502742	479354	4844
造纸	2014	11180	35682	46862	434373	411048	
机制纸及纸板制造	2014	11180	35682	46862	434373	411048	
纸制品制造	171	3158	9943	10968	68369	68306	4844
纸和纸板容器的制造	171	1935	4006	5150	36448	36305	
其他纸制品制造		1223	5937	5818	31921	32001	4844
印刷业和记录媒介的复制	49	77	224	301	1983	1938	
印　刷	49	77	224	301	1983	1938	
书、报、刊印刷	49	77	224	301	1983	1938	
化学原料及化学制品制造业	3353	21546	113381	102877	967277	988467	869
基础化学原料制造	19	12169	59131	44037	313757	343850	6
无机盐制造	19	1340	23927	25267	13246	12435	6
其他基础化学原料制造		10829	35204	18770	300511	331415	

（续表 3－14） 单位：千元

项　目	主营业务应付福利费总额	本年应交增值税	本年进项税额	本年销项税额	经营活动产生的现金流入	经营活动产生的现金流出	投资活动产生的现金流入
肥料制造	2368	2309	4529	6818	309247	309208	765
氮肥制造	490	20			69878	63584	
磷肥制造	1878	2289	4529	6818	238469	244724	765
复混肥料制造					900	900	
农药制造	808	3082	18203	21653	178285	179230	98
化学农药制造	808	3082	18203	21653	178285	179230	98
专用化学产品制造	158	3516	27692	30369	165988	156179	
化学试剂和助剂制造		328	2780	2707	32216	24773	
林产化学产品制造	158	3188	24912	27662	133772	131406	
日用化学产品制造		470	3826				
香料、香精制造		470	3826				
医药制造业	830	14073	17691	31130	273595	263172	875
中药饮片加工		63	747	696	6482	7192	805
中成药制造	670	12354	16701	29014	266466	258311	70
兽用药品制造	160	1656	243	1420	647	－2331	
橡胶制品业	140	1097	638	1129	6795	8085	
橡胶零件制造	140	1097	638	1129	6795	8085	
塑料制品业	312	2180	9000	15291	48761	46468	
塑料板、管、型材的制造		725					
塑料丝、绳及编织品的制造	105	365	2320	2685	20972	20641	
塑料包装箱及容器制造	141	595	2222	7817			
日用塑料制造	66	184	1249	1393	8818	7447	
日用塑料杂品制造	66	184	1249	1393	8818	7447	
其他塑料制品制造		311	3209	3396	18971	18380	
非金属矿物制品业	5753	145570	104173	200110	293505	287206	1397
水泥、石灰和石膏的制造	5693	143836	103205	198944	259994	259512	1397
水泥制造	5693	143836	103205	198944	259994	259512	1397
水泥及石膏制品制造		1454			24231	18415	
其他水泥制品制造		1454			24231	18415	
砖瓦、石材及其他建筑材料制造	60	82			9280	9279	
粘土砖瓦及建筑砌块制造	60	82			9280	9279	
玻璃及玻璃制品制造		198	968	1166			
技术玻璃制品制造		198	968	1166			
黑色金属冶炼及压延加工业	1651	40575	141054	173268	997412	1030411	
炼　钢	1544	31693	84551	116244	708262	741491	
钢压延加工	107	8882	56503	57024	289150	288920	
有色金属冶炼及压延加工业		1068	27375	20982	187193	198150	
常用有色金属冶炼		650	25341	18530	165041	178698	
锑冶炼		650	25341	18530	165041	178698	
贵金属冶炼					22152	19452	
金冶炼					22152	19452	
有色金属压延加工		418	2034	2452			

（续表 3－14）　　　　单位：千元

项　　目	主营业务应付福利费总额	本年应交增值税	本年进项税额	本年销项税额	经营活动产生的现金流入	经营活动产生的现金流出	投资活动产生的现金流入
常用有色金属压延加工		418	2034	2452			
金属制品业		123	690	972	3980	4013	
结构性金属制品制造		123	690	972	3980	4013	
金属结构制造		123	690	972	3980	4013	
通用设备制造业	2379	12305	11283	22281	145190	140878	425
锅炉及原动机制造	232	265	3817	3403	36017	36167	425
内燃机及配件制造	232	265	3817	3403	36017	36167	425
金属加工机械制造	1786	7872	5196	13053	77953	76550	
机床附件制造	1786	7872	5196	13053	77953	76550	
轴承、齿轮、传动和驱动部件的制造	249	1889	891	2780	19700	16811	
齿轮、传动和驱动部件制造	249	1889	891	2780	19700	16811	
通用零部件制造及机械修理	112	1461	1004	2464	11520	11350	
紧固件、弹簧制造		682	360	1042			
机械零部件加工及设备修理	112	779	644	1422	11520	11350	
金属铸、锻加工		818	375	581			
钢铁铸件制造		818	375	581			
专用设备制造业	210		8030	7412	56014	53435	1
农、林、牧、渔专用机械制造	210		8030	7412	56014	53435	1
拖拉机制造	210		8030	7412	56014	53435	1
交通运输设备制造业	184	16	411	328	20630	20557	
汽车制造							
汽车修理							
船舶及浮动装置制造	184	16	411	328	20630	20557	
金属船舶制造		16			20630	20557	
非金属船舶制造	184		411	328			
电气机械及器材制造业	764	1470	14208	15349	59099	64825	2
电线、电缆、光缆及电工器材制造		556	8513	9145	59099	58612	2
电线电缆制造		556	8513	9145	59099	58612	2
绝缘制品制造							
电池制造	764	914	5695	6204		6213	
仪器仪表及文化、办公用机械制造							
文化、办公用机械制造							
计算器及货币专用设备制造							
工艺品及其他制造业			6105	2110	54356	53362	
工艺美术品制造			6105	2110	54356	53362	
天然植物纤维编织工艺品制造			6105	2110	54356	53362	
电力、燃气及水的生产和供应业	11345	98886	54210	273768	2112615	2012367	104395
电力、热力的生产和供应业	9579	96118	54179	272127	2060512	1969115	104395
电力生产	3071	31054	160	30648	241726	149476	938
水力发电	3071	31054	160	30648	241726	149476	938
电力供应	6508	65064	54019	241479	1818786	1819639	103457
水的生产和供应业	1766	2768	31	1641	52103	43252	
自来水的生产和供应	1766	2768	31	1641	52103	43252	

3－15 规模以上工业企业主要经济指标(十)

单位:千元

项　目	筹资活动产生的现金流入	筹资活动产生的现金流出	全部从业人员年平均人数(人)	补充资料			
				排污费	差旅费	工会费	工业增加值(当年价格,含利息)
总　计	**1758573**	**1380059**	**43129**	**10345**	**21182**	**5676**	**4391971**
一、按登记注册类型分组:							
内资企业	1579853	1310333	34917	9120	19150	5675	3540561
国有企业	115225	100522	8690	677	2907	1442	328215
中央企业	2000	2040	138	45	124	56	482
地方企业	113225	98482	8552	632	2783	1386	327733
集体企业	9770	2978	1689	382	182	80	58903
联营企业			23	2	47		343
国有与集体联营企业			23	2	47		343
有限责任公司	465498	203852	8281	1147	8694	2287	1008593
国有独资公司	295940	46491	1062		3842	1223	297165
其他有限责任公司	169558	157361	7219	1147	4852	1064	711428
股份有限公司	789421	859686	6985	5932	1680	1517	662381
私营企业	199939	143295	9249	980	5640	349	1482126
私营独资企业	16643	12881	1759	82	856	17	248883
私营合作企业			395	20	100	3	23174
私营有限责任公司	163146	121548	6079	839	4509	257	1187809
私营股份有限公司	20150	8866	1016	39	175	72	22260
港、澳、台商投资企业	160746	69361	4403	662	1451	1	419961
合资经营企业(港或澳、台资)		4033	489		427		47187
合作经营企业(港或澳、台资)	1938	1642	707		20	1	9900
港澳台商独资经营企业	158808	63686	3207	662	1004		362874
外商投资企业	17974	365	3809	563	581		431449
中外合资经营企业			1746	400	448		299996
中外合作经营企业			1895	163	133		38993
外资企业	17974	365	168				92460
二、按经济组织类型分组:							
独资企业	318420	180432	15513	1803	4949	1539	1091335
国有企业	115225	100522	8690	677	2907	1442	328215
集体企业	9770	2978	1689	382	182	80	58903
私营独资企业	16643	12881	1759	82	856	17	248883
港澳台商独资经营企业	158808	63686	3207	662	1004		362874
外资企业	17974	365	168				92460
合作、合伙企业	1938	1642	3020	185	300	4	72410
国有与集体联营企业			23	2	47		343
私营合伙企业			395	20	100	3	23174
合作经营企业(港或澳、台资)	1938	1642	707		20	1	9900
中外合作经营企业			1895	163	133		38993
股份有限公司	809571	868552	8001	5971	1855	1589	684641
股份有限公司(内资)	789421	859686	6985	5932	1680	1517	662381

(续表 3-15)　　　　　　　　　　　　　　　　　　　　　　　　单位:千元

项　　目	筹资活动产生的现金流入	筹资活动产生的现金流出	全部从业人员年平均人数(人)	补充资料			
				排污费	差旅费	工会费	工业增加值(当年价格,含利息)
私营股份有限公司	20150	8866	1016	39	175	72	22260
有限责任公司	628644	329433	16595	2386	14078	2544	2543585
国有独资公司	295940	46491	1062		3842	1223	297165
私营有限责任公司	163146	121548	6079	839	4509	257	1187809
合资经营企业(港或澳、台资)		4033	489		427		47187
中外合资经营企业			1746	400	448		299996
其他有限责任公司	169558	157361	7219	1147	4852	1064	711428
三、在总计中:亏损企业	276900	225505	16191	1385	5701	1449	674392
在总计中:国有控股企业	432366	164665	10660	719	7789	2869	662626
在总计中:农村工业	138749	79872	7211	1151	3186	186	489061
在总计中:轻工业	1068077	1089609	19874	7881	7648	2482	1999263
重工业	690496	290450	23255	2464	13534	3194	2392708
在总计中:大型企业	549700	649988	3899	6000	634	1266	416551
中型企业	588919	529896	13869	2318	10880	2916	1985428
小型企业	619954	200175	25361	2027	9668	1494	1989992
四、按工业行业大中小类分:							
采矿业	10000	11226	2038	95	1359	60	69571
黑色金属矿采选业	8000	9186	1133		426		870
其他黑色金属矿采选	8000	9186	1133		426		870
有色金属矿采选业	2000	2040	727	95	790	60	59769
常用有色金属矿采选			589	50	666	4	59287
铅锌矿采选			589	50	666	4	59287
贵金属矿采选	2000	2040	138	45	124	56	482
金矿采选	2000	2040	138	45	124	56	482
非金属矿采选业			178		143		8932
土砂石开采			178		143		8932
粘土及其他土砂石开采			178		143		8932
制造业	1427736	1301876	37453	10138	14003	3253	3854258
农副食品加工业	886757	971887	7841	6668	3550	1731	1126923
谷物磨制	5650	7226	169	130	28		51217
饲料加工	880	9650	1727	4	1262	77	544489
制　糖	865727	953371	5564	6479	1379	1648	525356
蔬菜、水果和坚果加工			138	45	857	6	8471
其他农副食品加工	14500	1640	243	10	24		-2610
淀粉及淀粉制品的制造	14500	1640	100	10	24		-610
豆制品制造			143				-2000
食品制造业		3575	827	79	142	80	41506
方便食品制造			383	8	32		7964
米、面制品制造			383	8	32		7964
罐头制造			168	13	92	7	6349
蔬菜、水果罐头制造			168	13	92	7	6349
其他食品制造		3575	276	58	18	73	27193

（续表 3－15）　　单位：千元

项　　目	筹资活动产生的现金流入	筹资活动产生的现金流出	全部从业人员年平均人数（人）	补充资料			
				排污费	差旅费	工会费	工业增加值（当年价格，含利息）
冷冻饮品及食用冰制造		3575	276	58	18	73	27193
饮料制造业	92369	31521	383		710		38887
酒精制造	55369	4111	205				16019
酒的制造	37000	27410	133		710		20373
白酒制造	32000	27410	80		702		18171
其他酒制造	5000		53		8		2202
软饮料制造			45				2495
果菜汁及果菜汁饮料制造			45				2495
纺织业	18001	8206	464		718	35	10918
棉、化纤纺织及印染精加工			68				155
棉、化纤纺织加工			68				155
毛纺织和染整精加工			166				4367
毛染整精加工			166				4367
丝绢纺织及精加工	18001	8206	230		718	35	6396
缫丝加工	18001	8206	230		718	35	6396
纺织服装、鞋、帽制造业			314				3805
纺织服装制造			314				3805
皮革、毛皮、羽毛（绒）及其制品业	25333	25564	903	39	152		349486
皮革制品制造			32				2376
皮手套及皮装饰制品制造			32				2376
羽毛（绒）加工及制品制造	25333	25564	871	39	152		347110
羽毛（绒）加工	25333	25564	871	39	152		347110
木材加工及木、竹、藤、棕、草制	8138	18652	2257	172	320	17	53616
锯材、木片加工		170	61		24		1759
木片加工		170	61		24		1759
人造板制造	8000	18482	716	172	174	17	34374
胶合板制造			292	8	12		7196
纤维板制造	8000	18482	424	164	162	17	27178
竹、藤、棕、草制品制造	138		1480		122		17483
造纸及纸制品业	4368	3300	2546	355	106	237	79263
造　纸			1552	323	32	211	55373
机制纸及纸板制造			1552	323	32	211	55373
纸制品制造	4368	3300	994	32	74	26	23890
纸和纸板容器的制造	4368	3300	143	30	74	26	9181
其他纸制品制造			851	2			14709
印刷业和记录媒介的复制		35	177		1	7	71
印　刷		35	177		1	7	71
书、报、刊印刷		35	177		1	7	71
化学原料及化学制品制造业	184249	118378	3810	1182	2720	405	472335
基础化学原料制造	41411	924	349	139	17		199795
无机盐制造		－200	229	139	17		64556
其他基础化学原料制造	41411	1124	120				135239

（续表 3－15）　　　　单位：千元

项　　目	筹资活动产生的现金流入	筹资活动产生的现金流出	全部从业人员年平均人数(人)	补充资料			
				排污费	差旅费	工会费	工业增加值(当年价格，含利息)
肥料制造	58867	44323	2399	931	438	327	88419
氮肥制造			532	140	23	41	6286
磷肥制造	58867	44323	1569	791	340	286	33071
复混肥料制造			298		75		49062
农药制造	73460	71270	573	87	1688	68	117405
化学农药制造	73460	71270	573	87	1688	68	117405
专用化学产品制造	10511	1861	429	22	452	10	54479
化学试剂和助剂制造	10511	1861	270	22	40		10056
林产化学产品制造			159		412	10	44423
日用化学产品制造			60	3	125		12237
香料、香精制造			60	3	125		12237
医药制造业	31061	34232	962	145	1291	154	222413
中药饮片加工			50	5	8	7	2253
中成药制造	23031	29178	776	90	1068	147	213009
兽用药品制造	8030	5054	136	50	215		7151
橡胶制品业	1757	1	239		9	1	6932
橡胶零件制造	1757	1	239		9	1	6932
塑料制品业	3280	1663	530	2	91		39491
塑料板、管、型材的制造			125				4764
塑料丝、绳及编织品的制造	3280	1663	201	2	91		4337
塑料包装箱及容器制造			145				19345
日用塑料制造			38				811
日用塑料杂品制造			38				811
其他塑料制品制造			21				10234
非金属矿物制品业	81986	38756	9100	692	1440	155	642000
水泥、石灰和石膏的制造	81986	34723	8819	692	1234	148	628003
水泥制造	81986	34723	8819	692	1234	148	628003
水泥及石膏制品制造		4033	89		180		7665
其他水泥制品制造		4033	89		180		7665
砖瓦、石材及其他建筑材料制造			150		14		3777
粘土砖瓦及建筑砌块制造			150		14		3777
玻璃及玻璃制品制造			42		12	7	2555
技术玻璃制品制造			42		12	7	2555
黑色金属冶炼及压延加工业	30000	1207	1294	250	855	221	370071
炼　钢	30000	1207	734	150	555	221	166281
钢压延加工			560	100	300		203790
有色金属冶炼及压延加工业	19474	2212	233	40	140	49	105483
常用有色金属冶炼	17974	365	25				94460
锑冶炼	17974	365	25				94460
贵金属冶炼	1500	1847	160	40	140	49	10056
金冶炼	1500	1847	160	40	140	49	10056
有色金属压延加工			48				967

(续表 3-15)　　　　单位:千元

项目	筹资活动产生的现金流入	筹资活动产生的现金流出	全部从业人员年平均人数(人)	补充资料			
				排污费	差旅费	工会费	工业增加值(当年价格,含利息)
常用有色金属压延加工			48				967
金属制品业			14		11		1540
结构性金属制品制造			14		11		1540
金属结构制造			14		11		1540
通用设备制造业	25565	26738	2011	7	834	49	209323
锅炉及原动机制造	5740	6082	303		118	39	12698
内燃机及配件制造	5740	6082	303		118	39	12698
金属加工机械制造	19721	19923	1170		604	10	176569
机床附件制造	19721	19923	1170		604	10	176569
轴承、齿轮、传动和驱动部件的制造		700	176	7	56		7883
齿轮、传动和驱动部件制造		700	176	7	56		7883
通用零部件制造及机械修理	104	33	247		42		11980
紧固件、弹簧制造			165		0		3205
机械零部件加工及设备修理	104	33	82		42		8775
金属铸、锻加工			115		14		193
钢铁铸件制造			115		14		193
专用设备制造业	9396	11112	173		312		4433
农、林、牧、渔专用机械制造	9396	11112	173		312		4433
拖拉机制造	9396	11112	173		312		4433
交通运输设备制造业			266	27	44	98	9128
汽车制造			59	21	35	72	529
汽车修理			59	21	35	72	529
船舶及浮动装置制造			207	6	9	26	8599
金属船舶制造			98				6224
非金属船舶制造			109	6	9	26	2375
电气机械及器材制造业	4202	3157	690		449	13	45532
电线、电缆、光缆及电工器材制造	4202	3157	120		53	13	33060
电线电缆制造	4202	3157	90		53	13	31425
绝缘制品制造			30				1635
电池制造			570		396		12472
仪器仪表及文化、办公用机械制造			451				250
文化、办公用机械制造			451				250
计算器及货币专用设备制造			451				250
工艺品及其他制造业	1800	1680	1968	480	108	1	20852
工艺美术品制造	1800	1680	1968	480	108	1	20852
天然植物纤维编织工艺品制造	1800	1680	1968	480	108	1	20852
电力、燃气及水的生产和供应业	320837	66957	3638	112	5820	2363	468142
电力、热力的生产和供应业	312587	57348	2914		5593	2126	435835
电力生产	302587	46918	946		993	463	191071
水力发电	302587	46918	946		993	463	191071
电力供应	10000	10430	1968		4600	1663	244764
水的生产和供应业	8250	9609	724	112	227	237	32307
自来水的生产和供应	8250	9609	724	112	227	237	32307

3－16　规模以下工业主要产品产量

产品名称	计量单位	贵港市	港北区	港南区	覃塘区	市直	平南县	桂平市
铁矿石原矿量	吨	6518						6518
硫铁矿石(折含硫35%)	吨	19877	19877					
发电量	万千瓦小时	7537		1602			2670	3265
水电	万千瓦小时	7537		1602			2670	3265
大米	吨	42405	6304	25860	2718		7523	
精制食用植物油	吨	28747	586	5682	990		6912	14577
成品糖	吨	128		128				
配混合饲料	吨	109453	1422	95682			12349	
糖果	吨	595	472				123	
糕点	吨	975				39	936	
饼干	吨	27					27	
方便面	吨	205					205	
乳制品	吨	116					116	
饮料酒	千升	21796	51	1825	915		2044	16961
白酒(折65度,商品量)	千升	21796	51	1825	915		2044	16961
软饮料	吨	9737		9737				
精制茶	吨	871			715		156	
瓶(罐)装饮用水	吨	9737		9737				
纱	吨	5478		4752				726
布	万米	788		35			237	516
棉布	万米	753					237	516
棉混纺布(混纺交织布)	万米	35		35				
服装	万件	3400			6		1412	1982
梭织服装	万件	2303			1		1309	993
西服及西服套装	万件	20					20	
衬衫	万件	55					55	
针织服装	万件	1096			4		103	989
皮鞋	万双	66	26				40	
天然皮革手提包(袋)、背包	万个	23					23	
人造板	立方米	101455	3922	7089	90444			
胶合板	立方米	3922	3922					
纤维板	立方米	97533		7089	90444			
家具	件	245506	3687	1158	14191	4	219253	7213
木质家具	件	241419		1158	14191	4	218853	7213
软体家具(包括床垫、沙发)	件	400					400	
纸浆	吨	289					289	
机制纸及纸板	吨	5340		1430			867	3043

(续表 3－16)

产品名称	计量单位	贵港市	港北区	港南区	覃塘区	市直	平南县	桂平市
纸制品	吨	1885745		1882950			2795	
瓦楞纸箱(纸箱)	吨	700					700	
本册	万本	375	125				250	
硫酸(折 100%)	吨	83842		83842				
碳酸钠(纯碱)	吨	701				701		
农用氮、磷、钾化学肥料总计(折纯)	吨	41668		25682			7200	8786
磷肥(折合 P2O5100%)	吨	41668		25682			7200	8786
建筑涂料	吨	421					421	
初级形态的塑料(塑料树脂及共聚物)	吨	7980		7980				
合成橡胶	吨	3816		3816				
中成药	吨	6496		795			871	4830
塑料制品	吨	194190	1290	185016		579	5350	1955
塑料薄膜	吨	2933	248	2685				
塑料板、片及类似型材(塑料型材含板片材	吨	151720		151720				
塑料制管子及其附件	吨	4380					4380	
塑料编织袋	吨	6180	1042	5138				
塑料包装箱及容器	吨	15				15		
日用塑料制品	吨	28962		25473		564	970	1955
水泥	吨	127807		52807				75000
商品混凝土	立方米	181543			181543			
水泥混凝土桩(水泥预制管桩)	米	7958			7958			
砖(折标准砖)	万块	205169	3581	41967	6520	1680	113570	37851
瓦	万片	4022					890	3132
天然大理石建筑板材(大理石板材)	平方米	3143					3143	
日用陶瓷	万件	159					159	
生铁	吨	58086		586				57500
粗钢	吨	12200		12200				
钢材	吨	99008		99008				
盘条(线材)	吨	98658		98658				
特厚板	吨	350		350				
采矿设备(矿山设备)	吨	394		394				
民用钢质船舶	总吨	49360		42860		6500		
灯具及照明装置	套(台、个	52310					52310	
集成电路	万块	230		230				
锰矿石成品矿	吨	405					405	
松香	吨	3258		2458			800	
饮料酒	吨	26581	56	2033	1019		4578	18895
白酒(折 65 度,商品量)	吨	26581	56	2033	1019		4578	18895

3－17　分县规模以下工业主要经济指标

单位：万元

	规模以下工业					规模以下工业法人企业								
	工业总产值	工业总产值增长速度(%)	工业增加值(当年价格)	工业增加值(可比价格)	工业增加值增长速度(%)	工业总产值	工业增加值	固定资产原价	固定资产本年折旧	主营业务税金及附加	费用合计	营业利润	劳动、失业保险费	全部从业人员劳动报酬
贵港市	1162916	22.2	371137	356863	17.5	359114	107777	150989	7683	11447	21025	34194	1655	30600
港北区	128857	24.5	45641	43886	19.8	28180	10297	11999	670	1025	1769	3990	65	2768
港南区	193341	20.7	69178	66517	16.1	72102	24452	34352	2064	1697	2327	8079	672	5004
覃塘区	125383	23.9	46892	45088	19.1	3441	1527	2064	123	51	368	512		608
市　直	2360	20.0	772	741	－16.7	2076	670	774	21	32	121	267	19	151
平南县	305329	24.6	94458	90825	19.8	135076	35833	56345	1812	4228	9802	8111	490	12033
桂平市	399430	17.6	111972	107665	13.1	110023	34998	45455	2993	4414	6638	13235	409	10036

(续表3－48)

	个体工业								附营工业	
	工业总产值	工业增加值	营业收入	营业支出	生产经营直接成本支出	缴纳税费	生产经营用固定资产原价	雇员报酬	工业总产值	工业增加值
贵港市	800867	262510	796006	601705	491607	15012	185714	40005	2935	850
港北区	100677	35344	100677	70655	54079	2074	17311	3217		
港南区	121239	44726	121239	82474	70591	1592	32444	3708		
覃塘区	121542	45222	121542	84331	70548	1262	59510	6296	400	143
市　直									284	102
平南县	169058	58364	164197	123658	89849	4578	13887	8162	1195	261
桂平市	288351	76630	288351	240587	206540	5506	62562	18622	1056	344

四、固定资产投资

4-1 全社会固定资产投资对比情况表

项　　目	计量单位	2006年		2005年		2006年—2005年		2006年比2005年增减(%)	
		本年完成	#建筑工程	本年完成	#建筑工程	本年完成	#建筑工程	本年完成	#建筑工程
全社会固定资产投资	万元	1495729	833787	1294333	889708	201396	-55921	15.6	-6.3
一、城镇投资	万元	1138790	581911	913921	584555	224869	-2644	24.6	-0.5
1.基本建设	万元	689114	328173	404986	288754	284128	39419	70.2	13.7
2.更新改造	万元	139608	60196	208802	94545	-69194	-34349	-33.1	-36.3
3.其他投资	万元	93241	32213	131717	85844	-38476	-53631	-29.2	-62.5
4.房地产	万元	204547	155664	168416	115412	36131	40252	21.5	34.9
5.城镇工矿区私人建房(50万元以上)		12280	5665	0	0	12280	5665	0.0	0.0
二、农村投资	万元	349939	245235	366726	293883	-16787	-48648	-4.6	-16.6
6.非农户投资	万元	178864	74160	158997	86154	19867	-11994	12.5	-13.9
7.城乡私人建房	万元	171075	171075	207729	207729	-36654	-36654	-17.6	-17.6
三、零星投资	万元	7000	6641	13686	11270	-6686	-4629	-48.9	-41.1
附记:									
商品房销售建筑面积	平方米	907947	0	805503	0	102444	0	12.7	0.0

4－2 城镇50万元以上投资综合表

项　目	计量单位	总　计	基本建设	更新改造	其他投资	工矿区私人建房
一.计划总投资	万元	2504226	1525831	797834	168281	12280
#地方	万元	2463784	1503147	780076	168281	12280
#本年新开工项目	万元	1094177	596282	421550	64065	12280
#地方	万元	1068703	573862	418496	64065	12280
自开始建设至本年底累计完成投资	万元	1492419	975069	374700	130370	12280
#地方	万元	1463447	961386	359411	130370	12280
本年计划投资	万元	1602516	866723	588674	134839	12280
#地方	万元	1575488	850133	578236	134839	12280
二.自年初累计完成投资	万元	934243	689114	139608	93241	12280
#地方	万元	910569	675555	129493	93241	12280
#本月完成投资	万元	118311	94988	9766	13557	0
#地方	万元	115956	94667	7732	13557	0
#500万元以下项目投资	万元	84338	59909	10192	7777	6460
#地方	万元	84048	59619	10192	7777	6460
#国有控股	万元	549241	471988	37060	40193	0
#地方	万元	525567	458429	26945	40193	0
#住宅	万元	26473	18491	642	1000	6340
#经济使用房	万元					
1、按经济类型分:						
内资企业	万元	814369	654049	62990	90331	6999
国有企业	万元	193658	150397	16268	26993	0
集体企业	万元	6747	3640	635	2472	0
股份合作企业	万元	10770	7100	0	3670	0
联营企业	万元	13400	12950	450	0	0
国有联营企业	万元	12000	12000	0	0	0
集体联营企业	万元	450	0	450	0	0
国有与集体联营企业	万元					
其他联营企业	万元	950	950	0	0	0
有限责任公司	万元	385317	357586	20325	7406	0
国有独资公司	万元	304037	291105	12932	0	0
其他有限责任公司	万元	81280	66481	7393	7406	0
股份有限公司	万元	41741	14904	6957	19880	0
私营企业	万元	87451	51542	16970	18939	0
其他企业	万元	75285	55930	1385	10971	6999
港、澳、台商投资企业	万元	86358	12020	74338	0	0
合资经营企业(港或澳、台资)	万元	8875	4500	4375	0	0
合作经营企业(港或澳、台资)	万元	430	430	0	0	0
港、澳、台商独资经营企业	万元	76253	7090	69163	0	0
港、澳、台商投资股份有限公司	万元	800	0	800	0	0
外商投资企业	万元	10644	7454	550	2640	0
中外合资经营企业	万元	5154	5154	0	0	0
中外合作经营企业	万元					
外资企业	万元	2850	2300	550	0	0

(续表4－2)

项目	计量单位	总计	基本建设	更新改造	其他投资	工矿区私人建房
外商投资股份有限公司	万元	2640	0	0	2640	0
个体经营	万元	22872	15591	1730	270	5281
个体户	万元	13222	10941	1730	270	281
个人合伙	万元	9650	4650	0	0	5000
2、按建设性质分：						
⑴新建	万元	678804	588685	43433	34406	12280
⑵扩建	万元	155910	84147	65652	6111	0
⑶改建	万元	48883	16002	22293	10588	0
3、按构成分：						
#⑴建筑工程	万元	322482	238731	49917	29111	4723
⑵安装工程	万元	103765	89442	10279	3102	942
⑶设备、工具、器具购置	万元	390963	266750	70384	51043	2786
#用于更新设备	万元	12745	3170	9090	485	0
⑷其他费用	万元	117033	94191	9028	9985	3829
4、按国民经济行业分：						
A.农、林、牧、渔业	万元	11941	9266	0	2675	0
农业	万元	1772	1772	0	0	0
林业	万元	2749	874	0	1875	0
畜牧业	万元	7200	6400	0	800	0
渔业	万元					
农、林、牧、渔服务业	万元	220	220	0	0	0
B.采矿业	万元	19676	18068	0	1608	0
煤炭开采和洗选业	万元					
石油和天然气开采业	万元					
黑色金属矿采选业	万元	10345	10345	0	0	0
有色金属矿采选业	万元	6047	6047	0	0	0
非金属矿采选业	万元	3284	1676	0	1608	0
其他采矿业	万元					
C.制造业	万元	257890	125106	101308	31476	0
农副食品加工业	万元	15504	10266	3938	1300	0
#制糖业	万元	1065	0	1065	0	0
食品制造业	万元	4015	3560	455	0	0
饮料制造业	万元	18780	18630	0	150	0
烟草制品业	万元					
纺织业	万元	5011	3813	588	610	0
纺织服装、鞋、帽制造业	万元	300	300	0	0	0
皮革、毛皮、羽毛(绒)及其制品业	万元	23860	19560	4080	220	0
木材加工及木、竹、藤、棕、草制品业	万元	13740	9975	100	3665	0
家具制造业	万元	2300	2300	0	0	0
造纸及纸制品业	万元	4970	1500	2660	810	0
印刷业和记录媒介的复制	万元	170	170	0	0	0
文教体育用品制造业	万元	200	50	100	50	0
石油加工、炼焦及核燃料加工业	万元					
化学原料及化学制品制造业	万元	4140	2840	0	1300	0

(续表 4－2)

项　　目	计量单位	总　计	基本建设	更新改造	其他投资	工矿区私人建房
医药制造业	万元	5470	670	3500	1300	0
化学纤维制造业	万元					
橡胶制品业	万元	500	500	0	0	0
塑料制品业	万元	7347	3372	570	3405	0
非金属矿物制品业	万元	95104	6415	81122	7567	0
＃水泥	万元	83125	145	78880	4100	0
黑色金属冶炼及压延加工业	万元	14728	14728	0	0	0
有色金属冶炼及压延加工业	万元	7980	1900	700	5380	0
金属制品业	万元	1886	1380	420	86	0
通用设备制造业	万元	7418	4413	3005	0	0
专用设备制造业	万元	70	0	70	0	0
交通运输设备制造业	万元	4254	4254	0	0	0
电气机械及器材制造业	万元	16930	13930	0	3000	0
通信设备、计算机及其他电子设备制造业	万元	950	0	0	950	0
仪器仪表及文化、办公用机械制造业	万元					
工艺品及其他制造业	万元	2263	580	0	1683	0
废弃资源和废旧材料回收加工业	万元					
D.电力、燃气及水的生产和供应业	万元	333692	315960	15819	1913	0
电力、热力的生产和供应业	万元	322871	307472	13809	1590	0
＃水电	万元	1562	472	0	1090	0
火电	万元	260763	260763	0	0	0
燃气生产和供应业	万元					
水的生产和供应业	万元	10821	8488	2010	323	0
E.建筑业	万元	2200	1900	300	0	0
房屋和土木工程建筑业	万元	1900	1900	0	0	0
建筑安装业	万元	300	0	300	0	0
建筑装饰业	万元					
其他建筑业	万元					
F.交通运输、仓储和邮政业	万元	69491	31639	8530	29322	0
铁路运输业	万元	5000	0	5000	0	0
道路运输业	万元	29109	14307	3530	11272	0
城市公共交通业	万元	1250	0	0	1250	0
水上运输业	万元	30382	16682	0	13700	0
航空运输业	万元					
管道运输业	万元					
装卸搬运和其他运输服务业	万元					
仓储业	万元	3700	600	0	3100	0
邮政业	万元	50	50	0	0	0
G.信息传输、计算机服务和软件业	万元	35318	13055	9026	13237	0
电信和其他信息传输服务业	万元	35246	13055	9026	13165	0
计算机服务业	万元	72	0	0	72	0
软件业	万元					
H.批发和零售业	万元	19530	18450	0	1080	0
批发业	万元	9136	8206	0	930	0

（续表 4－2）

项目	计量单位	总计	基本建设	更新改造	其他投资	工矿区私人建房
零售业	万元	10394	10244	0	150	0
I.住宿和餐饮业	万元	16699	16420	225	54	0
住宿业	万元	3670	3570	100	0	0
餐饮业	万元	13029	12850	125	54	0
J.金融业	万元	340	270	70	0	0
银行业	万元	340	270	70	0	0
证券业	万元					
保险业	万元					
其他金融活动	万元					
K.房地产业	万元	23592	9212	2100	0	12280
房地产业	万元	23592	9212	2100	0	12280
L.租赁和商务服务业	万元	8386	8386	0	0	0
租赁业	万元					
商务服务业	万元	8386	8386	0	0	0
M.科学研究、技术服务和地质勘查业	万元	5325	5325	0	0	0
研究与试验发展	万元					
专业技术服务业	万元	4000	4000	0	0	0
科技交流和推广服务业	万元	1185	1185	0	0	0
地质勘查业	万元	140	140	0	0	0
N.水利、环境和公共设施管理业	万元	48084	41177	568	6339	0
水利管理业	万元	7746	7636	110	0	0
环境管理业	万元	830	372	458	0	0
公共设施管理业	万元	39508	33169	0	6339	0
O.居民服务和其他服务业	万元	150	150	0	0	0
居民服务业	万元					
其他服务业	万元	150	150	0	0	0
P.教育	万元	23355	22423	509	423	0
教育	万元	23355	22423	509	423	0
Q.卫生、社会保障和社会福利业	万元	9038	6859	700	1479	0
卫生	万元	8968	6789	700	1479	0
社会保障业	万元					
社会福利业	万元	70	70	0	0	0
R.文化、体育和娱乐业	万元	4163	2963	0	1200	0
新闻出版业	万元					
广播、电视、电影和音像业	万元	2820	1620	0	1200	0
文化艺术业	万元					
体育	万元					
娱乐业	万元	1343	1343	0	0	0
S.公共管理和社会组织	万元	45373	42485	453	2435	0
中国共产党机关	万元					
国家机构	万元	44168	41280	453	2435	0
人民政协和民主党派	万元					
群众团体、社会团体和宗教组织	万元					
基层群众自治组织	万元	1205	1205	0	0	0

（续表4－2）

项　　目	计量单位	总　计	基本建设	更新改造	其他投资	工矿区私人建房
T.国际组织	万元					
国际组织	万元					
三.本年新增固定资产	万元	481728	249242	139998	80211	12277
＃地方	万元	475534	247811	135235	80211	12277
四、项目个数:						
1.施工项目个数	个	797	548	103	75	71
＃地方	个	786	543	97	75	71
＃500万元以下项目个数	个	503	340	59	35	69
＃地方	个	501	338	59	35	69
＃本年新开工	个	688	464	88	65	71
＃地方	个	682	460	86	65	71
2.全投项目个数	个	570	389	57	53	71
＃地方	个	564	386	54	53	71
五.房屋建筑面积⑴施工面积	平方米	1388351	1177909	83094	63947	63401
＃住宅	平方米	447909	390571	12039	10000	35299
＃经济适用房	平方米					
⑵竣工面积	平方米	747445	568503	54424	61117	63401
＃住宅	平方米	233595	180627	7669	10000	35299
＃经济适用房	平方米					
⑶竣工价值	万元	69236	50148	5480	5479	8129
＃住宅	万元	15677	11276	642	1000	2759
＃经济适用房	万元					
六.规划用地面积	平方米	2488755	1409962	885165	178442	15186
本年实际征用和购置土地面积	平方米	1797173	861763	810165	111776	13469
本年实际征用和购置土地成交价款	万元	28696	21332	3147	908	3309
一.自年初累计资金来源合计	万元	825762	583167	138064	92251	12280
＃引进资金	万元	121450	49589	55428	16433	0
1.上年末结余资金	万元	7204	6690	503	11	0
＃引进资金	万元					
2.本年资金来源小计	万元	818558	576477	137561	92240	12280
⑴国家预算内资金	万元	34744	25770	6149	2825	0
⑵国内贷款	万元	205304	183249	9587	12468	0
＃中行	万元	61037	53420	6842	775	0
工行	万元	68521	66941	0	1580	0
农行	万元	8304	7764	0	540	0
建行	万元	13930	13680	0	250	0
交行	万元	2800	2800	0	0	0
农发	万元	3600	3480	120	0	0
开行	万元	19713	14394	0	5319	0
其他	万元	27399	20770	2625	4004	0
⑶债券	万元					
⑷利用外资	万元	57187	4289	51528	1370	0
＃外商直接投资	万元	45314	2989	41305	1020	0
⑸自筹资金	万元	448908	323306	68395	52207	5000

(续表4－2)

项　　目	计量单位	总　计	基本建设	更新改造	其他投资	工矿区私人建房
中央各部门自筹	万元	1312	1312	0	0	0
省自筹	万元	27884	12062	3822	12000	0
地(市)自筹	万元	15365	15065	0	300	0
县自筹	万元	34740	31164	201	3375	0
企、事业单位自筹	万元	369607	263703	64372	36532	5000
#发行股票	万元					
(6)其他资金来源	万元	72415	39863	1902	23370	7280
#集资	万元	10666	10282	184	200	0
二.本年各项应付、未付款合计	万元	131256	127830	2126	1300	0
#工程款	万元	130710	127642	1768	1300	0
设备款	万元	546	188	358	0	0
＊＊＊＊＊＊#地方项目＊＊＊＊＊						
一.自年初累计资金来源合计	万元	802088	569608	127949	92251	12280
#引进资金	万元	121450	49589	55428	16433	0
1.上年末结余资金	万元	6751	6690	50	11	0
#引进资金	万元					
2.本年资金来源小计	万元	795337	562918	127899	92240	12280
(1)国家预算内资金	万元	34744	25770	6149	2825	0
(2)国内贷款	万元	193304	171249	9587	12468	0
#中行	万元	61037	53420	6842	775	0
工行	万元	66021	64441	0	1580	0
农行	万元	4704	4164	0	540	0
建行	万元	10830	10580	0	250	0
交行	万元					
农发	万元	3600	3480	120	0	0
开行	万元	19713	14394	0	5319	0
其他	万元	27399	20770	2625	4004	0
(3)债券	万元					
(4)利用外资	万元	57187	4289	51528	1370	0
#外商直接投资	万元	45314	2989	41305	1020	0
(5)自筹资金	万元	437827	321887	58733	52207	5000
中央各部门自筹	万元	1312	1312	0	0	0
省自筹	万元	27884	12062	3822	12000	0
地(市)自筹	万元	15365	15065	0	300	0
县自筹	万元	34740	31164	201	3375	0
企、事业单位自筹	万元	358526	262284	54710	36532	5000
#发行股票	万元					
(6)其他资金来源	万元	72275	39723	1902	23370	7280
#集资	万元	10526	10142	184	200	0
二.本年各项应付、未付款合计	万元	131256	127830	2126	1300	0
#工程款	万元	130710	127642	1768	1300	0
设备款	万元	546	188	358	0	0

4-3 非农50万元以上投资综合表

项　　目	计量单位	总　计	基本建设	更新改造	其他投资	工矿区私人建房
一.计划总投资	万元	280457	199883	33626	46948	0
＃地方	万元	279557	199383	33626	46548	0
＃本年新开工项目	万元	207064	140098	32626	34340	0
＃地方	万元	206564	139598	32626	34340	0
自开始建设至本年底累计完成投资	万元	215617	149174	28036	38407	0
＃地方	万元	214717	148674	28036	38007	0
本年计划投资	万元	206672	132326	31056	43290	0
＃地方	万元	206022	131826	31056	43140	0
二.自年初累计完成投资	万元	178864	116171	27416	35277	0
＃地方	万元	178214	115671	27416	35127	0
＃本月完成投资	万元	24118	8852	8715	6551	0
＃地方	万元	24028	8852	8715	6461	0
＃500万元以下项目投资	万元	38021	20620	6535	10866	0
＃地方	万元	37871	20620	6535	10716	0
＃国有控股	万元	12237	2943	245	9049	0
＃地方	万元	11587	2443	245	8899	0
＃住宅	万元	4792	4752	40	0	0
＃经济使用房	万元					
1、按经济类型分：						
内资企业	万元	170000	109285	26041	34674	0
国有企业	万元	11236	2943	180	8113	0
集体企业	万元	7356	2983	0	4373	0
股份合作企业	万元	100	100	0	0	0
联营企业	万元	112	12	0	100	0
国有联营企业	万元					
集体联营企业	万元					
国有与集体联营企业	万元					
其他联营企业	万元	112	12	0	100	0
有限责任公司	万元	16847	11461	2700	2686	0
国有独资公司	万元					
其他有限责任公司	万元	16847	11461	2700	2686	0
股份有限公司	万元	33368	26928	6090	350	0
私营企业	万元	65495	37115	16631	11749	0
其他企业	万元	35486	27743	440	7303	0
港、澳、台商投资企业	万元	884	244	590	50	0
合资经营企业(港或澳、台资)	万元	194	194	0	0	0
合作经营企业(港或澳、台资)	万元					
港、澳、台商独资经营企业	万元	690	50	590	50	0
港、澳、台商投资股份有限公司	万元					
外商投资企业	万元	4080	3630	450	0	0
中外合资经营企业	万元	100	100	0	0	0
中外合作经营企业	万元					
外资企业	万元	3530	3530	0	0	0

（续表 4－3）

项　　目	计量单位	总　计	基本建设	更新改造	其他投资	工矿区私人建房
外商投资股份有限公司	万元	450	0	450	0	0
个体经营	万元	3900	3012	335	553	0
个体户	万元	2505	1617	335	553	0
个人合伙	万元	1395	1395	0	0	0
2、按建设性质分：						
⑴新建	万元	125566	101295	5735	18536	0
⑵扩建	万元	41960	14246	17263	10451	0
⑶改建	万元	4744	590	3868	286	0
3、按构成分：						
#⑴建筑工程	万元	62638	44832	6993	10813	0
⑵安装工程	万元	11522	8433	1988	1101	0
⑶设备、工具、器具购置	万元	71247	38348	15315	17584	0
#用于更新设备	万元	1367	310	787	270	0
⑷其他费用	万元	33457	24558	3120	5779	0
4、按国民经济行业分：						
A.农、林、牧、渔业	万元	6027	920	0	5107	0
农业	万元	50	50	0	0	0
林业	万元	5142	215	0	4927	0
畜牧业	万元	835	655	0	180	0
渔业	万元					
农、林、牧、渔服务业	万元					
B.采矿业	万元	13835	12470	100	1265	0
煤炭开采和洗选业	万元					
石油和天然气开采业	万元					
黑色金属矿采选业	万元	8710	8610	100	0	0
有色金属矿采选业	万元	2600	2600	0	0	0
非金属矿采选业	万元	2525	1260	0	1265	0
其他采矿业	万元					
C.制造业	万元	86601	49522	22045	15034	0
农副食品加工业	万元	8175	8175	0	0	0
#制糖业	万元					
食品制造业	万元	4110	2810	1300	0	0
饮料制造业	万元	6270	560	0	5710	0
烟草制品业	万元					
纺织业	万元	1616	1134	200	282	0
纺织服装、鞋、帽制造业	万元	2380	1260	970	150	0
皮革、毛皮、羽毛(绒)及其制品业	万元	1850	1650	120	80	0
木材加工及木、竹、藤、棕、草制品业	万元	14789	6343	5680	2766	0
家具制造业	万元					
造纸及纸制品业	万元	953	0	153	800	0
印刷业和记录媒介的复制	万元					
文教体育用品制造业	万元					
石油加工、炼焦及核燃料加工业	万元	2300	2300	0	0	0
化学原料及化学制品制造业	万元	11782	6862	4670	250	0

（续表4－3）

项目	计量单位	总计	基本建设	更新改造	其他投资	工矿区私人建房
医药制造业	万元	2550	0	2500	50	0
化学纤维制造业	万元					
橡胶制品业	万元	630	0	500	130	0
塑料制品业	万元	1569	1569	0	0	0
非金属矿物制品业	万元	15555	8059	4280	3216	0
#水泥	万元	455	165	290	0	0
黑色金属冶炼及压延加工业	万元	120	120	0	0	0
有色金属冶炼及压延加工业	万元	600	200	400	0	0
金属制品业	万元	257	160	57	40	0
通用设备制造业	万元	2800	2620	180	0	0
专用设备制造业	万元	1400	1400	0	0	0
交通运输设备制造业	万元					
电气机械及器材制造业	万元	6400	4300	600	1500	0
通信设备、计算机及其他电子设备制造业	万元					
仪器仪表及文化、办公用机械制造业	万元					
工艺品及其他制造业	万元	495	0	435	60	0
废弃资源和废旧材料回收加工业	万元					
D.电力、燃气及水的生产和供应业	万元	10042	8072	370	1600	0
电力、热力的生产和供应业	万元	8725	6975	150	1600	0
#水电	万元	2435	685	150	1600	0
火电	万元					
燃气生产和供应业	万元					
水的生产和供应业	万元	1317	1097	220	0	0
E.建筑业	万元	1796	1466	0	330	0
房屋和土木工程建筑业	万元	1466	1466	0	0	0
建筑安装业	万元	330	0	0	330	0
建筑装饰业	万元					
其他建筑业	万元					
F.交通运输、仓储和邮政业	万元	16207	6035	190	9982	0
铁路运输业	万元					
道路运输业	万元	6653	4828	190	1635	0
城市公共交通业	万元					
水上运输业	万元	9554	1207	0	8347	0
航空运输业	万元					
管道运输业	万元					
装卸搬运和其他运输服务业	万元					
仓储业	万元					
邮政业	万元					
G.信息传输、计算机服务和软件业	万元	426	100	0	326	0
电信和其他信息传输服务业	万元	376	100	0	276	0
计算机服务业	万元	50	0	0	50	0
软件业	万元					
H.批发和零售业	万元	6014	4633	911	470	0
批发业	万元	1680	1680	0	0	0

(续表 4－3)

项　　目	计量单位	总　计	基本建设	更新改造	其他投资	工矿区私人建房
零售业	万元	4334	2953	911	470	0
I.住宿和餐饮业	万元	2150	2050	0	100	0
住宿业	万元	2150	2050	0	100	0
餐饮业	万元					
J.金融业	万元					
银行业	万元					
证券业	万元					
保险业	万元					
其他金融活动	万元					
K.房地产业	万元	16055	16055	0	0	0
房地产业	万元	16055	16055	0	0	0
L.租赁和商务服务业	万元	465	465	0	0	0
租赁业	万元					
商务服务业	万元	465	465	0	0	0
M.科学研究、技术服务和地质勘查业	万元	1903	1903	0	0	0
研究与试验发展	万元					
专业技术服务业	万元	720	720	0	0	0
科技交流和推广服务业	万元	1183	1183	0	0	0
地质勘查业	万元					
N.水利、环境和公共设施管理业	万元	1690	940	400	350	0
水利管理业	万元	1240	940	0	300	0
环境管理业	万元					
公共设施管理业	万元	450	0	400	50	0
O.居民服务和其他服务业	万元	1135	1135	0	0	0
居民服务业	万元					
其他服务业	万元	1135	1135	0	0	0
P.教育	万元	10109	6809	3300	0	0
教育	万元	10109	6809	3300	0	0
Q.卫生、社会保障和社会福利业	万元	1135	1055	0	80	0
卫生	万元	1080	1000	0	80	0
社会保障业	万元					
社会福利业	万元	55	55	0	0	0
R.文化、体育和娱乐业	万元	200	100	100	0	0
新闻出版业	万元					
广播、电视、电影和音像业	万元					
文化艺术业	万元					
体育	万元					
娱乐业	万元	200	100	100	0	0
S.公共管理和社会组织	万元	3074	2441	0	633	0
中国共产党机关	万元					
国家机构	万元	1230	1080	0	150	0
人民政协和民主党派	万元					
群众团体、社会团体和宗教组织	万元					
基层群众自治组织	万元	1844	1361	0	483	0

(续4-3)

项　　目	计量单位	总　计	基本建设	更新改造	其他投资	工矿区私人建房
T.国际组织	万元					
国际组织	万元					
三.本年新增固定资产	万元	131170	75540	24766	30864	0
#地方	万元	130270	75040	24766	30464	0
四、项目个数:						
1.施工项目个数	个	399	227	78	94	0
#地方	个	397	226	78	93	0
#500万元以下项目个数	个	285	153	57	75	0
#地方	个	284	153	57	74	0
#本年新开工	个	353	198	75	80	0
#地方	个	352	197	75	80	0
2.全投项目个数	个	283	157	59	67	0
#地方	个	281	156	59	66	0
五.房屋建筑面积(1)施工面积	平方米	346064	251681	63653	30730	0
#住宅	平方米	48575	47850	725	0	0
#经济适用房	平方米					
(2)竣工面积	平方米	193654	133871	43153	16630	0
#住宅	平方米	46200	46200	0	0	0
#经济适用房	平方米					
(3)竣工价值	万元	18319	12881	4553	885	0
#住宅	万元	4402	4402	0	0	0
#经济适用房	万元					
六.规划用地面积	平方米	278558	235530	16560	26468	0
本年实际征用和购置土地面积	平方米	212902	190174	16560	6168	0
本年实际征用和购置土地成交价款	万元	3175	2363	762	50	0
一.自年初累计资金来源合计	万元	179959	118536	27116	34307	0
#引进资金	万元	25547	22147	1070	2330	0
1.上年末结余资金	万元	2400	2400	0	0	0
#引进资金	万元	1500	1500	0	0	0
2.本年资金来源小计	万元	177559	116136	27116	34307	0
(1)国家预算内资金	万元	1550	982	0	568	0
(2)国内贷款	万元	3860	3250	190	420	0
#中行	万元	1100	1100	0	0	0
工行	万元	500	500	0	0	0
农行	万元					
建行	万元	500	500	0	0	0
交行	万元					
农发	万元					
开行	万元					
其他	万元	1760	1150	190	420	0
(3)债券	万元					
(4)利用外资	万元	7175	5465	880	830	0
#外商直接投资	万元	3720	3030	430	260	0
(5)自筹资金	万元	143080	91893	25246	25941	0

（续4-3）

项　　目	计量单位	总计	基本建设	更新改造	其他投资	工矿区私人建房
中央各部门自筹	万元	67	67	0	0	0
省自筹	万元	465	465	0	0	0
地(市)自筹	万元	560	560	0	0	0
县自筹	万元	2459	1784	215	460	0
企、事业单位自筹	万元	139529	89017	25031	25481	0
#发行股票	万元					
⑹其他资金来源	万元	21894	14546	800	6548	0
#集资	万元	2478	1288	475	715	0
二.本年各项应付、未付款合计	万元	1460	30	300	1130	0
#工程款	万元	960	30	300	630	0
设备款	万元	500	0	0	500	0
******#地方项目*****						
一.自年初累计资金来源合计	万元	179309	118036	27116	34157	0
#引进资金	万元	25547	22147	1070	2330	0
1.上年末结余资金	万元	2400	2400	0	0	0
#引进资金	万元	1500	1500	0	0	0
2.本年资金来源小计	万元	176909	115636	27116	34157	0
⑴国家预算内资金	万元	1550	982	0	568	0
⑵国内贷款	万元	3860	3250	190	420	0
#中行	万元	1100	1100	0	0	0
工行	万元	500	500	0	0	0
农行	万元					
建行	万元	500	500	0	0	0
交行	万元					
农发	万元					
开行	万元					
其他	万元	1760	1150	190	420	0
⑶债券	万元					
⑷利用外资	万元	7175	5465	880	830	0
#外商直接投资	万元	3720	3030	430	260	0
⑸自筹资金	万元	142430	91393	25246	25791	0
中央各部门自筹	万元	67	67	0	0	0
省自筹	万元	465	465	0	0	0
地(市)自筹	万元	560	560	0	0	0
县自筹	万元	2459	1784	215	460	0
企、事业单位自筹	万元	138879	88517	25031	25331	0
#发行股票	万元					
⑹其他资金来源	万元	21894	14546	800	6548	0
#集资	万元	2478	1288	475	715	0
二.本年各项应付、未付款合计	万元	1460	30	300	1130	0
#工程款	万元	960	30	300	630	0
设备款	万元	500	0	0	500	0

4-4 城镇、工矿区和农村私人建房综合表

项　　目	代　码	城镇工矿区乡镇个数（个）	本年竣工房屋建筑面积（平方米）	其中:住宅	本年竣工房屋价值（万元）	其中:住宅	建房户数（户）
总　计	G00	**72**	**3554784**	**3431709**	**171075**	**169337**	**21640**
其中:农业户建房	G01	0	2603974	2517906	115118	114108	17637
1.市	G10	2	533416	533416	39241	39241	2584
其中:农业户建房	G11	0	148065	148065	7057	7057	920
2.县城	G20	1	289950	263300	11253	10988	870
其中:农业户建房	G21	0	65200	65200	3020	3020	175
3.镇	G30	50	2191828	2103710	97672	96551	13852
其中:农业户建房	G31	0	1860094	1782268	82506	81846	12289
4.工矿区	G40						
其中:农业户建房	G41						
5.乡	X01	19	539590	531283	22909	22557	4334
其中:农业户建房	X02	0	530615	522373	22535	22185	4253

4-5 房地产企业财务状况表

项　　目	计量单位	贵港市	港北区	港南区	平南县	桂平市
一、年初存货	万元	82114	59044	6116	766	16188
二、年末资产负债						
流动资产合计	万元	252111	186071	14071	9872	42097
#存货	万元	119132	81806	8914	4549	23863
固定资产原价	万元	26146	7113	220	12819	5994
累计折旧	万元	2386	1182	21	629	554
#本年折旧	万元	709	399	14	89	207
资产总　计	万元	297920	206014	14277	27140	50489
负债合计	万元	188199	133212	13894	10475	30618
所有者权益合计	万元	109721	72802	383	16665	19871
#实收资本	万元	72531	43331	133	14011	15056
国家资本	万元	3222	1600	0	822	800
集体资本	万元	2175	800	0	0	1375
法人资本	万元	16490	10990	100	2000	3400
个人资本	万元	49244	29741	33	11189	8281
港澳台资本	万元	200	200	0	0	0
外商资本	万元	1200	0	0	0	1200
三、损益及分配						
主营业务收入	万元	138847	103167	9134	12563	13983
土地转让收入	万元	5380	1391	0	3899	90
商品房屋销售收入	万元	131447	101519	9134	6993	13801
房屋出租收入	万元	98	6	0	0	92
其他收入	万元	1922	251	0	1671	0
主营业务成本	万元	110542	80719	7805	10412	11606
主营业务税金及附加	万元	8317	6359	542	732	684
主营业务利润	万元	17376	14301	512	1239	1324
其他业务收入	万元	8	8	0	0	0
其他业务利润	万元	16	16	0	0	0
销售费用	万元	2612	1788	275	180	369
管理费用	万元	5156	3198	498	470	990
#税金	万元	204	102	6	2	94
差旅费	万元	393	269	4	16	104
工会经费	万元	26	6	0	0	20
财务费用	万元	2055	1785	85	9	176
#利息支出	万元	1922	1772	71	8	71
营业利润	万元	10181	9334	-71	760	158
投资收益	万元	1818	1818	0	0	0
营业外收入	万元	35	15	11	7	2
营业外支出	万元	168	145	11	7	5
利润总额	万元	11866	11022	-71	760	155
应交所得税	万元	1437	1278	159	0	0
劳动、失业保险费	万元	30	22	2	0	6
住房公积金及住房补贴	万元	4	4	0	0	0
四、工资、福利费						
本年应付工资总额(贷方累计发生额)	万元	2996	1817	352	392	435
本年应付福利费总额(贷方累计发生额)	万元	360	221	16	45	78
五、全部从业人员年平均人数(人)	人	1988	1194	83	375	336

4-6 2005年房地产本年完成投资和资金汇总表

项目	计量单位	贵港市	港北市	港南区	平南县	桂平市
一、计划总投资	万元	886366	465178	33100	113900	274188
#地方企业	万元	886366	465178	33100	113900	274188
自开始建设累计完成投资	万元	493942	326633	17213	45775	104321
#地方企业	万元	493942	326633	17213	45775	104321
本年计划投资	万元	254110	115895	13070	67400	57745
#地方企业	万元	254110	115895	13070	67400	57745
本年房地产开发投资	万元	204547	132044	8808	21700	41995
#地方企业	万元	204547	132044	8808	21700	41995
#本月完成投资	万元	29848	21104	786	6580	1378
#地方企业	万元	29848	21104	786	6580	1378
上年房地产开发投资	万元					
#上年本月完成投资	万元					
#商品房建设投资	万元	165347	115034	5703	4390	40220
土地开发投资	万元	8717	3632	550	4060	475
土地购置费	万元	20730	5343	2407	6000	6980
#国有单位投资	万元	3668	3668	0	0	0
#地方企业	万元	3668	3668	0	0	0
1、按经济类型分:						
内资企业	万元	202677	130174	8808	21700	41995
国有企业	万元	1863	1863	0	0	0
集体企业	万元	7173	2620	0	0	4553
股份合作企业	万元	1886	0	0	0	1886
联营企业	万元					
国有联营企业	万元					
集体联营企业	万元					
国有与集体联营企业	万元					
其他联营企业	万元					
有限责任公司	万元	47683	29082	2629	6600	9372
国有独资公司	万元					
其他有限责任公司	万元	47683	29082	2629	6600	9372
股份有限公司	万元	2890	1060	0	0	1830
私营企业	万元	141182	95549	6179	15100	24354
其他企业	万元					
港、澳、台商投资企业	万元	1870	1870	0	0	0
合资经营企业(港或澳、台资)	万元	1870	1870	0	0	0
合作经营企业(港或澳、台资)	万元					
港、澳、台商独资经营企业	万元					
港、澳、台商投资股份有限公司	万元					
外商投资企业	万元					
中外合资经营企业	万元					
中外合作经营企业	万元					
外资企业	万元					
外商投资股份有限公司	万元					
个体经营	万元					
个体户	万元					
个人合伙	万元					

(续表 4－6)

项　　目	计量单位	贵港市	港北市	港南区	平南县	桂平市
2、按构成分：－－建筑工程	万元	153641	98743	5495	15700	33703
安装工程	万元	2023	2003	10	0	10
设备、工器具购置	万元	9222	8999	40	0	183
其他费用	万元	39661	22299	3263	6000	8099
3、按工程用途分：－－住宅	万元	131448	84692	4810	11100	30846
其中：经济适用房	万元					
办公楼	万元	755	405	0	0	350
商业营业用房	万元	33699	28283	750	1700	2966
其他	万元	38645	18664	3248	8900	7833
新增固定资产	万元	89895	55698	1401	11979	20817
# 地方企业	万元	89895	55698	1401	11979	20817
二、本年购置土地面积	平方米	517371	120083	47897	123677	225714
三、本年土地成交价款	万元	21846	5641	3225	6000	6980
四、完成开发土地面积	平方米	333936	74083	38986	162177	58690
五、自年初累计资金来源合计	万元	227108	150123	11032	20001	45952
# 区外境内资金	万元	18793	400	0	10000	8393
1、上年末结余资金	万元	29659	24817	0	0	4842
# 区外境内资金	万元					
2、本年资金来源小计	万元	197449	125306	11032	20001	41110
(1)国家预算内资金	万元					
(2)国内贷款	万元	23350	16250	2500	0	4600
# 中国银行	万元	1120	0	0	0	1120
工商银行	万元	15000	10300	2500	0	2200
农业银行	万元					
建设银行	万元	5280	4000	0	0	1280
交通银行	万元					
农业发展银行	万元					
开发银行	万元					
其他金融机构	万元	1950	1950	0	0	0
(3)债券	万元					
(4)利用外资	万元					
# 外商直接投资	万元					
对外借款	万元					
# 统借统还	万元					
(5)自筹资金	万元	85626	38103	8532	17248	21743
# 自有资金	万元	38417	11045	4962	16548	5862
(6)其他资金来源	万元	88473	70953	0	2753	14767
# 集资	万元					
定金及预付款	万元	35184	26158	0	2753	6273
六、本年各项应付、未付款合计	万元	7472	4958	0	1699	815
# 工程款	万元	7472	4958	0	1699	815
设备款	万元					
七、地方企业：自年初累计资金来源合计	万元	227108	150123	11032	20001	45952
# 区外境内资金	万元	18793	400	0	10000	8393
1、上年末结余资金	万元	29659	24817	0	0	4842
# 区外境内资金	万元					

(续表 4－6)

项　　目	计量单位	贵港市	港北市	港南区	平南县	桂平市
2、本年资金来源小计	万元	197449	125306	11032	20001	41110
(1)国家预算内资金	万元					
(2)国内贷款	万元	23350	16250	2500	0	4600
#中国银行	万元	1120	0	0	0	1120
工商银行	万元	15000	10300	2500	0	2200
农业银行	万元					
建设银行	万元	5280	4000	0	0	1280
交通银行	万元					
农业发展银行	万元					
开发银行	万元					
其他金融机构	万元	1950	1950	0	0	0
(3)债券	万元					
(4)利用外资	万元					
#外商直接投资	万元					
对外借款	万元					
#统借统还	万元					
(5)自筹资金	万元	85626	38103	8532	17248	21743
#自有资金	万元	38417	11045	4962	16548	5862
(6)其他资金来源	万元	88473	70953	0	2753	14767
#集资	万元					
定金及预付款	万元	35184	26158	0	2753	6273
八、本年各项应付、未付款合计	万元	7472	4958	0	1699	815
#工程款	万元	7472	4958	0	1699	815
设备款	万元					

4-7 房地产本年施工、销售面积汇总表

项　　目	计量单位	按用途分合计：	住　宅				办公楼	商业营业用房	其　他	#90平方米以下住房
				普通住房	经　济适应房	别墅、高档公寓				
房屋施工面积	平方米	2587727	1541809	0	0	0	107932	885496	52490	259521
#新开工面积	平方米	970637	816529	0	0	0	0	143918	10190	173947
房屋竣工面积	平方米	754707	593493	0	0	0	8000	151914	1300	110646
#不可销售面积	平方米	13150	1669	0	0	0	0	11481	0	1139
商品住宅竣工套数	套	0	5343	0	0	0	0	0	0	1596
竣工房屋价值	万元	73034	56381	0	0	0	963	15390	300	10790
出租房屋面积	平方米	24300	700	0	0	0	1400	22200	0	0
商品房销售面积	平方米	907947	716854	0	0	0	3500	187393	200	119661
#现房销售面积	平方米	368821	295047	0	0	0	0	73774	0	84236
期房销售面积	平方米	539126	421807	0	0	0	3500	113619	200	35425
商品房销售额	万元	159039	111230	0	0	0	358	47351	100	17551
#现房销售额	万元	63397	43961	0	0	0	0	19436	0	11619
期房销售额	万元	95642	67269	0	0	0	358	27915	100	5932
商品住宅销售套数	套	0	6403	0	0	0	0	0	0	1689
#现房销售套数	套	0	2697	0	0	0	0	0	0	1253
期房销售套数	套	0	3706	0	0	0	0	0	0	436
现房平均销售价格(宣传价格)	元/平方米	1719	1490	0	0	0	0	2635	0	1379
期房平均销售价格(宣传价格)	元/平方米	1774	1595	0	0	0	1023	2457	5000	1675
空置面积	平方米	111917	82172	0	0	0	3100	26645	0	0
#空置1-3年(含1年)	平方米	35200	22095	0	0	0	0	13105	0	0
空置3年以上(含3年)	平方米									

4-8 建筑业企业生产情况表

项　　目	企业个数	其中:有工作量的企业个数	一、建筑业合同情况			二、承包工程完成情况		
			签订的合同额	1.上年结转合同额	2.本年新签合同额	1.直接从建设单位承揽工程完成的产值	(1)自行完成施工产值	(2)分包出去工程的产值
总　计	**45**	**40**	**2279148**	**740253**	**1538895**	**1442414**	**1442414**	**0**
其中:国有及国有控股企业	9	9	754385	263824	490561	448687	448687	0
一、按登记注册类型分组								
内资企业	45	40	2279148	740253	1538895	1442414	1442414	0
国有企业	7	7	686628	252621	434007	419867	419867	0
集体企业	19	17	845697	292445	553252	508211	508211	0
股份合作企业	0	0	0	0	0	0	0	0
联营企业	1	0	0	0	0	0	0	0
国有联营企业	0	0	0	0	0	0	0	0
集体联营企业	0	0	0	0	0	0	0	0
国有与集体联营企业	1	0	0	0	0	0	0	0
其他联营企业	0	0	0	0	0	0	0	0
有限责任公司	8	8	424819	117159	307660	294358	294358	0
国有独资公司	0	0	0	0	0	0	0	0
其他有限责任公司	8	8	424819	117159	307660	294358	294358	0
股份有限公司	3	2	84177	31063	53114	45001	45001	0
私营企业	6	5	205320	32714	172606	150606	150606	0
私营独资企业	1	1	19669	5600	14069	6510	6510	0
私营合伙企业	0	0	0	0	0	0	0	0
私营有限责任公司	5	4	185651	27114	158537	144096	144096	0
私营股份有限公司	0	0	0	0	0	0	0	0
其他企业	1	1	32507	14251	18256	24371	24371	0
港、澳、台商投资企业	0	0	0	0	0	0	0	0
合资经营企业(港或澳、台资)	0	0	0	0	0	0	0	0
合资经营企业(港或澳、台资)	0	0	0	0	0	0	0	0
港、澳、台商独资经营企业	0	0	0	0	0	0	0	0
港、澳、台商投资股份有限公司	0	0	0	0	0	0	0	0
外商投资企业	0	0	0	0	0	0	0	0
中外合资经营企业	0	0	0	0	0	0	0	0
中外合作经营企业	0	0	0	0	0	0	0	0
外资企业	0	0	0	0	0	0	0	0
外商投资股份有限公司	0	0	0	0	0	0	0	0
二、按国民经济行业分组								
房屋和土木工程建筑业	37	34	2204661	733454	1471207	1381099	1381099	0
房屋工程建筑	26	25	1690893	578774	1112119	1030451	1030451	0
土木工程建筑	11	9	513768	154680	359088	350648	350648	0
铁路道路隧道和桥梁工程	4	4	266679	99769	166910	187612	187612	0
水利和港口工程建筑	3	2	29814	3952	25862	19074	19074	0
工矿工程建筑	0	0	0	0	0	0	0	0
架线和管道工程建筑	2	2	45475	14159	31316	29144	29144	0
其他土木工程建筑	2	1	171800	36800	135000	114818	114818	0

（续表4－8）

项目	企业个数	其中:有工作量的企业个数	一、建筑业合同情况 签订的合同额	1.上年结转合同额	2.本年新签合同额	二、承包工程完成情况 1.直接从建设单位承揽工程完成的产值	(1)自行完成施工产值	(2)分包出去工程的产值
建筑安装业	3	2	50386	4601	45785	38482	38482	0
建筑装饰业	1	1	1264	0	1264	466	466	0
其它建筑业	4	3	22837	2198	20639	22367	22367	0
工程准备	2	2	18637	1198	17439	18367	18367	0
提供工程设备服务	0	0	0	0	0	0	0	0
其它未列明的建筑活动	2	1	4200	1000	3200	4000	4000	0
三、按隶属关系分组								
中央	0	0	0	0	0	0	0	0
地方	45	40	2279148	740253	1538895	1442414	1442414	0
省(自治区、直辖市)	4	3	22837	2198	20639	22367	22367	0
地(区、市、州、盟)	15	14	1351368	533166	818202	751855	751855	0
县(区、市、旗)及县以下	26	23	904943	204889	700054	668192	668192	0
四、按企业资质等级分组								
施工总承包	40	37	2196270	730274	1465996	1376521	1376521	0
特级	0	0	0	0	0	0	0	0
一级	1	1	526520	210050	316470	295500	295500	0
二级	9	9	766341	308238	458103	495617	495617	0
三级及以下	30	27	903409	211986	691423	585404	585404	0
专业承包	5	3	82878	9979	72899	65893	65893	0
一级	0	0	0	0	0	0	0	0
二级	1	1	15520	0	15520	15350	15350	0
三级及以下	4	2	67358	9979	57379	50543	50543	0
五、按地区分								
贵港市	45	40	2279148	740253	1538895	1442414	1442414	0
港北区	21	20	1592028	567079	1024949	937956	937956	0
港南区	10	8	170630	42927	127703	131630	131630	0
覃塘区	2	2	33545	7559	25986	20681	20681	0
平南县	7	5	201859	42156	159703	153286	153286	0
桂平市	5	5	281086	80532	200554	198861	198861	0
六、按营业状态分								
营业	39	39	2277884	740253	1537631	1441948	1441948	0
停业(歇业)	6	1	1264	0	1264	466	466	0
筹建	0	0	0	0	0	0	0	0
当年关闭	0	0	0	0	0	0	0	0
当年破产	0	0	0	0	0	0	0	0
其它	0	0	0	0	0	0	0	0
七、按控股情况分								
国有控股	9	9	754385	263824	490561	448687	448687	0
集体控股	24	20	1123854	399546	724308	712700	712700	0
私人控股	12	11	400909	76883	324026	281027	281027	0
港澳台商控股	0	0	0	0	0	0	0	0
外商控股	0	0	0	0	0	0	0	0

(续表 4－8)

项　　目	2.从建设单位以外承揽工程完成的产值	三、建筑业总产值	其中:装饰装修产值	其中:在外省完成的产值	1.建筑工程产值	2.安装工程产值	3.其他产值	四、竣工产值
总　计	**40207**	**1482621**	**36744**	**0**	**1326729**	**118521**	**37371**	**1241136**
其中:国有及国有控股企业	12820	461507	0	0	434871	26636	0	394784
一、按登记注册类型分组								
内资企业	40207	1482621	36744	0	1326729	118521	37371	1241136
国有企业	12820	432687	0	0	426359	6328	0	373739
集体企业	15073	523284	30812	0	496672	16366	10246	402082
股份合作企业	0	0	0	0	0	0	0	0
联营企业	0	0	0	0	0	0	0	0
国有联营企业	0	0	0	0	0	0	0	0
集体联营企业	0	0	0	0	0	0	0	0
国有与集体联营企业	0	0	0	0	0	0	0	0
其他联营企业	0	0	0	0	0	0	0	0
有限责任公司	9000	303358	0	0	229153	59543	14662	294883
国有独资公司	0	0	0	0	0	0	0	0
其他有限责任公司	9000	303358	0	0	229153	59543	14662	294883
股份有限公司	0	45001	0	0	42715	2286	0	45001
私营企业	798	151404	0	0	110902	28039	12463	98544
私营独资企业	0	6510	0	0	6510	0	0	5200
私营合伙企业	0	0	0	0	0	0	0	0
私营有限责任公司	798	144894	0	0	104392	28039	12463	93344
私营股份有限公司	0	0	0	0	0	0	0	0
其他企业	2516	26887	5932	0	20928	5959	0	26887
港、澳、台商投资企业	0	0	0	0	0	0	0	0
合资经营企业(港或澳、台资)	0	0	0	0	0	0	0	0
合资经营企业(港或澳、台资)	0	0	0	0	0	0	0	0
港、澳、台商独资经营企业	0	0	0	0	0	0	0	0
港、澳、台商投资股份有限公司	0	0	0	0	0	0	0	0
外商投资企业	0	0	0	0	0	0	0	0
中外合资经营企业	0	0	0	0	0	0	0	0
中外合作经营企业	0	0	0	0	0	0	0	0
外资企业	0	0	0	0	0	0	0	0
外商投资股份有限公司	0	0	0	0	0	0	0	0
二、按国民经济行业分组								
房屋和土木工程建筑业	30409	1411508	36744	0	1303098	71039	37371	1170823
房屋工程建筑	17589	1048040	36744	0	966266	44403	37371	859518
土木工程建筑	12820	363468	0	0	336832	26636	0	311305
铁路道路隧道和桥梁工程	1400	189012	0	0	189012	0	0	157105
水利和港口工程建筑	0	19074	0	0	19074	0	0	19074
工矿工程建筑	0	0	0	0	0	0	0	0
架线和管道工程建筑	11420	40564	0	0	13928	26636	0	20308
其他土木工程建筑	0	114818	0	0	114818	0	0	114818
建筑安装业	9000	47482	0	0	0	47482	0	47482

（续表 4－8）

项　　目	2.从建设单位以外承揽工程完成的产值	三、建筑业总产值	其中：装饰装修产值	其中：在外省完成的产值	1.建筑工程产值	2.安装工程产值	3.其他产值	四、竣工产值
建筑装饰业	798	1264	9	0	1264	0	0	0
其它建筑业	0	22367	0	0	22367	0	0	21567
工程设备	0	18367	0	0	18367	0	0	17567
提供工程设备服务	0	0	0	0	0	0	0	0
其它未列明的建筑活动	0	4000	0	0	4000	0	0	4000
三、按隶属关系分组								
中央	0	0	0	0	0	0	0	0
地方	40207	1482621	36744	0	1326729	118521	37371	1241136
省（自治区、直辖市）	0	22367	0	0	22367	0	0	21567
地（区、市、州、盟）	27893	779748	23372	0	733137	43279	3332	682897
县（区、市、旗）及县以下	12314	680506	13372	0	571225	75242	34039	536672
四、按企业资质等级分组								
施工总承包	31207	1407728	36744	0	1311379	58978	37371	1166243
特级	0	0	0	0	0	0	0	0
一级	0	295500	0	0	295500	0	0	281740
二级	1400	497017	28740	0	490987	0	6030	359225
三级及以下	29807	615211	8004	0	524892	58978	31341	525278
专业承包	9000	74893	0	0	15350	59543	0	74893
一级	0	0	0	0	0	0	0	0
二级	0	15350	0	0	15350	0	0	15350
三级及以下	9000	59543	0	0	0	59543	0	59543
五、按地区分								
贵港市	40207	1482621	36744	0	1326729	118521	37371	1241136
港北区	37691	975647	23372	0	857546	102306	15795	826446
港南区	0	131630	0	0	123330	8300	0	112908
覃塘区	0	20681	0	0	17841	1956	884	19091
平南县	2516	155802	13372	0	129151	5959	20692	136522
桂平市	0	198861	0	0	198861	0	0	146169
六、按营业状态分								
营业	39409	1481357	36744	0	1325465	118521	37371	1239872
停业（歇业）	798	1264	0	0	1264	0	0	1264
筹建	0	0	0	0	0	0	0	0
当年关闭	0	0	0	0	0	0	0	0
当年破产	0	0	0	0	0	0	0	0
其它	0	0	0	0	0	0	0	0
七、按控股情况分								
国有控股	12820	461507	0	0	434871	26636	0	394784
集体控股	17589	730289	36744	0	697718	22325	10246	609087
私人控股	9798	290825	0	0	194140	69560	27125	237265
港澳台商控股	0	0	0	0	0	0	0	0
外商控股	0	0	0	0	0	0	0	0

（续表4－8）

项　　目	五、房屋建筑施工面积	其中:本年新开工面积	其中:实行投标承包面积	其中:本年新开工	六、年末自有施工机械设备 净值	总台数	总功率	计算劳动生产率的平均人数
总　计	**2427066**	**1720687**	**1898966**	**1283262**	**181205**	**15570**	**301813**	**16356**
其中:国有及国有控股企业	552457	380384	539190	367117	32505	2248	31120	3443
一、按登记注册类型分组								
内资企业	2427066	1720687	1898966	1283262	181205	15570	301813	16356
国有企业	552457	380384	539190	367117	31899	2088	30294	2745
集体企业	1081942	771836	864210	629253	83051	9486	225135	7466
股份合作企业	0	0	0	0	0	0	0	0
联营企业	0	0	0	0	0	0	0	0
国有联营企业	0	0	0	0	0	0	0	0
集体联营企业	0	0	0	0	0	0	0	0
国有与集体联营企业	0	0	0	0	0	0	0	0
其他联营企业	0	0	0	0	0	0	0	0
有限责任公司	176514	174064	27514	25064	15468	738	21255	2565
国有独资公司	0	0	0	0	0	0	0	0
其他有限责任公司	176514	174064	27514	25064	15468	738	21255	2565
股份有限公司	106166	77972	101599	77972	11463	738	2717	430
私营企业	401318	307614	259410	175171	28715	858	12092	2615
私营独资企业	29875	5400	29875	5400	672	156	1990	518
私营合伙企业	0	0	0	0	0	0	0	0
私营有限责任公司	371443	302214	229535	169771	28043	702	10102	2097
私营股份有限公司	0	0	0	0	0	0	0	0
其他企业	108669	8817	107043	8685	10609	1662	10320	535
港、澳、台商投资企业	0	0	0	0	0	0	0	0
合资经营企业(港或澳、台资)	0	0	0	0	0	0	0	0
合资经营企业(港或澳、台资)	0	0	0	0	0	0	0	0
港、澳、台商独资经营企业	0	0	0	0	0	0	0	0
港、澳、台商投资股份有限公司	0	0	0	0	0	0	0	0
外商投资企业	0	0	0	0	0	0	0	0
中外合资经营企业	0	0	0	0	0	0	0	0
中外合作经营企业	0	0	0	0	0	0	0	0
外资企业	0	0	0	0	0	0	0	0
外商投资股份有限公司	0	0	0	0	0	0	0	0
二、按国民经济行业分组								
房屋和土木工程建筑业	2427066	1720687	1898966	1283262	175711	14823	289238	15805
房屋工程建筑	2210571	1533826	1832518	1246448	146488	13784	261715	12665
土木工程建筑	216495	186861	66448	36814	29223	1039	27523	3140
铁路道路隧道和桥梁工程	196995	167361	61948	32314	20734	581	13753	1968
水利和港口工程建筑	4500	4500	4500	4500	4389	240	7551	516
工矿工程建筑	0	0	0	0	0	0	0	0
架线和管道工程建筑	0	0	0	0	3950	212	6160	516
其他土木工程建筑	15000	15000	0	0	150	6	59	140
建筑安装业	0	0	0	0	1977	393	4770	315

（续表 4－8）

项目	五、房屋建筑施工面积	其中:本年新开工面积	其中:实行投标承包面积	其中:本年新开工	六、年末自有施工机械设备			计算劳动生产率的平均人数
					净值	总台数	总功率	
建筑装饰业	0	0	0	0	39	4	38	12
其它建筑业	0	0	0	0	3482	350	7767	224
工程设备	0	0	0	0	2483	291	6980	148
提供工程设备服务	0	0	0	0	0	0	0	0
其它未列明的建筑活动	0	0	0	0	999	59	787	76
三、按隶属关系分组								
中央	0	0	0	0	0	0	0	0
地方	2427066	1720687	1898966	1283262	181205	15570	301813	16356
省(自治区、直辖市)	0	0	0	0	3482	350	7767	224
地(区、市、州、盟)	899219	579133	859822	550816	56077	2621	27261	6252
县(区、市、旗)及县以下	1527847	1141554	1039144	732446	121646	12599	266785	9880
四、按企业资质等级分组								
施工总承包	2427066	1720687	1898966	1283262	177218	14926	290444	15683
特级	0	0	0	0	0	0	0	0
一级	484962	342523	472742	330303	12210	1085	7180	1460
二级	867400	575907	778105	522800	91943	7392	173054	6446
三级及以下	1074704	802257	648119	430159	73065	6449	110210	7777
专业承包	0	0	0	0	3987	644	11369	673
一级	0	0	0	0	0	0	0	0
二级	0	0	0	0	2016	249	6534	103
三级及以下	0	0	0	0	1971	395	4835	570
五、按地区分								
贵港市	2427066	1720687	1898966	1283262	181205	15570	301813	16356
港北区	1294662	905347	1089357	720587	89622	4008	45499	8857
港南区	258763	203367	147249	127451	20111	2305	63353	1523
覃塘区	50173	43858	43858	43858	6709	413	6150	482
平南县	294944	152361	293318	152229	29604	2700	36082	2994
桂平市	528524	415754	325184	239137	35159	6144	150729	2500
六、按营业状态分								
营业	2427066	1720687	1898966	1283262	181170	15566	301775	16344
停业(歇业)	0	0	0	0	35	4	38	12
筹建	0	0	0	0	0	0	0	0
当年关闭	0	0	0	0	0	0	0	0
当年破产	0	0	0	0	0	0	0	0
其它	0	0	0	0	0	0	0	0
七、按控股情况分								
国有控股	552457	380384	539190	367117	32505	2248	31120	3443
集体控股	1205611	795653	971253	637938	101640	11193	238674	8816
私人控股	668998	544650	388523	278207	47060	2129	32019	4097
港澳台商控股	0	0	0	0	0	0	0	0
外商控股	0	0	0	0	0	0	0	0

(续表4－8)

项　　目	七、从业人员情况							
	年末从业人员	其中：管理人员	其中：工程技术人员	其中：一级建造师	其中：现场施工工人	其中：持证上岗人员	1.钢材	2.木材
总　计	**17095**	**2773**	**3243**	**48**	**11199**	**8427**	**73672**	**81680**
其中：国有及国有控股企业	3932	748	830	39	2851	2155	23029	31193
一、按登记注册类型分组								
内资企业	17095	2773	3243	48	11199	8427	73672	81680
国有企业	3157	657	740	39	2410	2003	22946	31193
集体企业	7576	1415	1321	1	4344	3148	23109	25528
股份合作企业	0	0	0	0	0	0	0	0
联营企业	0	0	0	0	0	0	0	0
国有联营企业	0	0	0	0	0	0	0	0
集体联营企业	0	0	0	0	0	0	0	0
国有与集体联营企业	0	0	0	0	0	0	0	0
其他联营企业	0	0	0	0	0	0	0	0
有限责任公司	2695	362	470	8	1693	1164	16243	11500
国有独资公司	0	0	0	0	0	0	0	0
其他有限责任公司	2695	362	470	8	1693	1164	16243	11500
股份有限公司	472	53	93	0	324	267	2996	2557
私营企业	2647	261	439	0	2085	1536	8289	6331
私营独资企业	512	2	230	0	220	215	950	843
私营合伙企业	0	0	0	0	0	0	0	0
私营有限责任公司	2135	259	209	0	1865	1321	7339	5488
私营股份有限公司	0	0	0	0	0	0	0	0
其他企业	548	25	180	0	343	309	89	4571
港、澳、台商投资企业	0	0	0	0	0	0	0	0
合资经营企业(港或澳、台资)	0	0	0	0	0	0	0	0
合资经营企业(港或澳、台资)	0	0	0	0	0	0	0	0
港、澳、台商独资经营企业	0	0	0	0	0	0	0	0
港、澳、台商投资股份有限公司	0	0	0	0	0	0	0	0
外商投资企业	0	0	0	0	0	0	0	0
中外合资经营企业	0	0	0	0	0	0	0	0
中外合作经营企业	0	0	0	0	0	0	0	0
外资企业	0	0	0	0	0	0	0	0
外商投资股份有限公司	0	0	0	0	0	0	0	0
二、按国民经济行业分组								
房屋和土木工程建筑业	16516	2653	2993	37	10961	8212	73552	81665
房屋工程建筑	13238	2069	2388	16	8899	6919	46744	58390
土木工程建筑	3278	584	605	21	2062	1293	26808	23275
铁路道路隧道和桥梁工程	2053	448	410	5	1557	1001	7359	2575
水利和港口工程建筑	531	56	47	0	128	58	179	415
工矿工程建筑	0	0	0	0	0	0	0	0
架线和管道工程建筑	551	60	122	15	281	218	7930	9215
其他土木工程建筑	143	20	26	1	96	16	11340	11070
建筑安装业	330	53	105	2	200	184	3	0

（续表4－8）

项　目	七、从业人员情况							
	年末从业人员	其中：管理人员	其中：工程技术人员	其中：一　级建造师	其中：现场施工工人	其中：持证上岗人员	1.钢材	2.木材
建筑装饰业	15	3	3	0	10	3	5	15
其它建筑业	234	64	142	9	28	28	112	0
工程设备	153	45	80	9	28	28	112	0
提供工程设备服务	0	0	0	0	0	0	0	0
其它未列明的建筑活动	81	19	62	0	0	0	0	0
三、按隶属关系分组								
中央	0	0	0	0	0	0	0	0
地方	17095	2773	3243	48	11199	8427	73672	81680
省（自治区、直辖市）	234	64	142	9	28	28	112	0
地（区、市、州、盟）	6787	1118	1178	36	4778	3342	41859	47026
县（区、市、旗）及县以下	10074	1591	1923	3	6393	5057	31701	34654
四、按企业资质等级分组								
施工总承包	16380	2671	3048	37	10939	8181	73632	81680
特级	0	0	0	0	0	0	0	0
一级	1830	332	313	15	1600	1450	12124	19398
二级	6422	1483	1152	5	4152	3155	18021	16997
三级及以下	8128	856	1583	17	5187	3576	43487	45285
专业承包	715	102	195	11	260	246	40	0
一级	0	0	0	0	0	0	0	0
二级	105	37	68	9	0	0	0	0
三级及以下	610	65	127	2	260	246	40	0
五、按地区分								
贵港市	17095	2773	3243	48	11199	8427	73672	81680
港北区	9460	1390	1535	38	7031	4759	49857	52514
港南区	1605	320	504	10	729	488	4300	6570
覃塘区	520	88	90	0	520	520	1579	711
平南县	3012	273	622	0	813	774	7014	10051
桂平市	2498	702	492	0	2106	1886	10922	11834
六、按营业状态分								
营业	17080	2770	3240	48	11189	8424	73667	81665
停业（歇业）	15	3	3	0	10	3	5	15
筹建	0	0	0	0	0	0	0	0
当年关闭	0	0	0	0	0	0	0	0
当年破产	0	0	0	0	0	0	0	0
其它	0	0	0	0	0	0	0	0
七、按控股情况分								
国有控股	3932	748	830	39	2851	2155	23029	31193
集体控股	8949	1622	1666	7	5276	3923	35307	41464
私人控股	4214	403	747	2	3072	2349	15336	9023
港澳台商控股	0	0	0	0	0	0	0	0
外商控股	0	0	0	0	0	0	0	0

（续表 4－8）

项　　目	八、主要建筑材料消耗量				九、补充资料			
	3.水泥	4.平板玻璃 重量箱	4.平板玻璃 平方米	5.铝材	企业产值	在境外完成的营业额	合计	1.厂房、仓库
总　计	**511819**	**8961**	**238958**	**2223**	**1508771**	**0**	**1399276**	**84665**
其中:国有及国有控股企业	157930	2577	154343	53	467282	0	417635	4500
一、按登记注册类型分组								
内资企业	511819	8961	238958	2223	1508771	0	1399276	84665
国有企业	149993	2577	154343	33	437187	0	417635	4500
集体企业	171255	2977	60465	1555	543659	0	574231	31657
股份合作企业	0	0	0	0	0	0	0	0
联营企业	0	0	0	0	0	0	0	0
国有联营企业	0	0	0	0	0	0	0	0
集体联营企业	0	0	0	0	0	0	0	0
国有与集体联营企业	0	0	0	0	0	0	0	0
其他联营企业	0	0	0	0	0	0	0	0
有限责任公司	129633	0	0	52	304633	0	129973	37462
国有独资公司	0	0	0	0	0	0	0	0
其他有限责任公司	129633	0	0	52	304633	0	129973	37462
股份有限公司	13681	1767	7070	69	45001	0	70231	11046
私营企业	41611	40	410	490	151404	0	155600	0
私营独资企业	4400	40	410	450	6510	0	8800	0
私营合伙企业	0	0	0	0	0	0	0	0
私营有限责任公司	37211	0	0	40	144894	0	146800	0
私营股份有限公司	0	0	0	0	0	0	0	0
其他企业	5646	1600	16670	24	26887	0	51606	0
港、澳、台商投资企业	0	0	0	0	0	0	0	0
合资经营企业(港或澳、台资)	0	0	0	0	0	0	0	0
合资经营企业(港或澳、台资)	0	0	0	0	0	0	0	0
港、澳、台商独资经营企业	0	0	0	0	0	0	0	0
港、澳、台商投资股份有限公司	0	0	0	0	0	0	0	0
外商投资企业	0	0	0	0	0	0	0	0
中外合资经营企业	0	0	0	0	0	0	0	0
中外合作经营企业	0	0	0	0	0	0	0	0
外资企业	0	0	0	0	0	0	0	0
外商投资股份有限公司	0	0	0	0	0	0	0	0
二、按国民经济行业分组								
房屋和土木工程建筑业	511405	8961	238958	2183	1437658	0	1399276	84665
房屋工程建筑	338011	6747	230103	2125	1072915	0	1259663	42703
土木工程建筑	173394	2214	8855	58	364743	0	139613	41962
铁路道路隧道和桥梁工程	108023	2214	8855	9	189012	0	120113	37462
水利和港口工程建筑	8320	0	0	0	19074	0	4500	4500
工矿工程建筑	0	0	0	0	0	0	0	0
架线和管道工程建筑	8181	0	0	20	41839	0	0	0
其他土木工程建筑	48870	0	0	29	114818	0	15000	0
建筑安装业	4	0	0	0	47482	0	0	0

(续表 4－8)

项 目	八、主要建筑材料消耗量				九、补充资料			
	3.水泥	4.平板玻璃		5.铝材	企业产值	在境外完成的营业额	合计	1.厂房、仓库
		重量箱	平方米					
建筑装饰业	0	0	0	40	1264	0	0	0
其它建筑业	410	0	0	0	22367	0	0	0
工程设备	410	0	0	0	18367	0	0	0
提供工程设备服务	0	0	0	0	0	0	0	0
其它未列明的建筑活动	0	0	0	0	4000	0	0	0
三、按隶属关系分组								
中央	0	0	0	0	0	0	0	0
地方	511819	8961	238958	2223	1508771	0	1399276	84665
省(自治区、直辖市)	410	0	0	0	22367	0	0	0
地(区、市、州、盟)	293924	2708	157519	1314	788898	0	591561	6048
县(区、市、旗)及县以下	217485	6253	81439	909	697506	0	807715	78617
四、按企业资质等级分组								
施工总承包	511739	8961	238958	2203	1432603	0	1399276	84665
特级	0	0	0	0	0	0	0	0
一级	106692	363	145488	24	300000	0	386050	0
二级	110350	4508	31601	265	517392	0	346642	9875
三级及以下	294697	4090	61869	1914	615211	0	666584	74790
专业承包	80	0	0	20	76168	0	0	0
一级	0	0	0	0	0	0	0	0
二级	0	0	0	0	15350	0	0	0
三级及以下	80	0	0	20	60818	0	0	0
五、按地区分								
贵港市	511819	8961	238958	2223	1508771	0	1399276	84665
港北区	333041	2788	189519	1454	984797	0	762361	10548
港南区	20132	2198	8794	67	131630	0	139428	23046
覃塘区	11656	41	819	74	20681	0	31314	680
平南县	37069	3934	39826	533	155802	0	173655	4123
桂平市	109921	0	0	95	215861	0	292518	46268
六、按营业状态分								
营业	511819	8961	238958	2183	1507507	0	1399276	84665
停业(歇业)	0	0	0	40	1264	0	0	0
筹建	0	0	0	0	0	0	0	0
当年关闭	0	0	0	0	0	0	0	0
当年破产	0	0	0	0	0	0	0	0
其它	0	0	0	0	0	0	0	0
七、按控股情况分								
国有控股	157930	2577	154343	53	467282	0	417635	4500
集体控股	229871	4577	77135	1608	750664	0	640837	31657
私人控股	124018	1807	7480	562	290825	0	340804	48508
港澳台商控股	0	0	0	0	0	0	0	0
外商控股	0	0	0	0	0	0	0	0

(续表4－8)

项　　目	房屋建筑竣工面积(平方米)							
	2.住宅	3.办公用房	4.批发和零售用房	5.住宿和餐饮用房	6.居民服务业用房	7.教育用房	8.文化、体育和娱乐用房	9.卫生医疗用房
总　计	**707287**	**230221**	**58847**	**39298**	**29494**	**161455**	**19776**	**25611**
其中:国有及国有控股企业	152046	175218	25325	0	0	49734	0	4246
一、按登记注册类型分组								
内资企业	707287	230221	58847	39298	29494	161455	19776	25611
国有企业	152046	175218	25325	0	0	49734	0	4246
集体企业	316201	37677	26747	16959	29494	73673	10227	11945
股份合作企业	0	0	0	0	0	0	0	0
联营企业	0	0	0	0	0	0	0	0
国有联营企业	0	0	0	0	0	0	0	0
集体联营企业	0	0	0	0	0	0	0	0
国有与集体联营企业	0	0	0	0	0	0	0	0
其他联营企业	0	0	0	0	0	0	0	0
有限责任公司	51576	2496	0	19954	0	15960	0	0
国有独资公司	0	0	0	0	0	0	0	0
其他有限责任公司	51576	2496	0	19954	0	15960	0	0
股份有限公司	26512	9440	0	0	0	13927	5806	0
私营企业	150800	0	4000	0	0	0	0	0
私营独资企业	4000	0	4000	0	0	0	0	0
私营合伙企业	0	0	0	0	0	0	0	0
私营有限责任公司	146800	0	0	0	0	0	0	0
私营股份有限公司	0	0	0	0	0	0	0	0
其他企业	10152	5390	2775	2385	0	8161	3743	9420
港、澳、台商投资企业	0	0	0	0	0	0	0	0
合作经营企业(港或澳、台资)	0	0	0	0	0	0	0	0
合作经营企业(港或澳、台资)	0	0	0	0	0	0	0	0
港、澳、台商独资经营企业	0	0	0	0	0	0	0	0
港、澳、台商投资股份有限公司	0	0	0	0	0	0	0	0
外商投资企业	0	0	0	0	0	0	0	0
中外合资经营企业	0	0	0	0	0	0	0	0
中外合作经营企业	0	0	0	0	0	0	0	0
外资企业	0	0	0	0	0	0	0	0
外商投资股份有限公司	0	0	0	0	0	0	0	0
二、按国民经济行业分组								
房屋和土木工程建筑业	707287	230221	58847	39298	29494	161455	19776	25611
房屋工程建筑	667331	219417	58847	19344	29494	134518	19776	25611
土木工程建筑	39956	10804	0	19954	0	26937	0	0
铁路道路隧道和桥梁工程	24956	10804	0	19954	0	26937	0	0
水利和港口工程建筑	0	0	0	0	0	0	0	0
工矿工程建筑	0	0	0	0	0	0	0	0
架线和管道工程建筑	0	0	0	0	0	0	0	0
其他土木工程建筑	15000	0	0	0	0	0	0	0
建筑安装业	0	0	0	0	0	0	0	0

(续表 4-8)

项　　目	房屋建筑竣工面积(平方米)							
	2.住宅	3.办公用房	4.批发和零售用房	5.住宿和餐饮用房	6.居民服务业用房	7.教育用房	8.文化、体育和娱乐用房	9.卫生医疗用房
建筑装饰业	0	0	0	0	0	0	0	0
其它建筑业	0	0	0	0	0	0	0	0
工程设备	0	0	0	0	0	0	0	0
提供工程设备服务	0	0	0	0	0	0	0	0
其它未列明的建筑活动	0	0	0	0	0	0	0	0
三、按隶属关系分组								
中央	0	0	0	0	0	0	0	0
地方	707287	230221	58847	39298	29494	161455	19776	25611
省(自治区、直辖市)	0	0	0	0	0	0	0	0
地(区、市、州、盟)	251623	202810	25325	943	3816	82775	5806	4246
县(区、市、旗)及县以下	455664	27411	33522	38355	25678	78680	13970	21365
四、按企业资质等级分组								
施工总承包	707287	230221	58847	39298	29494	161455	19776	25611
特级	0	0	0	0	0	0	0	0
一级	146776	166910	25325	0	0	36227	0	4246
二级	180722	35554	20247	12959	5878	54056	10227	4324
三级及以下	379789	27757	13275	26339	23616	71172	9549	17041
专业承包	0	0	0	0	0	0	0	0
一级	0	0	0	0	0	0	0	0
二级	0	0	0	0	0	0	0	0
三级及以下	0	0	0	0	0	0	0	0
五、按地区分								
贵港市	707287	230221	58847	39298	29494	161455	19776	25611
港北区	405423	202810	31825	4943	3816	82775	5806	4246
港南区	64072	9440	0	0	19800	9576	0	5961
覃塘区	20871	1139	0	0	0	6964	0	1660
平南县	57545	5390	25975	14401	5878	22223	13970	9420
桂平市	159376	11442	1047	19954	0	39917	0	4324
六、按营业状态分								
营业	707287	230221	58847	39298	29494	161455	19776	25611
停业(歇业)	0	0	0	0	0	0	0	0
筹建	0	0	0	0	0	0	0	0
当年关闭	0	0	0	0	0	0	0	0
当年破产	0	0	0	0	0	0	0	0
其它	0	0	0	0	0	0	0	0
七、按控股情况分								
国有控股	152046	175218	25325	0	0	49734	0	4246
集体控股	341353	43067	29522	19344	29494	81834	13970	21365
私人控股	213888	11936	4000	19954	0	29887	5806	0
港澳台商控股	0	0	0	0	0	0	0	0
外商控股	0	0	0	0	0	0	0	0

(续表4-8)

项　　目			竣工房屋价值(千元)					
	10.科研用房	11.其他用房	合计	1.厂房、仓库	2.住宅	3.办公用房	4.批发和零售用房	5.住宿和餐饮用房
总　计	**0**	**42622**	**795393**	**34073**	**406215**	**126153**	**31088**	**20354**
其中:国有及国有控股企业	0	6566	231468	1200	84237	88353	13550	0
一、按登记注册类型分组								
内资企业	0	42622	795393	34073	406215	126153	31088	20354
国有企业	0	6566	231468	1200	84237	88353	13550	0
集体企业	0	19651	336907	14239	178093	29423	14595	12150
股份合作企业	0	0	0	0	0	0	0	0
联营企业	0	0	0	0	0	0	0	0
国有联营企业	0	0	0	0	0	0	0	0
集体联营企业	0	0	0	0	0	0	0	0
国有与集体联营企业	0	0	0	0	0	0	0	0
其他联营企业	0	0	0	0	0	0	0	0
有限责任公司	0	2525	61353	13111	29779	872	0	6988
国有独资公司	0	0	0	0	0	0	0	0
其他有限责任公司	0	2525	61353	13111	29779	872	0	6988
股份有限公司	0	3500	45001	5523	15300	5015	0	0
私营企业	0	800	95600	0	93730	0	1500	0
私营独资企业	0	800	3520	0	1650	0	1500	0
私营合伙企业	0	0	0	0	0	0	0	0
私营有限责任公司	0	0	92080	0	92080	0	0	0
私营股份有限公司	0	0	0	0	0	0	0	0
其他企业	0	9580	25064	0	5076	2490	1443	1216
港、澳、台商投资企业	0	0	0	0	0	0	0	0
合作经营企业(港或澳、台资)	0	0	0	0	0	0	0	0
合作经营企业(港或澳、台资)	0	0	0	0	0	0	0	0
港、澳、台商独资经营企业	0	0	0	0	0	0	0	0
港、澳、台商投资股份有限公司	0	0	0	0	0	0	0	0
外商投资企业	0	0	0	0	0	0	0	0
中外合资经营企业	0	0	0	0	0	0	0	0
中外合作经营企业	0	0	0	0	0	0	0	0
外资企业	0	0	0	0	0	0	0	0
外商投资股份有限公司	0	0	0	0	0	0	0	0
二、按国民经济行业分组								
房屋和土木工程建筑业	0	42622	795393	34073	406215	126153	31088	20354
房屋工程建筑	0	42622	711505	19762	379399	110358	31088	13366
土木工程建筑	0	0	83888	14311	26816	15795	0	6988
铁路道路隧道和桥梁工程	0	0	67688	13111	11816	15795	0	6988
水利和港口工程建筑	0	0	1200	1200	0	0	0	0
工矿工程建筑	0	0	0	0	0	0	0	0
架线和管道工程建筑	0	0	0	0	0	0	0	0
其他土木工程建筑	0	0	15000	0	15000	0	0	0
建筑安装业	0	0	0	0	0	0	0	0

(续表4－8)

项　　目	10.科研用房	11.其他用房	竣工房屋价值(千元) 合计	1.厂房、仓库	2.住宅	3.办公用房	4.批发和零售用房	5.住宿和餐饮用房
建筑装饰业	0	0	0	0	0	0	0	0
其它建筑业	0	0	0	0	0	0	0	0
工程设备	0	0	0	0	0	0	0	0
提供工程设备服务	0	0	0	0	0	0	0	0
其它未列明的建筑活动	0	0	0	0	0	0	0	0
三、按隶属关系分组								
中央	0	0	0	0	0	0	0	0
地方	0	42622	795393	34073	406215	126153	31088	20354
省(自治区、直辖市)	0	0	0	0	0	0	0	0
地(区、市、州、盟)	0	8169	361406	2421	155104	112220	13550	620
县(区、市、旗)及县以下	0	34453	433987	31652	251111	13933	17538	19734
四、按企业资质等级分组								
施工总承包	0	42622	795393	34073	406215	126153	31088	20354
特级	0	0	0	0	0	0	0	0
一级	0	6566	195140	0	79310	73430	13550	0
二级	0	12800	237070	5062	114744	37058	10195	9150
三级及以下	0	23256	363183	29011	212161	15665	7343	11204
专业承包	0	0	0	0	0	0	0	0
一级	0	0	0	0	0	0	0	0
二级	0	0	0	0	0	0	0	0
三级及以下	0	0	0	0	0	0	0	0
五、按地区分								
贵港市	0	42622	795393	34073	406215	126153	31088	20354
港北区	0	10169	470286	5421	251984	112220	17950	3620
港南区	0	7533	71592	9523	31373	5015	0	0
覃塘区	0	0	19091	336	13282	580	0	0
平南县	0	14730	98979	2200	32816	2490	12543	9746
桂平市	0	10190	135445	16593	76760	5848	595	6988
六、按营业状态分								
营业	0	42622	795393	34073	406215	126153	31088	20354
停业(歇业)	0	0	0	0	0	0	0	0
筹建	0	0	0	0	0	0	0	0
当年关闭	0	0	0	0	0	0	0	0
当年破产	0	0	0	0	0	0	0	0
其它	0	0	0	0	0	0	0	0
七、按控股情况分								
国有控股	0	6566	231468	1200	84237	88353	13550	0
集体控股	0	29231	376971	14239	198169	31913	16038	13366
私人控股	0	6825	186954	18634	123809	5887	1500	6988
港澳台商控股	0	0	0	0	0	0	0	0
外商控股	0	0	0	0	0	0	0	0

(续表 4－8)

项　　目	竣工房屋价值(千元)						十、能源消费情况	
	6.居民服务业用房	7.教育用房	8.文化、体育和娱乐用房	9.卫生医疗用房	10.科研用房	11.其他用房	汽油	柴油
总　计	**18371**	**106554**	**13080**	**16040**	**0**	**23465**	**1593**	**2300**
其中:国有及国有控股企业	0	37238	0	4760	0	2130	594	516
一、按登记注册类型分组								
内资企业	18371	106554	13080	16040	0	23465	1593	2300
国有企业	0	37238	0	4760	0	2130	590	500
集体企业	18371	45372	5902	7425	0	11337	139	76
股份合作企业	0	0	0	0	0	0	0	0
联营企业	0	0	0	0	0	0	0	0
国有联营企业	0	0	0	0	0	0	0	0
集体联营企业	0	0	0	0	0	0	0	0
国有与集体联营企业	0	0	0	0	0	0	0	0
其他联营企业	0	0	0	0	0	0	0	0
有限责任公司	0	7200	0	0	0	3403	553	1613
国有独资公司	0	0	0	0	0	0	0	0
其他有限责任公司	0	7200	0	0	0	3403	553	1613
股份有限公司	0	12469	5119	0	0	1575	3	10
私营企业	0	0	0	0	0	370	2	4
私营独资企业	0	0	0	0	0	370	2	4
私营合伙企业	0	0	0	0	0	0	0	0
私营有限责任公司	0	0	0	0	0	0	0	0
私营股份有限公司	0	0	0	0	0	0	0	0
其他企业	0	4275	2059	3855	0	4650	306	97
港、澳、台商投资企业	0	0	0	0	0	0	0	0
合作经营企业(港或澳、台资)	0	0	0	0	0	0	0	0
合作经营企业(港或澳、台资)	0	0	0	0	0	0	0	0
港、澳、台商独资经营企业	0	0	0	0	0	0	0	0
港、澳、台商投资股份有限公司	0	0	0	0	0	0	0	0
外商投资企业	0	0	0	0	0	0	0	0
中外合资经营企业	0	0	0	0	0	0	0	0
中外合作经营企业	0	0	0	0	0	0	0	0
外资企业	0	0	0	0	0	0	0	0
外商投资股份有限公司	0	0	0	0	0	0	0	0
二、按国民经济行业分组								
房屋和土木工程建筑业	18371	106554	13080	16040	0	23465	1593	2118
房屋工程建筑	18371	86576	13080	16040	0	23465	1017	294
土木工程建筑	0	19978	0	0	0	0	576	1824
铁路道路隧道和桥梁工程	0	19978	0	0	0	0	570	1816
水利和港口工程建筑	0	0	0	0	0	0	6	8
工矿工程建筑	0	0	0	0	0	0	0	0
架线和管道工程建筑	0	0	0	0	0	0	0	0
其他土木工程建筑	0	0	0	0	0	0	0	0
建筑安装业	0	0	0	0	0	0	0	0

(续表4－8)

项　　目	竣工房屋价值(千元)						十、能源消费情况	
	6.居民服务业用房	7.教育用房	8.文化、体育和娱乐用房	9.卫生医疗用房	10.科研用房	11.其他用房	汽油	柴油
建筑装饰业	0	0	0	0	0	0	0	0
其它建筑业	0	0	0	0	0	0	0	182
工程设备	0	0	0	0	0	0	0	182
提供工程设备服务	0	0	0	0	0	0	0	0
其它未列明的建筑活动	0	0	0	0	0	0	0	0
三、按隶属关系分组								
中央	0	0	0	0	0	0	0	0
地方	18371	106554	13080	16040	0	23465	1593	2300
省(自治区、直辖市)	0	0	0	0	0	0	0	182
地(区、市、州、盟)	1903	61997	5119	4760	0	3712	845	994
县(区、市、旗)及县以下	16468	44557	7961	11280	0	19753	748	1124
四、按企业资质等级分组								
施工总承包	18371	106554	13080	16040	0	23465	1593	2300
特级	0	0	0	0	0	0	0	0
一级	0	21960	0	4760	0	2130	570	110
二级	5160	40395	5902	2187	0	7217	202	1038
三级及以下	13211	44199	7178	9093	0	14118	821	1152
专业承包	0	0	0	0	0	0	0	0
一级	0	0	0	0	0	0	0	0
二级	0	0	0	0	0	0	0	0
三级及以下	0	0	0	0	0	0	0	0
五、按地区分								
贵港市	18371	106554	13080	16040	0	23465	1593	2300
港北区	1903	61997	5119	4760	0	5312	845	1176
港南区	11308	6423	0	4387	0	3563	3	10
覃塘区	0	4042	0	851	0	0	0	0
平南县	5160	12465	7961	3855	0	9743	349	142
桂平市	0	21627	0	2187	0	4847	396	972
六、按营业状态分								
营业	18371	106554	13080	16040	0	23465	1593	2300
停业(歇业)	0	0	0	0	0	0	0	0
筹建	0	0	0	0	0	0	0	0
当年关闭	0	0	0	0	0	0	0	0
当年破产	0	0	0	0	0	0	0	0
其它	0	0	0	0	0	0	0	0
七、按控股情况分								
国有控股	0	37238	0	4760	0	2130	594	516
集体控股	18371	49647	7961	11280	0	15987	595	793
私人控股	0	19669	5119	0	0	5348	404	991
港澳台商控股	0	0	0	0	0	0	0	0
外商控股	0	0	0	0	0	0	0	0

4-9 建筑业企业财务状况表

项　　目	年初存货	流动资产合计	其中：存货	长期投资	固定资产合计	固定资产原价	其中：生产经营用	累计折旧
总　计	**114236**	**708841**	**85437**	**58572**	**421393**	**509795**	**367146**	**137790**
其中:国有及国有控股企业	33306	344443	28666	9170	152840	203883	126847	51371
一、按登记注册类型分组								
内资企业	114236	708841	85437	58572	421393	509795	367146	137790
国有企业	25174	214189	20200	2100	120480	152840	89930	32538
集体企业	36961	138143	27332	6257	159359	176812	131028	60486
股份合作企业	0	0	0	0	0	0	0	0
联营企业	0	0	0	0	0	0	0	0
国有联营企业	0	0	0	0	0	0	0	0
集体联营企业	0	0	0	0	0	0	0	0
国有与集体联营企业	0	0	0	0	0	0	0	0
其他联营企业	0	0	0	0	0	0	0	0
有限责任公司	25566	256564	23065	33348	85774	112831	80302	33030
国有独资公司	0	0	0	0	0	0	0	0
其他有限责任公司	25566	256564	23065	33348	85774	112831	80302	33030
股份有限公司	3156	7829	2659	0	13837	14786	14786	949
私营企业	23295	89674	11870	16867	31333	38327	37185	7198
私营独资企业	0	1000	0	0	3050	3581	3581	531
私营合伙企业	0	0	0	0	0	0	0	0
私营有限责任公司	23295	88674	11870	16867	28283	34746	33604	6667
私营股份有限公司	0	0	0	0	0	0	0	0
其他企业	84	2442	311	0	10610	14199	13915	3589
港、澳、台商投资企业	0	0	0	0	0	0	0	0
合资经营企业(港或澳、台资)	0	0	0	0	0	0	0	0
合作经营企业(港或澳、台资)	0	0	0	0	0	0	0	0
港、澳、台商独资经营企业	0	0	0	0	0	0	0	0
港、澳、台商投资股份有限公司	0	0	0	0	0	0	0	0
外商投资企业	0	0	0	0	0	0	0	0
中外合资经营企业	0	0	0	0	0	0	0	0
中外合作经营企业	0	0	0	0	0	0	0	0
外资企业	0	0	0	0	0	0	0	0
外商投资股份有限公司	0	0	0	0	0	0	0	0
二、按国民经济行业分组								
房屋和土木工程建筑业	97148	666682	70857	32294	411658	499665	357573	133377
房屋工程建筑	71640	363624	48357	24724	295268	343775	248393	91552
土木工程建筑	25508	303058	22500	7570	116390	155890	109180	41825
铁路道路隧道和桥梁工程	7071	200844	3833	7438	51806	62879	49596	12198
水利和港口工程建筑	1582	4473	2582	0	19790	26856	16823	8116
工矿工程建筑	0	0	0	0	0	0	0	0
架线和管道工程建筑	16855	50910	16085	132	41524	62655	40261	21281
其他土木工程建筑	0	46831	0	0	3270	3500	2500	230

（续表 4－9）

项　　目	一、年初存货	流动资产合计	其中：存货	长期投资	固定资产合计	固定资产原价	其中：生产经营用	累计折旧
建筑安装业	14990	27846	13114	26278	6148	2953	2396	823
建筑装饰业	0	840	0	0	68	100	100	32
其它建筑业	2098	13473	1466	0	3519	7077	7077	3558
工程准备	1528	10050	1166	0	2520	5614	5614	3094
提供工程设备服务	0	0	0	0	0	0	0	0
其它未列明的建筑活动	570	3423	300	0	999	1463	1463	464
三、按隶属关系分组								
中央	0	0	0	0	0	0	0	0
地方	114236	708841	85437	58572	421393	509795	367146	137790
省(自治区、直辖市)	2098	13473	1466	0	3519	7077	7077	3558
地(区、市、州、盟)	35888	498906	32462	14225	219135	277869	170263	67557
县(区、市、旗)及县以下	76250	196462	51509	44347	198739	224849	189806	66675
四、按企业资质等级分组								
施工总承包	91450	641834	65669	32162	381481	452527	323804	116266
特级	0	0	0	0	0	0	0	0
一级	6500	121552	6500	1600	83782	104977	62270	21373
二级	41034	207699	23989	10199	158797	183133	138762	57001
三级及以下	43916	312583	35180	20363	138902	164417	122772	37892
专业承包	22786	67007	19768	26410	39912	57268	43342	21524
一级	0	0	0	0	0	0	0	0
二级	989	8961	674	0	2016	4641	4641	2625
三级及以下	21797	58046	19094	26410	37896	52627	38701	18899
五、按地区分								
贵港市	114236	708841	85437	58572	421393	509795	367146	137790
港北区	72426	609309	53330	57370	257174	319070	210344	74941
港南区	3130	38747	5673	0	36825	45504	44328	8752
覃塘区	12864	6667	1010	1200	14389	15060	9206	4271
平南县	11960	28889	14991	0	48177	70198	62171	30687
桂平市	13856	25229	10433	2	64828	59963	41097	19139
六、按营业状态分								
营业	114236	708001	85437	58572	421325	509695	367046	137758
停业(歇业)	0	840	0	0	68	100	100	32
筹建	0	0	0	0	0	0	0	0
当年关闭	0	0	0	0	0	0	0	0
当年破产	0	0	0	0	0	0	0	0
其它	0	0	0	0	0	0	0	0
七、按控股情况分								
国有控股	33306	344443	28666	9170	152840	203883	126847	51371
集体控股	37045	226646	27643	6257	208899	237301	179333	71435
私人控股	43885	137752	29128	43145	59654	68611	60966	14984
港澳台商控股	0	0	0	0	0	0	0	0
外商控股	0	0	0	0	0	0	0	0

(续表4-9)

项　　目	二、年末资产负债							
	其中：本年折旧	在建工程	无形及递延资产小计	其中：无形资产	其他资产	资产合计	流动负债合计	长期负债合计
总　计	**13156**	**29071**	**84080**	**80911**	**1386**	**1274272**	**468785**	**193688**
其中：国有及国有控股企业	5405	328	29385	26332	－51	535787	242908	117973
一、按登记注册类型分组								
内资企业	13156	29071	84080	80911	1386	1274272	468785	193688
国有企业	3653	178	13637	12825	－52	350354	218828	7973
集体企业	5099	22959	39054	38938	1437	344250	143743	16024
股份合作企业	0	0	0	0	0	0	0	0
联营企业	0	0	0	0	0	0	0	0
国有联营企业	0	0	0	0	0	0	0	0
集体联营企业	0	0	0	0	0	0	0	0
国有与集体联营企业	0	0	0	0	0	0	0	0
其他联营企业	0	0	0	0	0	0	0	0
有限责任公司	3094	5830	16265	14024	1	391952	68163	134540
国有独资公司	0	0	0	0	0	0	0	0
其他有限责任公司	3094	5830	16265	14024	1	391952	68163	134540
股份有限公司	277	0	1400	1400	0	23066	3451	1500
私营企业	814	104	11674	11674	0	149548	32119	33651
私营独资企业	89	0	0	0	0	4050	1530	0
私营合伙企业	0	0	0	0	0	0	0	0
私营有限责任公司	725	104	11674	11674	0	145498	30589	33651
私营股份有限公司	0	0	0	0	0	0	0	0
其他企业	219	0	2050	2050	0	15102	2481	0
港、澳、台商投资企业	0	0	0	0	0	0	0	0
合资经营企业(港或澳、台资)	0	0	0	0	0	0	0	0
合作经营企业(港或澳、台资)	0	0	0	0	0	0	0	0
港、澳、台商独资经营企业	0	0	0	0	0	0	0	0
港、澳、台商投资股份有限公司	0	0	0	0	0	0	0	0
外商投资企业	0	0	0	0	0	0	0	0
中外合资经营企业	0	0	0	0	0	0	0	0
中外合作经营企业	0	0	0	0	0	0	0	0
外资企业	0	0	0	0	0	0	0	0
外商投资股份有限公司	0	0	0	0	0	0	0	0
二、按国民经济行业分组								
房屋和土木工程建筑业	12180	25071	84019	80850	1438	1196091	438499	184546
房屋工程建筑	7502	22871	55501	54573	1437	740554	324998	46534
土木工程建筑	4678	2200	28518	26277	1	455537	113501	138012
铁路道路隧道和桥梁工程	2075	1000	26277	26277	1	286366	79577	100052
水利和港口工程建筑	71	1050	0	0	0	24263	5571	20
工矿工程建筑	0	0	0	0	0	0	0	0
架线和管道工程建筑	2476	150	2241	0	0	94807	9353	37000
其他土木工程建筑	56	0	0	0	0	50101	19000	940
建筑安装业	333	4000	6	6	0	60278	21068	8400

(续表4－9)

项　　目	二、年末资产负债							
	其中：本年折旧	在建工程	无形及递延资产小计	其中：无形资产	其他资产	资产合计	流动负债合计	长期负债合计
建筑装饰业	9	0	0	0	0	908	300	42
其它建筑业	634	0	55	55	－52	16995	8918	700
工程设备	467	0	55	55	－26	12599	5662	700
提供工程设备服务	0	0	0	0	0	0	0	0
其它未列明的建筑活动	167	0	0	0	－26	4396	3256	0
三、按隶属关系分组								
中央	0	0	0	0	0	0	0	0
地方	13156	29071	84080	80911	1386	1274272	468785	193688
省(自治区、直辖市)	634	0	55	55	－52	16995	8918	700
地(区、市、州、盟)	7587	8823	68091	65038	124	800481	362367	149893
县(区、市、旗)及县以下	4935	20248	15934	15818	1314	456796	97500	43095
四、按企业资质等级分组								
施工总承包	10744	24921	81833	80905	1412	1138722	434123	160288
特级	0	0	0	0	0	0	0	0
一级	1037	178	812	0	0	207746	145429	201
二级	6234	12664	63301	63301	－63	439933	154623	56221
三级及以下	3473	12079	17720	17604	1475	491043	134071	103866
专业承包	2412	4150	2247	6	－26	135550	34662	33400
一级	0	0	0	0	0	0	0	0
二级	402	0	0	0	－26	10951	5634	0
三级及以下	2010	4150	2247	6	0	124599	29028	33400
五、按地区分								
贵港市	13156	29071	84080	80911	1386	1274272	468785	193688
港北区	8657	12927	79826	76773	124	1003803	412148	183344
港南区	992	0	0	0	－52	75520	16080	5000
覃塘区	790	3600	252	136	1351	23859	7677	1120
平南县	1655	8666	4002	4002	0	81068	16621	3354
桂平市	1062	3878	0	0	－37	90022	16259	870
六、按营业状态分								
营业	13147	29071	84080	80911	1386	1273364	468485	193646
停业(歇业)	9	0	0	0	0	908	300	42
筹建	0	0	0	0	0	0	0	0
当年关闭	0	0	0	0	0	0	0	0
当年破产	0	0	0	0	0	0	0	0
其它	0	0	0	0	0	0	0	0
七、按控股情况分								
国有控股	5405	328	29385	26332	－51	535787	242908	117973
集体控股	6174	22959	41104	40988	1437	484343	166664	36964
私人控股	1577	5784	13591	13591	0	254142	59213	38751
港澳台商控股	0	0	0	0	0	0	0	0
外商控股	0	0	0	0	0	0	0	0

(续表 4－9)

项　目	二、年末资产负债							
	负债合计	所有者权益合计	其中：实收资本	国家资本	集体资本	法人资本	个人资本	港澳台资　本
总　计	**662473**	**611799**	**422606**	**130317**	**188361**	**16340**	**87588**	**0**
其中：国有及国有控股企业	360881	174906	121944	121667	121	156	0	0
一、按登记注册类型分组								
内资企业	662473	611799	422606	130317	188361	16340	87588	0
国有企业	226801	123553	97977	97821	0	156	0	0
集体企业	159767	184483	129770	0	129770	0	0	0
股份合作企业	0	0	0	0	0	0	0	0
联营企业	0	0	0	0	0	0	0	0
国有联营企业	0	0	0	0	0	0	0	0
集体联营企业	0	0	0	0	0	0	0	0
国有与集体联营企业	0	0	0	0	0	0	0	0
其他联营企业	0	0	0	0	0	0	0	0
有限责任公司	202703	189249	131050	32496	53421	10155	34978	0
国有独资公司	0	0	0	0	0	0	0	0
其他有限责任公司	202703	189249	131050	32496	53421	10155	34978	0
股份有限公司	4951	18115	13109	0	0	6029	7080	0
私营企业	65770	83778	44020	0	0	0	44020	0
私营独资企业	1530	2520	2520	0	0	0	2520	0
私营合伙企业	0	0	0	0	0	0	0	0
私营有限责任公司	64240	81258	41500	0	0	0	41500	0
私营股份有限公司	0	0	0	0	0	0	0	0
其他企业	2481	12621	6680	0	5170	0	1510	0
港、澳、台商投资企业	0	0	0	0	0	0	0	0
合资经营企业(港或澳、台资)	0	0	0	0	0	0	0	0
合作经营企业(港或澳、台资)	0	0	0	0	0	0	0	0
港、澳、台商独资经营企业	0	0	0	0	0	0	0	0
港、澳、台商投资股份有限公司	0	0	0	0	0	0	0	0
外商投资企业	0	0	0	0	0	0	0	0
中外合资经营企业	0	0	0	0	0	0	0	0
中外合作经营企业	0	0	0	0	0	0	0	0
外资企业	0	0	0	0	0	0	0	0
外商投资股份有限公司	0	0	0	0	0	0	0	0
二、按国民经济行业分组								
房屋和土木工程建筑业	623045	573046	393096	123816	188061	16029	65190	0
房屋工程建筑	371532	369022	256346	51000	130127	16029	59190	0
土木工程建筑	251513	204024	136750	72816	57934	0	6000	0
铁路道路隧道和桥梁工程	179629	106737	70946	43146	21800	0	6000	0
水利和港口工程建筑	5591	18672	13743	7730	6013	0	0	0
工矿工程建筑	0	0	0	0	0	0	0	0
架线和管道工程建筑	46353	48454	22061	21940	121	0	0	0
其他土木工程建筑	19940	30161	30000	0	30000	0	0	0
建筑安装业	29468	30810	22353	0	300	155	21898	0

(续表4－9)

项目	二、年末资产负债							
	负债合计	所有者权益合计	其中：实收资本	国家资本	集体资本	法人资本	个人资本	港澳台资本
建筑装饰业	342	566	500	0	0	0	500	0
其它建筑业	9618	7377	6657	6501	0	156	0	0
工程设备	6362	6237	5517	5361	0	156	0	0
提供工程设备服务	0	0	0	0	0	0	0	0
其它未列明的建筑活动	3256	1140	1140	1140	0	0	0	0
三、按隶属关系分组								
中央	0	0	0	0	0	0	0	0
地方	662473	611799	422606	130317	188361	16340	87588	0
省(自治区、直辖市)	9618	7377	6657	6501	0	156	0	0
地(区、市、州、盟)	512260	288221	201570	116086	71324	0	14160	0
县(区、市、旗)及县以下	140595	316201	214379	7730	117037	16184	73428	0
四、按企业资质等级分组								
施工总承包	594411	544311	383115	113000	188240	16185	65690	0
特级	0	0	0	0	0	0	0	0
一级	145630	62116	51000	51000	0	0	0	0
二级	210844	229089	136006	32484	77366	156	26000	0
三级及以下	237937	253106	196109	29516	110874	16029	39690	0
专业承包	68062	67488	39491	17317	121	155	21898	0
一级	0	0	0	0	0	0	0	0
二级	5634	5317	5317	5317	0	0	0	0
三级及以下	62428	62171	34174	12000	121	155	21898	0
五、按地区分								
贵港市	662473	611799	422606	130317	188361	16340	87588	0
港北区	595492	408311	265718	116130	71719	311	77558	0
港南区	21080	54440	51069	6457	38583	6029	0	0
覃塘区	8797	15062	14357	0	14357	0	0	0
平南县	19975	61093	46713	0	32683	10000	4030	0
桂平市	17129	72893	44749	7730	31019	0	6000	0
六、按营业状态分								
营业	662131	611233	422106	130317	188361	16340	87088	0
停业(歇业)	342	566	500	0	0	0	500	0
筹建	0	0	0	0	0	0	0	0
当年关闭	0	0	0	0	0	0	0	0
当年破产	0	0	0	0	0	0	0	0
其它	0	0	0	0	0	0	0	0
七、按控股情况分								
国有控股	360881	174906	121944	121667	121	156	0	0
集体控股	203628	280715	196900	8650	186740	0	1510	0
私人控股	97964	156178	103762	0	1500	16184	86078	0
港澳台商控股	0	0	0	0	0	0	0	0
外商控股	0	0	0	0	0	0	0	0

(续表4-9)

项　目	外商资本	三、损益及分配 工程结算收入	工程结算成本	工程结算税金及附加	工程结算利润	其他业务收入	其他业务利润	经营费用
总　计	**0**	**1258830**	**1110254**	**48516**	**91788**	**9354**	**147**	**8272**
其中:国有及国有控股企业	0	336196	301261	12139	19111	7064	－1005	3685
一、按登记注册类型分组								
内资企业	0	1258830	1110254	48516	91788	9354	147	8272
国有企业	0	303943	276310	10871	15403	7064	－1005	1359
集体企业	0	432746	393493	17286	19662	498	374	2305
股份合作企业	0	0	0	0	0	0	0	0
联营企业	0	0	0	0	0	0	0	0
国有联营企业	0	0	0	0	0	0	0	0
集体联营企业	0	0	0	0	0	0	0	0
国有与集体联营企业	0	0	0	0	0	0	0	0
其他联营企业	0	0	0	0	0	0	0	0
有限责任公司	0	306791	253883	10050	38996	1778	767	3862
国有独资公司	0	0	0	0	0	0	0	0
其他有限责任公司	0	306791	253883	10050	38996	1778	767	3862
股份有限公司	0	45001	39579	2549	2626	14	11	247
私营企业	0	145285	124982	6289	13568	0	0	446
私营独资企业	0	10802	9210	1252	220	0	0	120
私营合伙企业	0	0	0	0	0	0	0	0
私营有限责任公司	0	134483	115772	5037	13348	0	0	326
私营股份有限公司	0	0	0	0	0	0	0	0
其他企业	0	25064	22007	1471	1533	0	0	53
港、澳、台商投资企业	0	0	0	0	0	0	0	0
合资经营企业(港或澳、台资)	0	0	0	0	0	0	0	0
合作经营企业(港或澳、台资)	0	0	0	0	0	0	0	0
港、澳、台商独资经营企业	0	0	0	0	0	0	0	0
港、澳、台商投资股份有限公司	0	0	0	0	0	0	0	0
外商投资企业	0	0	0	0	0	0	0	0
中外合资经营企业	0	0	0	0	0	0	0	0
中外合作经营企业	0	0	0	0	0	0	0	0
外资企业	0	0	0	0	0	0	0	0
外商投资股份有限公司	0	0	0	0	0	0	0	0
二、按国民经济行业分组								
房屋和土木工程建筑业	0	1191503	1059030	46093	79146	7730	－466	7234
房屋工程建筑	0	820905	741008	33437	42782	7500	－696	3678
土木工程建筑	0	370598	318022	12656	36364	230	230	3556
铁路道路隧道和桥梁工程	0	189492	173859	5772	9029	230	230	832
水利和港口工程建筑	0	24424	21651	1262	1155	0	0	356
工矿工程建筑	0	0	0	0	0	0	0	0
架线和管道工程建筑	0	41864	32645	1656	5231	0	0	2332
其他土木工程建筑	0	114818	89867	3966	20949	0	0	36
建筑安装业	0	47482	37035	1620	7899	1548	537	928

（续表4－9）

项　　目	外商资本	三、损益及分配						
		工程结算收入	工程结算成本	工程结算税金及附加	工程结算利润	其他业务收入	其他业务利润	经营费用
建筑装饰业	0	1264	830	73	349	0	0	12
其它建筑业	0	18581	13359	730	4394	76	76	98
工程设备	0	14706	10842	560	3246	38	38	58
提供工程设备服务	0	0	0	0	0	0	0	0
其它未列明的建筑活动	0	3875	2517	170	1148	38	38	40
三、按隶属关系分组								
中央	0	0	0	0	0	0	0	0
地方	0	1258830	1110254	48516	91788	9354	147	8272
省(自治区、直辖市)	0	18581	13359	730	4394	76	76	98
地(区、市、州、盟)	0	639612	564138	21175	49571	7484	－709	4728
县(区、市、旗)及县以下	0	600637	532757	26611	37823	1794	780	3446
四、按企业资质等级分组								
施工总承包	0	1185498	1054058	45843	80485	7768	－428	5112
特级	0	0	0	0	0	0	0	0
一级	0	172195	160147	5898	5432	6988	－1081	718
二级	0	456267	418069	13983	22880	448	328	1335
三级及以下	0	557036	475842	25962	52173	332	325	3059
专业承包	0	73332	56196	2673	11303	1586	575	3160
一级	0	0	0	0	0	0	0	0
二级	0	12489	9102	482	2863	38	38	42
三级及以下	0	60843	47094	2191	8440	1548	537	3118
五、按地区分								
贵港市	0	1258830	1110254	48516	91788	9354	147	8272
港北区	0	824300	722165	27620	68525	9032	－172	5990
港南区	0	105070	92276	4748	7236	182	179	810
覃塘区	0	20681	17088	1110	2376	0	0	107
平南县	0	141758	129133	7295	4497	0	0	833
桂平市	0	167021	149592	7743	9154	140	140	532
六、按营业状态分								
营业	0	1257566	1109424	48443	91439	9354	147	8260
停业(歇业)	0	1264	830	73	349	0	0	12
筹建	0	0	0	0	0	0	0	0
当年关闭	0	0	0	0	0	0	0	0
当年破产	0	0	0	0	0	0	0	0
其它	0	0	0	0	0	0	0	0
七、按控股情况分								
国有控股	0	336196	301261	12139	19111	7064	－1005	3685
集体控股	0	637928	566257	23283	45694	588	464	2694
私人控股	0	284706	242736	13094	26983	1702	688	1893
港澳台商控股	0	0	0	0	0	0	0	0
外商控股	0	0	0	0	0	0	0	0

(续表 4－9)

项　　目	三、损益及分配							
	管理费用	其中：税金	财产保险费	差旅费	工会经费	财务费用	其中：利息支出	营业利润
总　计	**43151**	**2363**	**560**	**1550**	**600**	**3634**	**3198**	**45150**
其中：国有及国有控股企业	13815	226	178	394	289	278	189	4013
一、按登记注册类型分组								
内资企业	43151	2363	560	1550	600	3634	3198	45150
国有企业	10442	170	101	343	261	352	263	3604
集体企业	12502	1061	291	476	79	1856	1576	5678
股份合作企业	0	0	0	0	0	0	0	0
联营企业	0	0	0	0	0	0	0	0
国有联营企业	0	0	0	0	0	0	0	0
集体联营企业	0	0	0	0	0	0	0	0
国有与集体联营企业	0	0	0	0	0	0	0	0
其他联营企业	0	0	0	0	0	0	0	0
有限责任公司	13347	571	137	505	132	582	552	25834
国有独资公司	0	0	0	0	0	0	0	0
其他有限责任公司	13347	571	137	505	132	582	552	25834
股份有限公司	1278	414	2	22	53	53	25	1306
私营企业	4100	139	29	107	64	767	758	8701
私营独资企业	100	50	0	30	0	9	9	111
私营合伙企业	0	0	0	0	0	0	0	0
私营有限责任公司	4000	89	29	77	64	758	749	8590
私营股份有限公司	0	0	0	0	0	0	0	0
其他企业	1482	8	0	97	11	24	24	27
港、澳、台商投资企业	0	0	0	0	0	0	0	0
合资经营企业(港或澳、台资)	0	0	0	0	0	0	0	0
合作经营企业(港或澳、台资)	0	0	0	0	0	0	0	0
港、澳、台商独资经营企业	0	0	0	0	0	0	0	0
港、澳、台商投资股份有限公司	0	0	0	0	0	0	0	0
外商投资企业	0	0	0	0	0	0	0	0
中外合资经营企业	0	0	0	0	0	0	0	0
中外合作经营企业	0	0	0	0	0	0	0	0
外资企业	0	0	0	0	0	0	0	0
外商投资股份有限公司	0	0	0	0	0	0	0	0
二、按国民经济行业分组								
房屋和土木工程建筑业	33173	2321	500	1063	511	3630	3192	41877
房屋工程建筑	22432	1739	354	734	224	3221	2907	16433
土木工程建筑	10741	582	146	329	287	409	285	25444
铁路道路隧道和桥梁工程	5196	303	36	245	262	283	253	3780
水利和港口工程建筑	965	112	4	55	0	11	10	179
工矿工程建筑	0	0	0	0	0	0	0	0
架线和管道工程建筑	3973	61	106	27	25	122	29	1136
其他土木工程建筑	607	106	0	2	0	－7	－7	20349
建筑安装业	6158	23	60	195	44	－12	－12	2290

(续表4-9)

项　　目	三、损益及分配							
	管理费用	其中：税金	财产保险费	差旅费	工会经费	财务费用	其中：利息支出	营业利润
建筑装饰业	300	3	0	5	0	20	15	29
其它建筑业	3520	16	0	287	45	-4	3	954
工程设备	2720	12	0	220	32	1	8	563
提供工程设备服务	0	0	0	0	0	0	0	0
其它未列明的建筑活动	800	4	0	67	13	-5	-5	391
三、按隶属关系分组								
中央	0	0	0	0	0	0	0	0
地方	43151	2363	560	1550	600	3634	3198	45150
省(自治区、直辖市)	3520	16	0	287	45	-4	3	954
地(区、市、州、盟)	18456	1335	424	389	341	2205	1893	28201
县(区、市、旗)及县以下	21175	1012	136	874	214	1433	1302	15995
四、按企业资质等级分组								
施工总承包	33170	2298	423	1178	501	3653	3208	43234
特级	0	0	0	0	0	0	0	0
一级	4116	69	32	10	17	34	33	201
二级	12160	854	309	523	379	2582	2367	8466
三级及以下	16894	1375	82	645	105	1037	808	34567
专业承包	9981	65	137	372	99	-19	-10	1916
一级	0	0	0	0	0	0	0	0
二级	2350	10	0	173	30	-9	0	560
三级及以下	7631	55	137	199	69	-10	-10	1356
五、按地区分								
贵港市	43151	2363	560	1550	600	3634	3198	45150
港北区	26284	1473	533	693	451	3029	2706	39040
港南区	5259	82	2	296	97	51	11	2105
覃塘区	263	19	21	45	32	53	42	2060
平南县	3607	353	0	285	16	439	439	451
桂平市	7738	436	4	231	4	62	0	1494
六、按营业状态分								
营业	42851	2360	560	1545	600	3614	3183	45121
停业(歇业)	300	3	0	5	0	20	15	29
筹建	0	0	0	0	0	0	0	0
当年关闭	0	0	0	0	0	0	0	0
当年破产	0	0	0	0	0	0	0	0
其它	0	0	0	0	0	0	0	0
七、按控股情况分								
国有控股	13815	226	178	394	289	278	189	4013
集体控股	15911	1225	291	725	150	2031	1722	28216
私人控股	13425	912	91	431	161	1325	1287	12921
港澳台商控股	0	0	0	0	0	0	0	0
外商控股	0	0	0	0	0	0	0	0

(续表 4-9)

项　　目	三、损益及分配							
	营业外收入	营业外支出	利润总额	应交所得税	应付利润	劳动、失业保险费	住房公积金及住房补贴	本年应付工资总额（贷方累计发生额）
总　计	**1350**	**1472**	**45209**	**12732**	**30398**	**6068**	**1173**	**147501**
其中：国有及国有控股企业	1067	1220	3989	1089	3104	4087	1171	38664
一、按登记注册类型分组								
内资企业	1350	1472	45209	12732	30398	6068	1173	147501
国有企业	85	1187	2631	939	1898	1865	332	31379
集体企业	210	12	5970	2486	1010	1277	0	63618
股份合作企业	0	0	0	0	0	0	0	0
联营企业	0	0	0	0	0	0	0	0
国有联营企业	0	0	0	0	0	0	0	0
集体联营企业	0	0	0	0	0	0	0	0
国有与集体联营企业	0	0	0	0	0	0	0	0
其他联营企业	0	0	0	0	0	0	0	0
有限责任公司	982	171	26645	7875	18766	2669	841	24332
国有独资公司	0	0	0	0	0	0	0	0
其他有限责任公司	982	171	26645	7875	18766	2669	841	24332
股份有限公司	0	45	1250	411	830	0	0	6044
私营企业	73	57	8686	1011	7877	257	0	15419
私营独资企业	0	0	80	20	60	0	0	2000
私营合伙企业	0	0	0	0	0	0	0	0
私营有限责任公司	73	57	8606	991	7817	257	0	13419
私营股份有限公司	0	0	0	0	0	0	0	0
其他企业	0	0	27	10	17	0	0	6709
港、澳、台商投资企业	0	0	0	0	0	0	0	0
合资经营企业(港或澳、台资)	0	0	0	0	0	0	0	0
合作经营企业(港或澳、台资)	0	0	0	0	0	0	0	0
港、澳、台商独资经营企业	0	0	0	0	0	0	0	0
港、澳、台商投资股份有限公司	0	0	0	0	0	0	0	0
外商投资企业	0	0	0	0	0	0	0	0
中外合资经营企业	0	0	0	0	0	0	0	0
中外合作经营企业	0	0	0	0	0	0	0	0
外资企业	0	0	0	0	0	0	0	0
外商投资股份有限公司	0	0	0	0	0	0	0	0
二、按国民经济行业分组								
房屋和土木工程建筑业	1350	151	43128	11942	28907	5705	973	139648
房屋工程建筑	368	118	16615	4091	10247	3079	0	103748
土木工程建筑	982	33	26513	7851	18660	2626	973	35900
铁路道路隧道和桥梁工程	58	5	3833	994	2839	421	133	22477
水利和港口工程建筑	0	0	299	106	193	6	12	3110
工矿工程建筑	0	0	0	0	0	0	0	0
架线和管道工程建筑	924	28	2032	651	1379	2169	826	9103
其他土木工程建筑	0	0	20349	6100	14249	30	2	1210
建筑安装业	0	138	2152	691	1459	287	0	4245

(续表4－9)

项目	三、损益及分配							本年应付工资总额（贷方累计发生额）
	营业外收入	营业外支出	利润总额	应交所得税	应付利润	劳动、失业保险费	住房公积金及住房补贴	
建筑装饰业	0	0	29	5	20	0	0	239
其它建筑业	0	1183	－100	94	12	76	200	3369
工程设备	0	602	89	77	12	64	139	2601
提供工程设备服务	0	0	0	0	0	0	0	0
其它未列明的建筑活动	0	581	－189	17	0	12	61	768
三、按隶属关系分组								
中央	0	0	0	0	0	0	0	0
地方	1350	1472	45209	12732	30398	6068	1173	147501
省(自治区、直辖市)	0	1183	－100	94	12	76	200	3369
地(区、市、州、盟)	1277	94	29384	8602	20097	4651	961	61109
县(区、市、旗)及县以下	73	195	15925	4036	10289	1341	12	83023
四、按企业资质等级分组								
施工总承包	426	704	43009	11984	28950	3553	208	139809
特级	0	0	0	0	0	0	0	0
一级	85	4	282	10	272	1545	0	11600
二级	102	650	7962	3468	3767	1132	181	58462
三级及以下	239	50	34765	8506	24911	876	27	69747
专业承包	924	768	2200	748	1448	2515	965	7692
一级	0	0	0	0	0	0	0	0
二级	0	602	86	76	10	59	139	2005
三级及以下	924	166	2114	672	1438	2456	826	5687
五、按地区分								
贵港市	1350	1472	45209	12732	30398	6068	1173	147501
港北区	1350	289	40101	10275	29341	5200	961	77127
港南区	0	1183	971	601	248	103	200	12835
覃塘区	0	0	2060	130	130	38	0	5180
平南县	0	0	583	96	487	0	0	26110
桂平市	0	0	1494	1630	192	727	12	26249
六、按营业状态分								
营业	1350	1472	45180	12727	30378	6068	1173	147262
停业(歇业)	0	0	29	5	20	0	0	239
筹建	0	0	0	0	0	0	0	0
当年关闭	0	0	0	0	0	0	0	0
当年破产	0	0	0	0	0	0	0	0
其它	0	0	0	0	0	0	0	0
七、按控股情况分								
国有控股	1067	1220	3989	1089	3104	4087	1171	38664
集体控股	210	12	28508	9309	16725	1307	2	78347
私人控股	73	240	12712	2334	10569	674	0	30490
港澳台商控股	0	0	0	0	0	0	0	0
外商控股	0	0	0	0	0	0	0	0

(续表 4－9)

项　目	四、工资、福利费			五、补充资料		六、全部从业人员年平均人数
	其中:主营业务应付工资总额	本年应付福利费总额(贷方累计发生额)	其中:主营业务应付福利费总额	应收工程款	其中:竣工工程	
总　计	**139017**	**13811**	**12702**	**123313**	**113011**	**16945**
其中:国有及国有控股企业	32275	4773	3887	38503	35957	3722
一、按登记注册类型分组						
内资企业	139017	13811	12702	123313	113011	16945
国有企业	24990	4272	3386	37356	35127	2947
集体企业	62083	6346	6201	49122	46138	7607
股份合作企业	0	0	0	0	0	0
联营企业	0	0	0	0	0	0
国有联营企业	0	0	0	0	0	0
集体联营企业	0	0	0	0	0	0
国有与集体联营企业	0	0	0	0	0	0
其他联营企业	0	0	0	0	0	0
有限责任公司	23772	2002	1924	25586	25269	2683
国有独资公司	0	0	0	0	0	0
其他有限责任公司	23772	2002	1924	25586	25269	2683
股份有限公司	6044	362	362	2084	1903	462
私营企业	15419	791	791	8983	4392	2710
私营独资企业	2000	50	50	0	0	575
私营合伙企业	0	0	0	0	0	0
私营有限责任公司	13419	741	741	8983	4392	2135
私营股份有限公司	0	0	0	0	0	0
其他企业	6709	38	38	182	182	536
港、澳、台商投资企业	0	0	0	0	0	0
合作经营企业(港或澳、台资)	0	0	0	0	0	0
合资经营企业(港或澳、台资)	0	0	0	0	0	0
港、澳、台商独资经营企业	0	0	0	0	0	0
港、澳、台商投资股份有限公司	0	0	0	0	0	0
外商投资企业	0	0	0	0	0	0
中外合资经营企业	0	0	0	0	0	0
中外合作经营企业	0	0	0	0	0	0
外资企业	0	0	0	0	0	0
外商投资股份有限公司	0	0	0	0	0	0
二、按国民经济行业分组						
房屋和土木工程建筑业	131164	12768	11659	116192	105890	16366
房屋工程建筑	101053	8675	8368	113545	103599	13089
土木工程建筑	30111	4093	3291	2647	2291	3277
铁路道路隧道和桥梁工程	21518	2474	2340	1698	1381	2053
水利和港口工程建筑	3110	359	359	0	0	533
工矿工程建筑	0	0	0	0	0	0
架线和管道工程建筑	4273	1260	592	949	910	551
其他土木工程建筑	1210	0	0	0	0	140
建筑安装业	4245	593	593	4742	4742	330

(续表 4-9)

项　　目	四、工资、福利费			五、补充资料		六、全部从业人员年平均人数
	其中:主营业务应付工资总额	本年应付福利费总额(贷方累计发生额)	其中:主营业务应付福利费总额	应　收工程款	其中:竣工工程	
建筑装饰业	239	31	31	0	0	15
其它建筑业	3369	419	419	2379	2379	234
工程设备	2601	327	327	1537	1537	153
提供工程设备服务	0	0	0	0	0	0
其它未列明的建筑活动	768	92	92	842	842	81
三、按隶属关系分组						
中央	0	0	0	0	0	0
地方	139017	13811	12702	123313	113011	16945
省(自治区、直辖市)	3369	419	419	2379	2379	234
地(区、市、州、盟)	53674	6702	5692	57068	54341	6574
县(区、市、旗)及县以下	81974	6690	6591	63866	56291	10137
四、按企业资质等级分组						
施工总承包	131325	12755	11646	116269	105967	16230
特级	0	0	0	0	0	0
一级	10440	1624	1462	33749	31559	1620
二级	56788	7373	7139	15499	10908	6529
三级及以下	64097	3758	3045	67021	63500	8081
专业承包	7692	1056	1056	7044	7044	715
一级	0	0	0	0	0	0
二级	2005	265	265	1472	1472	105
三级及以下	5687	791	791	5572	5572	610
五、按地区分						
贵港市	139017	13811	12702	123313	113011	16945
港北区	69692	7534	6524	70858	63540	9227
港南区	12805	1292	1292	17680	15648	1571
覃塘区	4546	689	644	13916	13274	486
平南县	25725	1950	1896	19607	19607	3055
桂平市	26249	2346	2346	1252	942	2606
六、按营业状态分						
营业	138778	13780	12671	123313	113011	16930
停业(歇业)	239	31	31	0	0	15
筹建	0	0	0	0	0	0
当年关闭	0	0	0	0	0	0
当年破产	0	0	0	0	0	0
其它	0	0	0	0	0	0
七、按控股情况分						
国有控股	32275	4773	3887	38503	35957	3722
集体控股	76252	7337	7114	49304	46320	8965
私人控股	30490	1701	1701	35506	30734	4258
港澳台商控股	0	0	0	0	0	0
外商控股	0	0	0	0	0	0

五、能源、交通运输

5-1 交通运输及电信业企业业务活动情况

指标名称	计量单位	本年实际
公路运输企业		
汽车	辆	2364
其中:客车	辆	1850
客位	客位	44893
其中:货车	辆	617
吨位	吨位	6131.49
客运量	人	22875478
货运量	吨	2530052.90
水路运输企业		
机动船	艘	1924
净载重	吨位	920734.00
载客量	客位	16994
客运量	人	750000
旅客周转量	人公里	525000.00
货运量	吨	19406369.73
国际标准集装箱运量	TEU	19861.00
港口企业		
码头长度	米	1290.00
泊位数	个	9
港口货物吞吐量	万吨	316.66
国际标准集装箱吞吐量	TEU	12686.00
装卸企业		
装卸量	万吨	136.39
城市交通企业		
公共汽(电)车	辆	140
出租汽车	辆	416
客运量	人	20513750
电信企业		
局用交换机容量	万门	105.75
固定电话用户	万户	78.54
其中:住宅电话用户	万户	55.80
移动电话用户	万户	66.17
其中:CDMA 用户	万户	9.71
增值电信业务服务收入	万元	9628.81
其中:1.因特网接入服务	万元	2414.26
2.信息服务	万元	1033.26

5-2 交通运输及电信业企业财务状况综合表

单位:元

指标名称	企业数(个)	亏损企业	年末从业人员数(个)	固定资产原价	本年折旧	资产总计	负债合计
总计	**96**	**32**	**15054**	**4746698.00**	**1341727.00**	**3756832.01**	**1957695.00**
按登记注册类型分组							
国有企业	8	3	1907	3407966.00	1081619.00	2604642.00	1485485.00
集体企业	35	14	6955	416591.00	20791.00	435934.00	192368.00
股份合作企业	2	0	28	172.00	21.00	321.00	69.00
其他有限责任公司	9	1	435	30392.00	2470.00	32138.01	10457.00
股份有限公司	9	1	1893	287982.00	25367.00	203891.00	131681.00
私营独资企业	4	2	173	7495.00	365.00	9446.00	1556.00
私营合伙企业	3	0	605	52500.00	13125.00	40198.00	35.00
私营有限责任公司	18	9	2057	141110.00	12901.00	105370.00	24691.00
私营股份有限公司	2	0	188	13000.00	1757.00	13840.00	2188.00
中外合资经营企业	2	2	660	127794.00	18614.00	233861.00	87535.00
外资企业	2	0	112	258846.00	164653.00	72886.00	21630.00
按交通运输及电信行业中类分组							
交通运输、仓储和邮政业	91	30	14334	1226005.00	101226.00	1230226.01	467697.00
道路运输业	23	7	5170	524667.00	54852.00	392669.00	165320.00
公路旅客运输	10	4	4061	422439.00	35916.00	302280.00	149803.00
道路货物运输	12	3	1109	102228.00	18936.00	90389.00	15517.00
城市公共交通业	4	0	553	24180.00	2162.00	18217.01	9243.00
公共电汽车客运	1	0	355	17258.00	1856.00	11185.00	2661.00
出租车客运	3	0	198	6922.00	306.00	7032.01	6582.00
水上运输业	58	23	7269	552320.00	41393.00	686571.00	280243.00
水上货物运输	45	18	4731	398294.00	21238.00	409017.00	167765.00
水上运输辅助活动	13	5	2538	154026.00	20155.00	277554.00	112478.00
装卸搬运和其他运输服务业	5	0	109	5520.00	80.00	9136.00	0.00
装卸搬运	5	0	109	5520.00	80.00	9136.00	0.00
邮政业	1	0	1233	119318.00	2739.00	123633.00	12891.00
信息传输、计算机服务和软件业	5	2	720	3520693.00	1240501.00	2526606.00	1489998.00
电信和其他信息传输服务业	5	2	720	3520693.00	1240501.00	2526606.00	1489998.00
电　信	5	2	720	3520693.00	1240501.00	2526606.00	1489998.00

(续表 5-2)　　单位:元

指 标 名 称	实收资本	营业收入合计	主营业务收入	主营业务成本	主营业务税金及附加	费用合计
总 计	**1113552.00**	**2053225.00**	**1987783.00**	**1433181.00**	**111194.00**	**273365.00**
按登记注册类型分组						
国有企业	479765.00	790176.00	778805.00	591450.00	25279.00	98865.00
集体企业	359376.00	418591.00	417890.00	363880.00	17963.00	18060.00
股份合作企业	200.00	734.00	734.00	179.00	51.00	483.00
其他有限责任公司	7493.00	66901.00	66897.00	58382.00	3196.00	2599.00
股份有限公司	36536.00	182128.00	139345.00	104350.00	5290.00	18632.00
私营独资企业	4026.00	7527.00	7527.00	6673.00	164.00	902.00
私营合伙企业	40235.00	87370.00	87248.00	70727.00	1020.00	5122.00
私营有限责任公司	51743.00	194887.00	194836.00	160919.00	6843.00	13301.00
私营股份有限公司	5150.00	12760.00	12760.00	9975.00	518.00	1368.00
中外合资经营企业	128348.00	50833.00	47476.00	28117.00	1487.00	14840.00
外资企业	0.00	237800.00	230747.00	35501.00	49316.00	98935.00
按交通运输及电信行业中类分组						
交通运输、仓储和邮政业	648089.00	1150376.00	1100487.00	902718.00	40397.00	91459.00
道路运输业	155421.00	520015.00	477232.00	385288.00	12253.00	39487.00
公路旅客运输	101632.00	370210.00	327427.00	259867.00	8926.00	30874.00
道路货物运输	53789.00	149805.00	149805.00	125421.00	3327.00	8613.00
城市公共交通业	11024.00	5972.00	5972.00	5608.00	89.00	158.00
公共电汽车客运	8524.00	307.00	307.00	233.00	0.00	0.00
出租车客运	2500.00	5665.00	5665.00	5375.00	89.00	158.00
水上运输业	474178.00	513859.00	509624.00	428541.00	24905.00	37043.00
水上货物运输	326158.00	315777.00	315269.00	261419.00	16635.00	19549.00
水上运输辅助活动	148020.00	198082.00	194355.00	167122.00	8270.00	17494.00
装卸搬运和其他运输服务业	1350.00	7135.00	7135.00	6201.00	129.00	512.00
装卸搬运	1350.00	7135.00	7135.00	6201.00	129.00	512.00
邮政业	6116.00	103395.00	100524.00	77080.00	3021.00	14259.00
信息传输、计算机服务和软件业	465463.00	902849.00	887296.00	530463.00	70797.00	181906.00
电信和其他信息传输服务业	465463.00	902849.00	887296.00	530463.00	70797.00	181906.00
电 信	465463.00	902849.00	887296.00	530463.00	70797.00	181906.00

(续表5-2)　　单位:元

指标名称	营业利润	利润总额	亏损企业亏损总额	从业人员劳动报酬	劳动、失业保险费	全部从业人员年平均人数(人)
总计	**191402.00**	**148421.00**	**39117.00**	**222668.00**	**23515.00**	**15054**
按登记注册类型分组						
国有企业	62028.00	55795.00	35188.00	81460.00	18500.00	1907
集体企业	21840.00	21840.00	537.00	56329.00	86.00	6955
股份合作企业	21.00	21.00	0.00	268.00	0.00	28
其他有限责任公司	2744.00	2782.00	8.00	8488.00	116.00	435
股份有限公司	18202.00	18535.00	15.00	25491.00	3102.00	1893
私营独资企业	-212.00	-212.00	340.00	1476.00	0.00	173
私营合伙企业	10514.00	10514.00	0.00	14461.00	5.00	605
私营有限责任公司	14526.00	15299.00	1662.00	19354.00	41.00	2057
私营股份有限公司	899.00	749.00	0.00	1858.00	0.00	188
中外合资经营企业	3390.00	-1367.00	1367.00	10691.00	1199.00	660
外资企业	57285.00	24300.00	0.00	2436.00	466.00	112
按交通运输及电信行业中类分组						
交通运输、仓储和邮政业	80777.00	75669.00	4133.00	156009.00	8255.00	14334
道路运输业	48115.00	48553.00	779.00	66286.00	3189.00	5170
公路旅客运输	35671.00	36101.00	467.00	44143.00	3025.00	4061
道路货物运输	12444.00	12452.00	312.00	22143.00	164.00	1109
城市公共交通业	117.00	97.00	0.00	5447.00	110.00	553
公共电汽车客运	74.00	54.00	0.00	3500.00	100.00	355
出租车客运	43.00	43.00	0.00	1947.00	10.00	198
水上运输业	23796.00	19615.00	3354.00	67225.00	1333.00	7269
水上货物运输	21050.00	21710.00	776.00	37965.00	98.00	4731
水上运输辅助活动	2746.00	-2095.00	2578.00	29260.00	1235.00	2538
装卸搬运和其他运输服务业	293.00	293.00	0.00	908.00	0.00	109
装卸搬运	293.00	293.00	0.00	908.00	0.00	109
邮政业	8456.00	7111.00	0.00	16143.00	3623.00	1233
信息传输、计算机服务和软件业	110625.00	72752.00	34984.00	66659.00	15260.00	720
电信和其他信息传输服务业	110625.00	72752.00	34984.00	66659.00	15260.00	720
电信	110625.00	72752.00	34984.00	66659.00	15260.00	720

5-3 工业企业能源购进、消费与库存情况

能源名称	计量单位	企业单位数（个）	年初库存量	购进量	
				实物量	金额（千元）
原煤	吨	73	150840	2279055	896800.38
煤制品	吨	1	0	403	195.45
煤粉	吨	1	0	403	195.45
焦炭	吨	6	14746	210619	184784.50
其他焦化产品	吨	1	1801	18367	11020.00
高炉煤气	万立方米	1	0.00	0.00	0.00
汽油	吨	23	15	2724	13952.78
煤油	吨	1	0	2	12.00
柴油	吨	39	229	7123	33830.23
燃料油	吨	1	0	10	46.80
液化石油气	吨	2	50	3950	22426.00
其他石油制品	吨	1	20	200	2000.00
热力	百万千焦	3	0.00	246367.00	6645.00
电力	万千瓦时	175	0.00	192252.08	943054.02
其他燃料	吨标准煤	6	0.00	4577.00	1756.00
生物质能	吨标准煤	4	0.00	4577.00	1756.00
工业废料	吨标准煤	1	0.00	0.00	0.00
能源合计	吨标准煤	175	0.00	0.00	0.00

（续表5-3）

能源名称	计量单位	消费量					年末库存量
		合计	1.工业生产消费	用于原材料	2.非工业生产消费	合计中:运输工具消费	
原煤	吨	2062003	2061803	31440	14284	80	211445
煤制品	吨	392	392	0	0	0	19
煤粉	吨	392	392	0	0	0	19
焦炭	吨	212495	212495	40965	0	0	12690
其他焦化产品	吨	18054	18054	0	0	0	2114
高炉煤气	万立方米	2307.49	2307.49	0.00	0.00	0.00	0.00
汽油	吨	2724	554	33	2170	2304	5
煤油	吨	2	2	0	0	0	0
柴油	吨	7092	6252	309	840	1029	509
燃料油	吨	10	10	10	0	0	0
液化石油气	吨	3937	3937	0	0	0	63
其他石油制品	吨	200	200	0	0	0	20
热力	百万千焦	5775373.00	5775373.00	0.00	0.00	0.00	0.00
电力	万千瓦时	218892.29	216094.06	0.00	2763.23	0.00	0.00
其他燃料	吨标准煤	39595.87	39595.87	20.00	0.00	0.00	0.00
生物质能	吨标准煤	31565.87	31565.87	20.00	0.00	0.00	0.00
工业废料	吨标准煤	1776.00	1776.00	0.00	0.00	0.00	0.00
能源合计	吨标准煤	2050457.57	2042462.64	0.00	17669.91	0.00	0.00

5-4 工业企业能源购进、消费与库存附表

能源名称	计量单位	工业生产消费量	加工转换投入合计	火力发电	供 热	能源加工转换产出
原煤	吨	671656	583056	199557	383499	0
煤制品	吨	392	0	0	0	0
煤粉	吨	392	0	0	0	0
焦炭	吨	170838	0	0	0	0
其他焦化产品	吨	18054	0	0	0	0
焦炉煤气	万立方米	0.00	0.00	0.00	0.00	0.00
高炉煤气	万立方米	2307.49	2307.49	2307.49	0.00	0.00
汽油	吨	138	0	0	0	0
柴油	吨	1744	96	0	96	0
液化石油气	吨	3803	0	0	0	0
其他石油制品	吨	200	0	0	0	0
热力	百万千焦	5529006.00	221353.00	221353.00	0.00	5529006.00
电力	万千瓦时	69285.02	0.00	0.00	0.00	30196.51
其他燃料	吨标准煤	33321.87	17356.87	12799.87	4557.00	0.00
生物质能	吨标准煤	31545.87	15580.87	11023.87	4557.00	0.00
工业废料	吨标准煤	1776.00	1776.00	1776.00	0.00	0.00
能源合计	吨标准煤	856257.22	318423.30	125038.30	193385.00	225651.06

六、贸易、旅游、外经

6-1 社会消费品零售总额

单位:万元

项　　目	贵港市	市　直	港北区	港南区	覃塘区	平南县	桂平市
社会消费品零售总额	1045023	91639	281537	92008	104681	177474	297684
(一)按销售地区分							
市	503928	91639	189555	15362	41220		166152
县	61495					61495	
县以下	479600		91982	76646	63461	115979	131532
(二)按经济类型分							
国有经济	33275	16651	1305	5269	135	4346	5569
集体经济	53032	2769	6032	9542	9134	16109	9446
私营经济	83320	2821	41176	658	2252	5579	30834
个体经济	748734		211967	74451	82858	143889	235569
联营经济							
股份制经济	105930	60836	13993	2088	6924	7551	14538
外商投资经济	551	80	471				
港澳台投资经济							
其他经济	20181	8482	6593		3378		1728
(三)按行业分							
批发零售贸易业	931987	88200	251236	84385	90534	149513	268119
限额以上	174338	85538	32568	13159	15959	8823	18291
限额以下及个体户	757649	2662	218668	71226	74575	140690	249828
其中:个体	694012		197642	70573	72089	125575	228133
餐饮业	82201	1234	23708	3878	10769	21082	21530
限额以上	9571	1088	6378			417	1688
限额以下及个体户	72630	146	17330	3878	10769	20665	19842
其中:个体	64915		14325	3878	10769	17525	18418
其他行业	30835	2205	6593	3745	3378	6879	8035

6-2 限额以上批发零售贸易业商品购进、销售、库存总额

单位：万元

项目	法人企业（个）	产业活动单位（个）	从业人员（人）	购进总额	进口
总计	**59**	**368**	**7693**	**400015.8**	**45.9**
一、批发业	25	266	5186	344006.8	32.9
其中：国有及国有控股	10	96	3195	231097	32.9
1.按登记注册类型分组					
内资企业	25	266	5186	344006.8	32.9
国有企业	7	20	1234	66595.4	32.9
集体企业	7	130	1075	33537.6	
股份合作企业		1	44	1101.1	
联营企业					
国有联营企业					
集体联营企业					
国有与集体联营企业					
其他联营企业					
有限责任公司	1	1	160		
国有独资企业					
其他有限责任公司	1	1	160		
股份有限公司	2	75	1801	164501.6	
私营企业	8	39	872	78271.1	
私营独资企业	3	7	128	5531.6	
私营合伙企业					
私营有限责任公司	5	31	729	72739.5	
私营股份有限公司		1	15		
其他企业					
港、澳、台商投资企业					
合资经营企业(港或澳、台资)					
合作经营企业(港或澳、台资)					
独资经营企业					
投资股份有限公司					
外商投资企业					
中外合资经营企业					
中外合作经营企业					
外资企业					
外商投资股份有限公司					
2.按国民经济行业分组					
农畜产品批发	3	13	190	9323.5	

（续表 6－2） 单位：万元

项　　目	法人企业（个）	产业活动单位（个）	从业人员（人）	购进总额	进　口
食品、饮料及烟草制品批发	4	31	1167	98752.3	32.9
米、面制品及食用油批发					
烟草制品批发	1	1	470	45822.5	32.9
纺织、服装及日用品批发		6	12		
服装批发					
文化、体育用品及器材批发	4	12	549	21230.2	
医药及医疗器材批发		3	86	1101.1	
矿产品、建材及化工产品批发	13	199	3154	210708.5	
煤炭及制品批发					
石油及制品批发	4	79	1890	166711.7	
金属及金属矿批发	1	1	160		
建材批发		3	10	3590.4	
化肥批发	7	102	1020	31695.7	
机械设备、五金交电及电子产品批发		1	3		
汽车、摩托车及零配件批发					
家用电器批发					
计算机、软件及辅助设备批发					
贸易经纪与代理	1	1	25	2891.2	
其他批发					
二、零售业	34	102	2507	56009	13
其中：国有及国有控股	6	11	432	9173.9	13
1.按登记注册类型分组					
内资企业	34	102	2507	56009	13
国有企业	5	9	366	7157.3	
集体企业	8	68	764	15925.5	
股份合作企业	1	1	55	1258.5	
联营企业					
国有联营企业					
集体联营企业					
国有与集体联营企业					
其他联营企业					
有限责任公司	3	4	670	4736.8	13
国有独资企业					
其他有限责任公司	3	4	670	4736.8	13
股份有限公司	2	2	242	2489.8	
私营企业	14	17	350	23872.1	
私营独资企业	1	1	30	759	

(续表 6-2)　　　　单位:万元

项　目	法人企业(个)	产业活动单位(个)	从业人员(人)	购进总额	进　口
私营合伙企业	1	1	12	520	
私营有限责任公司	12	15	308	22593.1	
私营股份有限公司					
其他企业	1	1	60	569	
港、澳、台商投资企业					
合资经营企业(港或澳、台资)					
合作经营企业(港或澳、台资)					
独资经营企业					
投资股份有限公司					
外商投资企业					
中外合资经营企业					
中外合作经营企业					
外资企业					
外商投资股份有限公司					
2.按国民经济行业分组					
综合零售	11	41	1592	20819.7	
百货零售	1	3	213	1475.2	
超级市场零售	1	1	596	1057	
食品、饮料及烟草制品专门零售	1	3	7	2885.3	
纺织、服装及日用品专门零售	1	12	101	1258.5	
服装零售	1	3	63	1258.5	
文化、体育用品及器材专门零售		7	40		
体育用品零售		1	3		
图书零售		4	33		
医药及医疗器材专门零售	2	11	168	681.8	
药品零售	2	11	168	681.8	
汽车、摩托车、燃料及零配件专门零售	9	12	202	18918	
汽车零售	6	6	110	9694.2	
机动车燃料零售					
家用电器及电子产品专门零售	5	6	213	5482.5	13
家用电器零售	4	5	171	4467.9	13
计算机、软件及辅助设备零售	1	1	42	1014.6	
通信设备零售					
五金、家具及室内装修材料专门零售	4	8	147	2409.6	
无店铺及其他零售	1	2	37	3553.6	
邮购及电子销售					

(续表6－2)　　单位:万元

项　　目	销售总额 合 计	批 发	#出口	零 售	年末库存总额	年末零售营业面积(平方米)
总　计	**457117.3**	**335853.8**	**3141.7**	**121263.5**	**24874.4**	**130482**
一、批发业	391847.5	324140.3	3141.7	67707.2	7696.3	
其中:国有及国有控股	266715.4	209371.3	2993.7	57344.1	4735.7	
1.按登记注册类型分组						
内资企业	391847.5	324140.3	3141.7	67707.2	7696.3	
国有企业	89788.3	85868.3	2993.7	3920	3874.4	
集体企业	35044.2	25656.8	148	9387.4	945	
股份合作企业	1510.2	1480.2		30	101.8	
联营企业						
国有联营企业						
集体联营企业						
国有与集体联营企业						
其他联营企业						
有限责任公司	2086.5	2015.8		70.7		
国有独资企业						
其他有限责任公司	2086.5	2015.8		70.7		
股份有限公司	174840.6	121487.2		53353.4	861.3	
私营企业	88577.7	87632		945.7	1913.8	
私营独资企业	5496.4	4550.7		945.7	134.9	
私营合伙企业						
私营有限责任公司	83081.3	83081.3			1778.9	
私营股份有限公司						
其他企业						
港、澳、台商投资企业						
合资经营企业(港或澳、台资)						
合作经营企业(港或澳、台资)						
独资经营企业						
投资股份有限公司						
外商投资企业						
中外合资经营企业						
中外合作经营企业						
外资企业						
外商投资股份有限公司						
2.按国民经济行业分组						
农畜产品批发	9441.6	9441.6			499.6	
食品、饮料及烟草制品批发	132377	131974		403	4031.4	

（续表6－2）　　单位：万元

项　目	销售总额 合计	批发	#出口	零售	年末库存总额	年末零售营业面积（平方米）
米、面制品及食用油批发						
烟草制品批发	68310	67907		403	2458.3	
纺织、服装及日用品批发						
服装批发						
文化、体育用品及器材批发	20619	17102		3517	1164.1	
医药及医疗器材批发	1510.2	1480.2		30	101.8	
矿产品、建材及化工产品批发	224906	161148.8	148	63757.2	1899.4	
煤炭及制品批发						
石油及制品批发	177077.8	122778.7		54299.1	933.9	
金属及金属矿批发	2086.5	2015.8		70.7		
建材批发	3632.1	3632.1			20.5	
化肥批发	33176.2	23788.8	148	9387.4	945	
机械设备、五金交电及电子产品批发						
汽车、摩托车及零配件批发						
家用电器批发						
计算机、软件及辅助设备批发						
贸易经纪与代理	2993.7	2993.7	2993.7			
其他批发						
二、零售业	65269.8	11713.5		53556.3	17178.1	130482
其中：国有及国有控股	8730.7	2073.5		6657.2	11368.5	7188
1.按登记注册类型分组						
内资企业	65269.8	11713.5		53556.3	17178.1	130482
国有企业	6405.5	1558.8		4846.7	11347	2188
集体企业	17688.1	7988.8		9699.3	1536.5	12820
股份合作企业	1101.1			1101.1	895.6	4436
联营企业						
国有联营企业						
集体联营企业						
国有与集体联营企业						
其他联营企业						
有限责任公司	10030	514.7		9515.3	471.5	15800
国有独资企业						
其他有限责任公司	10030	514.7		9515.3	471.5	15800
股份有限公司	2581			2581	352.1	6120
私营企业	26895.1	1651.2		25243.9	2437.4	81118
私营独资企业	604			604	108	1500

（续表6－2） 单位：万元

项目	销售总额				年末库存总额	年末零售营业面积（平方米）
	合计	批发	#出口	零售		
私营合伙企业	600			600	500	30000
私营有限责任公司	25691.1	1651.2		24039.9	1829.4	49618
私营股份有限公司						
其他企业	569			569	138	8000
港、澳、台商投资企业						
合资经营企业（港或澳、台资）						
合作经营企业（港或澳、台资）						
独资经营企业						
投资股份有限公司						
外商投资企业						
中外合资经营企业						
中外合作经营企业						
外资企业						
外商投资股份有限公司						
2.按国民经济行业分组						
综合零售	27453.1	9105.8		18347.3	11146.7	29820
百货零售	1500			1500	169.2	6000
超级市场零售	6000			6000	450	10000
食品、饮料及烟草制品专门零售	1555.2			1555.2	1955.8	148
纺织、服装及日用品专门零售	1101.1			1101.1	895.6	4436
服装零售	1101.1			1101.1	895.6	4436
文化、体育用品及器材专门零售						
体育用品零售						
图书零售						
医药及医疗器材专门零售	846.2	249.8		596.4	57.8	480
药品零售	846.2	249.8		596.4	57.8	480
汽车、摩托车、燃料及零配件专门零售	21077.1	1437.2		19639.9	1313.6	44518
汽车零售	12338.6	1424.6		10914	420.1	12900
机动车燃料零售						
家用电器及电子产品专门零售	6685.2	406		6279.2	925.8	8080
家用电器零售	5604.2	406		5198.2	742.9	7960
计算机、软件及辅助设备零售	1081			1081	182.9	120
通信设备零售						
五金、家具及室内装修材料专门零售	2828.5	514.7		2313.8	810.7	40000
无店铺及其他零售	3723.4			3723.4	72.1	3000
邮购及电子销售						

6-3 限额以上批发零售企业财务状况(一)

单位:万元

项目	法人企业(个)	亏损企业数(个)	二、年末资产负债		
			流动资产合计	其中:存货	固定资产原价
总计	**59**	**21**	**46944.7**	**12073.4**	**50475.9**
一、批发业	25	6	24720.5	5615.6	33589.1
其中:国有及国有控股	10	2	16739.6	3778.8	29161
1.按登记注册类型分组					
内资企业	25	6	24720.5	5615.6	33589.1
国有企业	7	2	16304	3663.3	7066.3
集体企业	7	2	3924.5	717.8	1836.2
股份合作企业					
联营企业					
国有联营企业					
集体联营企业					
国有与集体联营企业					
其他联营企业					
有限责任公司	1		376.9	115.5	840.3
国有独资企业					
其他有限责任公司	1		376.9	115.5	840.3
股份有限公司	2		58.7		21254.4
私营企业	8	2	4056.4	1119	2591.9
私营独资企业	3	2	626.6	153.4	628
私营合伙企业					
私营有限责任公司	5		3429.8	965.6	1963.9
私营股份有限公司					
其他企业					
港、澳、台商投资企业					
合资经营企业(港或澳、台					
合作经营企业(港或澳、台					
独资经营企业					
投资股份有限公司					
外商投资企业					
中外合资经营企业					
中外合作经营企业					
外资企业					
外商投资股份有限公司					
2.按国民经济行业分组					
农畜产品批发	3	1	1046.9	500.8	145

（续表6－3）　　　　　　　　　　　　　　　　　　　　单位：万元

项　　目	法人企业（个）	亏损企业数（个）	二、年末资产负债		
			流动资产合计	其中：存货	固定资产原价
食品、饮料及烟草制品批发	4		14889.4	3356.6	5059.7
米、面制品及食用油批发					
烟草制品批发	1		12112.7	2458.4	3160.9
纺织、服装及日用品批发					
服装批发					
文化、体育用品及器材批发	4		2217.3	832.3	3798
医药及医疗器材批发					
矿产品、建材及化工产品批发	13	4	5655.5	925.9	24531.5
煤炭及制品批发					
石油及制品批发	4	2	224.1	92.6	21855
金属及金属矿批发	1		376.9	115.5	840.3
建材批发					
化肥批发	7	2	3924.5	717.8	1836.2
机械设备、五金交电及电子产品批					
汽车、摩托车及零配件批发					
家用电器批发					
计算机、软件及辅助设备批发					
贸易经纪与代理	1	1	911.4		54.9
其他批发					
二、零售业	34	15	22224.2	6457.8	16886.8
其中：国有及国有控股	6	2	5305.6	2518.1	5615.8
1.按登记注册类型分组					
内资企业	34	15	22224.2	6457.8	16886.8
国有企业	5	2	4943.9	2496.6	5614.7
集体企业	8	7	5328.5	759.9	2522.1
股份合作企业	1	1	205.3	187.4	582.1
联营企业					
国有联营企业					
集体联营企业					
国有与集体联营企业					
其他联营企业					
有限责任公司	3	1	1819.8	354.2	160.4
国有独资企业					
其他有限责任公司	3	1	1819.8	354.2	160.4
股份有限公司	2		1680.5	253.6	165
私营企业	14	4	7908.2	2268.1	6842.5
私营独资企业	1		131.2	107.8	953.8

（续表6-3） 单位：万元

项　　目	法人企业（个）	亏损企业数（个）	二、年末资产负债		
			流动资产合计	其中：存货	固定资产原价
私营合伙企业	1		520	500	480
私营有限责任公司	12	4	7257	1660.3	5408.7
私营股份有限公司					
其他企业	1		338	138	1000
港、澳、台商投资企业					
合资经营企业（港或澳、台					
合作经营企业（港或澳、台					
独资经营企业					
投资股份有限公司					
外商投资企业					
中外合资经营企业					
中外合作经营企业					
外资企业					
外商投资股份有限公司					
2.按国民经济行业分组					
综合零售	11	8	8254.3	1152.9	7963.7
百货零售	1		1423.4	169.2	23.1
超级市场零售	1		1070.6	332.7	143
食品、饮料及烟草制品专门零售	1		2526.7	2210.8	110.3
纺织、服装及日用品专门零售	1	1	205.3	187.4	582.1
服装零售	1	1	205.3	187.4	582.1
文化、体育用品及器材专门零售					
体育用品零售					
图书零售					
医药及医疗器材专门零售	2	1	356.4	64.5	413.7
药品零售	2	1	356.4	64.5	413.7
汽车、摩托车、燃料及零配件专门	9	4	7582.9	1126.5	5354.8
汽车零售	6	4	5529.8	233	340.6
机动车燃料零售					
家用电器及电子产品专门零售	5	1	1257.4	832.9	153.7
家用电器零售	4	1	1000.3	748.5	11.8
计算机、软件及辅助设备零售	1		257.1	84.4	141.9
通信设备零售					
五金、家具及室内装修材料专门零	4		1742.2	810.7	1967.4
无店铺及其他零售	1		299	72.1	341.1
邮购及电子销售					

（续表6－3） 单位：万元

项　目	二、年末资产负债				
	累计折旧	其中：本年折旧	资产合计	负债合计	所有者权益合计
总　计	**12053.6**	**1701.6**	**149165.5**	**97905.2**	**51260.3**
一、批发业	9532.6	676	106483.3	57291	49192.3
其中：国有及国有控股	8354.6	603.6	89905.7	44505.9	45399.8
1.按登记注册类型分组					
内资企业	9532.6	676	106483.3	57291	49192.3
国有企业	3223.6	439.8	23152.9	9203.1	13949.8
集体企业	486.1	16.6	8664.4	8725.1	-60.7
股份合作企业					
联营企业					
国有联营企业					
集体联营企业					
国有与集体联营企业					
其他联营企业					
有限责任公司	312.8	72.4	2311.8	2279.8	32
国有独资企业					
其他有限责任公司	312.8	72.4	2311.8	2279.8	32
股份有限公司	4818.2	91.4	64441	33023	31418
私营企业	691.9	55.8	7913.2	4060	3853.2
私营独资企业	13.8	2.1	1240.8	692.7	548.1
私营合伙企业					
私营有限责任公司	678.1	53.7	6672.4	3367.3	3305.1
私营股份有限公司					
其他企业					
港、澳、台商投资企业					
合资经营企业(港或澳、台					
合作经营企业(港或澳、台					
独资经营企业					
投资股份有限公司					
外商投资企业					
中外合资经营企业					
中外合作经营企业					
外资企业					
外商投资股份有限公司					
2.按国民经济行业分组					
农畜产品批发	57.9	6.8	1145.6	986.6	159
食品、饮料及烟草制品批发	2411.4	302.2	20948.3	8003.2	12945.1

（续表6－3） 单位：万元

项　　目	二、年末资产负债				
	累计折旧	其中：本年折旧	资产合计	负债合计	所有者权益合计
米、面制品及食用油批发					
烟草制品批发	1749.9	255.7	14772.3	5097.7	9674.6
纺织、服装及日用品批发					
服装批发					
文化、体育用品及器材批发	1406.9	176.2	5886.1	2724.5	3161.6
医药及医疗器材批发					
矿产品、建材及化工产品批发	5624.5	180.4	77305.8	44636	32669.8
煤炭及制品批发					
石油及制品批发	4825.6	91.4	65199.6	33304.9	31894.7
金属及金属矿批发	312.8	72.4	2311.8	2279.8	32
建材批发					
化肥批发	486.1	16.6	8664.4	8725.1	－60.7
机械设备、五金交电及电子产品批					
汽车、摩托车及零配件批发					
家用电器批发					
计算机、软件及辅助设备批发					
贸易经纪与代理	31.9	10.4	1197.5	940.7	256.8
其他批发					
二、零售业	2521	1025.6	42682.2	40614.2	2068
其中：国有及国有控股	537.2	126.9	15373.6	18166.2	－2792.6
1.按登记注册类型分组					
内资企业	2521	1025.6	42682.2	40614.2	2068
国有企业	536.2	126.7	15011.7	17844.3	－2832.6
集体企业	377.3	134.2	7703.6	8935.7	－1232.1
股份合作企业	288.8	193.3	686.7	1045.6	－358.9
联营企业					
国有联营企业					
集体联营企业					
国有与集体联营企业					
其他联营企业					
有限责任公司	57.6	27.5	2165.5	1667.5	498
国有独资企业					
其他有限责任公司	57.6	27.5	2165.5	1667.5	498
股份有限公司	78.1	5.4	1931.8	1625.5	306.3
私营企业	1083	488.5	13944.9	8757.6	5187.3
私营独资企业	59.2	22.7	1025.8	8.4	1017.4

(续表6-3) 单位:万元

项目	二、年末资产负债				
	累计折旧	其中:本年折旧	资产合计	负债合计	所有者权益合计
私营合伙企业	200	150	800	300	500
私营有限责任公司	823.8	315.8	12119.1	8449.2	3669.9
私营股份有限公司					
其他企业	100	50	1238	738	500
港、澳、台商投资企业					
合资经营企业(港或澳、台					
合作经营企业(港或澳、台					
独资经营企业					
投资股份有限公司					
外商投资企业					
中外合资经营企业					
中外合作经营企业					
外资企业					
外商投资股份有限公司					
2.按国民经济行业分组					
综合零售	785.7	279.7	15885.8	16469.1	-583.3
百货零售			1610.9	1329.2	281.7
超级市场零售	44.5	23.1	1225.8	1136.6	89.2
食品、饮料及烟草制品专门零售	30.6	3.8	2606.4	2548	58.4
纺织、服装及日用品专门零售	288.8	193.3	686.7	1045.6	-358.9
服装零售	288.8	193.3	686.7	1045.6	-358.9
文化、体育用品及器材专门零售					
体育用品零售					
图书零售					
医药及医疗器材专门零售	33.4	4	736.7	330.9	405.8
药品零售	33.4	4	736.7	330.9	405.8
汽车、摩托车、燃料及零配件专门	611.1	273.8	12998.6	8853.5	4145.1
汽车零售	104.6	22.2	6437.8	4310.9	2126.9
机动车燃料零售					
家用电器及电子产品专门零售	81.1	6.3	1330	863.4	466.6
家用电器零售	3	0.9	1009.1	567.1	442
计算机、软件及辅助设备零售	78.1	5.4	320.9	296.3	24.6
通信设备零售					
五金、家具及室内装修材料专门零	395.5	218.4	8066.4	10428.4	-2362
无店铺及其他零售	294.8	46.3	371.6	75.3	296.3
邮购及电子销售					

6-4 限额以上批发零售企业财务状况(二)

单位:万元

项目	二、年末资产负债				
	所有者权益合计				
	实收资本	国家资本	集体资本	法人资本	个人资本
总计	**41123**	**27428**	**5497.7**	**2753.8**	**5443.5**
一、批发业	30420.6	26751	1807.1	282.9	1579.6
其中:国有及国有控股	27033.9	26751		282.9	
1.按登记注册类型分组					
内资企业	30420.6	26751	1807.1	282.9	1579.6
国有企业	882.9	600		282.9	
集体企业	1909.8		1807.1		102.7
股份合作企业					
联营企业					
国有联营企业					
集体联营企业					
国有与集体联营企业					
其他联营企业					
有限责任公司	150	150			
国有独资企业					
其他有限责任公司	150	150			
股份有限公司	26001	26001			
私营企业	1476.9				1476.9
私营独资企业	621.9				621.9
私营合伙企业					
私营有限责任公司	855				855
私营股份有限公司					
其他企业					
港、澳、台商投资企业					
合资经营企业(港或澳、台					
合作经营企业(港或澳、台					
独资经营企业					
投资股份有限公司					
外商投资企业					
中外合资经营企业					
中外合作经营企业					
外资企业					
外商投资股份有限公司					
2.按国民经济行业分组					
农畜产品批发	138.9	16			122.9

(续表6-4)　　单位:万元

项　　目	二、年末资产负债				
	所有者权益合计				
	实收资本	国家资本	集体资本	法人资本	个人资本
食品、饮料及烟草制品批发	537.9			282.9	255
米、面制品及食用油批发					
烟草制品批发	282.9			282.9	
纺织、服装及日用品批发					
服装批发					
文化、体育用品及器材批发	396.8	346.8			50
医药及医疗器材批发					
矿产品、建材及化工产品批发	29109.8	26151	1807.1		1151.7
煤炭及制品批发					
石油及制品批发	26550	26001			549
金属及金属矿批发	150	150			
建材批发					
化肥批发	1909.8		1807.1		102.7
机械设备、五金交电及电子产品批					
汽车、摩托车及零配件批发					
家用电器批发					
计算机、软件及辅助设备批发					
贸易经纪与代理	237.2	237.2			
其他批发					
二、零售业	10702.4	677	3690.6	2470.9	3863.9
其中:国有及国有控股	1961	377		510	1074
1.按登记注册类型分组					
内资企业	10702.4	677	3690.6	2470.9	3863.9
国有企业	1911	347		510	1054
集体企业	1432.2		1265.6		166.6
股份合作企业	60				60
联营企业					
国有联营企业					
集体联营企业					
国有与集体联营企业					
其他联营企业					
有限责任公司	1350	330		1000	20
国有独资企业					
其他有限责任公司	1350	330		1000	20
股份有限公司	395		395		
私营企业	5054.2		2030	460.9	2563.3
私营独资企业	1006.6				1006.6

（续表6-4）　　单位：万元

项　目	二、年末资产负债				
	所有者权益合计				
	实收资本	国家资本	集体资本	法人资本	个人资本
私营合伙企业	500				500
私营有限责任公司	3547.6		2030	460.9	1056.7
私营股份有限公司					
其他企业	500			500	
港、澳、台商投资企业					
合资经营企业(港或澳、台					
合作经营企业(港或澳、台					
独资经营企业					
投资股份有限公司					
外商投资企业					
中外合资经营企业					
中外合作经营企业					
外资企业					
外商投资股份有限公司					
2.按国民经济行业分组					
综合零售	4613.7		1545.6	1000	2068.1
百货零售	280		280		
超级市场零售	1000			1000	
食品、饮料及烟草制品专门零售	24.4	24.4			
纺织、服装及日用品专门零售	60				60
服装零售	60				60
文化、体育用品及器材专门零售					
体育用品零售					
图书零售					
医药及医疗器材专门零售	287.6	107.6	180		
药品零售	287.6	107.6	180		
汽车、摩托车、燃料及零配件专门	3743.6	300	1850	970.9	622.7
汽车零售	1793.6	300		970.9	522.7
机动车燃料零售					
家用电器及电子产品专门零售	432.1		115		317.1
家用电器零售	317.1				317.1
计算机、软件及辅助设备零售	115		115		
通信设备零售					
五金、家具及室内装修材料专门零	1265	245		500	520
无店铺及其他零售	276				276
邮购及电子销售					

(续表6-4)　单位:万元

项目	二、年末资产负债 所有者权益合计 实收资本 港澳台资本	外商资本	三、损益及分配 营业收入合计	其中:主营业务收入	主营业务成本
总　计			**405525.2**	**394161.2**	**311052.8**
一、批发业			341884.5	330658.2	259931.3
其中:国有及国有控股			243589.6	232364.5	179899.3
1.按登记注册类型分组					
内资企业			341884.5	330658.2	259931.3
国有企业			89557.9	78332.8	62183.1
集体企业			33176.2	33176.2	18522.4
股份合作企业					
联营企业					
国有联营企业					
集体联营企业					
国有与集体联营企业					
其他联营企业					
有限责任公司			2086.5	2086.5	1528.8
国有独资企业					
其他有限责任公司			2086.5	2086.5	1528.8
股份有限公司			151945.2	151945.2	116187.4
私营企业			65118.7	65117.5	61509.6
私营独资企业			5496.4	5496.4	5172.7
私营合伙企业					
私营有限责任公司			59622.3	59621.1	56336.9
私营股份有限公司					
其他企业					
港、澳、台商投资企业					
合资经营企业(港或澳、台					
合作经营企业(港或澳、台					
独资经营企业					
投资股份有限公司					
外商投资企业					
中外合资经营企业					
中外合作经营企业					
外资企业					
外商投资股份有限公司					
2.按国民经济行业分组					
农畜产品批发			9441.6	9441.6	8639
食品、饮料及烟草制品批发			110682.1	100768.2	85727

(续表6-4) 单位:万元

项目	二、年末资产负债		三、损益及分配		
	所有者权益合计		营业收入合计	其中:主营业务收入	主营业务成本
	实收资本				
	港澳台资本	外商资本			
米、面制品及食用油批发					
烟草制品批发			68310	58765.2	46330.7
纺织、服装及日用品批发					
服装批发					
文化、体育用品及器材批发			20233.8	18921.4	16035.5
医药及医疗器材批发					
矿产品、建材及化工产品批发			198378.5	198378.5	146638.6
煤炭及制品批发					
石油及制品批发			154182.4	154182.4	118368.7
金属及金属矿批发			2086.5	2086.5	1528.8
建材批发					
化肥批发			33176.2	33176.2	18522.4
机械设备、五金交电及电子产品批					
汽车、摩托车及零配件批发					
家用电器批发					
计算机、软件及辅助设备批发					
贸易经纪与代理			3148.5	3148.5	2891.2
其他批发					
二、零售业			63640.7	63503	51121.5
其中:国有及国有控股			7017.7	7017.7	4204.2
1.按登记注册类型分组					
内资企业			63640.7	63503	51121.5
国有企业			6364	6364	3619.1
集体企业			17688.2	17559.7	15916.3
股份合作企业			1101.1	1101.1	928.3
联营企业					
国有联营企业					
集体联营企业					
国有与集体联营企业					
其他联营企业					
有限责任公司			8367.7	8358.5	3226.9
国有独资企业					
其他有限责任公司			8367.7	8358.5	3226.9
股份有限公司			2581	2581	2350.5
私营企业			26969.7	26969.7	24562.7
私营独资企业			603.5	603.5	522

(续表6-4) 单位:万元

项　　目	二、年末资产负债		三、损益及分配		
	所有者权益合计		营业收入合计	其中:主营业务收入	主营业务成本
	实收资本				
	港澳台资本	外商资本			
私营合伙企业			600	600	510
私营有限责任公司			25766.2	25766.2	23530.7
私营股份有限公司					
其他企业			569	569	517.7
港、澳、台商投资企业					
合资经营企业(港或澳、台					
合作经营企业(港或澳、台					
独资经营企业					
投资股份有限公司					
外商投资企业					
中外合资经营企业					
中外合作经营企业					
外资企业					
外商投资股份有限公司					
2.按国民经济行业分组					
综合零售			27452.6	27324.1	18422.8
百货零售			1500	1500	1364.9
超级市场零售			6000	6000	978.6
食品、饮料及烟草制品专门零售			1555.2	1555.2	1430.7
纺织、服装及日用品专门零售			1101.1	1101.1	928.3
服装零售			1101.1	1101.1	928.3
文化、体育用品及器材专门零售					
体育用品零售					
图书零售					
医药及医疗器材专门零售			804.7	804.7	717.8
药品零售			804.7	804.7	717.8
汽车、摩托车、燃料及零配件专门			21161.8	21152.6	19259.1
汽车零售			12347.8	12338.6	11247.8
机动车燃料零售					
家用电器及电子产品专门零售			4943.9	4943.9	4453.6
家用电器零售			3862.9	3862.9	3468
计算机、软件及辅助设备零售			1081	1081	985.6
通信设备零售					
五金、家具及室内装修材料专门零			2898	2898	2383.4
无店铺及其他零售			3723.4	3723.4	3525.8
邮购及电子销售					

6-5 限额以上批发零售企业财务状况(三)

单位:万元

项目	三、损益及分配				
	主营业务税金及附加	主营业务利润	其他业务利润	营业费用	管理费用
总计	**1851.4**	**35785.4**	**1711.2**	**13352.3**	**8376.8**
一、批发业	1159.2	32431.4	418.1	10584.5	6973.1
其中:国有及国有控股	621.6	25919.8	171	7508.4	5414.3
1.按登记注册类型分组					
内资企业	1159.2	32431.4	418.1	10584.5	6973.1
国有企业	405.6	11929.3	153.7	3258.2	4158.5
集体企业	65.3	3671.5	116.1	955.1	899.1
股份合作企业					
联营企业					
国有联营企业					
集体联营企业					
国有与集体联营企业					
其他联营企业					
有限责任公司	12.3	545.4	1.5	27.5	487.4
国有独资企业					
其他有限责任公司	12.3	545.4	1.5	27.5	487.4
股份有限公司	203.7	13445.1	15.8	4222.7	768.4
私营企业	472.3	2840.1	131	2121	659.7
私营独资企业	0.7	303		257.6	36.8
私营合伙企业					
私营有限责任公司	471.6	2537.1	131	1863.4	622.9
私营股份有限公司					
其他企业					
港、澳、台商投资企业					
合资经营企业(港或澳、台					
合作经营企业(港或澳、台					
独资经营企业					
投资股份有限公司					
外商投资企业					
中外合资经营企业					
中外合作经营企业					
外资企业					
外商投资股份有限公司					
2.按国民经济行业分组					
农畜产品批发	4.3	640.4	27.3	357.6	249.1

(续表6-5) 单位:万元

项　目	三、损益及分配				
	主营业务税金及附加	主营业务利润	其他业务利润	营业费用	管理费用
食品、饮料及烟草制品批发	806.9	11883.7	165.8	2791.6	3669.3
米、面制品及食用油批发					
烟草制品批发	333.6	10199.9	25.6	1901	3406.1
纺织、服装及日用品批发					
服装批发					
文化、体育用品及器材批发	44.1	1394.8	91.6	1617.5	590.2
医药及医疗器材批发					
矿产品、建材及化工产品批发	287	18426.9	133.4	5798.9	2295
煤炭及制品批发					
石油及制品批发	204.4	13500.3	15.8	4324.4	772.1
金属及金属矿批发	12.3	545.4	1.5	27.5	487.4
建材批发					
化肥批发	65.3	3671.5	116.1	955.1	899.1
机械设备、五金交电及电子产品批					
汽车、摩托车及零配件批发					
家用电器批发					
计算机、软件及辅助设备批发					
贸易经纪与代理	16.9	85.6		18.9	169.5
其他批发					
二、零售业	692.2	3354	1293.1	2767.8	1403.7
其中:国有及国有控股	58.6	513.3	200.3	156.5	502.1
1.按登记注册类型分组					
内资企业	692.2	3354	1293.1	2767.8	1403.7
国有企业	57.6	445.7	200.3	106.2	497.9
集体企业	14.6	559	14.6	258	352.5
股份合作企业	1.7	171.1	246.8	471.3	
联营企业					
国有联营企业					
集体联营企业					
国有与集体联营企业					
其他联营企业					
有限责任公司	8.8	162.5	787.3	718.4	41.4
国有独资企业					
其他有限责任公司	8.8	162.5	787.3	718.4	41.4
股份有限公司	6	224.5	25.5	239.3	6.6
私营企业	580.2	1763.2	18.6	966.1	492.3
私营独资企业	1.7	79	8	55	12

(续表 6-5) 单位:万元

项目	三、损益及分配				
	主营业务税金及附加	主营业务利润	其他业务利润	营业费用	管理费用
私营合伙企业		90		22	60
私营有限责任公司	578.5	1594.2	10.6	889.1	420.3
私营股份有限公司					
其他企业	23.3	28		8.5	13
港、澳、台商投资企业					
合资经营企业(港或澳、台					
合作经营企业(港或澳、台					
独资经营企业					
投资股份有限公司					
外商投资企业					
中外合资经营企业					
中外合作经营企业					
外资企业					
外商投资股份有限公司					
2.按国民经济行业分组					
综合零售	23.2	745.9	966.5	1032.1	601.6
百货零售	3.7	131.4	25.5	156.5	
超级市场零售	4.7	56.4	775.2	608.1	25.9
食品、饮料及烟草制品专门零售	50	74.5	0.2	7.3	43.6
纺织、服装及日用品专门零售	1.7	171.1	246.8	471.3	
服装零售	1.7	171.1	246.8	471.3	
文化、体育用品及器材专门零售					
体育用品零售					
图书零售					
医药及医疗器材专门零售	24	48.6		12.6	35.8
药品零售	24	48.6		12.6	35.8
汽车、摩托车、燃料及零配件专门	488.9	1278.6	60.8	716.2	340
汽车零售	241.6	723.2	60.8	579.6	260
机动车燃料零售					
家用电器及电子产品专门零售	74.4	353.1	3.5	202.7	168.8
家用电器零售	72.1	260	3.5	119.9	162.2
计算机、软件及辅助设备零售	2.3	93.1		82.8	6.6
通信设备零售					
五金、家具及室内装修材料专门零	29.3	485.3	15.9	151.7	197.6
无店铺及其他零售	0.7	196.9	-0.6	173.9	16.3
邮购及电子销售					

(续表6-5) 单位:万元

项　　目	三、损益及分配				
	管理费用			财务费用	其中:利息支出
	其中:税金	差旅费	工会经费		
总　　计	**259**	**274.9**	**84**	**482.6**	**413.7**
一、批发业	177.9	218.6	74	295.8	247.2
其中:国有及国有控股	134.9	160.7	63.2	50.1	39.7
1.按登记注册类型分组					
内资企业	177.9	218.6	74	295.8	247.2
国有企业	90.5	125.8	44.7	29.8	22.3
集体企业	28.7	15.5	4.3	133.2	133.2
股份合作企业					
联营企业					
国有联营企业					
集体联营企业					
国有与集体联营企业					
其他联营企业					
有限责任公司	15.2	14	4.9	17.4	17.4
国有独资企业					
其他有限责任公司	15.2	14	4.9	17.4	17.4
股份有限公司	29.2	20.9	13.6	2.9	
私营企业	14.3	42.4	6.5	112.5	74.3
私营独资企业	3.6	4.1		43.1	42.8
私营合伙企业					
私营有限责任公司	10.7	38.3	6.5	69.4	31.5
私营股份有限公司					
其他企业					
港、澳、台商投资企业					
合资经营企业(港或澳、台					
合作经营企业(港或澳、台					
独资经营企业					
投资股份有限公司					
外商投资企业					
中外合资经营企业					
中外合作经营企业					
外资企业					
外商投资股份有限公司					
2.按国民经济行业分组					
农畜产品批发	3.2	23.8	0.8	47.3	42.8
食品、饮料及烟草制品批发	42.9	81.4	38.5	25.1	-8.6

(续表 6-5)　　　　　　　　　　　　　　　　　　　　单位:万元

项　目	三、损益及分配				
	管理费用			财务费用	其中:利息支出
	其中:税金	差旅费	工会经费		
米、面制品及食用油批发					
烟草制品批发	22.6	81.4	32	-38.2	-38.2
纺织、服装及日用品批发					
服装批发					
文化、体育用品及器材批发	43.6	46.4	10.7	44.5	42.6
医药及医疗器材批发					
矿产品、建材及化工产品批发	75.2	50.9	22.8	153.5	150.6
煤炭及制品批发					
石油及制品批发	31.3	21.4	13.6	2.9	
金属及金属矿批发	15.2	14	4.9	17.4	17.4
建材批发					
化肥批发	28.7	15.5	4.3	133.2	133.2
机械设备、五金交电及电子产品批					
汽车、摩托车及零配件批发					
家用电器批发					
计算机、软件及辅助设备批发					
贸易经纪与代理	13	16.1	1.2	25.4	19.8
其他批发					
二、零售业	81.1	56.3	10	186.8	166.5
其中:国有及国有控股	20.5	5.3	3.9	135.4	134.3
1.按登记注册类型分组					
内资企业	81.1	56.3	10	186.8	166.5
国有企业	20.3	5.3	3.9	135.6	134.5
集体企业	16.5	6.8	0.5	17.1	6.4
股份合作企业				0.1	
联营企业					
国有联营企业					
集体联营企业					
国有与集体联营企业					
其他联营企业					
有限责任公司	4.5	19.7	4.8	5.7	-1.7
国有独资企业					
其他有限责任公司	4.5	19.7	4.8	5.7	-1.7
股份有限公司				-0.7	-1.1
私营企业	33.3	22	0.8	29	28.4
私营独资企业				13.4	13.4

(续表6-5)　　　　　　　　　　　　　　　　　　　　　　　　单位:万元

项　目	三、损益及分配				
	管理费用			财务费用	
	其中:税金	差旅费	工会经费		其中:利息支出
私营合伙企业					
私营有限责任公司	33.3	22	0.8	15.6	15
私营股份有限公司					
其他企业	6.5	2.5			
港、澳、台商投资企业					
合资经营企业(港或澳、台					
合作经营企业(港或澳、台					
独资经营企业					
投资股份有限公司					
外商投资企业					
中外合资经营企业					
中外合作经营企业					
外资企业					
外商投资股份有限公司					
2.按国民经济行业分组					
综合零售	34.4	22.9	8.2	46.8	28.6
百货零售				-1.1	-1.1
超级市场零售	1.8	19.7	4.3	6.2	-1.2
食品、饮料及烟草制品专门零售		2.6	0.1	23.6	23.6
纺织、服装及日用品专门零售				0.1	
服装零售				0.1	
文化、体育用品及器材专门零售					
体育用品零售					
图书零售					
医药及医疗器材专门零售	0.9	0.8	0.3	1.8	1.8
药品零售	0.9	0.8	0.3	1.8	1.8
汽车、摩托车、燃料及零配件专门	31.9	9.7	0.5	13.9	13.4
汽车零售	16.9	6.5	0.5	13.9	13.4
机动车燃料零售					
家用电器及电子产品专门零售	0.4	5.3	0.8	0.3	-0.2
家用电器零售	0.4	5.3	0.8	-0.1	-0.2
计算机、软件及辅助设备零售				0.4	
通信设备零售					
五金、家具及室内装修材料专门零	9.5	2.7	0.1	100.8	99.8
无店铺及其他零售	4	12.3		-0.5	-0.5
邮购及电子销售					

6-6 限额以上批发零售企业财务状况(四)

单位:万元

项目	三、损益及分配				
	营业利润	利润总额	应交所得税	劳动、失业保险费	养老保险和医疗保险费
总计	**18444.5**	**18312**	**5549.3**	**211.4**	**846.1**
一、批发业	17965.9	17933	5431	174.3	649.3
其中:国有及国有控股	16087.7	16049	5421.7	168.3	436.6
1.按登记注册类型分组					
内资企业	17965.9	17933	5431	174.3	649.3
国有企业	7606.2	7947.2	2738.9	54.9	353.3
集体企业	1800.2	1800.2	2		116.6
股份合作企业					
联营企业					
国有联营企业					
集体联营企业					
国有与集体联营企业					
其他联营企业					
有限责任公司	14.6	5.6	3.6	0.2	0.5
国有独资企业					
其他有限责任公司	14.6	5.6	3.6	0.2	0.5
股份有限公司	8466.9	8096.2	2679.2	113.2	82.8
私营企业	78	83.8	7.3	6	96.1
私营独资企业	-34.4	-34.4	6		
私营合伙企业					
私营有限责任公司	112.4	118.2	1.3	6	96.1
私营股份有限公司					
其他企业					
港、澳、台商投资企业					
合资经营企业(港或澳、台					
合作经营企业(港或澳、台					
独资经营企业					
投资股份有限公司					
外商投资企业					
中外合资经营企业					
中外合作经营企业					
外资企业					
外商投资股份有限公司					
2.按国民经济行业分组					
农畜产品批发	13.9	12.5	6		20.6

(续表6-6) 单位:万元

项　　目	三、损益及分配				
	营业利润	利润总额	应　交 所得税	劳动、失业 保险费	养老保险和 医疗保险费
食品、饮料及烟草制品批发	7638.6	7907.9	2716.7	34.3	307.6
米、面制品及食用油批发					
烟草制品批发	6857.6	7121.1	2715.8	28.3	201.3
纺织、服装及日用品批发					
服装批发					
文化、体育用品及器材批发	128.7	81.1	23.5	26.2	111.4
医药及医疗器材批发					
矿产品、建材及化工产品批发	10312.9	9933.2	2684.8	113.4	199.9
煤炭及制品批发					
石油及制品批发	8416.7	8046	2679.2	113.2	82.8
金属及金属矿批发	14.6	5.6	3.6	0.2	0.5
建材批发					
化肥批发	1800.2	1800.2	2		116.6
机械设备、五金交电及电子产品批					
汽车、摩托车及零配件批发					
家用电器批发					
计算机、软件及辅助设备批发					
贸易经纪与代理	-128.2	-1.7		0.4	9.8
其他批发					
二、零售业	478.6	379	118.3	37.1	196.8
其中:国有及国有控股	-80.4	-73.2	-7	15	71.5
1.按登记注册类型分组					
内资企业	478.6	379	118.3	37.1	196.8
国有企业	-93.7	-86.5	-7	15	71.5
集体企业	-54	-17.7	1.6	1	90.9
股份合作企业	-53.5	-53		12.4	
联营企业					
国有联营企业					
集体联营企业					
国有与集体联营企业					
其他联营企业					
有限责任公司	184.4	137.2		1.3	19
国有独资企业					
其他有限责任公司	184.4	137.2		1.3	19
股份有限公司	4.8	4.8	0.9		
私营企业	484.1	387.7	122.6	7.4	15.4
私营独资企业	87.1	3	0.4		

(续表 6-6)　　　　　　　　　　　　　　　　　　　　　　　　　单位:万元

项　　目	三、损益及分配				
	营业利润	利润总额	应　交 所得税	劳动、失业 保险费	养老保险和 医疗保险费
私营合伙企业	8				
私营有限责任公司	389	384.7	122.2	7.4	15.4
私营股份有限公司					
其他企业	6.5	6.5	0.2		
港、澳、台商投资企业					
合资经营企业(港或澳、台					
合作经营企业(港或澳、台					
独资经营企业					
投资股份有限公司					
外商投资企业					
中外合资经营企业					
中外合作经营企业					
外资企业					
外商投资股份有限公司					
2.按国民经济行业分组					
综合零售	112.4	14.7	0.5	4.3	161.5
百货零售	1.5	1.5	0.1		
超级市场零售	191.4	144.3		1.3	15.7
食品、饮料及烟草制品专门零售	0.2	0.2		0.1	2
纺织、服装及日用品专门零售	-53.5	-53		12.4	
服装零售	-53.5	-53		12.4	
文化、体育用品及器材专门零售					
体育用品零售					
图书零售					
医药及医疗器材专门零售	-1.6	8.9	0.2		9.6
药品零售	-1.6	8.9	0.2		9.6
汽车、摩托车、燃料及零配件专门	292.4	289.1	92.2	7	20.3
汽车零售	-48.4	-49.7	-7	7	20.3
机动车燃料零售					
家用电器及电子产品专门零售	64	64.2	21.1		
家用电器零售	60.7	60.9	20.3		
计算机、软件及辅助设备零售	3.3	3.3	0.8		
通信设备零售					
五金、家具及室内装修材料专门零	51.1	42.6	0.2	12.9	
无店铺及其他零售	13.6	12.3	4.1	0.4	3.4
邮购及电子销售					

(续表 6－6)　　单位：万元

项　目	三、损益及分配	四、工资、福利费、增值税			五、全部从业人员年平均人数（人）
	住房公积金和住房补贴	本年应付工资总额（贷方累计发生额）	本年应付福利费总额（贷方累计发生额）	本年应交增值税	
总　计	**400.4**	**6215.4**	**653.8**	**7374.5**	**5124**
一、批发业	362.8	4910.8	534.3	7124.6	3140
其中：国有及国有控股	362.8	3734.5	433.9	4535.6	1874
1.按登记注册类型分组					
内资企业	362.8	4910.8	534.3	7124.6	3140
国有企业	270.1	2808.3	304.3	2740.1	870
集体企业		576.4	27.3	577.5	716
股份合作企业					
联营企业					
国有联营企业					
集体联营企业					
国有与集体联营企业					
其他联营企业					
有限责任公司	4	247.4	34.6		160
国有独资企业					
其他有限责任公司	4	247.4	34.6		160
股份有限公司	88.7	678.8	95	1795.5	844
私营企业		599.9	73.1	2011.5	550
私营独资企业		91.3	2.9	9.7	106
私营合伙企业					
私营有限责任公司		508.6	70.2	2001.8	444
私营股份有限公司					
其他企业					
港、澳、台商投资企业					
合资经营企业（港或澳、台					
合作经营企业（港或澳、台					
独资经营企业					
投资股份有限公司					
外商投资企业					
中外合资经营企业					
中外合作经营企业					
外资企业					
外商投资股份有限公司					
2.按国民经济行业分组					
农畜产品批发	1.3	105.5	14.2	59.7	122
食品、饮料及烟草制品批发	206.9	2856.9	275.9	4323.7	819

(续表6－6)　　　　　　　　　　　　　　　　　　　　　　　　　　单位:万元

项　　目	三、损益及分配	四、工资、福利费、增值税			五、全部从业人员年平均人数(人)
	住房公积金和住房补贴	本年应付工资总额(贷方累计发生额)	本年应付福利费总额(贷方累计发生额)	本年应交增值税	
米、面制品及食用油批发					
烟草制品批发	191.4	2424.2	224.2	2266.9	464
纺织、服装及日用品批发					
服装批发					
文化、体育用品及器材批发	61.9	233.9	66.9	310.1	295
医药及医疗器材批发					
矿产品、建材及化工产品批发	92.7	1675.6	171.9	2431.1	1879
煤炭及制品批发					
石油及制品批发	88.7	744.8	95	1804.7	932
金属及金属矿批发	4	247.4	34.6		160
建材批发					
化肥批发		576.4	27.3	577.5	716
机械设备、五金交电及电子产品批					
汽车、摩托车及零配件批发					
家用电器批发					
计算机、软件及辅助设备批发					
贸易经纪与代理		38.9	5.4		25
其他批发					
二、零售业	37.6	1304.6	119.5	249.9	1984
其中:国有及国有控股	3.3	277.8	33.8	44.4	504
1.按登记注册类型分组					
内资企业	37.6	1304.6	119.5	249.9	1984
国有企业	3.3	261.2	32.3	34.6	488
集体企业		232.3	4.5	14	305
股份合作企业		48.5	6.8		55
联营企业					
国有联营企业					
集体联营企业					
国有与集体联营企业					
其他联营企业					
有限责任公司	0.7	269.1	35.5	43.8	614
国有独资企业					
其他有限责任公司	0.7	269.1	35.5	43.8	614
股份有限公司		94.2	8	33.1	122
私营企业	33.6	339.3	32.4	118.9	340
私营独资企业		25.1	2.7	15.6	30

（续表 6－6） 单位：万元

项　　目	三、损益及分配	四、工资、福利费、增值税			五、全部从业人员年平均人数（人）
	住房公积金和住房补贴	本年应付工资总额（贷方累计发生额）	本年应付福利费总额（贷方累计发生额）	本年应交增值税	
私营合伙企业		13			12
私营有限责任公司	33.6	301.2	29.7	103.3	298
私营股份有限公司					
其他企业		60		5.5	60
港、澳、台商投资企业					
合资经营企业（港或澳、台					
合作经营企业（港或澳、台					
独资经营企业					
投资股份有限公司					
外商投资企业					
中外合资经营企业					
中外合作经营企业					
外资企业					
外商投资股份有限公司					
2.按国民经济行业分组					
综合零售	0.5	650.2	64.6	68.9	1310
百货零售		57.2	8	33.1	80
超级市场零售	0.5	219.1	30.7	5.7	590
食品、饮料及烟草制品专门零售	2.1	5.2	2.1		5
纺织、服装及日用品专门零售		48.5	6.8		55
服装零售		48.5	6.8		55
文化、体育用品及器材专门零售					
体育用品零售					
图书零售					
医药及医疗器材专门零售	0.2	40.1	1.7	13.1	104
药品零售	0.2	40.1	1.7	13.1	104
汽车、摩托车、燃料及零配件专门	32.9	255.8	24.7	102.5	197
汽车零售	2.4	170.4	17.1	86.3	116
机动车燃料零售					
家用电器及电子产品专门零售		124.4	5.4	38.6	158
家用电器零售		87.4	5.4	38.6	116
计算机、软件及辅助设备零售		37			42
通信设备零售					
五金、家具及室内装修材料专门零		138.2	8.3	20.6	120
无店铺及其他零售	1.9	42.2	5.9	6.2	35
邮购及电子销售					

6-7 星级住宿业和限额以上餐饮业企业财务状况(一)

单位:万元

项目	企业数(个)	亏损企业数(个)	一、年末资产负债							
			流动资产小计	存货	固定资产原价	累计折旧	本年折旧	资产合计	负债合计	所有者权益合计
总计	**26**	**5**	**3304.6**	**243.7**	**12110.1**	**1526.5**	**429.8**	**15991.6**	**8024.7**	**7966.9**
一、住宿业	11	3	2194	163.3	7362.3	1226.6	253.2	8914	4769.8	4144.2
其中:国有及国有控股	4	2	266.7	3.4	3219.3	550.6	53.7	2943.9	2094.4	849.5
1.按登记注册类型分组										
内资企业	11	3	2194	163.3	7362.3	1226.6	253.2	8914	4769.8	4144.2
国有企业	4	2	266.7	3.4	3219.3	550.6	53.7	2943.9	2094.4	849.5
集体企业										
股份合作企业										
联营企业										
国有联营企业										
集体联营企业										
国有与集体联营企业										
其他联营企业										
有限责任公司										
国有独资企业										
其他有限责任公司										
股份有限公司	1		611.8	24.7	1010			1628.5	232.3	1396.2
私营企业	6	1	1315.5	135.2	3133	676	199.5	4341.6	2443.1	1898.5
私营独资企业	1		62.7	14.8	822.1	101.7	35.7	1239	1199	40
私营合伙企业	3	1	919.6	17.6	1502	460.7	138.9	2043.5	743.8	1299.7
私营有限责任公司	2		333.2	102.8	808.9	113.6	24.9	1059.1	500.3	558.8
私营股份有限公司										
其他企业										
港、澳、台商投资企业										
合资经营企业(港或澳、台资)										
合作经营企业(港或澳、台资)										
独资经营企业										
投资股份有限公司										
外商投资企业										
中外合资经营企业										
中外合作经营企业										
外资企业										
外商投资股份有限公司										
2.按国民经济行业分组										
旅游饭店	8	3	1514	126.1	5394	848.5	119.1	6637.1	4261.2	2375.9
一般旅馆	3		680	37.2	1968.3	378.1	134.1	2276.9	508.6	1768.3

（续表6－7） 单位：万元

项　　目	企业数（个）	亏损企业数（个）	一、年末资产负债							
			流动资产小计	存　货	固定资产原价	累计折旧	本年折旧	资产合计	负债合计	所有者权益合计
其他住宿服务										
二、餐饮业	15	2	1110.6	80.4	4747.8	299.9	176.6	7077.6	3254.9	3822.7
其中：国有及国有控股	1		220.2	9				220.2		220.2
1.按登记注册类型分组										
内资企业	15	2	1110.6	80.4	4747.8	299.9	176.6	7077.6	3254.9	3822.7
国有企业	1		220.2	9				220.2		220.2
集体企业										
股份合作企业										
联营企业										
国有联营企业										
集体联营企业										
国有与集体联营企业										
其他联营企业										
有限责任公司										
国有独资企业										
其他有限责任公司										
股份有限公司										
私营企业	14	2	890.4	71.4	4747.8	299.9	176.6	6857.4	3254.9	3602.5
私营独资企业	9	1	584.4	49.6	3648.1	251.9	147.6	5283.3	2128	3155.3
私营合伙企业	2	1	89.1	7.1	95.8	23.8	12	367	382.5	－15.5
私营有限责任公司	3		216.9	14.7	1003.9	24.2	17	1207.1	744.4	462.7
私营股份有限公司										
其他企业										
港、澳、台商投资企业										
合资经营企业（港或澳、台资）										
合作经营企业（港或澳、台资）										
独资经营企业										
投资股份有限公司										
外商投资企业										
中外合资经营企业										
中外合作经营企业										
外资企业										
外商投资股份有限公司										
2.按国民经济行业分组										
正餐服务	15	2	1110.6	80.4	4747.8	299.9	176.6	7077.6	3254.9	3822.7
快餐服务										
饮料及冷饮服务										
其他餐饮服务										

6-8 星级住宿业和限额以上餐饮业企业财务状况(二)

单位:万元

项目	一、年末资产负债							二、损益及分配		
	所有者权益合计							营业收入合计	其中:主营业务收入	主营业务成本
	#实收资本	国家资本	集体资本	法人资本	个人资本	港澳台资本	外商资本			
总计	**5786.9**	**245.2**	**9.5**	**1386.6**	**4145.6**			**10402.8**	**10191.6**	**4256**
一、住宿业	2607.5	245.2		1010	1352.3			4068.8	3947.1	1204.4
其中:国有及国有控股	245.2	245.2						649.5	628.8	64
1.按登记注册类型分组										
内资企业	2607.5	245.2		1010	1352.3			4068.8	3947.1	1204.4
国有企业	245.2	245.2						649.5	628.8	64
集体企业										
股份合作企业										
联营企业										
国有联营企业										
集体联营企业										
国有与集体联营企业										
其他联营企业										
有限责任公司										
国有独资企业										
其他有限责任公司										
股份有限公司	1010			1010				1713	1713	389.4
私营企业	1352.3				1352.3			1706.3	1605.3	751
私营独资企业	40				40			234.6	231.5	57.5
私营合伙企业	1245.4				1245.4			1184.6	1086.7	579.1
私营有限责任公司	66.9				66.9			287.1	287.1	114.4
私营股份有限公司										
其他企业										
港、澳、台商投资企业										
合资经营企业(港或澳、台资)										
合作经营企业(港或澳、台资)										
独资经营企业										
投资股份有限公司										
外商投资企业										
中外合资经营企业										
中外合作经营企业										
外资企业										
外商投资股份有限公司										
2.按国民经济行业分组										
旅游饭店	1258.3	245.2			1013.1			1676.4	1577.3	547.9
一般旅馆	1349.2			1010	339.2			2392.4	2369.8	656.5

(续表6-8)　　　　　　　　　　　　　　　　　　　　　　　　　　单位:万元

项　目	一、年末资产负债							二、损益及分配		
	所有者权益合计							营业收入合计	其中:主营业务收入	主营业务成本
	#实收资本	国家资本	集体资本	法人资本	个人资本	港澳台资本	外商资本			
其他住宿服务										
二、餐饮业	3179.4		9.5	376.6	2793.3			6334	6244.5	3051.6
其中:国有及国有控股								838.9	837.9	204.6
1.按登记注册类型分组										
内资企业	3179.4		9.5	376.6	2793.3			6334	6244.5	3051.6
国有企业								838.9	837.9	204.6
集体企业										
股份合作企业										
联营企业										
国有联营企业										
集体联营企业										
国有与集体联营企业										
其他联营企业										
有限责任公司										
国有独资企业										
其他有限责任公司										
股份有限公司										
私营企业	3179.4		9.5	376.6	2793.3			5495.1	5406.6	2847
私营独资企业	2741.1			376.6	2364.5			3676.9	3645.3	1857.8
私营合伙企业	22.6				22.6			509.3	509.3	291.8
私营有限责任公司	415.7		9.5		406.2			1308.9	1252	697.4
私营股份有限公司										
其他企业										
港、澳、台商投资企业										
合资经营企业(港或澳、台资)										
合作经营企业(港或澳、台资)										
独资经营企业										
投资股份有限公司										
外商投资企业										
中外合资经营企业										
中外合作经营企业										
外资企业										
外商投资股份有限公司										
2.按国民经济行业分组										
正餐服务	3179.4		9.5	376.6	2793.3			6334	6244.5	3051.6
快餐服务										
饮料及冷饮服务										
其他餐饮服务										

6-9 星级住宿业和限额以上餐饮业企业财务状况(三)

单位:万元

项　目	二、损益及分配									
	主营业务税金及附加	主营业务利润	其他业务利润	营业费用	管理费用	税金	差旅费	工会经费	财务费用	利息支出
总　计	**640.5**	**4036**	**102.8**	**2741.1**	**1553.4**	**178.4**	**20.7**	**12**	**255.1**	**156.9**
一、住宿业	247.3	2306.7	98.6	1111.6	891.2	72.7	2.9	5.1	143.4	46.4
其中:国有及国有控股	31.3	344.8	81.7	306.9	229.3	61.4	0.1	4.6	6	6
1.按登记注册类型分组										
内资企业	247.3	2306.7	98.6	1111.6	891.2	72.7	2.9	5.1	143.4	46.4
国有企业	31.3	344.8	81.7	306.9	229.3	61.4	0.1	4.6	6	6
集体企业										
股份合作企业										
联营企业										
国有联营企业										
集体联营企业										
国有与集体联营企业										
其他联营企业										
有限责任公司										
国有独资企业										
其他有限责任公司										
股份有限公司	98.1	1225.5		404.2	461.8	11			22	22
私营企业	117.9	736.4	16.9	400.5	200.1	0.3	2.8	0.5	115.4	18.4
私营独资企业	15	159	3	109.1	34				0.1	
私营合伙企业	77.2	430.4	13.8	210.8	123.6		1.5	0.5	93.7	18.8
私营有限责任公司	25.7	147	0.1	80.6	42.5	0.3	1.3		21.6	-0.4
私营股份有限公司										
其他企业										
港、澳、台商投资企业										
合资经营企业(港或澳、台资)										
合作经营企业(港或澳、台资)										
独资经营企业										
投资股份有限公司										
外商投资企业										
中外合资经营企业										
中外合作经营企业										
外资企业										
外商投资股份有限公司										
2.按国民经济行业分组										
旅游饭店	95	745.7	96.2	496.6	416.4	61.7	1.4	4.6	100.4	5.6
一般旅馆	152.3	1561	2.4	615	474.8	11	1.5	0.5	43	40.8

(续表 6-9) 单位:万元

项目	二、损益及分配									
	主营业务税金及附加	主营业务利润	其他业务利润	营业费用	管理费用				财务费用	
						税金	差旅费	工会经费		利息支出
其他住宿服务										
二、餐饮业	393.2	1729.3	4.2	1629.5	662.2	105.7	17.8	6.9	111.7	110.5
其中:国有及国有控股	47.8	170.4	4.2	416.1	174.4	16.6	2.2	2.8	-1.2	-1.2
1.按登记注册类型分组										
内资企业	393.2	1729.3	4.2	1629.5	662.2	105.7	17.8	6.9	111.7	110.5
国有企业	47.8	170.4	4.2	416.1	174.4	16.6	2.2	2.8	-1.2	-1.2
集体企业										
股份合作企业										
联营企业										
国有联营企业										
集体联营企业										
国有与集体联营企业										
其他联营企业										
有限责任公司										
国有独资企业										
其他有限责任公司										
股份有限公司										
私营企业	345.4	1558.9		1213.4	487.8	89.1	15.6	4.1	112.9	111.7
私营独资企业	247.9	884.3		685.6	375.9	60.6	11.9	4.1	104.4	103.2
私营合伙企业	25.5	192		190.1	9.5	1.5	0.5			
私营有限责任公司	72	482.6		337.7	102.4	27	3.2		8.5	8.5
私营股份有限公司										
其他企业										
港、澳、台商投资企业										
合资经营企业(港或澳、台资)										
合作经营企业(港或澳、台资)										
独资经营企业										
投资股份有限公司										
外商投资企业										
中外合资经营企业										
中外合作经营企业										
外资企业										
外商投资股份有限公司										
2.按国民经济行业分组										
正餐服务	393.2	1729.3	4.2	1629.5	662.2	105.7	17.8	6.9	111.7	110.5
快餐服务										
饮料及冷饮服务										
其他餐饮服务										

6-10 星级住宿业和限额以上餐饮业企业财务状况(四)

单位:万元

项目	二、损益及分配						三、工资、福利费		五、全部从业人员年平均人数(人)
	营业利润	利润总额	应交所得税	劳动、失业保险费	养老保险和医疗保险费	住房公积金和住房补贴	本年应付工资总额(贷方累计发生额)	本年应付福利费总额(贷方累计发生额)	
总计	**537.3**	**364.5**	**21.3**	**9.9**	**83.5**	**2.2**	**1673.5**	**103.3**	**2003**
一、住宿业	353.1	279	8	6.8	83.5	1.8	734.5	56.2	881
其中:国有及国有控股	-98.7	-94.4	7.2	6.8	83.5	1.8	199.6	4	233
1.按登记注册类型分组									
内资企业	353.1	279	8	6.8	83.5	1.8	734.5	56.2	881
国有企业	-98.7	-94.4	7.2	6.8	83.5	1.8	199.6	4	233
集体企业									
股份合作企业									
联营企业									
国有联营企业									
集体联营企业									
国有与集体联营企业									
其他联营企业									
有限责任公司									
国有独资企业									
其他有限责任公司									
股份有限公司	337.5	337.3					281	36	273
私营企业	114.3	36.1	0.8				253.9	16.2	375
私营独资企业	18.8	18.8					50	3	80
私营合伙企业	93.1	15.8					151.1	5.8	227
私营有限责任公司	2.4	1.5	0.8				52.8	7.4	68
私营股份有限公司									
其他企业									
港、澳、台商投资企业									
合资经营企业(港或澳、台资)									
合作经营企业(港或澳、台资)									
独资经营企业									
投资股份有限公司									
外商投资企业									
中外合资经营企业									
中外合作经营企业									
外资企业									
外商投资股份有限公司									
2.按国民经济行业分组									
旅游饭店	-77.5	-91.1	8	6.8	83.5	1.8	357.2	14.4	477
一般旅馆	430.6	370.1					377.3	41.8	404

(续表 6－10)　　单位:万元

项　目	二、损益及分配						三、工资、福利费		五、全部
	营业利润	利润总额	应交所得税	劳动、失业保险费	养老保险和医疗保险费	住房公积金和住房补贴	本年应付工资总额(贷方累计发生额)	本年应付福利费总额(贷方累计发生额)	从业人员年平均人数(人)
其他住宿服务									
二、餐饮业	184.2	85.5	13.3	3.1		0.4	939	47.1	1122
其中:国有及国有控股	0.3	0.3	0.1	3.1		0.4	168.6	19.8	165
1.按登记注册类型分组									
内资企业	184.2	85.5	13.3	3.1		0.4	939	47.1	1122
国有企业	0.3	0.3	0.1	3.1		0.4	168.6	19.8	165
集体企业									
股份合作企业									
联营企业									
国有联营企业									
集体联营企业									
国有与集体联营企业									
其他联营企业									
有限责任公司									
国有独资企业									
其他有限责任公司									
股份有限公司									
私营企业	183.9	85.2	13.2				770.4	27.3	957
私营独资企业	157.5	58.8	4.2				518.3	24	672
私营合伙企业	－7.6	－7.6	9				55	3.3	78
私营有限责任公司	34	34					197.1		207
私营股份有限公司									
其他企业									
港、澳、台商投资企业									
合资经营企业(港或澳、台资)									
合作经营企业(港或澳、台资)									
独资经营企业									
投资股份有限公司									
外商投资企业									
中外合资经营企业									
中外合作经营企业									
外资企业									
外商投资股份有限公司									
2.按国民经济行业分组									
正餐服务	184.2	85.5	13.3	3.1		0.4	939	47.1	1122
快餐服务									
饮料及冷饮服务									
其他餐饮服务									

6-11 餐饮业销售情况

单位：万元

项 目	法人企业（个）	产业活动单位（个）	从业人员（人）	营业总收入	1.客房收入	2.餐费收入
总 计	**26**	**36**	**2698**	**11694.3**	**4109.3**	**7227.2**
一、住宿业	11	17	1387	4847.1	2985.7	1571.6
其中：国有及国有	4	9	757	1372.8	941.1	264.7
1.按登记注册类型分						
内资企业	11	17	1387	4847.1	2985.7	1571.6
国有企业	4	8	521	782.9	617.4	40.5
集体企业		1	138	337.5	141.5	168
股份合作企业						
联营企业						
国有联营企业						
集体联营企业						
国有与集体联						
其他联营企业						
有限责任公司		1	120	298.1	227.9	56.2
国有独资企业						
其他有限责任		1	120	298.1	227.9	56.2
股份有限公司	1	1	257	1713	1123	590
私营企业	6	6	351	1715.6	875.9	716.9
私营独资企业	1	1	34	234.6	141.6	90
私营合伙企业	3	3	245	1196	535.3	542.9
私营有限责任	2	2	72	285	199	84
私营股份有限						
其他企业						
港、澳、台商投资						
合资经营企业(						
合作经营企业(						
独资经营企业						
投资股份有限公						
外商投资企业						
中外合资经营企						
中外合作经营企						
外资企业						
外商投资股份有						
2.按国民经济行业分						
旅游饭店	8	12	844	2156.6	1251.4	660.5
一般旅馆	3	5	543	2690.5	1734.3	911.1

(续表 6－11)　　　　　　　　　　　　　　　　　　　　　　　　　　　　单位:万元

项　目	法人企业(个)	产业活动单位(个)	从业人员(人)	营　业总收入	1.客房收入	2.餐费收入
其他住宿服务						
二、餐饮业	15	19	1311	6847.2	1123.6	5655.6
其中:国有及国有	1	2	190	838	504	302
1.按登记注册类型分						
内资企业	15	18	1265	6374.2	1123.6	5182.6
国有企业	1	2	190	838	504	302
集体企业		1	12			
股份合作企业						
联营企业						
国有联营企业						
集体联营企业						
国有与集体联						
其他联营企业						
有限责任公司						
国有独资企业						
其他有限责任						
股份有限公司						
私营企业	14	15	1063	5536.2	619.6	4880.6
私营独资企业	9	10	779	3722.9	567.6	3119.3
私营合伙企业	2	2	80	509.3		509.3
私营有限责任	3	3	204	1304	52	1252
私营股份有限						
其他企业						
港、澳、台商投资						
合资经营企业(						
合作经营企业(						
独资经营企业						
投资股份有限公						
外商投资企业		1	46	473		473
中外合资经营企						
中外合作经营企						
外资企业		1	46	473		473
外商投资股份有						
2.按国民经济行业分						
正餐服务	15	17	1253	6374.2	1123.6	5182.6
快餐服务		1	46	473		473
饮料及冷饮服务						
其他餐饮服务		1	12			

(续表 6－11) 单位：万元

项 目	营业总收入		年末餐饮营业面积（万平方米）	年末住宿或餐饮企业拥有床位数（万个）	年末住宿或餐饮企业拥有餐位数（万位）
	3.商品销售收入	4.其他收入			
总 计	**169.6**	**188.2**	**33527**	**4063**	**10156**
一、住宿业	123.6	166.2	12106	3456	3915
其中：国有及国有	48.3	118.7	7506	2306	1820
1.按登记注册类型分					
内资企业	123.6	166.2	12106	3456	3915
国有企业	12	113	2206	2078	980
集体企业	28		3200	208	700
股份合作企业					
联营企业					
国有联营企业					
集体联营企业					
国有与集体联					
其他联营企业					
有限责任公司	8.3	5.7	2100	140	140
国有独资企业					
其他有限责任	8.3	5.7	2100	140	140
股份有限公司			2800	293	125
私营企业	75.3	47.5	1800	737	1970
私营独资企业		3	200	72	680
私营合伙企业	75.3	42.5	600	375	990
私营有限责任		2	1000	290	300
私营股份有限					
其他企业					
港、澳、台商投资					
合资经营企业(					
合作经营企业(					
独资经营企业					
投资股份有限公					
外商投资企业					
中外合资经营企					
中外合作经营企					
外资企业					
外商投资股份有					
2.按国民经济行业分					
旅游饭店	115.3	129.4	6606	2720	3050
一般旅馆	8.3	36.8	5500	736	865
其他住宿服务					

(续表 6－11)　　单位:万元

项　　目	营业总收入		年末餐饮营业面积(万平方米)	年末住宿或餐饮企业拥有床位数(万个)	年末住宿或餐饮企业拥有餐位数(万位)
	3.商品销售收入	4.其他收入			
二、餐饮业	46	22	21421	607	6241
其中:国有及国有	26	6	5403	106	219
1.按登记注册类型分					
内资企业	46	22	20970	607	6131
国有企业	26	6	5403	106	219
集体企业					
股份合作企业					
联营企业					
国有联营企业					
集体联营企业					
国有与集体联					
其他联营企业					
有限责任公司					
国有独资企业					
其他有限责任					
股份有限公司					
私营企业	20	16	15567	501	5912
私营独资企业	20	16	11002	421	3882
私营合伙企业			885		540
私营有限责任			3680	80	1490
私营股份有限					
其他企业					
港、澳、台商投资					
合资经营企业(					
合作经营企业(					
独资经营企业					
投资股份有限公					
外商投资企业			451		110
中外合资经营企					
中外合作经营企					
外资企业			451		110
外商投资股份有					
2.按国民经济行业分					
正餐服务	46	22	20970	607	6131
快餐服务			451		110
饮料及冷饮服务					
其他餐饮服务					

6-12 批发零售业商品销售总额

单位：万元

项　　目	销售合计	批　发	零　售
贵港市	**1586099**	**652742**	**933357**
一、按行业及规模分组			
1.批发业	704895	457276	247619
2.零售业	881204	195466	685738
二、按规模分组			
1.限额以上企业(单位)	579324	395167	184157
2.限额以下企业(单位)和个体	1006775	257575	749200
其中:个体户	837375	160252	677123
市　直	**322388**	**234178**	**88210**
一、按行业及规模分组			
1.批发业	313890	227721	86169
2.零售业	8498	6457	2041
二、按规模分组			
1.限额以上企业(单位)	311781	226394	85387
2.限额以下企业(单位)和个体	10607	7784	2823
其中:个体户			
港北区	**357348**	**106112**	**251236**
一、按行业及规模分组			
1.批发业	122464	80018	42446
2.零售业	234884	26094	208790
二、按规模分组			
1.限额以上企业(单位)	96314	54513	41801
2.限额以下企业(单位)和个体	261034	51599	209435
其中:个体户	214100	25632	188468
港南区	**145836**	**61442**	**84394**
一、按行业及规模分组			
1.批发业	28907	25448	3459
2.零售业	116929	35994	80935
二、按规模分组			
1.限额以上企业(单位)	45992	32989	13003

(续表6－12)　单位:万元

项　　目	销售合计	批　发	零　售
2.限额以下企业(单位)和个体	99844	28453	71391
其中:个体户	92389	21857	70532
覃塘区	**150529**	**59995**	**90534**
一、按行业及规模分组			
1.批发业	56903	38433	18470
2.零售业	93626	21562	72064
二、按规模分组			
1.限额以上企业(单位)	49753	33767	15986
2.限额以下企业(单位)和个体	100776	26228	74548
其中:个体户	93626	21562	72064
平南县	**277030**	**124551**	**152479**
一、按行业及规模分组			
1.批发业	87375	66679	20696
2.零售业	189655	57872	131783
二、按规模分组			
1.限额以上企业(单位)	41940	33117	8823
2.限额以下企业(单位)和个体	235090	91434	143656
其中:个体户	172613	47038	125575
桂平市	**332968**	**66464**	**266504**
一、按行业及规模分组			
1.批发业	95356	18977	76379
2.零售业	237612	47487	190125
二、按规模分组			
1.限额以上企业(单位)	33544	14387	19157
2.限额以下企业(单位)和个体	299424	52077	247347
其中:个体户	264647	44163	220484

6-13 限额以上批发零售业商品销售分类

单位:万元

项目	销售合计	批发	零售
类值合计	**579324**	**395167**	**184157**
食品、饮料、烟酒类	163111	135555	27556
粮油类	1257	171	1086
肉禽蛋类	23049	22624	425
其他食品类	47594	43562	4032
饮料类	2414	234	2180
烟酒类	88797	68964	19833
服装、鞋帽、针纺织品类	6990		6990
服装类	2782		2782
鞋帽类	1609		1609
针、纺织品类	2599		2599
化妆品类	2165		2165
金银珠宝类	113		113
日用品类	4432	243	4189
其中:洗涤用品类	1894	175	1719
儿童玩具类	464	1	463
五金、电料类	5346	64	5282
体育、娱乐用品类	653		653
书报杂志类	22183	14119	8064
电子出版物及音像制品类	215		215
家用电器和音响器材类	5652	90	5562
中西药品类	2928	1292	1636
其中:西药类	1447	501	946
中草药及中成药类	1480	791	689
文化办公用品类	5735	4861	874
家具类	9805	7094	2711
通讯器材类	6		6
煤炭及制品类	252		252
木材及制品类	12		12
石油及制品类	227324	150124	77200
化工材料及制品类	32432	31362	1070
其中:化肥类	27877	27877	
金属材料类	22996	22948	48
建筑及装潢材料类	2594	2446	148
机电产品及设备类	4058	2875	1183
其中:农机类	977	977	
汽车类	18033	712	17321
种子饲料类	819	819	
棉麻类	197	112	85
其他类	41273	20451	20822

6-14 限额以上批发零售业商品销售数量

项　　目	计量单位	销售合计	批　发	零　售
粮　　食	吨	20		20
食用植物油	吨	250	16	234
食　　糖	吨	24073	23055	1018
卷　　烟	万支	494071	477555	16516
酒	吨	525	124	401
其中:白　酒	吨	200	17	183
啤　酒	吨	256	107	149
棉　　花	吨	20		20
布	米	3740		3740
各种服装	百件	3902		3902
其中:童　装	百件	881		881
鞋	百双	3562		3562
照 相 机	台	185		185
其中:数码照相机	台	185		185
彩色电视机	台	9751	774	8977
组合音响	台	241		241
摄 像 机	台	32		32
影 碟 机	台	1687	40	1647
家用电冰箱	台	2483	159	2324
家用洗衣机	台	2024	112	1912
房间空调器	台	1806		1806
微 波 炉	台	1355	19	1336
微型计算机	台			
普通电话机	部	537		537
移动电话机	部	106		106
化学肥料	吨	206912	206912	
化学农药	吨	4024	4024	
农用薄膜	吨	28	28	
煤　　炭	吨	1279		1279
木　　材	立方			
汽　　油	吨	136748	66602	70146
煤　　油	吨	1470	1198	272
柴　　油	吨	257354	177548	79806
钢　　材	吨	9429	8355	1074
铜	吨			
铝	吨			
水　　泥	吨			
汽　　车	辆	1896	62	1834
其中:轿　车	辆	148	12	136
摩 托 车	辆	24407	220	24187
拖 拉 机	台	140	140	

6-15 境外旅游者人数

计量单位:人次

项目	人数	人天数(人天)
合计	**21809**	**34938**
港澳同胞	17669	28769
台湾同胞	471	815
华侨		
外国人	3669	5354
其中:东盟	2077	2983
文莱		
印度尼西亚	209	298
马来西亚	241	360
菲律宾	234	329
新加坡	305	451
泰国	323	454
越南	622	914
缅甸	143	177
柬埔寨		
老挝		
其中:日本	189	279
韩国	196	284
美国	128	200
加拿大	158	248
英国	122	184
法国	205	297
德国	224	331
意大利	8	13
荷兰		
澳大利亚	136	210
新西兰	3	6

6-16 国际旅游收入

单位:万元

项　　目	合　计	其中:涉外饭店、宾馆
合　　计	**4641**	**3481**
一、商品性收入	1740	1160
1.商品销售收入	580	
2.饮食销售收入	1160	1160
二、劳务性收入	2901	2321
1.旅行社旅游业务费收入		
2.宿　费	2321	2321
3.长途交通费	290	
(1)民　航		
(2)铁　道		
(3)海　运		
(4)内　河		
(5)公　路	290	
4.市内交通费	290	
5.邮政电讯费		
6.文化娱乐费		
7.其　他		

6-17 外国和港澳台地区在华直接投资

项目	本年新签项目(个)	本年新签合同额(万美元)	外商实际投资(万美元) 合计	现金	实物	其他	年末实有企业数(个)	其中:本期新增企业	从业人员(人)	其中:外方人员
合计	**8**	**8828**	**3259**	**3259**			**71**	**8**	**2622**	**27**
一、按投资方式分										
1.中外合资经营企业							20		798	
2.中外合作经营企业	3	545	1010	1010			15	3	580	
3.外资企业	5	8283	2249	2249			36	5	1244	
4.外商投资股份制企业										
5.其　他										
二、按国民经济行业分										
A.农、林、牧、渔业										
B.采掘业	1	185	897	897			1	1	162	
C.制造业	7	8643	2362	2362			46	7	1624	
D.电力、煤气及水的生产和供							1		18	
E.建筑业										
F.交通运输、仓储和邮政业										
G.信息传输、计算机服务软件										
H.批发和零售业							3		306	
I.住宿和餐饮业							5		108	
J.金融业							3		58	
K.房地产业							4		128	
L.租赁和商务服务业										
M.科学研究、技术服务和地质										
N.水利、环境和公共设施管理										
O.居民服务和其他服务业							8		218	
P.教　育										
Q.卫生、社会保障和社会福利										
R.文化、体育和娱乐业										
S.其　他										
二、按投资国别(地区)分										
1.亚　洲	6	3424	1790	1790						
其中:香　港	4	3036	1633	1633						
澳　门										
台　湾	2	388	157	157						
日　本										
新加坡										
泰　国										
2.非　洲										
3.欧　洲										
其中:荷　兰										
德　国										
4.拉丁美洲	1	5219	572	572						
其中:开曼群岛										
英属维尔京群岛	1	5219	572	572						
5.北美洲										
其中:加拿大										
美　国										
6.大洋州	1	185	897	897						
其中:澳大利亚	1	185	897	897						
7.其　他										

七、从业人员和劳动报酬情况

7-1 贵港市全部单位从业人员和劳动报酬情况(一)

项目	单位数(个)	年末人数(人)										
		单位从业人员	#女性	#使用的农村劳动力	1.在岗职工	#专业技术人员	#女性	按用工期限分组		2.其他就业人员	#聘用的离退休人员	#聘用的港澳台和外籍人员
								#长期职工	#临时职工			
总计	**4028**	**144210**	**57045**	**17938**	**133187**	**64493**	**28160**	**121901**	**11286**	**11023**	**181**	**18**
其中:国有控股	676	40176	13765	6630	35698	10034	3360	31301	4397	4478	27	9
1.企业	604	57726	20604	14645	52003	11957	3877	44557	7446	5723	44	18
2.事业	2556	71815	33041	3202	66814	50839	23713	63311	3503	5001	113	0
3.机关	868	14669	3400	91	14370	1697	570	14033	337	299	24	0
(一)农、林、牧、渔业	189	2626	759	21	2435	916	209	2386	49	191	2	0
1.农业	29	424	202	0	424	126	31	424	0	0	0	0
2.林业	6	741	213	0	612	190	36	564	48	129	0	0
3.畜牧业	1	6	1	0	6	1	1	6	0	0	0	0
4.渔业	3	23	7	0	22	11	4	22	0	1	1	0
5.农、林、牧、渔服务业	150	1432	336	21	1371	588	137	1370	1	61	1	0
(二)采矿业	5	606	145	176	303	59	20	303	0	303	5	0
3.黑色金属矿采选业	2	435	98	176	134	34	15	134	0	301	3	0
4.有色金属矿采选业	2	151	43	0	149	17	1	149	0	2	2	0
5.非金属矿采选业	1	20	4	0	20	8	4	20	0	0	0	0
(三)制造业	95	25221	10560	6440	24365	3555	1038	20592	3773	856	14	9
1.农副食品加工业	13	6904	2823	110	6902	1013	398	5172	1730	2	0	2
2.食品制造业	2	235	78	0	235	54	14	235	0	0	0	0
3.饮料制造业	3	212	120	60	212	41	31	212	0	0	0	0
5.纺织业	4	187	93	148	187	20	7	187	0	0	0	0
6.纺织服装、鞋、帽制造业	1	316	185	312	85	4	0	85	0	231	0	0
7.皮革、毛皮、羽毛(绒)及其制品业	1	120	115	0	120	0	0	41	79	0	0	0
8.木材加工及木、竹、藤、棕、草制品业	11	3368	1781	2232	2989	161	47	2619	370	379	0	0
10.造纸及纸制品业	7	2310	1240	678	2310	225	72	1941	369	0	0	0
11.印刷业和记录媒介的复制	1	171	84	0	171	11	2	171	0	0	0	0
12.文教体育用品制造业	1	3	1	0	3	2	1	3	0	0	0	0
14.化学原料及化学制品制造业	7	2802	832	966	2589	487	133	2489	100	213	11	2
15.医药制造业	3	909	524	355	909	220	82	677	232	0	0	0
18.塑料制品业	5	66	26	0	66	3	1	66	0	0	0	0
19.非金属矿物制品业	14	4487	1468	846	4486	929	145	3699	787	1	1	0
20.黑色金属冶炼及压延加工业	3	1216	285	0	1216	132	34	1216	0	0	0	0
21.有色金属冶炼及压延加工业	2	74	13	40	69	15	5	69	0	5	0	5
22.金属制品业	3	125	75	0	125	24	10	125	0	0	0	0
23.通用设备制造业	2	378	211	23	355	107	23	355	0	23	0	0
24.专用设备制造业	3	203	21	0	201	12	3	115	86	2	2	0
25.交通运输设备制造业	7	245	55	0	245	51	20	245	0	0	0	0
26.电气机械及器材制造业	1	90	30	20	90	15	4	70	20	0	0	0
29.工艺品及其他制造业	1	800	500	650	800	29	6	800	0	0	0	0
(四)电力、燃气及水的生产和供应业	13	3587	1306	260	3332	646	255	3320	12	255	0	0
1.电力、热力的生产和供应业	8	2844	925	260	2626	514	200	2626	0	218	0	0

(续表 7－1)

项目	单位数(个)	年末人数(人) 单位从业人员	#女性	#使用的农村劳动力	1.在岗职工	#专业技术人员	#女性	按用工期限分组 #长期职工	#临时职工	2.其他就业人员	#聘用的离退休人员	#聘用的港澳台和外籍人员
3.水的生产和供应业	5	743	381	0	706	132	55	694	12	37	0	0
(五)建筑业	19	9086	1464	6275	6137	1292	239	3896	2241	2949	3	0
1.房屋和土木工程建筑业	19	9086	1464	6275	6137	1292	239	3896	2241	2949	3	0
(六)交通运输、仓储和邮政业	72	7232	2299	967	6294	2033	648	5740	554	938	4	9
2.道路运输业	9	1534	473	0	1533	216	31	1525	8	1	1	0
3.城市公共交通业	2	382	58	0	382	19	2	49	333	0	0	0
4.水上运输业	30	3338	1080	806	3024	1560	520	2939	85	314	3	7
7.装卸搬运和其他运输服务业	1	43	7	0	43	25	4	43	0	0	0	0
8.仓储业	27	1005	289	131	835	149	75	810	25	170	0	2
9.邮政业	3	930	392	30	477	64	16	374	103	453	0	0
(七)信息传输、计算机服务和软件业	9	626	188	9	626	289	75	599	27	0	0	0
1.电信和其他信息传输服务业	9	626	188	9	626	289	75	599	27	0	0	0
(八)批发和零售业	284	6408	2595	351	6021	1287	482	5311	710	387	1	0
1.批发业	125	2909	960	90	2833	671	249	2310	523	76	0	0
2.零售业	159	3499	1635	261	3188	616	233	3001	187	311	1	0
(九)住宿和餐饮业	6	546	395	73	510	186	85	498	12	36	6	0
1.住宿业	6	546	395	73	510	186	85	498	12	36	6	0
(十)金融业	77	3752	1365	91	3632	2375	982	3536	96	120	6	0
1.银行业	64	3309	1180	91	3255	2316	965	3174	81	54	5	0
3.保险业	13	443	185	0	377	59	17	362	15	66	1	0
(十一)房地产业	9	319	126	8	318	74	20	316	2	1	0	0
其中:1.房地产开发经营	6	106	32	8	106	63	15	106	0	0	0	0
2.物业管理	1	66	46	0	66	2	1	66	0	0	0	0
(十二)租赁和商务服务业	103	1474	598	0	1320	718	338	1319	1	154	3	0
1.租赁业	1	3	2	0	2	2	0	2	0	1	0	0
2.商务服务业	102	1471	596	0	1318	716	338	1317	1	153	3	0
(十三)科学研究、技术服务和地质勘查业	97	1604	452	40	1512	879	212	1509	3	92	7	0
1.研究与试验发展	4	160	35	0	160	106	25	160	0	0	0	0
(1)自然科学研究与试验发展	2	41	18	0	41	29	18	41	0	0	0	0
(2)工程和技术研究与试验发展	1	103	11	0	103	61	5	103	0	0	0	0
(3)农业科学研究与试验发展	1	16	6	0	16	16	2	16	0	0	0	0
2.专业技术服务业	80	739	184	40	668	373	74	665	3	71	5	0
其中:(1)气象服务	5	56	16	0	56	55	16	56	0	0	0	0
(2)地震服务	2	14	3	0	14	0	0	14	0	0	0	0
(5)技术检测	29	270	67	0	267	108	7	267	0	3	0	0
(6)环境监测	1	9	5	0	9	5	5	9	0	0	0	0
(7)工程技术与规划管理	40	378	90	40	310	199	43	307	3	68	5	0
3.科技交流和推广服务业	10	155	59	0	155	96	30	155	0	0	0	0
4.地质勘查业	3	550	174	0	529	304	83	529	0	21	2	0
(十四)水利、环境和公共设施管理业	51	2656	1072	1	2564	456	225	2369	195	92	1	0
1.水利管理业	38	1492	441	0	1462	151	32	1268	194	30	1	0

(续表 7－1)

项目	单位数(个)	年末人数(人) 单位从业人员	#女性	#使用的农村劳动力	1.在岗职工	#专业技术人员	#女性	按用工期限分组 #长期职工	#临时职工	2.其他就业人员	#聘用的离退休人员	#聘用的港澳台和外籍人员
2.环境管理业	7	703	373	0	643	211	164	642	1	60	0	0
3.公共设施管理业	6	461	258	1	459	94	29	459	0	2	0	0
(十五)居民服务和其他服务业	9	161	45	2	161	18	8	117	44	0	0	0
1.居民服务业	7	143	36	2	143	8	3	102	41	0	0	0
2.其他服务业	2	18	9	0	18	10	5	15	3	0	0	0
(十六)教育	1366	44718	20978	2820	41073	38116	17143	39511	1562	3645	23	0
其中:1.初等教育	1123	24813	12855	2346	21811	20580	10205	20936	875	3002	5	0
2.中等教育	225	19449	7844	472	18890	17276	6768	18203	687	559	18	0
3.高等教育	2	78	32	0	52	29	13	52	0	26	0	0
(十七)卫生、社会保障和社会福利业	148	10152	6276	133	9800	7629	4827	8552	1248	352	76	0
1.卫　生	117	9755	6013	108	9457	7500	4727	8293	1164	298	76	0
2.社会保障业	24	165	91	0	165	56	35	163	2	0	0	0
3.社会福利业	7	232	172	25	178	73	65	96	82	54	0	0
(十八)文化、体育和娱乐业	58	579	235	5	561	251	112	480	81	18	1	0
1.新闻出版社	1	112	29	0	111	34	13	44	67	1	1	0
2.广播、电视、电影和音像业	14	113	56	2	113	61	23	113	0	0	0	0
3.文化艺术业	39	294	131	3	277	123	64	268	9	17	0	0
4.体育	4	60	19	0	60	33	12	55	5	0	0	0
(十九)公共管理和社会组织	1418	22857	6187	266	22223	3714	1242	21547	676	634	29	0
其中:(1)中国共产党机关	68	608	133	30	604	29	18	603	1	4	4	0
(2)国家机构	1291	21764	5873	236	21136	3536	1180	20477	659	628	24	0
(3)人民政协和民主党派	13	180	55	0	180	43	12	180	0	0	0	0
(4)群众社团、社会团体和宗教组织	46	305	126	0	303	106	32	287	16	2	1	0

7-2 贵港市全部单位从业人员和劳动报酬情况(二)

项目	离开本单位仍保留劳动关系的职工年末人数(人)	其中：内部退养职工	长期病、休假职工	平均人数（人）						
				单位从业人员	1.在岗职工	2.其他从业人员	#聘用的离退休人员	#聘用的港澳台和外籍人员	离开本单位仍保留劳动关系的职工	#内部退养职工
总计	**7947**	**1810**	**121**	**142616**	**130224**	**12392**	**185**	**16**	**7934**	**1929**
其中:国有控股	4819	1170	71	39818	34774	5044	26	7	4890	1280
1.企业	6767	1465	70	56561	49772	6789	46	16	6531	1595
2.事业	1035	230	48	71530	66236	5294	115	0	1256	224
3.机关	145	115	3	14525	14216	309	24	0	147	110
(一)农、林、牧、渔业	528	90	44	2604	2413	191	2	0	466	77
1.农业	0	0	0	424	424	0	0	0	0	0
2.林业	380	77	40	725	596	129	0	0	314	64
3.畜牧业	0	0	0	6	6	0	0	0	0	0
4.渔业	59	0	0	23	22	1	1	0	60	0
5.农、林、牧、渔服务业	89	13	4	1426	1365	61	1	0	92	13
(二)采矿业	494	73	0	663	285	378	4	0	519	76
3.黑色金属矿采选业	417	66	0	490	113	377	3	0	436	67
4.有色金属矿采选业	77	7	0	153	152	1	1	0	83	9
5.非金属矿采选业	0	0	0	20	20	0	0	0	0	0
(三)制造业	2659	289	7	24447	23380	1067	14	9	2354	280
1.农副食品加工业	84	12	0	6079	6077	2	0	2	84	12
2.食品制造业	60	26	1	248	248	0	0	0	63	30
3.饮料制造业	0	0	0	166	166	0	0	0	0	0
5.纺织业	406	0	0	187	187	0	0	0	406	0
6.纺织服装、鞋、帽制造业	0	0	0	327	89	238	0	0	0	0
7.皮革、毛皮、羽毛(绒)及其制品业	0	0	0	175	175	0	0	0	0	0
8.木材加工及木、竹、藤、棕、草制品业	0	0	0	3329	2943	386	0	0	0	0
10.造纸及纸制品业	93	4	0	2264	2264	0	0	0	80	4
11.印刷业和记录媒介的复制	0	0	0	177	177	0	0	0	0	0
12.文教体育用品制造业	0	0	0	3	3	0	0	0	0	0
14.化学原料及化学制品制造业	346	7	0	2857	2644	213	11	2	348	9
15.医药制造业	0	0	0	872	872	0	0	0	0	0
18.塑料制品业	375	0	0	66	66	0	0	0	19	0
19.非金属矿物制品业	667	76	4	4542	4344	198	1	0	661	78
20.黑色金属冶炼及压延加工业	0	0	0	1254	1254	0	0	0	58	0
21.有色金属冶炼及压延加工业	3	0	0	74	69	5	0	5	3	0
22.金属制品业	0	0	0	125	125	0	0	0	0	0
23.通用设备制造业	14	14	0	378	355	23	0	0	14	14
24.专用设备制造业	147	0	0	188	186	2	2	0	147	0
25.交通运输设备制造业	464	150	2	246	246	0	0	0	471	133
26.电气机械及器材制造业	0	0	0	90	90	0	0	0	0	0
29.工艺品及其他制造业	0	0	0	800	800	0	0	0	0	0
(四)电力、燃气及水的生产和供应业	209	189	7	3614	3349	265	0	0	207	189
1.电力、热力的生产和供应业	159	147	1	2872	2656	216	0	0	157	147

(续表 7-2)

项　　目	离开本单位仍保留劳动关系的职工年末人数(人)	平均人数(人)								
		其中：内部退养职工	长期病、休假职工	单位从业人员	1.在岗职工	2.其他从业人员	#聘用的离退休人员	#聘用的港澳台和外籍人员	离开本单位仍保留劳动关系的职工	#内部退养职工
3.水的生产和供应业	50	42	6	742	693	49	0	0	50	42
(五)建筑业	104	83	0	8622	5215	3407	3	0	105	84
1.房屋和土木工程建筑业	104	83	0	8622	5215	3407	3	0	105	84
(六)交通运输、仓储和邮政业	122	68	5	6963	5714	1249	4	7	141	88
2.道路运输业	30	2	5	1534	1533	1	1	0	30	2
3.城市公共交通业	0	0	0	354	49	305	0	0	0	0
4.水上运输业	0	0	0	3332	2973	359	3	5	0	0
7.装卸搬运和其他运输服务业	0	0	0	43	43	0	0	0	0	0
8.仓储业	63	37	0	813	642	171	0	2	61	37
9.邮政业	29	29	0	887	474	413	0	0	50	49
(七)信息传输、计算机服务和软件业	45	45	0	654	654	0	0	0	37	37
1.电信和其他信息传输服务业	45	45	0	654	654	0	0	0	37	37
(八)批发和零售业	1921	217	11	6617	6234	383	1	0	1979	307
1.批发业	690	135	0	3151	3075	76	0	0	734	224
2.零售业	1231	82	11	3466	3159	307	1	0	1245	83
(九)住宿和餐饮业	117	95	0	546	510	36	6	0	115	93
1.住宿业	117	95	0	546	510	36	6	0	115	93
(十)金融业	334	326	2	3770	3643	127	9	0	375	375
1.银行业	333	325	2	3336	3275	61	8	0	372	372
3.保险业	1	1	0	434	368	66	1	0	3	3
(十一)房地产业	117	0	1	313	310	3	0	0	117	0
其中:1.房地产开发经营	47	0	0	100	100	0	0	0	47	0
2.物业管理	70	0	1	66	66	0	0	0	70	0
(十二)租赁和商务服务业	196	97	2	1475	1321	154	3	0	199	103
1.租赁业	0	0	0	3	2	1	0	0	0	0
2.商务服务业	196	97	2	1472	1319	153	3	0	199	103
(十三)科学研究、技术服务和地质勘查业	200	8	7	1614	1518	96	8	0	215	8
1.研究与试验发展	0	0	0	160	160	0	0	0	0	0
(1)自然科学研究与试验发展	0	0	0	41	41	0	0	0	0	0
(2)工程和技术研究与试验发展	0	0	0	103	103	0	0	0	0	0
(3)农业科学研究与试验发展	0	0	0	16	16	0	0	0	0	0
2.专业技术服务业	18	1	1	743	674	69	6	0	32	1
其中:(1)气象服务	1	0	0	56	56	0	0	0	1	0
(2)地震服务	0	0	0	14	14	0	0	0	0	0
(5)技术检测	0	0	0	273	270	3	0	0	0	0
(6)环境监测	0	0	0	9	9	0	0	0	0	0
(7)工程技术与规划管理	17	1	1	379	313	66	6	0	31	1
3.科技交流和推广服务业	0	0	0	154	154	0	0	0	0	0
4.地质勘查业	182	7	6	557	530	27	2	0	183	7
(十四)水利、环境和公共设施管理业	129	17	2	2688	2343	345	1	0	107	17
1.水利管理业	63	17	2	1463	1243	220	1	0	61	17

(续表7-2)

项目	离开本单位仍保留劳动关系的职工年末人数(人)	其中:内部退养职工	长期病、休假职工	平均人数(人)						
				单位从业人员	1.在岗职工	2.其他从业人员	#聘用的离退休人员	#聘用的港澳台和外籍人员	离开本单位仍保留劳动关系的职工	#内部退养职工
2.环境管理业	2	0	0	762	639	123	0	0	2	0
3.公共设施管理业	64	0	0	463	461	2	0	0	44	0
(十五)居民服务和其他服务业	55	0	0	161	161	0	0	0	55	0
1.居民服务业	55	0	0	143	143	0	0	0	55	0
2.其他服务业	0	0	0	18	18	0	0	0	0	0
(十六)教育	19	0	0	44646	41062	3584	24	0	252	0
其中:1.初等教育	0	0	0	24781	21821	2960	5	0	0	0
2.中等教育	19	0	0	19407	18867	540	19	0	252	0
3.高等教育	0	0	0	78	52	26	0	0	0	0
(十七)卫生、社会保障和社会福利业	85	42	27	9967	9500	467	76	0	85	43
1.卫　生	85	42	27	9579	9156	423	76	0	84	43
2.社会保障业	0	0	0	166	166	0	0	0	1	0
3.社会福利业	0	0	0	222	178	44	0	0	0	0
(十八)文化、体育和娱乐业	349	17	1	607	589	18	1	0	349	17
1.新闻出版社	1	0	1	112	111	1	1	0	1	0
2.广播、电视、电影和音像业	348	17	0	139	139	0	0	0	348	17
3.文化艺术业	0	0	0	294	277	17	0	0	0	0
4.体　育	0	0	0	62	62	0	0	0	0	0
(十九)公共管理和社会组织	264	154	5	22645	22023	622	29	0	257	135
其中:(1)中国共产党机关	1	0	0	608	604	4	4	0	1	0
(2)国家机构	259	151	4	21563	20947	616	24	0	252	132
(3)人民政协和民主党派	0	0	0	171	171	0	0	0	0	0
(4)群众社团、社会团体和宗教组织	4	3	1	303	301	2	1	0	4	3

7-3 贵港市全部单位从业人员和劳动报酬情况(三)

项目	劳动报酬和生活费(千元)							平均劳动报酬和生活费(元)		
	单位从业人员劳动报酬	1.在岗职工工资总额	2.其他从业人员劳动报酬	#聘用的离退休人员	#聘用的港澳台和外籍人员	离开本单位仍保留劳动关系的职工生活费	#内部退养职工	单位从业人员平均劳动报酬	在岗职工平均工资	离开本单位仍保留劳动关系的职工平均生活费
总计	**1897857**	**1802547**	**95310**	**4829**	**814**	**18293**	**14336**	**13307**	**13842**	**2306**
其中:国有控股	570787	522891	47896	2490	622	10528	8821	14335	15037	2153
1.企　业	727652	663487	64165	2621	814	11556	10456	12865	13331	1769
2.事　业	918387	889379	29008	2034	0	5305	2550	12839	13427	4224
3.机　关	251818	249681	2137	174	0	1432	1330	17337	17563	9741
(一)农、林、牧、渔业	23736	23455	281	12	0	789	496	9115	9720	1693
1.农　业	3225	3225	0	0	0	0	0	7606	7606	0
2.林　业	4715	4672	43	0	0	388	335	6503	7839	1236
3.畜牧业	66	66	0	0	0	0	0	11000	11000	0
4.渔　业	214	209	5	5	0	135	0	9304	9500	2250
5.农、林、牧、渔服务业	15516	15283	233	7	0	266	161	10881	11196	2891
(二)采矿业	6085	3581	2504	1639	0	135	132	9178	12565	260
3.黑色金属矿采选业	3268	783	2485	1620	0	88	88	6669	6929	202
4.有色金属矿采选业	2671	2652	19	19	0	47	44	17458	17447	566
5.非金属矿采选业	146	146	0	0	0	0	0	7300	7300	0
(三)制造业	283973	275457	8516	120	192	1175	1108	11616	11782	499
1.农副食品加工业	89393	89369	24	0	24	52	52	14705	14706	619
2.食品制造业	3500	3500	0	0	0	178	178	14113	14113	2825
3.饮料制造业	912	912	0	0	0	0	0	5494	5494	0
5.纺织业	1561	1561	0	0	0	0	0	8348	8348	0
6.纺织服装、鞋、帽制造业	2398	732	1666	0	0	0	0	7333	8225	0
7.皮革、毛皮、羽毛(绒)及其制品业	725	725	0	0	0	0	0	4143	4143	0
8.木材加工及木、竹、藤、棕、草制品业	29461	25794	3667	0	0	0	0	8850	8765	0
10.造纸及纸制品业	26080	26080	0	0	0	33	33	11519	11519	413
11.印刷业和记录媒介的复制	360	360	0	0	0	0	0	2034	2034	0
12.文教体育用品制造业	25	25	0	0	0	0	0	8333	8333	0
14.化学原料及化学制品制造业	31012	28954	2058	90	48	48	48	10855	10951	138
15.医药制造业	7023	7023	0	0	0	0	0	8054	8054	0
18.塑料制品业	702	702	0	0	0	0	0	10636	10636	0
19.非金属矿物制品业	59500	58766	734	3	0	495	485	13100	13528	749
20.黑色金属冶炼及压延加工业	12618	12618	0	0	0	0	0	10062	10062	0
21.有色金属冶炼及压延加工业	1050	930	120	0	120	0	0	14189	13478	0
22.金属制品业	845	845	0	0	0	0	0	6760	6760	0
23.通用设备制造业	3073	2853	220	0	0	109	109	8130	8037	7786
24.专用设备制造业	2249	2222	27	27	0	0	0	11963	11946	0
25.交通运输设备制造业	3027	3027	0	0	0	260	203	12305	12305	552
26.电气机械及器材制造业	953	953	0	0	0	0	0	10589	10589	0
29.工艺品及其他制造业	7506	7506	0	0	0	0	0	9383	9383	0
(四)电力、燃气及水的生产和供应业	100092	97982	2110	0	0	1826	1773	27696	29257	8821
1.电力、热力的生产和供应业	87826	85796	2030	0	0	1260	1207	30580	32303	8025

(续表 7－3)

项　　目	劳动报酬和生活费(千元)							平均劳动报酬和生活费(元)		
	单位从业人员劳动报酬	1.在岗职工工资总额	2.其他从业人员劳动报酬	#聘用的离退休人员	#聘用的港澳台和外籍人员	离开本单位仍保留劳动关系的职工生活费	#内部退养职工	单位从业人员平均劳动报酬	在岗职工平均工资	离开本单位仍保留劳动关系的职工平均生活费
3.水的生产和供应业	12266	12186	80	0	0	566	566	16531	17584	11320
(五)建筑业	80756	47272	33484	13	0	339	300	9366	9065	3229
1.房屋和土木工程建筑业	80756	47272	33484	13	0	339	300	9366	9065	3229
(六)交通运输、仓储和邮政业	87100	73571	13529	32	622	478	469	12509	12876	3390
2.道路运输业	23453	23445	8	8	0	14	5	15289	15294	467
3.城市公共交通业	3694	490	3204	0	0	0	0	10435	10000	0
4.水上运输业	31388	28270	3118	24	542	0	0	9420	9509	0
7.装卸搬运和其他运输服务业	524	524	0	0	0	0	0	12186	12186	0
8.仓储业	8019	6647	1372	0	80	127	127	9863	10354	2082
9.邮政业	20022	14195	5827	0	0	337	337	22573	29947	6740
(七)信息传输、计算机服务和软件业	22499	22499	0	0	0	510	506	34402	34402	13784
1.电信和其他信息传输服务业	22499	22499	0	0	0	510	506	34402	34402	13784
(八)批发和零售业	71246	69098	2148	5	0	2195	1584	10767	11084	1109
1.批发业	42311	41952	359	0	0	1110	1046	13428	13643	1512
2.零售业	28935	27146	1789	5	0	1085	538	8348	8593	871
(九)住宿和餐饮业	4524	4322	202	58	0	420	420	8286	8475	3652
1.住宿业	4524	4322	202	58	0	420	420	8286	8475	3652
(十)金融业	68072	66440	1632	669	0	3893	3893	18056	18238	10381
1.银行业	58963	58200	763	39	0	3866	3866	17675	17771	10392
3.保险业	9109	8240	869	630	0	27	27	20988	22391	9000
(十一)房地产业	5012	5005	7	0	0	1039	0	16013	16145	8880
其中:1.房地产开发经营	1603	1603	0	0	0	409	0	16030	16030	8702
2.物业管理	893	893	0	0	0	630	0	13530	13530	9000
(十二)租赁和商务服务业	17542	16626	916	36	0	1693	1611	11893	12586	8508
1.租赁业	23	14	9	0	0	0	0	7667	7000	0
2.商务服务业	17519	16612	907	36	0	1693	1611	11901	12594	8508
(十三)科学研究、技术服务和地质勘查业	22940	22298	642	110	0	1020	64	14213	14689	4744
1.研究与试验发展	3073	3073	0	0	0	0	0	19206	19206	0
(1)自然科学研究与试验发展	821	821	0	0	0	0	0	20024	20024	0
(2)工程和技术研究与试验发展	2005	2005	0	0	0	0	0	19466	19466	0
(3)农业科学研究与试验发展	247	247	0	0	0	0	0	15438	15438	0
2.专业技术服务业	9383	8973	410	91	0	157	10	12629	13313	4906
其中:(1)气象服务	865	865	0	0	0	0	0	15446	15446	0
(2)地震服务	203	203	0	0	0	0	0	14500	14500	0
(5)技术检测	3507	3493	14	0	0	0	0	12846	12937	0
(6)环境监测	207	207	0	0	0	0	0	23000	23000	0
(7)工程技术与规划管理	4460	4064	396	91	0	157	10	11768	12984	5065
3.科技交流和推广服务业	1690	1690	0	0	0	0	0	10974	10974	0
4.地质勘查业	8794	8562	232	19	0	863	54	15788	16155	4716
(十四)水利、环境和公共设施管理业	27175	22903	4272	8	0	104	96	10110	9775	972
1.水利管理业	14650	10827	3823	8	0	104	96	10014	8710	1705

(续表7-3)

项　　目	劳动报酬和生活费(千元)							平均劳动报酬和生活费(元)		
	单位从业人员劳动报酬	1.在岗职工工资总额	2.其他从业人员劳动报酬	#聘用的离退休人员	#聘用的港澳台和外籍人员	离开本单位仍保留劳动关系的职工生活费	#内部退养职工	单位从业人员平均劳动报酬	在岗职工平均工资	离开本单位仍保留劳动关系的职工平均生活费
2.环境管理业	7304	6865	439	0	0	0	0	9585	10743	0
3.公共设施管理业	5221	5211	10	0	0	0	0	11276	11304	0
(十五)居民服务和其他服务业	3626	3626	0	0	0	330	0	22522	22522	6000
1.居民服务业	3408	3408	0	0	0	330	0	23832	23832	6000
2.其他服务业	218	218	0	0	0	0	0	12111	12111	0
(十六)教育	527876	512113	15763	386	0	99	0	11824	12472	393
其中:1.初等教育	272553	260850	11703	50	0	0	0	10998	11954	0
2.中等教育	249509	245985	3524	336	0	99	0	12857	13038	393
3.高等教育	1144	904	240	0	0	0	0	14667	17385	0
(十七)卫生、社会保障和社会福利业	178358	173993	4365	1513	0	420	243	17895	18315	4941
1.卫　生	173200	169214	3986	1513	0	420	243	18081	18481	5000
2.社会保障业	2587	2587	0	0	0	0	0	15584	15584	0
3.社会福利业	2571	2192	379	0	0	0	0	11581	12315	0
(十八)文化、体育和娱乐业	6833	6702	131	19	0	33	33	11257	11379	95
1.新闻出版社	2460	2441	19	19	0	0	0	21964	21991	0
2.广播、电视、电影和音像业	651	651	0	0	0	33	33	4683	4683	95
3.文化艺术业	3004	2892	112	0	0	0	0	10218	10440	0
4.体　育	718	718	0	0	0	0	0	11581	11581	0
(十九)公共管理和社会组织	360412	355604	4808	209	0	1795	1608	15916	16147	6984
其中:(1)中国共产党机关	9911	9884	27	27	0	13	0	16301	16364	13000
(2)国家机构	341662	336892	4770	177	0	1748	1574	15845	16083	6937
(3)人民政协和民主党派	4046	4046	0	0	0	0	0	23661	23661	0
(4)群众社团、社会团体和宗教组织	4793	4782	11	5	0	34	34	15818	15887	8500

八、人民生活

8-1 城镇居民家庭生活主要指标

项目	计量单位	附加单位	合计	贵港市港北	贵港市港南	贵港市覃塘	贵港市平南	贵港市桂平
调查户月数	户		5040.00	1200.00	720.00	720.00	1200.00	1200.00
一、家庭人口数	人	户	3.34	3.46	3.03	3.45	3.32	3.22
一、期初手存现金	元	人	9785.60	11278.02	4691.36	9034.23	10069.41	7868.71
二、家庭总收入	元	人	9432.09	10647.57	10253.79	8265.21	8053.10	8412.06
其中:可支配收入	元	人	8937.61	10069.25	9852.74	8128.61	7750.74	7877.47
(一)工薪收入	元	人	6447.36	7039.91	7245.74	5590.64	6015.07	5734.93
(二)经营净收入	元	人	1116.62	1363.38	676.51	1784.60	534.57	1160.70
(三)财产性收入	元	人	165.09	221.79	232.14	175.13	140.78	79.72
(四)转移性收入	元	人	1703.03	2022.49	2099.40	714.84	1362.67	1436.72
三、出售财物收入	元	人	150.32	319.17	0.03	131.71	6.27	0.93
四、借贷收入	元	人	3204.70	3530.90	3259.24	2610.94	2615.31	3134.69
五、家庭总支出	元	人	8166.72	9406.18	6620.67	6169.05	6720.55	7538.36
六、借贷支出	元	人	3963.74	4331.54	6663.68	4880.60	3419.54	3328.56
七、期末手存现金	元	人	10442.26	12037.93	4920.08	8992.44	10603.99	8549.48
消费支出	元	人	5795.16	6149.58	5314.76	4655.51	5417.23	5630.46
其中:服务性消费支出	元	人	1469.55	1409.19	1602.79	1101.93	1582.85	1489.79
一、食　品	元	人	2500.42	2628.40	2374.12	2164.20	2374.36	2421.89
(一)粮油类	元	人	398.84	361.35	433.08	335.42	443.11	427.05
(二)肉禽蛋水产品类	元	人	959.16	992.94	925.79	796.97	960.52	917.37
(三)蔬菜类	元	人	265.58	266.15	267.67	240.76	242.84	282.80
(四)调味品	元	人	29.63	25.08	27.56	26.56	32.10	35.77
(五)糖烟酒饮料类	元	人	151.24	192.22	87.60	139.49	127.97	110.52
(六)干鲜瓜果类	元	人	140.09	155.85	119.46	156.73	120.23	130.65
(七)糕点、奶及奶制品	元	人	107.90	117.13	113.61	112.93	112.35	88.26
(八)其他食品	元	人	47.29	44.47	32.94	11.50	37.96	63.12
(九)饮食服务	元	人	400.71	473.21	366.43	343.84	297.28	366.37
非食品类	元	人	3294.74	3521.18	2940.63	2491.31	3042.87	3208.57
二、衣　着	元	人	332.88	371.07	285.40	327.98	317.42	288.28
三、家庭设备用品及服务	元	人	373.74	455.92	229.42	255.08	299.28	321.07
四、医疗保健	元	人	265.92	196.79	496.57	181.91	333.41	303.12
(一)医疗器具	元	人	0.76	0.00	0.00	3.56	0.24	2.33
(二)保健器具	元	人	3.12	3.53	1.31	7.77	1.62	3.53
(三)药品费	元	人	103.56	113.07	126.22	79.66	106.45	84.09
(四)滋补保健品	元	人	13.62	4.70	16.32	2.34	14.14	28.26
(五)医疗费	元	人	142.57	74.23	352.14	88.53	205.52	182.84
(六)其　他	元	人	2.30	1.26	0.58	0.05	5.43	2.07
五、交通和通讯	元	人	641.22	627.63	615.41	561.28	586.77	712.74
(一)交　通	元	人	337.39	320.23	301.23	297.56	287.30	410.46
(二)通　信	元	人	303.83	307.41	314.19	263.72	299.47	302.28
六、教育文化娱乐服务	元	人	722.53	743.54	609.98	537.76	803.43	655.15
(一)文化娱乐用品	元	人	200.09	316.62	114.08	160.96	92.55	102.23
(二)文化娱乐服务	元	人	265.19	207.36	286.13	71.18	277.86	360.56
(三)教　育	元	人	257.24	219.56	209.77	305.61	433.03	192.36
七、居　住	元	人	843.77	979.02	567.36	435.69	615.25	854.75
八、杂项商品和服务	元	人	114.68	147.21	136.48	191.62	87.30	73.46

8-2 农村住户人均收支情况

指 标 名 称	单 位	贵港市	覃塘区	港北区	港南区	平南县	桂平市
(一)住房面积	平方米	29.91	29.69	24.76	31.67	32.57	28.70
1.楼房面积	平方米	21.10	25.87	21.32	27.52	24.18	14.74
2.砖瓦平房面积	平方米	8.28	3.79	3.44	4.08	8.02	12.84
3.其 他	平方米	0.47	0.03		0.07	0.37	0.98
1.耕 地	亩	0.85	1.29	0.84	0.77	0.63	0.89
一、总收入	元	4511.48	4059.14	3908.35	4428.52	3943.49	5284.25
(一)工资性收入	元	1154.33	1106.51	1204.58	1221.88	1007.61	1242.89
1.在非企业组织中劳动得到收入	元	86.26	130.02	112.16	114.79	68.71	67.26
2.在本乡地域内劳动得到收入	元	258.34	350.88	413.78	430.29	112.55	232.15
3.外出从业得到收入	元	809.73	625.62	678.65	676.80	826.35	943.48
(二)家庭经营收入	元	3288.39	2864.45	2545.05	3140.36	2900.86	3976.80
1.第一产业收入	元	2450.86	2674.20	2262.31	2725.31	2545.24	2253.10
(1)农业收入	元	1437.91	1632.41	1445.15	1564.30	1394.40	1356.30
(2)林业收入	元	45.51	8.32	13.12	2.90	109.34	34.31
(3)牧业收入	元	935.87	1025.76	801.81	1131.16	980.69	835.33
(4)渔业收入	元	31.58	7.71	2.23	26.95	60.80	27.16
2.第二产业收入	元	632.83	59.29	98.52	32.04	163.84	1544.56
(1)工业收入	元	569.51	44.07	2.44	0.50	10.45	1529.88
(2)建筑业收入	元	63.32	15.22	96.08	31.54	153.39	14.68
3.第三产业收入	元	204.70	130.97	184.22	383.01	191.78	179.15
(三)财产性收入	元	14.62	41.53	47.33	17.13	4.63	3.40
(四)转移性收入	元	54.14	46.65	111.39	49.16	30.40	61.16
二、总支出	元	3699.23	3106.99	2353.09	3329.10	2992.43	4927.83
(一)家庭经营费用支出	元	1465.14	894.47	535.45	1220.05	937.71	2394.17
1.第一产业生产费用支出	元	892.55	876.86	535.43	1097.05	898.60	913.04
(1)农业生产费用支出	元	418.95	502.08	311.83	530.85	451.99	353.16
(2)林业生产费用支出	元	4.77	2.14		2.83	10.93	3.01
(3)牧业生产费用支出	元	454.82	372.54	223.39	552.05	407.91	543.87
(4)渔业生产费用支出	元	14.00	0.10	0.21	11.32	27.77	13.00

(续表 8-2)

指 标 名 称	单 位	贵港市	覃塘区	港北区	港南区	平南县	桂平市
2.第二产业生产费用支出	元	539.37	13.59	0.02	29.31	13.17	1445.97
(1)工业生产费用支出	元	530.28	1.28		22.80	8.15	1431.52
(2)建筑业生产费用支出	元	9.09	12.30	0.02	6.51	5.02	14.45
3.第三产业生产费用支出	元	33.22	4.03		93.69	25.94	35.17
(二)购置生产性固定资产支出	元	34.18	34.36		104.09	27.10	22.80
(三)建造生产性固定资产雇工支出	元	2.32					6.34
(四)税费支出	元	3.81	6.08		2.36	0.89	6.79
(五)生活消费支出	元	2130.19	2044.63	1790.62	1944.66	2002.77	2414.08
其中:服务性支出	元	798.18	756.44	599.36	768.85	751.64	911.19
1.食品消费支出	元	1019.17	962.69	706.18	757.57	939.44	1278.22
2.衣着消费支出	元	72.83	49.49	42.31	45.96	72.81	98.79
3.居住消费支出	元	270.57	209.92	221.40	401.85	208.02	302.99
4.家庭设备.用品消费支出	元	106.26	98.80	158.93	85.55	80.22	122.03
5.交通和通讯消费支出	元	226.20	207.79	201.28	187.08	247.02	237.80
6.文化教育.娱乐消费支出	元	277.95	382.17	341.46	313.75	277.98	212.52
7.医疗保健消费支出	元	100.37	104.02	89.52	78.34	132.19	86.16
8.其他商品和服务消费支出	元	56.82	29.75	29.55	74.56	45.10	75.57
(六)财产性支出	元	4.39	2.12		0.02	3.21	8.82
(七)转移性支出	元	59.20	125.33	27.01	57.92	20.74	74.84
一、全年纯收入	元	2960.98	3068.19	3298.54	3133.78	2907.89	2811.09
(一)工资性收入	元	1154.33	1106.51	1204.58	1221.88	1007.61	1242.89
(二)家庭经营纯收入	元	1754.80	1890.80	1939.51	1859.09	1876.06	1529.64
(三)财产性纯收入	元	14.62	41.53	47.33	17.13	4.63	3.40
(四)转移性纯收入	元	37.24	29.35	107.12	35.69	19.60	35.17
二、全年现金纯收入	元	2377.05	2472.33	2844.90	2618.52	2386.25	2124.23
三、全年实物纯收入	元	583.93	595.87	453.64	515.26	521.65	686.87
四、直接计算的全年纯收入	元	2960.98	3068.19	3298.54	3133.78	2907.89	2811.09

8-3 行政事业单位财务状况综合表(一)

项目	单位数(个)	行政单位数	事业单位数	年末资产(万元)	固定资产原值	上年结余(万元)	本年收入(万元)	财政拨款
总计	**3080**	**339**	**2741**	**939129.05**	**549816.29**	**15614.58**	**382374.54**	**235258.97**
装卸搬运和其他运输服务业	16	0	1	750.19	750.19	0.95	419.51	0.00
电信和其他信息传输服务业	6	0	6	84.76	73.18	1.94	51.69	11.36
计算机服务业								
软件业								
租赁业								
商务服务业	101	2	99	28369.81	16062.23	379.62	11157.38	2457.65
研究与试验发展	13	0	13	1703.47	579.02	99.05	2395.48	1269.39
专业技术服务业	47	3	44	15529.22	2840.75	179.98	6700.94	4315.83
科技交流和推广服务业	84	0	84	8301.73	6449.09	107.72	2725.44	955.11
地质勘查业	2	0	2	1463.43	1007.26	0.30	700.09	656.06
水利管理业	41	1	40	41519.52	34006.20	-436.30	2940.68	227.61
环境管理业	5	0	5	359.42	350.97	14.84	748.95	481.00
公共设施管理业	6	0	6	858.02	752.11	73.82	1015.49	641.01
居民服务业	3	0	3	1359.06	793.74	97.69	921.17	45.09
其他服务业	1	0	1	0.00	0.00	0.00	0.00	0.00
教育	861	1	860	323316.20	262044.84	1095.94	123953.92	86826.98
卫生	432	0	432	236946.53	56772.10	7.85	69792.31	3055.22
社会保障业	27	0	27	2611.46	2305.22	70.27	659.35	586.45
社会福利业	10	1	9	1646.07	1142.47	34.95	858.85	251.93
新闻出版业	1	0	1	535.49	239.73	-26.74	930.29	0.00
广播、电视、电影和音像业	35	1	34	3431.18	2780.17	79.52	1042.82	159.64
文化艺术业	24	1	23	996.19	867.32	11.97	783.24	634.52
体育	3	0	3	18.17	0.00	2.76	82.75	53.85
娱乐业	1	0	1	14.99	11.50	0.00	67.03	67.03
中国共产党机关	89	61	28	4321.59	3260.72	148.65	7042.36	6807.36
国家机构	723	248	475	230844.98	128055.27	13010.27	140691.05	122401.28
人民政协和民主党派	7	4	3	108.53	84.11	11.89	746.56	722.48
群众团体、社会团体和宗教组织	122	16	106	3896.78	2804.53	206.91	1927.15	896.56
基层群众自治组织	435	0	435	30142.23	25783.57	440.70	4020.06	1735.63
国际组织								

8-4 行政事业单位财务状况调查综合表(二)

项目	本年收入(万元)					本年支出(万元)	基本支出、项目支出合计	人员支出
	行政单位预算外资金收入	上级补助收入	事业收入	事业单位经营收入	其他收入			
总计	**9291.87**	**12387.20**	**104495.56**	**21116.44**	**22772.71**	**386052.48**	**359803.94**	**147972.09**
装卸搬运和其他运输服务业	0.00	6.10	408.74	0.00	4.66	396.47	346.63	40.61
电信和其他信息传输服务业	0.00	0.00	27.79	0.00	12.55	51.23	29.35	15.30
计算机服务业								
软件业								
租赁业								
商务服务业	106.39	96.07	2682.72	5083.39	731.18	11132.94	10192.64	2616.48
研究与试验发展	0.00	33.28	970.89	63.00	58.92	2398.97	2359.60	826.37
专业技术服务业	87.49	108.81	1551.62	535.22	101.98	7970.00	7420.58	1104.23
科技交流和推广服务业	0.00	45.45	42.16	1617.17	55.58	2819.85	2637.17	1330.05
地质勘查业	0.00	0.00	30.47	0.00	13.56	689.04	681.06	139.89
水利管理业	0.00	55.69	383.81	2191.11	82.48	6809.46	1674.92	965.44
环境管理业	0.00	9.40	255.35	0.22	2.98	756.74	756.74	404.31
公共设施管理业	32.40	45.04	216.62	36.79	43.63	1091.72	1053.75	485.35
居民服务业	91.74	5.60	767.29	8.39	3.06	921.17	909.48	431.09
其他服务业	0.00	0.00	0.00	0.00	0.00	0.00	0.00	0.00
教育	1308.19	2938.57	28681.92	588.80	3750.34	123513.42	118887.33	68891.50
卫生	137.09	466.65	58794.18	6674.94	1368.16	68392.76	65124.54	21208.09
社会保障业	17.50	0.00	12.02	0.00	43.38	678.23	673.24	383.40
社会福利业	0.00	30.09	231.35	2.60	342.88	923.27	915.23	280.68
新闻出版业	0.00	0.00	0.00	909.51	20.79	905.00	320.89	249.55
广播、电视、电影和音像业	0.00	8.40	118.07	706.36	50.34	987.34	957.58	429.12
文化艺术业	0.00	65.41	31.53	0.00	51.78	744.56	652.49	338.98
体育	0.00	0.00	17.88	0.00	11.02	84.50	84.50	40.02
娱乐业	0.00	0.00	0.00	0.00	0.00	64.49	64.49	17.56
中国共产党机关	14.84	36.61	34.01	0.00	149.53	7075.56	6531.84	2375.26
国家机构	7365.29	7856.36	8753.78	1642.73	14785.02	140981.15	131706.07	42399.08
人民政协和民主党派	0.00	0.30	0.00	0.00	23.78	718.98	707.86	144.26
群众团体、社会团体和宗教组织	79.93	112.58	145.93	298.48	393.67	1874.59	1457.33	721.97
基层群众自治组织	51.01	466.83	337.44	757.72	671.45	4071.04	3658.63	2133.51
国际组织								

(续表 8-4)

项　　目	本年支出(万元)							
	基本支出、项目支出合计							
	公用支出	福利费	劳务费	就业补助费	取暖费	差旅费	各种设备、交通工具及图书资料购置费	对个人和家庭补助支出
总　　计	**129872.01**	**2398.77**	**2698.44**	**212.78**	**56.02**	**4266.91**	**14358.07**	**32696.46**
装卸搬运和其他运输服务业	3.35	0.00	0.00	0.00	0.39	1.62	1.34	7.42
电信和其他信息传输服务业	4.36	0.00	0.00	0.00	0.00	0.07	1.09	1.39
计算机服务业								
软件业								
租赁业								
商务服务业	6736.24	19.56	15.82	38.37	0.00	20.36	39.70	76.41
研究与试验发展	960.17	1.06	21.25	0.24	0.00	48.65	229.75	190.10
专业技术服务业	1436.15	72.03	241.12	0.95	0.00	89.83	170.31	1755.12
科技交流和推广服务业	1120.19	2.67	5.81	0.60	0.00	30.40	163.39	125.92
地质勘查业	46.65	6.17	0.21	0.00	0.00	14.74	4.31	494.53
水利管理业	571.57	77.30	21.79	0.00	0.00	23.76	35.03	8.30
环境管理业	249.56	3.93	15.83	0.00	0.00	2.46	70.34	92.60
公共设施管理业	147.77	9.66	0.00	0.00	0.00	0.57	8.52	28.68
居民服务业	432.29	2.73	26.59	0.00	0.00	21.44	91.91	23.15
其他服务业	0.00	0.00	0.00	0.00	0.00	0.00	0.00	0.00
教　育	27833.75	797.16	480.43	124.92	12.42	870.57	4246.35	15486.72
卫　生	39842.61	420.72	891.77	2.00	1.93	548.35	4652.42	1514.15
社会保障业	238.77	2.22	0.75	0.00	0.00	9.91	34.41	44.53
社会福利业	288.74	7.22	0.00	0.00	0.00	14.98	18.29	287.78
新闻出版业	71.34	34.94	0.00	0.00	0.00	6.40	30.00	0.00
广播、电视、电影和音像业	456.28	15.45	10.91	0.20	0.27	15.67	25.56	56.82
文化艺术业	228.96	6.86	9.68	1.50	0.50	5.42	71.51	161.43
体　育	22.61	2.10	0.00	0.00	0.00	0.15	0.00	8.11
娱乐业	42.34	0.04	0.38	0.00	0.00	1.88	0.00	4.59
中国共产党机关	3821.99	32.03	22.18	2.20	31.48	216.36	231.60	360.04
国家机构	43353.30	806.11	896.64	38.03	8.88	2243.19	4035.43	11739.94
人民政协和民主党派	280.98	1.31	0.00	0.00	0.00	41.68	18.61	104.61
群众团体、社会团体和宗教组织	503.67	6.20	11.10	2.75	0.00	17.23	52.02	87.76
基层群众自治组织	1178.34	71.30	26.20	0.99	0.16	21.24	126.22	36.34
国际组织								

（续表 8－4）

项　　目	助学金	抚恤和生活补助	基本建设项目支出	其他项目支出	事业单位经营支出	其他支出	收支节余（万元）	经营税金（限事业单位填）（万元）	从业人员平均人数（人）
总　　计	**459.58**	**2524.65**	**27516.91**	**22756.66**	**7212.99**	**8968.08**	**12876.17**	**580.11**	**93275**
装卸搬运和其他运输服务业	0.00	7.42	290.49	4.76	0.00	49.84	23.99	0.00	116
电信和其他信息传输服务业	0.00	0.00	0.00	3.05	14.70	7.18	2.41	0.10	13
计算机服务业									
软件业									
租赁业									
商务服务业	0.00	4.71	512.25	272.58	375.47	440.06	404.03	71.36	2063
研究与试验发展	0.00	11.57	58.55	92.69	6.24	31.70	95.57	2.99	229
专业技术服务业	0.00	279.91	940.03	818.85	425.25	124.17	－1089.09	82.50	744
科技交流和推广服务业	0.00	1.73	18.67	31.74	10.51	6.18	－27.58	0.00	994
地质勘查业	0.00	17.38	0.00	0.00	0.00	7.97	11.35	1.11	76
水利管理业	0.32	5.02	20.45	108.97	2430.39	125.94	－4305.09	108.21	1403
环境管理业	0.00	0.21	0.00	2.40	0.00	0.00	7.05	19.25	373
公共设施管理业	0.00	0.00	391.97	0.00	1.15	10.76	－2.41	22.72	365
居民服务业	0.00	1.59	22.95	0.00	0.00	0.39	50.88	0.00	100
其他服务业	0.00	0.00	0.00	0.00	0.00	0.00	0.00	0.00	0
教　育	410.46	513.49	6959.02	447.95	259.15	1353.53	1566.14	15.41	45728
卫　生	0.20	76.68	1724.61	1093.18	1626.63	1463.84	2321.61	0.14	11278
社会保障业	0.00	1.53	0.38	7.99	0.00	3.17	51.40	0.00	227
社会福利业	0.50	69.65	52.06	5.95	0.00	5.98	－29.45	0.00	222
新闻出版业	0.00	0.00	0.00	0.00	583.37	0.74	25.29	38.57	112
广播、电视、电影和音像业	0.00	4.10	10.60	4.75	11.29	18.47	135.00	55.79	323
文化艺术业	0.00	2.42	0.00	4.46	0.00	10.72	50.65	0.47	260
体　育	0.00	0.00	0.00	13.77	0.00	0.00	1.01	0.00	48
娱乐业	0.00	0.00	0.00	0.00	0.00	0.00	2.54	0.00	11
中国共产党机关	0.00	70.90	11.50	637.13	0.00	138.46	115.51	0.00	968
国家机构	43.34	1420.17	16433.92	18686.00	1465.55	4343.09	12778.52	157.39	20755
人民政协和民主党派	0.00	0.65	0.00	189.11	0.00	0.00	37.69	0.00	87
群众团体、社会团体和宗教组织	2.55	2.85	0.00	133.36	0.00	417.26	259.46	0.00	1866
基层群众自治组织	2.20	32.69	69.45	197.96	3.29	408.61	389.72	4.10	4914
国际组织									

8-5 服务业企业财务状况调查综合表

指标名称	单位数（人）	业化管理事业单位数	资产总计	固定资产原值	本期固定资产折旧	全部营业收入	其中：主营业务收入	三项费用合计
总　计	**324**	**63**	**63279.04**	**56354.54**	**6062.27**	**20902.07**	**19794.25**	**8783.07**
国有绝对控股	19	7	41664.46	40294.12	5056.66	6942.51	6902.27	4789.93
国有相对控股	3	3	8.10	7.21	0.11	0.83	0.83	1.11
集体绝对控股	6	1	456.01	363.79	7.09	463.94	463.93	227.23
集体相对控股	6	4	2188.11	1808.38	9.57	789.97	629.92	292.20
非公有控股经济	290	48	18962.38	13881.03	988.84	12704.82	11797.29	3472.61
装卸搬运和其他运输服务业								
电信和其他信息传输服务业								
计算机服务业	44	0	1685.78	1213.85	218.54	1570.84	1532.31	272.65
软件业								
租赁业								
商务服务业	30	12	30068.91	20752.12	3884.56	8662.14	8012.53	3117.75
研究与试验发展								
专业技术服务业	8	4	680.71	424.21	58.97	713.20	632.07	234.18
科技交流和推广服务业	1	1	0.50	0.50	0.00	15.16	9.42	2.70
地质勘查业								
水利管理业	1	1	7794.37	13777.92	474.28	942.13	942.13	1494.48
环境管理业	1	0	29.10	27.10	2.70	21.20	21.20	21.20
公共设施管理业	1	1	668.70	701.00	32.30	767.88	767.88	265.40
居民服务业	2	0	9.50	9.60	0.30	23.04	15.54	6.39
其他服务业								
教　育	156	34	9466.57	9175.45	693.49	3938.61	3692.72	1964.79
卫　生	47	8	3853.65	3298.43	70.49	1919.96	1867.41	417.65
社会保障业								
社会福利业	21	5	324.43	363.22	10.06	44.04	44.04	39.97
新闻出版业								
广播、电视、电影和音像业	13	6	507.41	684.24	206.48	84.14	57.27	328.50
文化艺术业								
体　育								
娱乐业	4	0	32.39	56.79	2.11	22.03	22.03	5.29
中国共产党机关								
国家机构	1	0	477.10	477.10	0.00	112.56	112.56	0.00
人民政协和民主党派								
群众团体、社会团体和宗教组织	1	0	17.00	17.00	2.00	0.30	0.30	0.30
基层群众自治组织								
国际组织								

（续表 8－5）

指标名称	应交税金	其中：所得税	上交各种费用	营业利润	利润总额	从业人员劳动报酬	劳动、失业保险费	从业人员平均人数
总　计	**960.70**	**33.01**	**488.17**	**1799.25**	**1320.12**	**4617.13**	**716.41**	**7340**
国有绝对控股	375.75	4.28	35.60	－593.45	－1262.85	2120.81	674.44	2332
国有相对控股	0.12	0.00	0.00	－0.41	－0.48	0.41	0.11	106
集体绝对控股	14.31	0.58	9.32	211.12	206.47	26.78	4.91	65
集体相对控股	19.46	2.26	18.16	12.77	16.16	100.23	0.00	820
非公有控股经济	551.06	25.88	425.09	2169.21	2360.82	2368.92	36.94	4017
装卸搬运和其他运输服务业								
电信和其他信息传输服务业								
计算机服务业	106.51	7.92	78.53	539.86	522.32	183.23	0.00	328
软件业								
租赁业								
商务服务业	299.40	1.03	62.42	987.54	235.19	1395.49	432.64	1440
研究与试验发展								
专业技术服务业	44.62	3.36	10.10	77.32	72.03	160.22	25.73	169
科技交流和推广服务业	0.35	0.00	0.63	1.50	1.50	6.56	0.00	8
地质勘查业								
水利管理业	46.58	0.00	0.00	－552.36	－552.36	273.45	0.24	234
环境管理业	0.00	0.00	0.00	0.00	0.00	21.20	0.00	16
公共设施管理业	44.00	0.35	7.10	－17.00	－17.00	318.82	9.56	334
居民服务业	0.89	0.00	2.30	8.77	8.77	6.57	0.00	17
其他服务业								
教　育	252.19	17.91	256.76	711.35	924.03	1476.45	12.44	2525
卫　生	19.49	2.22	67.86	356.53	354.36	368.14	2.83	1187
社会保障业								
社会福利业	5.07	0.25	1.85	8.44	8.56	25.05	0.00	46
新闻出版业								
广播、电视、电影和音像业	4.61	0.11	2.25	－190.72	－190.71	35.14	31.02	145
文化艺术业								
体　育								
娱乐业	5.42	0.00	0.43	10.07	5.89	4.46	0.00	52
中国共产党机关								
国家机构	2.86	0.30	0.00	19.37	19.37	42.08	0.00	496
人民政协和民主党派								
群众团体、社会团体和宗教组织	0.00	0.00	0.00	0.00	0.00	0.30	0.00	5
基层群众自治组织								
国际组织								

8-6 服务业个体经营户抽样调查综合推算表

计量单位:元

指标名称	户数(户)			从业人员总数			
	2006 年	2005 年	同比增减	2006 年	其中:外雇人员	2005 年	同比增减
总　计	**12106**	**9104**	**3002**	**19493**	**5073**	**14930**	**4563**
装卸搬运和其他运输服务业							
电信和其他信息传输服务业	0	0	0	0	0	0	0
计算机服务业	260	127	133	529	176	280	249
软件业	0	0	0	0	0	0	0
租赁业	124	124	0	223	67	223	0
商务服务业	158	76	82	351	128	176	175
研究与试验发展							
专业技术服务业							
科技交流和推广服务业							
地质勘查业							
水利管理业							
环境管理业							
公共设施管理业							
居民服务业	2729	2099	630	5420	1977	4252	1168
其他服务业	3942	2874	1068	6044	1283	4605	1439
教　育	136	72	64	646	406	427	219
卫　生	3509	2586	923	4373	353	3200	1173
社会保障业							
社会福利业							
新闻出版业							
广播、电视、电影和音像业	0	0	0	0	0	0	0
文化艺术业	131	131	0	239	123	239	0
体　育							
娱乐业	294	294	0	281	74	443	-162
中国共产党机关							
国家机构							
人民政协和民主党派							
群众团体、社会团体和宗教组织							
基层群众自治组织							
国际组织							

(续表8－6) 计量单位：元

指标名称	营业面积				固定资产原值			
	样本平均人数	样本汇总值	样本人均值	总量推算值	样本平均人数	样本汇总值	样本人均值	总量推算值
总计	**556**	**16540**	**30**	**584790**	**556**	**15885210**	**28571**	**55693450**
装卸搬运和其他运输服务业								
电信和其他信息传输服务业	2	20	10	0	2	15000	7500	0
计算机服务业	39	1476	38	20102	39	1628000	41744	22082576
软件业	2	20	10	0	2	10000	5000	0
租赁业	4	120	30	6690	4	978000	244500	54523500
商务服务业	38	453	12	4212	38	562000	14789	5190939
研究与试验发展								
专业技术服务业								
科技交流和推广服务业								
地质勘查业								
水利管理业								
环境管理业								
公共设施管理业								
居民服务业	166	2799	17	92140	166	3406500	20521	11122382
其他服务业	58	2310	40	241760	58	1125450	19404	11727777
教育	139	6083	44	28424	139	5345160	38454	24841284
卫生	34	756	22	96206	34	309000	9088	39741824
社会保障业								
社会福利业								
新闻出版业								
广播、电视、电影和音像业	2	150	75	0	2	18200	9100	0
文化艺术业	0	0	0	0	0	0	0	0
体育								
娱乐业	72	2353	33	9273	72	2487900	34554	9709674
中国共产党机关								
国家机构								
人民政协和民主党派								
群众团体、社会团体和宗教组织								
基层群众自治组织								
国际组织								

(续表 8－6)　　　　计量单位：元

指标名称	营业支出				其中：雇员报酬			
	样本平均人数	样本汇总值	样本人均值	总量推算值	样本平均人数	样本汇总值	样本人均值	总量推算值
总　计	**556**	**13840659**	**24893**	**48523924**	**556**	**3225039**	**5800**	**11305940**
装卸搬运和其他运输服务业								
电信和其他信息传输服务业	2	55200	27600	0	2	0	0	0
计算机服务业	39	938619	24067	12731443	39	170140	4363	2308027
软件业	2	62000	31000	0	2	6000	3000	0
租赁业	4	227066	56767	12659041	4	21600	5400	1204200
商务服务业	38	1574059	41423	14539473	38	113400	2984	1047384
研究与试验发展								
专业技术服务业								
科技交流和推广服务业								
地质勘查业								
水利管理业								
环境管理业								
公共设施管理业								
居民服务业	166	3255915	19614	10630788	166	1124419	6774	36715080
其他服务业	58	1819746	31375	18963050	58	276420	4766	28805704
教　育	139	1763672	12688	8196448	139	951200	6843	4420578
卫　生	34	820349	24128	10551174	34	37000	1088	4757824
社会保障业								
社会福利业								
新闻出版业								
广播、电视、电影和音像业	2	41929	20965	0	2	11760	5880	0
文化艺术业	0	0	0	0	0	0	0	0
体　育								
娱乐业	72	3282104	45585	12809385	72	513100	7126	2002406
中国共产党机关								
国家机构								
人民政协和民主党派								
群众团体、社会团体和宗教组织								
基层群众自治组织								
国际组织								

(续表 8-6)　　　　　　　　　　　　　　　　　　　　　　　　　　　　　计量单位:元

指标名称	缴纳税金				缴纳各种管理费			
	样本平均人数	样本汇总值	样本人均值	总量推算值	样本平均人数	样本汇总值	样本人均值	总量推算值
总　计	**556**	**588014**	**1058**	**20623594**	**556**	**459712**	**827**	**16120711**
装卸搬运和其他运输服务业								
电信和其他信息传输服务业	2	6000	3000	0	2	1200	600	0
计算机服务业	39	38560	989	523181	39	162161	4158	2199582
软件业	2	2000	1000	0	2	480	240	0
租赁业	4	7800	1950	434850	4	1600	400	89200
商务服务业	38	106290	2797	981747	38	19428	511	179361
研究与试验发展								
专业技术服务业								
科技交流和推广服务业								
地质勘查业								
水利管理业								
环境管理业								
公共设施管理业								
居民服务业	166	89431	539	2921380	166	53952	325	1761500
其他服务业	58	85369	1472	8896768	58	41844	721	4357724
教　育	139	2360	17	10982	139	39793	286	184756
卫　生	34	11400	335	1464955	34	32550	957	4184961
社会保障业								
社会福利业								
新闻出版业								
广播、电视、电影和音像业	2	2004	1002	0	2	1600	800	0
文化艺术业	0	0	0	0	0	0	0	0
体　育								
娱乐业	72	236800	3289	924209	72	105104	1460	410260
中国共产党机关								
国家机构								
人民政协和民主党派								
群众团体、社会团体和宗教组织								
基层群众自治组织								
国际组织								

（续表 8－6） 计量单位：元

指标名称	支付租金				水电费支出			
	样本平均人数	样本汇总值	样本人均值	总量推算值	样本平均人数	样本汇总值	样本人均值	总量推算值
总　计	**556**	**1190070**	**2140**	**41715020**	**556**	**760877**	**1368**	**26666424**
装卸搬运和其他运输服务业								
电信和其他信息传输服务业	2	19200	9600	0	2	1200	600	0
计算机服务业	39	127500	3269	1729301	39	145800	3738	1977402
软件业	2	3600	1800	0	2	2400	1200	0
租赁业	4	0	0	0	4	1000	250	55750
商务服务业	38	114800	3021	1060371	38	34730	914	320814
研究与试验发展								
专业技术服务业								
科技交流和推广服务业								
地质勘查业								
水利管理业								
环境管理业								
公共设施管理业								
居民服务业	166	406850	2451	13284420	166	163800	987	5349540
其他服务业	58	124820	2152	13006688	58	39820	687	4152228
教育	139	175000	1259	813314	139	84688	609	393414
卫生	34	32300	950	4154350	34	14565	428	1871644
社会保障业								
社会福利业								
新闻出版业								
广播、电视、电影和音像业	2	0	0	0	2	4274	2137	0
文化艺术业	0	0	0	0	0	0	0	0
体育								
娱乐业	72	186000	2583	725823	72	268600	3731	1048411
中国共产党机关								
国家机构								
人民政协和民主党派								
群众团体、社会团体和宗教组织								
基层群众自治组织								
国际组织								

（续表 8-6） 计量单位：元

指标名称	各种直接成本支出				营业收入			
	样本平均人数	样本汇总值	样本人均值	总量推算值	样本平均人数	样本汇总值	样本人均值	总量推算值
总　计	**556**	**6767507**	**12172**	**23726879**	**556**	**20658488**	**37156**	**72428190**
装卸搬运和其他运输服务业								
电信和其他信息传输服务业	2	0	0	0	2	75000	37500	0
计算机服务业	39	267998	6872	3635288	39	1602685	41094	21738726
软件业	2	47000	23500	0	2	87000	43500	0
租赁业	4	195066	48767	10875041	4	411462	102866	22939118
商务服务业	38	1172421	30853	10829403	38	2315899	60945	21391695
研究与试验发展								
专业技术服务业								
科技交流和推广服务业								
地质勘查业								
水利管理业								
环境管理业								
公共设施管理业								
居民服务业	166	1266553	7630	41354600	166	4973710	29962	16239404
其他服务业	58	1208793	20841	12596300	58	2353297	40574	24522925
教育	139	488831	3517	2271982	139	2810678	20221	13062766
卫生	34	663154	19505	85295365	34	1430792	42082	18402458
社会保障业								
社会福利业								
新闻出版业								
广播、电视、电影和音像业	2	22291	11146	0	2	71725	35863	0
文化艺术业	0	0	0	0	0	0	0	0
体育								
娱乐业	72	1435400	19936	5602016	72	4526240	62864	17664784
中国共产党机关								
国家机构								
人民政协和民主党派								
群众团体、社会团体和宗教组织								
基层群众自治组织								
国际组织								

8-7 服务业个体经营户调查综合表

计量单位:金额单位:万元

指标名称	总户数(户)	从业人员总数(人)	其中:外雇人员	营业面积	固定资产原值	营业支出
总　　计	**12106**	**19493**	**5073**	**557828**	**51715.87**	**45926.24**
装卸搬运和其他运输服务业						
电信和其他信息传输服务业						
计算机服务业	257	517	167	20609	2443.70	1001.94
软件业						
租赁业	124	223	67	6690	10500.30	2352.94
商务服务业	155	347	127	2951	420.75	847.38
研究与试验发展						
专业技术服务业						
科技交流和推广服务业						
地质勘查业						
水利管理业						
环境管理业						
公共设施管理业						
居民服务业	2726	5415	1975	93446	10280.85	9444.59
其他服务业	3938	6038	1281	195265	12962.72	17504.26
教　育	136	646	406	24746	2665.74	774.17
卫　生	3506	4369	353	80351	3233.41	9322.15
社会保障业						
社会福利业						
新闻出版业						
广播、电视、电影和音像业						
文化艺术业	131	239	123	0	0.00	0.00
体　育						
娱乐业	291	274	71	9010	944.58	1199.65
中国共产党机关						
国家机构						
人民政协和民主党派						
群众团体、社会团体和宗教组织						
基层群众自治组织						
国际组织						

（续表8－7） 计量单位：金额单位：万元

指标名称	营业支出						营业收入
	其中：雇员报酬	缴纳税金	缴纳各种管理费	支付租金	水电费支出	各种直接成本支出	
总　计	**10627.77**	**2060.34**	**1611.46**	**3868.74**	**2490.72**	**22681.79**	**72730.95**
装卸搬运和其他运输服务业							
电信和其他信息传输服务业							
计算机服务业	239.38	71.59	204.05	141.08	155.54	182.12	1858.32
软件业							
租赁业	140.13	86.19	17.68	0.00	0.10	2108.84	4240.06
商务服务业	82.20	90.72	9.16	98.99	29.67	526.77	1340.35
研究与试验发展							
专业技术服务业							
科技交流和推广服务业							
地质勘查业							
水利管理业							
环境管理业							
公共设施管理业							
居民服务业	3184.44	306.90	182.79	1285.76	530.90	3501.49	15370.51
其他服务业	2539.84	808.96	461.20	1215.36	461.66	11655.31	23712.70
教育	409.37	3.30	24.03	65.34	37.66	229.48	1562.98
卫生	361.29	119.72	344.57	399.75	173.32	7316.39	16149.24
社会保障业							
社会福利业							
新闻出版业							
广播、电视、电影和音像业							
文化艺术业	0.00	0.00	0.00	0.00	0.00	0.00	0.00
体育							
娱乐业	185.48	81.91	36.66	55.30	99.44	540.39	1643.34
中国共产党机关							
国家机构							
人民政协和民主党派							
群众团体、社会团体和宗教组织							
基层群众自治组织							
国际组织							

平南县大坡镇人民政府

党委书记：梁斌春

镇长：黄 赟

大坡镇位于平南县东南部，东与藤县岭景镇相邻，南与县内寺面、六陈镇相邻，西靠大新镇，北连大洲镇。全镇总面积111平方公里，其中耕地面积16780亩，山地面积151094亩，森林覆盖率68%，辖12个村民委员会，266个村民小组。全镇人口38000多人。

大坡圩是镇政府驻地，交通便利，境内有柏油路相通，离南梧二级公路20公里。全镇有民营企业12家，主要以竹编工艺、木材加工为主。土地肥沃，农林特产资源丰富，是优质稻谷、优质水果，外销仔猪生产基地，传统特产有：松脂、玉桂、黑榄、黄榄、石硖龙眼、贡柑、沙塘桔、茶叶、香蕉、木茹。大坡优质柑品质优良，产品远销区内外。

新一届党委、政府，团结务实，创新思路，与时俱进，开拓进取，坚持“高起点规划、高质量建设、高效能管理”的思路，加快经济结构调整的步伐，把优质谷、速丰桉、中草药、贡柑、沙塘桔、桑蚕作为增加农民收入的支柱产业。以项目建设为突破口，打造招商引资硬环境，实施城乡清洁工程，推进工业化、城镇化进程，抓好社会主义新农村建设，占地面积300亩的大坡工业园区正在建设中。全镇呈现一派生机勃勃的景象，前景喜人，商机无限。2006年全镇工业总产值2737万元，增长速度7.1%农业总产值7316万元，增长速度6.6%，农民人均纯收2668元，增长速度8%。乡镇财政收入110万元，增长速度6.7%。大坡镇三个文明建设管理责任，人口与计划生育工作，党风廉政建设工作均获县委县政府评为特等奖。乡镇经济被贵港市评为2006年经济发展进步乡镇第一名称号。

大坡镇人民热情欢迎区内外各界仁人志士、客商前来洽谈贸易、投资办厂。

港北区中里乡人民政府

唐成良市长到我乡调研农业生产情况

乡党委书记：黄超超

乡长：姚铁勤

中里乡位于贵港市城区以北的莲花山脉盆地，距离市区21公里，始建于1958年，原为龙山人民公社，1987年更名为中里乡。全乡辖23个行政村，285个村民小组，人口7.2万人，主要民族有壮、汉两族，其中壮族人口占96%。行政面积192平方公里，耕地面积2.8万亩，山林面积16557公顷，有林面积12428.4公顷，森林覆盖率75%，是港北区最大的林业区。乡域内蕴藏着丰富的金银矿、铅锌矿，当前主要有福六、龙鑫两家矿业有限公司，两公司下辖六梅、山花等七家上规模的矿业生产企业，总投资额达1.8亿元。

2006年全乡完成固定资产投资5721万元，比2005年增长68.3%；财政收入530万元，比2005年增长38.6%；农民人均纯收入1978元，比2005年增长12.2%。由于经济的快速发展，中里乡在全市乡镇经济发展综合评比中的排名也不断前移，由2005年排名第73位（全市倒数第2位）上升到2006年的第18位，前移了55位，并被市委、市政府授予“2006年度贵港市经济发展进步乡镇”荣誉称号。

山花金矿生产线

覃塘区 樟木乡

书记：郭执生

乡长：朱雁玲

樟木乡领导班子

樟木乡人民政府大院一角

樟木乡位于贵港市覃塘区西北部。辖24个行政村，1个居民委员会，行政区域面积249平方公里。2006年末人口7.9万人，有壮族少数民族（世居民族）7.7万人。人口自然增长率9.31‰。耕地面积4945公顷，经济作物种植面积4069公顷。农机动力1.4万千瓦。有林面积5010公顷。

全年实现国内生产总值16000万元，其中第一产业生产总值190万元，第二产业增加值15810万元。人均国内生产总值2025元。财政一般预算收入1031.3万元，财政一般预算支出1319.7万元。全社会固定资产投资完成额6703万元。农村居民人均纯收入2930元，人均生活支出1822元。城乡居民年末储蓄存款余额4636万元。

中共贵港市委副书记韦均林、覃塘区党委书记冯国忠等领导到樟木乡中团村陈村屯指导工作

贵港市党委组织部部长王单冰、覃塘区党委组织部部长蒙雪凤等领导到樟木乡中团村陈村屯指导工作

新农村民族民间文化歌会表演

樟木乡千秋红塑花厂

市党委组织部副部长张学强、区党委组织部部长蒙雪凤等领导到樟木乡西蕃莲基地指导工作

党委书记：何 辉

乡长：施振坚

覃塘区山北乡人民政府

山北乡位于覃塘区西北部。辖11个行政村，行政区域面积88平方公里。2006年末人口3.9万，壮族人口(世居民族)3.5万人。人口自然增长率9.89‰。耕地面积1586公顷、经济作物种植面积1053公顷。农机动力1.25万千瓦。有林面积2933公顷，森林覆盖率31.5%。209国道过境，重要矿产资源有石灰石，储量7.5亿吨。

财政一般预算收入392万元，财政一般预算支出645万元。全社会固定资产投资完成额3158万元。社会消费品零售总额10万元。农村居民人均纯收入3033元，人均生活费支出2291元。城乡居民年末储蓄存款余额380万元。

山北塑花厂

美华制板厂

环境优美的山北乡政府庭院

党委书记：黄克霖

镇长：梁铧文

港北区庆丰镇人民政府

庆丰镇三家班子

庆丰镇位于港北区东北部，北回归线以南，东接桂平市厚禄乡，西邻港北区奇石乡和中里乡，南连港北区大圩镇，北界桂平市石龙镇和达开水库库区。

全镇辖23个行政村，434个村民小组，总人口8.6万，是汉族、壮族等少数民族杂居的乡镇。行政区面积142.26平方公里，耕地面积4067公顷，经济作物种植面积3534公顷，主要经济作物是水稻、玉米、甘蔗和花生，其中水稻以优质谷种植为主，冬植经济作物以大肉芥菜为主。有林面积2845公顷，森林覆盖率20%。南梧二级公路贯穿镇中心，全镇等级公路里程118.75公里，其中二级公路13公里。重要的矿产资源有金、银、铅和锌。镇政府设在新圩村，是全镇政治、经济和文化中心，距贵港市城区30公里。

庆丰镇郡岭村大肉芥菜

庆丰镇杨林村养殖场

都炉沙塘橘

平南县思旺镇人民政府

丰产的果蔗

连片千亩蚕桑示范基地

农副产品粉薯

千亩高产木薯基地

整合提升农副产品加工

镇领导陪同县领导到学校指导工作

我镇教育水平逐年提高

平南县思旺镇地处平南县西北部，距县城20公里，距在建高等级公路平南——金秀公路7公里，平南——武宣公路9公里，交通便利。镇行政区域面积173平方公里，辖17个行政村，耕地面积4.8万亩，林地面积9000公顷，森林覆盖率为30%，2006年末全镇人口9.3万人。镇境内三面环山，中间和南面为盘地，思旺江从北向南横穿全镇，镇的北面有海拔1162米平南最高的东王山，全镇常年无霜冻，降雨量充沛，土地肥沃，水资源充足，得天独厚的自然地理环境很适宜农作物的生长。

近年来，思旺镇依托交通和地理环境优势，实施"项目立镇、工业强镇、农业稳镇、城建兴镇"发展战略，加快经济结构调整，实现全镇经济又好又快发展。一是抓好优质稻、玉米、花生、粉葛、淮山、砂姜、马铃薯、蚕桑、甘蔗、木薯、生猪、名优水果、蔬菜等特色农产业系列开发。二是突出产业发展，加快推进工业化，依托镇上的永隆机械厂、得胜燃器具厂、永发编织厂、卓和毛织厂、余地农副产品加工厂、仙珠食品公司、环球运输公司等产业，大力发展沼气燃器具、新型节能灶、工艺编织、毛织等产业，整合提升农副产品深加工、上规模、上档次。三是加快城镇化进程，重点建设思旺镇商住集中区、前期征地150亩工作已经完成，可望明年全面开工。全镇主要经济指标以较大增幅增长，2006年工业总产值7427.7万元，比上年增长165.93%，农业总产值2736万元，比上年增长18.83%，固定资产投资1460万元，比上年增长22.79%，农民人均纯收入2999元，比上年增加14.42%，全镇经济社会不断加快发展，人民生活水平不断提高。

贵港市通达工程现场会

蓬勃发展的镇民营企业

思旺镇政府办公大楼

平南县官成镇人民政府

书记：方向文

镇长：陆 勤

官成镇位于平南县北部，距离县城15公里。行政区域面积203平方公里。辖17个行政村，1个街道办事处，2006年末人口9.70万，人口自然增长率7‰，大部分人是汉族，少部分人是壮、瑶等少数民族(世居民族)，约0.5万人。耕地面积5.7735万亩。平金二级公路贯穿全境，约13公里。

2006年实现工业总产值5636万元，农业总产值25149万元，全社会固定资产投资650万元，其中乡镇投资650万元，农民人均纯收入3080元。

市委书记赖德荣在官成镇水毁民房重建落成仪式上作重要指示

环境优美的镇政府机关大院

团结务实、朝气蓬勃的镇党委、人大、政府领导班子

社会主义新农村建设示范点——白庙新村一角

桂平市油麻镇政府

党委书记：陈兆仁

镇长：陈丕钊

油麻镇位于桂平市东南部，辖18行政村，共有306个村民小组，行政区域面积166平方公里。2006年末人口4.752万。耕地面积1653公顷，主要农作物有水稻、玉米、花生、木薯，主要经济作物有玉桂、荔枝、木薯，经济作物种植面积达3508.2公顷，其中玉桂1185.4公顷、荔枝817公顷、木薯1205.8公顷。农机动力811万千瓦。有林面积10859公顷，森林覆盖率64%。是一个资源丰富的农林业山区镇，所盛产的玉桂、黄榄、荔枝、龙眼等土特产远近闻名，农副产品龙头企业大江南食品厂生产的腐竹远销美国、加拿大，20多家木材卷板加工厂生产的优质板材深受广东商家青睐。

2006年实现国内生产总值28600万元，其中第一产业增加值1220万元，第二产业增加值857万元，第三产业增加值65万元。人均国内生产总值1850元。财政收入247万元，比上年增长63.2%；税收收入208万元，比上年增长87.8%。工业总产值2673万元，比上年增长31.7%；农业总产值11769万元，比上年增长9.0%。全社会固定资产投资完成额1715万元，比上年增长53.8% 。社会消费品零售总额3845万元，商品出口总额1654万元 。城镇居民人均可支配收入3500元，人均消费支出3100元 。农村居民人均纯收入2950元，增长速度15.10%，人均生活费支出2300元。城乡居民年末储蓄存款余额8560万元。

贵港市港北区大圩镇政府

党委书记：温庆雄

党委副书记、镇长：邓启明

大圩镇位于贵港市城区东郊，是原县级贵港市四大重镇之一，中心圩镇距城区16公里，南梧二级公路贯穿全镇，交通便捷。全镇辖18个行政村和1个街委会，总面积159平方公里，总人口9.7万人，境内有著名的龙岩风景区、东塘龙窝瀑布和金碑水库渡假村。商贸、建筑、服务业发达。主产玉米、花生，盛产龙眼、蔬菜和甘蔗，是庆丰、武乐、白沙、厚禄等周边乡镇的贸易中心和农产品集散地。

近年来，大圩镇的各项事业得到了长足的发展。2006年，全镇财政收入首次突破一千万元大关，达1192万元，同比增长36.1%；农民人均纯收入3083元，同比增长15.2%；工业总产值11190万元，同比增长14.9%；农业总产值13486万元，同比增长7.2%。基础设施建设不断完善，全镇11条主要街道都进行了水泥硬化，并且在1公里长的商业大街安装了30多盏路灯。招商引资势头强劲，仅2006年，全镇共引进9个企业，签约额达2.3亿元；村级道路建设全面改观，目前除甘岭没有通公路外，其余各村都实现了村村通公路；文化体育活动蓬勃发展，充分利用目前的新建塘屯文化乐园、金盆街舞台、大圩广场舞台，举办各种贴近群众喜闻乐见的文化活动，并多次举办贵港市、港北区等大型文化活动。

全体班子成员

镇人大代表视察农业生产情况

群众集资兴建村级水泥路

荷城北大门——东龙镇

党委书记：黄英梅

镇长：韦进伟

市委赖德荣书记在全区村级组织活动场所建设工作启动仪式上作重要讲话

东龙镇位于贵港市覃塘区北部，是贵港市的“北大门”，与来宾市武宣县、兴宾区交界。交通便利，209国道贯穿境内。商贸繁荣，是附近几个乡镇的贸易交易中心。全镇行政区辖面积185平方公里，下辖15个行政村、1个居委会，总人口64556人，其中壮族占80%以上。

2006年，全镇实现国内生产总值37159万元，人均国内生产总值5756元。农民人均收入3010元，财政收入334.48万元，全社会固定资产投资完成额6290万元，经济实现又好又快发展。先后获得覃塘区财税工作先进单位、支持民营经济先进乡镇和贵港市经济发展进步奖等荣誉称号。

农业、林业、畜牧业稳步发展。农业结构调整步代快，全镇农作物种植面积达22300亩。速丰桉林面积40000多亩，为全镇80多家中板（其中胶合板厂13家）厂提供了充足的原材料。畜牧业总产值6176万元，同比增长23%。

工业化、城镇化发展呈现新亮点。以木材加工为主的非公企业达到455家，从业人员5500人，年营业额达24797万元，再创历史新高。城镇化水平进一步提高，投资1000万元建成了东龙镇兴隆生活品市场，投资6400万元的圩镇改造和石龙社区示范生活小区开发项目正在实施当中。

以“生产发展”为重点的社会主义新农村建设迈出新步伐。着重引导和扶持京龙村大岭屯等新农村建设试点发展林果业和养猪业，共建成批养猪200头以上养猪场12家，仅此一项，村民人均年纯收入300元以上。此外，全镇还先后投入资金100多万元，用于村级道路、水利三面光、农村小公园、沼气池等设施建设，新农村建设初见成效。

教育、文化、卫生事业再创佳绩。2006年，中考上示范性高中线208人，比去年增加70多人，继续走在全区的前列；广播电视实现“村村通”，广播电视入户率达95%以上；卫生服务工作进一步加强，全镇参加农村新型合作医疗人数52326人，达83%以上，被评为覃塘区新型农村合作医疗工作先进单位。

团结、务实的领导班子

上级领导深入基层指导新农村建设

长势良好的速丰桉林

新农村重点产业养猪场

胶合板厂厂房一角

平南县武林镇政府

党委书记：蒙爱杏

镇长：何有瑞

武林镇位于浔江南岸，东与藤县天平镇接壤，南与大安镇相连，西与上渡镇毗邻，北与丹竹镇隔江想望，总面积43.00平方公里，耕地面积24004.1亩，其中水田面积16258.3亩，旱地面积7745.3亩。辖7个行政村，101个村民小组，2006年总人口为27170人，国民生产总值为1.51亿元，较上年比增8.6%，其中工业总产值0.47亿元，较上年比增8.7%，农业总产值1.02亿元，较上年增长5.4%，财政收入124万元，较上年增长11.2%。

近年来，武林镇党委、政府进一步解放思想，紧紧抓住机遇，加大招商引资力度，全力拓展与先进地区的经济合作，加快接纳东部产业转移的步伐，招大引强，加强项目协调督办服务，改善投资环境，积极发展民营经济。至2007年上半年，在巩固发展原有企业基础上，新上一批项目，项目涉及造船、建材、灯饰、家私、针织、制衣、食品、货运等领域，招商引资工作取得可喜的成绩。

玉桂之乡——六陈镇

六陈镇地处龚州南部，是平南县四大古镇之一。东距平南县城50公里，南距玉林城区100公里。毗邻该县南河片镇隆、大新、大坡、寺面、平山等乡镇和桂平市的罗秀、麻垌、油麻等乡镇。平容(平南至容县)二级公路穿镇而过，全长20多公里，镇内三条四级公路纵贯各村。全区二十大水库之一、平南县新八景之一的“碧海银川”——六陈水库，座落在该镇境内。全镇面积232.7平方公里，水田面积2.4万亩，山地面积23.9万亩，20个行政村，人口7 万多人。该镇不仅资源丰富，人杰地灵，是闻名海内外的“玉桂之乡”，更是投资办企业的圣地、宝地。

研究工作

素有“玉桂之乡”美称的六陈镇，农户从明朝就开始种植玉桂，至今已有600多年的历史，全镇有玉桂林15.8万亩，无论是人均据有玉桂林，或是连片种植玉林面积，均居全国第一。改革开放以来，特别是近几年，该镇党委、人大、政府与全镇人民一道，凭借党的富民政策，抓住机遇，进一步调整农业产业结构，除保持每年新种植传统的玉桂外，还调出了邻份水、田和山岭培育花卉苗木。故此镇内出现了许多花卉苗木村、花卉苗木屯。目前全镇有大小花卉苗木场近百个，面积5000多亩，部分农户每年仅是出售花卉苗木收入就达10万元以上。

花 卉

全景图

新 楼

灯 饰

前进中的平南县思界乡

平南县思界乡位于平南县西部，黄金水道西江的上游，西接桂平市江口镇，距县城10公里。全乡人口3.3万人，辖6个行政村，总面积45平方公里，耕地面积11663亩。矿产资源丰富，优质石灰石储量大。平南至武宣二级公路即将开通，交通便捷，区位优势明显。

编织工艺品制造业是思界乡的支柱产业，图为编织工艺品

近年来思界乡党委、政府以“三个代表”重要思想为指导，全面落实科学发展观，认真贯彻落实十六大精神，坚持以经济建设为中心，实施“农业稳乡、工业富乡”的发展战略，有效地加快城镇化、工业化和农业产业化的进程。2006年实现招商引资上项目3个，引进资金300多万元，完成财政收入194万元，2007年上半年完成财政税收132.8万元。目前全乡有民营企业30多家，从业人员3000多人，生产编织工艺品的龙头企业带动全乡其它企业的快速发展。全乡加大产业结构调整的力度，加快农业产业化的进程，形成了桑蚕、甲鱼、肉鹅和瘦肉型种猪等特色产品。

思界乡党委、政府和人大班子在研究工作

位于西江中心的相思洲面积约1平方公里，洲状如梭，风光旖旎，是天然的旅游景点，也是重要的新石器时代文化遗址之一。

在新一届党政人大班子的领导下，思界乡将进一步解放思想，转变观念，充分利用区域优势，以招商引资为突破口，全力推进县域经济的发展。

广西贵港市覃塘区五里镇

中共贵港市委书记赖德荣（右一）、市长唐成良（中）到该镇检查工作

覃塘区五里镇位于贵港市的西南部，209 国道穿境而过，与省道横贵公路交汇于圩镇中心，东至贵港市 23 公里，北上覃塘区 20 公里，南往横县到北海 120 公里。交通便利，是贵港市的西南“窗口”。全镇 8 个行政村，254 个村民小组，人口 4 万多人，耕地面积 55320 亩，总面积 110 平方公里。东部、南部为旱地区，盛产甘蔗、桑蚕、玉米、大豆、花生等农副产品，为贵糖（集团）股份有限公司第二大甘蔗生产基地，种植业、养殖业发达，并且具有丰富的水泥石、白云石、石灰石等 10 多种矿产资源。西部、北部为丘陵、水田区，盛产水稻、葡萄、莲藕、茶叶等农副产品，并盛产食用蘑菇，是贵港市最大的蘑菇生产基地。2006 年，全镇种植蘑菇 250 万平方米，该镇兴建有蘑菇加工厂、蘑菇菌种厂和个体盐水蘑菇加工厂，但都是初加工，档次低规模小，产销供一体化系统还不够完善成熟，因此，在我镇兴办蘑菇加工厂是形势所趋和广大菇农的迫切愿望。该镇盛产的甘蔗、蘑菇、优质谷、葡萄等土特产品享有盛誉，种植业种植条件得天独厚，并且交通便利，电力发达、劳力充足，投资环境好，是乡镇企业东西合作项目及投资办厂的理想之地。

镇领导深入基层检查工作

合影留念

开业现场

特色农业——蘑菇种植

全年实现国内生产总值19400万元，其中第一产业增加值1046万元，第二产业增加值865万元，第三产业增加值650万元。人均国内生产总值4850元。财政一般预算收入104.1万元，财政一般预算支出576万元。全社会固定资产投资完成额1204万元。城镇居民人均可支配收入12500元，人均消费性6500元。农村居民人均纯收入2750元，人均生活费支出1650元。城乡居民年末储蓄存款余额4800万元。

贵港市港南区木格镇政府

书记：黄火芳

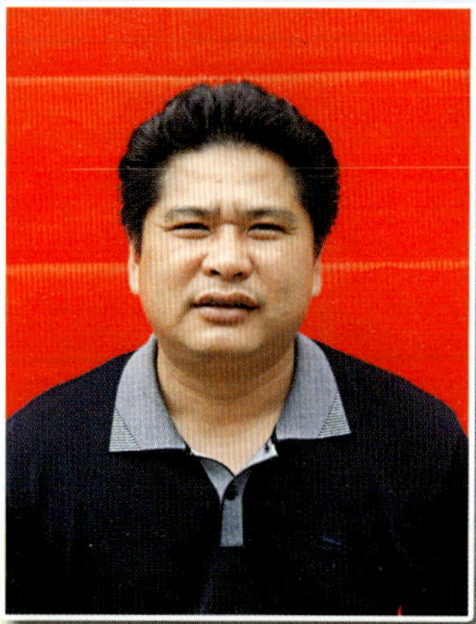

镇长：罗有邦

木格镇位于贵港市港南区南面，距贵港市42公里，地理位置优越，交通便利。兴业—六景高速公路横贯木格镇，圩镇距高速公路出入口3公里，通讯发达，商贸兴旺，乡镇企业发展迅速。辖26个行政村，行政区域面积189平方公里。2005年末人口10.8万人。人口自然增长率10.3‰。耕地面积7.8万平方公顷、经济作物种植面积1145公顷。有林面积8000公顷，森林覆盖率43%。主要工农业产品有农机具、建材、化工、板材、草席、精米、水果、甘蔗、水产、禽畜等。素有“贵县四大名圩”和“桂东南商贸重镇”之称，是全国最大的草席编织基地和广西最大的白玉蔗生产基地之一。

2006年，全镇实现国内生产总值4.9亿元，比去年增长81.2%；农业总产值33921万元，比去年增长39.8%；工业产值14000万元，同比增长96.44%；固定资产投资11500万元，同比增长61.8%；农民人均纯收入达3315元，同比增加380元。财税总收入446万元，占年任务的100%。

2006年，木格镇的商品粮、水草、甘蔗、水果、速生林、禽畜得到巩固和发展。甘蔗种植面积5251亩，特色农业白玉蔗、水草种植面积分别为3000亩、4000亩，比上年均有增长。粮食品种优化，产量稳定。优质稻种植面积比上年增加141公顷，达到3882公顷，水稻优质率98%，全年粮食总产量40452万吨，比上年增长0.8 %。抛秧免耕技术已得到全面的推广和应用，全镇抛秧技术推广面积占耕地总面积的80%，免耕栽培推广面积5000亩，名列港南区乡镇推广免耕栽培之首。林业发展迅速，发展速丰桉和八角种植。

平南县人民医院

平南县人民医院是一所集医疗、教学、科研、预防保健、康复医疗、急诊急救为一体的综合性国家二级甲等医院及国家级爱婴医院，承担着全县131万人口的预防保健、康复医疗、急诊急救的医疗服务工作和平南县突发公共卫生事故应急处理任务。医院拥有美国产断层螺旋CT扫描机、日产彩色B超、数字化X光机、日立全自动生化分析仪、血球自动分析仪、尿液自动分析仪、德国产血液透析机、腹腔镜、大型C臂、经颅多普勒、体外冲击波碎石机、多参数监护仪及多功能麻醉机、呼吸机等先进医疗设备。

2006年医院开放床位380张，在职职工630人，卫技人员数519人，其中高级职称15人、中级职称228人，开设临床科室15个、医技科室14个、职能科室13个。年门诊量30多万人次，年住院量1.4万人次。打造了一批重点科室及特色专科，如新生儿病房，拥有进口呼吸机、婴儿高压氧舱、新生儿辐射抢救台、多功能心电监护仪、早产儿培养箱等先进设备；重症监护病房（ICU），医疗仪器设备先进，实行全封闭管理，是我县规模最大、设备齐全的重病人监护病房；骨科，是广西县级医院较具规模的特色专科，能开展脊椎手术、骨病治疗、各种矫形术、人工髋、膝关节置换术、断肢、断指再植术；妇产科是本县首家获得最早的爱婴医院称号的科室，专业技术力量雄厚。

2005－2007年连续三年我院开展“医院管理年”活动，与治理医药购销商业贿赂活动和创建“平安医院”活动结合起来，围绕质量、安全、服务、费用四大方面，加强医院管理和监督；建立和健全各项管理制度、廉政制度；推行药品使用动态监控、超常预警制度；加大违规行为的处罚力度。目前，医院已全部进入电脑信息化管理，实行了电子病历、电子医嘱、门诊电子处方、电脑收费，做到住院病人费用“一日清单制”，使患者“清清楚楚治病，明明白白消费”。连续三年取得了良好的社会效益和经济效益。今年7月，我院调整了新领导班子，充实了医院管理，认真贯彻“医院管理年”（第三周期）活动的精神，坚持以病人为中心，提高医疗服务质量，制订各项制约措施，狠抓医疗护理质量，用制度规范职工的服务行为。目前，全院员工在领导班子的带领下，不断开拓创新，以精湛的技术、严谨的工作作风、热情的服务态度，为平南人民的健康和卫生事业的发展开拓新局面。

近年来我院先后荣获了“贵港市卫生系统先进集体”、贵港市职业道德“十佳单位”、“贵港市双拥工作先进单位”、“全国残疾人康复工作先进集体”、“贵港市文明单位”、“平南妇女联合会巾帼建功先进单位”、贵港市“巾帼文明示范岗”、“青年文明号”、“贵港市结核病防治工作先进集体”等荣誉。

北京2008年奥运会合作伙伴
Partner of the Beijing 2008 Olympic Games

中国移动通信集团

①

图片说明

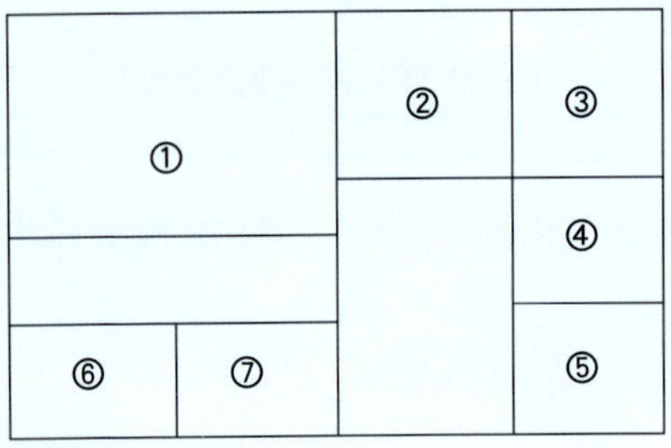

① 中国移动通信集团广西桂平分公司何燕明总经理办公现场
② 中国移动通信集团广西区公司顾雄副总经理到我分公司慰问指导
③ 城区服务厅“巾帼文明岗”全体创岗人员与何燕明总经理及桂平市妇联领导合影
④ 激情飞扬——桂平分公司八项服务承诺宣贯会
⑤ 全家福——桂平分公司员工团结一心，开创无限前景
⑥ 学习雷锋好榜样——桂平分公司员工与 92056 部队携手惠民
⑦ 我想，我能，我一定能——桂平分公司青年志愿者为浔城秀丽贡献一份力量

⑦

⑥

广西有限公司桂平分公司

②

③

④

⑤

2007年，中国移动通信集团广西有限公司桂平分公司（以下简称“桂平移动”）有在岗员工181人，拥有人民路、兴宁、桂粮、商贸城4个城区自营服务厅，木圭、麻垌、白沙、金田等25个乡镇自营服务厅，1个全球通VIP俱乐部，以及45个合作代理商。网络覆盖全市100%的乡镇和90%以上的人口，遍及全市主要公路、风景点。桂平移动主要经营“全球通”、“动感地带”、“神州行”三大业务品牌，为用户受理手机入网、业务办理、咨询等业务，提供飞信、来电提醒、手机报、农信通等多项增值业务，在原有自助终端的基础上，增设了自助缴费终端和自助排队终端。

【网络建设】

桂平移动致力于打造一流精品网络，2007年，迅速启动GSM11、12期工程，同时积极开展网络质量监督工作，巩固了网络优势。

【业务发展】

2007年，桂平移动全面推广零听计划，实现三大品牌本地“0”接听；推出飞信业务，实现了短信免费发；此外，对各项新业务，特别是来电提醒业务进行了功能优化，使新业务的用户数不断攀升。

桂平移动以成为卓越品质的创造者为愿景，努力实现企业从优秀到卓越的新跨越！

求真务实 团结奋进的

局长：何练祥

贵港市统计局副局长谢朝佳（前排中）深入企业调研

团结务实的局领导班子（从左到右为副局长黄秀梅、局长何练祥、副局长谢朝佳、纪检组长梁冰）

贵港市统计局是市委、市政府直接领导下，负责组织领导和协调全市统计工作的职能部门，主要工作是依法在全市范围内对国民经济和社会发展情况进行统计调查、统计分析，为市委、市政府进行宏观决策提供统计资料和统计咨询意见，实行统计监督。局机关内设办公室、社会法规科、综合科和经济统计科，直属事业单位有普查中心。全局在职干部职工（含事业单位）19人，其中大专以上文化18人，中专文化1人，中级技术职称8人，初级技术职称6人。

近年来，贵港市统计局的广大统计工作者在党和政府的领导下，解放思想、实事求是、精诚团结、开拓创新，积极推进统计改革和建设，不断提高统计数据的科学性和准确性，圆满完成了各项统计调查任务，为各级领导和管理部门提供了大量的统计信息和咨询建议，在政府决策和管理中发挥了重要作用，为全市经济社会发展作出了重大贡献。由于成绩显著，2005年荣获国家级“第一次全国经济普查先进集体”，2006年荣获国家级“2001−2005年全国统计法制宣传教育先进单位”。

贵港市统计局全体统计人员将在党十七大精神鼓舞下，团结拼搏，扎实工作，为争创一流的工作佳绩而不懈努力。